역사신학 1

Historical Theology 1

by William Cunningham
translated by Chang W. Seo

역사 신학 1

HISTORICAL THEOLOGY 1

윌리엄 커닝함 지음 | 서창원 역

진리의 깃발

목차

발간사

『역사신학』이라는 평범한 제목이 붙은 이 두 권의 책[1]은 전적으로 커닝함 박사가 강의하기 위해 준비한 원고들로 구성된 것이다. 그는 뉴 칼리지를 이끌고 있는 동안 교회사를 수강한 학생들에게 연례적으로 강의했으며, 그 강의 원고를 완벽한 형태로 남겨 두었다. 이 원고들은 세월이 지났음에도 일반적인 핵심사항들뿐 아니라 특별한 진술들조차도 변경할 것이 전혀 없는 내용을 담고 있다. 그러나 사소한 것들은 저자가 직접 신중하게 수정하였다.

커닝함 박사가 교수직에 임명되었을 당시에는 신학교의 교회사 수업에서 단순히 교회의 발흥과 성장에 대한 강의보다는 본질적으로 교회를 이끈 인물들과 사건들, 그리고 그 사건들에 연관되어 있는 교리적인 것들을 곁들인 강의를 하는 것이 전통이었고, 이것은 신학교 강당에서 변함없이 지켜 온 실천사항이었다. 그런데 교회사에 관련된 시민적이고 교회사적인 수많은 논문들과 교재들이 확산되면서, 현대 역사연구의 열매들로 인해 강의방법에 대한 불만족은 더해 갔고, 배우고자 하는 욕구도 사라지

---

1) 편집자 주) 첫 권은 초대교회로부터 종교개혁자들의 신학 입문을 소개하고 있으며 둘째 권은 보다 자세하게 종교개혁자들의 신학에서부터 스코틀랜드 교회에 이르는 개혁신학을 상술하는 아주 방대한 책이다. 금번 한국어 번역판은 독자들의 편의를 도모하고 주제와 시대의 세분화를 위해서 네 권으로 나누어 출판한다.

게 되었다. 이 때문에 윌리엄 커닝함은 그 주제에 대한 목적을 달성하고
자 다른 방향의 강의를 도입할 결심을 하게 되었다. 그는 교회사의 핵심
과 상세한 내용파악을 위해 시중에서 구할 수 있는 다양한 교회사책을 학
생들에게 소개하고, 그것들 중 한두 권을 그의 수업에서 구두시험을 위한
주교재로 사용하였다. 그리고 자주 반복되는 설명들은 가급적 피하고 교
회사 그 자체보다 교회사로부터 반드시 익혀야 할 교훈들을 학생들이 깊
이 새기도록 추구하였다.

커닝함은 강의에서 종종 자신의 신앙적 견해를 표출하기도 했다. 그는
기독교회의 기록들을 연구함으로써 얻을 수 있는 가치 있고 중요한 유익
은 역사의 과정 속에서 진리와 오류의 논쟁 속에서 이루어진 큰 발전을 설
명한 것에서 찾을 수 있다고 말하기도 했다. 또한, 그는 그러한 것들이 발
생한 사건들이나 그와 같이 제시된 필요성들을 통해서 '하나님의 말씀으
로 공급받아 내세워지는 확고한 주장들과 단호한 입장들'과 '더 명료하고
적확한 내용들과 계시의 주도적인 교리들'을 이끌어 낼 수 있다고 확신하
였다. 교회사에서 상당한 분량을 차지하고 있는 이단들과 진리와 오류에
대한 논쟁들은 하나님의 축복 가운데서 통일된 결과를 만들어 냈다. 그것
은 논쟁들을 통해 선정된 구체적인 용어로 제시되었으며, 이전보다 더욱
성경에 충실한 근거 위에 세워지곤 했다. 진리의 거부나 반박과 상관없
이 우리가 믿어야 할 것이 무엇인지에 대한 정확한 이해를 통해서 이루어
졌던 것이다. 그리고 그 결과, 기독교의 진리는 애매모호하거나 오해하는
것에서부터 명확한 방식으로 더욱 정교하게 다듬어지게 되었다. 즉, 그것
을 새로운 형식으로 강연하여 재생산함으로써 기독교 신앙을 올바르게
구체화하고 표현해 왔던 이전의 방식보다 더 나은 방안을 수용하여 가르
친 것이었다.

호된 논쟁과정을 거쳐 진짜 오류로부터 빠져나와 정화되고, 비본질적인 진리로부터 분리하기까지 성경의 기본 교리들에 대해서 충분히 이해하였다고 말할 수 있는 사람은 거의 없을 것이다. 또한, 교회의 신앙고백서들 안에서 그 교리들의 풍성함과 다른 교리들과 관련된 사항들에 관하여 정확하게 선언할 수 있는 자들은 그리 많지 않을 것이다. 4, 5세기에 벌어진 삼위일체 논쟁과 종교개혁 당시에 벌어진 칭의론 논쟁들은 교회의 역사가 종종 증언하는 이 같은 사례에 해당된다. 우리는 이러한 의견들에 대해서 빚진 자들이다. 이 사건들은 그리스도의 교회의 연합과 평강을 깨는 것들이었지만 너무도 중요한 성경적 진리들의 완벽하고 만족스러운 발전과 정립을 위하여 필요한 과정 중 하나였다. 만일 그것들 중 몇몇이 왜곡되거나 전적으로 부정하는 일이 벌어지지 않았다면, 형식적으로나마 명목상 평화가 지속되었을 것이다. 그리고 진리에 대한 부분적인 이해만 이루어지게 되었거나 부정확한 표현들로 남아 있게 되었을 것이다.

교회사 강의의 목적

교회사 강의에서 커닝함 박사는 교회의 기록물들에 대한 연구로부터 도출할 수 있는 교훈들을 강조하는 것을 목적으로 삼았다. 그는 신앙의 주된 교리들을 공격하거나 잘못 전달하는 사람들과 다툼이 벌어질 때, 교회 역사의 추론 안에서 발견할 수 있는 교훈들을 강조함으로써 진리가 더욱 드러나기를 바랐다. 용광로에서 나온 진리들은 그 불 때문에 더욱 순결해진 진리로 탄생되는 것이다. 그는 교회사에서 사도시대 이후로 검증되어 온 논증들과 기독교 진리의 근본적인 논제들을 제시하고 방어해 온 다양한 논쟁들을 소개하면서, 진리가 오류 가운데 빠지지 않도록 이끌었다. 그리고 그 진리 안에서 본질적인 것과 비본질적인 것을 구분하는 과정에 대한 입장들이 커닝함에게 기회들을 제공해 주었다. 또한, 반드시 가르치고 연구해야 할 중요한 진리들을 위하여 교회사의 교훈들을 드러내고 반복해서 가르쳐야 하는 수단을 그에게 공급하였다.

임무수행을 위해 그는 이와 같은 목적을 이루고, 그의 주제를 효과적으로 감당하기에 적합한 방식들을 취했다. 이전에도 그랬듯이 그 안에서 살아가는 그의 신앙과 하나님의 말씀에 적극적으로 헌신하는 믿음생활은 그가 쓴 원고의 각 페이지마다 강하게 표시되어 나타났다. 또한, 모든 분야에서 박학다식한 그의 신학적 지식과 교회사에 대해 속속들이 파악하고 있는 폭넓은 식견, 그리고 주제를 펼쳐 나가는 데 적합한 지성적인 명료성과 확고함이 드러나 있다.

그는 대부분의 논쟁 속에 녹아 있는 잠재적 요소들까지 꿰뚫는 통찰력과 재판관다운 침착함, 그리고 명확함을 지녔다. 그리고 논쟁 속에 내포되어 있는 효과와 그 모든 것이 담고 있는 것들에 대한 판단력과 이해력을 바탕으로, 최소한의 영역 안에서 지루하고 복잡한 논쟁의 참된 결과를 뚜렷하게 제시했고, 아무런 상관이 없는 것과 반드시 다루어야 할 본질적인 것이 무엇인지를 예리하게 분리시켰다. 뿐만 아니라 그는 거기에 미치는 각각의 요소를 정확하게 분배시켰다. 비록 그가 언어의 마술사와 같았지만, 이 책 안에 거론된 중요한 진술들 속에는 단지 언어적 기교 그 이상의 감탄할 만한 뭔가가 들어 있다. 예리한 판단력, 건전한 지성력, 입장에 대한 폭넓고 포괄적인 이해력, 신학적 지식의 무르익음, 진리에 대한 애정은 그가 분파주의자라는 느낌이나 논쟁의 책략자라는 인식을 순식간에 제거시킨다. 또한, 그가 다룬 주제에서 하나님의 계시를 대하는 가운데 드러나는 하나님의 권위를 깊이 공경하는 그의 자세는 칭찬받을 만한 충분한 요소들이다.

엉킨 것을 잘 풀어내는 능력, 그 상황의 이점이 무엇인지 명료하게 제시하는 기술, 질문의 내용을 정확하게 파악하는 자질은 그 어떤 논쟁들보다 뛰어난 것이었다. 그는 실로 종종 논쟁에 대한 필요를 느끼지 못하게 만들거나 필요가 없는 것으로 만들어 버렸다. 그의 지성은 그의 자질을 드러내기에 충분했으며, 논쟁이 어느 쪽으로 흘러가고 있는지 가장 중요한 요점을 파악하도록 이끌었다. 이 덕분에 그는 논쟁에 깊이 관여된 사람들과 그것들이 만들어지는 상황에 빠져들지 않았다. 이 책은 각각의 논쟁이 지닌 본질과 그 결과를 잘 보여 주는 영구 소장의 가치가 있는 책이라고 해도 손색이 없을 정도이다. 모든 시대에 걸쳐 하나님의 말씀을 공부하는 학생들이 관심을 가질 만하고, 교훈을 던져 주기에 충분한 책이 될 것을 확신한다.

인쇄소에 넘기기 전에 커닝함의 원고를 수정한 부분은 거의 없다. 다만 주제들을 어떤 순서대로 재배열시킬 것인지에 대해서 받아 적은 것이 전부였다. 그리고 두 권의 분량으로 출판한 것은 책을 만드는 편집자의 손에 의해서 계획된 것이었다. 강의실에서 강의된 순서들은 커닝함 박사가 2년 과정에 적합한 강의내용들로 잘 배치한 것이었고, 그의 지시에 따라 두 반으로 나눠서 가르친 것이었다. 그러나 이 배열을 조금 수정하는 것이 좋다는 편집자들의 의견에 따라, 주제들과 더 연관되어 있는 내용들을 모으고, 논쟁의 연대기 순서에 따라 배열하게 되었다. 일반적으로 본질적인 것에 해당되지 않는 것처럼 보이는 몇몇의 강의들과 내용들은 포함시키지 않았지만 강의의 핵심적인 사항들은 두 권의 내용 속에 모두 담았다. 어떤 경우에는 삽입시켜서 주제의 관련성을 더 명확하게 한 경우도 있다. 최소한의 변형은 강의 형식의 변경이 필요로 할 때, 바꾸어서 본 책으로 편찬된 것이다. 요점을 되풀이하여 설명하는 것과 단순히 학문적인 참고사항들은 삭제했으며, 논쟁의 본질을 비켜 가게 한다든지 저자의 의도를 빗나가게 하는 것이 아닌 것들에 해당되는 발음이나 용어들은 수정을 가했다.

늘 말해 왔던 것처럼 뉴 칼리지의 사서인 존 라잉 목사의 훌륭한 도움을 깊이 감사한다. 수많은 인용구들을 살펴 정확한 정보를 담을 수 있도록 하였으며, 이 책들에 포함되어 있는 참고문헌들을 바르게 정리하는 일에 기여하였다. 기꺼이 시간을 할애하고 수고를 아끼지 않은 그의 노고로 인하여 본 책이 출판하게 되었다. 모쪼록 그의 사랑의 수고에 감사드린다.

제임스 부카난

제임스 배너만

1862년 11월 에든버러 뉴 칼리지에서.

추천사

　월리암 커닝함의 『역사신학』이 한국어로 출판되는 것은 한국의 장로회주의 발전에 하나의 중요한 이정표입니다. 한국의 장로교회들은 전 세계에 있는 개혁교회들 중에 어린 식구들 부류에 속해 있습니다. 왕성하고 열정이 넘치는 한국의 장로교도들은 아시아에서 기독교를 위한 불타오르는 하나의 길입니다. 역사가 오래된 지역들과 풍부한 역사를 가진 백성들 가운데서 기독교 증언의 밝은 등불을 비추이는 놀라운 통로이기도 합니다.

　그보다 더 중요한 것은 한국의 장로교회가 각각 기독교 시대의 많은 세기를 통해서 발전되어 온 기독교교리의 역사를 발굴하는 것입니다. 여러분들은 오랜 세월 동안 갈고닦은 풍성한 기독교 역사와 함께 고귀한 신앙을 소유한 그 반열에 들어섰습니다. 이 역사는 그의 교회와 교회를 세우시는 그의 방편과 수단들을 위한 그리스도의 사랑의 증인으로서 가치가 있는 것입니다.

　못지않게 중요한 것은 교회가 교리문제나 예배문제나 실천적인 문제에 있어서 성경으로부터 돌아서고, 오류의 길목에서 방황하게 될 때 이 역사 속에는 무슨 일이 벌어졌는지에 대한 경고들로 가득히 채워져 있다는 사실입니다. 오늘날 이단들은 새로운 것이 아닙니다. 동일한 이단들이 과거에도 있었습니다. 역사는 그로 인해 얼마나 큰 해악이 파생되었는지를 기록하고 있습니다. 아시아에서 장로회주의의 미래는 균형을 잘 잡는 것입니다. 어느 학자는 "과거를 기억할 수 없는 자들은 그것을 반복하는 정죄를 당하게 된다."라고 말한 바 있습니다.

그렇기 때문에 이제 한국의 장로교도들은 과거 기독교의 풍부함들을 내 것으로 소유할 때입니다. 스코틀랜드의 윌리암 커닝함보다 여러분들을 잘 안내해 주기에 적합한 분은 아무도 없습니다. 슬프게도 그분 이후로 등장한 스코틀랜드 장로교도들의 세대들은 그가 가르치려고 애쓴 교훈들을 습득하는 데 실패하였습니다. 스코틀랜드의 교회들은 한국의 교회들처럼 활력이 넘쳤고 살아 있었지만, 오류에 빠졌고 그들의 길을 잃었습니다. 그 왕성한 장면들은 대체로 다 지나가 버리고 말았습니다.[2]

우리 주 예수 그리스도께서 한번은 제자들에게 이렇게 말씀하셨습니다.

"다른 사람들은 노력하였고 너희는 그들의 노력한 것에 참여하였느니라."(요 4:38)

윌리암 커닝함이 보여 주고 있듯이, 과거에 많은 사람들은 기독교 신앙을 공식화하고 강론하고 변론하기 위해 많은 땀을 흘렸습니다. 이 『역사신학』에서 커닝함은 한국의 장로교도들에게 도움을 제공하고 있습니다. 한국장로교도들이 다른 많은 사람들이 수고하였던 것에 참여하고 동시에 이 위대한 작업에서 각자의 역할을 잘 감당할 수 있도록 도움을 주고 있는 것입니다. 귀한 책을 한국어로 번역하여 소개하고 있는 칼빈주의 개혁신

---

2) 이렇게 말한 교리적인 부패와 그에 따른 쇠퇴에 대한 역사는 이안 하밀톤이 쓴 책 『The Erosion of Calvinist Orthodoxy: Drifting from the Truth in Confessional Scottish Churches』(Christian Focus Publications, Ross-shire, Scotland: 2010)에서 언급된 것이다.

앙을 전하고 가르치고자 오랫동안 수고를 아끼지 아니하는 나의 친구 서창원 목사의 노고에 깊이 감사를 드립니다. 커닝함의 이 귀한 책이 한국의 장로교도들 모두에게 다 읽혀지기를 소망하며 추천의 글을 드립니다.

Joel R. Beeke 박사
(미국 퓨리탄개혁신학교 총장)

참 신학의 역사로서의 역사신학

역사신학은 역사와 신학의 물리적이거나 화학적인 결합을 제시하지 않을 뿐더러, 단지 역사와 신학의 주변이나 경계선상에 있지도 않다. 역사신학은 역사 자체를 주체로 삼는 역사적 신학도, 역사 자체를 대상으로 삼는 역사상 신학도 아니다. 그것은 신학의 역사적 의미나 역사의 신학적 의미를 편향적으로 추구하지 않는다는 점에서 교리사나 신학사와도 구별된다. 그렇다면 무엇인가? 본서에서 우리는 역사신학의 정체성과 적실성이 역사의 신학(theologia historiae)이 아니라 신학의 역사(historia theologiae)에 터 잡고 있다는 사실과, 그리하여 그 의의와 가치가 참 신학(theologia vera)과 거짓 신학(theologia falsa)을 역사라는 시공간대를 빌려 차별화하는 데 있다는 사실을 추론하게 된다. 이러한 추론에는 신학의 대상인 계시의 절대성과 객관성이 역사와 무관하게 전제되어야 한다. 그렇지 않으면 종내 신학의 역사가 아니라 역사의 신학으로 전락해 버리기 때문이다. 이러한 혜안을 갖게 하는 유사한 시도가 이전에도 없지 않았지만, 우리가 커닝함을 다시금 찾는 이유는 '그의 역사신학'이 지닌 고유함 때문이다. 그것은 기원을 말한다면 성경적이고, 성격에 주목한다면 변증적이며, 역사적 구현을 헤아려 본다면 장로교 혹은 장로회적이라고 자리매김될 것이다.

본서는 결코 역사 자체를 말하지는 않는다. 이곳에서, 역사는 신학이 존재하는 역사, 신학적으로 존재해야 하는 역사로 제시된다. 당대의 실증주의나 회의주의로부터 파생된 역사상대주의를 극복하기 위한 절치부심과 더불어 그것에 대한 혐오나 경멸도 지면마다-다만 온건하게-배어 있다. 본서의 저자는 역사철학자도 아니고 기독교 역사학자도 아니다. 그는 '역사상' 전개된 신학의 '역사적' 의미를 재조명함으로써 그 자체로 통시적이자 공시적인, 곧 구속사적이며 구원론적인 성경의 가르침이 그 가운데 어떻게 개진되고 있는지를 파악하고자 한다. 본서는 초대교회로부터 17세기에 이르는 기독교사를 초대교회, 중세교회, 개신교라고 하는 소위 주류적 흐름에 주안점을 두고 다루고 있다. 본서의 체계는 큰 맥락에서 보면 교리적 의미를 갖는 역사적 사건과 교리 자체를 두 축으로 삼고 진행되는데, 이러한 방법론은 교리사의 맥을 면면히 이어 온 하르낙(Adolf von Harnack), 제베르그(Reinhold Seeberg), 켈리(J. N. D. Kelly), 펠리칸(Jaroslav Pelikan) 등의 저술들과 신경을 그 역사적 배경과 함께 다룬 샤프(Philip Schaff)의 대작을 통하여 전혀 우리에게 낯설지 않다. 다만 이러한 서책들이 교리사 일반을 어떤 역사적 관점에서 전반적으로 소개하는 데 주력하는 반면에, 본서의 저자는 칼빈(John Calvin)의 신학에 터 잡아 녹스(John Knox)에 의해서 형성된 스코틀랜드 장로교 신학의 관점에서 근본교리의 정통성을 논의하고 있다는 점이 주목된다. 이런 측면에서 본서는 쉐드(William G. T. Shedd)의 교리사와 유사한 점이 많다.

본서를 통하여 경건하고 순수한 독자는 참 교회와 참 교리가 불가분리하다는 사실과 교리는 성경에 의해서 규범된 규범으로서 교회의 서고 넘어짐의 조항이 되므로 교리에 대해서 불민해서는 성도가 바로 설 수 없을 뿐만 아니라 교회도 진리이신 그리스도의 몸으로서의 마땅한 자리에 있을 수 없게 된다는 교훈을 깊이 얻게 될 것이다. 또한, 교리의 형성과 계승과

심화가 역사의 사건으로서 조목별로 일목요연하게 소개되어 있을 뿐 아니라 그 신학적 의미가 심오하게 추구되어 있기 때문에 성경의 진리로부터 나온 참 교리(doctrina vera)가 역사의 마디마디에서 어떻게 변함없이 보존되어 왔으며 그 내용의 깊이를 더하고 그 유익의 폭을 넓혀 왔는지를 맛볼 수 있을 것이다. 본서에서 논의되는 삼위일체론, 기독론, 교회론, 인간의 타락론, 자유의지론, 이신칭의론, 속죄론, 국가론 등은 각각의 조직신학 분과의 핵심을 제시하고 있으며, 초대교회의 형성과 주요한 교리논쟁들, 중세교회와 신학과 캐논법, 종교개혁과 로마가톨릭의 반종교개혁, 소시니안주의와 알미니우스주의, 국가교회론 등은 기독교 역사에 있어서 각 시대가 갖는 신학적 의미를 밀도 있게 전하고 있다. 무엇보다 칼빈과 그를 잇는 개혁신학자들의 사상과 개혁교회의 형성과 발전을 다룬 부분은 이에 대한 세간의 많은 오해를 불식시키고 그 진실을 명쾌하고도 정치하게 전개하고 있는, 저자의 신학적 기예가 가장 돋보이는 영역이라고 여겨진다.

번역은 원어에 생명력을 부여하여 다른 언어로 전달하는 또 하나의 창작이라고 해도 과언이 아닐 것이다. 다만 그 창작은 본래의 뜻에 충실히 매여야 한다는 점에서 이차적이라고 해야 할 것이다. 그러므로 옮겨지고 옮기는 두 언어에 대한 통전적 이해와 더불어 언어에 무관히 그 자체로 존재하는 문장의 고유한 의미를 어김없이 전달해 낼 수 있는 전문적 식견이 번역자에게 요구된다고 할 것이다. 우리는 서창원 목사님이 이 두 가지를 겸비하신 분으로서 본서 번역에 최적임자이심을 믿어 의심하지 않는다. 우리가 원서에 못지않게 본 역서에 기대를 거는 한 큰 이유가 여기에 있다.

문병호 교수

(총신대학교 신학대학원 조직신학)

추천사

성경을 잘 이해하도록 도움을 주는 가치 있는 것들 중 역사신학을 잘 이해하는 것보다 더 나은 것은 몇 가지가 안 된다. 성경에 대한 우리의 해석이 잘 되었는지를 검증할 수 있게 해 주는 장치는 역사신학 안에 있다. 성경을 잘못 헛되이 해석하는 것은 엄청 위험한 일이다. 그렇기 때문에 역사신학에 대한 공부는 진리에 빛을 비추어 주게 되고 오류에 대하여 경고를 하게 한다. 교회사의 저자들은 해 아래 새것이 없다고 이구동성으로 말한다. 여러분은 역사신학 공부를 통해서 여호와증인에 대한 이단사상이 아리안주의에서 찾아짐을 발견하게 될 것이다.

현대 알미니안주의에 대한 이단성은 펠라기안주의와 로마가톨릭주의에서 발견하게 될 것이다. 더 나아가서 여러분은 우리의 선조들이 만들어 놓은 이 귀한 것들과 다른 오류들에 대하여 예리하게 지적한 것들을 통해서 큰 도움을 얻게 될 것이다.

그 선진들이 남겨 놓은 역사신학의 고전들 중 하나가 윌리엄 커닝함이 쓴 역사신학 책이다. 이 책이 한국어로 번역되어 한국 교회가 소유하게 된 것은 한국 교회에 커다란 축복이라고 말하지 않을 수 없다. 더 나아가 독자들은 서창원 박사가 변역한 이 번역본의 정확성을 통해서도 큰 유익을 얻게 될 것이라고 믿는다.

서창원 박사는 한국에서 활동하고 있는 가장 유능한 신학자들과 번역
자들 중 한 사람이라고 믿는다. 그리하여 나는 이 책을 기쁨으로 마음을
다해 추천해 드린다.

Joseph A. Pipa Jr 박사
(미국 그린빌장로교신학교 총장)

역자 서문

윌리엄 커닝함 박사에 대해서 처음으로 듣게 된 것은 1980년대 중반 본인이 스코틀랜드 프리처치 대학에서 유학할 때였다. 그 당시 프리처치 교단 설립을 주도한 토머스 찰머스 박사와 더불어 교단 신학교에서 목사 후보생들을 길러 내는 위대한 인물들 중 한 분으로 소개를 받았다. 그리고 은사인 도날드 맥클라우드 교수님을 통해서 커닝함의 『역사신학』이 칼빈의 『기독교 강요』 다음으로 복된 책이라는 말도 들었다. 그 후로 관심을 가지고 간간히 보았던 책을, 30년 세월이 지난 오늘에서야 비로소 한국의 장로교회 앞에 소개할 수 있게 되었다. 본인은 이 작업을 하는 것에 대해 참으로 영광스럽게 생각한다. 그 이유로는 첫째가 성경과 개혁주의 신학의 길을 투철히 가고자 하는 면학도에게 이 책이 주는 감흥이 남다르기 때문이다. 성경은 해 아래 새것이 없다고 가르친다. 이 책을 통해서 성경이 얼마나 참된 진리이며 그 진리만이 신앙과 행위의 유일한 규범임과 인간이 저지르는 모든 오류와 잘못을 밝혀내는 유일한 잣대가 됨을 더더욱 확신하지 않을 수 없다. 또 하나의 큰 감흥은 장로교회 목사로서의 자긍심을 더욱 깊이 갖도록 도와주기 때문이다. 현실을 보면 교회의 역사를 장로회주의 원리에 충실하게 해석하고 적용하는 책들은 그렇게 많지가 않다. 더욱이 교파주의에 대한 반감이 그 어느 때보다 심한 현대 사회에서 장로회주의를 강조하는 것 자체가 인기를 반감시키는 행위일 수도 있다. 그럼에도 불구하고 이 책을 한국 교회 앞에 소개하는 것은 한국의 절대 다수의 교회가 장로교회를 표방하고 있는 마당에, 단순히 소속교단으로서의 명분이 아니라 왜 장로교 목사여야 하고 성도이어야만 하는지에 대한 올바른 지식으로 하나님께 열심을 내었던 믿음의 선조들에 대한 자부심과 긍지가 이 책을 통해 밀물처럼 밀려오기 때문이다. 또한 장로회주의 원리가 어디서부터 왔고 왜 장로교회가 존재하고 있는지 그 이유들을 명확하게 부여잡지 못한 이들에게 이 책은 교회 역사적인 측면에서만이 아니라 신앙적인 측면으로도 자긍심을 깊이 심어 주기에 부족함이 없다. 이 책을 통해서 독자들은 하나님의 의이신 예수 그리스도의 교회를 온전히 섬기는 신앙인들이 되고 싶은 열정이 솟아날 것이다. 사실 세상에서도 명문 가문일수록 가문의 내력을 심도 깊게 교육한다. 장로교가 그 어떤 교회 정치제도보다 성경적으로 탁월한 것임을 입으로는 말하면서도 정작 설명하라고 하면 꿀 먹은 벙어리처럼 되는 교인들이 대부분이다. 내가 왜 장로교 목사인지, 또는 장로교 성도여야 하는지에 대한 분명한 성경적이고 정통신학적인 입장에 서 있는 분들을 만나기가 쉽지 않은 것이 현실이다. 하지만 이 책은 교파주의를 지향하는 것은 아닐지라도 장로회주의의 보편적 교회관과 가치관 및 역사적 중요성을 한층 더 고조시켜 주기에 알맞은 책이라고 생각한다.

한국의 교회들은 교파를 초월해서 연합활동을 추구함이 그 어떤 나라들보다 왕성하다. 그러면서도 내부적으로는 갈라서기도 잘하여서 세계에서 교파들이 가장 많은 나라가 되었다. 세계적으로 손꼽히는 십대 교회 중 다수를 한국의 교회들이 차지하고 있고 미국 다음으로 선교사를 많이 보내는 국가가 되었다. 그러나 현장에서 목도하듯이 만연되어 있는 개(個)

교회주의에 물들어 있는 지도자들의 활동은 교회의 보편성을 상실해 버리게 되었다. 교회들마다 주님의 교회라고 말하기가 무색할 정도로 각양 각색의 교회들이 혼합되어 있다. 흔히들 개교회에서 목사의 통솔력이 출중하면 그 교회는 '목사교회'요 장로들이 월등히 주도하는 교회라면 그 교회는 '장로교회'라고 말하는 우스갯소리가 통하고 있는 현실이다. 엄밀하게 말하면, 장로교나 감리교나 성결교나 침례교와 같은 교단적인 명칭은 하나의 정치적인 목적을 위해서 가지고 있을 뿐 적어도 교회의 머리이신 예수 그리스도의 보편적 교회 형성에는 전혀 관심이 없다. 그리스도의 왕국을 지역 곳곳에 세워 가고자 하는 것이 아니라 그리스도의 이름을 도용하여 스스로의 왕국 건설에 열을 낼 뿐이다. 자기들 교회만 진짜 교회인 양 허세 부릴 수 있는 선까지 나아가고자 뭐든지 할 각오로 충천해 있는 것이다.

그러나 교회는 분명 주 예수 그리스도가 머리이다. 다른 말로 하면, 교회는 주님의 교회이다. 그래서 기독교라고 칭한다. 인본주의도 민주주의도 심지어 공산주의도 아닌 만왕의 왕이신 그리스도 중심의 교회이다. 입으로는 주님의 교회임을 시인한다. 예수를 메시아요 하나님의 아들이심을 믿는다고 이구동성으로 고백하는 교회요 성도이지만, 조국의 교회마다 그 고백적 색깔이 다르고 영적이고 신앙적인 모양이 다른 모습을 띠고 있다. 이런 조국 교회의 현실을 안타까워하면서 성경적이고 올바른 개혁 신학적 입장에 확고하게 서고자 몸부림치는 주의 종들과 하나님의 양무리들에게 커닝함의 이 책은 그 원인을 진단해 주고 그 방법론까지도 확실히 제공해 주는 매우 유용한 지침서가 될 것이다. 뿐만 아니라 '사람의 궤휼과 간사한 유혹에 빠져 모든 교훈의 풍조에 밀려 요동치는' 현실에 빠진 자들을 넉넉히 건져 내어 좌로나 우로 치우침이 없이 완전한 소망의 항구에 도달하게 도와주는 복된 도구가 될 것이다.

저자인 커닝함은 19세기 신학자요 목사였다. 교회 분열의 대 혼란기를 거치면서 황량한 광야에 참된 교회가 온전히 세워지기를 갈망하며 교회의 일꾼들을 길러 낸 학자요 목회자였다. 그리하여 그는 이 책에서 17세기까지의 교회의 역사적 배경에서 일어난 신학적 논쟁들과 그 과정에서 굳건하게 세워진 장로교회의 근간들을 다루어 주고 있다. 그러나 왜 저자가 17세기까지만 다루었는지 그 의도가 무엇에 있는지는 알 수가 없다. 다만 추측하는 것은 장로교회는 이미 17세기 웨스트민스터 신앙고백서가 작성되고 반포되면서 그 신학적 뿌리에 대한 확고한 입장이 분명하였기 때문에, 어쩌면 저자는 작금의 웨스트민스터 문서들이 성경에 준하는 교훈으로 받아 그 교리적 교훈에 헌신하고자 한 데 있지 않는가 생각된다. 즉, 17세기 이전에 논쟁이 된 모든 신학적 충돌들을 분명히 하고 기록된 계시의 말씀에 의해 확정된 교훈들을 제시함으로써 독자들로 하여금 신학적 기초와 전망을 두텁게 해 주고자함에 있다고 생각한다. 아쉬운 점은 그러한 시대적 경계 때문에 18세기 대부흥운동에서 왜곡되게 파생된 오순절 운동이나 19세기의 자유주의 신학적 입장들 그리고 다양한 교회 역사들에 대한 언급은 찾을 수 없다는 사실이다. 그러함에도 불구하고 본인은 조국의 교회 지도자들과 성도들이 우리가 믿는 도리가 무엇인지를 굳게 붙들고 우리에게 소망에 관한 이유를 묻는 자들에 능히 대답해 줄 수 있는 역량 있는 그리스도인들로 세우는 일에 이 책은 기여하는 바가 매우 클 것이라고 확신한다.

'역사신학'이라고 하면 단순히 교회사 과목으로 치부하고 만다. 그러나 역사신학은 교회사 그 이상을 말한다. 즉, 교회의 역사만이 아니라 그 가운데서 일어난 교리적인 모든 논쟁들을 거치면서 신앙을 고백하는 고백적인 교회의 근간이 무엇인지를 밝혀 준다. 그리고 교리적 오류와 이단 사상들의 잘못이 어디에 기인하고 있는지를 판가름해 주는 중요한 도구이다. 그렇기 때문에 사실상 깊은 지식을 요구한다. 성경 언어들만이 아니라 학자들이 주로 사용한 라틴어와 영어를 포함한 독일어 심지어 프랑스어까지도 습득해야 할 필요성을 가지게 하는 깊은 학문이다. 조직신학과 성경신학 및 실천신학까지를 다 분석하고 판단하며 교회가 나아갈 방향까지 지도하고 마침내 그리스도의 나라에 도달하도록 이끌어 주는 황금마차와 같은 것이다. 역자는 그러한 실력이 부족하기 때문에 역사신학자라고 담대하게 주장해 본 적이 없는 사람이지만 내가 이 책을 번역하면서 역사신학과 교수의 한 사람으로서 필요한 지식을 상당히 얻게 되고 가르칠 수 있는 자질을 갖추는 기회를 가지게 된 것에 개인적으로 매우 감사한 마음이 크다. 이 책을 통해서 진리의 기둥과 터이신 주님의 교회가 조국 땅 위에서 오직 진리로 충만해지는 역사가 넘쳐 나게 되는 자극제가 되기를 소망한다. 계시에 근거하여 신학의 가장 기본적인 목적인 신학의 주인공이신 성삼위 하나님을 풍성히 드러내는 도구로 이 책은 쓰임을 받게 될 것이라 여긴다. 하나님이 어떤 분이신지 그가 허물과 죄로 죽은 인생들을 위해서 무슨 일을 하셨는지를 밝히 드러내 줄 것이다. 그 계시의 충만함이신 그리스도로 충만한 교회와 성도 개개인이 되게 하여 기쁨으로 노래하며 그를 섬기는 은혜의 영광이 넘치게 할 것이다. 이러한 목적을 이루지 못한다고 한다면 신학공부만 헛된 것이 아니라 교회사 공부 역시 무익한 것이 되고 만다. 더욱이 이 책은 쓸데없는 낭비만 될 것이다. 신학은 인간의 지적 충족을 위한 수단이 아니라 하나님의 아들 예수 그리스도를 통해서 전능하신 언약의 하나님을 경외하며 섬기게 하는 근원이다. 이런 차원에서 역사신학의 그 중요성을 명확하게 밝혀 주기 때문에 커닝함의 이 책을 내보이지 않을 수 없다.

이 책은 저자의 제목 그 자체가 보여 주고 있듯이 신약성경의 예루살렘 공회로부터 시작하여 17세기까지의 교리의 역사에 관한 책이다. 그렇기 때문에 단순한 교회 역사의 사실들을 탐구하고자 하면 대번에 실망하게 될 것이다. 이 책에는 역사상 중요한 공회들에 대한 설명이나 교회의 확장 혹은 십자군 운동이나 수도원 운동과 같은 개혁사조의 흐름들 또는 종교개혁자들의 생애나 사상을 일목요연하게 제공해 주는 것이 전혀 없다. 다만, 정통 개혁주의 신학과 신앙 형성에 초점을 맞추면서 17세기까지의 역사를 말하고 있다. 그렇기 때문에 알미니안 신학을 상당히 할애하였고(원서로 무려 140쪽), 그 유명한 중세 스콜라주의에 대한 언급은 겨우 3쪽에 불과하다.

커닝함은 이 책에서 교회정치에 대한 연구와 그리스도의 품성과 사역 및 개혁신학의 정수라고 할 수 있는 은혜의 교리들을 깊이 연구하여 소개하고 있다. 그럼에도 불구하고 각주에 단 것을 빼고는 참고문헌이 하나도 명시되어 있지 않았다. 그 이유는 교실에서 강의한 원고들이었기 때문이다. 어떤 학자는 이 책을 가리켜 '교리적 논쟁의 역사를 바탕으로 정통 개혁신학을 위한 변증서'라고 설명한다. 그래서 누가 말했는지에 대한 강조보다 그 신학자가 성경적인 가르침을 정확하게 제시하고 있는지가 가장 큰 관심이었다. 그 기준에 따라 신학자의 학설이 옳은지 그른지를 판단하고자 했다. 그것을 기초로 성경의 진리를 더욱 부각시키는 작업을 한 그는 그러기에 탁월한 개혁주의 신학자요 역사학자였다. 따라서 엄밀하게 말하면 역사신학의 참된 이해의 측면에서는 비판을 피할 수 없지만 개혁주의 정통 신학을 수호하고 강론한 측면에서는 당대에 뛰어난 하나님의 사람들 중 한 사람이었다고 할 수 있다. 역자가 앞에서도 지적하였듯이 이 책을 정말 좋아하는 가장 큰 이유가 이것이다.

　본래 본 책은 1960년 영국의 진리의 깃발사가 두 권으로 출판한 것이었다. 그러나 각 권당 650여 쪽이나 되어 번역하게 되면 그 두께가 엄청 크게 될 것을 우려하여 본인은 이 책을 권당 두 권으로 나누어 총 4권으로 출판하기로 하였다. 그리하여 본 책은 그 4권 중 첫 권에 해당되는 것이다. 여기에서는 첫 3세기까지의 교회의 역사와 교리적 논쟁을 통한 정통 교리의 확정과 교부들의 교훈에 대한 진위여부 및 이단들의 특성과 교회 정치 제도에 대한 내용들을 소개하고 있다. 그리고 본래 제1권의 후반부에 해당되는 11장부터 20장까지는 제2권으로 올 여름에 출판될 예정이다. 그리고 나머지 두 권은 내년에 완성하여 소개하고자 한다.

　여기에 오기까지 원고 교정에 수고해 주신 정희경님과 편집에 이희수 목사, 라틴어 번역에 도움을 준 문병호 교수 그리고 이 책을 출판하기로 기꺼이 허락하신 진리의 깃발 출판사 대표 유명자 사모에게 깊이 감사를 드린다.

2017년 눈 덮인 수락산 끝자락에 창동 자택에서

서창원 목사

윌리엄 커닝함[3]의 생애

제 1 장

19세기 스코틀랜드 교회는 대체적으로 나약하고 침체되어 있었으며, 생명력을 상실한 상태에까지 이르게 되었다. 물론, 사방에 흩어져 있는 남은 자들이 있었지만 그들의 노력만으로 18세기 초에 스코틀랜드 전역에 번진 온건주의와 세속주의의 물결을 막아 내는 것은 역부족이었다. 그 당시 성직자들 사이에는 복음적인 메시지와 열정에 뒤따르는 덕과 도덕성에 무관심한 온건파의 종교가 퍼져 있었기 때문이었다. 그들에게 있어서 하나님은 자신들의 유익을 위해서 존재하는 분에 불과하였다. 언젠가 좀 특이한 행동을 일삼는 애버딘의 키드(Kidd, 1761-1834) 박사가 온건파가 득세하고 있던 노회에서 목사 후보생의 안수식에 설교해 달라는 부탁을 받게 되었을 때의 일이다. 그는 당시에 성직자들의 상황을 완벽하게 풍자하며, "나의 형제들이여 여러분은 지금 거룩한 성직에로 따로 부름을 받아 세움을 입은 자들입니다. 무슨 일을 하시든지 무리하게는 하지 않기를 바랍니다. 아직 때가 되지 않았는데도 무엇 때문에 일찍 죽고자 하십

---

3) 1805.10.02-1861.12.14

니까? 여러분들이 자각하고 있듯이 주일학교 예배와 기도회 및 성경공부 모임까지 부지런히 참석하는 어리석은 백성들이 몇몇 있습니다. 그러나 나의 사랑하는 젊은 형제들이여, 나는 그처럼 말도 안 되는 일에 빠져들지 않도록 주의하시기를 진정으로 조언하는 바입니다.”라고 설교했다.

한편, 그 이전 세대에서는 어스킨 형제들과 보스턴이 이러한 자연종교에 대항하여 경고의 메시지를 선포했다. 그 시대 말기에 살았던 스코틀랜드의 백성 중 3분의 1 정도는 개혁자들과 순교자들이 전하는 말씀을 듣지 않았는데, 이것이 1800년대 스코틀랜드 교회의 실태였다. 그러나 1840년대에 들어서면서 영적 변혁이 일어났다. 이는 당시의 상황을 편견 없이 관찰했던 월러(C. H. Waller)의 기록에서 확인할 수 있다. 그는 라일 주교와 런던신과대학 학장에게 정해진 교목을 검증하는 과정에서 스코틀랜드 교회가 부흥하였다고 기록하였다. 즉, 보편적인 교회의 역사 가운데 믿음과 삶 속에서 사도적인 가르침에 속하려고 애쓰는 ‘자유교회(The Free Church)’가 살아났다고 본 것이었다. 이 교회는 우리가 ‘제3의 종교개혁’이라고 일컫는 변혁의 결과물이었다. 이 시점에서 우리는 여기서 이 일에 가장 주도적인 역할을 한 두 사람에 대하여 깊은 관심을 가지고 살펴볼 필요가 있겠다.

과거에 짧은 시간 동안, 이처럼 새롭고 보다 나은 교회를 세우는 시발점이 되었던 세 가지 사건이 일어났다. 그중 첫 번째는 훗날에 전 세계 사람들이 존경하게 될 이들이 태어난 사건이다. 1804년에 제임스 부카난(James Buchanan), 1805년에 윌리엄 커닝함(William Cunningham), 1806년에 캔들리시(R. S. Candlish), 1807년에 제임스 배너만(James Bannerman), 그리고 1808년에 제임스 벡(James Begg) 등이 태어난 것이다.[4]

---

4) 이와 같은 명단은 계속해서 확장할 수 있다. 예를 들면, 1808년에 호레시어스 보나, 1809년에 A. 무디 스튜어트, 1810년에 앤드류 보나, 1813년에 로버트 머레이 맥체인, 그리고 1814년에 조지

그리고 두 번째 주목할 만한 사건도 즉각 벌어졌는데, 그것은 1809년에 파이프 주의 외진 곳에 있는 킬마니(Kilmany) 교구 교회목사인 토머스 찰머스(Thomas Chalmers)의 회심사건이었다. 그는 7년간 그 교회에서 사역했으며, 수학과 과학에 뛰어났고, 세속적 야망을 추구했던 전형적인 온건파였다. 찰머스는 한때 그의 집을 자주 드나드는 경건한 교구신도로부터 "목사님은 잡다한 일들로 매우 분주하시군요. 제가 주일에 교회에 올 때마다 목사님께서 연구실에 계신 것을 결코 본 적이 없을 정도로 말입니다."[5]라는 말을 들었을 때, 찰머스는 "아! 말씀 연구는 토요일 저녁 한두 시간 정도면 충분하지요."라고 대답한 적도 있었다. 또한, '광신주의'에 빠져 있는 회중들의 구원을 위한 그의 공기도도 매우 명확했다. 그런데 1809년에 그는 심각한 병에 걸려 몸져눕게 되면서, 오랜 시간 투병을 하게 되자 세월의 무상함과 영원의 중요성을 깊이 자각하게 되었다. 이후, 강단에 다시 설 수 있을 정도로 회복되었을 때 그의 설교에는 이전에는 느낄 수 없었던 진지함이 묻어났다. 그리고 그의 모든 설교에는 장차 올 세상에 대해서 무섭게 드리워졌다. 그리고 나서 찰머스는 3년 동안 그의 방 안에 들어앉아 신약성경을 연구하였다. 어느 누구도 그가 성경을 들고 있지 않은 모습을 본 적이 없을 정도로 그는 언제나 손에서 성경을 놓지 않았다. 그럼에도 불구하고 찰머스는 "요한아, 모든 것이 너무 부족하다, 모든 것이 너무도 부족하다."라고 단호히 외쳤다.

이어서 영적 변혁 운동의 시작을 이끈 세 번째 사건은 『존 녹스의 전기』라는 책의 출간이었다. 토머스 맥크리 박사가 쓴 이 책은 1811년에 출판되었으며, 스코틀랜드 전역에 개혁자였던 존 녹스의 활동을 생생하게

스미톤이 태어났다. 이들은 모두 당대에 크나큰 쓰임을 받은 자들이었다.
5) William Hanna, *Memoirs of Thomas Chalmers*, vol. 1. 262.

소생시켜 주었다. 이 책만큼 온건주의의 실상에 대해서 예리하게 지적하고 경고하는 책은 없었다. 브레아의 제임스 프레이저(James Fraser of Brea)가 『회고록』에서 "내가 녹스를 읽었을 때 나는 성경에 훨씬 더 근접하고 현대신학보다 훨씬 내 경험과 일치하는 다른 신학체계가 있음을 발견했다."라고 언급했을 정도로 이 책의 영향력은 대단했으며, 이와 같은 경험은 수많은 신학생들과 목사들에게 전해졌다.

이후 맥크리 박사는 1819년에 녹스의 후계자인 『앤드류 멜빌의 전기』를 썼는데, 이 책은 『존 녹스의 전기』와 함께 '스코틀랜드 교회의 일리아드와 오디세이'로서 알려지게 될 정도였다. 호머의 영웅들이 수많은 모방자들의 마음에 불을 지폈듯이, 이 두 권의 책도 영적인 거장의 본을 따르고자 하는 수많은 사람들 안에 거룩한 야망을 야기시켰기 때문이었다.

그런데 진리를 수호하기 위해 펜을 든 사람은 맥크리 박사만이 아니었다. 1810년, 31세의 나이로 에든버러에서 사역을 시작한 앤드류 톰슨은 『Christian Instructor』라는 잡지를 발간한 바 있다. 이 잡지는 계간지로서 스코틀랜드의 수많은 복음주의 가정에 배포되었고 국가의 심장과 양심에 호소하는 진리를 소개하였다. 톰슨의 강력한 지도력은 흩어진 복음주의 진영들을 한데 모았고 그 물결이 흐름을 서서히 바꿔 가기 시작하였다.

1815년에 찰머스는 한적한 킬마니 교구 교회를 떠나 수천 명의 교구민들이 있는 글라스고 지역으로 옮겼다. 타오르는 달변과 엄청난 에너지를 가지고 그곳으로 간 것이다. 그는 '설교를 통해 글라스고의 지식층들의 입을 다물게 하였을 뿐만 아니라 스코틀랜드와 영국 전체의 사람들을 섬광의 빛으로 정복해 나갔다.'라고 전해지며, '그는 복음주의 운동에 명령을 내릴 수 있는 지도적인 위치에 있었다. 소망으로 가득 찬 메시지를 명하고 모든 위기 상황에서도 승리를 가져다주는 적극적인 추진력을 지니신 분이었다.'라는 평가를 받았다. 이후, 찰머스 박사는 1823년에 성 앤드루스 대학의 도덕철학 교수로 임명되었으며, 1828년에 학교를 떠날 때까지 300명의 학생들에게 강의를 했다. 그리고 나서 그는 그의 생애 가운데 가장 위대한 일을 이루어 냈던 에든버러에서 신학교수로 봉직하였다.

토머스 찰머스 박사가 스코틀랜드 수도 중앙에 있는 신학강단에 서게 된 것은 그 시대에 가장 의미 있는 일이라고 할 수 있다. 그가 오기 5년 전에 에든버러 신학강단의 학생들에게 성령의 부어 주심이 있었다.[6] 그러나 찰머스 박사가 오기 전까지 성령께서 부어 주신 은혜에 대해 긍정적으로 이해하고 학생들을 주도적으로 이끌었던 교수들은 아무도 없었다. 그런 환경 속에서 찰머스 박사는 이미 일어난 영적인 역사에 새로운 시대를 열어 가는 힘이 되었다. 1시간 15분 동안의 그의 첫 강의를 마쳤을 때 장차 무슨 일이 벌어질지를 알려 주는 징조가 나타났다. 그곳에서 신적 진리를 묵상함에 있어서 온몸으로 느껴야 한다는 강한 이끌림이 일어났던 것이다. 그런데 1828년 11월 6일 추운 아침, 강의를 듣고 벤치에 모여든 학생들 가운데에는 찰머스가 킬마니 교구에서 온건주의자로 사역하던 기간에 태어난 두 사람이 있었다. 그들은 바로 윌리엄 커닝함과 제임스 배너만이었다. 잊지 못할 감격을 누렸던 윌리엄은 '우리의 시온에 은총의 바람이 불 것이라는 소망에 푹 빠지지 않는 것이 불가능한 것이었다. 그렇다. 그 정한 날이 다가오는 것이다.'라고 그날의 감동을 기록하였다.[7]

윌리엄 커닝함은 장사를 하는 하밀톤의 외아들이었는데, 아버지가 일찍 돌아가시자 그의 어머니는 레스마하고(Lesmahagow)로 이사했고, 이후 베

---

6) 'Sketch of William Cunningham' by John J. Bonar in *Disruption Worthies*, 137.

7) James MacKenzie and Robert Rainy, *Life of William Cunningham*, 36. 이 전기는 몇몇 부분은 실망스러운 것이 있지만 그래도 커닝함의 전기 표준으로 삼을 만한 책이다.

르윅 주에 있는 던스(Dunse)로 옮겼다. 이런 환경으로 인해 커닝함은 이 두 지역에서 교육을 받게 되었다. 그의 모친은 언약도 페든(Peden)의 후손이었는데, 사람들은 윌리엄 커닝함에게서 그의 조상인 알렉산더 페든의 대중을 이끄는 지도력과 두려워할 줄 모르는 기질이 보인다는 이야기도 하였다. 그렇게 시간이 지나고 1820년이 되자, 커닝함은 에든버러 대학교에 입학함으로써 목회사역을 위한 준비의 길로 들어섰다. 그러나 그는 3년간 영적인 것보다는 문학작품들에 관심을 두었다. 이는 그가 종교적으로 온건주의가 팽배했던 상황에서 자랐기 때문에 어찌 보면 당연한 결과였다. 그러나 3년 차 공부를 마무리 짓기 전에 그는 영적인 필요성을 깊이 자각하는 계기를 맞이했다. 이 때문에 그는 에든버러의 온건주의파 설교자가 와서 설교해 주기를 갈망하였고, 버림받은 죄인이 어떻게 구원을 받게 될지에 대해 가르쳐 주는 설교자를 앙망하고 있었지만 다 헛일이었다. 그런데 경건한 로버트 고든(Robert Gordon)의 설교를 듣고 나서는 상황이 달라졌다. 그의 설교를 듣고 난 윌리엄은 복음의 자유로움에 들어서게 되었다. 이후, 방학을 맞아 집으로 돌아온 그는 던스의 목사인 그의 숙부와 함께 식사를 하면서 복음적인 설교에 대해 격한 논쟁을 벌이게 되었다. 놀라움을 감추지 못한 숙부는 깊은 자제력을 가지고 커닝함의 주장을 반박하는 것 대신에 "나는 에든버러에 있는 모든 온건파 목사들에 대하여 고시와 설교실습을 검증한 바 있다. 그러나 그들 중 어느 누구에게서도 인간이 구원을 얻기 위해서 무엇을 해야 할지 가르치는 것을 배울 수 없었다!"라고 온화하게 말하였다. 이를 계기로 커닝함은 선배들로부터 물려받은 그의 신조를 버리기로 결정하고, 복음을 변호하고 선포하는 자로 나서게 되는 엄청난 전환을 맞이하게 된 것이다.

한편, 제임스 배너만은 퍼스 주에 있는 카길(Cargill)에 있는 목사의 사택에서 태어났다. 그의 조상들은 적어도 18세기 초부터 스코틀랜드 교회의 목사들이었다. 그런데 제임스의 아버지는 그가 어렸을 때 목사직을 박탈당하였다. 어린 시절 그는 퍼스 아카데미아에서 교육을 받았고, 1822년에 에든버러 대학교에 입학하였다.[8] 배너만은 일찍부터 구원받은 믿음을 소유한 자였다. 그런데 흥미로운 사실은 커닝함의 회심에 영향을 끼친 로버트 고든 박사가 배너만에게도 강력한 영향을 주었다는 점이다. 이는 로버트 고든 박사가 배너만이 학창시절을 보낸 퍼스 아카데미아에서 수학 보조교사로 봉직하였기 때문에 가능한 일이었다. 커닝함과 배너만, 두 학생이 서로 교류가 있었는지에 관해서는 확인할 수 없지만 고든 박사는 이 둘을 함께 묶는 수단이었다고 볼 수 있다. 그런데 이후 1828년, 찰머스 박사가 도착하던 해에 두 학생은 아주 친한 친구가 되어 있었다는 점은 분명한 사실이다. 이들은 '코터리(Coterie)'라고 불리는 젊은이들의 모임에서 리더로 활동하기도 했다.

커닝함의 미래는 이미 그의 학창시절에 증명이 되었다. 그는 거대한 연구 욕심을 잠재울 수 없었으며 어떤 주제이든 피상적인 지식으로 만족하지 않았다. 에든버러에서 생활을 시작한 지 6년 만에 그는 530권의 책을 소화하였다. 여기에 팸플릿이나 잡지들은 하나도 포함되지 않았다. 그의 열정은 그의 예리함과 조화를 잘 이루었다. 한번은 그가 논문들을 집에 가지고 와서 작은 화롯불 주변에 앉아 있는 친구들에게 엄청난 열정과 몸짓을 가지고 전달하자, 어머니는 "윌리야 윌리야! 만일 네가 강단에서 그런 열정으로 서게 된다면 너는 책상에 있는 모든 먼지들이 다 털고 일어나게 할 거야! 그리고 저 회중석 밑에 앉아 있는 가련한 노인들을 다 장님

---

8) J. R. Omond, 'Sketch of James Bannerman' in *Disruption Worthies*.

으로 만들지 않겠니?"라고 이야기했다고 전해진다. 커닝함은 또한 학생들의 토론 모임에서도 어떤 대적자들과도 능히 맞서는 자였다. 한 예로, 인도의 위대한 선교사였던 알렉산더 더프(Alexander Duff)는 1828년에 에든버러를 방문했을 때의 일을 들 수 있다. 그가 뜨겁게 달아올랐던 주제인 '가톨릭 노예해방(Catholic Emancipation)' 문제에 관한 논쟁에서 얼마나 큰 인상을 주었는지 다음과 같이 설명하였다.

"여러 연사들이 발언을 한 후에 다른 동료들보다 머리 하나 정도 더 큰 사람이 일어나 마음에 깊은 지워지지 않는 인상을 심어 주었다. 그의 발언은 그의 개인적인 인상착의만큼 강렬하였다. 그는 다양한 정보를 숙지한 채 적절한 문어체를 이용하여 예리하게 즉각적으로 답했으며, 독설을 내뱉는 잘못된 생각들에 대해 적합한 반박들로 맞섰고, 어떤 미사여구도 없이 투명하고 담백하게 자신의 의견을 표현하였다. 나는 호기심이 크게 일어 그가 누구냐고 물어보지 않을 수 없었다. 그는 신학교 강단에서 학업을 이제 막 마쳐 가는 졸업반 학생 '윌리엄 커닝함'이라고 했다. 나는 '와, 와! 만일 저 사람이 산다면 그는 논쟁과 변론에 있어서 또 다른 앤드류 톰슨 박사가 되고도 남을 거야!'라고 나도 모르게 외치고 말았다."[9]

커닝함은 1828년 말에 복음 설교자로 인허를 받았고 일 년 후에 은퇴를 앞둔 목사가 목회하고 있는 그린녹 교회의 부목사로 청빙을 받았다. 그의 전기를 쓴 작가는 그 교회를 '분주한 클라이드의 요동치는 어촌교

---

9) *Life of william Cunningham*, 40.

회'라고 묘사하면서, "그 교회는 책을 읽고 연구하는 일에 몰두하기를 좋아하는 사람을 잘못 골랐다. 그러나 그를 학교로 보낸 것처럼 그를 어촌 교회로 가게 한 것도 하나님의 섭리였다. 사실 그곳에서 커닝함은 남은 생애 동안에 이루어 낼 위대한 일들을 위하여 준비하는 놀라운 시간들을 가졌다."라고 전했다.

학창시절에 커닝함의 동창이었던 보나(J. J. Bonar)는 '스코틀랜드 서쪽 지방에서 일어난 돌발적인 부흥주의를 직면했을 때였다. 처음에는 감상주의적인 알미니안주의로 나타났지만 그 후에는 잘못된 펠라기우스 주의로 발전되고 말았다. 그 상황에서 커닝함은 그린녹에 청빙된 것이었다.'[10] 라는 기록을 남겼다.

사실, 그린녹 교회는 하나님의 사랑을 보편적 구속신학과 보편적 사죄신학으로 귀결시킨 덤바톤 주 로(Row) 교회의 목사인 존 캠벨로 인하여 큰 소용돌이에 휘말려 있었다. 또한 그와 동시에 방언과 병 고치는 은사를 소유한 자들의 은사집회가 벌어지고 있었다. 그런 상황에서 젊은 목사는 수없이 많이 곤경에 빠졌을 것이다. 그러나 커닝함은 장로들이 예견했던 것처럼 자심의 임무에 충실했다. 그 당시에 발생한 여러 가지 논쟁은 그의 잠재적인 능력까지 모두 다 발휘하게 하였다. 그는 작금의 현상들에는 매우 치명적인 위험요소가 있다고 하였지만, 탁월한 능력으로 그러한 오류들을 다루었고, 그 결과 또한 눈에 띄게 성공적이었다. 그의 방법은 순수한 복음을 적극적으로 설교하는 것이었다. 목적대로 그는 영혼의 회심을 추구하였고, 이 방법은 제법 효과적이었다.

또한, 국가적으로는 대체로 복음주의 운동이 매년 강화되어 가고 있

---

10) *Sermons from 1828 to 1860 by William Cunningham*, ed., by J. J. Bonar, xxv.

었다. 총회석상에서 앤드류 톰슨 박사는 온건파들을 내리치는 방망이였
다.[11] 복음주의자들은 때때로 '톰슨파'로 불렸는데, 그것은 바로 이 모임
이 증폭된 것이다. 그들은 백여 년 이상 누적된 부패의 고리들을 쓸어버
리고 교회를 이전의 순결한 교회 모습으로 회복시키기 위하여 준비하고
있었다. 그러나 1831년 2월 9일에 그들의 희망은 흔들리게 되었다. 왜냐
하면 왕성하게 일해야 할 나이에 톰슨 박사가 돌연 에든버러에 있는 자택
의 문 앞에서 쓰러져 세상을 떠났기 때문이다. 이는 너무나 큰 손실이었
다. 그러나 이 사건은 '여호와의 구원하심은 사람의 많고 적음에 달려 있
지 않다(삼상 14:6).'라는 진리를 사람들에게 가르쳐 주었다.

이듬해 총회에서 복음주의자들은 개혁을 이루기 위해 최초로 집단행동
을 시도하였다. 그것은 목사가 교회에 정착하는 것과 관련된 성직임명권
문제를 제기함으로 시작되었다. 본래 스코틀랜드의 교회 헌법에 따르면,
교구 교회 성도들의 다수의 동의가 없이는 교회에 부임할 수 없었다. 그러
나 앤 여왕이 18세기 초에 성직임명권에 대한 법령을 발포하면서 회중의
청빙은 형식적인 것이 되었고, 성직임명권을 가진 패트론(Patrons, 영향력 있
는 지주나 영주)이 자기가 원하는 사람을 교회에 앉히기 위해서 목사를 청빙
할 권리를 내세우게 되었다. 이러한 계획은 온건주의와 잘 맞아떨어졌다.
백성들은 온건파 목사를 탐탁지 않게 여겼는데, 그런 성직자들의 생사 문
제는 패트론에 달리게 된 것이었다. 이 때문에 이러한 사악한 제도를 개혁
하기 위한 시도는 수많은 난관에 부딪힐 수밖에 없게 되었다. 1832년에
유능한 온건파 목사들은 자신들의 권위에 도전하는 이 문제를 해결하기

---

11) 장로회 정치에서는 특정한 교회들이 노회를 구성하고, 노회들이 모여 총회를 형성한다. 총회석상
   에서 교회 정책은 노회 총대로 파송된 동수로 모인 목사 장로들의 선거에 의해서 결정된다. 따라
   서 총회는 싸움이 있을 수밖에 없는 결전의 장이다. 이 총회는 일 년에 한 번 모인다.

위해 전면으로 나섰다. 이와 같은 모습은 전혀 놀랄 일이 아니었다.

그런데 그때 한 가지 사건이 일어났다. 대법원 서기 보일 경과 맥팔렌 학장의 패트론을 옹호하는 강력한 발언에 맞서서 한 젊은이가 분연히 일어나서 목소리를 낸 것이었다. 그 청년은 예리하고도 밝고 자신감이 넘쳐 흐르면서도 매우 침착하게 발언을 이어 나갔다. 페이슬리(Paisley)의 이웃에서 온 자들만이 그가 제임스 백 목사라는 것을 알았을 뿐, 그를 알아본 사람은 거의 없었다. 총회석상에 모습을 처음 드러낸 23세의 약관의 젊은이가 뜨거운 논쟁을 주도적으로 이끌었다. 보일과 맥팔렌과 같은 거인들을 상대하는 저격수로 나선 그의 이름을 들어 본 사람은 거의 없었다.[12] 예기치 않은 광경을 목도한 많은 사람들은 백 목사가 이제 곧 혼돈에 빠져들고 말 것이라고 생각하였다. 그러나 그는 더욱 명석하고 힘 있게 그의 논쟁을 펼쳐 나갔으며, 날카로운 풍자의 말들로 도도한 청중들을 사로잡았다. 찰머스 박사는 손뼉을 치며 크게 기뻐하였다. 백 목사는 일어설 당시에는 무명이었지만 자리에 앉을 때는 유명한 사람이 되어 있었다. 비록 결과는 42표를 얻은 온건파들의 승리로 돌아갔지만, 온건파의 세력에는 이것이 매우 불길한 징조가 되리라는 분위기가 흘렀다. 이는 그 광경을 본 많은 자들이 당시에 일어났던 일의 중대성을 알아차렸기 때문이었다. 백 목사는 새 세대의 선봉장이었고, 온건파들은 전초전에 불과한 전쟁에서 승리한 것뿐이었다. 온건파들이 그들의 입지를 지켜 내는 것과 백 목사가 자기 의견에 동조하는 무리들과 옥외로 나가게 되는 것은 별개의 문제였다.

그 일은 얼마 지나지 않아 이듬해 에든버러에 있는 매우 유서 깊은 탈

---

12) Peter Bayne, *The Free church of Scotland*, 55.

보트 교회당에서 개회된 총회에서 정당한 것으로 증명이 되었다. 그곳은 머레이 섭정이 묻혀 있고 왕권을 대적하여 자기 의자를 집어던져 언약도 운동을 탄생시킨 제니스 게데스가 묻혀 있는 곳이었다.[13] 거기서 복음주의자들은 다시 한 번 성직임명권 문제를 제기하였다. 이에 온건파에서는 최고의 연사를 내세웠고, 이에 대항하여 다시금 한 젊은이가 역사적인 연설을 하였다. 그 역시 제임스 백 목사처럼 총회의 논쟁석상에 처음으로 등장한 인물이었다. 그러나 큰 키 때문에 사람들은 그가 금방 '그린녹의 커닝함'이라는 사실을 알아챘다. 두 시간 정도 경과한 후, 그가 자리에 앉았을 때 온건파들의 생각이 어떠했는지 한눈에 알아볼 수 있었다. "앤드류, 들어가시오!" 하며 누군가 외쳤다. 한편, 그 자리의 많은 사람들은 17세기의 젊은이 조지 길레스피를 연상하였다. 런던에 막 도착한 조지는 장화를 신고 말을 몰고 온 모습 그대로 웨스트민스터 총회석상에서 연설을 한 적이 있었는데, 그 당시 그의 반대편 논객인 셀던(Selden)은 "이 젊은이가 단 한 번의 연설로 내 생애의 전 학식과 수고를 다 날려 버렸소."라고 외쳤던 기억을 떠올렸던 것이다. 커닝함의 전기 작가는 이 사건을 "그날에 커닝함의 연설을 들은 사람은 오늘날까지 그 내용에 대한 놀라움을 감추지 못한다. 그러한 권능과 풍부함과 적확한 언어를 그들은 결코 들은 적이 없었다."라는 내용으로 기록하였다. 그러나 이 논쟁에서도 오직 12명만이 성직임명권 문제에 찬성하여 온건파들이 승리를 거두었다. 비록 그들은 실패하는 요인과 싸우고 있는 것이었지만 그들의 장벽은 절대 권력이 끝나기 전에 얼마 남지 않은 시간적 문제만 있을 뿐이었다.

---

13) 제니스 게데스는 1637년 7월 23일 성 자일스 교회에서 감독식 예배를 집전하는 사제에게 의자를 던졌다. 이는 라우드 대주교의 예식서를 읽지 못하게 하기 위해서였다. 이 사건은 폭동으로 번져 스코틀랜드 전역에서 찰스 1세를 반대하는 잉글랜드 의회에 유리하게 작용하는 언약도 운동이 탄생되었다.

제 2 장

만약 1830년대의 에든버러의 거리를 활보할 수 있다면, 우리는 노스 브리지를 건널 때 그 밑에 펼쳐진 광경을 보게 될 것이다. 물론, 오늘날의 기찻길과 같은 모습은 없겠지만 트리니티 칼리지 교회의 지붕은 볼 수 있을 것이다. 구시가지 중앙부에 서 있고, 하이스트리트와 프린세스 스트리트 사이 계곡에 위치한 이 고상한 고딕건물은 지난 4세기 동안 흘러간 사건들을 증언해 왔다. 1560년 국가적으로 첫 종교개혁을 받아들인 그해, 성벽은 이미 시대의 표상들을 담아내고 있었다. 그 표상들은 1638년 두 번째 종교개혁이 스코틀랜드 교회에 교회의 순결성과 권세를 가져다주었을 때까지도 존재했었다. 그리고 200년이 흐른 이후, 그 고대성곽이 마지막으로 무너지기 전에 다시 한 번 종교개혁과 함께했다.

1833년 여름 트리니티 칼리지 교회 강단이 비었을 때의 일이다. 총회 석상에서 커닝함의 명연설을 들으며 '내가 재직하는 동안 만일 도시에 빈 자리가 생기면 저 젊은 사람을 청하리라.'고 결심했던 에든버러 시장은 이를 실행에 옮겼다. 1834년 첫 주일에 커닝함은 그린녹 교회에서 고별 설교를 하고 그의 나이 28세 때 자리를 이전했다. 그는 그곳에서 그의 앞에 놓인 막대한 임무 중 하나를 맡게 되었던 것이다.

비록 그해의 중요성을 인식한 것은 아니었지만 1834년은 스코틀랜드 역사상 가장 화려한 시기 중 하나인 '10년 갈등(The Ten Years Conflict)' 기간이 시작된 해였다. 그 중요한 시점에 커닝함이 에든버러에 도착한 것은 갈등의 소용돌이를 일으킬 만한 요소가 되었다.

1834년 총회에서 복음주의파의 인사들이 184대 139로 그 유명한 거부권을 통과시켰다. 이것은 교인들이 받아들일 수 없는 목사가 교회를 맡게 되는 부당한 처사를 제지하는 법안이었다. 패트론(성직임명권자)들은 더 이상 회중이 원하지 않는 목사를 자기들 맘대로 임명할 수 없게 되어, 성직임명권의 악법이 사라지게 된 것이다. 그러나 이 법안이 실행되었을 때, 그들이 예상하지 못한 결과가 나타나게 되었다. 그 법안이 시행되던 1834년 여름, 패트론이 추천한 인사는 회중에 의해서 압도적으로 거부되어 가장 먼저 아우크터라더(Auchterarder) 교회가 비게 되자 노회에서는 회중이 선출한 목사 위임식을 거부했던 것이다. 그러나 문제는 여기서 멈추지 않고, 심각한 문제로 번지게 되었다. 패트론과 그들의 추천을 받은 자가 거부권 법안에 대하여 법적인 타당성을 제기함으로 결국 사회법정까지 가게 되었기 때문이었다. 기나긴 예비심사과정을 거친 1838년 초 법원의 판결은 패트론의 손을 들어 주었다. 그리고 아우크터라더 교회의 회중의 의지는 거부되었다. 그 결과, 복음주의 진영이 주도권을 잡은 총회는 이 판결을 수용하기를 거부하였다. 그리고 비록 그들이 국가교회요 여러 면에서 국가와 협력하는 동맹관계이었지만 그리스도의 법과 충돌이 될 때 교회가 시민법에 복종해야 할 이유가 없다고 천명하였다. 교회에서는 그리스도만이 교회의 머리요 법수여자이다.

1839년에는 스코틀랜드 전역에서 이와 같은 갈등의 문제를 인식하고 있었다. 의회가 법정의 결정을 승인해 주었을 때 그해 3월에는 극도의 긴장감으로 팽팽하게 맞서게 되었다. 복음주의 진영이 거부권행사를 포기할 것인가? 아니면 최고의 법정에 도전장을 낼 것인가? 그것이 모든 사람들의 입에 오르내린 질문들이었다. 시민법정은 그들의 결정을 강제 집행할 것이라는 데는 의심의 여지가 없었다. 패트론이 추천한 후보자가 레센디(Lethendy) 교구 교회 회중에 의해서 거부되고 두 번째 후보자가 결정되자, 시민법정은 그 선출된 자를 금령에 의하여 제지하였다. 그리고 총회의 지시에 의하여 던켈드(Dunkeld) 노회는 이 금령을 어기고 선출된 자를 위임하였다. 그 결과, 그들은 1839년 7월에 법정에 소환되었고, 간신히 법정구속은 면하였다. 이것은 영적인 문제에 있어서 최고법정의 판결을 거부하는 것 때문에 일어난 것이다. 목사가 피고석에 서는 것은 제임스 2세 이후 처음 있는 일이었다. 만일 복음주의자들이 그들의 개혁운동을 지속하고자 한다면 많은 고난과 자기부정의 일들이 수반되어야 함에는 의심의 여지가 없었다.

그런데 이러한 위기상황을 접하면서 스코틀랜드의 수많은 지역에서 강력한 부흥이 일어나기 시작했다. 의회가 아우크터라더 교회에 치명적인 결정을 내렸던 그해 7월 23일에 킬사이스 교구에서 하나님의 성령의 권능의 역사가 일어났다. 이 역사는 금세 다른 교회들로 번졌다. 던디의 로버트 머레이 맥체인 목사 교회도 그중 하나였는데, 그 교회에서는 그해 가을에 수많은 사람들이 큰 '두려움과 정적 가운데서' 복음을 듣게 되었다. 이어 1840년에 스카이 지역에 부흥이 있었다. 그리고 타인과 탈보트, 콜레이스, 러스킨 및 그 밖의 지역에서 연달아 부흥의 역사가 일어났다.[14] 이 사건들은 온건주의자들이나 시민법도 억제할 수 없는 일들이었다. '불로 응답하시는 하나님만이 하나님이로다.'라고 엘리야가 외치지 않았던가? 1839-40년에 하나님께서는 불로 응답하셨다. 놀라울 정도로 똑같은 현상이 벌어진 17세기를 떠올린다면 어느 누구도 이 사실을 부인할 수 없을 것이다. 1638년 종교개혁이 선행되었던 갈등의 시기에는 1625년 이후 스코틀랜드의 여러 지역에서 발생한 하나님의 영의 부어 주심으로 전환이 일어난 바 있었다. 그날 전에 복음주의자들은 성벽을 기대고 싸움을 했으며, 그 후에 그들은 더욱 강화되어 갔다. 교회는 세상이 알지 못하는

---

14) 'Religious Revival a Preparation' in Thomas Brown, *Annals of the Disruption*, 1884, 참고.

기이한 손길을 가지고 있었던 것이다. 1840년에 배너만은 "믿음으로 하나님을 향하는 눈과 이 지상을 덮고 있는 어둠 저 너머를 바라보는 것이 우리 조상들의 교회 주변을 둘러싸고 있는 말들과 불 병거들이 있음을 자각할 수 있게 될 것이다."라고 기록했다.

제3의 종교개혁에서 벌어진 1839-40년의 부흥이 발생한 곳과 함께 여기서 깨달아야 하는 교훈이 무엇인지 잠시 생각하고 가야 한다. 때때로 부흥과 종교개혁은 아주 다른 것이라고 생각한다. 어떤 측면에서 그 말은 맞다. 그러나 부흥은 교회 안에 있는 삶의 내적 자각과 연관되어 있다. 그 결과로 영혼들이 더 많이 모이게 된다. 부흥은 전적으로 성령의 역사로 말미암은 것이다. 그 영향들은 무엇보다 내적인 것, 즉 사람들의 심령과 영혼의 변화와 관련된다. 그런데 종교개혁은 교회를 하나님의 말씀으로 돌아가게 하는 것이다. 말씀의 규범에 따르지 아니하는 것들을 다 제거하는 일이다. 종교개혁은 교회생활의 외부적인 임무들에 영향을 미친다. 부흥은 교회의 외적인 변화가 수반됨이 없이도 일어날 수 있는 것이다. 18세기에 일어났던 것과 같은 사건이 일어날 때 강조점은 대체로 전도와 성결문제에 국한되는 경우가 많다. 하지만 그러한 종교개혁은 교회가 깨어나게 됨으로써, 그리고 성령께서 강력하게 역사하심으로써 의무수행에 큰 자극과 격려를 받아 달성되는 것이다. 우리가 종종 망각하는 부분이 바로 이것이다. 왜냐하면 종교개혁에 있어서 강조는 하나님의 말씀의 회복에 모아지기 때문이다. 따라서 신학과 교리가 포함된 논쟁과 토론은 필연적으로 발생하는 것이다. 즉각적인 질문은 영혼의 구원이 아니다. 그보다 더 시급한 문제들을 처리하는 것이다. 그럼에도 불구하고 종교개혁은 언제나 성령의 역사와 동일시된다. 다시 말하지만, 종교개혁은 영혼의 구원과 성결한 삶의 촉구함이 없이는 성취될 수 없는 것이다.

신학적인 모든 논쟁은 종종 부흥과 영적 번영에 적대적인 것으로 여겨 왔다. 그러나 사실상 논쟁과 격렬한 논의가 있을 때 하나님께서 능력으로 그의 백성들 가운데 역사하시곤 한다. 1839년만큼 스코틀랜드에 신학적 혼란기를 겪은 때는 없었을 것이다. 이 사실과 관련하여 토머스 브라운은 그의 『분열에 대한 회의록』에서 "교회는 사람들의 지적인 활동들이 일깨 워지도록 자극받는 논쟁의 충격으로 받는 영향보다 세속적인 평화의 정 적만이 흐르는 무관심으로부터 나타나는 죽음이 훨씬 강력한 영향을 미 친다는 사실은 모든 지역에서 경험하는 것들이다."[15]라고 정확하게 지적 하고 있다. 그래샴 메이첸 박사가 이 나라를 방문하였을 때 이 점에 대해 서 자신 있게 말한 바 있다. 그분이 관찰한 것은 다음과 같았다.

"사람들은 교회 안에서 벌어지는 논쟁에 참여하는 것 대신에 부흥을 위해서 하나님께 기도해야만 한다. 논쟁 대신 전도도 해야만 한다. 한편, 여러분이 생각하는 부흥은 어떻게 일어나는 것인가? 선포해야 할 복음에 무관심하다면 과연 그런 복음주의란 무엇인가? 신약적인 측면에서 부흥 은 없다. 모든 참된 부흥은 논쟁 가운데서 탄생한다. 그리고 더 많은 논쟁 으로 이끈다. 그것은 우리 주님께서 내가 세상에 화평을 주러 온 것이 아 니라 검을 주러 왔노라고 말씀하신 것을 생각하면 맞는 말이다. 그러나 나는 그것을 가져오게 될 한 가지 결과가 무엇인지 말할 수 있다고 생각한 다. 즉, 그날에는 교회 안에서 논쟁의 악한 부분에 대해서 말하는 것은 전 혀 들을 수 없을 것이다. 그것은 엄청난 홍수에 모든 것이 쓸려가 버리듯 이 다 사라지고 없을 것이다. 메시지를 전하는 일에 불이 붙은 사람은 곤 고하고 허약한 방편으로 말하지는 않는다. 그러나 그 진리를 기쁨으로 두

---

15) 상게서, 190.

려움이 없이 담대하게 선포한다. 그리스도의 복음을 대적하는 일에 분연히 일어서서 최고조로 외치게 되는 것이다.”

한편, 1839년은 제임스 배너만이 교회의 현장에 처음으로 모습을 드러내는 기념비적인 해이기도 하다. 그에 대한 전기도 없고 학창시절에 커닝함과 함께하였던 삶에 대한 기록도 아주 빈약하다. 1830년 1월에 퍼스 노회에서 임직을 받아 복음 선포자로 허락을 받은 이후, 그는 1833년 8월에 오르미스톤 교회의 목사가 되었다. 에든버러 남동쪽으로 약간 떨어진 이 분리된 미들로디안 마을에서 배너만의 사역은 크게 환영을 받았다. 이뿐 아니라 그의 성도들이 잘 양육 받아서 훌륭한 복음주의적 일들을 감당했다는 사실을 우리는 1869년 그의 사후에 출판된 설교집을 통해 확인할 수 있다. 오르미스톤 교회는 스트라스보기(Strathbogie) 사례가 부각되었던 1839년 겨울에 계속되는 위기 가운데 처해 있었다. 이때의 상황은 아우크터라더 교회와 레센디 교회의 사건들과 유사하였는데, 이 때문에 배너만은 논쟁의 중앙에 서게 되었다. 그 시기에는 온건파들이 장악하고 있는 노회에서 총회의 결의 대신에 세상 법정의 결정에 순종하여, 회중들의 반대에도 불구하고 패트론이 추천한 자를 위임하였다. 그 결과, 총회는 이 사건에 관련된 7명의 온건파 목사들을 징계했고, 징계를 받은 목사들의 죽은 교구들 안에서 다시금 복음을 선포하기 위한 특별위원회를 조직하게 되었다. 이러한 상황에서 제임스 배너만은 이 위원회 위원장직을 맡게 된 것이었다. 그리고 이 교구에서는 다른 목사들이 설교해서는 안 된다는 법원의 판결에도 불구하고 스코틀랜드에서 가장 유능한 신참 목사들을 내정하였다. 예를 들면, 맥체인 목사, 맥도날드 박사, 그리고 윌리엄 커닝함과 같은 자들이 생명의 말씀을 선포하도록 보내졌다.

이 일이 있고 난 후 얼마 되지 않은 때, 배너만은 이단사건을 종결짓는 문제에 개입하는 힘겨운 임무를 맡게 되었다. 이것은 바로 보스윅의 라이트(Wright of Borthwick) 사건으로, 유능한 사역자였던 그의 저서에서 오류들이 발견되었기 때문에 진행되었다. 오랜 세월이 지난 후에 배너만 목사와 같은 시대를 살았던 한 사역자는 다음과 같이 그때의 일을 회상하였다.

"라이트 목사가 면직되던 그날 밤에 총회에서 일어난 장면은 결코 금방 잊혀질 일이 아니었습니다. 지금 재판국장이신 변호인 존 잉글리스(Inglis)는 매우 길고 정교하며 거짓된 주장을 펼쳤습니다. 그리고 나서 배너만 목사가 일어나서 그 현장에서 거의 보기 힘든 장면을 보여 주었습니다. 그는 5분간의 연설로 상대편 변호인의 주장을 완전히 뒤 엎어버린 것입니다."[16]

여기서 '십년 갈등'이 어떻게 1843년대 분열로 역사적 결말에 이르게 되었는지에 대해서 설명할 수 없다. 또한 클라이드 강물 위에 떠 있는 강력한 증기선 중 하나처럼 커닝함이 어떻게 해서 그 수많은 논쟁이 거듭된 상황에서 강에 있는 모든 증기선들을 그들의 길로 항해하게 만들었으며, 어떻게 항구에 도달하게 이끌었는지, 그리고 그의 연설들의 긴박한 순간들로 반대진영을 무력화시켰는지에 대해서도 설명할 수는 없다. 전해지는 말에 의하면[17] 커닝함은 1839년 의회의 결정을 거부하도록 찰머스에게 용기를 북돋아 주었다고 한다. 또한 커닝함은 온건파의 가장인 엘론의 제임스 로버트슨에게 답변서를 제출하여 그의 노고를 무력화시켜 버렸으며, 스트라스보기 목사들의 면직에 대한 연설을 통해 휴 마틴(Hugh Martin)

---

16) 1868년 5월, *The Free Church Record*에서 배너만 교수에게 헌사된 글이다.

17) John Cunningham, *The Church History of Scotland*, vol. II, 479.

을 복음주의 진영으로 돌아오게 했다. 1842년, 총회에서는 패트론의 권리를 완벽하게 폐지시키도록 다수가 확보되었지만 그해는 불행하게도 기존 교회체계 안에서 복음주의 진영의 교회 개혁운동이 결코 진행될 수 없는 상황에 놓여 있었다. 왜냐하면 교권이 다 세속권력의 수중에서 불공정하게 제한되고 있었기 때문이었다. 따라서 그리스도만이 유일한 교회의 머리임을 견지할 수 있는 단 한 가지 길을 열지 않으면 안 되었다. 그것은 1843년 5월 18일에 일어났다. 그날, 총회석상에서 복음주의 진영의 총대들이 일어나 온건주의자들에게 작별을 고하고 그들이 힘들게 연관 지어 온 스코틀랜드의 제도적 교회를 떠나기로 했던 것이다. 보통 60~70여 명 정도가 최종 결정에 따를 것이라고 예측했었다. 그러나 복음주의 진영이 다 일어섰을 때 '다수가 일어섰고 문을 향해 걸어 나갔다. 이 광경은 너무나 놀라웠고, 경악 그 자체였으며, 심지어 공포스럽기까지 했다.' 451명의 목사들이 분리되어, 즉시 스코틀랜드 자유교회(Free Church of Scotland)교단을 설립하였다. 그러나 그에 수반되는 대가는 실로 엄청났다. 수년 동안 그들이 설교하던 교회당은 즉각적으로 닫혔으며, 그들이 거주했던 사택도 다 비워 주어야 했다. 예배당과 사택은 지난 세월 동안의 소중한 추억들이 담겨진 곳이었다. 어떤 곳은 그들의 사랑하는 아내나 자녀들이 묻혀 있는 곳이기도 했기 때문이었다. 커닝함의 목소리는 트리니티 칼리지 교회당 강단에서 더 이상 들을 수 없게 되었고, 배너만의 설교 역시 오르미스튼 교구 교회당 벽에 울려 퍼질 수 없게 되었던 것이다.[18] 그날은

---

18) 배너만은 즉시 오르미스톤에 새로 세워진 프리처지 교회의 첫 목사가 되었다. 신학교 교수가 된 커닝함은 더 이상 목회직을 가질 수 없게 되었다. 그럼에도 불구하고 그는 기회가 될 때마다 계속해서 설교하였다. 그는 사역을 시작할 때부터 마칠 때까지 총 1,895회의 설교를 했다. 1년에 60회 정도 설교를 했던 것이다. 비록 훌륭한 설교자였을지라도 그의 말년의 설교는 그의 사역 초기 그린녹에서 '강력한 바람 같은 역사'와 동일하지는 않았다.

슬픈 날이었다. 하지만 다른 한편으로는 영광스러운 날이었다. 원칙은 희생 위에서 승리한다. 성경이 인간의 법률들을 이긴 것이다. 이로써 전 스코틀랜드가 그리스도와 그의 말씀을 인하여 고난의 길을 가는 사람들의 본을 직면하였던 것이다.

신생교단인 자유교회에는 감당해야 할 요구사항들이 많이 있었다. 800여 개의 교회당을 지어서 해결될 일이 아니었다. 목사 후보생들이 개혁신학으로 훈련받을 수 있는 '새 대학'을 세울 어떤 재원도 허락되지 않았다. 기존교회로부터 분리되어 나온 찰머스 박사와 웰쉬 박사는 에든버러 신학대학의 교수직을 박탈당했다. 물론, 그들은 새롭게 설립되는 자유교회 칼리지의 교수들이 되었고, 윌리엄 커닝함과 경건한 존 던칸 목사도 동료교수로 임명되었다. 커닝함은 1845년에 웰쉬 박사의 죽음으로 교회사 교수직에 임명되었으며, 그로부터 2년 후에 찰머스 박사가 세상을 떠나자 학장 자리에 올랐다. 이에 따라 커닝함의 어깨에는 가장 무거운 짐이 지워졌으며, 그는 충실한 복음사역자들을 양성해야 하는 막중한 책임을 맡게 되었다. 하지만 그는 이와 같은 수고를 그의 옛 동료는 제임스 배너만과 함께 감당하는 것을 즐거워했다. 배너만은 1849년에 변증학과 실천신학 교수가 되었으며, 이 둘은 에든버러에서 신학생시절 함께한 지 20년 만에 학교에서 동역자로 섬기게 되었다. 그들은 20년이라는 시간 동안 모든 공적인 문제들에 있어서 두각을 나타내는 자들로 성장했던 것이다. 그리하여 이 둘은 떨어질 수 없는 동지로서 서로를 신뢰하며 일했고, 기도의 힘이 묻어나는 신학교 업무를 감당했으며, 1852년 여름에는 대륙으로 여행 가는 일까지도 함께했다. 그해 여름은 커닝함의 경험에 있어서 매우 기억할 만한 시간이었다. 그 시기에는 전염병이 돌아 커닝함의 어린 딸이 죽게 되었는데, 그때 그들은 함께 여행을 떠났던 것이다. 그리고 돌아왔을 때에는 그의 여섯 살 된 아들도 같은 질병으로 죽어 가고 있었다. 커닝함은 이와 같은 슬픈 소식을 배너만에게 편지로 전했다. 이 편지는 그 두 사람이 얼마나 깊은 영적 교제를 나누었는지 보여 준다. 다음의 글은 편지 그대로 인용한 것이다.

"나의 사랑하는 친구여, 여호와의 손이 내게 무겁게 놓였다네. 나의 갓난 아이를 데려간 같은 질병이 지난 수요일에 여섯 살 된 내 아들 앤드류에게 엄습하여 오늘 오후 6시 반에 숨을 거뒀네. 그는 매우 고통스러워했지. 그러나 그의 모든 태도는 그의 특별한 상태와 마찬가지로 여호와께서 그의 영혼을 매우 은혜롭게 대하신다는 우리의 소망을 굳게 하는 것들이었다네. … 내가 자네와 대륙에 함께 여행하는 동안 넘치는 기쁨을 가졌던 것과 비교할 때, 실로 나는 이 누적된 슬픔들과 더불어 여호와께서 나를 인도하신 그 모든 길들에서 넘치는 선하심을 보여 주셨다네. 나는 욥이 사용한 언어를 받아들일 만한 특별한 이유가 있음을 느끼네. '여호와께로부터 우리가 복(선한 것)을 받았으니 재앙(악한 것)도 받지 아니하겠느뇨?' 그러나 지금 그 엄청난 문제는 재앙이 선한 것으로 바꾸어짐을 보는 것이네."[19]

커닝함과 배너만이 섬겼던 시대에 에든버러의 뉴칼리지는 유럽에서 가장 훌륭한 신학교로 발돋움했다. 모든 과목들은 다 하나님의 말씀을 강론하는 자들이 되도록 사람들의 지성과 심령과 양심을 단련시키는 데 중점을 두었다. 최고의 지성을 요구하는 것과 더불어서 도덕적인 정직성과 영성 역시 학생들에게 가슴 깊이 수용해야 할 것들이었다. 히브리어 교

---

19) *Life of William Cunningham*, 394.

수인 존 던칸은 새해를 맞는 첫 강의 때마다 학생들에게 "많은 사람들이 여러분들에게 '새해 복 많이 받으세요.'라고 말할 것입니다. 그러나 여러분! 나는 여러분에게 '영원히 행복하시기를 기원합니다!(I wish you a happy eternity)'라고 말할 것입니다."[20]라고 말했다. 그의 청중들은 그들을 가르치는 모든 교수들이 그와 같은 바람을 공유하고 있다는 것을 느낄 수 있었다. 때로 던칸 교수가 '흐르는 눈물을 주체하지 못하며' 강의했던 것처럼 그들 모두가 그렇게 강의한 것은 아니었을지라도 그들은 모두 그리스도를 위하여 사는 자들로서 강의하였다. 커닝함은 일반적으로 신학수업과 관련하여 언급되는 이름이었지만, 사실 '그는 시급히 요구되는 *실천적인 의무*를 명확하고 당연히 해야 하며, 거부할 수 없는 의무감으로 만들어 버리는 능력을 가진 자였다. 그리고 그런 능력은 그 누구도 따라갈 수 없는 뛰어난 것이었으며 심지어 찰머스 박사와 견줄 만하다.'라고 생각한다.[21]

커닝함의 사역 중 이러한 측면은 매우 흥미로운 것이었다. 그가 『*The British and Foreign Evangelical Review*』에 기고한 마지막 논문은 「칼빈주의의 실천적 적용(The Practical Application of Calvinism)」이었다.[22] 많은 신학적 논증에 가담한 그의 삶은 그의 친구인 휴 마틴 박사를 위해 설교했던 말씀 속에 드러난다. 그는 베드로전서 1장 8절('예수를 너희가 보지 못하였으나 사랑하는도다 이제도 본지 못하나 믿고 말할 수 없는 영광스러운 즐거움으로 기뻐하니!')의 본문으로 마지막 설교를 하기에 적합한 전형적인 영적인 사람이었다.

19세기 중엽에 자유교회에서는 대단히 성공적인 일들이 나타났다. 그

---

20) *Recollections of the late John Duncan*, A. Moody Stuart, 83.

21) *Life of William Cunningham*, 237.

22) 커닝함은 1855년 10월부터 1860년 10월까지 *The British and Foreign Evangelical Review*의 편집장이었다. 그 후임은 조지 스미톤(George Smeaton)이었다. 이 저널은 19세기에 가장 훌륭한 신학적 저널 중 하나였다.

것들이 모두 커닝함과 그의 동료교수들이 이끈 후보생들을 위한 훈련과 관련되어 있다는 것에 대해서는 어느 누구도 의문점을 제기할 수 없었다. 이 신학교는 처음부터 학생들로 넘쳐 났으며, 40년이 흐르는 동안 약 1,300명의 학생들이 배출하였다.

커닝함은 1859년에 자유교회 교단의 총회장이 되었다. 총회장으로 재직하는 동안 그는 그의 형제들에게 미국과 울스터에서 일어나고 있는 부흥의 교훈들을 귀담아들으라고 촉구하였다. 그해 총회석상에서 그는 연설을 마무리하며, "우리는 필요합니다. 다시 말해서, 우리는 하나님의 영의 부어 주심을 *가져야만* 합니다. 복음이 선포되는 곳에서 하나님께서 하나님의 영을 풍성하게 부어 주시는 것을 마음속 가장 큰 소망으로 삼으십시오. … 하나님께 우리가 끈덕지게 졸라서 하나님을 쉬지 못하게 하듯이, 죽음에서 다시 살아나듯이, 하나님께 우리 자신을 기꺼이 내어 드립시다. 하나님께서 하나님의 영광과 섬김을 위하여 우리에게 주신 것들을 다 성결케 하십시다."[23]라고 선언하였다. 이것은 총회가 커닝함으로부터 들은 가장 위대한 연설 중 하나였고 마지막 연설이었다. 왜냐하면 이미 그는 한쪽 시력을 상실했고 그의 건강은 눈에 띄게 쇠퇴하였기 때문이었다. 그러나 그는 그의 간절한 소원을 눈으로 보기 전에 그의 수고의 현장을 떠날 수 없었다. 마침내 1860년에 스코틀랜드의 여러 지역에서 발생한 부흥들이 일어났다. 이로써 그의 소원은 부분적으로나마 성취되었던 것이다.

우리는 신학교수들 중에서 부흥에 대한 관심을 두드러지게 표명하는 자를 쉽게 발견하지 못한다. 그런데 뉴칼리지에서 100년 전에는 부흥에 대한 관심을 드러냈다[24]. 커닝함은 부흥을 다룬 책들을 매우 귀히 여겼다.

---

23) *The Life of William Cunningham*, 419.
24) 역자 주) 이 글을 번역하고 있는 지금으로부터 계산하면 거의 150년 전이다.

그리고 그 자신이 1842년에 17세기 초기 부흥의 역사에 있어서 가장 탁월한 분이었던 로버트 부르스의 생애와 설교들을 직접 편집하여 출판하기도 했다. 그리고 커닝함은 신학생들에게 조나단 에드워드의 『뉴일글랜드에서의 부흥에 관한 소고』(Thoughts on the Revival in New England)와 같은 책들을 읽으라고 촉구하였다고 전해진다. 이와 같은 관심은 다른 교수들에게서도 찾아볼 수 있다. '라바이 던칸'에 대해서 쓴 무디 스튜어트 박사는 "윌리엄 커닝함 다음으로 번스(Burns)만큼 이 땅에서 하나님의 일들이 부흥되기를 깊이 갈망하고 평생토록 사모한 사람은 없었을 것"이라고 평가했다. 한편, 조직신학 교수인 제임스 배너만의 설교는 1860년의 부흥의 때에 널리 사용되었다.

커닝함은 1860년 총회 개회예배에서 구속(The Atonement)에 대하여 설교를 하였다.[25] 보나(J. J. Bonar)는 이것이 그의 마지막 설교였다고 하면서 "그의 가장 훌륭한 설교"라고 극찬하였다. 그의 강의는 1861년 12월 초 집에 머물렀을 때까지 계속되었다. 12월 13일 임종이 가까웠다는 소식을 듣자, 그는 그의 옛 친구들과 동료들인 제임스 배너만과 부카난(Buchanan)을 청하였다. 그러고는 그의 영혼이 오래전에 안식처를 찾았던 기초에 대해서 그들에게 언급한 후에 다음과 같은 말로 기록된 그의 감동적인 고별인사를 끝으로 생을 마감하였다. 뉴칼리지 학생들에게 남길 만한 말씀을 해달라는 요청을 받자, 그는 아버지로서 가지는 관심으로 잠시 등을 기대며 생각한 후, "이 말 외에는 나는 특별히 할 말은 없습니다. 먼저 그들이 그리스도에게 자신을 드리게 하십시오. 그런 다음 전 생애를 주님을 섬기는 일에 헌신하게 하십시오. 문자로서가 아니라 영적으로 신약성경에 충실한 능력

---

25) *Sermons from 1828 to 1860 by William Cunningham*을 참고하라.

있는 사역자가 되도록 노력하라 하십시오."라는 말을 남겼다. 그러고 나서 그는 그의 동료들에게 애정 어린 마음으로 고별인사를 했다. 다정다감한 모습으로 그들의 손을 부여잡고서 다음과 같은 구절들을 반복하였다.

짧은 험한 세월이 지났구려.
이제 우리는 저 행복한 항구,
죽음이 우리 친구 사이를 갈라놓지 않는
더 이상 헤어짐이 없는 그곳에 도달하네.

이 구절들을 두 번이나 반복하며 친구들에게 "우리는 그 우편에서 만날 것일세."라는 마지막 말을 남겼다. 그의 입에서 나온 그 같은 단순한 말들과 함께 얼마 되지 않아서 스코틀랜드의 가장 강하고 고귀한 아들 중 한 사람이자, 사도 바울 시대 이후로 살았던 사람들 중에 가장 저명한 신학자들 중 한 사람이었던 커닝함이 세상을 떠났다.

그의 죽음은 교회에 더 이상 회복할 수 없는 손실이었고, 배너만에게는 개인적으로도 깊은 고통이었다. 친구를 먼저 떠나보낸 배너만은 뉴 칼리지에서 여섯 번의 겨울철을 더 보내며 학생들을 가르쳤다. 배너만은 제임스 부카난과 함께 커닝함의 저작들을 편집하여 1865년에 출판하였다.[26] 또한, 그의 귀한 책 『영감: 성경의 무오의 진리와 신적 권위』라는 책도 출판하였다. 그 후, 1867년 배너만의 건강도 급속히 나빠졌지만, 1868년 3월 27일 죽음을 맞이할 때까지 교실에서 강의를 계속했다. 뉴잉글랜드의

---

26) 이 저작들은 총 4권으로 출판되었다. 제1권은 종교개혁자들과 종교개혁의 신학, 제2권과 제3권은 역사신학, 제4권은 교회 원리들에 대한 논의이다. 『신학적 강론들』이라는 큰 책은 1878년에 출판된 것인데, 그의 제자들에 의한 요청으로 발행된 것이었다.

위대한 청교도인 보스톤의 존 코튼(John Cotton)이 죽음의 문턱에 도달했을 때, 그리스도와 함께한다는 것과 오랜 친구들이었던 존 프레스턴과 윌리엄 에임스와 함께한다는 것을 기대하며 크게 기뻐하였듯이 제임스 배너만 역시 동일한 감정을 가지고 이렇게 그의 마지막 말을 남겼다.

"이제는 종을 평안이 놓아 주시는도다. 내 눈이 주의 구원을 기다렸나이다. 오 하나님!"

제 3 장

개인적인 특성들에 있어서 커닝함과 배너만은 놀라울 정도로 유사한 점이 많다. 이 둘은 명석하고 중후한 풍채를 지니고 있었고 힘이 넘쳤고 매우 논리적이었다. 그리고 온순하고 침착하며 개인적으로 친절한 성품의 사람들이었다. 두 사람은 종교개혁의 신학을 명확하게 하고, 확산시켜 가는 일에 헌신한 사람들이었다. 그들은 철저하게 연구한 글을 썼고, 독자들에게 깊은 사상을 심어 주었으며, 바닷물처럼 매우 깊고 투명하였다. 또한, (커닝함의 경우에는 이루 말로 다할 수 없이 큰 것이지만) 주도적인 원리들을 파악하는 능력과 반대되는 사상 체계와의 차이점이 무엇인지 그 핵심들을 진술하는 능력은 탁월하였다. 그들은 논쟁에 있어서 공략할 수 없는 적수였지만, 내적으로 부드러움을 결코 잃지 않았으며 복음의 모든 사역자들을 특징하는 동정심을 베푸는 능력도 남다른 자들이었다.

던칸은 윌리엄에 대해서 "그는 지혜와 모든 사람들을 잘 돌보는 사랑을 가진 예수 그리스도의 훌륭한 군사이고, 그리스도께서 그에게 준 무자비한 유일한 성품은 오류와 죄에 대한 태도였으며, 하나님을 불명예스럽게 하는 자에게 대해서도 매우 사정없이 반박한 사람이었다."라고 묘사하였다.[27] 뿐만 아니라 이 두 사람은 논쟁에 있어서도 정적들까지 느낄 정도로 공정하고 정직한 뛰어난 논객이었다. 1838년, 커닝함이 심하게 아팠을 때, 온건파에 속한 '심술궂은 의사'가 커닝함의 건강을 묻기 위하여 에든버러에 있는 한 거리에서 복음주의 진영의 한 사람을 멈춰 세운 적이 있었는데, 그 온건파는 커닝함의 건강에 차도가 있다는 말을 전해 듣고 "아, 다행입니다. 나는 우리 가운데 그가 다시 돌아와 논쟁할 수 있기를 기대합니다!"라는 말을 전했다는 예화가 전해질 정도로 말이다. 또한, 1843년 그 운명적인 대 분열의 날인 5월 18일에 스코틀랜드 장로교회의 총회에서 마지막으로 모였을 때, 커닝함이 무너뜨린 엘론의 로버트슨은 일어나서 문 곁으로 가서 그의 얼굴에 핏기 하나 없을 때까지 그 광경을 바라보면서 슬픔으로 가득한 창백한 몰골이 되었다고 한다.

커닝함의 주된 작품인 『역사신학』은 1845년에 그가 교회사 교수로 임명된 후에 뉴 칼리지 학생들에게 강의한 내용을 묶은 것이다.[28] 이 책은 1862년 그의 사후에 출판되었으며, 1864년에 제2판이 인쇄되었다. 그리고 1870년에는 제3판이 출판되었다. 강의의 주제들은 제목이 시사하고 있듯이 기독 교회사를 설명하는 것이 아니다. 학생들은 그들 스스로 사실들과 날짜들에 대한 개요를 미리 습득하도록 요구되었던 것으로 볼 때, **본 주제는 교리사이다. 즉, 획기적인 사건들에 의해서 발전되고 성립된 성경신학을 다룬 교리사이다.** 커닝함은 단순히 먼발치에 선 관찰자의 냉철한 판단을 추구한 것이 아니라 전반적으로 성경에 의해서 모든 것을 검

---

27) David Brown의 *Life of John Duncan*에 있는 감동적인 글을 참고하라.

28) 이것은 (나중에는 2년 과정으로 줄였지만) 초기에 3년 과정에서 가르친 것이었다. 그의 건강이 완벽하게 회복되었는지 아닌지 전기 작가가 의심할 정도인 상태에서 이 강의를 준비하고, 후에 강연되었으며, 극도로 기진맥진한 상태에서 주어진 것이라는 사실은 실로 높이 살만하다.

증하고자 했고, 사도시대 이후로 교회사의 다양한 시대 안에서 일어난 진리로부터 위대한 이탈들을 주목하는 것에 이 강의의 목적을 두었다.

사실, 커닝함의 작품이 나올 때까지 영국에서 이 분야에 관한 책이 출간되지 않았다는 것은 매우 놀라운 일이라고 볼 수 있다. 이 저작들은 사실 잘 알려지지도 않았고 활용되지도 않았다. 그 이유를 발견하는 것은 어렵지 않다. 커닝함의 저작은 조직신학의 유용성과 필요성으로 추측되었기 때문이다. 그는 성경의 위대한 교리들이 다른 시대들 안에서 이미 다 정착되었다고 믿었다(삼위일체론은 아타나시우스 시대에, 구속론은 안셈 시대에, 칭의론은 루터 시대에 자리 잡았다고 믿은 것이다). 그리고 이 교리들은 다 하나의 유기적 연합을 이루고 있다고 믿었다. 마치 중세시대의 대성당들이 비록 수많은 세대를 통해서 작업된 것이라 할지라도 여전히 지어지고 있는 것과 같은 것처럼 말이다. 그는 성경에 계시된 지리의 체계는 *하나*뿐이라고 말했을 것이다. 역사신학에 대한 연구는 그 체계에 대하여 보다 명확하게 이해하도록 돕는 데 그 목적이 있다. 모든 영적 진리는 성경에 축적되어 있다는 것이 사실이다. 그러나 과학자들이 실제로 존재하는 우주로부터 나타나는 사실들과 진실들에 대해 의문을 던지는 과정이 필요하듯이 시대를 통해서 교회의 작업 역시 성경의 진리들을 모아 왔으며 '조직신학이라는 성전(temple) 속에서 그것들이 세워진 것이다.' 간단히 말해서, 역사신학은 이 건축과정에 대한 연구이다.

그런데 이런 생각들이 19세기 후반기에는 선뜻 받아들일 수 없는 것이 되었다. 하나님께서 섭리 가운데 교회에서 위대한 성경신학적인 교리들이 탐구되고 정착해야 한다는 자각을 갖도록 인도하셨음에도 불구하고, 최상의 빛을 가진 존재로 부추김을 받았던 교회는 도리어 옛 교리적인 표준들을 경멸하기 시작하였기 때문이었다. 그리고 마치 18세기의 신앙은 아무것도 아닌 것처럼 치부한 채 새로운 '신조(creed)'를 세워 나갔다. 사실 복음주의 진영조차 이러한 전염병에서 벗어나지 못했다. 심지어 그들은 '기독교란 교리가 아니라 삶이다.'라는 슬로건을 내세우기까지 했다. 즉, 진리를 체계적으로 표현하는 것은 논리의 남용이라는 것이고, 비논리적으로 생각하는 것이 참된 영성의 표시인 것처럼 주장하였다.

그런데 신학에 대한 이러한 새로운 관점이 발단이 되어 큰 실책이 일어나고 대혼란을 초래하게 되는 것은 결코 놀랄 일이 아니다. 그 당시에 커닝함과 배너만과 같은 사람들은 당연히 잊혀진 존재였다.[29] 더욱이 커닝함이 기독교 신앙에 가장 주요한 방해물들로 지목한 세 가지 체계가 만연되었다. 옛 신학의 거부는 이와 같이 심각한 상태로 이끌었으며, 그 결과의 중대성에 놀라지 않을 수 없게 되었다. 20세기 교회는 우위를 차지하는 묵직한 것을 되찾으려 하지 않고 오래전에 교회생활에 큰 해악을 끼친 오류들에 다시 빠져들게 된 것이다. 세 가지 체계는 로마교[30], 소시니안파와 알미니안이다.[31] 이 체계들은 오늘날 교회의 지성인들의 삶을 주도

---

29) 보나는 윌리엄 커닝함의 설교집을 출판하였을 때 그의 서문에서 다음과 같이 기록하며 촉구했다. p.12. "그 안에는 제네바 교리의 진수가 존재하는 설교집을 담고 있습니다. 거기에는 수정되지 않은 성경진리가 있을 뿐이며 닳아빠진 진리는 하나도 없습니다. 구닥다리 복음과 일반구원은 과거 교회들이 굳게 붙들고 사용해 왔던 진리들로부터 이탈해 버린 반역적인 이 시대에서 고마운 존재가 되거나 다시 태어나게 될 것입니다. 단언하는 것은 쉽지 않습니다. 아니, 도리어 그것은 너무 쉽다고 봅니다. 커닝함 박사는 그의 명성에 맞게 인식될 것입니다. 그러나 그의 희생적 신학, 법정적 칭의, 중생의 은혜, 그리고 확실한 선택교리들과 같은 그의 신학적 입장들은 사람들이 매우 호의적으로 환영할 것이라고 기대하지 않습니다. 그러나 그것은 모든 사람들이 마치 우상숭배에 미친 것과 같이 커닝함을 따라가기에 충분히 교리적으로 적합하고 사색적으로도 탁월한 가르침들입니다."
30) 로마교의 잠재력에 대한 커닝함의 입장은 그의 동시대 사람들이 가진 옅은 낙관주의와는 완전히 달랐다. 그의 전기 작가인 레이니(Rainy) 박사는 "그가 로마교 신학의 힘과 교활함을 과소평가하는 것은 큰 실수라고 확신했다. 그리고 그는 사단의 최고 걸작품이라고 규정하기를 결코 주저하지 않았다."라고 기술하였다.
31) 광범위하게 볼 때, 소시니안은 인간의 구원이 인간에게 달렸다는 체계이고, 알미니안은 다양한 형태가운데서 구원에 있어서 하나님과 인간 사이에 행위를 끼워 넣는 것이다.

하고 있는 보편적인 사상들이다. 이 나라 스코틀랜드에서 로마교가 지난 400년 동안 지금보다 더 큰 힘을 얻은 적이 없었다. 처음에는 소시니안주의와 현대 자유주의의 많은 현상들 사이에는 어떤 연결점도 없는 것처럼 보였다. 또 알미니안주의와 현대 복음주의 사이에도 전혀 관련이 없는 것처럼 여겨졌다. 그러나 그 고리는 사실상 그 이상도 그 이하도 아니다. 커닝함이 올바르게 파악한 것과 같이 그들은 우리 시대에 또 다시 개혁파 신앙에 가공할만한 적이 된다는 것을 증명하고 있다.

이 체계들은 『역사신학』을 재출간하는 특별한 중요성을 말하게 하는 사실들 중 몇몇 요소가 될 뿐이다. 이 저작들에서 가장 주목할 것은 좀 전에 언급한 오류들이며 그들에 대한 유일한 참된 성경적 해답으로서 개혁신학의 명확성과 강력한 힘으로 주창하는 것이다. 따라서 이것들은 우리가 과거 논쟁들로부터 현재의 문제들과 책임의 영역들로 즉각 진입하게 만든다.

뿐만 아니라 배너만의 『그리스도의 교회』라는 책을 재출간하는 것도 매우 중요한 의의를 가진다. 가시적 교회의 순결성과 정치 및 권징은 복음주의 진영에서 일반적으로 교회를 분열시키고 해를 끼친 문제들로 여기는 것들이다. 따라서 그런 것들에 대한 관심을 되살리는 것은 복음주의 진영의 연합과 협력사역을 위협하는 것으로 간주한다. 그렇게 생각하는 것은 부분적으로는 거짓된 교회론을 퍼뜨린 로마교 이단으로부터 나온 반응의 결과이기도 하고, 외형적으로는 크기 부풀리기에 급급해하는 자들의 요구들 때문이다. 이러한 것들에 반하여 이 책은 복음주의 전통에 있는 자들을 그리스도와 연합된 자들 모두가 속해 있는 위대한 불가견적 교회론으로 나아가게 한다. 우리가 두려워할 일은 현대인들의 태도가 가시적 교회론에 대하여 무관심의 결과로 이어진다는 점이다. 실제로 이 교리는 성경적인 분량 너머로 나아가게 할 수 있다. 그런데 널리 퍼져 있는 복음적인 경향은 그것을 최소화하며, 전체 주제에서 하나님의 말씀이 담고 있지 않는 교훈들을 다루지 않을 것이다. 모든 문제는 사람들의 편리주의 경향에 의해서 결정된다는 것이다. 따라서 가시적 교회에 대한 문제에 관해 많은 목사들은 '어떤 교회에서 내가 가장 자유롭게 사역할 수 있는가?'에 관심을 두게 될 수가 있다.

이러한 태도는 우리가 앞에서 살펴봤던 인물들에게는 아주 낯선 것이다. 그들은 1830년대에 스코틀랜드에서 제3의 종교개혁의 길을 닦아 놓았던 자들이었다. 복음주의자들이 복음선포를 위하여 함께 동역하는 사역에만 관여하는 것 대신에 자신들의 임무를 발견하기 시작했다. 그들이 속해 있는 가시적 교회를 *개혁*하는 것이야말로 그들이 해야 할 시급한 책무로 보기 시작했던 것이다. 이러한 까닭으로 '십년 갈등'이 일어난 것이요, 그 사이에 포함된 모든 논쟁들이 발생한 것이었다. 그들은 '뭐가 편리한 것이지?'라고 묻지 않았고, 대신 '우리의 의무가 무엇이지?'라고 물었다. 그들은 '이 문제들에 대해서 성경이 뭐라고 말하고 있지?'라고 물었다. 결과적으로 그들의 길은 쉽고 안락한 길이 아니었다. 그들이 붙든 교회론은 1843년에 엄청난 손실로 이어지는 고통의 길이었다. 심지어 집들과 교회를 잃어버리는 고난의 길이었다. 그러나 그들의 충실함에 따른 영적인 결과는 계산할 수 없는 것이고, 성령을 소멸하는 것 대신에 그들이 집중한 논쟁적인 것들은 1839-40년에 일어난 부흥 안에서 하나님이 높여 주신 것들이었다. 그들이 가야만 했던 길은 축복의 길이었다.

그러나 스코틀랜드에 있는 모든 복음주의자들이 처음에 제기된 문제들의 심각성과 관련하여 그들의 동료들의 견해에 동조한 것이 아니었다는 것은 매우 흥미로운 사실이다. 예를 들면, 그 시대의 부흥에 있어서 위대하게 쓰임을 받은 로버트 머레이 맥체인 목사는 1836년에 그가 던디에 어떻게 왔고 언제 오게 되었는지에 대해 언급하였다. 그는 '자신이 해야 할 가장 위대한 일은 기도하는 것과 설교하는 것'이라고 생각하였다. 그러나 나중에 그는 "새로운 빛이 내 마음을 강타하였다. 나는 설교가 그리스도의 예전이라면 교회의 권징 역시 마찬가지임을 깨닫게 된 것이다. 나는 이제 그 둘이 전부 하나님의 일임을 깊이 확신한다. 두 열쇠는 그리스도에 의해서 우리에게 맡겨진 것이다. 하나는 교리의 열쇠이요. … 다른 하나는 권징의 열쇠이다. 이 둘은 그리스도의 선물이며 죄를 짓는 자에게는 누구에게나 그 어느 것도 배제할 수 없는 것이다. 나는 교회가 최고로 잘 다스려질 때 가장 잘 번성할 것임을 조금도 의심하지 않는다."라고 말했다.[32]

맥체인의 개인적 자각은 16세기 개혁신학의 지도자들이 가졌던 것과 동일한 진리였다. 특별히 존 칼빈처럼 그들은 신약성경에서 주님 나라의 흥왕을 위하여 하나님이 제정하신 두 가지 위대한 방편이 있다고 분명하게 확신하였다. 첫째는 복음의 참된 교리요, 둘째는 가시적 교회의 순결한 정치였다.[33]

또한, 커닝함은 "칼빈은 이단이 구원의 길을 왜곡시킨 오류의 뿌리를 제거하는 가장 실제적이고 효과적인 길, 복음적 예배를 타락시켜 우상숭배로 만든 그 근본을 제거하는 길, 그리고 교회정치에 만연되어 있는 독재를 뿌리 뽑는 가장 확실한 길을 확신하였는데, 그것은 칼빈주의와 신약성경의 장로회주의로 되돌아가는 것이다."라고 기록한 바 있다.[34]

---

32) *A Basket of Fragments*, 241-3.

33) "이 체계와 정치에 대해서 연구하는 자들이나, 그것이 그리 중요한 것이 아니라고 경시 여기는 자들은 교회를 황폐하게 하거나 혹은 파멸시키려고 음모를 꾸미는 자들이다." 칼빈의 기독교 강요, 2권 317.

34) 그의 종교개혁에 대한 강의에서 발췌한 것이다. 그의 강의 목적은 다른 견해들은 악을 누그러뜨리고 빈약함을 양산할 수밖에 없는 것임을 설명하는 데 있었다. 그리고 오직 칼빈주의와 장로회주의만이 그 문제의 핵심으로 나아가게 한다고 믿었다. *Life of W. Cunningham*, 427 참고.

그러나 오늘날 우리에게 정말 필요한 것은 복음주의적 부흥이다. 아니, 사실은 그 이상의 것이 필요하다. 우리는 또 다른 종교개혁이 필요하다. 오류의 뿌리를 뽑아내는 데까지 나아가는 운동이 필요하다. 정치문제나 예전과 목회사역에 있어서 하나님의 말씀에 맞는 가시적 교회론으로 되돌아가게 하는 운동이 필요하다. 배너만의 책을 재출간하는 것은 그런 지침을 주는 한 방편이 된다. 이를 통해 사람들이 제대로 직면하지 못한 문제들을 보게 할 것이다. 물론, 모두가 다 배너만의 결론에 동의하지는 않을 것이다. 그러나 의심의 여지가 없는 것은 그가 신학생들과 목사들이 정말 재차 숙고해야 할 내용들을 풍성하게 제시하고 있다는 점이다. 종교개혁자들, 청교도들, 언약도들, 그리고 제3의 종교개혁운동을 주도한 자들이 붙들었던 교회론을 다양한 차원에서 연구하는 자들은 배너만의 『그리스도의 교회』야말로 가치를 매길 수 없는 주교재임을 증명하고도 남을 것이다.

마지막으로 커닝함과 배너만이 쓴 저술방식과 관련된 내용에 대해 설명하고자 한다. 존 맥클라우드 학장은 커닝함의 『역사신학』을 기독교 학생들의 배심원들에게 전달되는 판사의 정교하고 명석한 판결문에 비교하였다. 이것은 아주 적합한 비유이다. 판사가 손에 쥔 문제에 집중하는 것처럼 커닝함은 오직 그가 다루고 있는 입장들과 논지들에 대해서 예리하게 집중할 수 있도록 문장들의 형식을 사용한다. 독자들의 흥미를 붙들어 두기 위해서 예화적인 설명이나 일화들, 혹은 다른 영역들로 분산시키는 어떤 시도도 필요하지 않다. 거기에는 처음부터 끝가지 학생들이 자신들의 모든 신체적 기능들을 다 동원하여 읽을 수밖에 없는 지성적인 강한 추진력이 있기 때문이다. 커닝함의 저술이 가진 이러한 능력은 엄밀히 말해 그의 개성이 반영된 것은 아니다. 그의 친구인 보나는 그를 천성적으로 부드러운 심성을 가진 자라고 표현했다. 그는 화가의 눈을 가진 자요, 시의 아름다움에 매우 호의적인 사람이었고, 역사적 사실들에 흥미를 가졌으며, 사람들과 견해들, 특이성들, 논쟁들, 논박들과 관련한 정보를 제공해 주는 것을 무척 사랑한 사람이었다.

그러나 이러한 성품들은 『역사신학』에서 발견할 수 없다. 그것은 의도적인 것이었다. 그의 목적은 주도적인 원칙들을 다루는 것이었기 때문에 중심 주제들과 관련이 없는 것들은 의도적으로 제외시켰고 무시했다. 이에 대해 그의 전기 작가는 "그는 역사적 세부사항들에 대한 장식을 알면서도 희생시켰다. 인간의 본성과 경험으로부터 나오는 빛들은 빼 버렸다. 그 과정은 혹독했다. 동기와 정당성에만 전적으로 집중하였다. 그러나 학생들을 위한 섬김은 매우 정확하였다. 그의 훈련에 도입된 요소는 두드러지게 강력한 것이었다. 이 섬김이 커닝함 박사가 실천했던 것처럼 실행될 때 그것은 신학적 논쟁 분야에서 말로 다할 수 없는 가치를 부여잡게 했다. 이 점은 배너만의 『그리스도의 교회』라는 책에서도 동일하게 적용되어 표현되었다. 그러므로 이 점과 관련하여 달리 더 말할 필요가 없다고 본다."라고 전했다.

우리나라에는 이와 같은 영적이 사람들이 너무나 절실하다. 이들은 성도들에게 단번에 전달된 믿음 안에서 뿌리를 깊이 내린 영적인 사람들이다. 이러한 책들이 다시 활용될 수 있도록 수고하는 출판인들에게 감사드린다. 저자들이 이 땅에서 전심으로 섬겼고, 지금은 위에서 찬양하며 섬기는 하나님의 영광을 드높이는 데 이 책이 사용되기를 소망한다.

이안 머레이, 1960년.

서론

서론

교회사는 인간을 향한 하나님의 초자연적인 교통하심, 특히 인간의 타락 이후로 그의 백성들을 대하심, 그리고 인간이 구성하고 있는 사회나 그들이 만든 국가와 더불어 행하심 등에 관한 모든 기록을 이해하는 것이다. 하나님께서는 죄인들을 구원하시는 위대한 일을 시작하셨다. 그들을 자연 그대로의 상태에서 부르시고, 하나님 자신을 즐거워함을 위하여 준비하신 일을 하셨다. '에클레시아'라는 교회에 대한 가장 기본적이고 근본적인 개념은 '하나님께로부터 초자연적인 지식으로 부름을 받아 구원에 이르는 지식을 아는 자들(κλητοί)의 모임이나 또는 사회'이다. 그들이 교회이다. 교회의 역사는 하나님께서 그들을 다루시고, 그들을 인도하시는 가운데 백성들이 행한 일들의 역사이다. 하나님께서는 구약에서 시간이 존재하지 않는 기간의 상당 분량을 위하여 자기 백성의 역사를 기록하셨다. 하나님께서 우리와 교통하시고자 준비하신 교회 역사에 대해 주신 기록은 아주 믿을 만하고 무오한 자료들로 구성되어 있다. 우리는 그 자료들을 통해 하나님에 대해 믿을 수 있는 것이 무엇인지와 그분께서 우리에게 요구하시는 의무들이 무엇인지를 알 수 있다.

구약성경과 관련하여 즉각적으로 확신할 수 있는 것은 모든 성경이 다 하나님의 감동하심으로 주어진 것이라는 사실이다. 그것은 교훈과 책망과 바르게 함과 의로 교육하기에 유익한 것들이다. 우리는 이 모든 것들이 다 우리에게 교훈하시기 위하여 쓰인 것들이요, 장차 오게 될 세상의 마지막 날까지 소망을 품도록 하기 위하여 주어진 것임을 믿는다.

타락 이후 인류 족속들을 다루신 하나님의 연속적인 일들은 대개 세 가지 중요한 시기로 구분된다. 이것은 흔히 세대별로 나누는 시기로, 족장 시대, 모세 시대, 그리고 기독교 시대를 예로 들 수 있다. 이 세 가지 다른 세대들은 단번에 동질성과 다양성의 모습으로 특징지어진다. 그러나 하나님의 성품, 그분의 도덕적 정부의 위대한 원칙들, 그리고 사람을 다루시는 모든 위대한 하나의 목적이었던 계시는 다 동일한 것들이었다. 비록 그것들에 대한 지식이 각 사람들에게 여러 부분과 다양한 모양으로 나타났을지라도 같은 것들이었다. 타락한 인간들이 구원받는 길은 하나님의 속성과 도덕적 정부의 원칙에 의해 본질적으로나 근본적인 준비와 배열에 있어서 필연적으로 변하지 않는 방식으로 결정된 것이지만, 모든 시대에 다 동일한 것이었다. 그리고 인류 족속들을 향하여 하나님께서 분명하게 나타내신 세대 가운데서 볼 수 있는 주요한 차이는 계시의 충만함과 완전함에서 발견된다.

하나님께서는 각각 다른 시대마다 하나님의 성품과 계획들을 나타내 주셨다. 특별히 각각 다른 시기에 한정적인 대상들 안에서 하나님은 단 한 가지 분명한 종결적인 목적에 부합하는 구원의 방식을 알려 주셨다. 타락 이후 즉각적으로 뱀에게 저주하신 하나님의 선언, 즉 '그는 너희 머리를 상하게 할 것이요 너는 그의 발뒤꿈치를 상케 할 것이니라.'는 말씀이 바로 원시복음(protevangelium)으로 알려진 것이다. 원시복음은 복음에 대한 첫 선포, 구원의 방식에 대한 첫 통고이다. 이것은 불완전한 계시였다. 예수 그리스도께서 우리의 죄악들을 위하여 죽으셨다고 선언하는 것과 비교할 때 타락한 인간이 알기에는 완전치 못한 것이었다. 다시 말해, 우리가 소유한 모든 자료들과 관련하여 볼 때 이 선언문이 함축하고 있는 것을 온전히 이해하기는 어려운 역부족인 계시였다. 예수가 누구인지, 그가 어떤 분이었는지, 그가 우리들의 죄악을 위하여 죽으심에는 무엇이 포함된 것인지 등을 깨닫기에는 불완전한 계시였던 것이다.

족장 시대 또는 족장 세대는 타락으로부터 모세를 통해서 율법을 주시는 시기까지를 말한다. 그 세대의 명칭은 가솔들과 족속들을 이끈 놀랄 만한 인물들로부터 파생한 것이다. 역사 속에서 두드러지게 부각된 인물들, 즉 하나님께서 놀라우신 방식으로 그의 뜻을 나타내시고 그의 목적들을 성취하신 일들을 함께 이루어 나가기 위해 그 일을 담당했던 사람들과 연관된 명칭이다. 이 원시적인 기간 동안 하나님께서는 (충분한 증거에 의해서 성립될 수 있듯이) 아들이신 하나님, 즉 인간의 육체를 입으시고 사람들 사이에서 자리를 펴시고 거하신 성자 하나님께서 그의 선택된 종들과 개별적으로 교통하셨다. 그리고 하나님의 성품과 목적들에 대하여 더 온전한 모습으로 드러내 주셨다. 그분은 다양한 방법으로 사람들에게 매우 중요한 교훈들을 가르치셨다.

그런데 이 족장 시대는 세 가지 원칙적인 시기로 명백하게 나누어진다. 첫째 시기는 타락으로부터 대홍수로 이어지는 시기이다. 홍수는 타락한 인간의 본성이 만들어 낸 첫 경험적인 결과물이었다. 그것은 타락한 인간의 본성과 자연적으로는 극복이 불가능한 성향들에 대한 결과물이었으며, 그와 동시에 하나님의 주권적인 자비의 목적을 효과적으로 보여 주는 결과물이었다.

둘째 시기는 일반적으로 대홍수로부터 아브라함을 부르신 시기까지로 보거나 하나님께서 그에게 본토 아비의 집인 메소포타미아를 떠나 후손들에게 주실 가나안으로 가라고 명하신 그 시기까지로 본다. 이 사건에서도 택한 자들을 향한 하나님의 주권적인 자비의 목적이 나타났다. 여기에서는 이전에 허용해 주셨던 것보다 더 나은 계시의 발전이 수반되었다. 인간의 구원과 관련하여 하나님의 계획과 목적들이 더 많이 드러난 것이다. 그리하여 바울 사도가 아브라함과 관련하여 하나님께서 무슨 말씀을 하셨고 어떤 일을 하셨는지 말할 수 있게 된 것이다. 이는 기독교 계시에 대하여 가장 중요하고 특별한 원칙들 중 몇 가지에 빛이 비추어짐으로써 이루어진 것이다. 아브라함을 부르신 일은 그의 후손들로 이어지는 하나님께서 택하신 백성들의 역사 속에서 그들과 거래하신 연속물의 첫 시작이었다고 볼 수 있다. 이것은 물질적으로 세속사에서 지금의 시대에까지 영향을 미치고 있는 역사이다.

셋째 시기는 아브라함의 부르심으로부터 율법이 주어진 시기까지이다. 여기에는 신실한 믿음의 선진들(족장들)과 후손들을 다루신 역사가 포함된다. 그리고 세상의 일반 역사 속에서 벌어진 중요한 사건들이 하나님의 교회와 그의 백성들과 관련된 하나님 자신의 특별한 계획들 안에서 이루어지는 모습들이 나타난다. 또한, 이 시기에는 하나님을 사랑하는 자들, 곧 그의 뜻대로 부르심을 입은 자들에게 벌어지는 크고 작은 모든 일들은 협력하여 선을 이루게 하심을 확증해 주는 시기였다.

율법을 주신 사건은 하나님께서 사람을 대하시는 역사 속에서 매우 중요한 시점이다. 이것은 새로운 다른 시대를 여는 것이다. 하나님의 속성들과 정부에 대해 보다 더 온전한 계시로 점철되는 새로운 시대의 서막인 것이다. 구원의 길을 더욱 온전히 알게 하는 서막을 알리는 시대이다. 하나님의 계획과 목적들이 무엇인지를 분명하게 드러내는 시대이다. 이 모든 상세한 것들이 다 연관되어서 당대의 사건에 대한 몇몇 중요한 목적들을 효과적으로 나타내 주는 시대이다. 율법은 하나님께서 사람과 교통하신 많은 소통의 시간과 참으로 놀라운 상황들 속에서 모든 중요한 목적들을 달성하도록 기여했으며, 그 모든 것들이 세세히 살펴볼 가치 있는 것임을 드러내 주었다. 또한, 교회사에 있어서 매우 큰 부분을 차지하고 있는 모세 시대도 자연스럽게 세 시기로 구분할 수 있다. 이는 첫째, 율법이 주어짐으로 표시되는 시기, 둘째, 새 나라에 대한 소개와 히브리 왕조가 건립된 시기[35], 그리고 셋째, 바벨론 포로기로 나눈다.

이 시대에 율법이 주어지고 모세의 시대가 확립된 일 다음으로 가장 중요한 요소는 선지자들의 활약이라고 볼 수 있다. 그리고 그 사명이 지금까지 어떻게 실행되어 왔는지를 알려 주는 기록들, 즉 선지자들의 역사와 그들의 계시의 기록들은 점진적으로 증가되는 하나님의 영원한 주권과 자비하심에 대한 발전의 역사를 보여 준다. 선지자들은 하나님으로부터 인간에게 이르는 초자연적인 교통하심의 참된 특성에 많은 빛을 비춰 주었다. 참으로 초자연적인 교통을 검증하고 성립하게 하는 실제적이고 확실한 방식과 태도를 조명해 준 것이다. 그런데 실로 모세 시대와 족장 시대에 구약의 교회 역사를 살펴보며 염두에 두어야 할 가장 중요한 요소들이 있다. 그중 첫째는, 선지자들을 통해 세워진 증거나 그들과 하나님께서 인간들과 교통하심으로써 만들어진 초자연적인 교통하심의 실제와 확실성에 대한 것이다. 그것은 특히 우리 주님과 그의 사도들의 신적 사명에 대한 실제와 확실성이다. 둘째는, 초자연적으로 만들어진 신적 교통하심에 대한 참된 특성과 본질적인 취지에 조명하여 주심이다.

한편, 사람들의 관심을 끌 만한 것이나 사람들을 움직일 수 있는 두 가

---

35) 정착의 장소인 성전건축이 완료되는 시기로 명하는 것을 선호하는 자들도 있다.

지 중요한 질문들이 있다. 그것은 '하나님께서는 인간에게 그의 뜻에 대한 초자연적인 계시를 주셨는가?'와 '만약에 그렇게 하셨다면 우리에게 전달되는 이 계시의 실체는 무엇인가?'이다. 우리가 살펴보아야 할 다른 모든 주제들은 전부 다 이 두 질문에 종속된다. 족장 시대와 모세 시대는 주로 이러한 측면에서 연구되어야 하고, 이 목적들을 살피는 데 중점을 두어야 한다. 그래야만 그들은 연구를 통해 풍성한 교훈을 발견하게 될 것이고, 풍성한 흥미를 가지게 될 것이다.

기독교회사에 집중하는 이유

바로 앞에서 지적한 두 가지 질문은 너무나 중요하고, 그것을 위해서는 광대한 들판에서 선별하는 작업이 필요하기 때문에 구약에 기록된 교회 역사의 어떤 영역을 다루지는 않을 것이다. 대신, 육체 가운데 오신 하나님의 아들의 역사를 우선적으로 다룰 것이다. 나는 기독교 세대에 한정시키고자 한다. 보다 더 엄밀하게 말하자면, 기독교회사를 살펴보고자 한다. 우리 구세주와 그의 사도들에 의해서 이 지구상에 세워진 가시적 모임에 경계를 둘 것이다. 그의 뜻에 대한 완전한 계시를 즐거워하며 그 계시에 의해서 인도받는다고 고백하는 시대에 한정시킬 것이다. 역사의 이 부분을 선정하는 이유는 신학을 담아내는 엄청난 자료들을 제공하고 있기 때문이다. 그리고 기독교회사는 하나님께서 우리에게 초자연적으로 교통하신 모든 본질적인 것들을 명확하게 세워 가고 교정해 감에 있어서 충분한 도움을 주고 그 개념을 확고하게 부여잡게 해 주기 때문이다. 육체 가운데 명확하게 나타나신 하나님의 아들과 그를 따르는 제자들의 도구를 통해서 하나님께서는 인간들과 초자연적으로 교통하시고, 이로써 연속물의 완성을 이루신다. 이것이 바로 인류를 다루시는 하나님의 모든 계획하심의 정점이자 핵심을 형성하는 것이다. 우선적으로 해야 할 일이든 나중으로 미뤄도 되는 일이든 그 밖의 모든 것들과 관련하여 이 시대는 반드시 숙고해야만 하는 때이다.

하나님께서는 아들의 사역과 사도들과 제자들을 감동하심 안에서 모든 계획들을 성령의 인도하심에 따라 신약에 기록하게 하셨다. 신약은 사람들을 통해 하나님의 초자연적인 계시를 완성시킨 것이고, '인간의 상태가 어떠한지' 그리고 '그들의 책임이 무엇인지'를 제대로 이해하는 모든 이들에 대한 엄청난 목적을 담고 있다. 따라서 구원으로 인도하고 영원한 축복으로 나아가게 하는 이 계시의 지식을 반드시 습득해야만 한다. 복음 사역의 위대한 목적은 사람들이 이 지식을 습득하도록 돕는 것이고, 그것을 적용하여 결과를 나타내도록 하는 것이다. 물론, 이 목적은 우리가 하나님께서 허락하신 계시에 대해서 실제적으로 공부할 때 가장 직접적으로 조성되고, 가장 온전하고 효과적으로 달성된다. 그 내용들이 담고 있는 의미가 무엇인지를 살펴봄으로서 분명하고 정확한 가르침을 형성하며 그것이 취급하고 있는 주제들에 대한 개념을 확실하게 정리할 수 있기 때문이다.

그러나 나는 교회의 역사가 기독교 신학의 체계를 이해하는 데 도움을 주는 가장 광대한 자료들을 제공한다고 생각한다. 교회의 역사 자체가 교회사이다. 교회사는 하나님의 뜻에 대한 완전한 계시가 우리들의 손에 주어진 이래 벌어진 수많은 논쟁의 역사이다. 이는 특별히 그 의미와 중요성과 관련한 원칙적인 논쟁의 역사라고 할 수 있다. 이 계시를 사용한 교회의 방식의 역사와 그 의미들과 관련하여 토론을 벌인 역사는 평가의 기준이 된다. 왜냐하면 이는 '계시를 제대로 사용하고 적용할 때에 교회가 수용한 것이 무엇인지', '교통하기를 원했던 것과 효력을 미친 것이 무엇인지'를 평가하는데 아주 적합하기 때문이다. 그러므로 나는 하나님께서 그분의 계시를 완전하게 수여해 주신 이후에 교회 안에서 벌어진 교리적인 주제들에 대한 중요한 논쟁들을 살펴보고자 한다. 자료를 사용하는 목적은 그 개요가 그 주도적인 논쟁들 속에서 영적인 진리가 무엇이었는지를 확고하게 부여잡게 해 주는 데 있다. 그리고 특별한 주제를 다루는 토론 안에서 영적인 진리가 어떻게 정확하게 묘사되었는지를 확인해 보고, 토론에서 어떻게 성공적으로 방어했는지, 반대되는 오류가 어떻게 결정적인 순간에 효과적으로 반박되었는지 살펴보고자 한다. 또한, 이러한 관점을 바탕으로 사도행전에 기록된 것과 같이 예루살렘 공회가 주목했던 교회 자체의 특성과 정의와 관련하여 벌어진 논쟁들을 우선적으로 언급해 보고자 한다. 그것은 교회 안에서 일어난 최초의 논쟁이었다. 그다음에는 영감을 받아 활동했던 사도들이 사라진 후에 교회 안에서 발생하여 분열을 일으켰던 논쟁들에 대해 다루고, 현대 시대에 논쟁적인 토론을 불러일으킨 교리적인 주요 주제들을 차례차례 살펴볼 것이다.

교회사의 구분

사도시대 이후부터 현재까지 교회의 역사는 언제나 고대사, 중세사, 그리고 현대사, 이렇게 세 가지 주요한 구분을 지어서 이해되어 왔다.[36] 첫 번째로 고대사는 사도시대로부터 7세기 초 서방교회에 교황권이 완전히 성립된 시기와 이슬람주의의 생성까지이다. 사람들은 이 기간을 적그

---

36) 역자 주) 이것은 19세기 커닝함 교수의 글임을 기억하라.

리스도의 출현이 온전히 시작된 시기로 여긴다. 그런데 이 기간을 전후로 중요한 구분을 지을 수 있다. 즉, 콘스탄틴 대제(콘스탄티누스 1세)의 기독교 수용 시기의 전후로 나누기도 하고, 거의 동시적으로 발생한 종교회의, 일명 325년에 열린 니케아 종교회의 전후로 나누기도 한다.

두 번째 시기인 중세사는 7세기 초로부터 시작하여 16세기에 시작된 종교개혁 시대까지를 말한다. 대략 900년의 기간이다. 이 시기의 가장 중요한 양상은 우리의 주목적과 관련하여 볼 때 교리적으로나 도덕적으로 가속화된 교회의 부패이다. 이 시기에는 니케아 이차 종교회의, 스콜라 신학과 정경법 등에 의하여 우상숭배의 형식으로 특별히 형성된 죄악의 신비가 온전히 드러났다.[37] 이것은 루터와 츠빙글리 이전에 만들어진 노력에 의한 것이었다. 개혁자들은 성경의 기초를 기준으로 하여 교황권을 반대하게 되었고 교회의 개혁을 외치기 시작했던 것이다.

마지막 세 번째 시기인 현대사는 종교개혁의 시작으로부터 현재[38]까지를 말한다.[39] 역사적이며 논증적인 신학연구에 있어서 학생들이 염두에 두는 주요 목적은 논쟁적인 토론의 핵심이 무엇인지를 세세히 살피는 것이다. 그리고 교회가 하나님의 뜻에 대한 완전한 계시를 참된 지식과 신적 진리의 적용을 위하여 어떻게 바르게 사용해 왔는지를 더듬어 보고, 그것이 어떻게 잘못 적용되고 왜곡되었는지도 눈여겨보는 것이다.

이러한 목적과 관련해서 볼 때, 교회사에 있어서 가장 중요한 시기는 중세사와 현대사 사이에 위치한 종교개혁 시기임을 누구도 의심할 수 없을 것이다. 이와 같이 보는 이유는 종교개혁이 발생했을 당시와 그 이후

---

37) 역자 주) 로마 가톨릭의 우상숭배 형상들을 뜻한다.
38) 역자 주) 본문에서는 19세기를 의미한다.
39) 역자 주) 여기서 우리는 교회사 시기 구분을 초대교회사, 중세교회사, 종교개혁사, 그리고 근현대 교회사로 구분하고 있음을 다 알고 있을 것이다.

로 기독교 신학과 신학적 문서에 나타난 모든 주제가 방대한 양의 지식과 학문이 뒷받침되어 논의되고 배양되었기 때문이다. 또한 적어도 교회사 그 이전의 어떤 시기보다도 종교개혁 시기가 보다 더 이성적이고 조직적이며 만족스러운 방식으로 그 모든 주제들을 논의하였기 때문이다. 개인적으로 볼 때, 거기에는 타당한 의혹이 있을 수 없다. 왜냐하면 기독교 진리를 설명하고 세워 가고 진리를 명확하게 지성적으로 제시하며, 논의된 다양한 주제들을 철저히 규명해 내는 데 성공적인 결과를 낳은 학자들의 판단에 따르면, 종교개혁가들과 그들의 뒤를 이은 신학자들이 본래 가지고 있는 장점만 놓고 보더라도 이전 시대의 사람들에 비해서 뛰어났다는 사실을 반박할 이유가 없기 때문이다.

종교 개혁가들과 그 뒤를 따른 신학자들은 저자들과 저술들의 참된 가치를 생각해 볼 때 모든 의혹을 뛰어넘는 너무나 중요한 사람들이었다. 신부들과 학자들은 개혁자들과 17세기 개신교 목사들과 비교해 볼 때 단지 어린아이들에 불과하다. 이에 더해, 현재까지도 논쟁이 되고 있지만 실제적으로 매우 중요하다는 의견이 모아지는 기독교 신학 중 종교개혁 이전에 만족할 만한 논의가 있었던 주요한 신학으로는 삼위일체 신학을 꼽을 수 있다. 그리고 펠라기우스 논쟁에 내포된 몇 가지 주도적인 요점들이라 말할 수 있다. 그러나 그것들이 보다 더 충분히 논의된 시기는 고대보다는 현대이다. 적어도 논의의 핵심사항인 성경의 의미를 더욱 명확히 파악한 데 있어서는 그러하다. 예를 들면, 아리안과 펠라기안 논쟁에서 개진된 것들보다 소시니안과 알미니안 논쟁에서 전개된 것이 보다 명확하고 나은 것들이었다.

이러한 일반적인 진리의 근거 위에서 역사신학이나 교리사의 모든 적절한 목적을 위해서는 앞선 14세기 기간에 벌어진 것보다 지난 300여 년간 일어난 것과 관련한 신학적인 문서들의 역사를 탐구하고 논의하는 것이 더욱 중요하다. 한편, 교회 역사와 기독교 신학을 드러내는 일에 있어서 전적으로 비생산적인 시대라든가 전반적으로 경시될 만한 시대는 하나도 없다. 또한, 독립적으로 존재하는 역사적 가치를 지닌다거나 중요성을 지닌 시기도 하나도 없다. 사도시대 이후 첫 4세기나 기독교 역사의 제2~5세기의 중요성이나 관심의 정도는 신학의 역사나 다른 측면에서 볼 때 결코 적은 것이 아니었다. 제2세기와 제3세기에 드러난 교회는 어떤 차원에서 보면 가장 순수한 상태에 있었지만, 후에 폭넓게 번지게 된 오류와 타락의 모든 씨앗이 뿌려진 시기이기도 했다. 그리고 제4, 5세기는 그 전의 어떤 시기보다도 교회의 박사들 가운데서 재주와 학문이 더욱 많았던 시기였다. 왜냐하면 그 이후 수세기 동안 교회가 소유한 지식들을 무기 삼아 중요한 영적 진리들을 방어할 때 적용했던 요소들이었기 때문이다. 그러나 그와 동시에 오류들이 자라나면서 교회에는 금세 어둠이 깔리고 말았다. 그 어두움은 종교개혁의 빛에 의해서만 없어질 것이었다.

제1장

교회

(The Church)

제1장

교회

1. 교회의 속성

교회란 무엇인가?, 교회에 대한 적합한 정의는 무엇인가? 교회의 자질들과 특권들, 표지들 또는 구분되는 특징들이 무엇인가? 이러한 질문들은 논의할 만한 매우 중요한 것들이다. 그 질문들에 대한 논의는 로마가톨릭교회와 개신교 사이에서 일어난 깊고 영향력 있는 논쟁의 주제들이었다. 교황주의자들은 개신교도들과 논쟁하게 될 때마다 교회에 대한 일반적 주장들의 우월함을 나타내고자 항상 노심초사하였다. 그것은 두 가지 이유 때문이었다. 하나는 그들은 자신들의 의견에 전적으로 오류가 없다고 생각했기 때문이었다. 그들은 성경 안에 제시되고 있는 것과 같이 교회에 대한 일반적 주제에 대해 말할 만한 것들을 충분히 가지고 있다고 생각했다. 개신교도들과 논쟁에서 다루는 특별한 교리들과 관련하여 실제적으로 제시할 수 있는 것 그 이상의 내용들을 소유하고 있다고 생각했던 것이다. 다른 하나는 교회에 대한 그들의 일반적인 견해 때문이었다. 그들은 조직된(established) 가톨릭교회가 개별적인 모든 교리적 논쟁보다 더 우위에 있다는 견해를 가지고 있었다. 그러한 견해로 인하여 나타나는 실제적인 결과는 그들이 교회를 모든 은혜의 배포자요, 진리의 중보적 계시자로서 하나님의 방(room) 안에 세워져 있다는 주장이었다. 적어도 하나님의 말씀의 방 안에서 교회를 신앙의 유일한 잣대로 삼아 견고하게 서 있다는 것이었다. 따라서 이에 대한 결론은 '인간은 교회가 반포하는 것에 무조건 복종해야 한다.'는 것이었다.

이러한 사상적 바탕에 서 있는 로마교 교리의 핵심은 그리스도께서 지상에 세우신 교회가 매우 독특한 기관이어서 항상 지속적으로 결함이 없는 단체로 설 수 있고, 언제나 존재하며 가시적으로 누구나 볼 수 있다는 것이다. 그들은 교회를 다른 모든 기관들, 시민법적인 것들이나 교회적인 기관들과는 확연하게 구분되는 것으로 보며, 오류에 빠지지 않고 언제나 진리만을 반포하는 기관으로 믿는다. 이에 그들은 그리스도의 하나의 교회는 언제나 가시적이고, 무오한 로마의 교회와의 교제 속에 들어와야만 한다는 것을 증명하고자 노력했다. 즉, 로마의 교회만이 모든 교회의 어머니요 지배자이며, 그리스도의 사제이기 때문에 교회의 군주인 로마의 주교에게 인간은 복종해야 한다는 것을 증명하고자 했던 것이다.

한편, 개신교는 교회가 그리스도에 의해서 제정된 독특한 기관으로서 일반적으로나 전적으로 결함이 없는 것으로 여긴다. 개신교들도 교회는 항상 지상에 존재하는 것으로 믿는다. 왜냐하면 그리스도께서 명백하게 이것을 약속하셨기 때문이다. 그러나 그것이 로마교회가 주장하듯이 언제나 가시적인 것임을 예언하거나 약속하거나 시사하는 그 어떤 내용은 성경에 기록되어 있지 않다는 것도 인정하고 있다. 사실 주님의 이 교회는 언제나 있는 것이어야만 한다. 깨어지거나 지속적으로 이어질 수 없는 것이 아니다. 공적으로 조직된 기관이자 모든 사람들의 눈에 보이는 그리스도의 교회로서 의연하게 서 있을 것이다. 그리고 개신교는 로마교회가 주장하는 것처럼 교회가 무오하다는 것을 언급한 어떤 근거도 성경에 없음을 믿는다. 또한 교회가 언제나 무오하게 존재할 것이며 지상에 하나의 단체로서 가시적으로 사람들이 언제든지 쉽게 볼 수 있는 교회로 남아서, 어떤 잘못이나 오류가 섞이지 않은 채로 항상 하나님의 진리만을 선포하는 기관이 될 것이라는 내용에 관한 어떤 성경적인 진술이나 역사적인 사실이 없음을 인정한다. 그리고 설사 있다 하더라도 그와 같은 사실이 로마의 교회나 교황과 연계된 교회에 적용되는 것은 아니라고 주장한다.

이와 같은 유형에 대한 논의들은 그 특성상 거룩한 성경말씀을 살펴봄으로써 올바르게 결정될 수 있다. 즉, 개신교나 로마교가 다 하나님의 말씀임을 인정하고 있는 성경에서 교회에 대한 정의와 설명을 조사함으로써 명확하게 결론을 내릴 수 있는 것이다. 그리고 그리스도께서 언급하신 것이나 약속하신 교회의 특권들과 권리들에 대한 것도 성경에서 규정한 것을 살펴봄으로써 결정할 수 있다. 실제로 이러한 논쟁들은 본질적으로 다음의 질문을 하게 한다. '성경이 근거하고 있는 교회에 대한 정의는 무엇인가?' 또는 '우리에게 요구하고 있는 교회에 대한 설명은 무엇인가?' 교회에 대한 적절한 정의나 설명을 살펴볼 때, 우리는 종교개혁자들과 로마교회 사이에 벌어진 논쟁을 눈여겨보지 않을 수 없다. 개혁파 교회들의 신앙고백서들은 모두 다 교회에 대한 올바른 정의나 설명을 성경적인 교리의 중요한 조항으로서 제시하고 있다.

교회란 무엇인가에 대한 논쟁

교회에 대한 적합한 정의나 설명이 무엇인지 성경에서 찾아 분명하게 제시하기 위하여 종교개혁자들과 로마교회주의자들 사이에 있었던 논쟁의 주도적인 부분을 한 가지 언급하고자 한다. 로마교회주의자들은 주로 사용하는 논리는 합법적인 사역자가 없는 곳에는 교회가 없다는 것이다. 개신교도들은 합법적인 사역자들을 가지고 있지 않기 때문에 그들의 교회는 참 교회가 아니라는 논리이다. 이에 대한 개혁자들의 답변은 본질적으로 참 교회가 있는 곳에는 언제나 합법적인 사역자가 있거나 있게 된다는 것이었다. 개신교도들은 참 교회 또는 교회의 참된 지체이다. 따라서 개신교도들도 적법한 사역을 올바르게 가지고 있으며, 가지게 된다는 것은 당연한 것이라고 반박하였다. 양측 사이에 벌어지는 이 모든 논쟁은 '근본적으로 참 교회가 무엇이냐?'라는 질문에 달려 있다는 것이 명백하였다. 다시 말하면 '그리스도의 교회의 참 속성들, 본질적인 특질들, 그리고 반드시 있어야 할 필요한 특징들에 대한 성경적인 견해가 무엇이냐?'라는 문제에 달려 있는 것이다. '특별히 모든 가능한 상황 속에서 적법한 사역을 가지는 것이 본질적인 것인가?' 이 때문에 교황주의자들은 교회의 요소들을 가지고 정의를 내리되 만일 성경이 허용하고 있거나 증명하는 내용이라면, 그 논쟁을 공식적으로나 실질적으로 그들이 선호하는 입장으로 결론을 내린 후 종식 지으려고 시도하였다.

교황주의자들이 가장 많이 사용하는 교리문답서에 보면 교회란 '동일한 신앙을 고백하고 동일한 성례에 참여하며 그리스도의 대리인인 가시적 수장의 지도하에 있는 합법적인 사제에 의해서 다스림을 받는 모든 신실한 신앙인들의 회중'이다. 교황주의의 위대한 지도자인 벨라르민(Bellarmine) 추기경은 교회를 '동일한 기독교 신앙고백 가운데 동일한 성례들의 교제로 함께 모이고 합법적인 목자들, 특히 한 분 그리스도의 지상 대리인 로마 교황의 다스림을 받는 한 공동체'[40]로 묘사하였다. 그는 여기

---

40) Coetus hominum ejusdem Christianae fidei professione, et eorundum sacramentorum communione colligatus, sub regimine legitimorum pastorum, acpraecipue unius Christi in terris Vicarii Romani

에 매우 진실하고 매우 단순하게 '이 정의로부터 쉽게 추론할 수 있는 바, 교회에 속한 사람들이 모두 참으로 교회에 속한 사람들은 아니다.'[41]라고 덧붙였다.[42] 우리가 이 정의에 동의한다면, 이 정의는 분명히 몇 가지 중요한 질문들을 결정적으로 해소시킨다. 그러나 개신교도들은 그것을 받아들이지 않는다. 개신교도들은 늘 그러하듯이 그 정의에 들어가 있는 다른 모든 요소들을 위한 성경적 증거들을 요구한다. 그들은 그 내용 중 몇몇은 어떤 근거도 제시될 수 없다고 확신하였다. 물론, 이것은 우리에게 '그렇다면 성경에서 우리에게 주어진 교회관은 정확하게 무엇이란 말인가? 어떤 개념들이 성경이 인준하고 있는 것이며, 우리의 정의나 설명 속에 무엇을 담아내기를 요구하고 있는가?'라는 질문을 던지게 한다.

성경에서 말하는 교회란?

성경에서 일반적으로 교회라는 말로 번역되는 에클레시아(εκκλησια)는 때때로 회중이나 어떤 유형의 회집된 사람들의 모임에 적용되는 단어이다. 예를 들면, 에베소의 연극장에 모인 격앙된 군중을 묘사하는 데 이 단어가 사용되었다.[43] 그러나 이 단어는 더 제한적이거나 특별한 의미로 사용된 바 있다. 예수 그리스도와 특별한 관계를 가진 사람들의 사회나 집단을 묘사하는 데 쓰인 것이다. 심지어 이 단어가 제한적인 의미로 사용될 때에도 매우 다른 양상들로 적용된다. 교회는 그리스도의 몸이다. '모

Pontificis. 벨라르민이 본 교회란 그리스도의 대리인과 합법적으로 안수를 받은 목사의 관할 하에 있어야 교회이며 그렇지 않으면 교회에 참으로 속한 것이 아니라는 의미로 말하고 있다.(역자 주)

41) Ex qua definione facile colligi potest, qui homines ad Ecclesian pertineant qui vero ad eam non pertinent.

42) De Ecclesia, Lib. III. cap. 2.

43) 사도행전 19:32,41.

든 충만케 하시는 자의 충만'이라는 말씀을 성경에서 읽을 때, '그는 교회를 사랑하사 교회를 위하여 자신을 내어주셨다.'라는 말씀을 읽을 때, '그가 교회를 영광스러운 교회로, 어떤 흠도 허물도 없는 교회'로 나타내심을 읽을 때, '우리가 전체 회집과 하늘에 기록된 장자들의 교회'라는 말씀을 읽을 때, 우리는 여기에 사용된 에클레시아라는 단어(우리의 신앙고백서에서 사용되는 용어)가 서술형으로 쓰였다는 사실을 조금도 의심할 수 없다. 즉, "교회의 머리이신 그리스도 앞에 한 가지로 모이게 될 모든 택함을 받은 사람들의 모임"이라는 측면에서 사용되고 있는 것이다. 더 나아가서 앞에 언급한 본문들에서는 하나님께서 그리스도를 통해 선택하셔서 결과적으로 구원을 받은 자들만 교회 안에 포함되는 자들로 간주한다. 그렇다면 성경에서 말하는 택자들의 전체 모임에 구성되는 자들이란 믿는 자들, 구원받은 자들, 그리고 그리스도를 통해서 믿음과 구원에 이르도록 택함을 받은 자들이며, 때가 되면 그 모임에 가담하는 자들뿐이다. 우선, 읽은 본문에서 사용된 그 단어의 참뜻이 그러하다고 가정하고, 그 단어의 특성상, 그리고 일반적인 범위와 대상 차원에서 보도록 하자. 그러면 그 단어가 내포하고 있는 다른 의미들이 무엇이든지 간에 단 한 가지 품은 뜻은 분명 이것이다. 즉, 그 단어 안에는 *이끌며 안내하는* 의미를 담고 있는 것이다. 물론, 이 부분에 대해서는 남은 시간 동안 좀 더 생각하고 가다듬어야 할 것이다.

이런 차원에서 개신교 목사들은 교회를 불가시적인 것으로 늘 말해 왔다. 그들이 진정 드러내고자 하는 그 개념은 분명하게 한 가지이다. 생명의 길로 택함을 받은 자들은 확실하게 알려질 수 없다는 것이다. 또는 그들은 개별적으로 사람들에 의해서 인식될 수 없는 자들이라는 것이다. 심지어 하나님의 은혜로 말미암아 믿는 자리로 나와 구원의 길로 들어서게 된 후에도 그 동료들이나 특별히 그 모임을 구성하고 있는 자들에 대해서 정확하게 그리고 확실하게 가시적으로 인식할 수 있는 것이 아닌 것이다. 방금 설명한 것과 같이 개신교도들이 불가시적 교회론을 주장하게 된 원인은 로마교회가 가시성을 견지했기 때문이다. 그들은 교회에 외형적 조직을 포함한 것을 교회의 속성에 본질적인 요소로 간주하고, 이 견해 위에서 자신들이 주장하는 중요한 결말을 도출했다. 만일 가시성이 교회 본성에 본질적인 것이라고 한다면 사도시대 이후부터 교회는 공적이고 깨뜨릴 수 없는 계승이 이어지는 집단으로서 지상에 반드시 존재해야만 하는 것이 된다. 그것은 곧 그리스도의 참 교회로서 추정을 가능하게 하는 것이다. 이러한 견해 위에서 로마교회는 항상 로마교회의 선언들을 세워나감에 많은 수고를 아끼지 않았다.

한편, 성경 안에서 만들어진 정의에 따라서 개신교도들은 한 몸 또는 불가시적 교회로서 택자들의 전체 모임에만 적용되는 불가시적 교회를 주장했다. 이는 교황주의자들이 가시적인 기관으로서 교회의 존엄성과 권위 및 무오성 교리를 내세웠기 때문이었다. 개신교도들은 앞에서 언급한 성경본문들에서 찾아낸 교회라는 단어가 택함을 받아 궁극적으로는 구원받게 된 모든 사람들의 수를 지칭하는 단어로 사용되었다는 것을 충분히 증명함으로써 성경만이 우리에게 불가시적 교회를 제시할 수 있다고 결론지었다. 그러므로 앞에서 언급된 측면에서 가시성을 추론하는 것은 오직 교황주의자들의 목적 달성을 위한 논리에만 해당되는 것이다. 적어도 그 주장은 성경에서 우리에게 제시하고 있는 교회라는 단어가 보여주는 주도적인 측면에서 볼 때, 그리스도의 교회의 본질적인 특질은 아닌 것이다.

그렇다면 논의의 중요한 주제는 이것이다. 성경에서 말하는 교회는 생명을 얻기로 예정되어 궁극적으로 구원함을 얻게 되는 자들로만 구성된 교회, 즉 앞에서 설명된 불가시적인 교회인가, 아닌가? 개신교도들은 그렇다고 보지만 교황주의자들은 이를 부정한다. 앞에서 인용한 본문들은 이것을 증명하고 있다. 이것에 대해 설명하고자 노력한 벨라르민과 다른 교황주의 저자들의 시도는 전적으로 실패하였다. 그들은 실제로 성경에서 말하고 있는 교회는 가시적이거나 사람들의 관찰로 만져질 수 있는 교회라고 말했다. 그러나 개신교도들은 성경이 우리 앞에 제시하고 있는 것은 가시적인 교회만이 아니라 불가시적인 교회도 제시하고 있다는 것이라는 내용에 대해서 논쟁거리로 삼지 않았다. 교황주의자들이 흔히 말하는 것과는 달리 개신교도들은 이 특성들은 두 가지 독특하고 구별되는 주제로 보았지, 두 가지 다른 유형의 교회들을 의미한 것이 아니었다. 다만, 본질적으로는 하나이지만 두 가지 다른 양면을 가진 것으로, 같은 것이지만 두 가지 측면이 있는 것으로 묘사하였던 것이다.

가시적 교회에 대한 성경적 증거

이것을 설명하기 위해서 보편적이고 일반적인 가시적 교회의 존재에 대한 성경적인 증거와 그 개념을 이끌어 내어 발전시킨 방식(the mode)을 간략하게나마 언급하고자 한다. 우리는 성경을 읽을 때 특정한 장소에 위치한 특별한 교회들을 자주 접하게 된다. 그리고 특별한 지역의 교회들의 이름들을 만난다. 이러한 교회들은 가시적인 집단들임에 틀림없다. 그 교회를 구성하고 있는 식구들에 의해서 구분되어지는 외적 표시를 지닌 교회들인 것이다. "주께서 구원받는 사람을 날마다 더하게 하시니라(행 2:47)."라는 본문을 읽을 때, 이 말씀은 이 구원받은 사람들이 속하게 되는 집단이 이미 가시적으로 존재하고 있음을 내포하는 것이 분명하다고 볼 수 있다. 하나님의 나라 또는 그리스도의 나라는 성경에서 종종 교회와 동일시하여 말한다. 앞에서 인용한 사도행전의 경우, 주님께서 교회에 더해 주신 자들과는 엄연히 구별되는 특징을 가진 사람들이 포함되어 있다는 사실을 본문의 표현을 통해 알 수 있다. 그러나 이 둘을 화해시키는 것은 어렵지 않다. 어원학적으로나 사실적으로나 에클레시아는 '총 회집' 또는 '세상으로부터 부름을 받은(πλητοι) 자들의 회중'이다. 그리스도께서는 사람들을 세상으로 불러내 그를 믿게 하시고 그의 권위에 복종케 하신다. 그리고 그 자신이 머리이시고 오직 그의 율례에 의하여만 다스림을 받는 조직된 집단의 일원으로 함께 연합시키신다.

성경은 분명한 구분을 가지고 있다. 그것은 외적인 것과 내적인 부름 사이의 구분이거나 효과적인 부름과 비효과적인 부름 사이의 구분이다. 다른 말로 하면, 사실 사도시대에 이미 발생한 것과 같이 그리스도의 부름에 순종한다고 고백하는 자들은 외적으로 플레토이(πλητοι)의 집단에 합류한다는 것을 성경에서 충분히 확인할 수 있다. 아직 그들이 실제로는 믿음으로 그리스도를 그들의 구세주로 온전히 영접하지 않았든지 또는 마음으로 그의 권위에 복종하였든지 간에 외부적으로는 보이는 교회에 합류한다. 효과적으로 부름을 받았고 은혜로 말미암아 그리스도를 개인적으로 자신의 구세주요 주인으로 영접할 수 있게 된 자들은 반드시 믿음으로 그리스도를 믿는다는 개인적인 고백과 그 권위에 복종하게 된다. 뿐만 아니라 기존 교회에 합류함으로써 맡아야 할 의무들을 함께 감당하며 그리스도께서 수여하신 특권들을 즐긴다. 이것은 그리스도의 뜻이요 요구사항이었다. 그러나 어떤 초 강력한 수단을 만들어 '신실하고 참되게 이 신앙을 고백하는 자들'과 '스스로를 속이는 자들 또는 마음과는 전혀 다른 고백을 하는 자들' 사이를 지구상에서 정밀하게 구별을 하게 만드는 것은 그리스도께서 뜻하신 바가 아니다.

따라서 복음 선포를 통해서 그리고 사도들의 수고를 통해서 일반 대중들과 가시적으로 구분되는 사람들의 모임이 탄생한 것이다. 이는 그리스도를 믿으며 그에게 복종한다는 개인적인 고백과 집단적인 고백으로 탄생된 모임이다. 이 모임에 외적으로 가입은 하였지만 실제로는 진짜 그리스도를 따르는 자가 아니었음이 금세 드러나게 되는 것이 사실일지라도 그런 현상은 자연스러운 것이다. 참된 플레토이(πλητοι)에만 적법하고 엄격하게 적용되는 동일한 이름들과 표시들을 갖는 자들은 필연적으로 복음에로의 초청에 순종한다고 고백한 자들의 모임에 가입된다. 그들은 결과적으로 가시적이고 외형적으로 그리스도를 따르는 자들과 관련을 맺게 된다. 그러므로 여기에서 불가시적인 교회와 구별되는 가시적인 교회의 실재와 개념이 제기되는 것이다. 가시적 교회는 집단적으로 그리스도를 따른다고 입으로 고백하는 자들, 그리고 사람들에 의해서 인식될 수 있는 외적 표시들을 가지고 있는 자들로 구성된 교회이다. 이들은 참되게 그리스도를 따르며 창세전에 하나님에 의해서 선택된 자들, 때가 되어 믿음으로 그리스도의 몸에 붙은 지체로서 그리스도와 연합된 자들, 그리하여 마침내 그의 영광을 함께 누리게 되는 자들과는 명백히 구분되는 자들이다. 불가시적인 교회와 구분되는 가시적 교회라는 개념은 비록 그것이 다른 교회를 말하는 것은 아닐지라도 특별한 지역이나 도시에 위치해 있는 교회나 교회들을 말할 때 성경에서 가장 명백하게 드러나는 개념이다.

그러나 공교회 개념이나 보편적 교회 개념이 가장 명백하고 적법하게 적용되는 교회는 불가시적 교회 개념이다. 이 불가시적 교회는 예수 그리스도를 통해서 하나님의 택하심을 받은 모든 시대, 모든 족속, 모든 열방의 사람 개개인들을 포함하는 교회이다. 그런데 일반적인 그 개념이 동일하게 가시적 교회에도 적용될 수 있다는 것은 부당한 처사가 아니다. 왜냐하면 지금 복음시대에 있는 교회는 율법 아래에 있었던 때와 같이 특정한 한 나라에 한정된 것이 아니기 때문이다. 따라서 공교회나 보편적 가시적 교회는 우리의 신앙고백서에 명시되어 있는 것처럼 '전 세상을 통해서 참 종교를 고백하는 자들과 그들의 자녀들'로 구성되는 교회를 말한다.

그러나 앞에서 지적한 바대로 로마교회주의자들이 가시적인 교회와 불가시적인 교회에 대한 개신교도들의 주장이 성경에서 말하는 대로 한 교회로의 연합이나 하나의 교회를 의미하지 않는다고 주장한다. 오히려 그들은 개신교도들이 두 개의 교회로 만드는 것이라고 반박한다. 그러나 그러한 비판은 사실을 잘 알지 못하는 데서 기인한다. 개신교도들은 두 개의 교회를 말하는 것이 아니라 하나의 교회를 말하는 것이다. 다만, 두 가지 다른 측면이 있음을 깊이 생각한 것이다. 그것은 내적인 것과 외적인 양면성이다. 그 둘은 다른 영역을 차지하고 있지 않고 교회의 한 영역 안에 있다. 비록 그 교회의 나타남이 완전하지는 않지만, 가시적 교회는 불가시적 교회를 포함하거나 구성하고 있다. 교회는 열등한 요소들을 지니고 있고, 가라지가 존재하지만 때가 되면 알곡으로부터 분리될 것이다.

보편적 교회의 구성원은?

그렇다면 성경이 과연 공교회나 보편적 교회가 영생을 얻기로 작정되어 궁극적으로 구원을 받게 된 그런 자들로만 구성된 교회를 말하는 것인가? 어떤 측면에서는 위에서 설명한 것과 같이 불가시적인 특성을 지닌 교회를 말하는 것인가? 바로 이것이 핵심이다. 만일 그렇다면 그 증거는 충분하다. 이것은 명백히 에클레시아라는 단어의 원칙적 의미에 부착되어서 적용되어 온 주도적인 의미이기 때문이다. 그러므로 필요성에 의해서든지 형편에 의해서든지 간에 종속적인 것으로 간주되어야만 한다. 만일 이것이 즉시 증명된다면 정기적인 외형적 조직을 포함하고 있는 가시성은 그리스도의 교회의 본질적인 특질로 붙들 수가 없는 것이다. 결과적으로, 성경에서 말하고 있는 교회의 특권들과 권리들을 가시적인 집단이나 가시적 집단의 특정한 분량에 굳이 적용할 필요가 없다는 것이다. 이 논쟁의 요점은 다음과 같이 정리될 수 있다. 로마교회주의자들이 말하는 교회는 결함이 없는(indefectible) 완벽한 교회이며 또한 결코 존재하기를 멈추지 않을 교회이다. 개신교도들도 이것에 동의한다. 그러므로 벨라르민은 '우리 가운데 많은 사람들이 이 일로 시간을 허비하고 있음을 주목해야 한다. 그들은 교회가 절대적으로 완전할 수 없다고 단언한다. 실제로 칼빈과 다른 이단들은 이에 주눅이 들어 교회를 보이지 않는 것으로 이해해야 한다고 말했음을'[44] 언급한 것이다.[45]

벨라르민이 말한 것과 같이 칼빈과 다른 이단들이 이 점을 인정하는 것은 사실이었다. 그러나 그것은 불가시적인 교회에 대한 것으로 이해되어져야 한다고 말하는 것이다. 그들이 논쟁한 것은 성경으로부터 입증될 수 있는 교회의 무결점을 말할 수 있는 한 가지 측면의 예가 될 수 있다. 즉, 그리스도께서 하나님 아버지 보좌 우편에 올라가셨을 때로부터 항상 그곳에 좌정해 계시다가 다시 이 땅에 오시게 되기까지 지구상에는 구원에 이르도록 택함을 받은 혹자들이 항상 존재했었고 존재하고 있을 것이라는

---

44) notandum est multos ex nostris tempus terere, dum probant absolute Ecclesiam non posse deficere: nam Calvinus, et eaeteri haeetici id concedunt: sed dicunt, intelligi debere de Ecclesia invisibili.

45) De Ecclesia, Lib. III. cap. 13.

사실이다. 그리고 그들이 지구상에 머무는 동안 구원을 준비하는 자들이 항상 있을 것임을 뜻한다는 측면에서 그렇다. 이것은 하나님의 섭리 가운데서 지구상에는 모든 시대에 교회가 서 있고 명백하게 나타나 있을 것이라는 사실 그 이상을 말하는 것이다. 그러나 개신교도들은 이 주제에 관하여 성경의 약속들이나 설명이 내포되어 있다는 것을 입증하는 것 말고는 그 무엇도 아니라고 주장한다. 어쨌든 성경의 모든 진술들이 사실이라는 것을 증명하게 될 것이다. 그리고 성경의 모든 예언과 약속들은 성취되었다. 비록 이것을 실감해 온 것 그 이상이 아무것도 없을지라도 말이다.

로마교회주의자들은 이 무결점의 교회가 가시적이라고 주장한다. 그 교회가 존재하는 동안은 반드시 가시성을 소유해야만 한다는 것이다. 개신교도들은 가시적인 교회의 존재를 인정하지만 가시적인 교회는 택자들이나 믿는 자들로만 구성된 교회가 아니라고 믿는다. 심지어 '전 세계를 통틀어 참 종교를 고백하는 자들과 그들의 자녀들로만 구성된 보이는 공교회'에 대해서 성경은 모든 시대에 걸쳐 지속적으로 가시적으로 존재하거나 어느 특정한 나라에 존속한다는 것을 부정하고 있다. 그리고 가시적으로 서 있는 조직된 교회기관이나 사람들의 눈에 그리스도의 참된 교회로 보이는 교회가 항상 존재한다는 내용을 성경은 부정하고 있다는 것을 믿는다. 오히려 개신교도들은 성경에는 율법시대에 그러했던 것과 같이 바알 신상에게 절하거나 무릎을 꿇지 아니한 7천 명의 남은 자들이 있었지만 선지자 엘리야가 알아보지 못했던 것처럼 신약시대에도 어떤 시기 동안 참된 교회가 제대로 갖추어진 것처럼 보이는 교회의 모습을 갖지 못한 상태로 존재함을 암시하는 말씀들이 있다고 믿는다. 그런 사례들에 대한 기록들은 성경에 많이 존재한다. 로마교회주의자들은 무흠한 가시적 교회, 즉 지금 결점이 없는 교회이자 그들의 입장에서 항상 보이는 교회인 가시적 교회는 늘 존재하고 있고 흠이 없다고 주장한다. 이 교회는 언제나 어떤 오류도 섞이지 않고 순수하게 하나님의 말씀을 붙들면서 하나님의 말씀을 선포하는 교회라는 것이다. 교황주의자들도 이러한 입장을 내세우기 위해 성경의 진술과 약속들을 찾아서 근거로 삼고자 무던히 애를 썼다. 그런데 문제는 성경의 약속들이란 어느 특정한 가시적 교회와는 전혀 연관이 없는 것들이다. 그것은 가시적인 공교회나 그 교회의 어떤 지교회와도 연관이 없는 것이며, 그 말씀들은 다 하나님의 참된 백성들을 지칭하고 있는 것이다. 심지어 그들과 연관 지어 언급한 그 설명들이나 약속들은 모든 오류로부터 완전히 자유로운 것이 아니며 신앙의 모든 면에서 그들 사이에 완전한 통합이 있다고 말할 수 있는 근거조차도 없는 것들이다. 그러나 하나님의 계시된 뜻에 대한 우리의 지식에는 어떤 오류가 섞일 수 있다고 하더라도 그것은 사람들을 능히 영생으로 이끌기에 충분한 것들이다.

앞에서 언급한 영적인 설명들을 함께 적용하고 살펴보면 이러한 일반적인 생각들이 가지고 있는 오류의 원인이 무엇인지를 알려 준다. 그리고 로마교회가 논의의 일반적 주제로서 이 주제 주변에 뒤얽혀 있는 궤변적인 성향을 갖게 될 수밖에 없는지, 그 원인을 알 수 있도록 설명해 주는 것이다. 교회의 무결함, 가시성, 그리고 무오성에 대한 그들의 입장에서 우리가 그들의 일반적인 견해에 동의한다고 할지라도 그 교회의 최고 권위와 무오성을 내세우는 모습은 마치 로마교회가 그리스도의 참된 교회라거나 모든 교회들의 어머니 교회요, 안주인인 것처럼 보인다. 그러나 이 원칙들을 로마교회에 적용하기 전에 먼저 충분히 설명되지 않으면 그냥 묵과할 수 없는 괴리가 존재한다는 것을 기억해야 할 것이다.

이러한 관찰들은 그 의미와 적용을 설명하는 데 도움을 준다. 특히, 이 주제에 대하여 우리의 신앙고백서가 제시하는 성경적인 근거를 납득하게 도와준다. '이 보편적 교회는 때로는 더 잘 보이기도 하고 때로는 덜 보이기도 한다. 그 보편적 교회에 속한 지교회들은 복음의 교리를 가르치고 수용되는 것에 따라서, 그리고 규례들의 집행에 따라서 더 순결하기도 하고 덜 순결하기도 하다. 또한 공예배가 어떻게 진행되는지에 따라 더 순결하기도 하고 덜 순결하기도 한다. 하늘 아래에 있는 가장 순결한 교회들도 혼잡과 오류를 범한다. 어떤 교회들은 극도로 타락하여 그리스도의 교회가 아니라 사단의 회가 된다. 그럼에도 불구하고 이 지상에는 하나님의 뜻을 따라 하나님을 예배하는 교회가 언제나 존재한다.'[46]

회집을 뜻하는 '에클레시아'라는 단어의 기본적인 어원적 의미로부터 다음과 같이 말하는 것은 지극히 정상적인 것이다. 즉, 그 단어가 참된 신자들 혹은 신앙을 고백하는 신자들의 전체 모임을 지칭하는 것임을 우선적으로 적용한다 할지라도 이 전체 모임의 한 지역이나 지교회에도 계속해서 이 개념이 적용되어야 하는 것이다. 이에 대한 사례들은 성경에 반복적으로 나타나고 있다. 예를 들어서, 예루살렘에 있는 교회나 갈라디아에 있는 교회라는 말을 읽을 때 그러하다. 성경에는 에클레시아가 하나의 회원을 지칭하는 사례가 전혀 없다고 확실하게 말할 수 있다. 종교적 예배를 위하여 모이는 한 지교회와 총체적으로 신앙을 고백하는 믿는 자들의 전체 모임 사이에 중개자적인 그 어떤 기관을 지칭하는 예는 전혀 없다. 이것은 독립교회나 회중교회의 견해를 지닌 자들이 가장 선호하는 입장이다. 몇몇 장로회주의자들, 예를 들면 애버딘의 캠벨 박사와 같은 이들도 이 견해를 지지한다. 성경에서 가장 흔히 사용하고 있는 에클레시아

---

46) 신앙고백서 25장 4항 5항.

라는 단어는 양면성이 있다. 성경에는 하나님을 예배하기 위하여 모인 한 회중에게 에클레시아라는 단어가 적용되고 있다는 것을 부정할 수 없고, 거리상 사방에 흩어진 다른 회중들에 대해서 말할 때 그들 역시 그 교회라고 말하지 않고 그 지역에 있는 교회들이라고 말하는 것을 여러 사례들을 통해 확인할 수 있다.

그러나 우리는 이 용법이 성경에서 보편적이었다고 단정하지는 않는다. 즉, 교회에 대한 그 용어가 어느 지역교회에 적용하는 근거 없는 일반적 원리로서 제시하는 타당한 토대를 세우는 보편적인 용법은 아닌 것이다. 또는 각각의 지교회의 완전 독립성을 내세우는 근거로 사용하기 좋은 원리라고 인정하는 것도 아니다. 일상적인 상황에서 개교회도 하나의 교회로서의 목적을 달성해 가기에 충분하다는 내용을 근거하여 일반적 원리로 사용된 용법이라고 인정하는 것도 아니다. 그것은 웨스트민스터 총회가 마련한 교회정치 형태에 분명하게 제시되어 있다. 거기에는 '성경은 많은 지교회 회중들이 한 장로회 정치 체제하에 놓여 있는 것임을 붙들고 있다.'라고 적혀 있다. 이 제안은 예루살렘과 에베소의 사례들 가운데서 충분히 예증되는 것들이라고 생각한다.

오순절 날에 성령의 부어 주심으로 사도들의 설교를 통해서 그리스도를 믿는다고 고백한 예루살렘의 회심자들의 숫자를 생각해 보자. 우리는 그들 전체가 공예배를 위해서 한 장소에 다 모인 자들이었다고 주장할 수 없다. 그들은 구별된 회중들로서 다른 장소들에서 각각이 함께 모였다고밖에 볼 수 없다. 몇 가지 측면에서 회중주의자들에게 옹호적인 주장을 한 모세임(Mosheim)은 장로회주의 입장이 아주 합당하다고 주장하였다.[47]

---

47) Commentarii, p. 116.

실제로 그는 다음과 같이 말함으로서 그 진리를 확실하게 못 박은 유명인사가 되었다.

"이는 내가 아는 것이 전혀 없거나 예루살렘의 사도들이 교훈한 다음 사실이 확실한 것이거나 둘 중 하나일 것이다. 대다수 기독교인들은 많은 작은 가족들로 분화되었으며 그 각각의 가족들에게는 그들만의 장로들, 그들만의 사역자들, 그들만의 거룩한 처소들이 있었다."[48]

그러나 이 개교회 회중들은 예루살렘에 있는 그 교회로서 반복적으로 언급된 바 있다. 여러 회중들로 구성된 이 교회는 사도들과 장로들로 구성된 한 체제의 감독하에 놓여 있는 자들로 묘사된 것이다. 마찬가지로 우리는 에베소에서 3년간 사역한 사도 바울의 사역으로부터도 그 도성에 여러 회중들이 있었다는 것을 알 수 있다. 그런데도 그들은 계시록에 보면 에베소에 있는 그 교회 또는 에베소 교회(사본에 두 가지 형태로 읽을 수 있는 근거가 있음)로 묘사되어 있다.[49] 또한, 그들은 사도행전 20장에 있는 바울의 고별사에서 사람들의 연합체의 감독하에 있는 양 무리로서 묘사된다. 여기서 바울은 그 연합체를 장로들과 감독들로 구성된 모임으로 말하고 있는 것이다.

이러한 근거를 바탕으로, 성경에는 단수로 사용된 교회라는 용어가 한편으로는 개교회에, 다른 한편으로는 보편적 교회나 공교회 사이에 있는

---

48) Aut nihil ego video, aut certum hoc est, amplissimam illam, quam Apostoli Hierosolymis collegerant, Christianorum multitudinem in plures minores familias divisam fussie, singulisque his familiis suos presbyteros, suos ministros, suos conventuum sacrorum locos fuisse.

49) 요한계시록 2장 1절에 대한 사본에는 'της Ἐφεσινης ἐκκλησίας'라고 쓰여 있는데 그리스바흐(Griesbach)는 'της Ἐφσω ἐκκλησίας'으로 대체하여 읽고 있다. 이것은 숄츠(Scholz), 라흐만(Lachmann), 티셴도르프(Tischendorf) 등이 동의한 내용이다. 트레겔레스(Tregelles)는 사도행전 9장 31절에 등장하는 단어를 ἐκκλησία로 읽지 ἐκκλησίαι로 보지 않는다고 주장한다. 즉, '유대와 갈릴리와 사마리아에 있는 교회'이다. 신약헬라어 p. 269. 이러한 읽기는 테셴도르프와 라흐만이 수용하고 있다.

어떤 중개자에게 적용된다는 충분한 증거가 있다고 볼 수 있다.[50] 즉, 외적인 교제와 정치체제하에 연합된 회중들의 숫자에게 적용되는 단어인 것이다. 당연히 그러한 회중들의 연합은 합법적이고 타당한 것이다. 어떤 범위에 나아가든지 연합이나 통합은 상황이 어떠하든지 간에 합법적인 것으로 말하고 있다. 한 교회의 명칭과 한 교회에 해당되는 모든 일반적인 원리들과 규범들은 통합된 회중에게도 적용이 되는 타당한 것이다.

2. 교회의 표지

참된 교회의 기호나 표지에 대한 주제는 개신교도들과 교황주의자들 사이에 있는 논쟁 가운데서 중추적인 자리를 차지한 것이다. 이 주제는 가시적 교회와 그 교회의 다른 지교회나 분파들에게만 적용되는 것이다. 이는 본질적으로 매우 중요한 것은 아니고, 교황주의자들이 로마교회의 선언들을 지지하기 위한 근거로 내세운 것이므로 논쟁에서 반박하기 위해 필요한 내용일 뿐이다.

물론 이것은 교리나 정치, 예배, 그리고 훈육에 있어서 가장 순결한 고백적인 가시적 교회임을 결정하는 주된 내용이다. 그 모든 요소들이 다 하나님의 말씀에 의하여 인준되어야 하는 입장과 온전히 일치한다는 측면에서 그러하다. 하나님의 말씀이 조직된 기관으로서 가시적 교회의 원칙적인 기능을 진리의 기둥과 터로 가르치고 있는 바와 같이, 교회는 사람들이 하나님의 진리를 지지하고 굳게 붙들도록 이끌어야 하는 기관이다. 그리스도의 권위와 그의 말씀에 복종한다고 공적으로 고백하고 있는

---

50) 역자 주) 저자가 의미하는 중개자 역할은 가톨릭이 주장하는 무흠한 가시적 교회가 아니라 개교회와 교회들의 연합을 이어 주는 장로회 정치 체제를 의미하는 것으로 보인다.

조직된 단체라면 어느 모임이든 그 모임을 그리스도의 참된 교회라고 말하는 것을 거부할 수 없다. 그리고 이러한 근본적인 진리들을 죄인들의 구원을 위해서 반드시 의존해야 할 지식과 신앙이라는 바탕 위에 세워진 모임을 그리스도의 참 교회라고 말할 수 있다. 이것들은 분명 참된 근본 원리들로서 그 문제에 적용되는 것이다.

그러나 교황주의자들이 교회의 기호나 표지로서 이 주제를 확고하게 내세우고, 이로부터 끄집어 낼 수 있는 중요하고 실천적인 결론을 내리고 있기 때문에 우리가 그들의 왜곡된 주장을 간략하게나마 살펴볼 필요가 있다고 본다.

로마교회자들이 로마의 교회가 유일한 참 교회가 된다는 주장은 그 교회밖에는 구원이 없다는 것을 의미한다. 그리고 로마의 교회가 모든 교회들의 어머니요, 유모가 되기 때문에 그리스도를 따르는 모든 자들과 그의 가시적인 교회의 모든 회원들은 다 로마의 교회에 순복해야 할 의무가 있다는 것이다. 그들은 그러한 주장의 토대를 다지며 세워 가도록 부름을 받은 자들이다. 그러나 그와 같은 주장을 하려면 그 주장들에 대한 합법적인 근거들을 성경의 진술 속에서만 찾아야 한다. 왜냐하면 첫째로 그러한 주장은 그 자체의 특성상 직접적으로 하나님 자신의 권위보다 다른 무엇을 근거로 제시할 것이 없기 때문이고, 둘째로 논쟁에 있어서 두 기관 사이에서 유일한 공통점은 성경에서만 확인할 수 있는 주장이어야 하기 때문이다. 이 견해의 지지자들이나 반대자들이 견지하고 있는 유일한 표준은 성경이어야만 한다.

그러므로 논쟁에 있어서 유일한 합법적인 출발점을 이 두 주장 사이에서 분명하게 솔직히 제시할 필요가 있다. 그러나 교황주의자들은 성경의 근거를 가지고 직접 이 문제를 다루는 것을 달가워하지 않는다. 그 이유 중 첫째는, 그들이 가진 고집스러운 생각 때문이다. 하지만 그들이 그 럴듯하게 내세우는 것이 무엇이든 간에 성경은 그들의 주장에 대해서 충 분한 자료들을 제공하고 있지 않다. 둘째는, 그런 논쟁에 진입하게 된다 면 실질적으로 성경의 의미를 살피는 일이 매우 중요하다는 것을 그들 스 스로 인정해야 하기 때문이다. 즉, 여기에서 야기되는 중요한 문제를 해 소시키기 위해서는 그들의 조직을 가동하여 개별적으로 사람들이 나서야 하는 것이다. 그런데 문제는 이 문제만이 아니다. 양측에서 제기되는 다 른 문제들까지 옳고 그름을 결정함에 있어서 합법적으로 고용해야 하는 동일한 과정을 밟아야 하는 문제도 있다. 이 때문에 가톨릭은 선뜻 그렇 게 할 입장이 못 되는 것이다.

그리하여 그들은 이 주제를 다룰 때 언제나 다른 과정을 밟는 것을 선 호한다. 즉, 그들은 믿을 만한 동기들을 찾아 나선다. 예를 들어서, 성경에 의해서 제시되고 있는 일반적으로 고려되어야 할 사항들이 있다고 하거 나 그리스도의 교회에 대한 특질들이나 특성들이 있다고 제시되는 분명 한 견해들을 앞세운다. 분명한 사실은 세상에서 이러한 특질을 선언하는 것을 다른 교회들에게 적용할 때, 그것은 로마교회의 독특한 주장을 지지 하고 동맹하는 자들에게만 해당된다는 것이다. 로마교회와의 교제가 이 루어지지 않고 로마교회의 법에 순복하지 않는 모든 다른 고백적인 기독 교인들은 여기에서 배제된다.

그들은 이 주제에 대해 다룰 때, 사람들이 로마교회의 주장들을 선호 한다는 전제하에 주장을 펼친다. 즉, 이 주제에 대해 상세한 부연설명을 할 때나 자세히 드러내고자 할 때, 대중적인 지지를 받아 내는 모든 추측 들이나 가능성을 다 열어 놓고 이 주제에 대해 다룬다. 로마교회는 그 목 적을 위하여 그들과 다른 교회 공동체의 삶을 살아가는 자들과 대조하면서 참 교회의 표지들을 여러 개 제시하는 데 매우 능숙한 자들이다. 예를 들어서, 벨라르민은 *15가지* 표지들을 제시한다. 그것은 로마가톨릭교회를 지칭하는 보편성(이것은 로마교의 대적자들도 그렇다고 인정한다), 고대성, 침범된 적이 없는 영속성, 수많은 신도들, 사도적 계승권(사도들로부터 지금까지 로마교회가 감독을 계승하고 있다), 고대교회와의 교리적 일치성, 그들의 신도들과 교회 수장 간의 연합성, 교리의 거룩성, 교리의 효능성, 삶의 거룩성, 기적들의 영광, 예언의 빛, 대적자들의 고백, 교회의 반대자들의 불행한 결말, 교회가 누리고 있는 더할 수 없는 행복감 등이다.

그러나 로마교황주의자들이 그 문제를 더욱 간결하게 다룰 때나 일반적으로 이 주제의 근본과 증명의 유효성을 논하고자 더 정밀하게 다루어야 할 때, 그들은 언제나 참 교회의 표지로서 기꺼이 *네 가지*를 제시하는 것으로 만족한다. 그 네 가지는 니케아 회의나 콘스탄티노플 신경에서 교회에 준 표지들로부터 취한 것으로, 통일성, 거룩성, 사도성, 그리고 보편성이다.

논쟁의 본질은 이것이다. 그리스도의 교회는 성경에 묘사되어 있는데, 신경에는 하나요 거룩하며 사도적이요 보편적인 교회로 묘사한다. 로마교회는 하나이며 거룩하고 사도적이며 보편적인 것에 비해 다른 교회나 고백적인 신자들의 모임은 그러한 참된 교회의 표지들을 나타내지 못한다는 것이다. 우리는 로마교회나 다른 교회들이 주장하는 이 표지에 대하여 실제적이고 상세한 적용문제를 여기서 다루지는 않을 것이다. 다만, 일반적으로 그리스도의 교회와 함께 적용되는 문제만을 다루고자 한다. 우리는 이미 교황주의자들의 주장에 내포된 몇몇 모호성과 궤변적인 것들을 지적했다. 그리고 그들 교회의 무결함과 영구적인 가시성 및 무오성에 대한 논쟁도 다루었다. 우리도 교회의 표지문제와 관련하여 내세울 수 있는 유사한 면들을 가지고 있다. 개신교도들도 일반적으로 니케아 신경을 건전하고 정통적인 가르침으로 수용한다. 그리스도의 교회가 하나요, 거룩하며 사도적이고 보편적이라고 고백하기를 결코 거부하지 않는다. 그러나 개신교도들이 이 표지들을 말할 때 교황주의자들이 취한 맥락과 같은 의미로 말하는 것이 아니다. 그리고 그것들을 사용하고 적용함에 있어서도 로마교회의 방식과는 다르다. 둘째로는 개신교도들은 이 표지들이 그리스도의 교회에 부합하는 것으로 성경이 인준하고 있다는 로마교회의 주장을 지지하지 않는다. 이것들은 두 가지 구별된 입장이다. 따라서 그 주제에 대한 *구체적인* 논의는 따로 분리해서 다루는 것이 적절하지만 몇 가지 특징들에 있어서는 지금 여기서 함께 다루는 것도 유익할 수 있겠다.

그리스도의 교회의 통일성은 의심할 여지없이 성경에 묘사되어 있다. 그리고 그것은 그의 참된 종들에게도 해당된다. 그러므로 그리스도의 참된 제자라고 시인하는 모든 자들은 신앙고백과 삶의 모습에서 서로 하나임을 고백하고 나타내야만 한다. 그리고 그리스도의 교회나 그리스도의 교회들에 속한 자들이라고 시인하는 모든 기관들도 이와 마찬가지로 그리스도 안에서 하나라는 통일성을 고백하고 나타내야만 한다. 이 점을 인정하는 개신교도들 사이에는 여러 측면에서 하나 됨을 만드는 일에 큰 문제는 없다. 그리스도인이라고 고백하는 개개인들 안에서도 전체적으로 하나라고 말하는 데 문제 될 것은 없는 것이다. 그들은 모두가 다 하나 되어야 할 책임을 지니고 있다.

개신교도들은 그들의 신경의 근본적인 조항들 안에서 참 성도들의 연합 또는 하나 됨의 정체성을 나타내는 것은 어렵지 않다. 그리고 주도적인 요소들과 특징들 안에서 하나 됨을 표현하는 일은 어려운 것이 아니다. 진짜 그리스도의 교회들인 모든 기관이나 그의 가시적인 보편적 교회에 속한 기관들은 교리와 실제에 있어서 근본적인 일치, 즉 통일성을 가지고 있다. 그리스도께서 계시하시고 그의 교회에 부탁하여 선포하게 하신 근본적인 교리들을 고백함에 있어서 하나를 이루고 있는 것이다. 그리고 주님의 이름으로 조직된 단체들을 특징짓는 예식들을 거행함에 있어서나 임무 수행함에 있어서도 같은 통일성을 가지고 있다. 그리고 그리스도의 권위에 복종한다고 고백함에 있어서도 서로 하나이다.

그러나 여기서 내가 주목하는 것은 말도 안 되는 이론들을 설명하거나 교회의 통일성에 대한 로마교회의 주장에 답변하는 것이다. 다시 말해, 그 자체는 그것들이 계시된 진리의 조항들 가운데서 근본적으로 중요한 것임을 시인하거나 아니면 구별성의 존재를 전제하지 않고서는 그렇게 논쟁하는 것은 불가능하다는 점이다.

구별성은 흔히 어떤 것들은 근본적인 것들이지만 다른 것들은 아니라고 말함으로써 발생되는 문제이다. 이러한 기본적 전제 위에서 볼 때, 교황주의자들은 일반적으로 이러한 구분을 부정한다. 그러나 개신교도들은 대체로 인정하는 쪽이다. 이 구분을 가지고 그리스도인들과 교회들에게 적용한다. 이것을 앞에서 언급한 중요한 진리들과 함께 교회의 통일성을 적용할 때, 교회의 표지가 무엇이냐와 관련된 유일한 진짜 질문은 이것이다. '성경에 기술되어 있는 교회의 통일성에는 모든 기독교인들 사이에 신앙과 실제에 관한 모든 문제에 있어서 전적으로 일치(uniformity)해야 함을 함축하고 있는가?' 또는 '그리스도의 교회들이라고 주장하는 모든 단체들이 모두 하나의 가시적인 외적 교제 안에 포함되어야만 하는 것인가?' 그리고 '가시적인 외적 통치에 복종되어야만 하는가?'

이러한 질문은 쉽게 증명될 수 있다. 먼저, 그리스도의 교회의 통일성을 단정하고 있다고 주장할 만한 성경적 근거는 없다. 그렇다면 로마교회나 가시적인 하나의 단체가 그리스도의 하나 된 교회여야만 한다는 결론도 근거가 없는 주장이 된다. 따라서 다른 모든 기독교인들의 단체들은 다 그 *하나* 된 경계선 밖에 있다는 로마교회 주장을 수용해야 할 만한 근거도 전혀 없는 것이다. 따라서 거룩성과 사도성, 그리고 보편성의 표지들에 대해서는 크게 다룰 필요는 없다. 우리가 통일성을 주목해 본 것과 같이 다른 요소들을 다룰 만한 가능성도 충분히 숙지되었다고 본다. 그리고 논쟁을 어떻게 해야 할지도 분명하다. 교황주의자들이 내세우는 참된 교회의 표지인 거룩성과 사도성, 그리고 보편성에 대한 개념 역시 성경에 의하여 근거된 것이 아니다. 이 점도 쉽게 입증할 수 있다. 성경이 참된 교회의 특징적인 요소들로서 그러한 자질들을 표현하고 있는 한 그것들이 특별하게 독점적으로 로마교회에만 해당된다고 말할 수 없기 때문이다.

교황주의자들 입장에서 통일성과 보편성은 외형적인 교제 안에서의 통일성, 그리고 외적인 고백과 예전, 그리고 의식을 수행함에 있어서 연합성을 말하는 것이다. 더구나 모든 시대에 지구상 전역에 퍼져 있는 교회의 통일성을 참된 교회의 표지로 나타낸다는 것은 성경적이지 않다. 그러므로 로마의 교회가 의미하는 교회의 표지들은 성경적인 지지를 받을 수 없는 것이다. 거룩성과 사도성 역시 마찬가지이다. 심령과 삶의 거룩성, 그리고 사도적인 모형에 부합하는 것도 다른 교회들과 구별된 교회로서 로마의 교회만 특별히 가진 것이 아닐 뿐 아니라 그들의 주장에 대항하여 맞서는 결정적인 논지를 제공해 주는 것이다.

로마교회는 모든 측면에서 성경에서 우리에게 주고 있는 사도적인 교회의 모습과는 완전히 반대된다. 어떤 지역교회에서도 사용하는 방편들과 기회들 가운데서 거룩성을 턱없이 부족하게 나타난 적은 없다. 그렇다고 도덕적인 기준들을 그토록 많이 타락시킨 경우도 없었고, 도덕적 책임감을 근절시킨 적도 없었으며, 모든 죄악의 온상이 된 적도 없었다.

그러나 교회가 사방으로 확산되어지고 흩어진 교회 회원들 간에 공통된 고백문 안에서 함께 긴밀히 연합하여 외적인 가시적 통일성이나 보편성에 제한적으로나마 함께할 수 있다고 주장하더라도 교리체계가 하나님의 말씀에 부합되지 않는 한 어떤 교회도 사도성과 거룩성을 소유한 교회라고 주장할 수는 없다. 사도들이 세운 교회에 대해 성경이 우리에게 알려 준 모델을 따라 형성된 교회가 사도적인 교회인 것이다. 그러나 사도적인 교회라고 칭해졌던 너무나 모범된 교회들도 사도들이 제시하여 준 실천적 가르침에 충실하게 따랐던 모범으로부터 가장 멀리 이탈한 자들이 되기도 하였다. 한편, 개교회들이 자신들의 입장과 그 가시적 교회의 다른 지교회들에 대한 입장을 평가함에 있어서 특별한 교회가 교회정치나 제도와 같은 외적인 요소들이나 역사적인 가시적 계승권과 외형적인 예전과 제도들을 가지고서 자신들의 우위권을 내세우려고 한다. 그런데 이것은 그들 스스로가 그리스도의 교회의 속성과 기능들, 그리고 목적들에 미치는 가장 중요한 요점들 위에 심각한 오류를 낳게 한다는 것을 증명할 뿐이다.

그러므로 순결성과 사도성의 관점에서 보면, 그들은 계시된 기독교 진리의 본질을 고수하고 그것을 가장 중요한 것으로 인식하며, 그 본질을 의도된 목적들에게 잘 적용시키는 교회들에 비해 훨씬 뒤떨어질 뿐이다.

사도시대 이후로 빠르게 폭넓게 타락한 가시적 교회의 부패와 이 모든 것을 옹호하거나 변명하고자 하는 시도가 있었다. 그런데 이는 교회의 속성과 목적들이나 법조항에 근거하여 올바르게 판단해야만 하는 교회의 법적인 요소들과 자질들 안에서 매우 느슨하고 오류적인 입장들이 유입되게 했다. 대체로 가시적 교회는 사람들 심령 속에 있는 불가시적 교회를 삼켜 버렸거나 뒤뜰에 내동댕이쳐졌다. 그리하여 무엇이 그리스도의 참된 교회 인가라는 판단은 이제 외적인 측면들을 보고 결정하게 되어 버린 것이다. 성경에 접근 가능한 사람들조차도 로마교회가 신약성경의 교회에 매우 근접한 것이라고 믿고 있다는 것이 참으로 놀라울 지경이다. 성공회 식구들도 늘 그러하듯이 지교회들의 우월적인 입장과 기회들을 고려해 보면 '자신들의 교회가 순결하고 사도적이며 지상에서 가장 잘 조직된 교회이다.'라고 자랑스럽게 여기는 것 그 자체도 이젠 하등 놀랄 만한 것이 아니다. 그러나 이에 비해서 그들 자신들의 종교개혁자[51]들은 올바른 종교개혁을 달성하기에는 너무나도 부족하다는 것을 철저히 인식하고 있었다. 성공회가 항상 견지해 왔고 주장하고 있는 헌법과 제도들은 신약성경의 표준이 아니라 인간적인 정책들과 세속적인 영향을 받은 것들이 너무나도 많았다.

이제, 그리스도의 참된 교회가 무엇인지 성경적인 교리에 더 가까운 가르침을 살펴보자. 에클레시아라는 단어의 가장 고귀하고 가장 적절한 측면에서 그리스도의 참 교회는 영생에 이르도록 하나님의 택함을 받아서 때가 되면 주 예수 그리스도를 믿는 자로 부름을 받아 하늘나라에 합당한 자로 양육되어지는 자들로만 구성된 교회이다. 가시적 교회와 관련하여 우리의 모든 견해들이나 표현들과 행위, 그리고 그 교회의 다른 지교회들의 모습은 위대한 불가시적 실체에 해당되는 몇 가지 요소들에 의해서 규정되어져야만 한다. 따라서 우리는 가시적 교회들의 순결성과 효용성을 평가하게 될 것이다. 주로 영적인 특성들과 가시적 교회의 구성원들의 기능들과 관련해서 평가할 것이다. 그 결과, 우리의 기도와 수고의 위

---

51) 역자 주) 성공회도 종교개혁의 결과로 간주하기 때문이다.

대한 목적처럼 주님께서 매일 구원받는 자들을 더하게 하시는 교회, 모든 일에 있어서 머리이신 그리스도의 장성한 분량에 이르기까지 자라게 하는 교회를 소유하게 될 것이다.

3. 교회에 준 약속들

그리스도께서 자기 교회에게 주신 약속들을 논의하기 전에, 동일한 주제에 대해서 성경이 일반적으로 말하고 있는 부분을 짚고 가고자 한다. 이것은 웨스트민스터 신앙고백서 제25장에 기재되어 있는 것으로 아직까지 설명하지 않은 내용이다. 지금 설명하고자 하는 견해들은 일반적으로 교회와 관련한 장에서 제시되어 있고, 그 안에 포함되어 있는 입장들 대부분도 모두 다 확정적인 것이라고 생각한다. 그러나 아직까지 공식적으로 언급하지 않은 설명이 필요한 한 가지 사항이 있다. 물론 그에 대한 몇몇 원칙들에 대해서는 암시한 적이 없었던 것은 아니다. 그것은 보편적 가시적 교회(앞에서 이 교회는 온 세상에 흩어져 있는 사람들, 특히 참 기독교를 고백하는 사람들과 그의 자녀들로 구성되는 교회라고 언급했다)에 '그리스도께서 사역과 하나님의 칙령들과 예전들을 주셨다. 이 세상에서 마지막 날까지 성도들을 불러 모아 온전케 되도록 하시고, 그 자신의 임재와 성령으로 말미암아 그것들을 효력적인 것이 되게 하신다.'라는 문구이다.

이 조항의 첫 번째 부분인 '그리스도께서 사역만이 아니라 하나님의 칙령들과 예전들을 교회에 주셨다.'는 내용은 앞서 언급했던 종교개혁자들과 로마교회 사이에 벌어진 논쟁의 한 부분에 속하는 중요한 논제에 해당된다. 즉, 이것은 교회에 대한 적절한 정의와 설명의 중대성을 다루기 위한 목적이 있는 내용이다. 교황주의자들은 '유효한 사역이 없는 곳에는 참 교회가 없다.'라는 견해를 고수해 왔다. 그리고 종교개혁자들은 그 주장에 대하여 반대되는 견해를 내세웠다. 그들은 참된 교회가 있는 곳에는 유효한 사역이 있거나 있게 될 것이라고 주장했다. 종교개혁자들의[52] 견해 위에 그리스도께서 교회에 사역을 주셨다는 신앙고백 선언문은 결과적으로 동일한 것이다. 반면에 교황주의자들의 입장은 교회가 사역을 위하여 존재한다는 가정 위에서 진행된 것이다. 개신교는 사역이 교회를 위한 것이라는 가정 위에 서 있다. 로마의 교회는 사역을 목적으로 삼았고, 교회를 수단으로 만들었다. 그러나 개신교는 사역이 수단이고, 교회가 목적으로 그 순서를 바꾸었다. 목사들은 실로 교회나 회중의 지도자들(rulers)이다. 분명한 임무가 있는 다른 교회 직분자들과 협력하되 군림하는 자는 아니지만 그 모든 회중들 위에 권위 있는 지도자들로 제정된 자들이다. 그러나 이것은 목사들과 회중들에 대해 맞는 내용이지만, 이론적으로 사역은 종속적인 위치에 있다고 말할 수 있다. 그렇다고 세상으로부터 불러냄을 받은 자들에 의해서 교회가 세워지고 하늘나라를 위해서 그들을 준비시키는 일을 하는 것인 까닭으로 사역이 교회 위에 있다는 우위성에 대해 말하는 것이 아니다. 하나님의 위대한 계획은 그의 아들을 세상에 보내시고, 사람들을 다루시는 것이기 때문에 교회보다 사역이 우위에 있는 것이 아니다. 사역의 기관으로서 사역자들을 선발하여 세우는 것은 그 위대한 목적을 효과적으로 달성하기 위하여 하나님께서 제정하시기를 기뻐하신 은혜로운 수단들 중 하나였다. 이 개념은 신앙고백서가 그리스도께서 교회에 사역을 주셨다고 선언함으로 말미암아 본질적으로 드러나고 있는 것이다.

---

52) 'Claud's Defence of the Reformation,' P. IV. c. III.

이 교리는 사역에 대한 신적 기관과 모순되는 것이 아니다. 또한, 교회의 일반적인 회원들과는 구별되는 지도자로서 사역의 권리와 권위적인 면과도 불일치하는 것이 아니다. 그러나 여기에는 간과해서는 안 되는 중요한 사안들이 제시되어 있다. 그것은 사역과 교회의 특징과 계획과 관련하여 실천적인 영향을 미치는 사안들이다. 다시 말해서, 창세전에 그리스도 안에서 택정함을 입은 자들의 구원, 참 교회를 세우고 훈련시키는 일은 이 세상을 보존하시고 그 모든 일들을 수행하시는 전체 섭리 가운데 있는 하나님의 위대한 계획이다. 그 목적에 기여함에 있어서 하나님께서 제정하신 사역보다 더 높다거나 승화된 직임은 없다. 여전히 하나님께서 정하시기를 기뻐하신 그 수단의 체계는 언제나 그 목적을 이루는 일에 종속됨으로써 효과적으로 이용될 수 있는 것이다. 예언이나 방언과 마찬가지로 사역도 종식될 날이 이를 것이다. 그날은 모든 교회가 영광스러운 교회로 하나님께 나타나게 될 때이다. 이 세상의 선생들과 지도자들의 역할이 다하게 될 때까지는 사역은 존속하게 될 것이고, 많은 사람들을 의의 길로 돌이킨 자들은 하늘의 별과 같이 영원히 빛나게 될 것이다.

사역과 교회의 연관관계, 즉 사역이 교회를 위한 것이지 교회가 사역을 위한 것이 아니라는 사실을 염두에 두고, 개혁자들과 로마교회 사이에 논의된 원칙들은 이제 충분히 다루어졌다고 판단된다. 만일 이 원리가 사실이라면 그리고 성경이 이 부분을 충분히 지지하는 것이라면 다음 두 가지 이론들은 그로부터 유추할 수 있을 것이다. 첫째, '어떤 특별한 단체나 고백적인 성도들의 모임이 참 교회이냐 아니냐?'라는 문제가 '그들이 유효한 사역을 가지고 있는가 아닌가?'라는 질문보다 *선행되어야 할 것*이다. 둘째, 성경이 명확하게 묘사하고 있지 않는 것이나 유효한 사역, 또는 사역 중에서 특정한 임무에 대해서 믿을 수 있는 타당한 근거를 확실하게 제공하지 않는 것을 '참 교회의 본질적인 표지로 주장할 수 있는가?'라는 일반적인 원칙 위에서 보면, 사역의 주제나 특성들을 그러하다고 추론하여서 그것을 일반적인 규범으로 간주하여 교회의 특징과 위치가 무엇인지를 결론적으로 단언할 수는 없는 것이다.

이러한 근거들 위에서 종교개혁자들은 개신교도들이 그리스도의 참된 교회인지를 점검하지 않을 수 없었다. 이 점을 다룸에 있어서 다른 표지들도 확실히 해야만 했고, 적용해야만 했다. 단지 그들의 사역에 대해서 규범적인 것인지 비규범적인 것인지를 논의하기보다 확실히 수용해야만 하는 몇몇 다른 표준을 작성해야만 했다. 먼저, 그들은 복음을 선포하는 개개인들의 근본적인 위대한 임무가 무엇인지에 대한 성경적인 견해를 취하였다. 즉, 복음선포자들은 사랑 가운데서 진리를 받아들이는 자라는 견해였다. 그리고 교회의 가장 중요한 기능이 무엇인지 성경적인 견해를 취하였다. 그들은 신자들의 모임, 종합적으로 신앙을 고백하는 자들의 모임인 교회의 가장 중요한 기능은 진리를 굳게 붙들며 구원의 길을 전파하는 것이라고 보았다. 개혁자들은 가시적인 몸이나 기관으로서 참 교회의 본질적인 표지를 기독교 신앙의 위대한 근본적인 원리들에 대한 성경적인 견해를 고백하고 유지하는 것으로 정했다. 그것은 그리스도를 믿는다고 고백하는 자들의 명백한 의무이자 그의 권위에 복종하는 것이고, 하나님을 예배할 때 여러 수단과 기회를 가지고 서로 하나가 되는 것이 분명한 의무이다. 더 나아가서 그리스도께서 제정하신 성례야말로 기독교인의 상징이요 표지이다. 그리스도께서 설명하신 외적인 주요 예식들, 즉 그리스도께서 제정하신 방식대로 성례를 거행하는 것은 종교개혁자들이 일반적으로 참 교회의 구별되는 특징적인 요소로 도입한 것이었다. 이 원칙들의 중요성이 개신교 세계에서 일반적으로 지켜지고 있다는 사실은 매우 흥미로운 증거이다. 그리고 로마교회와는 반대되는 입장에서 그것들을 유지하는 필요성 측면에서 볼 때도 그러하다. 심지어 종교개혁으로 인해 생겨난 어떤 교회들보다 위계적 체계를 가지고 있는 잉글랜드 성공회에서조차도 이것이 고양되고 있다는 점이다(그러나 잊지 말아야 할 것은 성공회의 개혁자들은 그들의 대부분 후계자들보다 그러한 위계적 정신을 훨씬 덜 소유한 자들이었다는 사실이다). 성공회 신조 제19조항에서는 교회에 대해 "그리스도의 가시적 교회는 신실한 성도들의 회집이다. 즉, 하나님의 순수한 말씀이 선포되어야 하고 그리스도의 규례에 따라 집전되어야만 하는 성례들을 신실하게 거행되어야 한다고 믿는 신자들의 회중이다."라고 기록되어 있다.

개신교의 원리들은 널리 알려져 있는 바와 같이 교회의 정의나 교회의 본질에 속한 것이 무엇인지를 설명함에 있어서 외적인 예전이나 규칙들과 관련하여 어떤 특별한 무엇을 소개하는 일을 전혀 인정하지 않고 있다. 합법적인 목사들에게 복종하는 것과 그리스도의 대리인으로서 교황에게 복종하는 것은 우리가 살펴본 것처럼 교회에 대한 교황주의적 정의를 구성하는 한 부분이다. 그러나 개신교도는 교황만이 아니라 합법적인 목사들(정규 목사들)도 교회의 본질적인 표상으로 간주하지 않는다. 즉, 고백적인 신자들의 모임이나 교회가 그리스도의 교회를 형성하고 있든 아니든 종합적으로 모든 상황에서 목사는 반드시 즉각적으로 세워져야 하는 본질적이고 중요한 표준이라고 여기지 않는다. 개혁자들은 이 원칙이 기독교 사역에 대한 신적 지침과 불일치한다고 생각하지도 않았다. 또한 목사의 감독하에서 규칙적인 회중과 함께 교제하는 고백적인 신자들에게 주어진 임무들과도 불일치한다고 보지 않았다. 그리고 가능하다면 정상적이고 일반적인 방식으로, 앞에서 기술한 정식 목사로 세워진 목사의 지도하에서나 전에 목사들이었던 자들에 의해서 주장된 예전에 의하여 부여된 임무들과도 모순된 것으로 여기지 않았다.

그러나 개혁자들은 목적 달성을 위해서 수단은 종속적으로 여겨지는 것처럼, 외적인 규례들이 전혀 실천되지 못하고 있는 특별한 상황들에서 수단보다는 목적과 관련하여 안내자이자 보다 높은 표준으로 다음의 두 가지 실천적 결론들이 실행될 수 있다는 입장을 견지하였다. 첫째, 정상적인 방식으로 세워진 정기적인 사역이 부재할 경우나 일시적으로 사역이 완전히 중단될 경우, 고백적인 신자들의 단체를 그리스도의 교회가 아니라고 여길 만한 충분한 증거가 없다. 둘째, 그리스도께서 교회에 사역을 주셨기 때문에 신실한 믿는 자들의 모임을 하나의 사역으로 칭해질 권리가 있다. 그러므로 만일 그들이 섭리 가운데서 정상적이고 규칙적인 방식으로 훈련된 사역자를 가질 수 없는 위치에 처해 있다면 그들을 위하여 사역자를 세울 수 있는 권리가 있다는 것이다. 그 사역은 비록 정규적인 것은 아니어도 여전히 유효하다는 것이다.

이러한 근거 위에서 종교개혁자들은 일반적으로 하나님의 말씀을 읽거나 듣는 것을 통해 로마교회의 교제 안에 남아 있는 것이 죄라는 자각을 가지게 되는 자들은 로마교회를 떠날 권리가 있다고 주장하였다. 그들은 하나님을 예배하기 위한 구별된 모임을 구성할 수 있는 자격이 있다고 주장하였다. 그리고 하나님의 예전에도 동참할 수 있다고 했다. 그들이 처해 있는 특별한 상황 가운데서 그러한 것들을 도저히 실천할 수 없는 위치에 있다면, 즉 정상적인 방식으로 정식 사역자를 가질 수 없는 상황이라면, 직임에 있어서 이미 따로 세움을 입은 사람들에 의해서 증명되는 자가 있다면, 그들은 이미 교회이기 때문에 그리고 교회에 그리스도께서 사역을 제정하여 주셨기 때문에 그들 자신들을 위하여 그 사람을 사역자를 세울 권리가 있다는 것이다. 그들 중에 성경적인 자질들을 소유하고 있으면서 사역자로 부름받기를 기다리는 자가 있다면 말이다. 유용성에 대한 어떤 의심도 없이 그의 손에서 성례를 받을 수 있다는 것이 종교개혁자들의 교리였다. 나는 그것이 교회론과 사역론에 일치되는 견해라고 확신한다. 그 둘의 관계성에 있어서도 성경에서 우리에게 주고 있는 원리와 부합한다고 믿는다. 그리고 그것이 신앙고백서 안에 담겨 있는 원칙이요, 선언하고 있는 본질적인 것이라고 믿는다. 즉, 그리스도께서 교회에 사역을 주셨으며 칙령들과 규례들을 주셨다는 선언은 본질적인 것이라고 확신한다.

교황주의자들은 언제나 개혁자들이 정규사역과 유효한 사역 사이를 구분하는 것 자체를 늘 부정한다. 그리고 그들은 정규적인 것이 되지 않는 한 유효한 사역은 없다는 입장을 고수한다. 예를 들면, 기독교 양무리를 치는 목양의 기능들을 수행하도록 임명되지 않는 한 어떤 상황에서든 그 사역을 수행할 자격이 없다는 것이다. 일반적인 정규방식 안에서 사역을 허락받게 되지 않는 한 누구도 그리스도의 교회를 세워 가는 일을 위하여 그리스도께서 제정하신 예전을 집전할 수 없다는 것이다. 이는 위에서 언급한 교황주의 원리와 정면으로 대치되는 것이다. 그들은 우리가 설명한 그 기초 위에서 행동한다. 종교개혁가들은 정규사역과 유효한 사역의 차이를 견지한다. 그리고 앞에서 지적한 교황주의 원리를 배격한다. 사역은 교회에 주어진 것이고, 교회에 속한 것이다. 또한, 사역은 어떤 측면에서 보면 교회에 종속적이다. 결과적으로, 정규성 문제가 더욱 대두될수록 통상적인 방식의 고찰은 더욱 규칙적인 법안제정을 하게 된다. 그 규칙은 외형적인 수행과정과 관련된다. 참으로 필요하다고 요구된다면 교회의 건강과 덕 세움을 위하여, 그리스도께서 교회가 소유하도록 주신 권리를 즐거워하는 교회의 중요성을 요구하는 것이다.

개혁자들은 사람이 목회직을 수행할 만한 근거가 되는 것으로 요구되는 특별한 질문과 관련해서 로마교회주의자들과 항상 다투어야만 했었다. 지금도 여전히 우리가 하고 있듯이 *정규목회*를 구성하고 있는 것이 무엇인지, 또는 일반적으로 모든 통상적인 상황에서 정규목회에 요구되는 자질들이 무엇인지에 대해서 말이다. 이 점에 있어서 로마교회주의자들은 자신들이 늘 고교회 성직자들의 가르침을 충실하게 따르고 있는 것이라고 주장한다. 교권적인 안수식에 의하여 세움을 받는 것 외에는 누구도 정규사역에 임하도록 허용된 적이 없으며, 이 역시 사도들에 의해 주어진 안수식을 계승하고 있는 것으로서 결코 깨뜨릴 수 없는 것이라고 주장한다. 종교개혁자들은 사역에 들어서고자 하는 자들을 허락하는 문제와 관련하여 성경에 기재된 일정한 규범이 있다는 것을 인정하였다. 그런데 일방적인 규율로서 이 규정들을 무시한다는 것은 죄악이고, 반드시 고려해야 할 사항이다. 어떤 경우에도 그 규율들을 무시하거나 어기는 것을 용납할 수 없다. 물론, 특별한 상황에서 발생하는 경우나 교회의 덕을 세움에 대한 것이 명백하게 훼손될 경우는 예외이다.

그러나 종교개혁자들은 일반적으로 사역의 정규성과 관련된 규례에 있어서 안수식이 교권인사들에 의해서 집전되어야만 한다고 생각하지 않았다. 그렇다고 그것이 사도들에 의해서 제정된 안수식이기 때문에 누구도 깨지 않고 계승되어야 한다는 주장도 거부하였다. 그들은 교권적인 안수식이 반드시 필요하다고 주장하는 근거를 성경에서 전혀 찾지 못하였다. 또한, 교권적인 직임의 존재가 필요하다는 주장도 찾지 못했다. 장로회에서 손을 얹고 디모데에게 안수식을 거행한 것과 같이 사람이 안수식을 통해서 임직을 받는 것으로도 충분하다고 생각하였다. 안수식은 사도들로부터 이어져 내려오는 것으로서 반드시 필요한 의식이라는 것과 관련해서 볼 때, 그것이 반드시 교권적인 기구에 의한 안수식에 한정되는 것은 아니었다. 물론, 일반적으로 그 둘은 언제나 병행되어 온 것은 분명하다고 할지라도 이것이 반드시 장로에 의해서 거행되어야 한다는 것은 성경 어디에서도 찾을 수 없는 법령이다. 나는 어떤 장로교인도 이처럼 어리석은 죄악된 생각을 하고 있다고 생각지는 않는다. 그러한 생각은 성경적인 중요한 원칙들과 조화되는 것이 아니다. 또한, 신약성경 전체를 놓고 살펴볼 때, 신약의 정신과 모순되는 것이고, 기독교 전 역사에 의해서도 증명될 수 없는 것이다.

이제, 교회와 관련한 성경적인 약속들에 대해 좀 더 고찰하고자 한다. 이 부분은 계속되는 교회의 실제적인 역사 속에서 드러난 주도적인 양상들을 사람들이 어떻게 평가했는지에 대한 해석을 따라서 살펴보고자 한다. 먼저, 자기 교회를 향한 그리스도의 약속들은 본질적으로 교회와 더불어 항상 함께하신다는 확신으로 집약된다. 진리의 영이신 성령의 임재하심과 인도하심이 지속적으로 임한다는 확신이다. 그런데 교황주의자들은 이러한 약속으로 기독교 신앙이 전 세계적으로 폭넓게 확산되어지는 것을 보장한다고 주장한다. 그리고 그들은 이것이 하나님의 모든 진리를 선포하는 데 어떤 오류가 섞이지 않고, 어떤 방해도 받지 않는 가시적인 모임으로 항상 이어질 것을 시사하거나 보장하는 것이라고 단언한다. 또한, 교황주의자들은 이러한 점이 분명히 약속되었고, 그것은 로마교회를 통해서 충분히 확인된 사실이며, 교황권과 함께 교제하며 복속되어 있는 가시적 교회 안에서 실현된 것이라고 주장한다.

그러나 개신교도들은 교회 안에 그리스도께서 항상 함께하시며 그의 영이 함께하겠다는 약속들이 그와 같은 의미를 담고 있거나 그러한 결과를 기대하게 만드는 것이 아니라고 주장한다. 어떤 공정한 해석에 의해서도 그들이 주장하는 논리를 입증할 수 없다고 주장한다. 즉, 그리스도의 임재하심과 성경의 역사하심에 의하여 주님의 교회가 즐거워하며 영향을 입게 하고자 하신 그 의도를 충분히 누리며 효과를 보게 하신다는 해석 그 이상을 뛰어넘는 것은 결코 증명될 수 없다는 것이다. 하나님에 의해서 영생에 이르도록 택함을 받은 자들은 모두 예수 안에 있는 진리를 아는 지식과 신앙으로 인도될 것이며, 하늘나라에서 만날 수 있도록 훈련될 것이다. 그러므로 그리스도를 섬기는 직임에 들어선 자들은 모두 그들 자신을 담대하게 그리스도의 뜻을 성취하는 일과 그리스도께서 그들에게 부여하신 임무를 수행하는 일에 전적으로 헌신해야 한다. 그리고 그들은 그리스도께 충실함으로써 뒤따르게 되는 어떠한 손실도 감수하는 고난을 담당하되 모든 것들이 다 합력하여 선을 이룰 것이라는 확신을 가져야 한다.

이러한 약속들은 분명 다음과 같은 것들을 시사한다. 단, 일반적으로나 영구적으로 교회에 적용 가능한 것이라 할지라도 증명될 수 있는 것은 아니다. 사도들만이 아니라 그들이 자부하는 무오한 안내를 받았을지라도 이 이상을 뛰어넘는 무엇을 내포한 것은 아니다. 그리스도의 임재하심과 교회 안에서 성령께서 역사하심에 대한 약속들은 지상에 하나의 교회를 세우시고 보전하시는 하나님께서 *뜻하신* 계획과 관련하여 생각해야만 한다. 항상 함께하시고 인도하신다는 약속들은 교회가 어떠하든 간에 그것을 보장한다. 그러나 그 약속들 자체가 의도하신 뜻과 관련하여 우리에게 어떤 특별한 정보를 주는 것은 아니다. 또한, 그 계획 안에 내포되어 있는 어떤 무엇을 실제로 보장한다고 추정할 수 있는 것도 아니며, 지상에는 광범위하게 확대된 교회나 가시적인 모임이 항상 존재할 것이다. 그리고 그 가시적 모임이 그리스도의 목적이자 원하시는 것이 어떤 오류도 섞이지 않고 하나님의 모든 진리를 고수하고 선포하는 것이라는 사실에 관해 성경을 떠나 독립적으로 입증할 수 있다면, 약속된 그리스도와 그의 영의 임재하심은 그런 결과를 효과적으로 달성하게 된다는 보증이자 수단으로 적절하게 간주될 수 있을 것이다.

그러나 성경을 떠난 독단적인 증거에 의하여 성취할 수 있다는 것을 의도한 바가 아니라면 그의 지속적인 임재와 축복의 약속들에 의해 그 목적하신 바가 달성될 수 있다는 기대는 허망한 짓이다. 그의 임재하심과 그의 영의 역사하심으로 말미암아 그리스도께서는 그 의도하신 것이 무엇이든 그의 교회 안에서 그리고 그의 교회에 의해서 뜻하신 바를 달성하신다. 사람들은 그것을 기대할 이유를 충분히 가지고 있다. 그러나 개신교도들은 그리스도께서는 우리에게 광범위하게 확장된 가시적 교회가 어떤 오류로부터도 항상 자유롭게 보존된다는 것을 기대해도 될 만한 이유를 우리에게 주신 적이 없다고 주장한다. 그러므로 그의 지속적인 임재의 약속들이 이것을 보증하는 것으로 간주되어서는 아니 되는 것이다. 더 나아가 그들은 그리스도께서 명백하게 가시적 교회가 훨씬 폭넓게 그리고 뿌리 깊게 타락할 수 있다는 정보들을 성경에서 충분히 주셨다고 주장한다. 이에 따르면 우리는 그리스도께서 그의 임재와 성령의 역사에 대한 약속으로 말미암아 그러한 결과를 바라시고 의도하신 말씀으로 주신 것이 아니라는 결론에 이를 수 있다. 그리고 교회의 역사를 살펴보면 수많은 오류와 부패가 교회 안에 존재했다는 것을 쉽게 발견할 수 있다. 성경에 있는 이러한 정보들이 오류와 부패를 기대하게 한다. 그리하여 그러한 일이 발생할 때 우리는 예언의 성취로 간주하게 되고 그리스도의 신적 임무에 대한 증거가 무엇인지를 알게 된다. 성경적인 진술이 무엇을 뜻하는지를 해석하여 확정하거나 단정 짓게 되는 것이다.

개신교도들은 역사적인 사실에 근거하여 초대교회가 시작될 때부터 이미 오류와 타락이 있었다고 믿는다. 실제로 교리나 정치제도, 예배와 권징에 있어서 성경적인 표준으로부터 벗어난 분파들이 여럿 존재하였다. 그러한 오류들이 가시적인 교회들 가운데서 급속도록 번져 나갔고, 부패는 더욱 깊어졌고 증폭되었으며, 광범위하게 배교상태로 이어질 때까지 끊이지 않았다. 널리 확산된 이단의 잘 조직된 체계와 우상숭배와 폭력 등은 짙은 어둠에 속한 것들로서 거의 천 년 동안 가시적인 교회 전체에 내재되어 있었다. 그것은 종교개혁의 빛에 의해서 축출되기까지 존재하였다. 개신교도들은 교회 역사에 대한 일반적인 이러한 견해의 건전성이 성경의 명백한 가르침과 관련하여 그렇게 해석될 수밖에 없는 사실임을 충분히 증명한다고 믿는다. 그들은 교회에 주신 그리스도의 약속들 안에서 이러한 사실을 의심하게 한다거나 믿지 못하게 하는 그 어떤 것도 발견할 수 없었다. 오히려 그와는 반대로, 그들은 성경에서 그러한 결과를 기대하게 만드는 고정되고 의도된 무엇이 있음을 발견하게 되었다.

4. 교회사에 대한 다양한 이론들

교황주의자들은 교회에게 한 약속들에 대한 자신들의 해석에 맞게 교회의 실제 역사에 대해 전혀 다른 입장을 취하고 있다. 그런데 실제로 그들 중 고백적인 그리스도인들 사이에서도 얼마 안 가서 오류와 타락이 나타나게 되었음을 인정한다. 그러나 그러한 오류들은 적어도 이 교회가 그 오류들을 거부하고 정죄하고 있는 한 결코 자신들의 교회를 오염시키지 못한다고 주장한다. 더욱이 그런 오류들을 붙들고 있는 자들을 교회로부터 추방해 버리고 있기 때문에 자신들의 교회는 안전하다고 주장한다. 로마교회의 감독과 교제의 관할영역 속에 있는 가톨릭교회는 어떤 오류가 섞임이 없는 순수하고 부패되지 않은 사도적 신앙을 견지하고 있는 교회라고 주장하는 것이다. 이 교회는 신앙을 바꾼 적이 없으며, 그렇다고 교회 자체와 비교해 볼 때 어떤 모순된 점을 나타낸 적이 없다고 단언한다. 이 교회가 지니고 있는 모든 교리들은 사도시대 이후로 견고하게 붙들고 있는 것들이고, 거기에는 어떤 변절도 없다는 주장이다. 물론 이 교회는 더 풍성하고 명백한 정의를 시대에 따라 내린 적도 있었고 이단들의 주장들을 대적함에 있어서 충분한 설명을 더하는 일들이 발생했음에도 어떤 변절도 없었다는 것이다. 이 교회는 미신이나 우상숭배 또는 폭군과 같은 현상으로 타락한 적이 결코 없는 교회라는 것이다. 이 교회는 모든 시대를 통틀어 언제나 순결하고 온유하였으며, 그리스도의 신실한 신부의 모습을 잃지 않았다는 것이다. 이단들과 분리주의자들을 제외하고는 모든 훌륭한 가톨릭 신자들과 모든 고백적인 신자들에 의해서 이 교회가 항상 그래 왔다는 것을 충분히 인식하고 있다는 것이다. 이것이 교황주의자들이 가지고 있는 교회 역사에 대한 이해이다.

그런데 이상한 것은 교황주의자들 중 학식이 많고 유능한 자들 가운데서 다음과 같은 사실을 고수하는 자들도 적지 않다는 사실이다. 첫째는 그리스도의 약속 때문에 교회는 반드시 그래야만 한다든지 그리스도께서 그의 교회와 계속해서 함께하시겠다는 것이 교회가 언제나 안전하다는 것을 보장한다는 주장에 대해 의심하는 자들이 상당수 존재했다는 사실이다. 둘째는 교회 역사가 그렇게 세워 갔고 이후로 세워 가게 될 것이라는 점에 대해서 의혹의 시선을 멈추지 않는 자들이 적지 않았다는 것이다. 로마교회의 저술가들은 어쩌면 이러한 검증체계 속에 자신들이 속해 왔다는 것에 대해서 매우 흡족히 여겼을지도 모른다. 그들은 거기에 살아 있고 가시적이며 하나님의 뜻에 대하여 무오한 해석이 있을 것이고, 또 그래야만 한다는 것을 증명하기 위하여 보다 나은 방편들을 추구해 왔다는 우월감으로 가득 찬 자들이었을 것이다. 즉, 실제적으로 제정된 한 가지 해석을 보여 주거나 그들의 임무를 충실하게 수행해 왔었다는 것을 보여 주는 것보다 그와 같은 방편들을 시도했다는 자부심에 뿌듯해했을 것이다. 그러나 그들은 역사적인 증거들을 보고도 결코 움츠러들지 않았고 이미 지적한 것과 같이 말도 안 되는 이론들을 역사적으로 세우려고 적극 시도했다.

로마교회의 우월적인 증거와 관련하여 개신교도들은 앞에서 설명한 것과 같이 그리스도께서 모든 오류로부터 항상 자유로운 가시적 모임을 지구상에 영속적으로 세우시고 보존하시고자 하셨다는 어떤 증거도 성경에는 없다고 반박한다. 그리고 그리스도께서 로마교회에 이러한 특권을 수여하시겠다는 의도는 더더욱 발견할 수 없다고 주장한다. 그러므로 그의 임재하심에 대한 약속과 성령은 로마교회의 우월적 지위를 보장하는 것이 아니라고 단언한다. 그렇다. 성경에는 가시적 교회의 역사가 그들의 이론이 제시하고 있는 것과는 매우 다른 양상을 나타내고 있음을 보여 주는 분명한 사실들이 있다. 또한 성경은 로마교회는 배교의 길에 떨어질 것이며 타락의 온상이자 사단의 회당이요 범죄의 신비로운 처소가 될 것임을 보여 준다. 이에 더하여 개신교도들은 그 사례의 특징에 적용될 수 있는 일반적인 증거로 말미암아 심층 있게 조사하여 확정한 문제점들을 인식하기를 원하였다. 특정한 시대의 가시적 교회나 그 지류들의 특성과 교리는 사실상 일반적인 원칙들과 역사적 증거의 자료들을 적용시킴으로써 확정되어지는 것이다. 어떤 교회나 개별적인 교회의 특성과 교리가 그 문제에 적용될 수 있는 적절한 방편들과 증거에 의하여 보편적인 것으로 확정되어질 때, 그것들은 하나님의 말씀의 표준에 의하여 판단되거나 평가되어야 하는 것이다.

교황주의적 체계의 특성들은 모두 다 하나님의 말씀에 의하여 인준 받지도 못하는 것이요, 도리어 반대되는 것이다. 그리고 무엇보다 그것들 중 상당수는 의심의 여지가 없는 역사적 증거에 의하여 사도시대보다 훨씬 뒤에 출범된 것임을 분명하게 입증할 수 있다. 즉, 로마교회 교황주의 체계는 초대교회에서는 전혀 생소한 것이다. 그런데도 로마의 교회의 옹호자들이 역사적 증거에 의하여 자신들의 이론과 교회의 실제 역사적 사실들을 옳은 것으로 여겨야 하는 원칙이고 주장이라고 말하는 것은 매우 대담하고 억지스러운 짓이다. 그럼에도 불구하고 많은 사람들이 그렇게 시도하였다. 그러나 성과는 미미하기 그지없었다. 문제는 그러한 시도의 대담성이 아주 흥미진진한 생각으로 추구되고 있다는 점이다. 교회사에 대한 그들의 모든 이론은 개신교도들이 지지하는 이론과는 매우 다르다. 교회사의 모든 자료들을 우리가 익히 숙고해 온 방식과는 전혀 다른 양상으로 바꿔 버린 교황주의자들의 교회사관에 주목하는 것은 어떤 측면에서 보면 흥미로운 일이고, 유용성이 전혀 없는 것은 아니다.

교회사에 가장 훌륭한 작업은 종교개혁 직후에 출판되었다. 그 저작들은 일반적으로 '막데부르크 센튜리에이터(Magdeburgh Centuriators)'라고 한다.[53] 이 책은 로마교회에 반하는 역사적 정황들을 열거한 것이었다. 배교는 교회사에 대한 다른 견해를 제공할 필요성을 제기하였다. 이 목적을 위하여 추기경 바로니우스의 연대기가 마련되었다. 이 훌륭한 작품에서

---

53) 역자 주) 이것은 1559년 바젤에서 인쇄된 것으로, 루터파 학자들이 막데부르크에서 모여 기독교 역사를 세기별로 구분하여 저술한 5권의 책이었다. 그 책들을 가리켜 '막데부르크 센튜리에이터'라고 한 것이다.

저자인 추기경 바로니우스는 로마교회의 모든 교리가 사도시대로부터 이단들과 분리주의자들을 제외한 모든 기독교 세계에서 붙들고 있는 것이었음을 증명하고자 했다. 뿐만 아니라 그는 로마교회의 예배형식을 방해하거나 변형시키려는 모든 예전들과 의식들은 이미 다 초대교회 시대로부터 존중되어 온 동일한 것임을 추적하여 증명하고자 하였다.

또한 교황의 무오성을 변호하고 나선 수호자 바로니우스를 모든 로마교회주의자들은 개의치 않았다. 바로니우스는 교황은 자신이나 전임 교황들 누구와도 모순되게 행한 것은 하나도 없음을 증명하고자 사력을 다했고, 교황 중 누구도 오류나 이단으로 빠진 자도 없다고 주장하였다. 그런데 그는 솔직히 특별히 9세기와 10세기의 몇몇 교황들이 덕스럽지 못한 개인적 성품을 지녔던 자들었다는 사실과 베드로의 자리를 차지한다고 주장하는 것도 너무나 타당하지 못한 방편이라는 것을 인정하였다. 그러나 교황권의 무오성에 대한 다른 옹호자들과 마찬가지로 바로니우스도 교황들 중에서 오류나 이단에 빠진 인사는 한 사람도 없다고 주장하였고, 그 사실을 증명하기 위해 온 힘을 다하였다.

로마교회는 그들의 교리들과 우월성이 하나님의 말씀에 의해서 비추어 볼 때, 완전히 반대되는 내용은 아니라는 주장을 고수하고 있다. 그러나 이 교리들과 우월성은 명백한 역사적인 사실들에 의해서 완벽하게 반박될 수 있고 뒤집어질 수 있는 것이다. 그들의 옹호자들은 로마의 감독들이 베드로를 계승하고 있는 것이고, 그리스도의 대리자들로 간주되어 온 것이라고 역사를 통해 증명하고자 했던 것은 고집스러운 일이다. 그리고 사실적으로나 법적으로 가시적 교회의 군주들이었다는 것과 교회의 주인이신 하나님의 의지와 생각에 전적으로 일치하여 교회를 가르치고 다스리는 기능을 수행해 왔다는 것을 증명하고자 시도했던 것은 참으로 무서운 억지였다.

몇몇 로마 가톨릭교도들은 교회사를 검토하면서 그들에게 맡겨진 난제를 변형한 몇 가지 원칙들을 고수하였다. 즉, 그들은 교리문제에 대해서만 무오성을 주장하는 것으로 한정시켰다. 그리고 의식들과 예전, 그리고 훈육의 문제에 있어서는 어떤 변화나 변혁을 시도한 적은 없었다고 주장할 필요는 없다고 생각하였다. 한편, 그들은 이러한 문제들에게 있어서 교회는 필요시에 수정할 권리와 능력을 지니고 있다고 주장하였다. 로마 교회의 모든 예전들과 의식들, 그리고 권징이 사도시대로부터 존재해 온 것이라고 추적하여 입증할 수 있다고 주장할 때 받게 되는 부담감에 비해 이러한 일반적인 원칙을 주장하는 것이 더 안전하다고 생각하였기 때문이었다. 따라서 그들은 가련한 바로니우스 추기경이 신음하며 고심한 그 무거운 짐을 그들의 어깨에서 내려놓게 되었다.

그리고 몇몇 사람들, 특히 갈리칸 자유주의[54]를 옹호하는 프랑스 저자들은 교황의 개인적 무오성을 부인하였다. 그들은 무오성을 일반 종교회의에 한정시켰다. 이것은 스스로 모순되게 행하는 교황은 없다는 것을 증명할 필요가 없게 만든 것이었기 때문에 정통의 표준으로부터 벗어난 교황은 한 사람도 없다고 증명해야 할 부담감도 벗어 버리게 되었던 것이다. 그런데 잔센주의자들(Jansenists)과 같은 이들은 신앙문제에 있어서 교황 개인의 무오성을 부정하지는 않았을지라도 그것을 실제적인 문제까지는 확대하지 않았다. 따라서 이는 만족스러운 역사적 증거에 의하여 교황들이 실수를 저지르거나 심지어 죄를 지을 수 없고, 전적으로 거짓된 자가 될 수도 없다는 것을 강제적으로 인정하는 것과는 거리가 멀었던 것으로 볼 수 있다.

---

54) 역자 주) 교황제한주의를 말한다.

신앙과 교리에 대한 모든 문제에 있어서 *적어도 가시적 교회의 순결성*을 지속적으로 유지해 왔고, 사도시대로부터 교회의 모든 교리들이 변형되었다는 것을 포함하고 있는 교회사에 대한 이러한 이론은 본질적으로 로마교회가 주장하는 원칙들 안에 내포된 것이다. 따라서 로마교회가 그것을 버릴 수 없다면 그 원칙들과 함께 서거나 그렇지 않으면 망하게 될 것이다. 즉, 로마교회는 역사적 증거로부터 치명적인 상처를 받게 될 운명에 처해 있는 것이다. 그 상처는 피할 수 없는 것으로서 타락과 역사 왜곡에 의한 상처이다. 개신교도들은 그들 자신의 원칙들을 세워 가는 것과 로마교회에 대항하는 사례를 만들어 가는 것에 있어서 교회의 역사로부터 검증하고자 할 때 유용한 도움을 받는다.

그러나 *개신교도들은* 그것에만 의존하는 것은 아니다. 그것만 의존할 때 자신들이 추구하고자 하는 것에 치명타를 입힐 수 있는 공격은 하지 않는다. 개신교도들은 로마교회로부터 이탈자요, 로마의 배교를 대적하는 항거자들이라고 하는 그들의 위치에서 교회사의 특정한 이론을 수용할 필요는 없다. 그렇다고 자신들의 이론을 지지하거나 적대자들로부터 지켜 내기 위하여 역사의 증언에 침묵하거나 왜곡할 필요도 없다. 성경, 오직 성경만이 개신교도들의 종교이다. 성경의 신적 기원과 권위가 인정되고 증명되었을 때, 개신교도들은 그들의 모든 주장을 성경으로부터 유추할 수 있었던 것이다. 그 어떤 영역이든 역사적 증언으로부터도 공격당하지 않는 모든 원칙들을 성경에서 자신 있게 세워 갈 수 있었던 것이다.

이에 비해 로마교회는 전혀 다른 입장에 서 있다. 로마교회는 교회사의 특정한 이론을 고수하는 원칙들과 주장들을 강제적으로 내세웠다. 그러나 그 이론은 교회사에 대한 사실적 연구로부터 적절하지 못한 것이라는 결과 때문에 그들의 모든 체계를 죽이는 상처를 입게 하였다. 따라서 개신교도들은 교황주의자들이 교회사를 연구함에 있어서 그들이 취했던 동일한 위험성을 사용하지 않았다. 왜냐하면 교황주의자들과 함께 가는 그 문제는 승패가 달린 문제였기 때문이었다. 결과적으로, 그들은 성경이 말하고 있는 대로 그 체제 안에서 모든 불의의 속임수에 빠진 것이었다.

이제까지 우리는 교회사를 통해서 교황주의 논객들이 드러내고자 했던 과정들에 대해 설명하였다. 특히, 교리사를 추적하면서 살펴보았다. 그들이 익히 잘 알고 서약하는 원칙들은 그렇게 추구해야 함을 요구할 뿐이다. 교회의 영구적인 가시성과 무오성과 관련하여 그들이 붙들고 있는 원칙들을 고수함에 있어서 그들은 역사의 변천과정에서도 교회는 변함없이 동일한 교리들을 가르쳐 왔다고 말하지 않을 수 없었다. 전통의 권위를 붙들고 있는 그들의 원칙 안에서 지금 교회가 근본적으로 선언하고 있는 모든 교리들을 기록하도록 위탁받은 것이 아니었다고 할지라도 그리스도와 그의 사도들이 잘 가르친 것이자 제대로 전달된 것임을 증명해야만 한다. 그러나 개신교도들이 거부한 로마교회의 교리들에 대해 그들은 역사적 정황에서 어떤 만족스러운 입장을 증명하지 못한다. 왜냐하면 성경에 의해서 제정된 것이 아니기 때문이다. 그래서 그들의 교리가 그리스도와 사도들을 통해 말로 전수되고 가르쳐진 것이었다는 어떤 증거도 제시하지 못하는 것이다. 이 주장은 긍정적으로 증명될 수 없는 것들이다. 그 원칙들은 초대교회 성도들이 전혀 알지 못하는 것이었고, 그렇기 때문에 교회의 설립자들도 가르친 적이 없는 것이었다. 이것은 개신교의 저자들이 종종 주장했던 내용이었다. 결과적으로, 현 시점에서 교리사가 진지하게 검토되거나 특히 독일 학자들에 의해서 철저하게 연구되어 파헤쳐졌을 때 그들의 주장이 잘못되었다는 것을 이 시대만큼이나 확고하고 충분히 증명할 수 있었던 때는 없었다.

옛 교황주의가 붙들었던 것이 성립될 수 없다는 명백한 논거는 지금 하나의 새로운 기대감을 불러일으켰다. 그것은 점진적인 이론(개발 이론)이다. 이 이론은 그 주제에 대해 쓴 뉴먼의 글에서 세세하게 설명되었다. 그것은 신약성경의 기독교에다 갖다 붙인 로마교회의 주장들을 옹호하기 위하여 적용시킨 이론이었다. 그 이론의 핵심은 이것이다. 감동하심을 받은 사람들이 합법적으로 발전시켜 왔거나 시대가 흘러가면서 그 교리들 자체에 함축되었다거나 추론할 수 있는 것이 아닌 개념들을 이끌어 내어서 가르친 교리들이라는 것이다. 그러나 그것들은 단순히 모호하며 연관성이 먼 내용이다. 이 이론은 외적인 객관적 계시의 권위를 부인함으로써 그 취지나 성향이 다분히 이교도적이며, 이 시대에 폭넓게 확산되어 있는 사상과 어떤 면에서 잘 부합된다. 이는 물질적인 세계에서나 도덕적인 영역에서 뭐든지 발전논리로 해결하고자 할 때, 주관적인 것에 더 큰 비중을 두고자 할 때, 또는 무엇이 참인지에 대한 근거와 잣대로서 인간 자신 안에서 발견하는 것에 더 무게를 둘 때 이 시대의 기류와 잘 맞아떨어지는 이론이다. 현재 우리가 관찰할 수 있는 것은 이 새 이론을 수용하는 것이 이전의 교황주의 논객들을 지배했던 근간을 포기하는 것을 담고 있다는 점이다. 즉, 그들 교회가 요구하는 것을 성립시키기 위한 익히 알려진 이론들의 모든 근간을 버리는 것이다. 이것은 그들의 근거가 유지될 수 없다는 것을 인식하는 것으로 압축된다.

교회의 무오성 교리는 일단 정해져서 공정하고 온전하게 적용된다면, 어떤 것이든 덮어 버리고 옹호하기에 적합한 것이라는 생각에는 추호의 의심도 없다. 그러나 더 많은 교황주의의 법률적 논객들이 교회의 무오성 교리에 그 교리가 감당할 수 있는 것보다 너무 과한 짐을 지우는 것에 대한 염려를 한다. 실로 그들은 그 교리를 세우거나 지지하는 어떤 증거나 물증 없이 그 교리에만 안주하는 것을 달가워하지 않는다. 그러나 무모하고 파렴치한 교황주의자들 중 몇몇은 교회의 무오한 권위가 신앙의 새로운 조항을 성립시키고 제정할 수 있는 권한을 지니고 있다고 주장하였다. 어쩌면 그들은 감동하심을 입은 자들이 가르쳤던 내용을 현 시대의 유행적인 어법에 맞게 발전시키고 있는지도 모른다. 그러나 더 많은 교황주의의 법적 옹호자들은 이러한 극단적인 견해를 취하는 것을 몹시 두려워한다. 한편, 트렌트 공회에서 전통에 대한 주제를 다루면서 그들의 모든 교리들은 기록된 말씀에 내포되었거나 기록되지 않은 전통에 함축되어 있는 것이어야 한다는 입장을 고수하였다. 물론, 우리는 그들이 가르치는 모든 것이 성경에 의해서 지지받거나 그리스도와 그의 사도들의 가르침에 도달하는 어떤 방도를 통해서든 추적될 수 있는 것이어야 한다고 생각한다. 이 나라의 로마교회 지도자들은 뉴먼 박사의 발전이론의 장점을 취하고자 애쓰면서 한편으로 그것을 증명하거나 거부하려는 어떤 조치도 취하지 않고 있는 것이 교황주의 정책의 특징적인 표본인 것이다. 미국에 있는 로마교회의 고위층의 몇몇 지도자들조차도 그것이 이단적이요, 매우 위험한 사상이기에 버린다고 공개적으로 선언한 사실을 보아도 그들이 하나라고 주장하는 것은 모순이다.[55]

교회사를 공부함에 있어서 이러한 논점들을 바르게 간직하고 있는 것은 매우 중요하다. 왜냐하면 실제로 지난 1,500년간의 교회사는 대체로 교황주의 역사이기 때문이다. 분명, 사도 바울은 그 당시에 죄악의 신비가 성행하고 있다는 사실을 우리에게 자각시켜 준다. 그 이후의 모든 세대들에서 우리는 더욱더 명확하게 그러한 불법의 씨앗들이 드러난 사실

---

55) Review of Newman in *North British Review*, vol. v. 교회 원칙들에 대한 논의, p. 35-Edrs. Wordsworth's Letters to M. Gondon, Let. i. Bulwark, vol. ii, pp. 159, 216.

을 발견할 수 있고, 그것의 온전한 형태는 교황주의 체계로 굳어진 것이 었다. 사단은 육칠백 년에 걸쳐서 발전시켰고, 자신의 위대한 대변인으로서 앞에서 지적한 그러한 모습으로 숙성시켜 왔다. 실로 교황주의의 몇몇 특성들은 중세시기까지는 개발되지 않았다. 가시적 교회의 큰 덩치가 대단한 어둠과 미신과 우상숭배 속에 잠겨 버릴 때까지는 말이다. 심지어 종교개혁 이후로도 교황주의 상태나 노력들이 고백적인 교회의 일반적인 상태에 미치는 영향이 적지 않다. 지금 이 시대에도 그 긴 시간 동안 영향을 준 것보다 더 많은 영향을 끼치고 있다. 그러므로 그 배교적이고 적그리스도적인 체계가 가시적 교회의 역사 안에서 두드러지고 힘찬 영향력을 계속해서 발휘하리라는 것을 믿을 만한 근거는 충분히 있다. 심지어 우리 주님께서 그의 입 기운과 더불어 모든 것을 소멸할 때까지도 말이다. 그가 오시는 밝은 날에 모든 것을 멸하실 때까지도 그 영향력은 줄어들지 않을 것이다.

실제로 그리스도의 교회 역사를 개괄적으로 살펴보는 데에 어두운 면들과 매우 낯선 일들이 있는 것이 사실이다. 그것은 교회의 순결성을 쉽게 잃어버리거나 오류와 타락에 쉽게 떨어지는 일들이다. 이 오류와 타락에서 우월성을 쉽게 획득하고 결과적으로 근 천 년 동안 가시적 교회를 삼켜 버린 것이다.[56] 교황주의자들은 이러한 환경의 장점을 가지고 사람들에게 접근한다. 그들은 그리스도와 성령의 지속적인 임재하심에 관한 약속들은 로마교회에 주신 것이라고 믿을 수 있도록 사람들에게 다가간다. 교회사에 있어서 이것이 주도적인 요소들이었다고 보는 것을 옳은 판단이라고 하면서 믿게 만들어 왔던 것이다. 그러나 우리는 이러한 전제들

---

56) Issac Taylor, "고대교회사", vol. i, No. 4.

안에 있는 그 어떤 것도 그들의 우월성을 증명하기에는 충분하지 않다고 믿는다. 전혀 그렇지 않다는 정보를 성경에서 확인할 수 있기 때문이다. **오직 하나님의 말씀의 표준에 의해서만 교리들의 진위를 판단하는 것이 우리의 의무라고 믿는다.** 그리고 적합한 역사적 증거에 의해서만 사실들의 진위를 판단한다. 우리는 모사이자 기묘자이신 주님의 계획들과 목적들을 만들 수 없는 자들이다. 하루가 천 년과 같고 천 년이 하루와 같은 그분과 함께 감히 그런 일을 할 수 없다. 그러나 우리는 하나님께서 육체 가운데 자신의 아들을 명백하게 나타나시기 이전에 사람들을 다루신 역사 속에서 기독교 교회사에 대한 개신교의 견해가 신적 행위의 진행과정이나 영적 축복들에 대하여 사람들에게 규칙적으로 소통하신 하나님의 일하심을 더듬어 볼 때, 전혀 모순되는 것이 아니라는 확신을 주는 충분한 자료들을 발견할 수 있다. 우리는 이것과 관련하여 사람들을 대하신 하나님의 발전적인 행사들을 볼 때, 주님께서는 그의 백성들에게 그분의 명백한 지혜와 변함없는 신실함을 더욱 온전하게 나타내실 것에 대해 전혀 의심할 수 없게 된다.

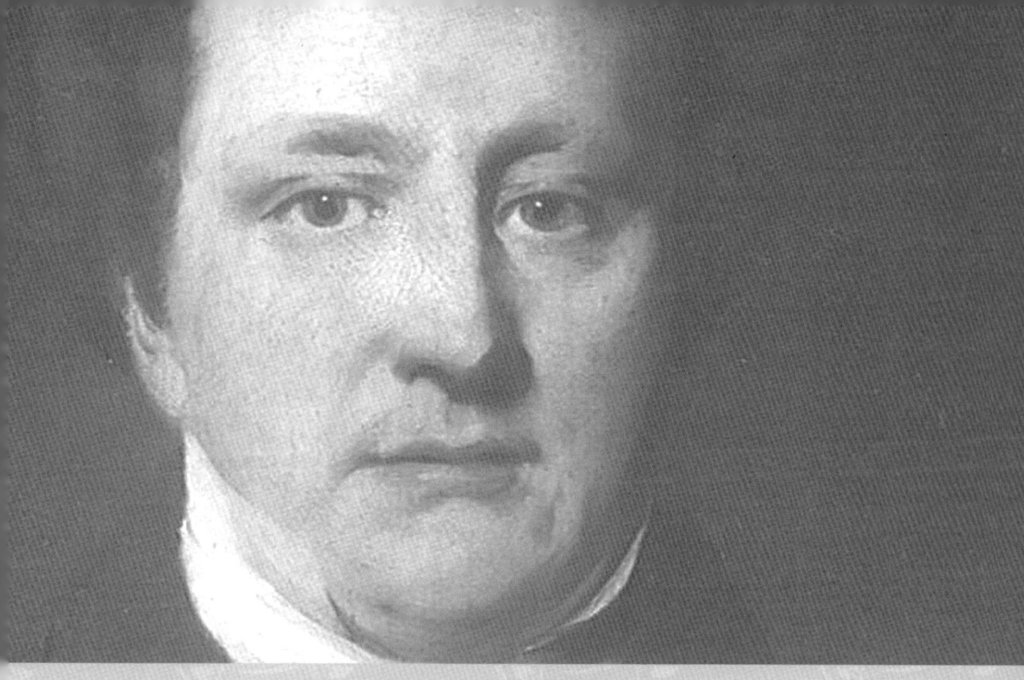

제2장

예루살렘 공회

제2장

예루살렘 공회

1. 성경의 이야기

신학적 논의에 대한 우리의 평가는 사도시대가 막을 내리는 시점으로부터 출발하지만 신약성경에는 우리가 유의해야 할 한 가지 중요한 사안이 있다. 그것은 그 이후로 이어지는 교회의 역사나 정치에 밀접한 관계를 가진 사안이다. 사실, 그들에게 발생되었던 그 당시의 논쟁들은 오늘의 시대까지 이어져 오는 것들과 관련된 것들이다. 이 장에서는 흔히 '예루살렘 공회'라고 하는 것을 말하고자 한다. 이에 대한 내용은 사도행전 15장에 기록되어 있다.

이 공회의 참된 특성에 관해서는 많은 논의가 있어 왔다. 그것이 무엇이든지 그다음에 이어지는 시대에서 교회의 정치문제와 관련하여 제시하기에 아주 적합한 교훈들로 논의되어 왔던 것이다. 교황주의자들, 감독주의자들, 및 장로회주의자들은 항상 일반적으로 교회정치가 영구적으로 실행되어져야 할 방식과 태도에 있어서 예루살렘 공회는 교회정치 지침으로 삼을 만한 몇 가지를 지니고 있다고 보았다. 즉, 예루살렘 공회 안에는 교파주의자들 모두가 그들이 선호하는 체제를 지지할 만한 뭔가가 있다는 것이다. 이에 비해 회중주의자들은 교회정치와 관련한 그들의 견해를 뒷받침할 만한 그 어떤 요소도 발견할 수 없다고 했다. 그러면서 회중주의자들은 후세 시대에서 실천되어져야 할 교회정치가 어떤 방식으로 실행될 것인지를 결정하게 하는 명백하고 분명한 어떤 자료들을 예루살렘 공회가 제공해 주는 것은 아니라고 반박하였다.[57]

한편, 교황주의자들은 베드로가 이 회의에서 주도적인 역할을 감당했음을 기록하고 있다고 주장하면서 그가 행한 증거물로서 그 정황을 제시하였다. 이 때문에 사람들은 베드로가 그와 같은 직임을 받은 자요, 교회의 수장이요, 그리스도의 대리인으로서 수행하도록 임명된 자로 인식하였다는 것이다. 감독주의자들은 이러한 정황으로 볼 때, 사도들에 의해서 예루살렘 감독으로 임명된 야고보가 신학적인 논쟁을 벌이는 일에서 주도적인 역할을 수행하며 다루는 안건들에 대한 성경적인 증거를 제시하고 주장한 자라고 단언한다. 그러나 그 이야기 속에는 베드로나 야고보 그 누구도 *직분에 있어서 또는 판단에 있어서 우위를 차지한 자라고 추정할 만한 내용이 없다.* 이에 교황주의자들의 논점은 베드로가 먼저 말을

---

57) 예루살렘 공회에 관한 책들과 참고 문헌들은 다음과 같다: Moshemii Institutions Majores, p. 263, Commentarii, pp. 155, 169.

Buddaeus, Ecclesia Apostolica, c. iv. Buddaeus, Isagoge, Lib. ii., c.v., see iii. p. 741. Parker, De Politica Ecclesiastica, Lib. iii., c. xiii.

Bochmeri Dissertationes, Juris Ecclesiastici Antique; Diss. iii, pp. 98, 218, commented on by Mosheim, Inst. Maj. 264.

Rutherford, Due Right of Presbyteries, pp. 355-380.

et. seq. Divine Right of Church Government, Jus. Div. Reg. Eccles. By London Ministers, c. xiv. and xv.

Wood's Answer to Lockyer, and books refered to there. Part ii., sec. viii., p. 302.

Cotton's Keys of Kingdom of Heaven, c. vi. and c. vii., Prop. iv.

Gillespie's Assertion of the Government of the Church of Scotland

Brown's Vindication of the Presbyterian Form of Church Government; Let. viii and xii.

Carson's Reply to do.; Let, x.

Davidson's Ecclesiastical Polity of the New Testament; Lect. vii.

Wardlaw on Congregational Independency, c. vi.

Jeidegger, in his 'Libertas Christianorum a Lege Cibaria', gives a full commentary upon the whole chapter.

하였기 때문에 그가 다른 사도들에 비해 권위와 판단에 있어서 우위에 있는 자라는 것이다. 반면, 감독주의자들은 야고보가 *마지막*으로 말했고, 공회의 결정을 작성한 자이기 때문에 그가 교구 감독이었다는 논리를 펼친다. 즉, 어떤 측면에서 야고보가 다른 사도들에 비해 더 우월적 지위를 가지고 있었다는 것이다. 물론 이것은 사소한 일이다. 진짜 중요한 문제와 이 사안과 관련한 진짜 어려운 점은 장로교도들과 회중주의자들 또는 독립교회주의자들 사이에 놓여 있다.

회중주의자들은 이 공회가 아주 특별하고 특이한 것이기 때문에 후세 교회들에게 신학적인 논쟁들에 대한 해결점을 찾는 양식이나 선례를 제공해 주는 것으로 간주할 수 없다고 주장한다. 또한 교회 안건들에 대한 규정과 일반적인 상황에서 취급해야 하는 규정을 삼을 만한 근거를 제공해 주는 것이 아니라는 주장이다.[58] 장로회주의자들은 이 주장을 부정하는 반면에 이 공회가 장로교 교회정치의 주도적인 양상들을 위한 몇 가지 일반적 원리들을 지지하는 근거를 가지고 있다고 주장한다. 이 공회가 매우 특별한 회의인지 아닌지에 대한 문제는 후세 시대의 교회정치를 위한 하나의 모델이나 선례를 제공하는 것과 관련되어 있으며 대체로 이것과 일치된다. 사도들이 하나님의 뜻에 대하여 감동하심을 받아 무오한 설명자들로서의 이 방식으로 수행했는지, 아니면 단순히 교회의 일반적인 직분자로서 하나님의 뜻을 확신하는 통상적인 방편을 사용하며 하나님의 영의 통상적인 지도와 영향 하에서 즐거이 이 임무를 수행했는지를 살펴야 하는 것이다.

---

58) 회중주의자들 외의 다른 부류의 사람들도 이 견해를 지지한다. 퓨지(Pusey) 박사는 '온전한 영감의 결과로서 이 공회는 선례를 남긴 것이 전혀 아니다.'라고 주장했다. The Councils of the Church, c. I., p. 33.

장로교도들은 신약성경에는 사도들이 교회의 사안들을 처리할 때 진리의 말씀을 선포하고 교회를 세워 가면서 즐긴 성령의 무오한 지도에 의하여 직접적으로 영감을 받은 자로서 행정적인 조치들을 취한 것이 아니라, 다른 장로들과 협력하는 교회 직분자들로서 활동했다는 명백한 증거들이 있음을 주장한다. 특히, 사도들은 그러한 일들을 다루는 적합한 자들로 활동했다는 사례들이 신약성경에는 많이 있다. 회중주의자들도 이 사실을 완강하게 부인하지는 않지만 그렇다고 인정하고 싶은 마음은 없는 자들이다, 회중주의자들은 사도들이 교회문제들을 처리할 때 무오한 안내를 받음이 없이 행동한 적은 결코 없었다면서 그들이 교회문제에 있어서 격렬하게 논쟁할 때는 즉각적인 초자연적인 감동하심 하에서 활동했다고 말한다. 자신들은 올바른 결정을 하도록 무오한 안내를 받았다는 것이다. 그러므로 공회의 특성은 도래하는 후세 시대의 교회를 위한 모델이 된다거나 선례가 된다고 볼 수 없다는 것이다.[59]

그러나 사도들은 이 공회의 범주나 다루는 사안에 대한 팽팽한 긴장관계가 있었다는 것을 염두에 둘 때 정황상 그곳에서 영감을 받은 무오한 자들로서 활동한 것이 *아니라* 다른 장로들과 평범한 사역자들과 협력관계에서 교회 직임자들로서 활동한 것이 명백하다고 본다. 할례의 필요성에 관하여 제기된 논쟁이 영감된 무오한 결정에 의해서 마무리 지어야 한다는 것이 하나님의 목적이었다면 사도들은 공회를 소집하거나 모여서 토론을 벌이지 않고 단번에 결정했을 것이다. 또는 사도들 중 한 사람이 사도의 권위를 가지고 그러한 결정을 내릴 수 있었을 것이다. 그리고 '사도의 표적'으로 말미암아 그 결정을 확정지을 수 있었을 것이고, 바울 자신

---

59) Wardlaw on *Congregational Independency*, p. 278. *Davidson on the Ecclesiastical Polity of the New Testament*, Lect. vii., p. 317.

도 그 문제를 예루살렘까지 가지고 오지 않고 안디옥에서 즉각적으로 해결할 수 있었을 것이다. 그런데 그들은 그렇게 결정짓지 않고, 그 문제를 예루살렘에 있는 교회까지 가지고 왔다. 사도들과 장로들은 백성들이 모인 자리에서 공개적으로 그 문제를 처리하기 위해 모인 것이다.

그 문제를 결정하기 위하여 사도들이 모였을 때, 그 사안에 대하여 많은 논란이 있었다는 것을 우리는 성경을 통해 알 수 있다. 사도들은 교회에서 제기된 사안에 대하여 하나님의 마음이 무엇인지, 그분의 뜻이 어떤 것인지 할례에 대한 논의에 참여했다. 그들은 권위 있게 선언해 왔던 그 장소에서 특히 하나님께서 섭리하시는 뜻과 구약성경에서 기술하고 있는 것으로부터 즉각적으로 근거를 도출해내면서 논의하였던 그 장소에서 논쟁적 토론에 참가했던 것이다.

이러한 방식과 과정을 통해 사도들은 그들의 토론과정을 지켜본 모든 자들을 이해시키고 납득시켰던 것이다. 그리하여 그 사안을 만장일치로 통과하게 만들었다. 분명한 사실은 모든 토론과정에서 성령의 영감이 작동된 것은 아니었다. 그 사안은 성령의 일반적인 인도하심에 따라 자연스럽게 사람들에게 납득되는 수단에 의하여 결정된 것이었다.

실제로 회중주의자들이 이 부분을 고려하면서 사도들 중 누구도 궁극적으로 공회가 결의한 사항으로부터 다른 의견을 가진 자가 없었다고 하는 주장이나 그들 사이에 어떤 논쟁도 없었다고 주장하는 것은 근거가 없는 것이다. 거기에 많은 논란이 있었다는 것은 분명한 사실이다. 이것이 장로교도들인 우리의 주장에 힘이 실리는 충분한 이유가 된다. 사도들이 참여하고 있는 그 현장에서 반대하는 자들이 있었기 때문에 많은 논란이 일어났다. 사도들은 그들의 권위를 가지고 이 사안에 대한 하나님의 뜻이 무엇인지를 무오한 지침을 통해 즉각적으로 선언하는 방식으로 논쟁을 끝내지 않았다. 그들은 평범한 논의를 거치면서 합의점을 도출했다. 논쟁을 듣는 사람들도 충분히 납득될 만한 방식으로 결정했던 것이다. 그런데 명백한 요점을 다루는 정황의 범위와 긴장도 측면에서 볼 때, 그 결정과 반대되는 한 가지 사실이 있다. 그것은 공회가 궁극적으로 도달한 결정사항에 대해 "성령과 우리에게 이것이 좋게 여겨졌느니라(행 15:28)."[60]라고 선언하였다는 점이다.

이 진술이 내포하고 있는 것은 그 결정이 *사실상* 성령의 뜻이었다는 분명한 확신이다. 그 이상의 *어떤* 무엇을 함축하고 있는 것은 아니다. 그러므로 그 당시의 정황과 반대되는 어떤 무엇이 있는 것처럼 생각해서는 안된다. 그 정황은 우리에게 명백한 사실을 가르쳐 준다. 즉, 교회의 머리이신 그리스도께서 이 문제를 직접적이고 무오한 영감에 의하여 처리하신 것이 아니라, 사도들과 장로들이 모여서 이 문제에 대한 진리를 찾고 확정 짓는 회의방식으로 처리하시되 성령의 일반적인 영향 아래에서 사람들이 합일점을 찾게 하는 방식으로 처결했다는 것이다. "성령과 우리에게 이것이 좋게 여겼다."라는 표현은 그들에 의해서 도출된 결정과 성령의 뜻 사이에 사실상 분명한 일치점 그 이상의 무엇이 있다는 의미가 아니다. 그리고 그 표현만이 아니라 그 자체는 사도들 자신이 감동하심을 받은 자들로서 그들이 알고 있는 것을 단지 선언한 것 외에 다른 모습이 있었다는 것을 시사하고 있는 것이다. 그것이 더 자연스러운 해석이다. 만일 그들이 성령에 의하여 그 사안에 대해 기적적이고 초자연적인 방식으로 가르쳐 준 내용을 선언했다면, 그들은 분명 '그것은 성령에게 좋게 여겨졌다.'라고 기록했어야 한다. 그런데 그 말에 '우리에게'라는 말이 더해

---

60) 개역성경은 '성령과 우리는 이 요긴한 것들 외에 아무 짐도 너희에게 지우지 아니하는 것이 가한 줄 알았노니'라고 번역되어 있다.

있다. 이것은 그들이 주님의 뜻을 선포하는 감동하심을 받은 자들로서 처신한 것이 아니라는 것을 보여 준다. 물론 그들의 결정이 주님의 뜻과 일치한다는 확신은 가지고 있었을지라도 말이다.

사도들은 그들이 공적인 임무를 수행하고 진리를 선포하고 교회를 세워 가는 데 있어서 초자연적인 무오한 영감의 은사를 가지고 그 일들을 감당하는 자들이었음을 분명히 믿는다. 하지만 지금 다룬 예루살렘 공회의 문제에서는 그런 은사를 사용한 것이 아니었다. 마치 그 은사가 중지된 상태에 있는 것처럼 영감을 받지 아니하는 자들이 그 문제를 다루는 방식으로 처신한 것이다. 이는 유사한 상황이 발생할 때 교회의 그러한 사안들을 어떻게 처리할 것인지에 대한 선례가 되었으며, 목적 달성을 위하여 공회로 모이는 방식이 제정되었다는 두 가지 사실을 병합하여 보여 주는 것이다. 그러므로 교회의 일들을 처리하는 규정으로 적용하는 것이 교회의 임무라고 볼 수 있다.

그렇다면 우리는 이 논쟁에서 회중주의자들이 채택하고 있는 견해, 즉 사도들이 초자연적인 무오한 영감의 은사를 사용하여 결정하였다는 견해는 잘못된 것이라고 보아야 할 것이다. 그 모든 업무처리는 계획된 것이었고, 문제를 해결하는 것과 관련해서 교회에 항구적인 교훈과 지침을 제시하는 좋은 사례였다고 볼 수 있는 것이다. 그렇다면 우리는 이 사례에서 우리에게 가르쳐 주는 특별한 교훈과 지침은 무엇이었는지 알아볼 필요가 있겠다.

2. 교권의 규율

교회의 업무처리와 우리에게 전달된 이에 대한 기록은 위대한 성경적인 원리를 떠올리기에 적합하다. 교회의 사안들을 처리하게 되는 유일한 표준은 하나님의 계시된 뜻이다. 이에 이방인 회심자들에게 할례를 받으며 의식법을 지켜야 한다고 요구할 수 있느냐 없느냐에 대한 문제가 제기되었다. 이 문제를 다루기 위하여 사도들과 장로들이 모였을 때, 그들의 유일한 목적은 이에 대한 하나님의 생각과 뜻이 무엇인지를 확실시하는 것이었다. 그들은 이것 외에 다른 어떤 표준을 추구하지 않았다. 오직 하나님만이 이 질문을 결정할 수 있는 자격자이기 때문에 그 어떤 것으로부터 올바른 결정을 도출할 수 있는 확실한 자료는 없는 것이다. 따라서 그들은 그들의 의향을 하나님의 뜻으로 알게 되고 그것들을 검증할 수 있는 근거들에 맞추고자 하나님의 섭리하심과 하나님의 말씀을 고찰하였다. 왜냐하면 베드로가 고넬료 사례에서 실제로 하나님이 하신 것, 즉 성령께서 그의 집에 임하신 것과 자신에게 임하사 말씀하신 사례를 들어 말하였기 때문이었다. 야고보는 선지자들의 글들에 내포된 내용들을 언급하였다.

정확히 말하면, 하나님의 기록된 말씀이야말로 교회의 문제들을 처리해야 하는 유일한 표준이다. 그의 말씀의 내용들과 관련하여 하나님의 섭리와 하나님께서 실제로 행하신 것들을 진지하게 고려하는 것으로부터 배울 수 있지만 유일한 표준은 기록된 말씀인 것이다. 이 문제에서 베드로의 사례는 특별히 우리에게 어떤 문제를 다루는 데 있어서 신중하게 접근할 근거와 용기를 제공하여 준다. 즉, 우리에게 제시되는 증거를 신중하게 다룰 근거, 하나님께서 죄인들의 회심을 위해서 어떤 경우든지 그의 성령을 부어 주신다는 것에 대한 근거를 조심스럽게 다루어야 할 이유를 제공한다.

교회는 성경에서 그리스도의 왕국으로 묘사된다. 그리스도만이 홀로 그 왕국의 왕이시다. 그리스도께서는 그의 말씀 안에서 그 왕국의 법과 규율들을 제정하고 반포하시며, 이 규율들을 일반적으로 교회에서 발생하는 문제들에 항구적으로 적용시키시는 법칙들도 제시하신다. 교회는 그리스도께서 조직하신 세상에 있는 독특한 기관이지 세상에 속한 기관이 아니기 때문이다. 그리스도는 어느 누구에게도 그의 왕국을 위한 법률을 제정하도록 명하신 적이 없다. 그리스도께서 친히 그 일을 하셨다. 그의 집의 아들로서 그 일을 하신 것이었다. 그의 왕국의 일들을 영구적으로 운영될 방식과 관련하여 그의 의지를 나타내신 것이다.

그리스도께서 교회에 제정하여 주신 규율들을 직접 적용하시고 실행하신다. 그분께서는 세속의 위정자에게나 당국자 누구에게든 그의 왕국의 사안들에 대한 규정을 다루거나 간섭할 수 있는 권한을 위탁한 적이 없으시다. 그러므로 그들이 간섭하는 것은 불법적인 것이다. 이와 마찬가지로 교회의 누구도 세속 정부의 간섭에 동의한다거나 그들이 정한 조례나 요구사항에 귀를 기울일 만한 권리를 주지 않으셨다. 그리스도는 그의 말씀 안에서 그의 왕국의 규례들을 직접 제정하여 주신 것이다. 그러므로 교회는 그리스도께서 수여하신 역할들을 수행함에 있어서 전적으로 그리스도의 말씀에 의하여 인도받는 것에 매어 있어야 하고, 그리스도께서 교회에 명하신 모든 의무수행에 있어서도 철저하게 말씀의 인도함을 받아야 한다.

그러므로 이러한 견해를 가지고 교회는 모든 것을 다 이 표준에 비추어 판단해야 하며, 이 표준만이 교회 앞에 제기된 모든 문제와 관련한 판단의 유일한 기준으로 삼아야 한다. 그것을 통해서 그리스도의 생각과 뜻이 무엇인지를 확실하게 드러나게 해야 한다. 교회는 이외에 그 어떤 규범이나 표준에 매여서는 아니 될 뿐 아니라 그 어떤 것에 눈을 돌릴 자유도 가지고 있지 않다. 그렇게 하는 것은 그리스도의 권위에 복종하는 것으로부터 이탈하는 것이 된다. 그리고 자발적으로 낯선 멍에를 메게 되는 짓이다. 사람들이 제정한 어떤 규범이나 법규에 매여서는 안 된다. 세속적인 것이나 세상적인 그 어떤 유용한 것에 이끌림을 받아서는 안 된다. 그런 것들에 의해서 교회의 일들이 집행되거나 처리되어서는 아니 된다. 교회는 반드시 그리스도의 계시된 뜻에 의해서 인도를 받아야 한다. 교회는 그리스도의 말씀을 진지하게 그리고 기도하는 마음으로 탐구하여 그분의 뜻이 무엇인지를 확실하게 해야 한다.

이러한 위대한 원리가 설명되고 집행될 때 어떤 연유에서든지 그것을 싫어하거나 움츠러드는 자들, 그렇지만 공개적으로 그리고 직접적으로 논박하지는 않는 자들은 항상 그것을 회피하고자 시도한다. 그리고 그 원리를 실천적으로 적용하는 것을 피하려고 한다. 그들은 교회문제들을 다룰 때 발생하게 되는 그 모든 논쟁들을 결정할 만한 근거가 하나님의 말씀 안에 다 있겠느냐며 적당히 얼버무리고자 한다. 그러나 종종 교회에서 벌어지는 사건에서 나타나는 것처럼 그러한 개념은 말씀의 권위를 부정하는 것은 아니지만 하나님의 말씀의 최고 권위로부터 피해 보려는 꼼수에 불과한 것이다. 진실은 이것이다. 하나님께서는 교회가 자신의 역할을 수행해 나가고, 모든 의무를 실천해 나가는 데 있어서 가장 적합하고 적절한 온전한 규범이 되는 하나님의 말씀을 주셨다는 것이다. 그의 백성들에게 개인적으로도 하나님과의 관계뿐 아니라 그들의 영원한 운명과 관련되어 짊어지고 가야 하는 모든 일에 있어서 가장 적합한 규범이 되는 하나님의 말씀을 주신 것이다.

만일 사람이 최고의 권위자이며 율법 수여자로서 그리스도의 권위에 진정으로 복종하고자 하고 무엇을 해야 할지에 대한 진정으로 하나님의 뜻을 알고자 한다면, 그리고 하나님의 말씀을 부지런히 살펴본다면, 모든 상황에서 기대했던 것 이상으로 온전하고 완벽한 입장과 행동을 취할 만한 자료들을 말씀 안에서 발견하게 될 것이다. 구약의 진술에 대하여 신약이 적용하고 있는 많은 적용 사례들은 정해진 것으로 보인다는 일반적인 교훈이 즉각적인 목적과 함께 주어진다는 사실은 정말 주목할 만한 입장(remark)이다. 물론, 구약으로부터 더 많은 것을 배울 수 있다. 일반적으로 언뜻 드러나는 것보다 성경으로부터 더 많은 것을 배울 수 있다. 그런데 사람들은 실제적인 적용문제에 와서는 성경의 권위를 피하거나 단축하고 싶어 한다. 그들은 성경에서 피상적으로 보여 주는 것 이상의 것들을 눈여겨보고 싶어 하지 않는다. 그러나 성경 안에는 분명하고도 명백한 주장이나 요구가 제시되어 있다. 우리 구세주와 사도들에 의해서 사용된 구약의 진술들을 적용시키는 양식은 매우 다른 결론을 가리킨다. 지금 다루고 있는 본문의 배경에 등장하는 야고보가 한 진술에서 우리는 이러한 표본을 찾을 수 있다. 그러한 구약에는 명백한 질문에 답을 결정짓게 하는 직접적이고 명확하게 표현해 놓은 진술 자체는 하나도 없다. 구약의 사례에 의하여 야고보가 결정한 방식은 신약성경에서 발생한 유사한 많은 문제의 사례들 중 하나에 불과한 것이다. 이것은 표면적으로 드러난 것보다 기록된 말씀으로부터 습득함으로써 배우는 것이 훨씬 더 많은 교훈을 배울 수 있다는 강한 인상을 심어 준다. 많이 연구하고 묵상하지 않고서는 확실한 답을 발견하거나 확인할 수 없다. 성경은 주님이 주신 가장 적합하고 의도된 뜻이다. 그 성경을 잘 활용하고 적용시킨다면 교회가 처한 상황에서 그 어떤 것보다 교회에 가장 적합하고 유용한 자료를 충분히 찾을 수 있을 것이다. 신앙과 행위의 규범 또는 표준으로서의 성경은 사람들이 흔히 경험하거나 제안된 제반 사항들을 취급하는 것보다 훨씬 포괄적이고 효과적이다.

3. 교회 직임자의 권위

예루살렘 공회에 대해 영감된 이 기록은 교회 직임자의 권한에 대한 장로교 원리를 명백하게 인준하는 것이다. 직임자들은 일반 성도들과는 구별된 자들로서 교회에서 문제가 발생하여 논쟁이 될 때 법적인 결정권자들이다. 그들은 주님의 집의 운영을 위한 그리스도의 규례들에 대한 해석자이자 집행자들이 되는 것이다. 이 영감된 설명으로부터 분명히 알 수 있는 것은 사도들과 장로들(교회의 직임자들)만이 그 공회의 회원들이었다는 사실이다. 그들만 지속적인 회원이었으며, 그들만이 공식적으로나 법적으로 제기된 문제를 결정하는 자들이었다. 물론, 형제들(일반적으로 그리스도인들)도 그 회의에 참석하였고, 결정에 관해서 조언을 하고 동의하였다. 그러나 그 문제에 있어서 성도들의 위상은 결정권 밖에 있는 자들이었을 것이다. 즉, 사도들과 장로들만이 그 공회 회원이었고 그들만이 그 결정을 공식적으로 선언하였다는 점은 분명하다.

그렇게 부를 수 있을지 모르겠지만 사도행전 15장 6절, 즉 "사도와 장로들이 이 일을 의론하려 모여."라는 말씀은 공회의 공식적인 의제라 할 만하다. 그리고 16장 4절에는 공회가 결정한 것을 "예루살렘에 있는 사도들과 장로들의 작정한 규례를 저희에게 주어"라고 묘사한다. 이 규례는 교회가 따라야 할 권위 있는 규례임이 분명하다. 실제로 신약성경에는 교회의 일반 회원과 직임자들 사이에 명백한 구분이 지켜진 사실을 기록하고 있다. 한 계층은 다스리는 자들로 묘사되고 있고, 이들은 분명한 권위를 지닌 자들이었다. 다른 계층은 복종과 순종의 자리에 있는 자들로 간주되는 자들이다. 지도층에 있는 자들이 가진 권위는 매우 명확하고 중요한 제한점이 있었고, 다른 계층의 순종 역시 제한적이었다.

첫째, 직임자들의 권위는 교회의 사안들에 한정된다는 점이다. 그들의 권위는 그리스도의 집의 일상적인 필요를 집행하는 것들에 대한 것이었다. 물론, 그 권위행사는 군림하는 자세라거나 입법자로서 강압적이거나 차별적인 자세로 하는 것이 아니라 순수하게 봉사하는 직임자로서 그리스도의 이름으로 수행하는 것이다. 즉, 그들 역시 전적으로 그리스도의 권위와 그의 말씀에 순복해야 할 자로서 섬기는 것이다. 그리스도는 교회의 유일한 왕이시고 머리시다. 따라서 이것은 교회의 모든 일들이 다 그리스도의 생각과 말씀에 계시된 의지에 의하여 규정되어야 한다는 의미이다. 그의 나라의 헌법과 규례는 그에 의해서 규정된 것이며, 어떤 인간이나 영감되지 않은 권위에 의해서 변경되거나 축약되거나 확대될 수 있는 것이 아니다. 교회 직임자들은 하나님의 기업에 속한 군주들이 아니다. 그들은 인간의 신앙을 통치하는 권세를 가진 자들이 아니고, 사람들의 양심을 통제할 권리도 없다. 단지 그들은 그리스도의 말씀을 해석하는 자들일 뿐이며 그리스도께서 명하신 규례들의 집행자들일 뿐이다.

둘째, 직임자들은 심지어 그리스도의 규례들을 해석하고 집행하는 합법적인 영역에서 교황주의자들이 주장하는 것처럼 교회 직임자들이 무오한 자들이 아니라는 사실을 유념해야 한다. 예를 들어, 문제가 터졌을 때, 그 문제를 실제적인 규례에 적용하는 일을 함에 있어서도 마찬가지이다. 즉, 성도들은 그들의 결정에 어떤 의문도 제기할 수 없는 절대복종을 해야 하는 자들로 비춰져서는 안 된다. 하나님께서는 그와 같은 특권을 누린다는 약속을 주신 적이 없다. 그런 특권이 그들에게 주어졌다는 사실도 찾아볼 수 없다. 따라서 그런 주장을 하는 것은 그들이 그리스도의 자리를 차지하는 것이요 양심을 속박하는 짓이다.

셋째, 교회 직임자들은 그리스도의 규례를 해석할 유일한 권리를 가진 자들이 아니라는 점이다. 성경적이고 개신교 원리적인 측면에서 보면, 사람들은 모두 다 사적인 판단력을 지니고 있다. 예를 들어서, 개개인 성도는 하나님의 말씀을 자신을 위하여 자신이 책임질 만한 해석을 할 수 있다. 그리고 자기 자신의 의견과 행동의 규범을 위하여 해석할 수 있다. 자기 자신의 역할과 자신의 임무수행을 위하여 *그것들이 무엇이든지* 하나님의 말씀을 스스로 해석할 수 있는 것이다. 그리스도께서는 이 권리를 사용하는 것을 훼방할 권한을 어느 계층의 사람에게도 수여하신 적이 없다. 사적 판단권은 공적이든 사적이든 성도 각자의 역량 안에서 개개인에게 속한 것이다. 그 권한은 무슨 문제에 있어서든 자신의 역할과 임무수행에 따른 견해를 가지고 각자가 직접 실천해야 하는 것이다. 이러한 방침 위에서 시민 통치자들도 자신들을 위해서 하나님의 말씀을 해석할 수 있는 자격자가 되는 것이다. 그들도 자신이 맡은 임무를 그들이 처해 있는 영역과 지역 안에서 정당하게 수행하고 집행하며, 결정할 사안에 대해서는 하나님의 말씀이 제공하는 측면에서 그 말씀을 해석할 수 있는 것이다. 이들뿐만 아니라 성도 개개인도 그러한 권리를 누릴 자격이 있다.

이와 같은 일반적인 방식을 기술함에 있어서 동일한 원리가 교회 직임자들에게도 적용된다. 그러나 그들의 경우에는 부가적인 성경적인 진리와 연관 지어 살펴보아야 한다. 그들은 그리스도의 가시적인 교회의 통상적인 정치를 위하여 그리스도께서 제정한 직임자들이라는 점을 염두에 두어야 하기 때문이다. 그들의 기능과 임무는 일반 성도들의 기능과 임무와는 다르다. 그들은 그리스도의 교회에 통상적으로 필요한 업무집행을 위하여 그리스도의 규례들을 다루는 자들이다. 그리고 그리스도의 교회가 존재하는 곳과 그리스도의 교회가 온전히 활동하는 지역에서 규정해야 하고 결정해야 할 것들이 발생할 때, 그 모든 것들을 판단하고 정해야 할 책임을 지닌 자들이다. 따라서 그들은 그러한 역할과 임무수행을 맡은 자들로서 자기들을 위하여 하나님의 말씀을 해석하고 적용해야 할 입장에 있다. 그들의 판단과 책임을 가지고 임무수행을 위하여 하나님의 말씀을 해석하고 판단해야 할 위치에 있는 것이다.

그리스도께서는 교회의 통상적인 필요한 업무수행과 같은 그의 교회의 통치운영을 시민통치권자들에게나 일반 성도들에게 위탁하지 않으셨다. 그러므로 그런 자들은 이 기능 수행을 위한 목적으로 하나님의 말씀을 해석할 권리를 가진 자들이 될 수 없다. 그리스도께서는 그의 교회의 통상적인 일들을 집행해 가도록 교회 직임자들에게 귀속시키셨다. 그러므로 이 목적 달성과 성취를 위한 *그리스도의 규례들*을 해석하고 적용할 권리는 교회 직임자들에게만 속한 것이다. 이에 따라 교회 전체적으로나 개인적으로 교회 직임자들의 결정이 영향을 받는다는 측면에서, 직임자들은 선포된 결정들이 그리스도의 생각과 의지에 일치하는지 그렇지 않은지를 그들 자신을 위하여 판단해야 한다. 그들이 내린 판단에 의해서 행동하는 법규를 제정하여 실행해야 하는 것이다.

그러나 교회 직임자들의 법적인 결정사항은 그리스도께서 자기 교회의 일들을 집행해 가기 위하여 만드신 유일한 통상적인 방편이다. 이 기능을 수행하는 데 있어서 그들이 가진 이 권위를 훼방할 기관은 없다. 모든 자들이 다 자신들의 사적 판단권을 실행하듯이 모든 기관은 이와 같은 통상적이고 유일한 집행권자들의 결정들을 타당한 것으로 간주해야 한다. 적어도 이 부분에 있어서 만일 타부서의 사람들이 집행부의 결정들을 정죄하고 불순종하기로 결심한다면, 그들은 이 결정이 그리스도의 생각과 뜻에 반대되는 것임을 입증해야만 한다. 이를 통해 그들은 직임자들의 결정으로부터 교회의 머리이신 그리스도의 판단에 자신 있게 호소할 수 있게 되는 것이다.

앞에서 권리행사의 제한성에 대해서 설명한 것처럼 장로교도들은 독립파들이나 회중주의자들과는 반대 입장을 취하고 있다. 즉, 그리스도의 규례들에 대한 통상적인 집행, 교회에서 발생하는 문제에 대한 법적인 판단과 결정, 주님의 집의 업무수행의 통상적인 방편 안에서 결정되어야 할 문제가 생겼을 때, 교회정치형태를 백성들의 몸체[61]나 교회의 일반 회원들에 귀속시킨 것이 아니라 교회의 직임자들에게 귀속시키셨다는 성경적인 원리를 부여잡고 있다.

직임자들은 교회의 문제에 대한 결정과 규범을 정하는 정규적이고 통상적인 판단을 내리는 유일한 자들이다. 그러므로 그것들이 하나님의 생각과 뜻에 반하는 것이 아닌 이상 그들의 결정을 존경과 순종으로 따라야 할 것이다. 그러나 그 판단에 순종하기를 거부하는 자들은 매우 선한 성경적인 근거들을 바탕으로 직임자들이 그리스도의 이름으로 선포한 것에 반대한다고 그리스도께 충분히 호소할 수 있다.

신앙고백서[62] 안에 규정된 우리 교회의 교리는 이것이다. '대회와 공회(총회)는 목회적으로 신앙에 관한 논쟁들과 양심의 문제들을 판단하거나 더 좋은 순서로 하나님을 예배하는 규범들과 지침을 정하는 것과 교회의 정치문제를 다룬다.' '결정된 명령이나 결의사항들은 하나님의 말씀에 일치한다면, 그 결정사항들이 말씀에 일치해서만이 아니라 그것들이 제정된 회의들에 주어진 권세 때문에 하나님께서 자기의 말씀으로 정하신 하나님의 규례로 알고 경외심과 복종하는 마음을 가지고 받아들여져야 한다.'

이 일반적인 원칙에 대한 충분한 설명이 없어도 다음 세 가지 요점을

---

61) 역자 주) 공동회의.
62) 웨스트민스터 신앙고백서 31장 3항

이해할 수 있을 것이다.

첫째, 공회나 교회법정의 결정이나 명령들은 하나님의 말씀에 의해서 규정되어야만 한다.

둘째, 그 결의사항들이 하나님의 말씀과 일치한다면 경외심과 복종하는 마음으로 받아야 한다. 이것과 관련해서 각자는 자기 자신을 위하여 책임을 가지고 판단할 수 있다.

셋째, 그 결의사항들이나 명령이 하나님의 말씀과 일치한다면 충분히 생각하고 판단하는 가운데 그 모든 것들이 말씀에 일치되는 것으로서 받아야만 한다. 그리고 그것들이 합법적인 권위에 의하여 내려진 의롭고 성경적인 결정으로 바르게 실행되어야 할 사실로 받아야 한다.

그러므로 그것들은 하나님께서 제정하신 올바른 집행방편이며 교회의 일들을 운영해 가기 위하여 임명하신 의전기구로 간주해야 한다. 공적인 논쟁들과 일반적으로 교회에 필요한 업무사항들을 규정하기 위하여 하나님께서 제정하신 통상적인 방편은 교회 직임자들이 신중하게 생각하고 판단하여 내린 공적인 결정(하나님의 말씀을 따라)이다. 하나님의 복을 통해서 이 방편이 옳게 작동하고 말씀에 부합한 결정이 도출될 때, 사람들은 이러한 방편을 제정해 주시고 인도하시어 특별한 사안에 있어서 올바른 성경적인 결과를 낳게 하신 하나님의 지혜와 선하심을 찬양하게 될 것이다. 그리고 사람들은 그 결의사항들을 진리의 실체로서 경외감과 복종하는 자세로 받을 것이다. 이것이 바로 하나님께서 임명하신 의전이요, 그의 말씀 안에서 명백하게 제시할 수 있는 적합한 기구이다.

4. 교회 회원의 위치

예루살렘 공회의 역사는 우리에게 교회의 매우 중요한 문제, 즉 일반 회원[63] 문제를 제시하고 있다. 비록 평신도들은 판단할 위치에 있거나 권위를 지닌 자리에 있다거나 목소리를 드높이는 위치에 있는 자들은 아닐지라도 그들의 지위문제에 대해서는 충분히 논의해야 할 이슈가 된다. 평신도의 이점이 무엇인지 충분히 상술되어야만 하고, 가능하다면 그들의 동의와 찬성을 얻어야 하는 것이다. 한편, 우리가 지금 살펴보고 있는 사도행전 15장 전체 맥락과 일반적으로 신약성경 전반에 걸쳐서 일관적으로 구분해 온 것이 있다. 그것은 바로 사도들과 장로들, 또는 교회 직임자들의 위치와 역할과 일반 백성들 또는 평신도들의 위치와 역할의 차이를 명백하게 구분했다는 점이다. 이미 살펴본 것처럼 총회는 공식적으로 사도들과 장로들의 모임으로 구성되었다. 그 결정들은 그들이 감동함을 받은 사가(史家)에 의하여[64] "예루살렘에 있는 사도들과 장로들이 제정한 칙령"으로 묘사된 바 있다.[65] 이 사실에 대해서는 다르게 해석할 여지는 전혀 없다. 그러므로 그 회의에서 논의된 것이 무엇이든지, 백성들이나 평신도들의 위치와 역할에 대하여 기술하고 있는 것이 무엇이든지 간에 가능하다면 그것은 공회에서 보인 이 구분과 일관되게 해석되어져야만 한다.

그렇다면 평신도에 대해서 뭐라고 설명하고 있는가? 공정하고 자연스럽게 그것에 내포되어 있는 내용은 무엇인가? 평신도들에 대한 최초의 언

---

63) 역자 주) 이하 편의상 평신도라고 하겠다.

64) 역자 주) 저자 누가를 의미한다.

65) 역자 주) 사도행전 15장에는 그들이 제정한 칙령이라는 말은 없지만 사도들과 장로들이 모여 충분히 문제를 논의한 끝에 결론을 내리고 그 결정을 이방인 성도들에게 전한 것으로서 누가가 서술하고 있음을 23~28절에서 엿볼 수 있다.

급은 12절, "온 무리가 가만히 있어 바나바와 바울이 하나님이 자기들로 말미암아 이방인 중에서 행하신 기적과 기사 고하는 것을 듣더니!"라는 말씀에 나타난다. 이것은 평신도들도 참관하고 있었음을 시사한다. 그러나 그 이상도 그 이하도 아니다. 여기에서 그들이 한 것은 어떤 논의의 쟁점에 대한 일체 발언 없이 관중이나 청중들로 출석한 것을 의미한다. 평신도들에 대한 두 번째 언급은 22절, "이에 사도와 장로와 온 교회(συν ὅλη τη ἐκκλσία)가 그중에서 사람을 택하여 바울과 바나바와 함께 안디옥으로 보내기를 가결하니."라는 말씀에 나온다. 여기에서 평신도들이 소개되고 있는 방식은 그들이 이 문제를 결정함에 있어서 사도들과 장로들이 선 위치에 함께 있었다는 것을 의미하는 것이 아님을 분명히 보여 준다. 교회 직임자들이 결정한 사안에 대하여 그들과 같은 위치에서 뭔가를 가결한 것이라고 볼 수 없는 것이다.

그러나 이 표현에는 사도들과 장로들이 이 문제에 있어서 하나님의 생각과 뜻이 무엇인지에 관하여 그들의 입장이 결정되고, 그 내용이 선언된 후에 평신도들에게 제시한 사실이 담겨 있다. 즉, 평신도들을 불러 모아 직임자들의 판단을 알리고 그것을 따르도록 한 것이다. 결정된 사안에 대해 형제들은 공정하고 옳은 결정이라고 확신하였으며, 그 사안에 찬동한 것임을 내포하는 말씀인 것이다. 그 결정에 이어 안디옥에 사람을 보내는 일이 수반된 것이다.

이 모든 일이 결정되면서 이방인 교회들에게 그 사안을 알리는 공식적인 편지가 예루살렘에 모인 자들의 회합의 이름으로 보내진 것은 아주 적합하고 자연스러운 일이었다. 이를 통해 이방인 교회들이 그 결정 사안을 수용하고 실천하도록 한 것이다. 한편, 우리는 23절에서 이 편지가 '사도들과 장로들과 형제들'의 이름으로 낭독된 것임을 발견할 수 있다. 이 편지가 작성된 시간에 이르기까지 그 정황으로 볼 때, 우리가 제시한 그 사실의 정확성을 의심할 만한 근거는 하나도 없다. 만일 이것이 맞다면, 이 편지 속에서 사도들과 장로들 다음으로 형제들에 대한 단순한 언급을 형제들이 예루살렘 공회의 구성원으로 참석한 것으로 보는 주장은 불필요한 것임이 분명하다. 그리고 그들이 사도들과 장로들과 함께 사안을 판단할 만한 권위 있는 자리에 있었다고 주장하는 것 역시 온당치 못하다.

몇몇 장로교도들은 여기에서 사도들과 장로들과 더불어 소개된 형제들이 교회의 평신도들도 교회 직임자들과 마찬가지로 법적 판단을 내리는 어떤 권한을 가진 존재라고 생각한다. 그리하여 여기에 언급된 형제들은 앞 구절들에서 언급된 '온 교회'와 같은 그룹에 속한 자들이 아니라 목사와 교사가 아닌 장로들로 간주한다. 그러나 이것은 본문 자체를 볼 때 억지스럽고 매우 자연스럽지 못한 해석이다. 그렇게 본문을 해석하는 것은 불필요한 일이다. 일반적으로 장로교는 성경이 교회의 논쟁적인 사안을 결정함에 있어서나 교회의 일반적인 운영정책의 실현에 있어서 평신도들도 법적 판단의 권위를 지닌 자들로 간주한다는 주장에 대해서 충분한 근거를 가지고 부정해 왔다. 그러나 장로교는 사도행전 15장과 신약성경의 다른 서신들에 내포된 말씀을 근거로, 중요한 교회론적 질문들에 있어서나 논쟁적인 사안의 특성과 유익 측면에서, 그리고 판단의 근거와 적합한 이유들에 대하여 상황이 허락하는 한도 내에서 교회의 일반 평신도들 앞에 내놓고 논의할 수 있다는 입장은 인정한다. 이를 통해서 일반 회원들의 동의와 찬성을 끌어낼 수 있기 때문이다.

실제로 장로교회는 평신도들에게 그런 권리를 할당한 적이 결코 없었다. 왜냐하면 성경에서 평신도들에게 그러한 권한이 있다는 근거를 전혀 찾을 수 없기 때문이다. 그리고 일반적으로 교회론적 사안들의 일반 규칙

안에서도 그들에게 교회 직임자들이 가진 동일한 지위와 권한이 있다는 어떤 근거도 찾지 못하기 때문이다. 평신도들은 교회 직임자들을 세움에 있어서 그들의 지도를 따른다는 서약을 하는 것이지 법적 판단의 결의권을 가진 자들로 인정받는 것은 아니다. 다시 말하면, 평신도들은 교회 사안들에 대한 일반적 규범이 필요한 것인지 아닌지를 심사하는 직임자들에 의해서 선포된 것들을 확정지을 때, 동의한다거나 찬성한다는 그들의 의견을 내세운 적이 결코 없었다. 다시 말하자면, 그들은 교회 직임자들이 결정한 것을 무효화 처분한다든지 효력이 없게 만들든지, 또는 실천적 효과를 냄에 있어서 선을 긋는 것과 같은 일을 한 적이 없었다.

그런데 평신도들의 권리문제에 대하여 분명하고도 독특한 근거를 바탕으로 장로교회는 교회의 직임자들을 선출하는 일에 있어서 평신도들의 동의와 찬성을 요하거나 반드시 동의를 받아야 한다는 견해를 견지해 왔다. 평신도들의 직임자 선출을 보류하거나 거부하는 권리는 목회적 관계 형성에서 누구도 제거할 수 없는 보루였던 것이다. 그런데 그들이 특별한 성경적 근거를 가지고 교회 적임자 선출에 있어서 이 원칙을 고수하는 한편, 지속적으로 부정해 온 것이 있다. 이 문제뿐 아니라 성경에 내포된 어떤 문제든 교회의 일반적인 운영에 있어서나 일반적으로 교회 사안들을 규정하는 일에 있어서, 평신도들에게도 할당된 권리가 있다는 것을 내세워 높은 지위를 가졌다거나 가장 막강한 영향력을 발휘하는 자리에 있다고 주장하는 것은 부정해 왔다. 그러나 그들은 교회의 안녕과 평안에 영향을 끼치는 중대한 문제들에 있어서는 평신도들의 의견도 청취해야 한다는 것을 언제나 인정하였다. 그들에게 설명된 성경적 논증의 공정한 사용에 의하여 가능하다면 평신도들의 동의와 인준도 확보되어야 한다는 것을 인정해 왔던 것이다.

웨스트민스터 종교회의 당시, 스코틀랜드의 장로교회는 교회의 직임
자들의 권리와 권위, 그리고 교회법정이 일반적으로 이전 세기의 개혁자
들에 의해서 수행된 것보다 어떤 측면에서는 어쩌면 더 높은 지위에 있는
배타적인 견해를 가졌었다고 생각한다.[66] 이 주제에 있어서 그들 사이에
어떤 이견이나 교리적인 차이가 있었던 것은 아니었다. 그러나 이 두 시
기의 후반에 오면서 장로교도들과 독립파들 사이에 벌어진 논쟁에 의해
서 다른 모습이 드러났다. 그것은 회중주의를 선호하는 것처럼 보이는 것
으로부터 거리를 두는 것이었다. 따라서 교회의 사안들에 대한 일반적인
규례에서 평신도들의 위치나 지위에 대한 직접적이거나 뚜렷한 규정은
없는 것이다. 즉, 교회 임직자들을 선출함에 있어서 평신도들의 영향력이
나 특권으로부터 구별되는 어떤 규정도 실상은 전혀 없는 것이다. 그러나
앞에서 언급하였듯이 그리스도께서 교회에 그들의 사역을 허락하여 주셨
다는 일반적인 언급은 있다. 이것은 그 당시 마련된 권위 있는 표준서적
들 안에 다 포함되어 있는 내용이다. 그러나 동시에 그 시대의 지도적인
장로교 지도자들은 우리가 지금 살펴보고 있는 평신도들의 의견청취와
찬동에 대한 원칙을 고수하고 있었음이 분명하기 때문에 그들은 일반적
으로 이런 원리 위에서 실천했다.

이 점은 오늘날 지나치게 간과되어 버렸다. 그리하여 지금 논의한 점
에 대한 몇몇 증거를 간략하게나마 제시하는 것이 적합하다고 본다.
1641년에 스코틀랜드 장로교 총회는 잉글랜드에 있는 장로교 형제들에
게 한 장의 편지를 보냈다. 그것은 그들이 교회정치에 대한 회중적 정치

---

66) 화란의 우트렉트 신학교수들은 길레스피가 제안한 것(111쪽)에 있는 이 주제와 관련된 몇 가
지 사항에서 지나치게 우위에 있다고 생각하였다. "Voetius Politica Ecclesiastica", P, i., Lib. i, tract
ii., c. vii., tom. i., p. 246를 보라. 이때 신학교수들은 푸치우스, 매츠(de Maets), 그리고 후른비크
(Hoornbeeck)였다. 푸치우스에 의해서 준비된 판단은 그들이 다 서명한 것이었다.

를 꾀하고자 하는 책략과 관련한 의견을 묻는 질문에 대한 답변편지였다. 그 내용은 "교회의 힘과 권위에 대한 엄격한 수행만이 아니라 그 권위를 가지고 실행하는 모든 것들이 다 교회의 직임자들에게 속한 것이다. 그러나 가장 중요한 문제에 있어서 최종 판결문이 선언되기 전에 회중들의 암묵적 동의가 있어야 한다."라는 것이었다. 우리 역시 동일한 생각을 나타내는 문헌이 같은 해에 알렉산더 핸더슨(Alexander Handerson)과 조지 길레스피(George Gillespie)에 의해서 출판되었다. 이들은 교회 역사에 있어서 중요한 시대에 활약을 펼친 우리 교회가 존경하는 위대한 사람들이다. 특히 핸더슨 목사는 웨스트민스터 총회에서 가장 큰 영향력을 끼친 분들 중 한 분이었고, 길레스피 목사는 가장 학식이 뛰어나고 분명한 분석가였다. 우리 교회가 어떻게 실행하고 있는지에 관한 영국인 형제들의 질의에 답하기 위한 것으로 제작된 『스코틀랜드 교회정치조례(The Government and Order of the Church of Scotland)』라는 책자에서, 핸더슨은 "큰 노회든 작은 노회든 노회에 의해서 실천되지 않은 것은 하나도 없습니다. 예를 들면, 당회나 노회가 공예배를 정하는 문제, 직무 태만자를 징계하는 일, 또는 그들을 공개적인 회심장소로 인도하는 일 등은 교회의 규례를 따라서 실행된 것들이었습니다. 그리고 회중의 암묵적 동의나 찬동과 함께 실행되지 않은 것은 하나도 없었습니다."[67]라고 했다. 또한 『스코틀랜드 교회의 정치에 대한 당위성(An Assertion of the Government of the Church of Scotland)』이라는 책자를 쓴 조지 길레스피는 "모든 사람들에 의해서 다 동의가 되고 나서야 실행되어야 한다는 것은 (독립교도들에 의해서) 반대된 것입니다. 우리도 동일한 견해를 고수한다고 답변 드립니다. 그러나 모두가 동의한다는 것과

---

67) 상게서 39.

모두에 의해서 판결을 해야 한다는 것은 별개의 문제입니다."라고 이야기하였다. 예루살렘 공회에 대하여 설명하면서 길레스피 목사는 이 점에 대하여 우리와 같은 견해를 내비쳤다. 그는 "사도들과 장로들이 서로 만나 함께 논의하여 온 교회와 구분되어 따로 목소리를 냈습니다. 그리고 그들만이 판단하였고 반포하였습니다. 그러는 동안 결정된 사안들이 온 교회에 알려지게 되었고 모든 사람들의 동의하여 선포된 것이었습니다. … 형제들이 (사도들과 장로들과 더불어서) 따로 언급된 것은 그들의 이해와 인정과 환호에 의하여 이루어진 것이었기 때문입니다."[68]라고 자신의 의견을 피력하였다.

이러한 견해가 우리 교회의 표준을 정하는 데 우리가 빚진 선배들에 의해서 다루어진 입장이었다. 그것들은 예루살렘 공회에 대한 영감된 설명에 의해서 인준 받은 것이다. 그리고 이번 사안만이 아니라 신약의 그 어디에도 평신도들이 교회문제들을 다룸에 있어서 이보다 더 높은 지위나 권한을 가지고 있다는 근거는 전혀 없다.[69]

5. 교회 법정의 종속관계

장로교회가 사도행전 15장에 기록된 것에 의해서 규정된 것으로 여기는 교회정치의 또 다른 원리가 하나 있다. 그것은 교회법정의 종속관계이다. 또는 웨스트민스터 신앙고백서와 교회정치 형태에서 사용하고 있는 용어를 빌려 말한다면, 회중들과 전통적인 교회 회의들, 예를 들면 지금 우리가 말하는 당회와 노회를 관장하는 권위나 법적 절차에 대한 총회적

---

68) 상게서 117-118.

69) Vide, *Discussions on Church Principles*, p. 383, etc.-Edrs.

인 권리이다. 즉, 불공정한 소송건들을 받아 처결하는 권리행사가 총회에 있다는 것이다. 전통적인 교회 회의나 노회에 대한 성경적 근거는 성경에서 특별한 장소의 신자들의 회합을 언급하고 있는 명백한 사례들에서 찾아볼 수 있다. 예루살렘과 에베소에서처럼 그곳에는 하나의 지교회 이상이 존재하고 있었음이 분명하다. 그런데 그 전부를 한 교회 또는 하나의 몸으로 언급하고 있다. 그것은 그들이 분명 오직 하나의 동일한 노회정치 체계 하에 놓여 있다는 것을 증명하는 것이다. 교회 직임자들의 통상적인 연합체가 그 모든 지교회들을 관할하고 교회의 일상적인 사안들을 규정하였을 것이다. 성경에 총회나 상회(上會)를 위한 가장 직접적인 근거가 있다는 장로교의 주장은 회중들을 관장하고 정통적인 교회 회의들이나 당회들을 주도하는 어느 정도의 권위가 상회에 부여된 것으로 제정된 것이다. 바로 이 근거가 사도행전 15장에 있는 예루살렘 총회 또는 공회인 것이다. 나는 이것이 교회 법정의 종속성에 대한 장로교의 일반적 정치원리가 기초하고 있는 토대였다는 것을 조금도 의심하지 않는다.

여기에 기록된 전체 업무처리는 복잡한 형태를 띠고 있으나 자연스럽고 명백하게 중요하고 어려운 문제를 제기한 안디옥에 있는 교회가 무슨 옷을 입고 있는지를 보여 준다. 그들은 그 사안의 중대성과 난해함 때문에, 그리고 그 결과에 따라 모든 교회에 미칠 파장 때문에 자신들보다 더 높은 위치에 있다고 본 예루살렘 교회에게 청원한 것이었다. 따라서 예루살렘 교회는 그 사안을 다루고 그들이 제기한 문제에 대한 권위적인 결정을 제시한 것이다. 이것이 바로 본 장에 기록된 매우 자연스럽고 명백한 일반적인 원리라고 볼 수 있다. 그렇게 주장함에 있어서 여기에는 어떤 모순된 점이 전혀 없기 때문에 그 규정은 교회정치를 위한 모델이나 전례가 되기에 아주 적합한 것이어야 한다. 만일 이것이 그 규정의 일반적인 특징이라고 한다면, 안디옥에 있는 교회가 예루살렘에 있는 교회에 당면 과제를 가지고 가는 대신 예루살렘 교회가 그러했듯이 스스로 판결했을 것이다. 그리고 그 판결은 예루살렘 교회에 상소한 안디옥 교회의 소수자들에게도 동일하게 적용하여 재검토하고 그 결정을 뒤집을 수 있었을 것이다. (왜냐하면 안디옥에도 분열의 조짐이 있었기 때문이다).

일반적인 측면에서 이것이 그 규정이 지닌 자연스럽고 명료한 제안이자 지지적인 생각이거나 원리라고 한다면, 회중주의자들이 제안한 내용에는 그 결정을 뒤집거나 피할 수 있게 하는 어떤 무게감도 없는 것이다. 이 점에 대하여 그 대안의 목적을 가지고 장로회주의 원리를 반대하는 자들이 세우고자 했던 두 가지 입장은 다음과 같다. 우선 첫째는, 예루살렘 공회의 결정은 어떤 적합한 권위를 지닌 것처럼 구속력을 가진 것이 아니라는 점이다. 그 공회는 그저 하나의 권고나 권유에 불과한 것으로서 도덕적인 무게감과 다소의 영향을 미치는 것일 뿐이라는 것이다. 둘째는, 심지어 그 결정이 구속력을 가진 권위 있는 것이라 할지라도 예루살렘 공회는 안디옥 교회나 다른 교회들 위에 서 있는 교회가 아니며 하회에 대한 상회의 권위를 지닌 것으로 볼 수 없다는 것이다. 다시 말하자면, 예루살렘 교회가 보다 높은 위치에 있고 더 폭넓은 판단력을 행사할 수 있는 기관이 아니라는 것이다. 그러나 그 결정이 구속력이 있고 권위적이며 좀 더 도덕적인 무게감이 있는 쪽으로부터 나온 단순한 하나의 권고사항이나 권유는 아니다. 예루살렘 공회에서 진행되는 과정을 살펴보면 그 사실을 알 수 있다. 특히, 사도행전 15장 28절을 보라. "성령과 우리는 이 요긴한 것들 외에 아무 짐도 너희에게 지우지 아니하는 것이 가한 줄 알았노니!" 그리고 16장 4절을 보면, 이 점이 분명하게 부각된다. "여러 성으로 다녀갈 때에 예루살렘에 있는 사도와 장로들의 작정한 규례를 저희에게 주어 지키게 하니!" 마지막에 언급된 말씀에서는 사도와 장로들이 작정한 규례가 단지 안디옥 교회에게만 해당되는 규례가 아니라 모든 교회들에게도 해당되는 규례임을 보여 준다. 이는 그 결정이 권위 있는 판결이라는 것과 그것은 단순한 권면이나 권고사항에 불과하다는 주장 사이에 중간적인 어떤 기구가 존재한다고 제기된 다른 견해도 뒤집는 것이다. 그것은 독일의 박식한 법률가 뵈헤메르(Böehmer)가 주장한 내용이다.[70]

뵈헤메르는 교회 역사와 법학 이론에 있어서 몇몇 중요한 주제들에게 밝은 빛을 비추어 준 인물이었지만, 이상하게 국가만능주의 원리를 격렬하게 옹호했다.[71] 그는 이 문제를 안디옥 교회가 예루살렘 교회에게 문제를 중재하는 방식으로 요청한 것으로 보았거나 그가 말하고 있는 것처럼 합의방식을 통하여(*per modum compromissi*) 본 것이다. 즉, 그 결정을 따라야 하는 쪽에 부가된 의무사항이 무엇이든 그 의무는 상대편이 내린 결정에 복종한다는 것에 동의한다는 그들 자신의 자발적인 행동에 전적으로 기초하여 행동한 것이다.

그러나 본문에 설명된 정황은 안디옥 교회 편에서 그들이 자발적으로 그 중재안에 복종한다는 내용을 시사하지 않는다. 그러므로 이것은 정당성이 없는 추정에 불과하다. 그리고 이 결정사항이 안디옥에 있는 교회에게 적용된 것과 동일하게 다른 교회들에게도 적용이 된다는 사실을 가르쳐 준다. 이것은 그 규례의 성격을 말하고 있는 것이 *아니었다.*

그런데 회중주의자들은 이 규례가 교회의 항구적 통치(permanent government of the Church)를 위한 직접적인 양식이라거나 모형을 나타내는 것이 아니

---

70) Dissertations Juris Ecclesiastici Antiqui; Diss. III., p. 218. commented on by Mosheim in his "Instit. Maj." p. 262.

71) 역자 주) 국가만능주의원리(Erastianism)는 교회와 국가관계에 있어서 국가가 교회까지 지배한다는 감독교회정치원리이다. 이는 절대군주들이 선호하였다.

라고 주장한다. 그 이유는 그 결정이 사도적인 권위를 가지고서 일하는 사도들에 의해서 선언되었기 때문이라는 것이다. 즉, 무오한 초자연적인 안내를 받고 있는 사도적 권위로 선언한 것이기 때문에 그 결론을 근거로 장로교가 판단한 장로회 정치제도를 수용할 수 없다는 것이다. 이는 우리가 앞에서 논증한 하회가 상회의 지도를 의지한다는 장로교의 결론을 받을 수 없다는 것이다. 한마디로 말하자면, 이와 비슷한 모든 일들 또는 유사한 일들과의 관계에서 상회가 하회를 주관하거나 높은 위치에 있는 상회에게 하회가 종속되어 있는 것처럼 예루살렘 교회가 안디옥 교회 위에 있는 것이 아니라는 것이다. 더 나아가 예루살렘 공회는 장로교가 주장하는 것처럼 최상의 치리회가 총회적 회합에 있다고 보는 그런 자질이나 특성을 갖추고 있는 것이 아니라는 것이다.

그러나 이제 정당하게 인정해야만 하는 것이 있다. 몇몇 과격한 장로교도 저자들이 영감된 말씀이 설명하고 있는 본문의 그 정황을 가지고 타당한 정체성을 찾거나 아주 완벽하게 유사한 면을 도출하기 위해 예루살렘 공회와 현대 교단의 총회 관계를 대비시켜서 설명하는 점이다. 특별히 우리가 인정해야 할 것은 예루살렘 교회와 안디옥 교회를 제외하고는 이 공회에 다른 교회들이 참여했다거나 대표자들이 참여했다는 근거가 전혀 없다는 사실이다. 따라서 예루살렘 공회는 현대적 의미의 총회 회합 또는 교회의 최고 치리회에 대한 그 어떤 면도 도출해 낼 수 없다. 현대교회의 총회 회합은 특별한 교회들의 주목할 만한 대표자들이 참석하여 권위를 가지고 법 규례들을 심사하여 확정짓는 것이다. 그럼에도 불구하고 장로교회가 주장하는 이 결론은 보다 나은 것이라고 판단된다. 그 이유는 대표성을 띤다는 일반적인 원칙이나 개념, 그리고 재판국 수행을 좌지우지하는 것이 예루살렘에 있는 교회의 일반적인 위상에 의해서 충분히 설명되고 주장하게 되기 때문이다. 이는 특별히 사도들이 거기에 거주하고 있었고, 교회의 문제들을 규정하고 활성화시키는 방식 안에서 총회적인 역할로 이해하는 것이기 때문이다.

사도들을 감동함을 받은 무오한 교사들로 이해할 것인지 아니면 단지 평범한 교회 직임자들로 이해하든지에 대해서 논쟁할 바는 아니지만 그리스도의 모든 교회의 사법적 권위를 가진 자들었음은 분명하다. 이 권위가 미치는 영역은 어느 특정 지역이나 장소에만 한정된 것이 아니라 모든 교회에 미치는 것이었다. 그 권위는 교회의 머리이신 그리스도에게 복종한다고 고백하는 모든 이들에게 미치는 것이다. 그렇다면 사도들이 참여한 대회나 공회 자체는 교회를 대표하는 모임으로 간주해야 하는 것이다. 따라서 그들의 권위와 판단이 옳고 정당하다는 내용이 모든 교회에 적용되는 것이다. 이것은 어떤 회합이나 모임보다도 더 폭넓은 대표성을 띠거나 보다 나은 판단을 내리는 위치에 있는 것으로서, 장로교가 주장하는 예루살렘 공회가 심의권을 지니고 있는 회합으로 간주하기에 충분하다는 것을 말해 준다. 물론, 이것은 어디까지나 하회가 상회의 판단에 종속된다는 일반적인 규정원리일 뿐이다. 하나의 지교회가 많은 교회들의 모임이나 그들의 대표들의 모임에 종속된다는 원리인 것이다. 이 일반적인 원칙을 적용하는 방식은 외부적인 환경요인들, 모임과 조직의 기회들에 달려 있는 것이 대부분이다. 그러나 예루살렘 공회의 영감된 기록물로부터 다음과 같이 공정하게 추론하는 것이 마땅하다고 본다. 만일 그것이 다가오는 시대에서 교회정치 문제와 관련하여 제공되는 교훈들로 기록된 것이라면, 이 일반적인 원칙이 교회문제들에 대한 규정에 합법적으로 적용되는 것이다. 교회문제에 대한 모든 규정, 특별히 신학적 논쟁에 대한 결정은 타협함이 없는 진리에 부착되는 것이어야 한다. 그리고 약한 자들과 어떤 측면에서 오류에 관여되어 있는 편견자들에 대한 온화한 태도로 수행되어야 한다.

진리와 타협하지 않고 부드럽고 온화한 태도로 나아간다는 이러한 자질은 예루살렘 공회에서 사도들과 장로들에 의하여 선언된 결정에 충분히 나타나 있다. 그러나 이 점을 상세하게 다룰 필요는 없다. 이러한 태도는 교회문제들을 해결함에 있어서 교회 직임자들이 판단하고 결정하는 과정에서 잘 병합되어 나타나야 할 것들이다. 이 점은 모두가 다 동의해야 할 진리이다. 그러나 실제에 있어서 그렇게 실행하기가 너무나 어렵다는 것이 우리의 경험에서 충분히 입증된다. 교회 역사는 그러한 사례들을 많이 가지고 있다. 센 자들이 약한 자들을 전적으로 무시하거나 짓밟는 경우가 너무나 많이 있다. 또 교회 안에는 어떤 특정한 개개인이 권위를 행사하고 영향을 크게 미치는 경우들도 많이 있다. 한편으로는 진리를 향한 엄청난 열정을 소유한 사람에 의해서 노회나 총회가 인내와 분별력이 결핍된 모임들로 전락해 버린 경우들도 많이 있다. 불쾌하기 그지없고 독선적인 행태로 공격 일변도인 경우들도 많이 있을 뿐 아니라 온건하고 오래 참는 자들에 의해서 진리와 건전한 교리에 대한 관심이 희생되는 경우들도 많이 있다.

그러나 예루살렘 공회는 그런 일이 결코 없었고 양측 인사들과 합력하여 그 중요한 문제를 잘 처리했다. 바울과 바나바가 서로 싸워 분열을 낳은 사건도 분명 성격상의 문제에 기인한 것이라고 본다. 그와 동일한 경향들과 연약성으로 인해 사람들이 공적인 사안들에 대해서 과도한 열정이나 지나친 인내로 인해 상황을 어렵게 만드는 것이다. 여기서 우리는 매번 우리 자신의 정신을 잘 살펴야 한다는 교훈을 얻을 수 있다. 우리가 전적으로 모든 은혜의 성령을 의존하고 있는지, 매사에 성령께서 주시는 지혜로 인도함을 받고 있는지, 맡은 직임을 바르게 수행하기에 적합한 방식을 취하고 있는지, 무엇이 하나님의 영광과 교회의 유익을 위한 것인지를 끊임없이 살펴야 하는 것이다.

몇몇 회중주의자들은 사도들이 공회석상에서 보여 준 겸손과 정중한 태도로 일관하였다. 논쟁에 대한 결정사항에 대해서 그들과 함께 연계된 장로회 총회에 복종함에 있어서, 그리고 그들 앞에서 계속되는 논쟁이 진행되는 과정에서, 논쟁에 의해서 제기된 신학적 오류문제를 다룸에 있어서 단지 권위를 지닌 태도로서가 아니라 일절 겸손함과 정중함의 태도에서 벗어나지 않았던 것이다. 사도들은 그들의 회의 진행과정과 처신에서 겸손함과 정중함을 충분히 드러냈던 자들이었음을 조금도 의심하지 않는다.

그러나 지금 언급한 사실들을 볼 때, 회중주의자들이 이러한 은혜들을 확증하여 보여 주는 방식 안에서 우리는 이미 설명된 것처럼 어떤 무엇에 대한 입증, 이것과 다른 의견을 가지고 논쟁을 하는 것에 대해서는 엄청 구체적으로 행동한 것을 발견할 수 있다. 즉, 그러한 문제에 있어서 사도들도 영감을 받아 무오하게 인도함을 받은 자들로서 논의를 주도한 것이 아니라 그저 평범한 교회 직임자들로서 장로들과 함께 연계하여 처리하였다는 점이다. 만일 그들이 회중주의자들이 주장하듯이 무오한 사도적 권위를 가지고 회의를 이끌었다면 제기된 문제들을 다룸에 있어서 겸손함과 정중함의 태도보다는 꾸밈과 속임의 태도로 주도했을 것이라고 감히 추측해 본다.

따라서 이 주제를 다루는 데 있어서, 교회사에 처음으로 등장한 이 논쟁은 감동하심을 받은 분들의 지도를 즐기면서 성장하고 있는 교회에서 발생된 것이었다. 그 문제를 해결하는 과정에서 사도들이 보여 준 방식은 우리에게 일반적인 교훈을 제공한다. 즉, 성령의 초자연적인 역사와 기적이 다 멈춰 버린 후에 일어나게 되는 교회의 모든 문제들을 어떻게 다루어야 할지에 대해 일반적인 교훈을 제공한 적합한 사례이다.

6. 사도적 실천의 의무사항

예루살렘 공회에서 예증된 것처럼 사도적 실천은 일반적인 원칙으로서 실천해야 할 의무사항이라는 점에 대해서는 어떤 의심도 있을 수 없다. 그것은 교회의 헌법, 정치조례, 그리고 교회문제들을 처리하는 것과 관련하여 항구적으로 적용되는 일반적인 원칙인 것이다. 장로교회가 일반적으로 인정하고 있는 것처럼 이 원칙을 수행함에 있어서 실천적으로는 약간의 제한과 변형이 있을 수 있지만, 사도적인 실천은 따라야 할 의무사항이다. 이러한 일반적 원칙의 진리는 분명히 다음의 두 가지 사항으로부터 유추할 수 있다. 첫째는, 그리스도께서 사도들에게 구별되는 가시적인 모임으로서 주님의 교회를 조직하도록 명령하셨으며 권세 있게 하셨다는 점이다. 그리고 그 교회를 세상 끝 날까지 보전하고 지속하도록 필요한 것을 만들게 하셨다. 둘째는, 그 사명을 수행해 감에 있어서 사도들은 우리에게 몇 가지 직접적이고 공식적인 규칙이나 교훈들을 남겨 주었는데, 그것은 교회 헌법과 교회정치 문제이다. 그들은 그것이 무엇이었고 그들이 교회를 세워 가고 조직함에 있어서 평범하게 했던 것이 무엇이었는지, 그들의 지도하에서 교회가 어떻게 행했는지에 대하여 규명할 수 있는 몇 가지 자료들을 제공해 준 것이 전부이다.

이 주제 또는 다른 주제에 관련하여 그들이 준 규칙 또는 지침들이 무엇이든지 간에 우리는 그 지침에 매여야 한다. 그리고 그들이 준 규칙들은 우리도 그렇게 해야 하는 것으로 인정해야 한다. 그러나 그들이 교회를 세우고 조직할 때 그들의 주인의 명령을 수행해 나가는 데 있어서, 그들은 그들의 임무 *실천방식* 안에서 교회를 세우고 조직하는 일들을 제외하고는 그들의 권리 대부분을 거의 실행하지 않았다. 이 부분을 그들이 어떻게 실행했는지 규명할 몇몇 근거들을 준 것이 전부이다. 성경에 일반적인 원칙이나 특별한 진술에 대한 구체적인 정보가 없기 때문에 교회의 법과 정치에 있어서 그 후에 어떤 변화가 취해졌는지, 또 어떤 권위가 개선안을 소개하고 주도하는 자인지, 그 모든 고려사항들로부터 내릴 결론은 다음의 사실로 귀결될 수밖에 없는 것처럼 보인다. 사도들의 실천, 즉 교회를 세우고 조직함에 있어서 사도들이 직접 행한 사도적 실천은 모든 시대의 교회가 따라야 할 규범으로 의도된 것이라는 결론이다. 이어지는 세대의 기독교 교회들은 법률상 사도들이 세웠고 감독한 교회들의 모델을 따라야만 하는 것이다.

그러나 이 일반적인 원칙을 고수하고 적용함에 있어서는 제한과 수정할 부분들이 있다는 사실에 유의해야 하는 것이 합당하다. 그리고 이에 대항하여 일반적으로 반대하는 것들에 주목해야 한다. 한 가지 분명한 제한은 우리 모두가 따라야 할 사도적 실천사항이 반드시 하나님의 말씀으로부터 세워져야 한다는 점이다. 말씀 외에 다른 어떤 자료들, 열등한 자료들을 가지고 주장해서는 아니 되는 것이다. 이 점은 기록된 말씀만이 충분하고 완전하다는 교리에 근거하는 것으로서, 로마교회에 반대하는 개신교가 견지하는 교리이다.

이 교리가 맞다면 하나님의 권위나 *신적 권위*로 규정된 원칙으로 부가되는 모든 것들은 성경에 내포되어 있는 것인지, 아니면 성경으로부터 합당하게 도출할 수 있는 것인지를 반드시 점검해야만 한다. 그것이 사도적인 실천과 근사치에 있는 것이든지 중간적인 것이든지 상관없이 말이다. 성경으로부터 증명되지 않는 한 우리는 즉시 우리에게 복종하도록 요구하는 모든 선언으로부터 비켜서야 하는 것이다. 만일 하나님께서 성경을 신앙과 행위의 유일한 규범으로 주신 것이 분명하다면, 그리고 그 진리를 우리에게 알게 하신 것이 맞는다면 하나님은 성경에 의해서 권위 있는 것이 되어 순복하도록 요구하실 것이다. 그리고 이와 반대로 성경에 포함되어 있지도 않고 성경으로부터 도출할 수 없는 규정에 따라야 하는 것들은 모두 다 거부하거나 무시하라고 요구하실 것이다. 앞으로 우리가 밝혀내겠지만 교황주의자들과 감독주의자들은 사도적 실천과 그들이 어떻게 행했는지에 대한 증거를 우리에게 제시한다고 고백한다. 그러나 그것들은 성경으로부터 나온 것들이 아니라 후기 저자들로부터 산출된 것이다. 그들은 후기 저자들의 주장에 근거하여 우리에게 교회법과 정치와 관련한 그들의 입장들과 주장들에 동의하라고 요구한다.

단순히 역사적 증거의 일반적 규정들에 의하여 살펴보더라도 그들 중 어느 누구도 자신들의 견해에 수긍하게 할 만한 사도적인 실천에 대한 증거를 제시하지 못한다고 생각한다. 그런데 만약 그들이 사도적 실천에 대한 증거를 제시하여 이 설명에 답하더라도, 그리고 실제로 역사적 관점에서 적합한 증거를 제시한다고 하더라도, 우리는 그 모든 것에 순응해야 할 *의무사항*으로 입증하지 못하는 것이라고 분명하게 말하지 않을 수 없다. 왜냐하면 그것은 기록된 말씀으로부터 나온 것이 아니기 때문이다. 사도적 실천에 대한 교회사적 증거는 그 의미를 명확하게 할 때 사용해야 한다. 또한, 받아들이기에 불분명하고 애매한 것에 대한 성경적인 설명을 확정하는 데 권위 있는 의무사항으로 부가하기에는 불충분한 것일 때, 사도적 실천을 적법하게 사용해야 하는 것이다.

그러나 일반적으로 인정하는 것은 교회의 문제들과 관련된 것들로서 사도들이 했거나 규정한 것은 모두 다 교회에 필요하다고 주장하거나, 성경에 내포된 것이든 성경으로부터 도출된 것이든 *바로 그 사실에 의하여* (ipso facto) 교회가 보편적으로 수용해야 하고 항구적인 원칙으로 간주해야 한다고 주장하는 것은 불필요하다는 사실이다. 예를 들면, 기독교의 모든 분파들과 부류들의 총대들의 큰 회집의 의견은 예루살렘 공회의 칙령과 그들이 언급하는 것들이 성경에서 찾아지는 것들이라 할지라도 그것들이 모든 교회에 보편적이고 항구적인 의무사항으로 부가되는 것이 아니었다는 것이다. 그렇기 때문에 그것들은 지금 교회에 구속력이 있는 것이 아니다. 그러나 예루살렘 공회의 칙령이 그 시대의 모든 교회가 다 순복해야 할 명령법으로 주어진 것임에 대해서는 전혀 의심의 여지가 없다. 사도행전 15장 29절의 말씀처럼 우상의 제물들에 손대지 않고, 피로부터 멀리하도록 한 것은 교회에 항구적으로 부가된 의무사항은 아니었기 때문에 모든 그룹들의 총대들의 큰 모임에서 신자들이 다 순응해야 할 것이 아니라는 의견이 모아졌다. 만일 이 원칙이 성령의 생각과 일치되는 명령에 의하여 그 교회에 부가된 것으로 적용 가능하다면, 그것은 적어도 동시에 사도적인 감독 관리하에 놓여 있는 초대교회들 안에 널리 퍼져 있는 것에 적용시켜야만 하는 것으로 붙들고 있어야 할 근거가 되어야만 할 것이다.

이와 같이 성경으로부터 취하는 것이 있듯이, 사도적인 교회 안에서 얻어지는 것들도 있다. 그러나 지금 그것을 지켜 내야 할 의무감에 놓여 있는 교회는 거의 없다. 한편, 본래부터 지역적이고 일시적인 문제였던 것으로 보이는 것들도 있는데, 그것들은 그 당시의 교회가 처한 특별한 현상에게만 적용되는 것이다. 그리고 복음이 처음으로 선포된 나라들에게 적용되는 것들도 있다. 이것들은 일반적으로 모든 교회가 다 항구적으로 지켜 내야 할 의무로 간주하기에는 부족한 것들이다.

미래의 모든 교회들이 다 따라 할 것은 아니지만 지역적이고 일시적이었던 사도적인 교회들에 관하여 성경에서 우리에게 제시해 준 것들이 몇 가지 있었다(그것은 합리적으로 보류될 수 없는 것이다)는 것에 동의한다면, 앞에서 세워진 일반적인 원칙의 적용에 대해서 사실상 약간의 의구심과 불확실한 생각이 들게 될 것이다. 특히, 교회의 법규와 정치 및 교회문제들에 대한 규례들과 관련하여 사도적 실천이 항구적인 적용이 되어야 한다는 것에 의구심이 들 것이다. 그러나 이 원칙의 적용 중 몇 가지 사항에 대해 일어나는 의구심과 불확실성은 그 원칙을 모두 다 거부하도록 만드는 근거를 제공하지 않는다. 일반적인 규범으로서 사도적 실천을 교회문제들에 대한 규례로 만듦에 있어서 반드시 참고해야 할 원칙이라는 것을 부정할 만한 근거는 없기 때문이다. 사도적 실천은 그 자체의 일반적인 위치를 봐서도 따라야 할 규례로서 유의해야 한다는 점은 이미 앞에서도 언급했다. 이러한 고려사항들은 직접적으로 답변되어야 하거나 반박되어질 수 없다. 그렇다고 거기에 어떤 오류나 모호성이 내포되어 있다는 것을 증명할 수 있는 것이 아니다. 이는 다른 이의가 제시될 수 있는 결정적인 것이 전혀 없기 때문에 일반적인 이 원칙은 증명된 것처럼 반드시 고수해야 한다. 그런데 이 원칙을 지키는 데 몇 가지 면들을 고려해야 한다거나 특별한 경우들에서는 그 원칙만 가지고는 문제해결이 쉽지 않다고 믿어야 할 만한 어떤 근거도 없다. 이 원칙을 실제 적용할 때 그러한 요소들과 한계점들을 염두에 두고 생각해 보면, 사도적 원칙을 인정하거나 존속시켜야 할 이유가 없다. 그래서 합리적으로 그것을 적용해 갈 수 있다는 주장을 우리가 믿어야만 하는 근거가 없는 것이다.

우리가 지금 다루고 있는 특별한 주제들에 있어서 야기된 몇몇 실천적인 문제들은 실제로 쉽게 또는 확실하게 해결될 수 있는 것이 아니라는 것을 인정해야만 한다. 그러나 그것들도 전부 본질적으로 이미 밝혀진 것들과 같은 유형의 일들이며 기독교 섭리의 일반적인 경향과 정신으로부터 크게 벗어난 대단히 중요한 것들은 아니다. 그리스도의 뜻을 진지하고 정직하게 행하고자 하는 양심을 지닌 자들은 적어도 그 사실을 바라볼 때 그것들을 명확하게 조정하는 것을 크게 힘겨워하지 않는다. 우리는 이 주제에 대해서 많이 논의할 수는 없으며, 지금까지 논쟁해 온 특별한 사항들을 상세하게 설명할 수는 없다. 그러나 우리는 이 주제에 대한 진리의 본질을 생각한다. 이 원칙 안에서 인도함을 받아야만 하는 일반적인 규범들은 다음과 같이 요약할 수 있다.

첫째, 성경적인 근거나 규정이 없는 무엇을 교회정치와 예배에 도입할 수 있는 것은 아무것도 없다. 또한, 명령이 아니라면 적어도 사도적 실천으로부터도 어떤 근거를 찾을 수 없는 것은 어디에도 첨가할 수 없다. 그러나 우리의 신앙고백서의 첫 장에서 명시되어 있는 것처럼 다음의 것은 예외적으로나 한정적으로 고려할 수 있다. 즉, '하나님을 예배하는 것, 교회의 정치, 인간의 행위들과 사회에서 흔히 일어나는 특별한 상황들이 있음을 인정한다. 그러나 그 상황들은 언제나 순종해야 할 말씀의 일반적인 규범에 따라 본성의 빛과[72] 그리스도인의 분별에 의해서 규정되어야 할 것이다(고전 11:13-14, 14:26,40).[73]

둘째, 사도적인 교회들 안에 일반적으로 그리고 명백히(*prima facie*) 존재한 어떤 제도나 실천에 대한 성경적인 증거는 모든 교회들이 수용해야 할 책임이 있다. 그 책임은 교회의 정치와 예배의 본질에 속하는 모든 것들

---

72) 역자 주) 박윤선 박사는 이것을 '이성의 정당한 지시'로 해석하였다. 웨스트민스터 신앙고백서, 영음사, 1989, 15.
73) 웨스트민스터 신앙고백서, 1장 6항, 칼빈의 제네바 시편가 개정증보판, 2016.

과 사도들이 수행한 형태와 관련해서는 반드시 지켜야 할 명령이요 무한

정 의무사항이다.

셋째, 실질적인 부과는 사도적 실천의 규정을 가진 어떤 것들은 *생략해*

야 한다고 주장하는 자들에게서 나타난다. 그들은 그렇게 하려는 만족스

러운 근거를 제공해야만 할 것이다. 그 근거는 일반적인 원칙들로부터 나

오는 것이든지, 이 부분을 다루고 있는 성경의 분명한 언급이 있든지, 또

는 지역적이고 일시적인 것이라는 실질적인 문제를 명백하게 보여 주는

안건의 본질로부터 나오는 것이라야 한다.

그런데 사도적 실천에 순응해야만 한다는 이러한 일반적 원칙에 대한

올바른 조정 속에는 두 가지 큰 문제가 내포되어 있다. 다시 말하면, 사도

들의 감독하에서 초대교회가 실질적으로 행했던 성경의 교훈으로부터 우

리가 아는 항구적인 의무사항에 대하여 두 가지 근본적인 문제가 있다.

첫째는 '사도들이 소개한 것이나 교회들 안에서 재가된 것들에 대한 몇몇

을 생략하거나 지켜야 할 것들은 제거되는 것이 교회가 하는 합법적인 일

인가'라는 문제이다. 둘째는 '교회는 재가 되지도 않고 요구하지도 않은

것들을 계속해서 지켜서 유지해야 하는 것이 합법적인지 아닌지'에 관한

문제이다. 이러한 문제들을 일반적인 규범으로서 확고히 유지하는 것은

세상에서 주님의 교회를 조직하고 세워 가는 일을 위하여 신약성경에서

사도들에게 그리스도에 의해서 인도되고 권위를 갖게 된 것을 부정하는

것처럼 보인다. 만일 이 기능이 그리스도에 의해서 사도들에게 부과된 것

이라면, 그리고 만일 사도들이 그리스도에 의해서 그 일을 수행하도록 자

격을 부여받은 것이 맞는다면 여기에는 거부할 이유가 하나도 없다. 도리

어 그와 반대로 사도들이 행한 것은 무엇이든지 계속 소개해야 할 것인지

생략해야 할 것인지 성경으로부터 규명이 되었다면 모든 시대의 교회들

은 그것을 다 하나의 규범이나 표준으로 받아 따라야 한다는 결론을 인정해야 할 이유가 충분한 것이다.

이것을 부정하는 것은 사도들이 가진 특별한 역할의 주된 부분들 중 명백한 하나의 기능과 관련된 것을 영감되지 않은 평범한 성도들의 수준으로 강등시키는 것이다. 그리고 계속해서 이어지는 시대에서 교회 직임자들이 사도들이 소유했던 것과 같이 동일한 권한과 위치에서 그리스도의 왕국을 세워 가는 것을 결정하게 하는 기능을 축소시키는 것이다. 모든 시대의 교회들이 다 따라야 할 규범으로서 사도적인 실천을 거절하는 것은 그럴듯한 말로 변명하는 자들이 속이고 있는 것이다. 그러나 그것은 본질이나 효과 면에서 자기들의 지혜가 사도들의 지혜보다 낮다는 것에 해당된다. 즉, 사람들의 지혜가 하나님의 지혜보다 낮다고 주장하는 것에 불과하다.

이 문제에서 가장 그럴듯한 변명거리는 이것이 모든 시대의 모든 나라들을 위하여 동일하게 수용되도록 규정하고 가르쳐 지키게 하는 것이 불가능하다는 주장이다. 한편, 사도들은 그들이 설립한 다른 교회들에게는 각각 다른 정책들을 소개하였다는 주장은 전혀 근거가 없는 억지이다. 이는 외적인 배열이나 의식과 같은 그다지 중요하지 않은 것들을 법적으로 수용하게 하는 그럴듯한 주장과 개교회의 편의주의를 경험이 제공하는 것들에 의해 따라가게 하는 것이다. 그리고 성도들의 삶과 양심이 진전되어 가는 상황에 맡기는 일이며, 우리 시대에 특별한 교회나 사람들이 선호하는 용어를 사용하게 하는 것이다. 만일 기독교가 외형적인 조직체계로서 일반적인 모습들과 모세법의 시행을 반대함에 있어서 전적으로 서로 닮았고, 그것이 하나의 규례와 시행령이 되도록 의도된 것이었다고 한다면, 모든 시대의 모든 교회들에게 같은 조직과 의식을 소개하고 받으라고 것은 불가능하다는 주장은 그럴듯하게 보인다. 그런데 이것은 그렇게 의도된 것이 아니었다. 따라서 모세법의 시행과 비교할 때 사도들의 명령이나 실천에 의해서 모든 시대의 교회들을 위하여 타당하거나 시행되도록 결정지을 수 있는 외형적인 모습은 거의 없다고 본다. 기독교는 어떤 상세한 표준이나 외적인 시행사항들에 대한 지침 없이 영구적이고 보편적인 종교로 받아들여진 종교이다. 규칙으로 규정되거나 부과된 것으로 받아들여야 할 만한 외형적인 것이 별로 없을 때, 심지어 그것이 사도적 실천으로서 영구적인 규범으로 제정된 것이라고 추정할 뿐일지라도 그러한 추정은 매우 타당하다. 그렇게 정해진 것은 특별하게 그 사안의 본질적인 측면에서나 성경적인 설명에서 그것이 일시적인 것이요 지엽적인 것이라고 지적하는 것이 아닌 한, 그다음에 이어지는 시대에서 생략해도 된다고 말할 수 있는 것은 하나도 없는 것이다. 따라서 사도적인 실천은 모두가 따라야 할 일반적인 규범이라는 것을 대부분의 교회들이 모두 다 동의한다. 이 원칙에 대한 한계들이나 실천적 적용과 관련하여 볼 때 크게 다른 무엇이 없는 것이다.

물론, 이런 주장을 제기함에 있어서 나는 다른 교회들 사이에서 논쟁된 질문들을 다루지는 않겠다. 즉, 그런 특별한 사례들이 사도들에 의해서 제정 *되었는지* 아닌지, 또 그것이 사도적인 교회들 안에서 획득된 것인지 아닌지는 언급하지는 않겠다. 예를 들면, 사도적 교회가 그리스도의 대리인으로서 사도 베드로의 통제 하에 놓여 있는 교회였는지 아니었는지는 언급하지 않고자 한다. 그 교회들이 일련의 사제들의 관할 교구회에 의해서 다스려졌는지, 또는 평범한 목사들이 아닌 장로들에 의해서 교회의 일들에 대한 행정적인 조치가 취해졌는지는 말하지 않겠다. 이러한 문제들을 논의함에 있어서, 문제는 사도적 실천이 항구적으로 실행되어야 할 영구적인 원칙이냐 아니냐가 아니다. 왜냐하면 이 점에 있어서 양측은 모두 다 모든 교회가 따라야 할 규범으로 인정하고 있기 때문이다. 따라서 문제는 사도들이 행한 대로 실천하는 것에 실제적으로 이러한 특별한 조치들이 포함되어 있고 규정되었다고 보느냐 아니냐이다. 우리는 사도적 실천이 그것들을 규정했다는 것에 동의하는 쪽이다. 그런데 여기서 '우리가 동의한 사도적 실천이 미래세대의 교회에게 명령형으로 주어진 규범으로서 지켜야 하는 것이라고 주장할 수 있는 것인가?'라는 의문사항이 떠오른다. 이 질문에 적용되는 요점은 그 자체가 매우 중대한 것은 아니다. 그리고 의견이 분분한 것도 아니다. 그렇다고 이 부분에 대해서 첨예하게 대립되는 논쟁이 있는 것도 아니다. 그것들은 원칙적으로 다음과 같다. 제자들의 발을 씻기는 것, 우리 주님께서 종종 실천하신 금식, 집사직제, 사랑의 입맞춤이나 성도가 서로 인사하는 것도 항구적인 의무사항으로 규정된 것이라고 더 강력하게 주장하는 것, 그리고 거의 공예배의 의전으로 자리 잡은 *아가파이*(αγαπαι) 또는 애찬(愛餐)이 그것이다. 그 사례의 특성으로부터 부분적으로나마 원칙을 말하는 데는 큰 어려움이 없다. 그리고 일시적이냐 지엽적인 것이냐와 관련한 실천사항들을 나타내는 것 역시 큰 문제가 되지 않는다. 성경에서 말하고 있는 매너에서도 별로 어려운 점은 없다. 특별한 측면을 언급하고 있는 신약성경 안에 언급된 다른 진술들로부터도 비록 그것이 직접적이거나 즉각적으로 다루고 있는 문제는 아닐지라도 그렇게 어려운 것은 아니다. 이러한 것들은 모든 시대의 모든 교회들이 반드시 따라야 할 규범으로 정해진 것들이 *아니다.* 사람들의 양심도 이러한 것들을 생략하거나 무시한다고 해서 혼란스러워해야 할 이유가 없다.

그리스도의 교회는 일반적으로 이러한 실천사항들이 항구적으로 규정된 것이 아니라고 간주한다. 비록 그것들이 사실 사도시대에 행해진 것임을 믿을 만한 충분한 근거를 신약성경에서 가지고 있고 동시에 일반적인 원칙으로서 사도적 실천이나 모범에 따라야 하는 것이 명백해 보인다 할지라도, 그리고 이 일반적 원칙을 그들 자신의 실천사항으로 적용한다고 고백한다 할지라도 말이다.

이 문제와 관련하여 우리 시대에 유익한 논쟁을 불러일으킨 한 가지 주제가 있다. 이 때문에 우리가 그 요지를 다루고자 하는데, 그것은 앞에서 주장된 두 그룹 사이의 일명 중간적인 위치에 대한 것이다. 한편으로 사도적 실천에 대해 양측이 다 동의한다는 것과 또 다른 한편으로는 논쟁적인 것이라는 양측 사이에 놓인 중간적 위치이다. 내가 지적하는 것은 사도적 교훈과 실천은 복음사역에 대하여 일시적으로 제공된 배타적인 양상으로 고정시켜야 한다는 점이다. 즉, 사도직의 혜택을 누린 자들의 자발적인 헌신에 의한 한정적인 것이라는 말이다. 그러나 그 사도적 교훈과 실천은 가르치는 사역이 항상 존속되어야 함을 제공하는 명령적인 의무로 부가된 것이다. 그리고 가르치는 자에게 그 업무를 존속할 권리가 주어진다. 이것이 바로 일반 목사들이 사도적인 교회 안에 존재하는 이유라는 사실에도 모두 다 동의하는 것이다. 이렇게 양측이 다 사도적 실천이 무엇을 의미하는지는 서로 동의하고 있고 다음과 같은 사실도 인정한다. 즉, 사실상 이 의무는 교회에 주어지는 것이요 항구적으로 존속하도록 교회가 받는 것이라는 점이다.

그러나 다른 측면에서는 서로 강력하게 다투었다. 우리가 온전히 이해하는 것은 성경에서나 사도들의 실천에서 목사들이 섬기는 자들로부터 받는 기여 외에 다른 어떤 출처로부터 후원을 받는 것은 불법적이라고 주장할 만한 근거가 전혀 없다는 점이다. 이 주제에 대해서 성경이 가르치고 있는 모든 내용을 조사하고, 그 자신의 사역을 이어 가기 위하여 사도 바울이 채택한 다양한 과정에 대해서 연구한 바는 그 같은 주장이 사실이 아니라고 믿는 긍정적인 근거들이 충분하다는 것이다.

사실 이 주제가 그렇게 장황하게 다룰 만한 것이 아니라고 생각한 것에 비해 길게 다루었다. 사도적 규정의 삭제의 합법성이나 불법성 문제에 대해서 말이다. 이제 우리는 간략하게나마 다른 측면을 언급해야만 한다. 그것은 일반적인 이 주제 하에서 다루어야 하는 보다 중요한 사안이다. 즉, 사도적 실천이 승인한 것이 아닌 것을 도입하는 것이 합법적이냐 불법적인 것이냐에 관한 문제이다. 전자의 질문과의 차이는 정도의 문제이다. 왜냐하면 그것은 일반적으로 사도적 실천이나 모범은 구속력이 있다는 일반 규범으로 여기는 자들에 의해서 전부 인정되는 것이기 때문이다. 그중에는 항구적인 구속력이 없는 것으로서 정당하게 생략된 사도적 실천의 규례들이 몇몇 있다. 그러나 후자의 질문에서는 유형이나 원칙의 차이가 있다. 왜냐하면 우리는 그것을 중대한 일반적인 진리로 붙들고 있기 때문이다. 기독교 교회의 통치와 예배에 그리스도와 그의 사도들에 의해서 긍정적으로 인준되지 않은 것들을 도입하는 것은 전혀 근거가 없으며 불법적인 것이라고 믿는다. 이 일반적인 원칙이 부인될 때 그리스도의 집의 통치와 예배에 사람들이 고안해 낸 것들을 도입하는 일이 무제한적으로 벌어지기 때문이다.

여기에는 우리가 앞에서 *충분히 설명한 것과 같이* 이 일반적인 원칙의 진리를 반박할 유효한 논쟁이나 심지어 타당한 추정조차도 없다. 그것을 지지할 만한 충분한 설명을 끄집어 낼 요소가 전혀 없다. 성공회 신조 제20조항에 제시된 교리를 위한 성경적 근거는 없다. 즉, '교회는 예전과 의식들을 명령할 권리가 있다.'라는 교리는 우리의 신앙고백서 제1장으로부터 주어진 인용 문구에 설명된 내용에 한정되는 권한이 아닌 한, 성경 어디에도 교회의 무제한적 권한을 암시하는 언급은 없다. 만일 이 제한선을 조심스럽게 살펴본다면 우리가 내세운 그 원칙은 안전한 선이다. 왜냐하면 그런 제한 한도 내에서 뭔가를 결정하고자 할 때 어떤 실제적인 어려움이 발생한 논증은 거의 없었기 때문이다. 여기에서 질문은 정치와 예배에 관하여 특별한 교회적인 체제가 실제적으로 새롭고 권위적이지 못한 것을 소개하고 세워 가는 것인가 아니면 그런 일들을 행하게 된 상황에서 규정되어야 하는 것이 그리스도나 그의 사도들이 인준한 것들을 실행하는 차원에서 제정되어야 할 사안인가에 관한 문제이다.

7. 교회정치 형태에 대한 신적 권리

예루살렘 공회의 역사에서 또 한 가지 제기되는 질문은 교회의 특별한 정치형태에 대해서 하나님의 권위나 신적인 법(*jure divino*)에 의하여 이어지는 세대의 교회들에게 부가되는 뭔가가 성경에 제시되어 있느냐 아니냐에 관한 것이다. 이 질문은 상당한 논의가 필요하다. 실제로 이 문제를 해결하고자 하는 논의가 없었던 것은 아니지만 사람들의 의견이나 자료로 볼 때 큰 차이가 없었다. 거기에 사용된 용어들을 어떻게 설명하느냐에 따라서 그 질문에 대한 답변이 확정적이거나 부정적인 것이 되었다. 비록 성경에서 재가한 것으로 받은 교회정치 형태가 어떤 것이냐에 대해서는 다양한 의견들이 제시되었을지라도, 모든 세대의 교회들에게 구속력이 있는 교회정치의 특별한 형태가 성경에 제시되어 있다는 견해가 기독교 안에 가장 널리 퍼져 있다. 그런데 특별한 목적을 가지고 섬기려는 자들 중 대부분은 교회정치에 대한 특별한 형태가 제시되어 있다는 사실을 반박하거나 거부했다. 그들은 진리에 대한 참된 사랑보다도 다른 관심거리에 의해서 그들의 견해와 실천으로 영향력을 미치고 싶어 하는 유혹에 노출된 자들이었다.

예를 들면, 그들은 교회정치영역에 시민권자가 관여할 여지를 마련하고 싶은 욕구를 가진 자들이거나 시민권자가 규정하고 세운 조례에 복종해야 하는 자신들의 입지를 완화시키고자 하는 욕망을 지닌 자들이었다. 그들은 그 입장을 옹호함에 있어서 성경에는 특정한 교회정치 형태를 제시하고 있지 않다고 반론을 펼친 것이다. 그리하여 그들은 성경에 제시되어 있는 특별한 교회정치에 대한 언급이 없다는 방식으로 항상 반대의견을 제시하였다. 마치 그들은 교회정치 형태를 위한 완전한 지침서가 상세하게 성경에 제시되어 있고, 그리하여 결코 변경할 수 없다고 주장하는 듯이 반박한 것이다. 그러나 이러한 입장은 명백히 지지할 수 없는 견해이다.

교황주의자들, 성공회성직자들, 장로교도들 및 회중교회자들은 일반적으로 그들의 교회정치 체계가 성경에 제시되어 있다고 주장한다. 그리고 그 체계는 모든 시대의 교회에 적용되어야 하는 구속력이 있다고 믿는다. 또한 그들은 일반적으로 그들 체계의 주도적인 모습들이나 근본적인 원칙들만이 성경에 의해서 인준되었다는 주장에 동의한다. 그에 대한 확실한 직접적인 성경적 근거를 제시함이 없이 그렇게 하고 있는 것이다. 그리고 교회정치와 관련하여 그렇게 중요하지 않은 것들도 있다는 것을 부정하지 않고 주장한다. 즉, 교회 자체는 때때로 규정되어 있고 지엽적인 상황이나 일시적인 현상들이 요구하거나 제시하는 것에 따라서 사소한 일들이 존재한다는 것을 부정하지 않으면서 그러한 주장을 내세우는 것이다. 이 방식에는 때로 다음과 같은 일이 발생한다. 이 질문에 대한 답변에서 교회정치의 특별한 형태에 대해서 신적인 법에 근거한다고 확정하는 자들과 그것을 부인하는 자들은 자료적인 측면에서는 대동소이할 뿐이다. 그러나 어떤 정치형태를 성경에서 인준하고 있는가를 말하는 것에 대해서는 서로가 상이하다. 또한, 성경에 근거하여 지지하는 가장 그럴듯한 주장들을 내세움에 있어서는 아주 판이하게 다른 것이다.

성경에 제시된 교회정치 형태가 있다고 동의하는 자들 사이에도 '그들 자신들의 체계에 대한 종속적인 모습들을 위한 성경적인 인준이 *어느 선까지인지*'에 관하여는 사뭇 다른 의견을 보인다. 그들이 심지어 성경적으로 인준된 것이라고 생각하는 것이 무엇인지에 관한 성경적 증거를 명백하고 온전히 제시하는 것에 대하여서도 서로 다르다. 그리하여 특별한 교회정치 형태에 대한 성경적 권위에 구속력이 있다는 입장을 고수할 때에는 모든 시대의 교회들을 위한 특별한 교회정치 형태의 근본적인 원리들이나 주도적인 모습들이 성경에 제시되어 있다는 방식으로 주장해야만 한다. 그리고 모든 이어지는 세대의 교회들 안에서 교회에 부가되는 병합의 의무가 있다는 차원에서 서술해야만 한다. 나는 이 입장에 관한 진리를 조금도 의심하지 않는다. 그리고 그것은 만족스럽게 성립될 수 있는 것이라고 생각한다.

근본적인 원칙들이나 주도적인 모습들(*leading features*)의 측면에서 장로회 정치 형태가 성경과 사도적 실천에 의하여 인준된 것일 수 있고, 그렇게 입증되어 왔다고 생각한다. 또한, 우리의 안수식에서 사용하고 있는 용어를 수용하는 것, 즉 장로회 정치 형태가 '하나님의 말씀 위에 세워지는 것이요 그렇다고 동의할 수 있는 것'이라는 진술은 성경적으로 증명될 수 있다고 생각한다. 이것은 감독주의나 회중주의 정치형태에 대해서 결코 지지할 수 없는 부분이다. 그런데 나는 이 견해를 충분히 세우기 위해서 지금 이 자리에 있는 것이 아니다. 다만, 장로회 정치 형태가 신적인 법을 지니고 있다는 주장에 대한 일반적인 설명을 제시할 뿐이다. 그리고 그러한 것을 논의할 것이다. 그러나 나는 일반적으로 이 입장이 취하고 있는 양상은 특별한 것들에 대한 것이라고 한마디로 말할 수 있다. 예를 들면, 사도적 실천의 인준을 가지고 있는 교회정치 형태와 관련된 확실한 규범들을 성경으로부터 수집하는 방식으로 진행하고자 한다. 우리는 이 것을 함께 병합시킬 것이다. 함께 병합하게 될 때, 이것은 교회정치의 조직이나 체계라고 부르는 것이 된다는 사실을 보여 줄 것이다. 그 조직이나 체계가 근본적인 원칙들과 주도적인 모습들 측면에서 장로회주의임을 보여 줄 것이다. 이 체계는 장로회주의라는 이름하에 함께 모인 자들에 의해서 붙들고 온 큰 기관이었다.

한편, 성경으로부터 교회를 설립하고 조직해 감에 있어서나 사도들이 교회의 조례들에 대한 운영방식과 교회 일들에 대한 일반적인 규례를 정함에 있어서 일반 평신도들의 모임에 위탁한 것이 아니라 교회의 직임자나 다스리는 자들에게 위임하였다는 것을 증명하는 것은 그렇게 큰 문제가 아니라고 생각한다. 이 교회 직임자들은 사도들이 세운 교회들에서 사도들이 정착시키고 구성한 일꾼들이었다. 이들은 두 유형의 그룹들로 구성되었는데, 하나는 감독자라고도 하는 장로들과 집사들이었다. 교회정치 운영에 있어서 사도들이 그 외의 어떤 다른 그룹의 사람들을 가입시킨 사례가 없으며, 특별히 말씀의 사역자들, 회중들의 목사들보다 우위에 있는 존재들이나 그들보다 더 권위가 있는 어떤 집단을 소개한 일이 없다. 이 장로들이나 감독자들은 두 유형으로 나누어진다. 하나는 가르치고 다스리는 일을 하는 유형이고, 다른 하나는 다스리는 일에만 종사하는 유형이다. 일명, 치리장로는 공적으로 가르치는 기능을 수행하지 않고, 교회의 영적인 일들을 통찰하였다. 동시에 그들은 집사들과 함께 일시적이고 세속적인 일들을 운영하였다. 때때로 여러 회중들이 하나의 장로회 정치

형태로 모였을 때 필요한 조치를 취했던 것이다. 어떤 것은 사법적인 단계를 거치는 과정으로 이어졌는데, 이것은 상회에 대한 하회의 종속적 원리가 적용된 것이었다.

성경으로부터 도출되는 이 방식은 사도들이 조직하였고 그들이 개척하여 세운 교회들의 정치를 위하여 제공한 것이었다. 만일 이것이 우리가 믿고 있듯이 진정으로 성경적인 것이라면, 이러한 다른 다스리는 자들과 배열들은 함께 병합할 때 완전한 정치의 조직이나 체계가 명백하게 세워지는 것이다. 즉, 특별한 교회정치 형태가 성립되는 것이다. 그 교회정치 형태는 모든 본질적인 원칙들과 주도적인 모습들 안에서 감독주의나 회중주의와는 구별되는 장로회주의로 명백하게 나타나는 것이다. 그렇다면 장로회주의 정치 형태는 사도적인 실천의 근거와 인준을 가지고 있는 것이다. 성경으로부터 우리가 보여 줄 수 있는 것은 사도들에 의해서 설립된 교회들이 일반적으로 장로회체계로 부르는 방식을 따라서 근본적으로 조직되었다는 점이다. 그것을 부정할 근거는 전혀 없으며, 도리어 입증할 만한 일반적인 원칙이 있다는 충분한 근거를 지금껏 제시해 왔다. 물론, 여기에는 제한적이고 수정할 만한 사안들이 있음을 설명했었다. 교회를 세우고 조직해 감에 있어서 성경에서 우리에게 설명하고 있고 우리가 그렇게 알고 있듯이, 사도적 실천은 그리스도의 교회의 정치 체계를 세워 나감을 위한 항구적인 구속력이 있는 것으로 의도된 것이다. 모든 지교회들이 따라야 하는 원칙이다. 이 모든 것으로부터 내리게 되는 결론은 그리스도의 교회 위에 항구적으로 구속력이 있는 교회정치의 특별한 형태는 장로회주의 형태라는 것이다.

이것은 우리 교단의 목사들이 목사로 안수받을 때 고백하며 선서하는 내용에 내포된 것이다. 내가 이미 언급했듯이 이 고백은 '이 교회의 장로회 정치와 권징은 하나님의 말씀에 근거한 것으로 동의하는 것이다.'라는 문장으로 표현된다. 여기에 사용된 용어는 신중하고 조심스러운 문구이다. 따라서 수많은 사람들에 의해서 고백되어지는 엄숙한 고백의 현장에 딱 들어맞는다. 그보다 더 강력하고 특별한 문구에 동의하는 방식을 잘 알지 못하는 자들에게 적절한 고백문구가 된다. 뿐만 아니라 그 고백은 장로회주의에 대한 근본적인 것이나 본질적인 것을 단지 추상적으로 고백하는 것이 아니다. 이는 장로회주의만 사도적 실천의 명확하고 긍정적인 인준을 가진 것으로 고수하는 것이 합리적이라고 하는 매우 추상적인 고백이 아니다. '이 교회의 장로회 정치와 권징'이라는 문구는 우리 교회의 헌법과 체계 안에 나타나 있는 장로회주의 본질적인 원칙들에 대한 상세한 발전적인 양상을 내포하고 있다. 그 모든 것이 구체적으로 기술되어 있고 복잡하게 취해진 것은 사실상 하나도 없다. 하나님의 말씀에 근거하고 있고 말씀의 교훈에 부합한 장로회주의 정치보다 더 확정적이 될 만큼 더 높고 고상한 무엇은 없다. 앞에서 언급한 장로회 정치 체계에 대한 근본적인 원리들과 주도적인 모습들은 감독정치와 회중주의와 구분되는 것이다. 따라서 나는 이 교회가 사용하는 장로회 정치와 권징에 적용하고 있는 안수식보다 더 강력하고 더 구체적인 용어를 사용하기를 결코 주저하지 않을 것이다. 오히려 그것을 본질적인 면에서 그리스도께서 가지신 *교회형태*라고 말하고 싶다. 그의 말씀 안에 기술되어 있고 교회를 세우고 조직함에 있어서 그의 영감된 사도들에 의해서 실천되어진 교회형태인 것이다. 그 외의 다른 형태를 제외시키는 것이 그리스도의 생각과 뜻이라고 감히 말할 수 있다. 다른 것들은 그의 뜻에 어긋나는 것들이다. 오직 장로회주의 정치만이 그의 교회와 모든 지교회 안에서 받아들여져야 하는 정치형태이다. 다시 말하면, 장로회주의는 본질적인 원칙 안에서 신적인 법으로 그리스도의 모든 교회에 적용되고 실행되어져야 하는 구속력이 있는 교회정치 형태인 것이다.

교회정치의 특별한 형태에 대하여 항구적인 성경적 권위를 지녔다거나 신적인 법에 의한 것이라는 주장을 반대하는 입장에서 몇몇은 교회를 세우고 조직하는 데 사도적 실천으로 결정할 만한 근거가 성경에 충분하게 있지 않다는 논리를 내세우고 있다. 이것은 다른 사람들, 특히 모세임(Moseim)에 의하여 제기된 주장이다. 비록 사도적 실천이 본질적으로 잘 알려져 있고 확정할 수 있는 것이라 할지라도, 그것이 모든 교회에 항구적으로 구속력이 있다는 규범을 만드는 것은 아니라는 것이다. 또 다른 이들은 첫 번째 경우를 약간 수정·보완한 견해로서 사도들이 개척한 모든 교회들에게 동일한 교회정치 형태를 세운 것이 아니라는 주장이다. 그러나 이 마지막 주장은 어떤 증거를 대더라도 성경적 근거가 없는 것이다. 이것은 상대적으로 지극히 사소한 문제들, 지엽적이고 일시적인 특성을 지닌 것들에 제한시키는 것이 아닌 한 근거 없는 주장이다. 논쟁의 핵심을 비켜 간 주장이다. 그들의 주장은 결과적으로 입증될 수 없는 것이다.

이러한 주장들 중 첫 번째 것은 많은 논란을 불러일으키고 하나님의 말씀을 곡해한 것이다. 그 속에는 모호함과 혼돈이 내포된 교묘한 죄악된 주장에 불과하다. 두 번째 주장은 앞에서 설명한 대로 제한시킨 것이 아닌 한 우리가 다루고 있는 문제에 영향을 미칠 만한 여파는 하나도 없다. 그것은 유지될 수도 없는 것이요, 하나님의 기록된 말씀의 충분성과 완전성을 침해하는 매우 위험한 주장이다.

이것들은 전부 이 주제를 어렵게 하고 혼란스럽게 하는[74] 몇몇 논의거

---

74) *Reformers and the Theology of the Reformation*, p. 37을 보라.

리 그 이상의 무엇도 아니다. 그러나 그것을 깊이 생각하고 따르게 된다면 그것들은 현재 실천적인 흥미와 중요성에 대한 주제를 판단하는 데 도움을 줄지 모른다. 그리고 현재 일반적으로 널리 퍼져 있는 형식에 매이지 않는 자유주의 견해들(일명, 광교회파로 불림, Latitufinarians)을 대적하도록 보호함을 받게 될지 모른다. 결론적으로, 교회정치와 교회문제들에 대한 규정과 관련하여 성경적인 근거를 가진 것으로 볼 수 없는 자들의 견해와 성경이 무엇을 가르치고 있고 이 주제에 대하여 어떤 말을 하는지에 대한 직면함 없이 단지 성경의 권위를 파괴하려는 의도로 논쟁하는 자들의 견해에 의하여 이 시대에 도입되고 있는 또 다른 주장을 언급하고자 한다. 그것은 교묘하게 스며든 것으로서(쉽게 흡수되는 개념으로 분명하게 주장된 것이기 때문에), 그리스도에게 전적으로 복종해야 하는 의무와 모든 일에 있어서 비가시적인 교회에 해당되거나 개개인 성도들에 해당될 경우에만 오직 그의 기록된 말씀에 의하여 인도받아야 한다는 개념이다. 적어도 가시적인 교회 전체와 지교회들에게 적용되지 않는다는 것이다.[75]

이 주장을 분명하고도 확실하게 설명하는 것은 그것을 반박하는 것이다. 그리스도의 권위에 전적으로 복종해야 하는 의무와 모든 문제에 있어서 그의 말씀에 의해서만 인도받아야만 한다는 의무보다 명백한 것은 아무 것도 없다. 그 의무는 모든 개개인이 속해 있는 사회와 그리스도를 그들의 주인으로 고백하는 자들의 단체에 모두 다 적용되는 의무이다. 이 점에 있어서 비가시적 교회에 적용되는 일반적인 원칙들은 가시적인 교회에도 동일하게 적용된다. 주님의 보편적 교회에 적용되는 일반적인 원칙들과 규범들은 모든 특별한 개별교회에도 그대로 적용된다. 예를 들면, 보편적인 가

---

75) Elliot, author of *Horae Apocalypticae*, in his reply to Dr Candlish을 보라.

시적 교회의 분파나 지교회와 독특하게 조직된 기관, 크든 작든 상관없이 자신들의 것을 그리스도의 교회의 특성이자 지표로 간주하는 감독주의자들, 장로회주의자들, 그리고 회중주의자들 모두에게 적용되는 것이다.

제3장

사도신경

제3장

사도신경

나는 신약성경을 구성하고 있는 책들은 모두 다 하나님의 감동하심을 받은 확증된 것이라고 생각한다. 그러나 복음서나 서신들이나 예전서 등으로 추정되어 분류되는 사도들의 저작들은 전부 다 참되고 권위 있는 책들로 간주하지 않는다. 구약성경과 함께 신약성경은 개신교도들이 정경으로 받아들인 것들로서 신앙과 실천의 유일한 권위 있는 표준을 형성한다. 앞에서 언급된 다른 저작들은 비록 그것들이 다 우리 주님의 사도들로부터 나온 것들이라 할지라도 적합한 역사적 증거들을 충분히 가지고 있는 것들이 아니다. 그럴듯한 면들을 지니고 있지만 그것들은 그 내용들로부터 도출한 결정적인 내적 증거들에 의해서만 성립될 수 있다. 그런데 거기에는 그런 증거가 턱없이 부족하고, 비록 특별히 내적인 증거가 없다는 데 이견은 없지만, 사도적인 기원을 가진 것으로 인정할 만한 한 가지 작품이 있다. 그것은 사도신경, 심볼룸 아포스톨리쿰(*Symbolum Apostolicum*)이다.[76)]

---

76) 사도신경에 대한 책들이나 참고문헌은 다음과 같다. Catech. Trident, P. i., c.i.

Natalis Alexandri Hist. Eccles., Saec. i., Diss. xii.

Usserius, De Romanae Ecclesiae Symbolo.

Vossius, De tribus symbolis, Op., tom.vi.

Fabricius, Codex Apocryphus N. T., P. iii., tom. ii., pp. 339-364, 여기에는 사도신경을 쓴 저자들의 목록이 나열되어 있다.

사도신경은 로마교회의 교리이다. 너무나 정직하고 사려 깊은 로마교회주의자들은 이 사실에 동의하기 어렵겠지만, 이 주장에 따르면 신경은 성령의 인도하심에 의해 사도들이 작성한 것이다.[77] 물론 이는 그것이 성경의 정경과 같은 신적 권위를 지닌다는 의미이다. 일반적으로 개신교도들은 신경이 사도들에 의해서 작성되었다든가 그 자체가 합당한 권위를 지니고 있다는 주장은 부정할지라도, 하나님의 말씀과 부합하고 하나님의 말씀에 의해서 성립될 수 있는 건전한 사도적 교리를 그 안에 내포하고 있다는 것은 인정한다. 루터파나 성공회 역시 니케아 신경과 아타나시우스 신경과 더불어서 상징적이고 권위 있는 신앙고백의 일부분으로서 이것을 수용하고 있다. 그리고 웨스트민스터 종교회의 총대들은 그들의 요리문답에 십계명과 주기도문과 함께 사도신경을 추가시켰다. '사도신경은 비록 그것이 사도들에 의해서 작성되었다거나 정경과 같은 것으로 존중되어야 할 것으로 보는 것은 아닐지라도 십계명과 주기도문과 같이 여기에 첨가하였다. 그 이유는 하나님의 말씀에 일치하는 기독교 신앙의 간략한 총람(總攬)이고, 그리스도의 교회들에서 고대에서부터 받아 온 것이었기 때문이다.'

그러나 사실 그 자체가 아주 오래된 것은 아니다. 왜냐하면 오늘날까

Heideggerus, Dissertationes Selectae, tom. ii., Diss. xv, xvi.

Voetius, disputationes Selectae, tom. i., Disp. v., p. 64.

Ittigius, Hist. Eccles., Saec. i., c. iii., sec. i., pp. 76-120.

Ittigius, de pseudepigraphis Christi, Mariae et Apostolorum(subjoined to Disputatio de haeresiarchis), c. viii., p. 144.

Carpzovius, Isagoge in libros Eccles. Lutheran. Symbolicos, Pars. i., sec. i.

Walchii introductio in Lib. Eccl. Luth. Symb., Lib. i., c. ii.

King's History of the Apostles's creed with critical observations on the different articles.

Bingham's Origines Ecclesiasticae, B. x., c.iii., vol. 3. p. 318.

Goode's Divine Rule of Faith and Practice, c. iv.; Peck's Rule of Faith, p. 206.

사도신경에 대한 중요한 교리적 강론은 Pearson, Barrow, Witsius 및 Nicole의 강론이다.

77) Cat. Trid., P. i., c. i., sec. 3.

지 이용되고 있는 사도신경의 형태는 로마교회나 서구교회의 신경으로 받아들인 4세기 말이나 5세기 초에 이를 때까지는 일반적으로 모든 교회가 다 받은 것은 아니었기 때문이다. 사도신경은 종종 옛날 저자들에 의해서 *심볼룸 로마눔*(Symbolum Romanum)이라는 이름으로 수용되어 사용해 왔었지만 동방교회나 헬라교회들은 받아들인 적이 전혀 없었다. 로마의 교회로부터 빌려 사용된 다른 개념들 중에는 이 신경이 사도적 기원을 가지고 있으며, 이의 권위는 소책자주의자들(Tractarians, 옥스퍼드운동주의자들)에 의해서 받아 옹호되었다는 것이다. 뉴만 박사는 로마교회로 개종하기 오래전에 이것에 대해 "사도들이 수용하였고 교회에 유산으로 남겨 준 그 공적인 상징"이라고 묘사하였다. 그리고 그는 "그것이 사도적 기원을 가진 것과 같은 유형의 것이자 성경과 같은 동일한 권위를 지닌 것"이라고 주장하였다. 뉴만 박사와 또 고대지식을 소유한 것이 분명한 다른 소책자주의자(Tractarians)들이 그렇게 주장하도록 한 이유는 어쩌면 그들이 배우려는 열망이 가득한 자들임에도 불구하고 성경적이지 않은 교황주의 논객들의 주장들을 여과 없이 수용해 버렸기 때문이다. 그들은 지나치게 교황주의자들의 학문을 의존한 상태에 머문 습관들 때문에 그렇게 되었다고 본다. 나는 이것을 의심할 만한 자들은 아무도 없다고 생각한다. 특히, 박식한 구드(Goode)의 가치 있는 작품 『신앙과 실제의 신적 규범』이라는 저서를 읽어 본 사람들이라면 이러한 사실을 의심하지 못할 것이다.

이 사람들이 붙들고 있는 견해와 함께 로마교회에서 일반적으로 신봉하고 있는 사도신경은 전통과 신앙의 규범이라는 주제 위에 성경에 내포되어 있지 않은 한 다른 문서이지만 전통에 의해서 전해져 오면서 여전히 사도적 권위를 소유하고 있는 한 다른 문서이다. 그들에게는 이 문서를 제시함으로써 개신교도들이 성경에만 적용하고 있는 독점적인 무오성의 개념을 깨부수는 것이 매우 중요했다. 그런데 여기에는 중대한 원칙이 하나 있었다. 그것은 거룩한 성경의 완전성이나 완성성에 대한 원칙으로서 사도신경을 위하여 사도적 기원을 내세운 주장 속에 내포되어 있는 것이었다. 나는 이것이 이 개념을 지지하고 그들을 설득한 또 다른 동기라는 점을 전혀 의심하지 않는다. 다시 말하자면, 이 개념을 지지하도록 그들을 설득한 또 다른 동기는 종교개혁의 위대한 교리인 은혜의 교리에 반하는 원수들이라고 결정짓게 하는 것이었다. 그들은 기독교의 근본적인 교리들에 대한 성령의 감동된 총람을 제시하는 명분에 흡족해했다. 그것은 이러한 위대한 교리들이 명백하게 주장되지 않는 문서를 제시하는 것이었다.

막데부르크 센튜리아토스(Magdeburg Centuriators)와 같은 초기 개신교 저술가들 중 몇몇은 사도신경에 대한 사도적 기원을 인정하는 경향이 있었다. 그렇게 한 것은 그들이 사도적인 신앙으로부터 이탈했다는 로마교회의 정죄에 반대하여 그들도 로마교회의 총람에 명시된 신앙에 대한 사도들의 모든 교리들을 굳건히 붙들고 있는 존재들이라는 것을 나타내기 위해서였다. 심지어 칼빈조차도[78] 사도신경이 사도적 기원을 가졌다는 주장에 대해 그렇게 반대의견을 내세운 것 같지는 않다. 오히려 그것을 선호하는 듯한 인상을 준다. 이것은 칼빈도(모든 것들을 고려해 볼 때 칼빈은 사도시대 이후로 하나님께서 교회에 주신 유용한 선물들 중 가장 위대하고 유용한 인물로 간주하는 것은 전혀 과장이 아닐 것이다) 인간으로서 취약점을 지닌 존재라는 것을 보여 주는 것 그 이상의 무엇은 아무것도 없다. 만일 우리가 칼빈이 역사적 증거물보다 사도신경의 사도적 기원을 선호하고 있는 자로 생각

---

78) 기독교 강요 라틴어판 2권 *c. xvi, sec.* 18.

할 여지가 있도록 무의식적으로 가정한다면 그렇다는 것이다. 이는 칼빈이 붙들고 있는 교리에 대하여 하나님께서 하신 말씀보다 더한 주장을 담고 있는 것처럼 보이며 몇몇 중요한 것을 첨가하고 있는 것처럼 보이기 때문이다. 즉, '그리스도께서 지옥에 내려가셨다.'라는 문구가 그것이다. 이것은 죽으신 후에 그리스도께서 저주의 장소에 가셨고 거기서 저주받은 자들의 고통에 동참하셨다는 의미이다. 칼빈은 고대 사람들이 그것을 사도들의 기원을 지닌 것으로 묘사한 것임을 인정한다고 말한다. 뉴만 역시 사도적 기원에 대한 증거는 성경을 위하여 내민 증거와 동일한 것이라고 말한다. 그렇다면 어떻게 이것이 문제가 되는 것인지에 대해 간략하게 살펴보자.

현재의 사도신경 형태가 4세기경 말까지는 나타난 것이 없다. 그 이전에 사도신경이 주장되었다는 증거도 없다. 그렇다고 일반적으로 믿고 있듯이 그것이 사도들이 작성한 것이고, 신앙에 대한 어떤 규정적인 신경과 총람을 만드는 일에 공헌하였다는 근거도 없다. 그런 개념은 4세기 말에서야 비롯되었고, 그 전에는 없었다. 그 전에 그런 것이 있었다는 증거물 같은 것이 전혀 없었다. 의문시되는 사실적인 면에 대한 증거물이 무엇이든지 비중을 둘 만한 근거가 전혀 없었다는 것이다. 명백한 것은 밀란의 감독이었던 암브로스가 380년에 쓴 한 편지에서 로마교회가 항상 부패하지 않도록 잘 보존하고 있는 사도들의 신경에 대하여 언급했던 것이다. 그러나 암브로스는 그것을 인정한다는 말을 하지 않았다. 하나의 문건으로서 사도적 기원을 가지고 있다는 언급을 전혀 하지 않았다. 그는 그것이 사도들이 가르쳤던 교리에 대한 전체적인 요점을 잘 담아내고 있다는 차원에서 사도들의 신경이라고 부른 것이었다.

루피누스(Ruffinus)는 거의 4세기 말경인 15년 후에 출판된 『사도신경

강론』에서 그것을 사도들의 작품이라고 언급한 최초의 사람이었다. 그의 진술에는 그의 지도력의 위상에 대해서 의심을 살 만한 정황들이 있다. 그는 그것을 선진들의 전통으로 다음과 같이 묘사하였다. "우리 선조들이 전해 준 것이다(*tradunt majores nostri*). 어쩌면 이것은 지금은 분실된 것인데 현재 잘 보존되어 있는 것 말고 다른 어떤 고대 저술들 중 문건에 기록되어 있는 것으로서 이전부터 존재한 것이라는 주장이 아니었음을 시인하는 것으로 간주될 수 있을 것이다." 그는 우리에게 사도들이 온 세상에 흩어져 복음을 전파하기 전에 장차 자신들의 가르침에 있어서 다양한 소리가 나오는 것을 방지하기 위하여 기독교 신앙에 대한 일반적인 총람을 마련하기로 결심하였다고 말했다. 행여 어떤 사람들이 타인들에 의해서 유혹되어 그리스도에 대한 신앙에서 멀어지는 일이 없도록 그들은 풀어서 설명한 것이라고 하였다.[79] 따라서 그들은 함께 모였고 성령의 지휘 하에서 그들은 이 방식으로 사도신경을 마련하였다는 것이다. 즉, 사도 각자가 자신이 가장 좋은 교훈이라고 생각하는 분량을 마련하여 각각의 몫으로 작성하였다는 것이다(conferendo in unum quod sentiebat unusquisque, 하나하나에게 그들 각자가 자신에게 속한 것이라고 의식한 것을 부여함으로써). 이 주장이야말로 문건 작성의 동기가 과정적인 측면에서 볼 때 전혀 있을 법한 이야기가 아니다.

작성방식과 관련한 루피누스의 진술은 곧바로 하나의 설교에서 개진되어 숭상하는 것이 되었으며, 거짓되게 어거스틴에게 기인되는 것으로 주장되어 5세기에 출판되기에 이르렀던 것이다. 이것이 우리에게 알려주는 것은 12명의 사도 각각이 사도신경을 작성하기 위하여 모였을 때 그

---

79) ne forte alii ab aliis abducti diversum aliquid his qui ad fidem Christi invitabantur, exponerent.

신경을 구성하고 있는 각각의 문장을 하나씩 마련하여 발설하였다는 것이다. 즉, 베드로가 말하기를 '나는 전능하사 천지를 만드신 하나님 아버지를 믿는다.'라고 했고, 앤드류는 '그의 아들 우리 주 예수 그리스도를 믿는다.'라고 말했으며, 야고보는 '성령으로 잉태되어 동정녀 마리아에게 낳았다.'라고 했다는 것이다. 5세기 중반에 크게 활동했던 위대한 교황 레오[80]는 이 이야기의 핵심을 반복해서 언급하였다. 각각의 문구가 다 12명의 사도들이 각각 작성했다고 말이다. 그러나 각각의 문구를 사도들 누가 만들었는지 당사자의 이름들은 밝히지 않았다. 이 이후로부터 사도들에 의해서 작성된 문건으로 알려져 현재의 상태로 전해져 왔다는 사도신경의 사도적 기원을 서구교회들은 신앙의 한 조항으로 받아들였다. 비록 15세기 중엽에 열린 플로렌스 공회와 같이 이 신경이 전에는 동방의 교회들에게는 전혀 알지 못했던 것임에도 불구하고 그리스 정교회도 사도적 기원을 가진 것으로 수용했던 것이다.[81]

이것이 현재의 형식으로 된 사도신경의 사도적 기원을 지지함에 있어서 하나의 문건으로서 고대로부터 찾아낸 증거의 전부이다. 심지어 우리가 그 증거가 성경과 같은 권위를 지닌 것으로 간주해야 한다는 뉴만 박사의 주장을 동의한다 하더라도 정도(degree)에 있어서 여전히 남아 있는 차이는 엄청나다. 우리는 자신 있게 주장한다. 성경은 그것이 사도들이 쓴 영감된 하나님의 말씀이라는 결정적인 증거를 다 가지고 있지만, 사도신경은 그렇게 추정할 만한 증거조차도 없다고 말이다. 암브로스나 루피누

---

80) 역자 주) 대 레오 교황(Pope Leo the Great)은 400~461년까지 살았다.

81) Ittigius, Dissertatio de pseudepigraphis Christi, Virginis Marie et Apostolorum, p. 146. subjoined to his Dissertatio de Haeresiarchis aevi Apostolici et Apostolico proximi.

Fabricii Codex Apoc. N. T., P. iii., p. 349.

Natalis Alexander, de Symbolo.

스보다 더 이전의 사람들은 아니지만 몇몇 교부들은 우리에게 사도들이 하나의 신경을 사용했는데, 그것은 원래 문건으로 쓰고자 한 것이 아니었고 기억력과 전통에 의해서 전해져 내려온 것이라고 말했다. 그러나 이것이 사실이라고 가정하더라도 우리가 말하는 요지와는 상관없는 것이다. 실로 그들이 사용하고 전해 준 그 신경이 본질에 있어서만이 아니라 지금 우리가 가지고 있는 단어들도 모두 일치되는 것으로 규명될 수 있지 않는 한 사도적 기원을 주장할 수 없기 때문이다.

초기 교부들 중 몇몇은 정경이나 신앙의 규범에 대해서 종종 말한다. 그 단어의 의미는 기독교가 믿는 주된 교리의 간략하고도 포괄적인 총람임을 뜻하는 것이다. 그러나 이 단어의 쓰임으로 볼 때, 현재 우리가 사용하고 있는 사도신경을 지칭하지 않는다. 왜냐하면 그 단어를 사용할 때 몇몇, 심지어 그 총람에 적용함에 있어서 심볼룸이라는 말은 우리 구세주께서 가르치시고 성경에 기록된 것과 같이 세례를 주실 때 성부와 성자와 성령에 대한 일반적인 신앙고백을 지칭하는 것이 명백하기 때문이다. 그리고 그들이 사도신경을 말할 때 정경이나 신앙의 규범과 같은 나머지 용어들은 현재 사용하는 사도신경과 더불어 본질적으로 같다는 것에 동의하지만 그 자체가 사도적인 기원을 지닌 것과 일치된다는 의미는 아니기 때문이다. 이 말은 특별히 2세기의 사람인 이레니우스와 터툴리안에게서 확인할 수 있다. 이 두 사람은 기독교회에서 일반적으로 받아 사용하고 있는 신앙의 두 가지 다른 총람을 준다. 또한, 이는 3세기 사람인 오리겐과 그레고리 타우마투르구스(Thaumaturgus)에게서도 확인할 수 있는데, 그들은 우리에게 그와 같은 신경 또는 총람 하나를 준다. 이 모든 것들은 각각이 본질적으로는 일치되는 것들이다. 그리고 현재의 사도신경과도 큰 차이가 없다. 그러나 이것들은 전부 사도적인 문건으로서 초기교회에 알려진 것이라고 입증할 수 있는 것과는 거리가 먼 것들이다. 각각이 이야기하는 기독교 신앙의 총람은 그 어떤 것도 사도적 권위를 지닌 것으로서 교회가 그대로 받아 사용한 것이라는 추정을 할 만한 근거를 지니고 있지 않다.

니케아 종교회의와 니케아 신경을 제작한 것과 연계되어 진행된 모든 토론과정에서 사도신경을 언급한 적이 전혀 없었다는 것은 일반적으로 교회가 심지어 4세기 초기에도 사도적 기원과 권위를 지닌 것으로 간주된 *사도신경에 대해 전혀 알지 못하고 있었다는* 충분한 증거가 된다. 더군다나 이 사실을 뒷받침하고 있는 것은 니케아 신경이다. 니케아 신경은 우리가 이레니우스나 터툴리안 및 오리겐에게서 발견되는 신앙의 신조들이었다. 이는 총람과 같은 것이 아니라 그 이전의 신경이나 총람에서 발견되는 그 어떤 것보다도 아리안주의에 대한 정죄를 특별히 염두에 두고 작성된 성부 성자 성령 하나님에 대한 신앙고백을 확정한 문건이었다. 현재의 사도신경은 로마교회의 지배권이 점점 강화됨에 따라 381년에 모인 콘스탄티노플 종교회의에서 잘 알려지게 되었으며, 그 이전까지는 전혀 알려진 것이 없었다. 그때에도 성령의 신성과 관련하여 온전한 고백을 니케아 신경에 덧붙이는 조항이 있었을 뿐이었다. 그것은 마케도니우스(Macedonius)의 이단적인 가르침에[82] 반대하여 내린 결론이었다. 다른 조항들은 사도신경의 결론을 형성하기까지 삼위일체에 대한 고백과 즉각적으로 관련된 것이 아니었다.[83]

고대 신경들과 총람들 가운데서 존속하고 있는 다양성, 그것들의 온전

---

[82] 역자 주) 마세도니우스는 아리안주의자로서 성령의 신성을 부인하고 피조물로 주장하였다. 그는 예수님조차도 성부 하나님에 비해 본질적으로 같지 않은 열등한 존재로 묘사한 이단이었다.

[83] 역자 주) 에베소 및 칼케돈 종교회의도 사도신경에 대한 언급이 없다. 니케아 신경 이외의 어떤 것을 받아들이지 않았다. 우리가 일반적으로 말하는 니케아 신경은 실제로 콘스탄티노플 신경이다.

함 또는 그것들이 담아내고 있는 각각의 다른 조항들은 충분히 고려할 만
한 것들이다. 그리고 그것들이 사용하고 있는 용어들도 본질적인 측면에
서 보면 각각이 차이가 있음에도 불구하고 무시할 수 없는 것들이다. 그
모든 것들은 다 첫 4세기 동안은 기록으로든 구전으로든 사도적인 작품
으로 여겨질 만한 어떤 신경도 존재하지 않았다는 사실을 명백히 증명해
주고도 남는다. 모두가 인정하듯이 현존의 사도신경이 사도들이 가르친
교리의 총람을 내포하고 있다는 것 외에 그 어떤 측면에서도 사도적 기원
을 내세울 근거가 없다는 것을 보여 줄 특별히 중요하고 결정적인 증거는
루피누스의 증언이다. 즉, 그리스도께서 지옥으로 내려가셨다는 것과 성
도의 교통하심에 대한 두 조항은 로마교회의 사도신경에서 발견되지 않
는다는 것이다. 또한 루피누스는 심지어 4세기 말까지도 동방교회에서도
두 조항이 전혀 발견되지 않는다고 증언했다. 이 조항들이 내포된 사도신
경을 사용하는 다른 교회들은 로마교회와 동방교회들의 신경들에서 발견
되는 다른 조항들을 원하였음에도 정작 그들의 신경에는 이 조항들이 없
었던 것이다.

이렇게 많은 증거물들에 반대해서 로마교황주의자들은 그럴듯한 구
실을 댈 만한 건더기가 전혀 없다. 그들이 말할 수 있는 것은 이것뿐이다.
즉, 본질적인 측면에서 초기 신경들 가운데 자료적인 변형은 없었다는 것
뿐이다. 그러나 그것이 문제의 요지가 아니다. 이미 앞에서 언급한 모든
신경들뿐 아니라 심지어 현존의 사도신경에 대한 다른 문건들의 조항들
은 본질적으로 사도들이 가르치고 성경의 가르침과 일치한다는 것을 명
백하게 보여 준다는 것이다. 따라서 여기서 유일한 질문은 '현존의 사도
신경이 구성된 용어들과 관련하여 하나의 문건으로서 또는 기독교 교리
에 대한 신경이나 총람으로서 분명히 영감된 사도들의 작품이냐?'라는 것

이다. 앞에서 살펴본 증거들은 이 질문에 대하여 우리에게 부정적으로 대답하게 한다. 그러나 로마교회는 트렌트 요리문답의 정의에 따르면, 사도들은 이 신경을 작성한 것만이 아니라 심볼룸(신경)이라는 이름까지도 정해 주었다고 한다. 로마교회는 이것을 신자들이 고백해야 할 신앙으로 요구하고 있는 것이다.

15세기 말 종교개혁 이전에 활동한 잘 알려진 학자이자 정직한 저자인 라우렌티우스 발라(Laurentius Valla)는 사도신경은 사도들의 저작물이 아니요, 니케아 종교회의 때까지는 작성된 것이 아니라고 주장하였다. 그러나 종교재판소는 이 이단적인 주장을 철회하라고 압박하면서 거룩한 모교회(母敎會)가 믿는 것을 고백하도록 했다.[84] 마태복음 주석 서문에서 에라스무스는 'Symbolum an ab Apostolis prodium sit, nescio(사도신경이 사도들의 작품임을 나는 알지 못한다).'라는 의미 있는 문구를 기록하였다. 이에 파리 신학대학의 교수회는 *nescientia*(알지 못한다)라는 말이 불경건을 조성할 만한 요소를 담고 있다는 이유로 에라스무스를 격하게 비난하였다. 그는 이러한 비난을 받고 나서 출판한 인쇄물에서 교회가 그것을 요구한다면 사도신경의 사도적 기원을 믿는다고 기꺼이 고백은 하겠지만 망설여지는 이유가 있다고 했다. 그리고 그 이유가 무엇인지를 충분히 설명하였다.[85]

한편, 교황주의 작가들 중 가장 공정하고 정직한 사람 중 한 사람인 뒤팽(Dupin)은 사도신경의 사도적 기원에 대한 증거는 없으며 오히려 그에 반하는 역사적 증거가 있다고 주장하였다. 결국 그는 이러한 견해를 철회하라는 압력을 파리의 추기경으로부터 받게 되었다. 그리고 그는 "나는 사도신경을 본질적으로 사도들에 의해서 마련된 신앙의 규범으로 간주해

---

84) Ittigius, His. Eccl. Saec, i., pp. 79,80.
85) Fabricius, codex. Apoc. N. T., P. iii., p. 353.

야만 한다는 것을 인정한다. 비록 그 안에 몇 용어들은 모든 교회 안에서 다 같은 것으로 수용함은 아니라할지라도 말이다."[86]라는 문구로 답했다.

사도신경은 사도들이 마련했고 기독교 교리의 간략한 총람으로 교회들이 활용하도록 하였다는 개념이 정경의 성경적 지지를 받은 것이라는 내용을 보여 주고자 하는 시도는 많이 있어 왔다. 뿐만 아니라 우리가 지금 사도신경이라고 말하는 문건에는 성경적인 참고문헌들이 있다고 주장해 왔다. 그렇지만 로마 가톨릭의 저술가들 중 사려 깊고 정직한 학자들은 실제로 이 개념을 강력하게 부정하였다.[87] 그러나 이 사상은 잉글랜드 옥스퍼드운동의 소책자주의자들(Tractarians)이 선호하였다. 뉴만 박사는 황당하게도 사도 바울이 사도신경을 인용하기까지 했다고 주장했다. 그리고 고린도 전서 15장 3절, "내가 받은 것을 먼저 너희에게 전하였노니 이는 성경대로 그리스도께서 우리 죄를 위하여 죽으시고 장사 지낸 바 되었다가 성경대로 사흘 만에 다시 살아나사."라는 말씀을 그것을 뒷받침하는 성경적 근거로 내세웠다. 그가 인용한 문구는 당연히 "그리스도께서 우리를 위하여 죽으셨다."는 것이었다. 뉴만 박사는 이 교리를 바울이 끌어낸 근거가 바로 사도신경이었다는 것이다. 그러나 바울이 반복적으로 명확하게 선언하고 있는 것은 이 가르침이 보다 높은 출처인 주님으로부터 나온 것이다. 이 사실은 굳이 다시 상기시키지 않아도 알고 있을 것이다. 바울의 선언은 예수 그리스도의 계시로 말미암은 것이었지 사도신경으로부터 인용한 것이 아니다.

우리는 사람들이 세례 때에 가시적 교회의 일원으로 가입하게 되기 전에 기독교의 주된 가르침들을 잘 교육받을 뿐 아니라 그리스도를 믿는 그

---

86) Pfaff. Histor. Theo. Liter., Pars iii., p. 280.
87) Nicole sur le Symbole, pp. 6,7.

들의 신앙을 고백하도록 요구받으며 그들에게 던져지는 질문들에 잘 답
변해야만 한다는 사실에 관한 충분한 근거들을 성경에서 찾을 수 있다.
회심자들에게 신앙을 고백하도록 요구하는 것은 매우 당연한 것이었다.
세례를 받기 전과 세례를 받은 당일에 신앙을 고백하도록 요구받는 것도
지극히 당연한 것이었다. 그 고백은 성부와 성자와 성령의 이름으로 세례
를 받을 때, 삼위 하나님에 대한 신앙과 연계되어 있고 또 거기에 근간이
되는 고백이어야 했다. 따라서 이미 앞에서 지적한 것처럼 많은 교부들은
사도신경이나 신앙의 규범을 성 삼위 하나님의 이름으로 세례를 베풀라
는 사도적 명령 안에 포함되어 있는 것으로서 말했던 것이다. 더 나아가
모든 초기 신경들은 삼위 하나님과 관련한 성경의 가르침들을 그 칭호 목
록에 따라 부연 설명한 것이었다. 본질적으로 다르지 않은 이 고백은 다
양한 시대와 교회들마다 각각 차이가 있는 다양한 것들이었다. 왜냐하면
그 어느 것도 사도적인 권위를 지닌 것으로 알려지지 않았기 때문이었다.
더욱이 첫 3세기 동안 그리스도의 다른 교회들과 함께 고백할 만한 문건
을 사용하도록 이끈 주도적인 권위를 지닌 교회가 하나도 없었다.

따라서 우리는 초기 신경들이 어떻게 해서 제작되었고 보급되었는지,
그리고 어떻게 다른 변환들이 발생하였는지를 추적할 만한 합당한 자료
들을 가지고 있지 않다. 그러나 우리는 일반적으로 종종 부연설명이 필요
하고 첨가시켜야 하는 선언들이 있었다고 믿을 만한 유익한 자료들은 가
지고 있다. 즉, 다른 오류들과 이단적인 새로운 가르침들에 반하여 정확
한 가르침들을 제기해야 할 필요성, 그리고 오류와 이단사상을 가진 자들
이 그런 교훈들을 폐기하도록 내세울 만한 선언들이 있어야 했다는 유용
한 근거자료는 있다. 이것이 현재까지 내려온 모든 신경들과 고백서들의
역사를 펼쳐 보이고 가르치는 과정에 적용해야 할 이유이다. 이 점에 있

어서는 로마교회에서 사용하고 있는 사도신경에 관해서도 동일하게 적용된다. 우리는 그 신경들의 변형과정의 역사에 대해서 잘 알지 못한다. 그러나 우리가 아는 중요한 사실은 그리스도께서 지옥에 내려가셨고 성도들의 교통을 언급한 문구들은 4세기 말까지나 5세기 초까지는 신경에 포함된 것이 아니었다는 것이다.

그리스도께서 지옥에 가셨다는 조항이 아퀼레이아(Aquileia)[88] 신경을 제외하고 교회에서 사용하고 있는 각각의 모든 신경에도 존재했다는 명확한 증거는 없다. 사도시대 이후로 그들이 지켜 내고자 하는 신앙에 반하는 오류들을 언급함으로 말미암아 이 문구가 삽입되게 된 것이라고 추적하려는 시도들은 많이 있었다. 그러나 그 오류나 이단들의 주장을 지지하는 것이 이미 오래전에 중단되고 없어졌기 때문에 이 주제는 그렇게 실제적으로 논의되어야 할 중요한 사안은 아니다. 사도적 권위를 지니고 있다고 가정하더라도 사도신경이 그리스도를 고백하는 교회들을 분리시킬 만한 중대한 주제들에 대해 명확한 결론과 같은 무엇을 제공하고 있다고는 말할 수 없는 것이다.

한편, 개신교도들 역시 교황주의자들과 마찬가지로 사도신경의 모든 조항들을 지지한다고 고백한다. 두 교파는 그 안에 내포된 그 어떤 것들과 다른 무엇을 제기할 수 있는 것을 가지고 있지 않다. 실제로 개신교도들은 로마교황주의자들이 제시한 혐의에 대해 방어할 때, 그들이 주로 사도신경의 모든 교리들을 붙들고 있다고 단언하면서 교황주의자들이야말로 사도적인 신앙으로부터 이탈했다고 언급한다. 물론, 몇몇 교황주의자들은 개신교의 이 주장을 받아들이지 않는다는 이유를 개신교가 거룩한

---

88) 역자 주) 이탈리아 고대 로마 시 이름.

공교회(가톨릭교회)를 믿지 않기 때문이라고 주장한다. 그러나 이것은 실제로 그들 자신들의 일방적이고 근거가 없는 의견일 뿐이다. 첫째로 독자적인 것으로 존재하는 거룩한 공교회와 둘째로 그렇게 고백하는 내용이 무엇을 의미하는지에 대한 근거 없는 주장이다. 교황주의자들은 사도신경에 있는 거룩한 공교회가 폭넓게 펴져 있는 가시적인 교회들이 동일한 정치체제와 수장(首將) 한 사람의 지도하에서 외적인 교통으로 연합된 단체를 뜻하는 것이라고 주장하고 싶어 한다. 그러나 개신교도들은 그것이 거룩한 공교회라는 문구가 지닌 참된 뜻이 아니라고 반박한다. 성경이나 고대 문헌들, 그 어디에도 그들이 주장하는 의미로 설명하고 있지 않기 때문이다. 물론, 사도신경에 그러한 해석을 갖다 붙이는 근거들도 반대한다.

교황주의자들은 거룩한 공교회를 믿는다는 고백에는 그리스도께서 지상에 그의 교회를 가지고 있다는 것만이 아니라 모든 사람들이 신앙에 속한 모든 것을 다 믿는 것이며, 이 교회에 매이는 것이라는 확신을 내포한다고 주장한다. 이것은 스코틀랜드에 있는 가톨릭교회가 일반적으로 사용하고 있는 요리문답에도 명백히 제시되어 있다. 그리고 이것은 뉴만 박사가 가톨릭으로 개종하기 이전에 이미 그렇게 가르쳤던 것이었다.[89] 그러나 개신교도들은 이러한 해석을 거부한다. 그 문구가 그런 의미를 내포하고 있는 것이 아님을 쉽게 증명할 수 있다. 그리고 초대교회도 그렇게 이해한 것이 아니었다는 것도 쉽게 증명된다. 어떤 측면에서 *하나* 된 단체로서 보편적 교회의 존재를 믿는다는 신앙 그 이상의 무엇을 내포하는 것이 아니다.

누군가 자신의 정통성의 증거로 사도신경을 내세운다면 그들은 그것이 무엇을 의미하는지를 설명해야 할 의무가 있다. 그 주장이 합리적이고

---

89) Goode's *Rule of Faith*, vol. i., p. 55.

정직한 의미로 알고 내세우는 것인지를 확정해야만 한다. 그러나 우리가 제기한 그런 의미에서의 고백이 아니라면 사도신경을 해석할 의무가 없다. 즉, 그것들이 무엇을 의미하는 것인지, 그 뜻을 세우고자 하는 것이 어떤 것인지를 증명하기 위한 해석의 의무는 없는 것이다. 왜냐하면 사도신경이 어떤 합당한 권위를 지닌 것으로 작성된 것이 아니기 때문이다. 그 모든 조항들의 참됨과 정확성은 영감되지 않은 다른 것들과 마찬가지로 결과적으로 권위가 없는 문서이기 때문에 사도신경도 다른 표준들에 의해서 판단되어져야 하는 것이다.

사도신경의 조항들이 '처음에 소개되었을 때 어떤 측면에서 그것을 받아들이게 되었는지'와 '그다음 세대에 어떻게 수용되게 되었는지'를 규명하는 것은 매우 의미 있는 일이라고 생각한다. 그러나 그 질문은 순전히 역사적인 질문이고, 그 결과가 어떠하든지 우리 자신의 신앙과 관련하여 거기에 순응해야 할 의무가 있는 것은 아니다. 루터교 신학자[90] 중 한 사람이 발표한 논문에서, 그는 각각의 신앙조항들에 대한 루터교 입장, 칼빈주의 입장 및 로마교회의 입장을 나란히 잘 서술한 바 있다. 그것은 각각의 입장들이 그 단어들이 지니고 있는 의미들이나 그들이 이해하고 있는 타당한 입장들과 불일치한다는 것을 증명할 수 있는 것이 아니다. 그 후 다른 저자가 네 번째 칼럼을 첨부했는데, 알미니안 입장과 펠라기우스 입장을 다루었다. 이것들 역시 다른 어느 것보다 더욱 권위 있고 명확한 표준을 사용하지 않고서는 성공적으로 반박할 수 있는 것이 아니다.

성자와 성령의 신성을 부인하고 있는 아리안주의자들도 사도신경에 대한 그들의 찬성표시에 전혀 거리낌이 없다는 사실은 잘 알려져 있다.

---

90) Ittigius, Hist. Eccles. Saec. i., p. 78.

그들은 심지어 아들과 성령의 신성에 대한 고백은 초대교회에서 요구되지 않은 것이라고 주장하면서 초기부터 이 사도신경 사용을 권장하였다. 그러나 그들이 도출한 결론은 발견되지 않는다. 삼위일체 교리는 사도시대부터 초대교회가 붙든 신앙이었다는 것은 완벽하게 입증될 수 있다. 비록 아리안주의자들이나 이단들이 이것을 공개적으로 반대하고 나서기 전에 몇몇 기독교 저자들이 후대의 저자들만큼 명확하고 적확한 면들을 밝혀내지는 못했지만 삼위일체 신앙은 초대교회 때부터 고백된 신앙이었다. 삼위일체 교리는 그런 동일한 상황에서 교회의 공적인 고백에 명백하고 두드러지게 규정되어 있던 것은 아니었지만 사도신경과 고대 신경들 모두가 한 가지 계획 위에 구성되었다는 것은 사실이다. 즉, 이는 세례를 베풀 때에 성부와 성자와 성령의 이름으로 베풀라는 사도들의 요구에 기초한 것으로서, 삼위일체 교리를 스며들도록 의도한 계획 속에서 이루어진 것이다. 그러나 아직까지도 사도신경이 아리안 사상을 배척한다고 말할 수 없다. 4세기에 아리안들에 의해서 제작된 신경들이 있는데, 거기에서는 우리 주 구세주의 신성에 대해 말하고 있기 때문이다. 적어도 그 단어가 단지 인용되고 있을 뿐이지만 사도신경이 하고 있는 것보다 더 강력한 끌어당김이 있다고 볼 수 있다.

이러한 고려사항들은 사도신경이 전적으로 존중되었던 것이 아니라는 사실을 입증해 주는 충분한 근거들이다. 또한 기독교의 주도적인 교리의 총람으로 그다지 많이 사용하지 않았음을 보여 주기에도 충분한 것들이다. 사도신경은 교황주의자들과 아리안주의자들로 인해 큰 배교의 길을 간 자들과 우리 구세주의 신성을 반대하는 자들도 찬성한 문건이었지만 이것이 하나의 지침이나 그리스도의 교회들 사이에 연합된 동맹관계를 맺기 위한 지침으로서는 활용될 수 없었다. 이 신경은 너무나 간소하고 일반적인 것이고, 적합한 반박과 오류로부터 보호하기가 적절하지 않은 동시에 기독교 교리적 체계와 구원의 길에 대한 바른 이해를 갖도록 하는 일에 반드시 담아내야 하는 몇 가지 중요한 본질적인 진리들이 없기 때문이었다. 사도신경의 다른 조항들의 하위항목이나 성부와 성자 및 성령을 믿는다는 신앙고백이 포함되어 있는 초기 신경들 어느 것에든 모두 많은 저자들이 한 것처럼 우리도 주요한 교리들에 대한 설명은 성경 안에서 우리에게 가르치고 있는 것으로 여겼다. 그러나 그 문건 자체 안에는 포함되어 있지 않았다. 우리가 주목해야 할 것들에 고정시킬 만한 언행은 하나도 없었다.

사도신경에 포함된 모든 것이 다 기본적으로 중대한 것이라고 볼 수는 없다. 도리어 그리스도께서 지옥에 내려가셨다는 조항과 성도의 교통하심에 대한 조항 자체가 크게 중요한 문제는 되지 않지만, 그것이 4세기 말까지는 사도신경에 포함되지 않았다는 사실이 밝혀지게 된 것은 감사할 따름이다. 그리스도께서 지옥으로 내려가셨다는 조항은 수많은 논의를 불러일으켰다. 그런데 그것에 대해 언급할 때 그리스도께서 지옥에 가셨다는 진술이 오직 사도신경에서만 발견된다는 사실을 기억해야만 한다. 우리는 그것을 설명해야 할 의무도 없고, 믿어야 할 의무 또한 없다. 여기서 중요한 것은 '성경이 이를 인준하고 있는가?'이다. 만일 그렇다고 한다면 어떤 측면에서 그것을 인정하고 있는 것인가? 그 조항이 성경에서 인준하고 있다는 것을 결정적으로(in terminis) 의심할 타당한 이유는 없다. 베드로의 선언(행 2:27)은 그의 부활보다도 앞서서 즉시 발생한 것으로 그리스도의 영은 하데스에 있다는 것이다. 하데스는 종종 지옥이라는 말로 번역되어 사용되는 단어이다. 그리스도의 역사 기간과 동일한 기간을 지칭하고 있는 바울의 설명은 그때 하강의 개념을 그의 상태에 접목하여 적용시켰던 것이다. 그리하여 사도신경에서 그리스도에게 적용해 버린 "지옥으로 내려갔느니라."는 조항은 확실하게 성경에 의해서 뒷받침되는 것이다. 그러므로 수용할 만한 근거는 타당하다.

그러나 이것은 적용적 차원에서 매우 중요하다. 간략한 것이든 긴 것이든 이것이 공적인 신앙을 고백하는 자리에서 한자리를 차지할 권리를 지니고 있다는 것을 뜻하는 것은 아니기 때문이다. 그러나 잉글랜드 교회는 이것을 전혀 분별력 없이 만들어 버린 39개 신앙고백 문건의 유일한 주제가 되게 하였다. 여기서 정말 중요한 질문은 '그리스도께서 하데스에 내려가셨다는 진술의 근거로 간주되는 *성경의 요절이 뜻하는 바가 무엇인가?*'이다.

칼빈의 입장은 이미 설명하였다. 그러나 그것은 전적으로 성경적 증거가 있다는 지지가 없다. 더욱이 이것은 우리 주님께서 십자가상에서 회심한 한쪽의 강도에게 "오늘 네가 나와 함께 낙원에 있으리라."고 하신 말씀과 완전히 배치되는 것처럼 보이는 조항이다. 성경적인 진술이라고 말할 때는 '그리스도께서는 일반 사람들이 죽는 방식처럼 영혼과 육체가 분리되는 것으로 그 역시 정말로 죽으셨음을 의미하고, 그리스도께서는 잠시 동안 죽음의 권세 하에 계속적으로 남아 있었음을 뜻한다.'는 의견이 지배적이다. 웨스트민스터 종교회의 총대들도 그리스도께서 하데스로 내려가셨다는 사도신경의 이 조항에 대한 설명서를 제출하였다. 그들은 '그리스도는 죽음의 상태에 계속해서 머물러 있었다. 제 삼일에 부활하실 때까지 사망의 권세 하에 놓여 있었다.'라고 했다.

한편, 하데스가 때로는 단지 무덤을 뜻하거나 죽음의 상태를 말한다고 주장할 만한 훌륭한 성경적 구절이 있다. 여기에 더 이상의 어떤 특별한 개념을 명확하게 포함시키지 않고도 하데스가 무엇을 뜻하는지 성경적 근거는 충분하다. 이는 사도행전 2장의 본문에서 명확하게 나타나고, 에베소서에서도 같은 내용을 발견할 수 있다. 이 두 본문은 거기에 다른 어떤 의미의 첨가를 필요로 하지 않다. 그러므로 여기서 이 두 군데의 말씀을 상고해 볼 때, 우리가 이미 눈여겨본 것처럼 그것들은 하데스의 성경적 근거를 성립시킨다. 그 이상 무슨 증거가 필요하겠는가! 그러나 의문은 여전히 남는다. 반드시 설명해야 하는 것은 아니지만 이 주제에 의해서 자연스럽게 등장하는 질문이다. 그것은 '그리스도께서 그의 육체로부터 영이 분리되는 그 기간 동안에 그리스도의 영의 상태에 대해서 더 이상 알 만한 것은 없는가?' 하는 것이다. 이 문제에 대해서 성경이 우리에게 가져다주는 것으로서 공정하게 살펴볼 수 있는 한 가지는 그리스도께서 십자가상에서 한쪽의 강도에게 선언하신 말씀이다. 그 강도가 그날에 그리스도와 함께 낙원에 있겠다는 말씀이다. 이 말씀에서 우리는 그의 영혼이 하데스 또는 분리된 상태에 있으셨음을 시사하는 것으로 간주할 수 있을 것이다. 그러나 그가 하신 설명을 생각해 볼 때, 행복 가운데 있는 의인들의 영혼들이 자신들의 육체의 구속을 기다리며 머물러 있는 장소와 상태를 포함하고 있는 것으로 간주할 수 있을 것이다.

로마교회는 여기에서 4세기와 5세기의 선조들로부터 재가를 받은 것을 가르친다. 심지어 그들 중 가장 위대한 어거스틴의 내용을 가르친다. 즉, 그리스도께서 지옥으로 내려가셨다는 것은 그가 선조림보(limbus patrum, 古聖所), 즉 지옥의 이웃인 어떤 장소에 갔다는 것을 뜻한다는 것이다. 그 단어는 상식적인 의미에서 그리스도의 성육신하시기 전에 아담으로부터 쭉 살다가 죽은 의인들이 머물러 있는 곳이라는 말이다. 그들을 그리스도께서 취하여 하늘로 데리고 가셨다는 것이다. 그러나 이 모든 것은 추측에 불과한 우화이다. 하나님의 말씀 속에 어떤 근거도 없는 우화이다. 실로 우리는 그리스도께서 하신 일에 대한 분명한 정보를 가지고 있지 않다. 그의 죽으심과 그의 부활하심 사이에 그가 무슨 일을 하셨는지에 대한 정보는 십자가상에서 한편 강도에게 하신 설명 외엔 없다. 즉, 그리스도께서는 그날에 낙원에 계셨던 것이다.

그러나 베드로전서 3장 19절에서 그리스도께서 감옥에 있는 영들에게 가서서 설교하셨다는 좀 모호하고 난해한 이 구절과 관련해서는 지금까지 만족스러운 해석을 접해 본 적이 없다고 고백하지 않을 수 없다. 이 구절을 다룬 수많은 해석들 중에 그럴듯한 것으로 지지를 받는 것은 오로지 두 가지뿐이다. 내가 그럴 법하다고 느낀 두 가지 중 하나는 설교와 관련하여 노아 시대에 취해진 장소로 보는 해석이었다. 노아라는 도구를 통해서 설교하셨다는 것이다. 그리고 다른 하나는 그리스도의 부활 후에 취해진 장소로 해석하는 것인데, 사도들을 도구로 삼아 설교하셨다는 것이다. 후자의 해석은 베드로전서를 강론하신 매유 유능한 존 브라운 박사가 지지하는 것이다. 그 둘 중 어느 것 하나가 사실이라면 그 본문은 그의 죽으심과 부활하심 사이에 그가 무슨 일을 하셨는지에 대한 언급은 없는 것이다.

사도신경과 같은 기독교의 주도적인 교리들의 총람이 이처럼 부적절하고, 결함도 가지고 있다는 사실은 매우 유감스러운 일이다. 권위 있는 것도 아니고 신뢰할 만한 부가적인 언급도 없는 사도신경이 그리스도의 교회의 예배와 섬김의 자리에서 그토록 두드러진 영향력을 발휘하는 위치를 차지하고 높임을 받고 있다는 것은 너무나 유감스럽다. 나는 이것이 그동안에 언급되지는 않았지만 정말 중요한 몇몇 기독교 교리들을 무시하는 쪽으로 이끈다는 차원에서 매우 부당하게 작동해 왔다는 것을 의심하지 않는다. 심지어 3세기에서도 은혜의 교리를 발견한다. 그런데도 구원에 대한 성경적인 방도를 펼쳐 보이는 복음의 참된 교리가 뒷전으로 밀려나 거의 주목을 받지 못하게 되었고, 두드러지게 이해시키지 못하게 되었다. 반면에 4세기에 교회는 거의 전반적으로 삼위일체 교리와 그리스도의 품성 교리에 주목하였다. 나는 그것이 동일한 이유 때문이라고 생각한다. 예를 들면, 사도신경이 교회의 공적 예배에서 사람들에게 주목하게 하는 입장이 강했기 때문에 기독교 교리의 총람으로서 사도신경에 대한 사람들의 복종과 존중함을 더욱 부각시킴으로써 복음 진리의 위대한 원리들에 대해서는 무지와 무관심 속에 빠지게 했다고 확신한다. 잉글랜드 교회의 예배 참여자들은 대체로 이런 교리들에 대해서 항상 주목해 왔다. 그 결과, 사도신경 외에 잉글랜드 교회 신조를 인준하였고, 자주는 아닐지라도 종종 공예배에서 사용한 니케아 신경과 아타나시우스 신경의 독특한 특성과 복잡성을 더해 복음적 교리에 무지한 결과를 낳게 되었다고 생각한다.

제4장
사도적 교부들

제4장

사도적 교부들

나는 교부들의 인물 됨됨이에 있어서 탁월한 면이나 문자적으로 인물사(人物史)를 장황하게 늘어놓고 싶은 마음은 없지만 사도적 교부라고 하는 자들의 사역과 작품들, 그것이 진품이든 위조품이든 간에 그것들을 주목해 보는 것이 옳다고 생각한다. 사도적 교부라는 명칭 아래 그들은 지금까지 현존하는 작품들을 남긴 자들이다. 이들은 사도들이 모두 1세기 말 세상을 떠나기 전에 살았던 자들이다. 특히, 사도들 중 제일 오래 살아남았던 사도 요한이 죽기 전에 살았던 자들로 간주하는 것이 타당하다. 사도행전에서 영감된 역사를 다룬 그 시기는 우리 구세주의 죽으심으로부터 대략 주후 64년까지의 30년 기간이다. 비록 모세임(Mosheim)[91]이 이 부분에 대해서 의혹스럽게 말할지라도 바울은 주후 67년이나 68년경에 네로의 핍박 때에 순교한 것에 대해서는 의심의 여지가 없다. 물론, 이에 대한 충분하고 강력한 역사적 자료가 있는 것은 아니지만 베드로 역시 이 기간에 안식에 들어갔다고 믿을 만한 근거가 있다. 이 시기 이후에 신약 성경의 정경에 해당되는 문서가 작성된 것은 하나도 없다. 다만, 예외적으로 1세기 말경에 작성된 사도 요한의 서신들과 계시록은 존재한다. 요

---

91) 역자 주) 모세임(Johann Lorenz von Mosheim 또는 Johann Lorenz Mosheim, 1693.10.9-1755.9.9)는 독일 루터교회의 역사학자이다.

한의 작품들은 교리적인 오류와 부패가 교회 안에 스며들어와 심각한 해를 끼쳤다는 사실을 제외하면 일반적으로 당시 교회가 처해 있는 상황과 관련된 역사적인 정보를 얻을 수 있는 실마리는 별로 없다.

일반적으로 알고 있듯이 바울과 베드로의 죽음에서부터 사도 요한의 죽음에 이르기까지 앞에서 언급한 30년간의 역사에 대한 정보는 거의 없다고 본다. 그런데 이 기간 동안에 사도적 교부들의 작품들이 출판되었다는 것은 믿기 어려운 일이다. 참된 것으로 인정되는 작품들도 마찬가지로 교회의 상황과 관련한 많은 정보를 제공해 주지는 않는다. 어떤 주제든지 교회의 상태에 대해서 우리에게 더 나은 지식을 주는 것은 거의 없다. 이 시기와 관련된 것들을 후기 저자들로부터 간간히 수집해 보지만 그것들 역시 매우 불완전하고 믿을 만한 것이 못 된다. 우리의 견해와 행동에 대한 원칙을 세움에 있어서 필요한 모든 것은 하나님께서 그의 말씀 안에서 주신 것으로 충분하다. 하나님께서는 자비하심과 지혜로우심으로 우리가 그 정보들을 지나치게 생각하여 과도하게 남용하는 우를 범하지 않게 하시고자 섭리하신 것이다. 그래서 성경 외에 더 나은 정보를 얻을 수 있는 자료들이 거의 없는 것이라고 믿어 의심치 않는다. 이 문제와 관련하여 우리는 이 두 가지 중요한 요점을 세웠다. 첫째, 우리는 확실한 정보를 가지고 있지 않다. 증거 자체를 살펴볼 때 영감된 사도들이 가르쳤고 제정하였다는 것과 관련된 사항들 중 우리가 신뢰할 만한 것은 그 무엇도 없다. 그러나 정경에 포함되는 것이 무엇인지와 제외되는 것이 무엇인지에 관한 자료는 충분하다. 둘째, 성경의 영감된 저자들을 제외하면 지침들로서 또는 칙령들이라고 하여 우리가 우러러볼 만한 사람들은 아무도 없다. 이런 판단의 옳음은 사도적 교부들과 그들의 작품들에서 매우 많이 명확하게 찾아질 것이다. 나는 이 점을 살펴보면서 이것들의 진정성을 확립하고 설명하는 데 최고로 적합한 자료들을 수집하였다. 그리고 그 자료들이 사도적 교부들의 작품들에 대한 진위 여부를 확인하기 위한 신학적 질문들에 답하는 중요한 교훈임을 본 장에서 밝히고자 한다.

사도적 교부들이라는 명칭으로 분류할 수 있는 사람은 다섯 명이다. 사도시대에 살았고 사도들과 함께 교제하며 대화하였으며, 지금까지 작품들이 남아 있는 자들로, 그들은 바나바, 헤르마스, 클레민트, 폴리갑 및 이그나시우스이다.

1. 바나바

바나바는 사도 바울의 사역기간 중 의미 깊은 시간들을 함께 보낸 바울의 동역자였다. 바나바의 이름은 사도행전에 종종 등장한다. 심지어 그에게 사도라는 칭호까지도 붙여졌다. 남아 있는 그의 서신은[92] 헬라어나 라틴어로 번역된 것이다. 그러나 거기에는 공식적인 저자의 이름이 들어 있지 않고, 내

부적으로(*in gremio*) 바나바의 보편적 서신이라는 명칭으로 오랫동안 알려져 왔다. 이 서신에 대해서는 클레멘스 알렉산드리아누스와 3세기 초에 오리겐은 사도행전의 바나바라고 표현한 바 있다. 이 서신의 가치적인 측면은 극히 미미하다. 이 안에는 교리적이거나 실천적인 정보 또는 역사적인 정보가 전혀 없기 때문이다. 이 서신은 특히 구약의 역사적 사실들을

---

92) Rennell's Proofs of Inspiration, c. iv., pp. 92-104.

은유적으로 설명함에 있어서 거의 몰상식하고 어린애들 같은 내용들로 구성되어 있다. 유대인 교회의 예전들은 매우 유치한 은유적 표현을 담고 있다. 그러한 서신이 바나바의 작품으로 여겨지는 것이 정말 이상할 정도이다. 그런데 이 서신이 이레니우스 작품이라는 주장은 하몬드, 불(Bull), 피어슨(Pearson)과 같은 성공회의 가장 탁월한 저술가들에 의해서 강력히 제기된 적이 있었다. 이 서신이 가짜라는 것은 존스(Jones)가 쓴 정경, 제2권에서 정교하고 결정적으로 주장되었다. 그러나 감독주의자들까지도[93] 지금은 그것이 이레니우스의 저작이라는 주장을 거의 포기하였다. 내가 알고 있는 지식의 한도에서는 몇몇 독일 이성주의자들을 제외하고 그런 주장은 거의 제기되지 않고 있다고 본다. 독일 이성주의자들은 문체나 정확성 측면에서 이것이 사도들로부터 나온 것이라고 기대를 갖게 할 만한 표준은 매우 저조하다고 여긴다. 그들은 그 서신에서 바울과 특별히 히브리 서신에 대한 언급은 바나바에 대한 언급처럼 구약에 대한 근거 없는 해석과 과장되고 잘못된 적용들 때문에 독자들을 전혀 설득하지 못한다고 본다.

그러나 클레멘스 알렉산드리아누스와 오리겐의 증언들은 이 서신이 2세기 중엽에 이미 존재하였다는 것을 증명한다. 어쩌면 그보다 더 일찍 존재했었는지도 모른다. 따라서 이처럼 탁월한 사람들이 그 서신에 대해서 언급한 내용과 연관 지어 생각할 때 성경 해석에 있어서 교부들의 권위를 내세울 만한 신뢰도는 극히 저조한 것이라고 말하지 않을 수 없다. 바나바가 쓴 것이라고 말하는 이 서신은 성경에서 가르친 교리적 체계로부터 이끌어 낸 것임을 암시하는 어떤 내용도 내포하고 있지 않다. 어쩌면 이것은 그리스도께서 오시기 전에 제작되었을 가능성이 더욱 명백하게

---

93) Burton and Conybeare, *Vide* Conyneare's Bamton Lectures, 1839, pp. 72,73.

제시된 것으로 보인다.[94]

2. 헤르마스

앞에서 바나바 서신에 대해서 언급한 대부분의 내용은 본질적으로 헤르마스의 목자라는 서신에도 그대로 적용된다. 바울 서신에 언급된 헤마 또는 사도들의 계승자였던 어느 특정인이 바로 헤르마스라고 보는 것은 타당하지 않다. 물론, 클레멘스 알렉산드리아누스와 오리겐만이 아니라 그들보다 앞서 살았던 이레니우스가 그렇게 언급했다고 할지라도 그러하다. 이 책은 2세기 중엽 전에 쓰인 것임에 틀림없다. 그런데 정말 이상한 것은 이 서신이 때때로 교회들 가운데서 읽혀졌다는 점이다. 그러나 여기에는 우리 구세주의 신성을 지지함에 있어서 한두 개 정도 인용한 내용을 제외하고는 역사적으로나 신학적으로 어떤 가치도 없다. 그 안에는 장로회주의를 선호하는 측면에서 블론델(Blondell)이 예증으로 든 한 문장이 있으며, 하몬드가 감독주의를 선호하는 측면에서 예증한 것도 있다. 그러나 나는 헤르마스의 이 말들은 실제로 그 어느 쪽도 지지하지 않는 내용이라고 생각한다.[95] 뛰어난 이 두 학자들은 교회정치 문제에 있어서 자신들의 의견을 뒷받침하는 증거를 그 서신으로부터 찾으려는 과정에서 과도하게 무리한 주장을 펼친 것이라고 본다.

---

94) Bull and Horsley.

95) Blondelli, Apol., p. 17, Hammond, dissert., p. 284.

3. 클레멘스 로마누스

일반적으로 로마의 감독으로 묘사되고 알려진 클레멘스 로마누스를 살펴보자. 유세비우스는 바울 사도가[96] 그의 동역자들 중 한 사람이요, 그의 이름이 생명책에 기록된 사람으로 언급한 클레민트와 클레멘스 로마누스와 동일 인물이라고 말했다. 여기에 의혹을 제기할 만한 역사적 증거는 없다. 그러나 우리는 클레멘스든 누구든 그렇게 일찍부터 오늘날 우리가 알고 있는 감독의 칭호를 가지고 로마의 감독으로 사역했다고는 믿지 않는다. 그러나 그가 사도시대에 로마교회에서 두드러진 영향력을 미치는 목사로서 일했다는 사실에 대하여는 의심의 여지가 없다. 클레멘스는 그 직임으로 2세기 초 이후까지도 사역했다고 본다. 가치 면에서나 중요성 면에서 좀 떨어지는 문서들을 제외하고 사도적인 정경과 조례와 같은 여러 문서들에서 클레멘스를 언급하고 있는 자료들은 상당수 있는데, 이것들은 3, 4세기보다 아니 심지어 5세기 이전보다 더 이전에 위조되거나 편집된 것이 아니라 그 이후의 것이었음을 증명할 수 있다. 교황의 목적을 위하여 로마교회가 9세기경에 위조한 교황의 교서들에서 그의 작품이라고 지칭되는 서신들 다섯 개조차도 언급된 것이 없다. 유일하게 클레민트라고 언급한 최초의 그의 작품이라고 믿을 만한 것으로 간주되는 것은 200여 년 전[97]에 출판된 문서로서 대영박물관에 남아 있는 알렉산드리안 MS이다. 이 문서는 고린도교인들에게 보낸 서신이었다. 그리고 동일 교회에 보낸 두 번째 서신의 일부는 설교의 일부분인 것으로 보인다. 제1서신의 진품성은 점차적으로 인정되었던 반면에, 둘째 서신은 많은 의혹을 받고 있다.

---

96) 빌립보서 4:3.
97) 역자 주) 저자 당시로부터 계산한 것임.

그렇다고 둘째 서신의 저자가 사도시대에 첫째 서신을 쓴 저자와 동일 인물이라는 사실을 의심할 만한 내적 증거가 뚜렷하게 있는 것은 아니다.

두 서신의 다른 점은 전적으로 외적인 증거에만 놓여 있을 뿐이다. 구체적으로 말하면, 우리가 후기 교부들의 작품들 속에서 찾을 수 있는 선언문들과 인용구들 및 참고문헌들 안에는 고린도에 보낸 그의 첫 서신을 클레민트가 썼다는 것과 초기 성도들이 상당히 존중하고, 심지어 교회들 간에 서로 돌려 가면서 읽었던 서신과 지금 우리가 가지고 있는 그의 첫 서신의 내용이 본질적인 측면에서 같다는 증거들은 풍성히 있다. 그에 비해서 둘째 서신은 비슷하게라도 그가 썼다는 것을 언급하고 있는 만족스러운 증거가 없다. 둘째 서신 그 자체는 역사적으로나 신학적으로 가치를 매길 만한 것이 없기 때문에 실제적으로 그렇게 중요한 가치를 지녔다고 볼 수 없다. 예를 들면, 이 서신은 사실이나 교리적인 면에 있어서 직간접적인 어떤 정보를 주지 못한다는 것이다. 이는 첫 번째 서신으로부터 분명하게 발견되지 않는 교리들 측면에서 더욱 그러하다.

그런데 클레민트의 고린도전서는 사도들과 함께 일한 동역자들이 쓴 남아 있는 작품들 중 가장 오래된 진품의 고대 문서로 간주된다. 저자는 사도들 중 몇몇은 여전히 살아 있을 때 함께 활동했을 것이며, 어쩌면 그들이 임명한 자로서 교회에서 특출 난 위치를 차지한 인물이었을 것이다. 물론, 이것은 큰 관심을 가지고 심층적으로 연구해야 할 부분이다. 그런데 이 서신이 언제 쓰인 것인지에 대해서나 어떤 정황에서 쓰게 된 것인지를 알 만한 정확한 정보는 이 서신 자체에서 찾아내는 방법 외에는 없는데, 여기에는 쓰인 시기를 알려 줄만한 어떤 흔적도 없다. 가장 명확한 것은 이 서신이 교회가 심한 핍박을 견뎌 낸 직후에 기록되었다는 사실이다. 이는 네로 황제나 도미티안 황제 하에서 받은 핍박보다 우선되는 박해의 시기를 말하는 것이다. 전자가 맞는다면 바울이 마지막으로 쓴 서신 이후와 예루살렘의 멸망 전 시기에 쓰인 것으로 보아야 한다. 그런데 후자가 맞는다면 제1세기 말경이나 2세기 초에 쓰인 것으로 보는데, 이것이 더 그럴듯한 견해고, 일반적으로 통용되는 입장이다. 즉, 사도 요한이 죽은 다음에 그리고 신약성경의 정경이 완성된 다음에 쓴 것이라는 견해이다.

클레민트가 쓴 서신이라는 분명한 증거는 제대로 논증되었다고 본다. 그리고 내용의 일관성이나 자료적인 오류들이나 삽입설로부터 얼마나 자유하느냐의 문제도 대부분 동의하는 바이다. 그러나 그 서신의 원문은 하나뿐이고 그나마도 잘 보존된 것이 아니고 본문조차도 만족스러운 상황에서 기록된 것이 아니다. 물론, 우리가 추측하는 이 기원 외에는 다양한 문건들도 없는 상황이다. 그러나 주된 문제는 여기에 의도적으로 편찬되거나 삽입된 무엇이 있느냐는 것이다. 모세임(Mosheim)은 실제 저자보다 더 잘 배웠고 창의력이 좋은 교부로 드러내 보이고 싶어 하는 누군가에 의해 삽입되었을 것으로 보았다. 따라서 모세임은 본질적인 단순성과 문체적인 측면에서 볼 때 어울리지 않는 이질적인 것들이 첨가되었을 것이라고 생각했다. 그러나 그렇게 의심을 살 만한 명백한 근거가 없다. 도리어 이것은 억측에 불과하고 만족할 만한 사례에 의해서 지지를 받는 것이 아니라고 생각한다. 그럴듯한 유일한 가능성은 육체의 부활을 믿는 논증이나 예화로서 잘 알려진 이야기로 믿는 뵈닉스(Phoenix)의 익히 잘 알려진 우화를 언급하는 것이다.

이것은 그가 일반적인 문제들에 있어서 무지하고 고지식한 것을 넘어서게 하는 신적인 영감으로 활동한 사람이 아니었다는 사실을 증명하고도 남는 좋은 증거가 된다. 즉, 그가 사도들과의 관련이 있는 입장에 서 있었음에도 불구하고 그는 평범한 사람이었다는 것이다. 그러나 모세임이 클레민트의 성격을 묘사한 것과 비교해 볼 때, 그가 고지식한 사람이었다는 부분은 잘 일치된다. 모세임은 그의 대작에서[98] 이 서신의 삽입설과 관련한 그의 견해를 뒷받침하는 입장을 잘 제시하고 있다. 그러나 그것이 사실일지라도 그것들은 특별한 성향과 목적에 관해서 진품임을 의심하는 그의 견해를 뒷받침해 주지 않는다. 실로 그는 뵈닉스의 이야기를 예증함으로써 클레민트가 고지식한 사람임을 보여 주고 있다. 그러나 그는 이 서신에 흐르고 있는 사상이 그 목적에 직접적으로 도달하고 있다거나 근접하고 있는 것이 아니라는 원칙에 머물러 있다. 그것은 주된 주제와 명백한 관련이 없다는 여담들로 말미암아 성립되지 못하는 것이다. 물론, 모세임의 결함을 좀 과장되게 표현했다고 할지라도 여기에는 몇 가지 사실도 있다고 본다. 그러나 그 여담들이 서신의 나머지 대부분의 특성을 나타내고 있는 것으로 보아 그것들은 모세임이 제안하고 있는 것처럼 클레민트를 더 학식 있는 사람이자 창의적인 인물로 부각시키기 위하여 누군가 삽입하였다고 보기에는 무리가 있다.

네안더 역시 클레민트의 서신이 모세임과 마찬가지로 후세 사람이 삽입한 것으로 간주한다. 그러나 그의 입장은 보다 더 선명하고 그럴듯한 가능성에 기초하고 있다. 그러나 나는 그럴지라도 그의 견해 역시 근거가 불충분하다고 생각한다. 그는 말하기를 "이 서신이 전반적으로 볼 때 진품이라 할지라도 삽입되었다는 의혹에서 자유롭지 못하다. 예를 들면, 모순이 명백하기 때문이다. 그 서신 전체를 통해서 교회에 대한 초창기 형태들에 대하여 우리가 파악한 단순한 관계성을 볼 때, 감독들과 장로들은 동등한 위치에 있는 자들이었다는 내용과 한쪽에서는(40절 이하) 유대식

---

98) Instit. Maj., p. 213.

사제직의 전 체계가 기독교회로 이전되었다는 주장을 하고 있는 내용이 앞뒤가 맞지 않다."라고 했다.[99]

클레민트 서신의 전체 규모와 정신 및 다양한 특별한 진술들을 고려해 볼 때, 사도들이 세운 정치제도와 그가 이 서신을 썼을 당시의 교회 상황을 조명해 주고 있는 것들은 명백하게 장로회제도를 말하고 있거나 적어도 반감독주의 제도를 말하고 있다는 사실에는 추호도 의심의 여지가 없다. 그러나 네안더가 주장하는 것처럼 그가 지적한 본문이 이것과 모순된다는 말은 인정할 수 없다. 네안더가 내세운 논증의 인용과 그가 확신을 가지고 내세운 내용을 삽입 설에 대한 결정적인 근거로 보는 것은 사도적 교회의 정신과 정치제도 사이의 전적인 불일치를 내세울 만한 강력한 지침으로 제공하는 것이다. 그리고 감독주의 체제 또는 성직 계급적인 체제를 옹호하는 요소로 작용하는 것이다. 또한, 이러한 확신은 교회 역사에서 최고로 높은 자리에 있는 것으로 간주하는 자들의 마음에 깊은 인상을 심어 주기에 충분한 것이다. 즉, 감독주의자들이 클레민트의 서신으로부터 자신들의 입장을 지지받고 있는 것으로 결론을 내리도록 이끌어 주기 때문에 그들은 삽입설 주장을 만족스럽게 여기는 것이다.

그러나 이 특별한 본문이 담아내고 있는 중요한 논점이 그들의 주장과 본질적으로 동의하는 것이기 때문에 그 본문이 정말로 감독주의자들이나 네안더가 말하는 방식 외에 다른 해석이 없는 것이라면, 나는 네안더가 한 동일한 방식으로 네안더나 감독주의자들의 주장을 거부할 수밖에 없다고 생각한다. 즉, 우리도 그 서신의 잔여부분과 초대교회 사도들의 정신과도 전혀 일치하는 것이 아니라는 근거를 바탕으로 그들이 주장하는 것을 거

---

99) Neander, *History of Christ,* Religion during First Three Centuries; Rose's translation, vol. ii., pp. 331-2; vide also vol. i., p. 199, note.

부할 수밖에 없다. 그렇다고 해서 네안더가 내세운 것과 같은 구성이 필요하지 않느냐라는 주장에 다음과 같은 문제 때문에 동의할 수도 없다.

고린도교회는 그 당시에 분열과 논쟁에 휩싸여 있는 것처럼 보인다. 파당과 불복종의 정신이 그들 가운데 팽배해 있었다. 그들의 목사들과 장로들의 권위를 내팽개쳤다. 이 서신에 저자로 등장하는 클레민트나 로마교회는 그들의 분열에 대해 타이르면서 평화와 일치를 권면하며 그들의 목사들과 장로들을 존중하고 복종할 것을 촉구하는 편지를 보낸 것이다. 이것은 자연스럽게 권위문제를 제기하게 되고 목회직임을 내세우게 된 것이다. 그러나 이것은 매우 간략하게 그리고 아주 신중하게 언급한 것이다. 그리고 계급적인 추정이나 오만함의 태도와는 정반대의 자세로 권유된 것이다. 클레민트는 교인들의 마음과 정서에 대해 근본적으로 매우 염려하고 있었다. 왜냐하면 이 문제가 그 자체로 매우 중요한 것이었고, 여기에는 논쟁과 불복종이라는 악의 진짜 뿌리가 잔재하고 있었기 때문이다. 그러나 그는 질서와 안정의 필요를 제시하고 각자가 자신들의 위치를 지키며 각자의 역할들을 올바르게 평화적으로 수행할 것을 촉구하였다. 이러한 일반적인 입장을 견지하면서 그는 대제사장, 제사장들, 레위인들, 그리고 일반 백성들이 다 자기들이 서 있는 위치를 가지고 있으며, 율법 하에서 역할수행을 하고 있다는 것이라고 언급하였다. 종교적인 업무 수행들과 관련된 그 규례들은 다 구약성경에 제시되었다. 이것이 그가 유대인의 제사장직에 대해서 말한 전부였다. 그 직에 대한 적용으로 그가 말한 유일한 것은 질서와 복종의 일반적 의무를 반복하여 가르친 것이다. 이것은 네안더가 내세운 것처럼 클레민트가 '유대인의 사제직임을 기독교 교회로 전환시켰다.'라고 주장하는 근거가 될 수 없는 것이다.

　3, 4세기 교부들은 종종 유대인 사제직을 언급하였는데, 이는 주로 기독교 사역의 권위를 세우고자 한 것이었다. 그들은 일반적으로 신약성경이 지지하고 있지 않는 신성한 권위를 지닌 사역자라는 측면에서 언급했다. 즉, 대제사장, 제사장들 및 레위인들의 구분을 그들은 감독들, 사제들 및 집사들의 삼중직을 내세우는 근거로 사용했던 것이다. 네안더는 이 모든 것에 가장 강력하게 반발하는 입장이었던 것은 분명하다. 유대인 사제직 체계가 기독교 교회의 직임으로 전환되었다는 근거 없는 주장은 말로 다 할 수 없는 큰 해악임에 틀림없다. 그 해악은 계급적 체계 위에 대제사장직을 그럴듯하게 내세우는 상징적인 대칭존재, 즉 교황이 보편적 교회의 군주로 등장하게 될 때까지 증폭된 것이다. 유대인 사제직에 대한 클레민트의 언급이 후세에 지금 우리가 지적한 그러한 해악을 낳도록 유도하였고 격려하였다는 것은 결코 있을 법한 것이 아니다. 그러나 클레민트는 그런 오명과는 상관이 없는 자이다. 그가 일반적으로 *체계질서*의 중요성과 의무사항을 설명하고자 유대인 사제직과 의식들을 관련시켜서 언급한 것뿐이므로 그런 오명을 쓸 이유가 없다. 그는 질서체계를 위해서 군대조직과 관련해서 언급한 것과 하등 차이가 없는 것이다. 간단히 말해서, 클레민트는 일반적으로 교회 직임자들의 존엄과 권위 또는 교회 직분을 형성하고 있는 다양한 체계들을 유대인 제사장 직임체계로부터 도입하여 제시한 것이 아니다. 그러한 것들은 하나님의 말씀에 어긋나는 것이고, 적어도 3, 4세기 교부들에 의해서 제기된 주제를 사용하거나 적용하고자 했던 그들의 의도에도 반하는 주장이다. 이것이 전 교회의 간절한 동의하(σύνευδόκησασης πάσ-ης τής έκκλησίας)에 안정적으로 안착된 것이다.

이 문구는 유대주의 체제를 옹호하거나 계급조직을 말하는 것이 아니다. 이것은 성경적이고 장로교적인 원리를 말한다. 그러므로 클레민트 서신에 있는 본문은 네안더가 주장하는 것과 같은 '유대인들의 제사장직 체계를 기독교회에 전환시킨 것을' 의미하는 것이 아니다. 그것은 조지 길레스피가 『아론의 싹 난 지팡이』라는 탁월하고 가치 있는 책에서 제시하고 있는 '교회 정치에 대한 신적 규례를 옹호'하고 있는 것보다 나은 어떤 빛을 비추어 주고 있는 것이 아니다. 사제의 권한과 관련한 논쟁을 하나님께서 정하셨음을 암시함으로 말미암아 계급적 체제를 옹립하는 근거가 될 수 없는 것이다. 따라서 클레민트의 서신과 그 서신의 일반적인 범위, 그리고 누가 뭐라고 해도 반감독주의적인 정신을 담아내고 있는 것 사이에는 어떤 불일치도 없다. 더구나 후세에 삽입한 것으로 보고 우리에게 근거로 제시하는 것에서 명백하고 뚜렷한 모순은 없다.

나는 전반적으로 클레민트의 서신이 삽입된 것이라는 모세임이나 네안더의 논쟁을 받아들이지 않는다. 그리고 우리는 그 점과 관련한 충분한 근거를 가지고 있다. 사도들과 함께한 유력한 어떤 사람의 진품이자 깨끗한 작품으로 간주할 근거는 충분하다. 그리고 그것이 고대 기독교의 가장 가치 있고 유용한 유물로 여길 만한 근거 또한 분명하다. 사실 사도들의 작품들과 사도들의 직속 후계자들[100]의 작품들 사이에 현저한 대조는 종종 관찰되어 왔다. 그 차이에 대해서 간과하거나 잊어서는 아니 될 것이다. 이 주제에 대한 네안더의 견해는 다음과 같다. '단 하나의 현상은 사도들의 작품들과 사도들과 매우 가까이 지낸 사도적 교부들의 작품들 사이에는 현저한 차이가 있다는 점이다. 다른 것들에는 전환들이 점차적으로

---

100) 역자 주) 일명 '속사도들' 또는 '사도적 교부들'이라고 하겠다.

이루어지는 것이 통례였다. 그러나 여기에서 우리는 갑작스러운 전환이 이루어진 것을 관찰하게 된다. 여기에서는 어떤 단계적 변환이 없고 언어, 이 한 가지 문체로부터 다른 문체로 갑작스럽게 변환이 이루어진다. 그 상황은 우리로 하여금 사도들의 영혼 속에는 하나님의 영의 특별한 역사하심이 있었다는 사실을 인식하도록 이끈다.'[101]

　　클레민트의 서신은 그가 전적으로 사도적인 정신을 소유한 사람임을 보여 준다. 예를 들면, 기독교의 위대한 교리들에 대한 이해와 그 힘을 느끼는 사람으로서 하나님의 영광을 위한 열정으로 충만한 사람이자 주 예수 그리스도를 뜨겁게 사랑하는 사람이며, 성도들의 영적인 풍성한 삶을 조성하려는 갈망함이 가득한 사람임을 보여 준다. 또한 그와 같은 원칙들을 드러내고 달성하는 것이라면 그 모든 욕망과 소원하는 바를 기꺼이 포기하는 사람임을 나타내 준다. 그는 이러한 칭찬을 받기에 온전히 합당한 사람이지만 그의 서신에는 그의 위대한 열정이나 감탄해 마지않도록 하는 그 자신에 대한 어떤 것은 전혀 없다. 우리는 그가 매우 헌신적인 그리스도인이요, 우리 주님의 신실하고 열정적인 사역자로 평가하며 존중한다. 이것은 한 사람에 대한 최고의 칭찬이다. 그 이상으로 어떤 칭송의 말을 할 수 있겠는가! 그의 서신이 우리에게 알려 주고 있는 것을 보면, 하나님의 말씀으로 거듭난 모든 시대의 사람들과 하나님과 함께 동행 하였고 그의 아들의 복음 안에서 충성스럽게 섬긴 모든 시대의 사람들보다 클레민트 자신을 높이는 그 어떤 면도 없다. 그의 서신에는 우리가 그를 신적 음성을 들려주는 자로 추앙하도록 하거나 그가 가르친 것은 무엇이든지 명백하게 하나님으로부터 직접 받은 사람으로 여길 만한 그 어떤 요소

---

101) Neander's *General Church History*, Torrey's transaltion, vol. ii., p. 438.

도 없다. 그는 실로 영감된 사도들의 친구였고 동반자였다. 그는 성령의 감동하심으로 사도들이 알게 된 것들 대해서 사도들로부터 배운 것을 소유했을 가능성은 있다. 그러나 이것이 설사 사실이든 아니든 분명한 것은 주님께서 그를 사용하셔서 명백하거나 분명하지도 않은 무엇을 우리에게 더 알려 주시려고 했다든지 정경적인 성경에서 우리에게 가르쳐 주신 것보다 더 권위적인 것들을 알려 주시기를 기뻐하신 것은 아니라는 사실에는 **추호도 의심의 여지가 없다.**

또한, 하나님께서 클레민트를 통해서 성경에서 개별적으로 언급한 내용들에 대한 이해를 돕도록 어떤 특정한 자료들을 우리에게 주시기를 기뻐하신 것도 아니었다. 그가 그리스도의 신성교리와 기독교 진리들의 근본적인 가르침들을 확고하게 붙든 자였다는 사실은 그의 서신에서 분명하게 나타난다. 그러나 그는 성경과 같이 쉽게 오해한다거나 왜곡되지 않게 할 어떤 교리적 가르침을 우리에게 남겨 주지는 않았다. 그리고 다른 견해나 입장을 가진 사람들이 자신들의 입장에 대한 지지를 자신 있게 내세우려고 하나님의 말씀을 들먹인 것과 같은 행위도 하지 않았다. 또한, 그는 자신의 성경강설이나 성경강론자로서의 자질을 증명하고 적용하는 그 어떤 정보도 우리에게 제공하지 않는다. 하나님 말씀의 어떤 부분도 조명하는 것도 없으며, 그렇게 하고자 다른 자료들을 제시하는 것도 없다. 그런데 실제로 성경의 진술들에 대한 그의 정확한 해석이나 올바르고 사려 깊은 적용을 잘한 사람으로서 그를 크게 신뢰할 만한 자로 간주하지 말아야 하는 충분한 증거들이 그의 서신에 포함되어 있다.

다른 교부들에게서도 흔히 발견할 수 있는 것처럼 클레민트도 기독교 체계에 대한 주도적인 사실들을 말하고 있다. 성경의 책들을 알리고 믿게 하고 그 존재를 수용하게 하였다는 측면은(이루 다 가치를 매길 수 없는 것들이

다) 그의 서신도 충분히 담아내고 있다. 지식적인 면에서 클레민트에게 빚진 것이 있다면 오로지 두 가지가 있다. 하나는 감독들과 장로들에 대한 성경적이며 사도적인 일치성이 사도들이 세상을 떠난 이후에도 교회 안에 계속 존재되었다는 점이다. 둘째는 사도적인 지침 하에서 목사들도 오직 교회나 회중의 간절한 동의와 함께 교회 안에 존속되었다는 점이다. 이 두 가지 지식은 클레민트 덕분에 우리에게 알려진 것이었다. 우리는 그 정보를 받은 것을 귀하게 여긴다. 그러나 그것은 교부들의 권위를 가장 위대한 것으로 여기는 자들이 가장 소중하게 여기는 정보이기도 하다. 그리고 장로교도들은 그 정보를 무시하거나 경멸하는 자들이고, 별로 달갑게 여기지 않는 자들이라고 매도하기를 즐겨 하는 자들도 소중히 여기는 정보이다. 나는 초대교회의 정치문제를 공식적으로 다루게 될 때, 이 점에 대해서 반박할 기회를 가질 것이다. 그러나 지금은 이 강의의 목적으로 보나 클레민트를 생각해 볼 때, 사도적 교부들의 작품들이 가진 특성들과 가치에 대한 일반적 견해를 제시한 것으로 충분하다고 본다.

4. 폴리갑

사도적 교부 중 또 한 사람인 폴리갑은 서머나 교회의 감독으로 묘사된다. 이는 후기 저자들의 주장과 일치하는 내용이다. 한편, 그의 제자이자 흠모자인 이레니우스가 폴리갑이 죽은 지 상당한 시일이 흐른 후에 플로리누스(Florinus)에게 보낸 편지에서 폴리갑을 '복된 사도적 장로'로 묘사하였다. 이 편지는 유세비우스가 보존한 것이었다.[102] 혹자들은 그가 우

______

102) Lib. v., c. 20.

리 구세주께서 말씀하신 계시록에 있는 서머
나 교회의 천사였을 것이라고 추정하지만 성
경에는 그의 이름이 기록되어 있지 않다. 그
가 천사였을 가능성은 없다. 그러나 그는 사
도 요한과 교제를 한 사람이었고, 주후 160년
경에 순교하기까지 오랫동안 서머나 교회를
이끈 사람이었다는 점은 분명하다. 그는 사도

적 시대의 교부들보다 상당히 오래 산 사람이었다. 만일 그가 많은 글들
을 썼고, 그 작품들이 지금까지 남아 있다면 2세기 초 중반까지의 교회의
상황에 관한 많은 정보를 얻을 수 있었을 것이다. 그러나 교회의 머리 되
신 주님께서 우리에게 그 특권을 제공해 주시거나 이 채널을 통해서 어떤
교훈이나 소통을 갖는 것을 기뻐하지 않으신 것 같다.

폴리갑에 대해서 알 수 있는 유일한 자료는 빌립보에 보낸 짤막한 서신
이다. 그 서신은 전적으로 성경의 정신과 말들을 담고 있으며, 평이하고
도 실천적인 권면을 주는 것이 전부이다. 그 서신은 주후 116년에 쓴 것
으로, 이그나시우스가 쓴 편지들과 정확히 같은 시기에 속한 것이다. 모
세임은 좀 다른 견해를 가지고 있지만 네안더가 밝히고 있듯이 그 작품의
진품에 대한 의혹을 가질 만한 어떤 근거도 없다. 후세의 삽입설은 얼토
당토않은 주장이다.

클레민트와 그의 서신에 대한 특성이나 가치를 논하기 위해 살펴본 방
식 그대로 폴리갑에게도 적용해 보면, 기독교의 주도적인 사실들을 이끄
는 일에 직간접적으로 미친 영향을 볼 때 그는 상당한 위치를 차지한다.
또한 성경을 수용하는 일에 미친 부분에도 마찬가지이다. 그러나 그것들
외에는 직접적이거나 함의적인 면에서 그의 서신으로부터 찾을 수 있는

중요하다고 할 만한 것은 딱히 없다. 그의 서신을 통해 그리스도나 사도들과 관련한 것을 배울 수 있는 것은 하나도 없으며, 사도들의 활동이나 교리들에 관한 것도 별로 없다. 그 서신에 있는 것들은 전적으로 명백히 성경 정경에서 우리에게 가르치는 것과 하등의 차이가 없는 것이기 때문이다. 하나님의 말씀 중 좀 난해하거나 모호한 부분을 더 밝히 이해하도록 도와주는 그 어떤 것도 내포하고 있지 않다. 다만, 사도시대 즉후에 있었던 교회정치가 무엇이었는지를 함축하는 내용을 더러 지니고 있을 뿐이다. 그것들 역시 성경에서 진술하고 있는 것과 클레민트의 정보와 완벽하게 일치한다.

우리는 이 서신을 통해서 서머나의 교회정치에 있어서 폴리갑과 함께 일했던 장로들에 대한 내용을 배울 수 있지만, 폴리갑이 함께 일한 장로들과는 구분된 다른 명칭을 가졌었는지 또는 그들 위에서 주도적인 역할을 했는지에 대한 내용은 전혀 찾아볼 수 없다. 또한, 우리는 그 서신으로부터 그 당시 빌립보교회가 장로들과 집사들에 의해서 운영되어졌다는 사실을 배울 수 있다. 이것은 약 60년 전에 같은 교회에 사도 바울이 보낸 빌립보서에서 감독들과 집사들에 의해서 운영되었다고 언급한 내용과 일치한다. 이것이야말로 우리가 분명하게 짚고 가야 하는 증거이다. 즉, 성경에서 감독과 장로가 같은 직임이라는 것을 확정하게 하는 단서로 볼 수 있도록 해 주는 증거이다. 사도들이 세웠고 성경이 재가하는 이 동질성은 교회의 영감된 지도자들이 전부 다 세상을 뜬 후에도 계속되었던 것이다. 폴리갑의 서신으로부터 우리가 확인할 수 있는 유일한 다른 가치 또는 관심사항은 그 당시 초기에도 장로들이 추잡한 죄와 공개적인 부도덕한 일들을 저질러서 장로직에서 해임되는 사례들이 종종 발생하였다는 사실이다.

5. 디오그네투스에게 보낸 서신

이 주제에 대하여 쓴 옛 저자들 중 사도적인 교부들(속사도)에 속하는 자가 있는데, 그는 상당히 흥미진진하고 가치 있는 작품을 남겼다. 그 작품은 디오그네투스라는 이름을 가진 자에게 보낸 서신으로, 사람들이 별로 주목하지 않았고 저스틴 마터(Justin Martyr)의 출판된 작품들 가운데 하나로 여겨져 왔다. 이처럼 저스틴 마터라는 이름이 언급되어 있고, 그의 저작들에 이름을 삽입한 이유는 명백히 한 가지뿐이라고 생각한다. 이는 저스틴이 자신의 변증을 써서 보낸 황제의 측근 중에 같은 이름을 가진 철학자가 있었기 때문일 것이다. 우리는 디오그네투스에게 보낸 서신의 저자가 누구인지 또 언제 쓴 것이었는지에 대한 외적인 증거는 가지고 있지 않다. 그저 사도들의 제자 가운데 한 사람이나 나라의 교사에 의해서 쓴 것이라고 추정할 뿐이다. 그러나 이 부분에 대한 의혹을 떨쳐 버릴 수 있는 어떤 내외적인 증거도 없다.

몇몇 비판자들은 그 서신의 사상이나 쓰인 문체들을 보고 이 서신이 저스틴의 작품이라고 자신 있게 판단한다. 그런데 나는 모두가 같은 이유로 저스틴이 썼다고 하는 의견에 반대한다.

니케아 신경을 옹호하는 불(Bull) 감독이 인용한 내용은 교부들의 문서에 있어서 매우 권위 있는 두 사람의 의견을 구체적으로 잘 표현한다. 두 사람은 불 자신과 실버지우스(Sylburgius)이며, 그중 실버지우스는 저스틴의 글들을 편찬하여 출판한 사람이다. 그 사람의 글에서 불은 "디오그네투스에게 보내는 편지는 분명 저스틴의 향기가 난다. 만약 우리가 저스틴의 저작들을 참조하고 그것들과 많은 교감을 갖게 된다면 그 향을 맡게 될 것이다. 프레데리쿠스 실부르기우스는 이를 온당하게 고찰한 바 있다."[103]라는 문장을 인용하였다.[104] 한편, 그 주제에 대해서 쓴 후기 저자들 중 베넷(Bennet) 박사가 남긴 역작『초기 기독교의 신학』에서 그는 첫 3세기의 저자들의 작품에서 발췌한 글들을 소개하면서 자신의 의견을 다음과 같이 개진하였다. "키케로나 타키투스의 문체들 또는 아디슨(Addison)과 기본(Gibbon)의 문체들은 저스틴의 구성과 디오그네투스에게 보낸 서신의 구성과 크게 다른 차이가 있지 않다. 마터의 문장들은 치밀하지도 않고 장황하며 정확도가 떨어지며, 침울하고 낯선 분위기를 자아낸다. 반면에 그 서신에 담긴 저자의 글들은 기독교 신앙의 모든 은혜의 교리를 담아내고 있고, 똑 부러지게 단순하고 영롱하며 논리적인 결말을 자신의 모국어인 헬라말로 탁월하게 표현하고 있다."[105] 이 견해와 일치하는 의견을 가진 네안더도 "고대인들에 대한 침묵만이 아니라 언어와 사상적인 내용이 증명하는 것은 이 서신이 저스틴으로부터 나온 것이 아니라는 것이다."[106]라고 말했다.

나는 이러한 유형의 질문들에 가해지는 뛰어난 비판들에 대해 분명한 정의와 명백한 표준에 의해서 검증할 수 있는 자료들이 존재하지 않는 한 옳고 그름을 판단할 자신감이 없다. 실제로 내가 앞의 인용구들을 제시한 주목적은 그러한 결정을 내림에 있어서 대륙의 비평가들이 판단의 기준으로 삼은 자료들이 얼마나 미미한 신뢰도를 가지고 있는가를 보여 주기 위함이다. 그리고 그들이 성경의 다른 책들에게까지 그러한 자료들을 들이대며 얼마나 대담하게 적용하고 있는지를 지적하는 것이다. 그러나 이

---

103) Epistolam autem illam ad Diognetum plane Justinum redolere, si cum caeteris ejus scriptis conferatur, et multa cum illis habere communica, recte observavit Fredericus Sylburgius.

104) Bull's *Works,* vol. v., p. 191. Oxford, 1827.

105) Bennet, pp. 6-7.

106) Neander, vol. ii., p. 348. Rose의 번역본.

특별한 경우에 있어서 나는 디오그네투스에게 쓴 서신의 내적 증거가 저스틴이 아닌 다른 저자일 것이라고 생각한다. 내가 이미 지적한 내용에서처럼 그 저자의 진술에 대한 것이 거짓이라는 증거가 있다거나 거짓일 가능성을 담고 있는 어떤 강력한 개연성은 없다. 비록 이것이 언급된 부분에 누군가가 그렇게 삽입했다는 일부 학자들의 의혹이 제기되고 있을지라도 그 서신의 저자는 분명 사도들의 한 제자였다.[107]

그 서신은 저자에게 기독교의 특성이 무엇인지, 그리고 왜 기독교인이 되었는지에 관하여 문의한 질의에 대한 답변서였다. 이것은 사상과 감성 및 문체적인 측면에서 사도적인 교부들의 어떤 작품들보다 우월하며, 일반적으로 생각하는 것보다 더 관심을 받을 만한 작품이다. 또한, 간략한 것이지만 사람들이 왜 이방종교나 유대교를 버리고 기독교인이 되었는지를 매우 효과적으로 설명하고 있는 영적인 작품이다. 한편, 이 서신은 그 시대의 기독교인들의 개인적인 삶의 특징들과 인격이 어떠한 것이었는지에 대한 주도적인 면들을 기록하고 있다. 그리고 그 모든 특별한 삶의 질적인 면들은 그들이 모두 믿도록 인도함을 받은 하나님의 권위에 기초한 교리들과 매우 잘 요약된 성경적인 가르침의 영향 때문이었음을 추적하게 한다. 그러나 이 서신이 기록되었을 당시의 교회정치 문제나 교회의 예배에 대해 그 어떤 역사적 정보를 제공해 주지 않는다. 이것은 정경적인 성경으로부터 우리가 알고 있는 것 외에는 아무것도 알려 주는 것이 없다. 다만, 이 서신은 사도들이 떠난 이후에 교회에서 가르쳤던 것들, 정통교회들이 성경으로부터 도출하여 가르쳤던 교리들이 무엇이었는지를 보여 준다.

---

107) Semisch on Justin, i., pp. 193, 195; Neander, ii., p. 348.

나는 여기에서 디오그네투스에게 보낸 서신을 간략하게 소개하였다. 왜냐하면 그 서신의 특성과 유사한 이유와 클레민트나 폴리갑의 서신에서도 주의했던 것과 같은 이유 때문이었다. 그리고 사도적 교부들이라는 제목하에서 여러 측면에서 매우 독특한 이그나시우스의 서신을 제외하고는 특별히 주장할 수 있는 것이 아무것도 없기 때문에 간략한 진술만 한 것이다.

6. 이그나시우스

이그나시우스는 분명히 사도시대에 살았던 인물이다. 그리고 감독제도가 확립되었을 때 안디옥 감독으로 칭한 사도시대 이후의 저자들을 이끌었던 주도적인 위치를 차지한 사람이었다. 그의 개인사에 대해서는 그리스도를 따르는 자라는 죄목 때문에 트라얀(Trajan, 98-116) 황제에게 사형을 언도받은 자라는 사실 외에는 알려진 게 거의 없다. 그는 로마로 이송되었고 그곳에서 야생 짐승들에게 던져져 순교의 면류관을 썼다. 그가 순교한 연도에 관해서는 혹자들은 107년이라고 하지만 116년이라는 견해가 좀 더 가능성이 높다. 우리는 그가 사형선고를 받아 안디옥에서 로마로 가는 여정에서 쓴 것으로 알려진 이그나시우스의 여러 서신들을 가지고 있다. 그런데 이 서신들의 진위 문제와 서신 전부가 다 그의 작품이라는 주장은 엄청난 분량의 논쟁을 일으켰다. 여기에는 초대교회의 역사와 관련하여 상세한 내용들을 포함하고 있다. 그리하여 그 문제를 간략하게 추린다는 것은 결코 쉽지 않은 일이다. 물론 이것은 그렇게 중요한 것은 아니지만 그것들에 대하여 뭔가를 말하고자 하는 난감함이 증폭되고 있다. 그것은 그 서신들과 관련하여 무엇이 진짜인지 확실하지 않다는 것이고, 심지어 가장 그럴듯하다는 가능성 있는 것들조차도 진품여부를 결정하는 데 상당한 어려움이 있다는 사실이다.

우리가 지금 가지고 있는 이그나시우스의 서신들이 가장 순수하고 정확한 형태를 갖추고 있는 것이라 할지라도 그가 직접 자필로 쓴 것이 아니라는 것에는 한 점의 의혹도 없다. 그러나 그것들이 전부 날조되었다는 말이나 감독과 제사장 및 집사의 세 가지 직분론을 열렬히 옹호하는 자들에 의해서 개진된 것으로 간주해야만 한다는 것 역시 그대로 수용하기가 어렵다. 존재하는 서신들 중 15개 서신이 이그나시우스가 쓴 것으로 출판되었다. 그러나 이그나시우스가 직접 사도 요한에게 쓴 것과 다른 하나는 동정녀 마리아에게 쓴 것을 포함한 8개의 서신이 위조된 것이라는 사실이 한참 뒤 후세에 의해서 밝혀졌다. 뿐만 아니라 남은 7개의 서신들도 이그나시우스에 의해서 쓰인 진품인지 아닌지에 대한 의견도 다양하게 펴져 있다.

개혁가들이나 장로교도들은 이 서신들이 진짜라는 의견에 대하여 일괄되게 동의하는 입장이 아니다. 이 문제에 대한 그들의 입장은 소시니안주의자들이 자신들의 견해, 즉 삼위일체에 대하여 정통교회가 믿고 있는 것과 결코 융화될 수 없는 견해를 이 서신들로부터 산출해 냈음을 알고 난후, 이그나시우스의 저작설에 대해서 의심하고 있는 입장이다. 그래서 칼빈은 이 순교자의 이름으로 수집된 자료들로부터 나온 것이라는 것 말고는 그 이상의 의미를 둘 만한 것은 하나도 없다고 주장하기를 결코 주저하지 않았다.[108] 성공회의 초창기 옹호자들인 위트기프트(Whitgift), 밴크

---

108) 기독교 강요, 제1권, *c. xiii., sec.* 29.

로프트(Bancroft), 빌슨(Bilson), 다운슨(Downson)과 같은 이들[109] 전부는 감독 정치제도를 선호하여 이그나시우스의 서신들을 들먹였다. 마침내 우셔(Usher) 대주교는 하나의 원본(MS)에서 찾아낸 것을 1644년에 옥스퍼드에서 라틴어로 출판하였다. 이것은 이그나시우스의 7개의 라틴어 서신들로서 이전에 알려진 다른 어떤 자료들과는 상당히 다른 것들이다. 이 역본에 있는 서신들은 상대적으로 짤막하다. 그 서신들은 아리안주의와는 관련이 없고 날조된 것이라고 할 만한 어떤 증거를 내포하고 있지 않다. 그런데 아주 우연찮게도 그와 동시에 존경받는 학자 아이삭 보시우스(Issac Vossius)가 이그나시우스의 서신 헬라어 판본을 발견하여 출판하였다. 이 판본은 플로렌스에서 보존되어 왔던 것인데, 우셔 대주교가 발행한 라틴어판과 온전히 상통하는 것이었다. 한 가지 다른 것은 이것은 7개의 서신이 아니라 6개 서신이라는 점이다. 이것은 감독제도와 이그나시우스를 옹호하는 자들을 크게 고무시켰다. 그리하여 그들이 할 수 있는 한 모든 수단을 동원하여 그동안 방어해 왔던 이전의 자료들은 후세 사람에 의해서 손질이 가해진 것들이었다는 점을 인정하면서 다 폐기하였다. 그리고 그들은 이 짤막한 서신들이 더 현대적인 진품이라고 내세웠다.

이 서신이 발견된 결과, 200여 년 이상 끌고 온 이그나시우스의 서신들에 관한 모든 논쟁의 적실성과 가치가 박탈되었다. 로마교황주의자들과 감독주의자들에 의해서 폐기처분됨으로써 그 폐기된 문건을 내세우는 사람은 내가 아는 한 아무도 없다. 단 한 사람, 아리안주의자였던 휘스톤(Whiston)과 독일인 한두 명의 신학자들만 이를 옹호했다. 반감독주의 체제 인사들은 이그나시우스의 구판(舊版)역 서신들에 반하는 예증이었던

---

109) Person's Introd. to Vindiciae.

많은 반대 의견들이 이 단편 서신들과 현대판에 직용되지 않았다는 것을 즉각 시인하였다. 그러나 심지어 이 순수한 서신조차도 이그나시우스 서신이라고 단정 지을 수 있는 것이 아니라는 점에도 보편적으로 동의하고 있다. 또한, 주목할 만한 개진작업이 없었음을 나타낼 만한 증거 역시 없다는 것에도 동의한다.

감독주의 체제를 누구도 반박할 수 없도록 유식한 글을 쓴 살마시우스(Salmasius)와 블론델(Blondell)도 "보시우스와 우셔의 역본을 살펴보니 우리는 아직 이그나시우스의 진짜 서신들을 가지고 있는 것이 아니며, 적어도 이 순수하다는 서신들조차도 엄청 훼손된 것이라고 말하지 않을 수 없다."라고 선언했다. 하몬드는 그들의 공격을 막으며 이그나시우스를 옹호하였다. 이것은 하몬드와 오웬 박사 사이에 이 주제에 대한 논쟁을 불러왔다. 프랑스 개신교의 박식한 신학자인 다일레(Daille 또는 Dallaeus)는 이 논쟁 직후 이그나시우스가 썼다는 이 서신들이 3세기 말경에 성직자 계급제도를 옹호하는 몇몇 친구들에 의해서 위조된 것임을 증명하는 책자를 발간하였다. 한편, 성공회 감독주의자들이 끊임없이 자랑하는 피어슨 감독의 역작 『이그나시우스 서신들에 대한 변증』이라는 책은 다일레의 글에 대한 답변서였다. 그리고 우셔와 보시우스에 의해서 출판된 이그나시우스의 서신들은 진짜이고 훼손된 적이 없는 것을 증명한다고 주장하였다. 그러고 나서 피어슨 감독을 반박하는 다른 답변이 프랑스 개신교 신학자인 라로크(Larroque)의 『이그나시우스를 변호하는 피어슨에 대한 고찰』이라는 책자가 나왔다. 그리하여 진위여부에 대한 논쟁은 여기에서 종식되었다.

그 이후로 감독주의자들은 하몬드와 피어슨에 의해서 주장된 것을 기초로 자신들의 입장을 계속 펼쳐 갔다. 장로교도들은 다일레와 라로크가 그 서신들의 진품성 또는 적어도 정통성을 부정하는 주장에 근거하여 자신들의 주장을 내세웠다. 한편, 반감독주의 저자들 사이에 가장 많이 알려진 견해, 즉 이그나시우스의 순수한 단편서신들 또는 7개 중 적어도 6개가 모세임만이 아니라 심지어 우셔 대주교까지 폴리갑에게 쓴 편지임을 부정한다는 이 견해는 사실이라고 말하지 않을 수 없다. 본질적으로 그것이 이그나시우스에 의해서 쓰인 것이었다고 하더라도 몇몇 부분은 감독주의자들이 발견한 것과 같이 후세에 개진된 것이었다는 사실도 부정할 수 없다. 네안더는 자신의 의견을 다음과 같이 피력하고 있다. "확실히 이 서신들은 적어도 고대성을 완벽하게 지니고 있다. 특히, 유대주의와 가현주의를 반대하는 글들의 경우가 그러하다. 그러나 심지어 그 단편적인 서신들이 비록 참된 것이라 할지라도 많은 부분들이 개진된 것이다."[110]

예를 들어, 정경적 성경은 사역의 삼중 질서, 감독, 사제 및 집사직으로 구분하는 것을 지지하지 않는다. 그리고 성경은 일관되게 장로나 감독을 상호 교환적으로 사용하거나 구분 없이 사용하고 있는 직임이고, 기능적으로 동일한 유형의 직분으로 사용하고 있다고 확신하는 장로교도는 이그나시우스의 서신들과 그에 대한 다일레의 논문을 거의 사용하지 않는다. 그것들은 3세기 말경에 성직자 계급주의를 열렬히 지지하는 자들에 의해서 위조된 것이라는 주장을 수용하고 있기 때문이다. 그러나 나는 다일레가 이것을 엄중히 증명하지 않았다고 인정하는 것이 공정한 평가라고 생각한다. 이 서신의 모든 것이 전적으로 날조된 것이라는 주장에 반박하는 논쟁에 답하는 자신의 글에서 피어슨이 예증으로 삼은 그럴듯한 것들 중 상당수도 독자들에게 납득이 되지 않는 것들이다. 얽히고설킨 복

---

110) Neander, vol. ii., p. 334.

잡한 논쟁의 과정을 힘들게 파헤친 다음에 특별히 이그나시우스의 순교 후까지도 들어 보지 못했던 이단들을 다일레가 주장한 것과 관련된 시대 착오적인 내용들과 함께 생각해 본다면 이그나시우스가 그것을 쓰지 않았다는 주장과 감독들과 장로들 및 집사들 사이의 구분 외에는 그의 어떤 주장에도 손을 들어 주기가 매우 껄끄럽기 그지없다고 느낄 것이다.

그들의 진품성과 관련한 외적 증거는 인정되어야 한다. 예를 들어서, 이그나시우스의 서신들 중 몇 개는 그의 이름으로 되어 있는 것들로서 그가 직접 썼다고 보는 외적인 증거는 강력하게 받아들여져야 한다. 그의 서신의 결말에서 폴리갑은 그가 이그나시우스의 서신들을 모았다고 언급하고 있다. 그리고 빌립보교인들의 유익을 위해서 그 서신들을 빌립보교회에 보냈다고 말하였다. 이것이 폴리갑 서신에 개진하여 첨가된 것이라는 다일레의 생각은 확고한 근거가 없는 주장임을 확인해 준다. 그는 이 서신들이 폴리갑으로부터 유세비우스에 이르기까지 4세기 초에 쓴 저자들의 글에서 전혀 언급된 적이 없다는 주장에 근거하여 이를 찾아낸 것이다. 그러나 그것이 사실일지라도 이것의 결정적인 논증이 되는 것은 아니다. 그러나 다른 한편에서 이것은 2세기의 이레니우스와 3세기의 오리겐에 의해서 언급되고 인용되었다고 주장해 왔다. 다일레는 오리겐에게서 찾아진다는 작품들은 그의 것이 아니라고 하였다. 그러나 이것이 진짜 맞는 것인지 아닌지를 결정하는 것은 여간 어려운 일이 아니다. 그러나 그는 이레니우스의 증언을 넘어서지 못하였다. 그 교부는 자신의 글들에서 발견되는 것만이 아니라 유세비우스가 그의 글을 인용했다는 언급에서도 발견된다. 야생 짐승들의 밥이 된 우리의 순교자들 중 한 분이 말했다. 그리고 그는 로마에 쓴 이그나시우스 편지에서 발견되는 하나의 인용 문구를 제시했다.

　그런데 이것에 대한 다일레의 유일한 답변이 서신이라고 언급한 표현이 없다. 이는 그가 썼다는 것이 아니라 그가 이것을 말했다는 것을 의미한다. 마치 이것은 이그나시우스의 말이 구전으로 반드시 기록되지 않고 전승되어 내려온 것처럼 말했다는 것이다. 다일레는 그 서신들이 유세비우스 시대에 확대되었고 그만이 아니라 동시대에 왕성하게 활동하였던 아타나시우스와 제롬에 의해서도 진품으로 언급되었다고 믿고 있다. 따라서 그것이 사실이라는 증거는 매우 강력하다는 것을 인정하는 것이 공정하다고 본다.

　네안더가 이그나시우스의 서신들이 비록 가장 순수한 형태로 쓰인 것이라 할지라도 그것은 다 개진된 것들이라고 확신하게 된 근거는 클레민트의 서신도 동일하게 주장한 같은 원리에 입각한 것이었다. 물론 우리는 네안더가 클레민트의 서신에 대하여 그런 원리를 적용한 것이 잘못되었다고 생각하지만 공정성과 무게의 원리 측면에서 볼 때, 그렇게 확언한 것이었다.

　논쟁의 핵심은 이그나시우스 서신에 기술된 감독주의 계급 정치 제도의 존재에 대한 주장은 거룩한 성경에 언급되어 있는 것과 모순된다는 것이다. 그리고 사도적인 다른 모든 문서들에서 언급되어 있는 것과도 모순된다. 우리는 클레민트를 옹호하듯이 이 중요하고 건전한 판단의 원리에 따라서 이그나시우스를 방어해 줄 수 없다. 이그나시우스의 서신들이 감독들과 장로들 및 집사들을 세 가지 독특한 직분체계나 기능들을 지닌 직분자들로 주장하는 것은 여기에 억지로 끼워 넣은 것임을 의심하지 않을 수 없다. 성도들은 그 직분자들에게 복속되고 순종해야 한다는 것을 절대적이고 방자한 문체로 강요하였으며, 그것은 대속적인 사제적인 책임감을 강조하는 교황주의적 원리를 다소 드러내는 것이라는 사실도 지울 수 없는 것이다. 왜냐하면 그는 감독들과 장로들 및 집사들에게 복종해야 하는 자들을 위하여 자기의 영혼을 걸어 맹세하였기 때문이다. 그러나 이 서신들은 뛰어난 성공회 감독주의자들에 의해서 자신들의 주장을 꽂는 깃대로서 계속하여 강력하게 주장해 온 근거였다.[111]

마침내 그들은 이그나시우스 서신들의 진술이 갖고 있는 강점에 대해서 부끄림을 느끼게 되었다. 나는 최근 이 주제에 대해서 논한 감독주의자 중 한 사람인 코니베어러(Conybeare)를 만났다. 그는 1839년 그의 밤톤 강좌(Bampton Lectures)에서 솔직하게 밝히면서도 매우 조심스럽게 이 점을 허용하였다. 이그나시우스의 서신에서 몇몇 내용을 인용한 후에 아주 탁월한 실천적 권면을 하면서 그는 "모든 분파의 모든 그리스도인들은 이러한 언급들에 대해서 감탄해 마지않을 것입니다. 그러나 이그나시우스의 각각의 모든 서신 안에서 격렬하게 반복적으로 주장하고 있는 큰 쟁점은 엄격한 국교회 신봉의 필요성을 교회 권징에 적용하는 것입니다. 그리고 감독주의 권위에 헌신적으로 복종해야 할 필요성입니다."라고 강의했다. 그리고 "이 복종은 우리가 그리스도에게 복종하듯 해야 하는 같은 원리로 실천해야 할 것이다."라고 말했다. 이와 같은 진술이 바로 왜 장로교 저자들이 그 같은 신빙성을 인정하기를 그토록 꺼려 해 왔는지에 대한 이유이다. 우리 교단이 힘써 지켜 온 교회 헌법에 대한 사도적 기원설의 증언을 확정함에 있어서 우리가 얼마나 만족스러워하는지 이루 말할 수 없다. 그러나 심지어 우리 자신들도 이 서신들 안에서 사용된 몇몇 용어들 때문에 움츠러들 수 있다. 너무 과하거나 지나친 주장은 아닌지 하는 점에서 말이다. 이에 그는 "우리는 진정으로 우리의 감독적인 권위가 주님 안에 놓

---

111) 심지어 밀너(Milner)조차도 그런 주장에 빠져들었다. pp. 55-58, edit., 1842.

여 있고 주님을 통해서 수행된다고 믿는다. 그리고 주님의 몸 된 교회에 가장 적합한 것이라고도 믿는다. 우리는 이그나시우스가 의미한 것이 이 정도의 뜻이었기를 소망한다. 그러나 우리는 그의 수사적 표현에 대한 지나치게 과장된 문체 측면에 대해서, 즉 그가 너무 과하게 지상의 감독자들의 권위와 하늘의 수장 사이의 권위를 동격에 놓는 인상을 주는 표현들을 사용한 것에 대해서는 심히 유감스럽다고 말하지 않을 수 없다."112) 라고 언급한 바 있다.

그러나 현재 우리가 해야만 하는 것은 초대교회의 정치에 대한 일반적인 주제가 아니라 이그나시우스의 서신들의 진실성(integrity)을 다루는 것이다. 사도들의 동반자였던 경건하고 헌신적인 목사가 이 주제에 대한 글을 쓰는 자로 뽑혀서 이 서신을 쓴 것이라고 믿기는 쉽지 않다. 이 점에 대한 다일레는 "사도적 시대의 다른 저자의 글이 아니다. 그렇다고 2세기 동안 살았던 어떤 작가가 이그나시우스가 사용한 문체와 유사한 문체로 이 주제에 대하여 썼다는 것도 아니다. 특별히 더 나아가서 이 기간의 어떤 저자도 두 가지 독특한 표현문구를 써서 감독과 장로로 나누어 사용했다거나 기능적인 구별을 가지고 획일적으로(uniformly) 사용한 저자는 없다. 즉, 감독은 보다 높은 직위에 있고 장로는 그보다 낮은 지위에 있는 것으로 사용한 저자는 한 사람도 없다는 것이다. 그렇다면 이그나시우스가 쓴 것으로 묘사된 그 서신의 내용들은 그가 직접 자기 손으로 쓴 것이 아니라 그 기원은 이보다 더 넓은 시기에 해당되는 사람이 쓴 것으로 보아야 한다."라는 논지를 펼쳤다.

이 입장이 다일레가 견지하고 있는 틀림없는 견해라고 생각한다. 피어

---

112) Conybeare, Bampton Lectures, Lect. ii., pp. 83-84.

슨은 그의 논지에 대해 답변하지 않았지만 라로크가 결정적으로 증명한 것처럼 이는 논점상위의 오류(*ignoratio elenchi, 論點相違 誤謬*)라는 궤변으로 논쟁한 것으로 비난받아야 할 것이다. 즉, 그는 다일레가 그 서신의 이 부분은 이그나시우스가 쓴 것이 아니라는 결론을 내린 근거를 가지고 비판적으로 철학적인 논증을 공정하게 내리지 않고, 대신에 2세기 동안 교회정치에 관한 전 주제를 조사하는 길로 이탈하게 만든 궤변으로 논쟁한 것이었다. 그 논지는 아주 간단하다. 영감을 받은 자이든 아니든 첫 2세기 동안의 저자들 중 어느 누구도 어떤 직임은 높고 다른 직임은 낮다고 보고, 기능적으로 구분되는 두 유형의 직임으로서 감독과 장로를 구별하여 획일적으로 사용하지 않았다는 것이다. 이 구별은 획일적으로나 체계적으로 이그나시우스의 서신들에서 만들어진 것이다. 그러므로 이 서신들 또는 적어도 그들 중 이 부분을 다룬 서신은 2세기 초에 살았던 인물에 의해 쓰인 것이 아니다. 만일 이 전제가 성립된다면 공정한 문자적인 비평원리 위에서 결론을 내려야 하는 것은 자명한 것이다.

그러므로 주된 입장이 어떤 것인지 정리하는 것이 필요하다. 첫 2세기 동안의 어떤 저자도 이그나시우스가 한 것처럼 일률적으로 감독이라는 단어와 장로라는 단어를 구별되게 관찰한 자가 없다는 사실은 분명하다. 그 구별은 3세기 후반과 그 이후의 세기 사람들에 의해서 보편적으로 사용된 것이다. 그러나 2세기 말 전에 감독들과 장로들 사이에 *사실은* 약간의 차이가 존재했다는 상황을 시사해 주는 글들이 2세기 저자들의 작품들 가운데 있었다고 하는 견해가 있는데, 그에 대해 반박하는 주장이 없다는 것을 장로교도들도 부정하지 않는다. 따라서 이 구별이 일반적으로 인정되었고 성립하였다는 것 역시 부정하지 않는다. 이 점은 피어슨이 증명해 보려고 무단히 애쓴 것이고, 이 모든 것이 사실일 수 있다. 그러나 이

그나시우스에게 쓴 서신들은 진품과 진실성 측면에서 결함투성이라는 것은 충분히 증명하고도 남는다. 특별히 단어의 사용에 있어서 현저하고 두드러진 특이성은 문제투성이라는 사실을 증명하는 것이다.

신약성경에서 감독이라는 단어와 장로라는 이름이 일반적으로 사용되고 있다거나 차별 없이 사용하고 있다는 것은 비록 옛 성공회 감독주의자들은 부정하고 있지만 지금 감독주의 진영에서는 보편적으로 동의하고 있는 것이다. 사도적인 교부들이라고 할 수 있는 클레민트나 폴리갑을 거슬러 올라가 보아도 그 용어의 사용에 있어서 구별되게 사용한 흔적이 없다. 그 반대의 경우만 있을 뿐이다. 언제나 그런 것은 아닐지 몰라도 종종 2세기의 모든 저자들은 무차별적으로 사용했다. (저스틴 마터는 사용하지 않았지만) 파피아스, 이레니우스 및 로마의 감독이었던 파이우스 등이 그들이다. 알렉산드리아의 클레멘스나 3세기에 좀 살았던 터툴리안의 글에서도 동일하게 구별이 없이 사용했다. 심지어 오리겐이나 키프리안의 글 속에서도 전혀 사라지지 않고 등장하였다.

그러나 그 이후 시대의 역사에는 그 용어를 무의식적으로 사용된 사례가 흔하게 나타나지 않는다. 이제 여기에 주목할 만한 특이성이 있다. 영감받은 저자들 모두가 감독과 장로라는 단어를 동의어로 보았고 구별되게 쓰지 않았다는 점이다. 뿐만 아니라 우리에게 전달되고 있는 이그나시우스와 유일하게 동시대 사람이었던 클레민트나 폴리갑의 서신 역시 사도들의 가르침을 충실하게 따랐다. 2세기 후속시대의 저자들의 모든 글들에서도 일률적인 것은 아니라 할지라도 거의 모두가 다 구별함 없이 그 용어들을 동의어로 사용하였다. 그런데 116년에 죽은 이그나시우스만이 유일하게 완강하게 획일적으로 단 하나의 예외 없이 이 두 단어의 용도와 적용에 있어서 구별된 용어로 사용한 것이다. 그것이 3세기 동안 무르익기는 했어도 4세기까지도 원전히 성립된 것은 아니었고, 그 이후로 계속 주장되며 굳어진 것이다.

적어도 이그나시우스 서신들에 대한 진실성에 반하는 이 논쟁은 너무나도 명백하고 매우 결정적인 것이었다. 이 서신들의 가치와 관심사항에 대한 진품과 진실성에 관한 논쟁에 불러일으킨 그 핵심에 직접적으로 깊은 영향을 주는 것이었다. 피어슨은 여기에 어떤 답변도 내놓지 못했다. 그는 거의 적절한 답변을 제시하려고 했겠지만 할 수 없었다. 왜냐하면 그가 답변을 내놓을 만한 것을 소유하고 있지 못하였기 때문이다. 영감되었던 그렇지 않았던 첫 2세기에 활동한 저자들 중 어느 누구도 이 두 단어의 사용에 있어서 일률적으로 구별되게 사용한 흔적이 있다고 확정지을 만한 단서를 전혀 소유하고 있지 못했다. 그렇지만 성공회 감독주의 논쟁자들은 피어슨의 '변론'에서보다 더 결정적이고 반박할 수 없는 것으로 내세울 만한 한 권의 책도 없다. 단지 그들은 장로교도들이 이그나시우스의 서신들을 거절할 이유가 없다는 말만 내세울 뿐이었다. 그리고 단지 그들은 장로교도들의 견해를 확고하게 대적한다는 것 말고는 딱히 내세울 근거가 없었다.

그런데 이그나시우스는 이 용어들을 사용할 기회가 있을 때마다 구별되게 일률적으로 사용한 것만이 아니라 계속해서 감독들과 장로들과 집사들 위에 변화를 가미하였다. 그들을 존중하고 순종하는 것이 필요하다는 것과 그들만이 가지는 특권들을 계속해서 변형시킨 것이다. 이것은 분명 이그나시우스의 서신들이 네안더가 지적한 것처럼 순수하고 진짜 이그나시우스가 쓴 서신들이라고 할지라도 후세의 누군가에 의해서 *상당히* 개진된 것이라는 증거가 확실함을 암시하는 것이다. 비록 웨이크(Wake) 대주교가 그의 번역물에서 감추려고 했지만 이그나시우스가 트랄리안

(Trallians)에게 보낸 서신에서 이그나시우스가 자랑한 것들이 드러나고 말았다. 즉, 이그나시우스는 자신이 그들에 대해서 말했다면 그들은 시들어 버리고 말 존재들이었을 텐데, 그들을 높여 주는 글을 쓸 수 있는 존재라고 자랑하였다. 그리고 그는 그들을 천사들의 위치에 올려놓을 수 있고 그들의 고귀한 통치하에 굴복하는 많은 분파를 모을 수 있게 하는 능력의 사람임을 자랑했던 것이다. 이그나시우스는 로마로 가는 여정에서 로마에 있는 그리스도인들에게 쓴 편지에서 들짐승의 밥이 되는 것을 노출시키는 자를 정죄하였다. 그는 그들에게 하나님께 기도하지 말라고 촉구하였다. 그리고 그 사형선고를 물리치도록 영향력 있는 사람들에게 손을 쓰지도 말라고 하였다. 그는 선언하기를 그는 그 들짐승들을 잘 달래어, 심지어 강제로라도 자신을 삼키라고 하겠다고 했다. 그는 들짐승들이 자신의 온몸을 하나도 남김이 없이 다 뜯어먹기를 소망한다고 선언하였다.

우리가 이그나시우스에게 보낸 서신이라는 글에서 이러한 내용들을 읽었을 때 우리는 그 서신들이 위조품이라는 사실이 온전히 성립되기를 바라는 유혹을 받았다. 아니면 적어도 개진되었다는 내용이 그가 자주 사용한 감독들과 장로들 및 집사를 언급한 부분만이 아니라 그 이상의 글들에도 해당되어 그것들이 위작임을 증명하고 싶은 유혹을 받았다. 그러나 비록 그것이 사실처럼 보이지 않을지라도 이그나시우스와 같이 사도들과 교제를 나눈 거룩하고 헌신된 뛰어난 목사가 그리스도를 위해서 순교의 제물이 되기 직전에 인간의 그러한 나약성에 대한 확실한 증거를 드러낼 수 있는 가능성을 주장할 만한 근거를 가지고 있는 것은 아니다. 비록 그가 이처럼 무리한 요구의 글을 썼다고 할지라도 우리는 그의 권위에 별 무게를 둘 수 없다. 그러나 선하고 옳은 신앙인의 감정을 지니고 있다는 측면에서, 그의 동시대 사역자들인 클레민트나 폴리갑 다음의 위치에 그를 둘 수 있어야만 한다. 그리고 우리가 '이그나시우스가 처한 상황에서 계속적으로 그리고 일률적으로 감독과 장로를 두 가지 구별되는 그룹이요, 기능적인 차이가 있는 직임들로 사용할 수 있었던 사람은 아무도 없다는 것과 이 용어들에 대하여 일관되게 구별하여 사용한 것은 명백하게 후기 시대였다,'라고 말하는 것에는 분명한 근거가 있다는 것도 분명한 사실이다.

이그나시우스의 서신들이 전체가 다 위조된 것은 아니더라도 상당수가 조작된 것이라는 견해가 확고하다는 강력한 증거는 바울을 통해 회심한 아레오바고 관원 디오니시우스(Dionysius the Areopagite)라는 이름이 있는 저작물에서 확인할 수 있다. 이 저작물들은 일반적으로 개신교도들이 위조한 것으로 간주되는 것들로, 4세기 이전의 것은 아니다. 그런데 여러 가지 측면에서 이그나시우스의 서신들과 유사하다. 위조된 작품에서 디오니시우스는 천사들에 대한 상세한 지식과 이그나시우스가 언급한 그들의 지위들을 세세하게 제공하고 있다. 그러나 이것은 자비롭게도 트랄리안에게는 숨겨졌다. 그의 작품의 주요 범위와 목적들은 감독들과 사제들 및 집사들이라는 삼중직을 사도적인 인준과 더불어 고안해 내는 것이었고, 심지어 4세기에 교회들을 꼴사납게 하고 부패하게 만든 의식들과 예식을 만들어 내는 것이었다. 내가 자주 언급하였던 다일레의 책에서는 디오니시우스와 이그나시우스를 언급한 작품들의 진품성에 반하는 글을 기술하고 있다. 그 책의 이름은 『De Scriptis, que sub Dionysii Areopagite et ignatii Antiocheni nominibus circumferuntur(아레오바고 관원 디오니시우스와 안디옥의 이그나시우스라 부르는 자의 글들)』로 알려진 것이다.[113]

나는 최근까지 이어진 논쟁 중에서 이 논쟁이 공정하다고 생각한다.

---

113) Geneva, 1666.

그러나 큐레톤(Cureton)의 책에서 자료적인 측면에서 그 논쟁의 모든 양상이 바뀌어 있다. 이 책은 이 서신들에 대한 시리아 판본을 출판한 책으로 최근 이집트에서 발견되어 지금은 대영박물관에 소장되어 있다. 이 책에서는 논의에 사용된 주제들 대다수와 관련된 근거와 결정을 요구한다. 이 것은 성공회 감독주의자들이 그토록 오랫동안 강력하게 주장해 온 것들에 반대하여 사용된 것들에 관한 것이다. 이 시리아 판본은 대략 6세기경에 쓰인 것으로 보이며, 여기에는 앞에서 언급한 세 서신들만 포함하고 있다. 그것들도 간략하게 언급하고 있고 우셔와 보시우스의 단편 판본형태보다도 작다. 자신의 업무에 충실하고, 근면 성실한 태도로 배우는 것을 즐기며, 탁월한 판단력에 남다른 외모까지 지닌 큐레톤은 모든 타당한 의혹을 넘어서 이 시리아 판본의 세 서신을 제외하고 이그나시우스의 서신으로 알려진 것들은 진짜로 볼 만한 근거가 없다는 사실을 입증하였다. 그리고 다일레와 다른 장로교도들의 반대에 대한 상당한 부분들은 적어도 이 서신의 진실성을 입증하는 괜찮은 논증으로 평가했다. 단, 피어슨과 성공회 감독주의자들이 취한 견해는 지지할 수 없는 것으로 보았다. 그러므로 이그나시우스 이름과 클레민트나 아레오바고 디오니시우스라는 이름으로 쓴 서신들은 감독 정치체제를 옹호하기 위하여 일찍이 위조된 문서들이라는 것이다.

감독주의자들은 이 견해를 인정하기를 매우 껄끄러워한다. 그들은 큐레톤의 솔직한 판단을 따를 수 없는 자들로 보인다. 『English Review』와 『The Quarterly Review』는 그의 논지를 반박하려고 시도하면서 피어슨의 입장을 지지하고자 하였다. 그러나 그렇게 성사되지는 않을 것이다. 이 문제는 너무나도 명료하고 공허한 짓이며 조사 자체가 성립될 수 없는 것이기 때문이다. 잉글랜드 교회에서 신앙의 한 조항으로 오랫동안 고백되어서 지금은 전통으로 내려오고 있는 피어슨의 『청구(Vindiciae)』는 답변될 수 있는 글이 아니다. 이에 이그나시우스 『선집(選集, Corpus Ignatianum, p. 14 주를 보라)』의 서문에서 큐레톤은 '이그나시우스 서신과 관련한 모든 의혹을 풀어 가는 과정에서 나는 피어슨 감독의 역작을 읽었다고 고백하는 사람을 단 한 사람도 만나지 못하였다. 그러나 가장 박식하고 탁월한 현존하는 감독들 중 한 사람인 포손(Porson)이 피어슨의 『청구』를 살펴본 후에 "이것은 대단히 불만스러운 작품이다."라는 견해를 밝혀 준 데에서 정보를 얻었다.'라고 적었다.

시리아 판본의 세 서신 외에는 이그나시우스 서신으로 언급된 것들이 진짜가 아니라는 사실이 증명된 후에도 여전히 의구심은 남아 있다. '과연 우리가 시리아판의 세 서신을 진본으로 보아야 하는가? 개진된 것이 아닌 것으로 수용해야 하는가?'라는 의문점이다. 다일레와 다른 장로교도들이 발견한 옛 판본들에서 발견되는 것들이 시리아 판본에는 빠져 있고, 그것들의 진품 또는 진실성 여부에 영향을 미칠 만한 것으로 볼 수 없기 때문에 그 서신이 포함하고 있는 내용상 서신이 진짜라고 확정 짓고 인정해야만 함이 공정하다. 그러나 이것이 그 서신들의 진실성 여부나 그 작품이 개진되었다는 의혹으로부터 완전히 자유로운 것은 아니다. 그 서신들은 여전히 광명한 천사들에 대한 지식에 관하여 자랑하는 내용을 내포하고 있다. 그리고 순교를 갈망함, 들짐승이 자신의 몸을 완전히 다 삼켜 버리기를 바라는 욕구를 자랑하는 내용을 내포하고 있다. 이것은 로마 사람들에게 보낸 서신 안에 있다는 것이다. 그리고 에베소 성도들에게 보낸 서신에 이전 판본에는 있던 그리스도의 죽음과 베들레헴의 별보다 더 밝으신 분에 대한 언급은 생략되어 있지만 동정녀 마리아와 그리스도의 탄생에 대해서 전혀 알지 못하는 사단에 대해 언급한 것이 들어 있다.

이전 판본에서 감독들과 장로들 및 집사들에 관하여 억지로 삽입한 것들은 시리아 판본에서는 오직 한 쪽 분량만 남아 있는데, 그것은 폴리갑에게 보낸 서신에 있다. 그러나 그것은 강력하게 반대하는 언급일 뿐이다. 즉, 감독의 조언 없이는 결혼을 하지 말라고 권면한 후에 그는 시리아 판본에 큐레톤이 직접 번역한 문장을 더했다. '감독을 바라보라 하나님께서도 너를 바라볼 것이다. 나는 감독들과 장로들과 집사들에게 복종하는 자들의 영혼을 대신하게 될 것이다. 그들과 더불어 나는 하나님 가까이서 내 몫을 가지게 될 것이다.'라는 일반적인 교훈을 덧붙였던 것이다.

이것은 시리아 판본에 있고 구판본의 길고 짤막한 서신들에도 있는 내용이다. 긴 역본에서는 "장로들"이라는 단어 대신에 "장로"라는 단수를 사용한 것을 제외하고는 동일하다. 신약성경에서나 클레민트 또는 폴리갑의 서신에서 그러한 용어나 정신을 담아내는 유사한 글은 전혀 없다. 그렇기 때문에 그것도 개진되었다고 여기는 것이 공정한 판단이다. 시리아 판본에서 이그나시우스는 클레민트의 서신에서 차지하고 있는 위치와 매우 유사하다. 네안더는 그중 한 페이지가 분명 누군가에 의해서 개진된 것이라고 선언하였다. 그 이유는 반사도적이요 계급주의적 경향이 드러나 있었기 때문이다. 우리는 이 적용의 원리가 클레민트 서신의 내용을 고려할 때 잘못된 적용이었다고 생각한다. 그러나 그 원리는 건전하고, 이그나시우스 서신에[114] 남아 있는 감독주의 정치체제를 옹호하는 글에 적용하는 것도 공정하다고 생각한다.

이상의 것들이 사도적 교부들의 작품들이다. 하나님께서 그들의 작품

---

114) 이 본문을 포함하고 있는 폴리갑의 서신의 마지막 3장은 고대 기독교의 자유교회라는 책을 쓴 쿠퍼에 의해서 개진된 것이라고 선언되었다. Appen. K., p. 388. Bunsen's Ignatian Epistles and his Hippolytus.

들을 보존하시기를 기뻐하시고, 그것들을 구별하는 수단을 허락하시기를 기뻐하셔서 지금 우리에게 남아 있는 것들이다. 그것들에 대한 간략한 개요는 이 주제에 대해서 내가 소개하고 있는 두 가지 입장들의 진실을 보여 주기에 충분했다고 생각한다. 첫째는, 우리는 증거 차원에서 영감된 사도들이 가르쳤고 임명하였다는 것과 관련하여 정경적인 성경에 기록된 것을 제외하고는 우리가 안심하고 신뢰할 수 있는 어떤 정보도 교부들의 글에 존재하지 않는다는 것이다. 둘째는, 성경을 기록한 영감된 저자들을 제외하고는 지침이나 규율로 삼고 따라야 하는 명령을 우리에게 내릴 수 있는 그럴듯한 위치에 있는 자는 어느 누구도 없다는 것이다. 그 결과가 입증해 주듯이 사도들의 직속 후계자들을 도구로 삼아서 중요한 가르침을 우리에게 전달하고자 하는 것이 하나님의 뜻하심이 아니라는 사실은 명백하다. 예를 들어, 성령의 감동하심으로 말미암아 정경으로 주신 성경 외에 하나님께서 사람에게 주시는 계시의 본질에 관해 그들을 통해서 전달하고자 하신 의도는 없으셨다. 즉, 하나님의 선하신 섭리하심 가운데서 순결하게 보존되고 훼손됨 없이 그들을 통해서 우리에게 하나님의 뜻이 전달되기를 의도하신 것이 아니었다는 것이다.

사도적 교부들은 성경의 진품성, 신뢰성, 그리고 정통성을 증언하는 중요한 위치를 차지한 자들이다. 이것이 그들의 주된 가치이다. 그들의 성품과 글들을 보면서 그들에 관하여 할 말은 없다. 특히, 기독교의 신적 기원에 대하여 그리고 성경의 신적 권위에 대하여 우리의 믿음을 확고하게 하는 것들이 많다. 그러나 우리의 안내자로서 복음 전하는 자들과 사도들을 대신하거나 그들을 이어서 지침으로 삼을 만한 그 어떤 것들도 사도적 교부들이 가지고 있지는 않다. 그들은 기독교 원리에 대한 실천적 행동을 통해 우리에게 아름다운 모습을 보여 준다. 특별히 구세주에 대한 뜨거운 사랑과 그리스도를 섬김에 있어서 우리 마음에 깊은 감동을 자아내고 우리도 그렇게 본받도록 강권하는 전적인 헌신이 어떤 것이었는지를 보여 준다. 그들이 그리스도를 본받은 것과 같이 우리도 그들을 본받아야 한다는 것을 상기시켜 주는 것은 결코 작은 것이 아니다. 그러나 우리를 온전케 하고 모든 선한 일을 행하기에 온전케 하는 것은 오직 하나님의 말씀뿐이다.

제5장

사도적 교부시대의 이단들

제5장

사도적 교부시대의 이단들

성경은 우리에게 사도들이 버젓이 살아 있는 동안에도 교회 안에 다양한 오류들이 침투해 들어왔고 교회의 순결성과 화평을 훼방했다는 분명한 사실을 알려 준다. 또한 이러한 현상이 계속되고 확장되리라는 예견도 한다. 비록 그러한 오류들과 이단들이 어떤 것인지에 관하여 신약성경이 제공해 주는 뚜렷한 정보는 그리 많지 않지만, 이단들은 사도들 이후에 살았던 기독교 저술가들의 작품들 속에 두드러진 위치를 차지하고 있을 만큼 초기 기독교 교회 역사 속에서 괄목할 만한 부분을 차지하고 있음을 간과해서는 안 된다.

폴리갑의 제자였던 이레니우스는 2세기 후반에 왕성하게 활동했던 인물이었다. 오늘날 우리에게까지 전해지고 있는 그의 저서들은 비록 라틴어 역이 대부분이지만, 이레니우스는 그 시대의 이단들을 공격하는 책을 썼다. 이레니우스의 작품은 히폴리투스의 저작과 더불어 초기 이단들의 교리들에 관한 정보의 주요 출처이다. 이레니우스는 이 부분에 전문가였고, 에피파니우스나 어거스틴과 같은 학자들도 그의 뒤를 따랐다. 이 주제에 관심을 가지고 글을 쓴 자들은 자연스럽게 현재 우리가 사용하고 있는 의미와 같지는 않지만 이단(heresy)이라는 용어를 즐겨 사용하였다. 예수 그리스도의 신적 사역과 성경의 권위를 믿는다고 고백하는 자들이 만든 건전한 교리로부터 이탈한 중대한 부분을 지적하기 위해 그런 용어를 사용한 것이다. 그리스도와 기독교와 관련된 오류들이 소개했던 그들은 그리스도인이라고 말하기도 합당하지 않은 자들이고, 기독교 교회의 회원이 될 수도 없는 자들이었다.

초대교회의 순결성과 화평을 깨는 오류들이 등장하자, 사도들은 교회에 쓴 서신들이나 설교를 통해 그들의 과오를 지적하고 정죄하였다. 그들은 초대교회 교부들에게 크게 주목을 받은 자들이었다. 교부들이 이단이라고 불렀던 것처럼 계속해서 오류를 주장하는 그들은 교회 역사 가운데 이단들이라는 명칭으로 따로 분류되었다. 지금은 그 용어가 이전보다 더 제한적인 의미로 사용되고 있기 때문에 지금의 용어로 판단해 보면, 초대교회 이단들은 배교자들로 규정하는 것이 더 적절할 것이다. 이렇게 교부들은 그들을 이단으로 분류하였다. 제1세기와 2세기의 이단들이라는 이름으로 설명되고 논의된 많은 개념들은 그들의 체계를 형성함에 있어서 '자연적인 것이든 초자연적인 것이든' 또는 '이성적이든 성경적인 것이든' 명백한 규범을 따르기보다는 자신들의 상상(imaginations)의 범주에 놓고 판단했다. 마치 정신 나간 자들의 광란의 짓거리처럼 말이다. 그런데 그들이 항구적으로나 직접적으로 영향을 미치지 못하게 된 것은 그들의 가르침들이 교회 안에 정착할 만한 근거를 가지고 있지 않았기 때문이었다.

그러므로 제3세기의 것들에게도 적용되는 첫 2세기의 이단들의 역사와 교의를 연구하고 살피는 일은 매우 흥미롭거나 유용해서가 아니라 단지 호기심 차원에서 시작된 것이다. 이러한 이단들의 괴물적인 체계들은 사람들의 심성에 그렇게 깊이 뿌리를 내리지 못하였다. 그 이후 시대의 교회까지도 직접적으로 영향을 끼쳤다고 말할 수 없다. 실제로 그들의 문제는 사람들의 마음속에 여전히 영향을 미치고 있는 악의 기원이나 원인과 관련된 것들로서 지금 우리가 논의하려는 주제이다. 그리고 악의 기원 문제는 세상 창조에 대한 문제들과도 늘 연관이 되어 있다. 그러나 초기 이단들은 그러한 주제들에 대하여 다양한 관점들을 쏟아 냈지만 그 주제들을 밝히 이해하도록 큰 빛을 조명해 주었다고는 말할 수 없다. 또는 건실한 철학사조에 의해서나 하나님의 계시를 명백하게 존중하는 입장에서 그 주제들을 연구하는 자들의 견해를 세워 가는 자료적인 측면에서도 어떤 도움을 주었다고 말할 수 없다.

첫 2세기의 역사 가운데서 이단적인 체계를 갖춘 일반적인 그룹은 분명 영지주의가 해당될 것이다. 그러나 영지주의는 3세기까지 이어졌지만 어떤 측면에서 보면 3세기를 주도한 이단은 마니교였다. 마니교는 인간 지성사에서 매우 호기심 넘치는 장을 차지하고 있다. 마니교는 인간 본성을 연구하는 자들에게 매우 유용하고 교훈적인 가르침 몇 가지들을 제공한다. 인간의 역량과 성향들에 대해서 설명하고자 하는 철학자들에게도 도움을 준다. 마니교주의는 놀랍게도 인간 이해력의 본성적인 어둠에 관하여 성경의 단순하고 명백한 교리들이 설명하고 있는 것보다 더 많은 것을 설명하고 있다. 그것은 세상이 자기 지혜로 하나님을 알지 못하며 지혜롭다고 하는 자들은 어리석은 자가 될 뿐이라는 사도의 선언에 대한 놀라운 주해이다. 그러나 이것도 순수한 신학적 관점에서 보면 그렇게 중요한 교훈은 아니다. 단지 신적 진리체계에 대한 약간의 빛을 비추고 있을 뿐이다. 그 교훈을 연구하는 자들, 좋은 의미로 그 주제를 설명하고자 시도하는 자들의 수고에 괄목할 만한 직접적인 영향은 거의 없다. 실로 초기 이단들의 지식에 관한 원천적이고 실천적 사용은 그 지식들을 알고 있을 때, 그 지식들과 관련한 하나님의 말씀의 일정한 분량에 미미한 빛을 비추어 주는 것에 불과하다. 이것이 그 자체가 가지고 있는 최고의 가치이다. 그런데 어떤 측면에서 보면 이것이 우리가 모든 지식의 참된 가치를 평가할 수 있는 기준이 된다고 말할 수 있다.

지성활용과 관련하여 우리가 목적할 수 있는 최고의 대상은 하나님의 계시된 뜻에 대한 정확하고 포괄적인 지식을 획득하는 것이다. 이 방면에 기여하는 것이 무엇이든지 그렇게 조성한다는 측면에서 볼 때 매우 중요하고 가치 있는 것으로 평가되어야 한다. 우리는 가능한 한 하나님의 말씀에 있는 각각의 참된 의미와 적용을 확보하는 것을 갈망해야 한다. 그런 결과를 낳게 하는 적용 가능한 모든 것을 적절하고 바르게 사용해야 한다. 우리는 사도적 교부들의 작품들이 신약성경에서 좀 모호하고 난해한 구절들에 대해서 빛을 던져 줄 만한 정보를 제공해 준다는 것을 쉽게 간파할 수 있다. 예를 들면, 그들은 바울의 개인사에서 의문시되는 연대기 문제를 잠재우는 정보를 제공한다. 성경 자체에 있는 자료들로 확정 짓기에는 부족하여 많은 논란을 불러일으킨 바울의 전도여행과 서신들에 대한 정보를 제공해 준다. 교부들의 작품들은 성경에서 불분명하여 논란이 된 몇몇 구절들에 대한 해석을 분명하게 하고 확실하게 알게 해 주는 정보들을 전해 준다. 왜냐하면 그 구절들이 언급하고 있거나 일반적으로 그 교회가 처해 있는 상황이나 여건들, 특별한 교회들의 정황이 어떠한지 분명하게 알게 하는 내용들이 없는 것에 대해 교부들이 작품 속에서 다뤄 주기 때문이다. 이 부분은 그들의 작품들이 본래 의도한 것은 아니었지만 우리에게 필요한 그 목적에 적합하게 적용할 수 있게 하는 유용한 정보가 되는 것이다.

우리는 그 정보가 주는 것들을 적용하여 성경의 몇몇 단락에 대한 이해를 정립할 수 있었다. 우리에게 정보를 제공해 준 자들의 이름을 언급하지 않고, 또한 그들의 견해에 무게를 두고 설명하지 않고 그것들을 잘 활용하여 참된 의미를 세워 갈 수 있었다. 모든 것이 다 그래 왔겠지만 하나님께서는 사실 초기교회 교부들의 작품들을 통해서 하나님의 뜻을 계시하심을 기뻐하신 것이 아님을 지적한 바 있다. 성경의 해석에 있어서 유용한 실천적 적용을 허용하는 많은 정보 제공에 교부들의 작품 활용을 용인하기를 기뻐하신 하나님이 아니시다.

그러나 한 가지 예외가 있다. 후속 저자들에 의해서 우리에게 전달된 정보가 신약성경의 몇몇 구절들에 대한 의미와 적용을 이해하도록 도움을 주는 경우와 그것들이 표현하고 있는 단어들의 적실성과 적합성을 깨닫도록 도와주는 경우는 예외적이다. 그것은 초대교회 이단들의 문제에서 발견되는 것이다. 물론, 교부들의 저작들이 초기 이단들의 지식을 적용하게 하는 것이 주된 실천적인 목적이었지만 말이다. 신약성경에서 사도들의 입장과 반대되는 견해를 주장한 허모게네, 부겔로, 데마, 후메네오, 빌레도, 알렉산더 그리고 디오드레베와 같은 자들의 이름은 성경에서 간략하게 언급된 것 외에 초대교회 초기 작품들에서는 신뢰할 만한 정보를 발견하지 못한다. 4, 5세기 주석가들에 의해서[115] 그들의 이름들이 다루어진 것에 대한 해설들을 믿을 수 없다. 그 가치나 무게에 있어서 성경에서 설명하고 있는 것을 언급한 것을 제외하고는 전혀 믿을 수 없는 것이다.

이단에 대해서 신약성경이 우리에게 주는 가장 분명한 설명은 후메네오와 빌레도의 이름들과 관련된 바울의 진술이다. 바울은 "진리에 관하여는", 즉 교리적인 문제와 관련하여 "그들은 그릇되었도다 부활이 이미 지나갔다 하므로 어떤 사람들의 믿음을 무너뜨리느니라."라고 지적하였다.[116] 그러나 후메네오나 빌레도에 관하여 배울 수 있는 것이 후속 저자

---

115) Ittigius, de Haeres, pp. 84-88.
116) 디모데후서 2:17-18.

들의 글들에서는 하나도 없다. 그들에 의해서 주장된 이단의 특징과 관련한 바울의 진술에 대해서 직접적인 빛을 던져 줄 만한 어떤 정보도 없는 것이다. 그러나 후속 저자들의 글들을 통해서 우리가 배울 수 있는 것은 일반적으로 영지주의 분파들과 관련하여 설명할 수 있는 자료들이다. 그 자료들을 통해서 우리가 아는 것은 영지주의 분파들은 일반적으로 육체의 부활을 부정한다는 사실이다. 특별히 가현주의자들은 그리스도의 몸의 실체를 부인한다는 점이다. 물론, 그들은 그의 죽으심과 부활에 대한 실체까지도 부정한다. 이것은 부활의 위대한 실체로부터 벗어난 그들의 입장에서는 당연히 부정할 수밖에 없는 것이다. 육체의 부활을 주장하거나 내포하고 있는 것으로 보이는 가르침에 대해서는 부연설명이 있어야만 한다. 바울은 이러한 사람들이 말한 것들은 이미 다 지나갔다고 말한다.

여기에서 한 가지 질문이 자연스럽게 발생한다. 그것은 '그들이 부활의 존재에 대해서 언급한 것과 관련하여 지나갔다는 것이 무엇인가'라는 질문이다. 이제, 이레니우스가 우리에게 제공하는 사실은[117] 1세기 영지주의 지도자들 중 한 사람인 메난더(Menander)가 영지주의 세례가 부활이라고 가르쳤다는 것이다. 그리고 그 세례만이 우리가 기대할 수 있는 유일한 부활이라는 것이다. 이에 우리는 사도시대에 세례를 부활로 가르치는 영지주의 분파가 있었다는 것을 알게 되면서 후메네오와 빌레도가 그것은 이미 지나갔다고 말한 그것이 무엇을 의미하는지를 우리가 파악하는 데 전혀 어려움이 없게 되는 것이다.[118]

성경에 언급된 시몬 마구스와 니골라당과 관련해서도 후속 저자들이 제공해 준 상당한 정보들이 있다. 그렇지만 그것들은 성경에서 언급된 내

---

117) B. i. c. 23.

118) Buddei, Eccles. Apost., c. v.; Moshemii Inst. Maj., p, 319. Burton's Bampton Lec., p. 135 and note 57.

용에 특별한 빛을 비추어 주기에는 여전히 부적합한 것이다. 그 정보들은 성경에 없기 때문에 우리가 기대감을 가지고 살펴볼 만한 새롭고 부가적인 정보가 아니라는 것이다. 그렇다고 그 정보들이 성경의 내용과 전혀 모순된 무엇을 말하고 있는 것이 아니다. 그 정보들 역시 모두가 참된 것들일 것이다. 비록 성경의 진술에 빛을 비춰 주는 것은 아니지만 그 특성이나 적용적인 차원에서 보면 순수하게 역사적인 것들이다. 비록 역사적이라 할지라도 그것은 상당히 난해한 문제를 안고 있고, 불확실한 것들이 상당히 많이 있기 때문에 나는 여기에 더 시간을 들이고 싶지 않다.

그러나 성경에서 가장 자주 언급되고 있고 그들의 진술에 대한 해석에 가장 빛을 비추어 주는 지식으로 보이는 이단은 게린투스(Cerinthus)[119]와 도케테(Docetae)[120]이다. 1세기가 지나가면서 사도들 대부분이 이 세상을 떠나게 되자 영지주의 이단들은 더욱 극성을 부렸다. 그들은 기독교 계시에 있어서 몇몇 폭넓은 주제들에게 더 많은 것을 생각하게 하였고, 국가와 교회에 더 많은 영향을 미쳤다. 한편, 가현주의자들은 그리스도의 몸의 실체를 부정하였을 뿐만 아니라 육체의 고난도 부정하였다. 그러한 것들은 환영(幻影)이나 착시에 불과한 것이라고 주장하였다. 사도 요한은 이 부분에 대해서 반복적으로 지적하고 있음을 우리는 알 수 있다. 그 본질을 파악하면서 사도적 교훈의 참된 중요성을 더 부각시키고 있는 것이다. 우리는 또한 이그나시우스와 폴리갑의 서신들과 요한복음에서 게린투스의 교리들이 언급되고 있다는 사실을 발견한다. 구세주의 십자가 죽음 교리는 유대인에게는 거리끼는 것이고, 헬라인에게는 어리석은 것임을 안다. 따라서 우리는 그리스도의 신적 사명을 전적으로 부정하지 않는 자들

---

119) 역자 주) 영지주의 이단 창시자.
120) 역자 주) 가현주의 창시자.

에게서 그의 십자가 죽음에 대한 설명을 도외시하려는 행태가 금방 발생하게 되는 것을 발견한다. 이러한 시도들은 사도시대에 이루어졌지만 심지어 2세기에도 몇몇 영지주의 이단들에 의해서 그러한 시도들이 자행되고 있음을 우리는 많이 발견할 수 있다. 특히, 사투르니누스(Satruninus)와 발렌티누스(Valentinus)와 같은 자들이 그러했다.

혹자들은 바울이 *그리스도 십자가의 원수들*에 대해서 언급했을 때 그들을 염두에 둔 말이라고 주장하였다. 그러나 그 문구는 보다 더 광범위한 의미로 취해진 것이지 어느 특정인을 지칭하는 것은 아니다. 그렇지만 사도 요한의 서신들에서는 그들을 염두에 두고 언급한 것이라는 사실을 조금도 의심할 필요는 없다. 사실, 요한의 첫 서신의 첫 문장은 가현주의 이단들을 염두에 둔 지적임이 틀림없다. 그는 "태초부터 있는 생명의 말씀에 관하여는 우리가 들은 바요 눈으로 본 바요 주목하고 우리 손으로 만진 바라."라고 세세히 관찰한 것을 묘사하고 있다. "우리 손으로 만진 바"라는 표현은 사도에 의해서 우연히 첨가된 것이 아니다. 그러나 도케테나 환영주의자들이 가르친 것을 우리가 알고 있듯이 그리스도의 육체가 오직 환영으로 나타난 것에 불과하다는 것을 알고 있었던 사도 요한은 이 부분을 의도적으로 언급한 것이다. 그들은 그리스도의 육체가 사람들의 눈에 비춰진 것은 환영에 불과한 것이기에 손으로 만지는 것을 허용하지 않았다는 것이다.

가현주의 이단은 명백히 그리스도의 성육신 사실을 부정하는 자들이다. 그리스도께서 참된 인성을 취하신 사실을 부정한다. 간단히 말해서, 그가 육체 가운데 오신 사실 자체를 부인하고 있는 것이다. 그러므로 사도는 제4장의 서두에서 지적하기를 "예수 그리스도께서 육체 가운데 오신 것을 고백하는 자들이 하나님께로 난 자들"임을 말씀한 것이다. 그러

나 "그가 육체 가운데 오신 것을 부인하는 자들마나 하나님께로 난 자들
이 아니요 그들은 적그리스도의 영이라 오리라 한 말을 너희가 들었거니
와 이제 벌써 세상에 있느니라."라고 하였다. 이 부분에 대한 한 가지 언
급은 제롬의 글에서 찾을 수 있다. 사도들이 살아 있는 동안에 그리스도
의 피가 여전히 육체적으로 유대 땅에 남아 있을 당시에 그의 몸은 단지
환영에 불과하다거나 속임수에 불과하다고 고백한 사람들이 생겨났다는
것이다. 예수 그리스도께서 육체 가운데 오셨다는 말씀은 그의 성육신에
대한 명백한 선언이다. 그리고 그가 오시기 전에 이미 존재하신 분임을
내포하고 있는 말씀이다. 그가 세상에 오실 때 육체를 취하신 것이고, 참
되고 실제적인 몸을 입고 오신 것이다. 이것은 우리가 그 사실을 부정하
는 자들을 반박하며 그 부정의 근거가 무엇이든지 그들의 주장에 반하여
설명한 것과 같은 그의 성육신에 대한 선언이다. 동시에 이 선언은 현대
판 소시니안들과 고대 가현주의자들에게 반박하는 결정적인 것이다. 그
러나 고대 가현주의자들의 견해에 대한 지식은 그리스도께서 육체 가운
데 오셨다는 중요한 선언에 빛을 비추고 있고, 그 단어들을 사용하게 된
것에 대한 적절하고 정확한 설명을 하게 해 준다.

　만일 사도 요한이 가현주의 이단을 즉시 반대하려고 했다면, 예수 그
리스도께서 육체로 오셨다는 이 선언은 그가 인성을 취하셨다는 입장과
같은 말로 간주되거나 동시 선상에 존재하는 것으로 여길 수 없을 것이
다. 그런 경우였다면 아마도 이것은 이미 존재하신 분으로서 그리스도는
세상에 오실 때 참된 육체를 취하신 것과 마찬가지로 합리적인 영혼을 취
한 분임이라는 선언 없이 단지 육체를 취한 것이라고만 선언하게 될 뿐이
다. 실로 그리스도의 영과 관련한 논쟁은 사도시대나 제1세기보다 그 후
에 발생된 것이었다. 그러나 성경의 다른 곳에서 예수 그리스도께서 오셨

을 때 육체만이 아니라 합당한 영까지도 취하신 것이라는 사실을 증명하는 데 어려움은 없다. 문자적인 의미에서 성육신이라는 단어 '엔싸르코시스'(ἐνσάρκωσις)가 여기서 사용된 것은 그 이전에 예수께서 선재(先在)하신 분임을 내포하고 있는 말이며, 그가 세상에 오신 것과 일치되는 것으로 진짜 육신을 취하신 것으로 추정케 하는 단어이다.

그리스도의 육체나 몸의 실체에 대한 선언은 그가 지상에 계시는 동안 가현주의자를 정죄하는 데 필요한 모든 것이다. 그리고 그런 가르침에 대해서 교회에게 주는 경고의 모든 것이다. 그러나 성령의 지도하에서 이 선언은 예수님의 선재를 내포함이 명백하다. 그리하여 그 선언은 우리가 이미 말한 것처럼 고대 이단들에 대한 것만이 아니라 현대 이단들에 대한 결정적인 반박이 된다.

우리는 사도 요한이 게린투스 이단에 대해서도 언급하였다고 말했다. 실로 이레니우스가 우리에게 말하기를 요한은 그의 복음서를 쓰게 된 것이 원칙적으로 게린투스가 퍼뜨린 이단을 반대하기 위한 것이라고 했다. 이것을 우리가 믿지 말아야 할 그 어떤 내외적인 근거는 없다. 후속 저자들로부터 우리가 배우는 것은 게린투스가 붙들고 있는 것이 무엇인지와 2세기의 몇몇 다른 영지주의 이단들이 그 가르침을 추종하였다는 것이다. 즉, 예수와 그리스도는 서로 분리해야만 한다는 것이다. 예수는 단지 사람이었고 그리스도는 영원한 존재(αἰῶνες) 중 한 분으로 그의 세례 때에 그에게 강림하셔서 그 안에 거주하셨고 그가 죽음의 고난을 당하시기까지 거하셨다가 그를 떠나서 그의 플레로마(πλήρωμα, 충만하심)로 돌아가셨다는 것이다. 이제 이 이론은 *예수가 그리스도시다*는 입장과는 완전히 반대되며, *예수가 그리스도시다*는 입장을 파멸시키는 주장이다. 예수가 그리스도라는 선언은 결정적으로 게린투스가 예수와 그리스도를 분리시키는 구분을 부인하는 선언이다. 이 선언은 예수가 그리스도가 아닌 존재로 계신 적이 단 한 순간도 결코 없었다는 것을 내포하는 것이고, 게린투스 파가 붙들고 있는 것들을 정면으로 반대하는 것이다.

이제, 사도 요한은 그의 서신에서 다음 5장의 서두에 이 진리를 "예수 께서 그리스도이심을 믿는 자마다 하나님께로서 난 자니."라고 천명한다. 실제로 우리는 사도행전의 사도들이 했던 설교에서도 이와 유사한 선언 을 찾아볼 수 있다. 그들은 유대인들에게 예수께서 그리스도였음을 입증 하고자 수고를 아끼지 않았다. 그리고 이 선언이 예수가 메시아라는 것이 라고 말하며, 그 의미가 무엇인지 명확하게 밝혔다. 선조들에게 약속하셨 고 선지자들에 의해서 예언된 그 메시아라는 것이었다. 그러나 사도 요한 이 이 서신을 쓰기 전에 예수와 그리스도를 구분하거나 분리시키는 주장 들에 의해서 교회의 순결함과 평강을 훼손하는 자들이 일어났다.

우리는 '사도 요한이 그리스도의 위격과 관련한 또 다른 이단을 반박 하면서 교회에 주는 경고'와 '예수가 그리스도이심을 계속해서 부정하고 있는 이단이 요한 시대에 이미 존재하고 있었을 뿐 아니라 그다음에 이어 지는 여러 세대들 가운데에서도 계속해서 교회를 감염시키고 있음'을 볼 때, 다음과 같은 사실을 인정할 수밖에 없다. 그것은 예수가 그리스도시 다는 선언이 사도행전에서 사용된 것보다 더 제한적이고 특수하게 사용 되었다는 사실이다. 그리고 이 선언은 그렇게 의도적으로 게린투스의 이 단을 부정하는 뜻으로 사용되었다는 것이다. 더 나아가서 인간의 영혼 구 원과 직접적으로 연관된 가르침을 급진적으로 변형시키는 것과 밀접한 관계가 있다는 것을 내포함으로써 그리스도의 위격에 대한 근본적으로 중요한 이 참된 견해를 선언하고 있는 것이다.

요한복음의 서론은 그 당시에 예수 그리스도의 성육신과 참된 인성을 부정하는 도케테와 게린투스의 이단성을 들춰내고자 기록한 것이 분명하다. 그리고 그리스도께서 하늘로부터 오셨고 어떤 측면에서 신적인 특성을 지닌 분으로 그리스도로부터 예수를 분리시키고자 하는 이단들을 폭로하고자 쓴 것이 틀림없다. 그리고 이 그리스도는 예수의 최후의 고난 전에 예수를 떠났다고 말하는 이단을 고발한 것이다. 이 이단들은 당연히 예수의 한 인격 안에서 신성과 인성이 영구적으로 연합되었다는 것을 부정한다. 그러나 이 부분을 더 길게 다루다 보면 우리가 다루려는 주제에 진입하지 못하게 될 것이다. 그러나 내가 이 부분을 다룬 목적은 초기 이단들을 다룬 신약성경의 내용들을 설명하고자 하는 것만이 아니다. 이 부분에서 나는 흘긋 들여다보았을 뿐이고 몇몇은 간략하게 언급했을 뿐이다. 고대 이단들에 대한 지식은 첫 인상이 주는 것처럼 전적으로 직접적인 유용성이 떨어지는 것이 아님을 보여 주고자 하는 목적 때문에 다룬 것이다. 그렇다고 이것이 광범위하게 또는 영향력 있게 다룬 것은 아닐지라도 하나님의 말씀의 몇 부분에 대해서 참되고 정확한 의미를 들춰내는 위대한 목적을 나타낸 것이라고 생각한다.

초기 이단들에 대한 지식은 상대적으로 그다지 중요한 것은 아니라고 했는데, 여기서 나는 영지주의 체계 또는 그 주된 양상들의 주도적인 효과들이나 결과를 드러내기보다 개별적인 견해들을 특별히 상세하게 지적하려고 했음을 이해해 주기를 바란다. 그런데 이 이단들이 붙들었던 교리들이 무엇이었는지 그리고 첫 2, 3세기에 다른 이단들은 무엇을 붙들었는지에 관한 역사적 질문들 자체는 별로 중요하지 않을지라도 거기에는 의혹을 살 만한 것들이나 확실치 않은 것들이 많이 있다. 나는 영지주의 체계가 이 의혹들과 함께 두 가지 측면에서 초창기에 교회론과 교회가 처한 상황에 상당한 영향을 끼쳤다는 주장을 펼치고 있음을 의심하지 않는다.

그것은 첫째, 삼위일체와 그리스도의 위격에 대한 의혹이요, 둘째, 교회 안에 급속하게 번진 독신사상과 수도원주의를 포함한 금욕적인 훈련 또는 훈육이다. 삼위일체와 그리스도의 인격에 대한 초기 이단들은 영지주의 체계의 원리들에 깊이 관여되어 있는 자들이었다. 이단들과의 반대 입장에 서 있는 건전하고 정통적인 견해를 견지한 자들 중에서도 이러한 입장에 대해서, 특히 3세기에 성경에 특별히 언급된 것이 아닌데도 인성적 기능들에 대한 이해와 신성과 연계된 문제들에 관하여 주제넘게 얽히고 섞인 억측들을 경솔하게 많이 제기하였다. 한편, 이러한 중요한 질문들에 대해서 성경적인 정통주의 사상을 전반적으로 교회는 고수하였다. 4, 5세기에 교회의 회의에서 온전한 논의 끝에 내려진 결정으로 채택된 신경들과 신조들은 전반적으로 성경과 일치되는 가르침들이었다. 이는 후속 세대들에게서도 같은 문제가 발생할 때 일반적으로 수용할 수 있는 것들이었다.

그러나 금욕적인 기관과는 그렇지가 않았다. 이 주제와 관련하여 영지주의 체계의 효소(酵素)는 그들의 가르침들이 전반적으로 거부되었을 때도 교회 안에 유입되어 남아 있었다. 그런 주장을 해도 감성과 실천의 일반적인 흐름에 있어서 교회에 큰 해가 없는 것이어서 그런지 후세에까지 영향을 끼친 것이다. 영지주의 체계의 간접적인 영향은 그 체계가 교리적인 면이나 규례 면에서 터무니없고 역겨운 것들인데도 창의적인 재능과 함께 상당히 많이 진전되었고, 매우 인상적인 방식으로 발전되었다. 이 부분에 대해서는 이삭 테일러(Issac Taylor)가 쓴 매우 가치 있고 『고대 기독교』라는 흥미로운 책에서 확인할 수 있다. 이 책은 옥스퍼드 운동에 반해서 쓴 것이었다. 물론, 이 책에는 매우 강하고 극단적인 견해들도 포함하고 있지만 한 가지 중요한 주제에 대해서 열렬하게 전개해 나가는 데는 그러한 강렬한 모습은 자연스러운 것으로 보인다. 교리와 실천 측면에서 그 시대 교회의 참된 상태가 어떠했는지를 진지하게 이해하고자 하는 자들은 이 책을 매우 조심스럽게 연구해야만 한다. 예를 들어, 옥스퍼드 운동가들이 교회가 새롭게 법규를 제정해야 한다고 하면서 4세기 말과 5세기 초에 교회를 모델로 삼은 것들을 우리는 조심스럽게 살펴야 한다.[121]

교회에 가입한 사람들 사이에서 영지주의 원리를 가장 분명하고 온전하게 발전시킨 것은 독신주의와 수도원 운동이다. 한편, 이 교리의 발전과 연관성을 추적하는 일에 호기심이 많은 자들은 초기에 널리 퍼져 있었던 다른 개념들과 그 개념들에서 시행된 출처들을 찾았으며, 이것은 훗날에 교황주의에서 전적으로 발전되어 정착되었다. 하나의 체계로 간주되지만 특별히 서로 뒤섞여 있는 개별적인 모호한 것들과 과장된 요소들로부터 발췌한 영지주의는 많은 사람들에 의해서 받아들여졌고 동양적인 견신론(theosophy), 유대주의 신비철학(cabbala), 그리고 플라톤 철학과 병합되어 나타난 것으로 추적해 보는 것이 정당하다. 2세기가 흘러가면서 3세기에도 더 많이 번져 갔는데, 이 철학적 사색에 대한 체계가 기독교 계시와 내용들의 영향에 의해서 수정되었다고 본다. 또 다른 한편으로는 널리 퍼져 있는 철학에 의해서 더 많은 영향을 받은 것으로서, 성경을 더욱 존중히 여기는 자들 가운데서 교회 안에 퍼져 있는 견해로 말미암아 발전된 철학적 체계라는 것이다. 이 때문에 지금까지도 논쟁을 벌이고 있는 한 부류가 형성되어 있다. 그 논쟁은 즉, 그들이 크리스천이냐 아니냐에 관한 것이다. 이 질문은 같은 의미로서 현대의 많은 철학자들과 관련하여 논의되는 것이기도 하다. 그런데 이 형태를 추측하는 특별한 질문이 있

---

121) Ancient Christianity, vol. i., p. 145, *et. esq.*

다. 그것은 '그들이 적용하는 모든 주제들과 관련한 진술이 궁극적인 표준으로서 기독교의 계시의 권위를 인정하느냐 마느냐'이다.

고대나 현대에서 스스로를 철학자라고 말하는 자들이 많이 있다. 그들은 이 질문에 규범적인(categorical) 답변을 주는 것 같지는 않다. 그러나 그들의 사색을 실천적으로 수행해 가는 행동을 보면 부정적으로 답하고 있는 것으로 보인다. 그것은 질적인 측면에서 상이한 것이라고 보며, 하나님의 계시를 향해 서 있는 인간과의 올바른 관계에 본질적으로 영향을 준 것은 아니다. 그 이유 중 첫 번째는 그들이 공개적으로 먼저 성경의 권위를 부정하였기 때문이다. 그리고 두 번째로는 그들이 진행과정에 있어서 발뺌하거나 빼 버린 것이 공정하지 않기 때문이다. 그들은 그것을 실천적으로 유용한 것이 아니라고 간주했다. 세 번째로는 전부 다 그것에서 떠나 버렸기 때문이다. 그리고 하나님에 관하여 그리고 하나님과의 인간과의 관계에 관하여 계속해서 의혹을 일삼고 있다. 하나님의 말씀이 가르치고 있는 것과 아무 관련 없이, 인간의 의무들과 운명에 관하여 어떤 의견을 제공하거나 그 주제에 깊이 헌신하는 것 없이 성경의 권위를 전적으로 배제하였다.

이 세 가지 방면에서 하나님의 말씀의 권위가 주도하는 것들을 다 떠나 버리고, 그들 자신의 이론들과 의혹들을 내세우기 위하여 전적으로 타협해 버린 것이다. 예를 들면, 모든 주제들, 심지어 가장 높고 가장 존귀한 것들조차도 자신들의 이해나 느낌, 그리고 환상이나 성향들의 표준에 의해서 재단해 버리는 것이다. 그러한 현상들은 상황들과 영향들의 다양성에 따라서 각 시대 각 나라에 다 퍼져 있었다. 두 번째 모드는 성경의 어떤 부분을 임의대로 거절해 버리는 것으로 구성되었고, 나머지는 발뺌하거나 왜곡하는 것으로 교회의 초기에 상당히 번져 있었다. 그리고 이것은 과거뿐 아니라 현재에도 여전히 번져 있는 사상이다. 그것은 2, 3세기의 영지주의자들에 의해서 받아들여졌고 3, 4세기에는 마니교주의자들이 수용하였다. 교회와 관계하며 남아 있었던 오리겐이 이와 근접해 있었던 것이다. 그리고 근래 현대 이성주의자들과 유럽 대륙의 신교부주의자들(Neologians)[122]에 의해서 추종되고 있다. 모세임은[123] 영지주의자들과 마니교주의자들이 성경책을 어떻게 다루었는지에 대해 다음과 같이 기술하였다. "그것은 이 문제에 있어서 그들의 주목할 만하고 확고한 견해가 현대 독일 이성주의자들의 입장 및 행동과 매우 유사하다는 것을 알지 못하고서는 읽어 내려갈 수 없는 것이다."

그들은 신약성경 대부분에는 신적인 말씀이 있음을 부정하지는 않았다. 그리고 그 신적인 말씀은 다 그리스도와 그의 사도들로부터 온 말씀임도 인정하였다. 그러나 그들은 신약성경 안에는 거짓된 것들과 불경건한 요소들이 많이 섞여 있다고 주장하였다. 그리하여 그들은 신약성경에 있는 것들은 그들의 주인인 마니키우스의 견해들과 일치하는 것들만 신뢰할 수 있다고 추정하였다. 그리고 그들은 진정 이 복음서들은 신적 기원을 가지고 있는 것이 아니라고 부정하였다. 또한, 때로는 그 주장을 즉각적으로 철회하였다가도 금방 뒤집어엎었다. 그것은 복음서들이 비참하게 오염되었고 속이는 자들과 거짓말하는 자들에 의해서 개편되었으며 유대인들의 우화들로 채워졌기 때문이라는 이유에서였다. 이 때문에 그들은 지금 우리가 가지고 있는 복음서들은 가치 없고 유용한 것이 아니라고 주장하는 것이다. 한편, 그들이 의도적으로 부정하고 있는 다른 본문

---

122) 역자 주) 신교부주의자란 고상한 견해들을 붙들고 있거나 수용하는 경향을 지닌 자를 말한다.

123) Commentarii, pp. 748-9. Vide Neander, vol. ii., p. 163. Of Rose's Translation, and pp. 225-6 of Torrey's. Norton's Evidence of Genuineness of the Gospels, vol. iii., pp. 183-213.
Part III., c. x. : "영지주의자들이 기독교와 함께 그들의 교리들을 화해시킨 것에 관하여" Ist Ed.

들에는 그리스도의 사도들이 저자들이라고 말하고 있는 것들이나 그리스도에 의해서 작성된 것들, 또는 사도들에 의해서 쓴 것들도 있는데, 그들은 그것까지도 부정하고 있다. 반대로, 그들의 저자들은 반은 유대인들이고 속아 넘어가기 쉽고 기만적인 자들이라고 주장한다.

네안더는 이런 측면에서 그들의 원리들과 행동들에 대해서 다음과 같이 유사하게 설명하고 있다. "그들의 종교적인 지식의 출처와 관련하여 마니교의 견해를 살펴보면, 그들은 보혜사나 마니의 계시들을 가장 높고 유일하게 무오한 권위를 지닌 것으로 믿는다. 그것들로 모든 것을 판단한다. 그들은 마니의 교리가 절대적인 진리로 이성을 깨우친다는 원칙 위에서 활동한다. 마니의 교리에 부합하지 않는 것들은 전부 다 이성과도 반대된다. 그들은 신약성경의 일부를 사실로 받아들인다. 그러나 그것들조차도 우리가 좀 전에 언급한 그런 원리에 의해서 판단한다. 그들은 교리나 윤리에 적용해 감에 있어서 자신들의 임의적인 비판 가운데 충족시켰다. 때때로 그들은 기독교의 본래의 기록들은 어둠의 왕자(알곡들 가운데 있는 가라지들)의 다양한 부패에 의해서 기만되었다고 주장하였다. 때로 예수님과 사도들은 현존하는 유대인의 의견을 조화시켰다고 주장하였다. 그렇게 한 이유는 사람들을 점차적으로 순수한 진리를 수용할 수 있도록 준비시키기 위한 것이라고 하였다. 때때로 사도들 자신들도 처음으로 교사로서 나서게 되었을 때, 유대인들의 오류들과 얽히게 만들었다고 주장했다. 그러한 까닭으로 그들은 보혜사의 가르침에 의해서 주어진 처음 것이 사람들로 하여금 신약성경에서 거짓된 것들로부터 참된 것을 구분할 수 있게 하는 것이라고 하였다."[124]

---

124) Torrey's Translation, vol. ii., pp. 225-6.

이것은 4, 5세기의 마니교도들로부터 확인할 수 있는 현대 독일 이성주의에 대한 완벽하고 정확한 자화상이다. 현대의 이단들과 연계하여 살펴본 초기의 이단들에 대한 고찰은 '하나님께서 우리에게 그의 의지를 담은 초자연적인 계시를 진짜 주셨는가, 그렇지 않은가?', '만일 주셨다면 그 계시는 어디에서 또는 어떤 책에서 발견되는가?', '일반적인 평범한 해석의 과정을 통해서 사람들이 이해할 수 있게 하셨는가, 아닌가?', 그리고 '그 계시가 신앙과 실천의 표준인가, 아닌가?'에 대한 모든 중대한 문제들에 대해 명확하고 분명하게 종식시킬 필요성에 대해서 상기시키기에 적합한 것이다. 이 문제가 해결되고 난 후, 이 문제들에 대한 우리의 판단이 서게 될 근거들에 익숙해진다면 영원토록 살았고 지금도 살아 있는 하나님의 말씀에 대한 사상과 실천에 대한 모든 주제에 지속적으로 정직하게 그리고 조금도 움츠러듦 없이 담대히 적용해 나갈 수 있게 될 것이다.[125]

---

125) Ittigius, Buddaeus, Lardner, Mosheim, Burton, Neander를 참고하라.

2,3세기의 교부들

제6장

2,3세기의 교부들

지금까지 사도적 교부들의 저작들을 살펴보았다. 그리고 특별히 성경의 해석과 신적 진리의 체계에 대한 정확한 해설과 관련하여 그것들의 진정한 가치와 중요성을 평가하고자 노력했다. 또한 그 적용을 어떻게 할 것인지를 살펴보고 초기의 이단들에 대한 지식의 가치를 평가하였다. 이제 나는 2, 3세기의 주요한 저자들에 대해서 간략하게 살펴보고자 한다. 그 목적은 그들이 선언했던 영향에 유의하기 위함이고, 그들의 작품에 여전히 담겨져 있는 실천적 중요성이 어느 정도인지를 눈여겨보기 위함이다. 이러한 목적을 위하여 나는 이 두 세기의 단조롭지만 잘 알려진 주요 교부들과 관련된 사실들을 수집하고자 한다. 그들은 우리가 기억해야 할 가장 중요한 사람들이라고 생각하기 때문이다. 그리고 현대에 있어서 열정적으로 변호하고 있는 이 주제에 대한 어떤 개념을 바로잡는 데 이들이 하나의 치유책으로 공급되기에 최고로 적합한 것이라고 생각한다.

1. 저스틴 마터

첫 번째로 다룰 저술가는 지금 우리에게까지 전해지는 작품을 남긴 사람이다. 그 사람은 사도시대에 살았다거나 그들과 대화를 나눠 본 적이 전혀 없는 저스틴 마터이다. 그는 2세기 중반에 왕성하게 활동하였으며, 160년 직후 철학자이자 황제인 아우렐리우스 안토니우스(M. Aurelius Antonius)의 핍박시대에 폴리갑과 같이 순교를 당하였다. 이로 인해 그는 일반적으로 저스틴 마터, 곧 '순교자 저스틴'으로 불리게 되었다. 나는 여기서 초대교회 역사에

있어서 특별한 관심과 중요성을 지닌 저술가로서의 저스틴을 다양하게 들여다보고자 한다. 그는 우리에게까지 전해지는 글을 쓴 가장 이른 초기 작가이고, 유대인들과 불신자들의 공격에 반하는 기독교 변론을 쓴 최초의 저술가이다. 그의 변론은 심지어 터툴리안으로부터 오리겐까지 이어지는 초기 변증학의 모델이었다. 또한, 지금까지 우리가 가지고 있는 현존하는 저작들 중 가장 이른 초기 저자인 저스틴은 기독교로 회심하기 전에 이교도 문학과 철학에 있어서 큰 산맥을 형성하였던 사람이었다. 뿐만 아니라, 현대 소시니안들은 그를 헬라인 플라톤과 유대인 필로의 도움을 받아 그리스도의 신성교리와 신성의 연합에 있어서 위격의 삼위일체에 대한 것을 고안해 낸 자로 칭하면서 존중을 표하였다.

이 모든 다양한 고려사항들은 초대교회 역사에 있어서 그의 저작들을 결코 평범한 작품들로 취급되지 않게 한다. 저스틴은 그리스도의 신앙으로 진정 회심한 사람이었다는 것은 의심의 여지가 없다. 그는 단지 기독교의 신적 기원을 머리로만 인식한 것이 아니라 그의 영혼의 구원을 믿는 신앙을 가지고 진리에 대한 신앙을 통해서 하나님의 말씀으로 중생한 사람이었다.

그렇지만 대다수 교부들을 다루는 것과 마찬가지로 저스틴과 관련해

서[126] 그의 작품이라고 칭하는 여러 작품들의 진위문제를 선결하기 위한 근원적인 질문들이 있다. 이 질문들은 종종 극단적인 어려움을 수반한 것들이었다. 저스틴이 쓴 많은 책들은 파괴되었다. 그가 쓴 것이라고 묘사되는 잔존하는 작품들은 일반적으로 그의 저작들을 편집한 것들 속에서 발견된다. 사실에 가장 근접해 보이는 것은 기독교를 위한 두 가지 변증 중 하나는 140년경에, 다른 하나는 160년경에 쓰였다는 것이다. 또한, 유대인인 트라이포(Trypho)와 나눈 담화록과 헬라인들에게 주는 권면들을 담은 책, 부활에 관한 글들은 전부 그의 진짜 저술들이고, 나머지는 가짜라는 것이다. 저스틴의 작품들 중에는 사도적인 교부들의 작품들에서 발견되는 것들 그 이상의 무엇은 하나도 없다. 즉, 주석적이거나 신학적인 주제들을 다룬 교부들의 권위를 내세울 만한 개념들은 전혀 나타나지 않는다. 그는 거룩한 성경말씀을 통해서 우리에게 전달된 것들 외에 사도들로부터 나온 어떤 새로운 정보를 가지고 우리에게 소통한다고 *고백하지 않는다.* 따라서 그는 성경해석에 있어서 분명 우리가 따라야 할 안전한 지침은 되지 못한다. 왜냐하면 유대인인 트라이포와의 담화록에서 예수의 메시아직을 다룬 한 예언을 가지고 논쟁하는 가운데 저스틴은 성경, 특히 구약의 많은 부분을 해석하고 적용시켜 논했지만 그 내용들이 매우 잘못되고 말도 안 되는 것이었기 때문이다.

첫 3세기 동안의 교부들이 각각 행한 것과 같이 저스틴도 증거의 고리에 있어서 하나의 중요한 연결점을 형성하고 있다. 비록 그가 사도 바울의 서신들 중 어떤 것도 인용하지 않았다는 사실은 놀랍지만, 그의 글들로 인해 우리는 성경책들의 진품성과 완전성을 입증할 수 있다. 아마도

---

126) 유세비우스, Lib. iv., c. 18.

바울 서신을 인용하지 않은 이유는 비록 자신은 헬라인 부모 밑에서 태어났을지라도 팔레스타인이 모국인 회심한 유대인들을 자극하지 않으려고 그랬을 것이다. 이는 유대인들은 이방인들의 사도에 대해서 격한 편견을 가지고 있었기 때문으로 보인다.

저스틴은 복음교리 체계의 단순성을 훼손하였다는 이유로 소시니안들만이 아니라 심지어 다른 사람들로부터도 종종 공격을 받았다. 특히, 그가 플라톤과 그의 추종자들의 작품들로부터 영향을 받은 철학적 사색들이 그렇게 했다는 것이었다. 그러한 공격은 지나치게 부풀린 면이 없지 않아 있었지만 전혀 근거 없는 이야기는 아니었다. 저스틴은 솔직히 오늘날 우리가 말하는 신앙의 유일한 규범으로서 성경의 완전성과 충분성을 믿으며, 그의 견해 형성에 있어서 성경이 그 자신의 규범이라고 고백하였다. 그는 이 원리를 의심의 여지가 없이 정직하게 실천적 삶에도 적용하였다. 그는 물론 몇 가지 점에 있어서 고대 철학자들의 작품들을 의존하여 본질에서 벗어난 부분이 있었다는 것을 부정할 수는 없지만 그의 주된 작품들은 다 이 원리가 적용되었다.

그러나 그는 천사들에 관해서는 너무나 성급하게 근거 없는 사색에 빠졌다. 우리가 알고 있는 정보에 의하면 그는 분명 모호한 해석을 한 저자이다. 그의 해석은 일반적으로 첫 3세기 교부들이 받아들인 것으로 창세기 6장 4절에 대한 것이다. 거기에서 그는 하나님의 아들들이 천사들로서 사람들의 딸들에게 간 것으로 묘사하였다. 그들의 자손은 악마들로서 이교도들의 신들이 되었다고 해석한 것이다. 그러나 저스틴의 이러한 오류들은 어쩌면 미치는 영향이 가장 미미하기 그지없는 것이라고 볼 수 있다. 아마도 그런 오류들이 거짓된 철학의 영향을 통해서 성경 신학의 순결성으로부터 벗어나게 만든 것이었다는 가장 명백한 증거일 것이다. 또한 그것들은 그리스도 이전에 살았던 존중받을 만한 이교도들에 대한 기독교의 견해였을지도 모른다. 그리고 자유의지(αὐτεξούσιον), 즉 인간의 의지의 독립적인 자유에 대한 기독교적 주장이었을 것이다.

저스틴은 소크라테스와 플라톤과 같은 사람들은 기독교인들이었을 것이요, 구원도 받았을 것이라고 주저 없이 말했다. 그러나 그가 어떠한 근거로 그런 주장을 했는지 정확하게 구별하는 것은 쉽지 않다. 또한 그 말이 내포하고 있는 것이 무엇인지를 찾아내는 것 역시 어렵다. 그는 플라톤과 다른 고대 철학자들이 유대인 성경을 알고 있었고, 그들이 주장한 어떤 것들은 유대인 성경으로부터 영향을 입은 것으로 생각하였던 것이 분명하다. 그렇다고 그가 사람들이 자연의 빛을 따라서 구원을 받을 수 있으며 그들 자신의 종교가 무엇이든지 그 종교의 가르침에 순종함으로써 구원에 이를 수 있다고까지 주장한 것은 아니었다. 그는 이런 사람들이 그리스도를 아는 지식을 가지고 있는지 또는 어떻게 그리스도를 아는 지식을 획득하게 되었는지에 대해서는 모호한 개념을 가지고 있었다.

우리가 이 부분에서 그가 잘못이었다고 말할 수 있는 명백한 모든 것들은 성경의 가르침에 절대적으로 복종하기를 달가워하지 않았다는 점이다. 그리고 하나님께서 일하시는 평범한 규칙들과 관련하여 하나님께서 계시하여 주시기를 기뻐하시는 것에 만족하거나 인간의 궁극적인 운명과 관련된 모든 것들이 다 그들의 의로운 심판자의 손에 맡겨져 있다는 것에 기꺼이 순응하지 않는다는 점이다. 모든 사람이 각각 유용하고 가치 있는 재능들을 소유하고 있다고 간주하는 것은 옳은 일이다. 또한, 어떤 분야에서든지 그들의 동료들에게 보답하는 섬김을 해야 하는 존재로 보는 것도 타당하다. 그러나 우리가 하나님과 그들과의 관계에 대해서 말할 때 그리고 그들의 영원한 운명에 대해서 말할 때 우리는 반드시 우리 자신들의 견해가 하나님 자신의 계시된 의지에 의해서 규명되어야 한다. 단순히 개인적인 감정이나 세상적인 영향에 의해서 판단하는 것으로 말해서는 안 된다. 우리는 인간의 영원한 복락을 추구함에 있어서 하나님을 아는 지식과 예수 그리스도의 복음 안에서 우리와 소통하시기를 기뻐하신 하나님의 성품과 계획들을 아는 지식의 중요성과 필요성을 결코 과소평가하지 않아야 한다.

한편, 저스틴의 다른 오류, 즉 자유의지에 관한 것은 훨씬 심각하다. 그러나 자유의지에 대한 저스틴의 견해가 무엇이라고 말하기는 쉽지 않은 일이다. 그것은 주로 영지주의 분파들의 몇몇 운명론을 지적하는 가운데 나타난다. 즉, 그것은 인간의 책임성을 내팽개친 채 인간의 행동이 선한 것이 될지 악한 것이 될지에 관한 사실을 하나님께서 미리 예언하셨다는 교리를 옹호하는 가운데 나타난 오류이다. 이러한 측면에서는 본질적으로 맞는다고 인정할지라도 의지의 자유와 인간 책임의 근거에 관한 그의 진술은 현대 논쟁자들의 관점에 비추어 볼 때, 그가 의도적으로 이처럼 난해한 주제에 대해서 근본적으로 오류투성이인 견해를 수용했다고는 볼 수 없다. 칼빈주의자들은 그가 의도적으로 그렇게 했다는 주장을 받아들이지 않을 것이다. 그러나 이와는 반대로 그가 사도들의 글들에서 명확히 가르치고 있는 교리체계를 본질적으로 붙들고 있었다고 믿을 만한 충분한 이유가 있다. 사도적 교부들의 가르침에서 보편적으로 추정되거나 선언하고 있는 것들을 견지하고 있다고 여길 만한 충분한 이유가 있다는 것이다. 그는 자유의지와 관련하여 독신적인 삶이 더 우월한 경건의 삶이라고 주장하였다. 건전한 성경의 가르침으로부터 벗어난 이러한 주장이 오늘 이 시대에까지 계속 확산되고 있는 몇몇 요소를 그에게서 발견할 수 있다는 점은 부정할 수 없다. 그렇다고 이것이 기독교의 교리와 실천에 미치는 영향은 거의 없다고 생각한다.

물론 사람들의 견해와 상관없이 초기에 발생한 이와 같은 오류들은 성령의 감동하심을 받은 사람들이 고대에 존재했었다는 사실을 우리에게 보여 주기에 적절한 것이다. 그 감동하심을 받은 자들이야말로 우리의 지침과 교훈으로 삼고 따라야 할 만큼 존경받고 귀히 여김을 받기에 합당한 분들이라는 사실을 보여 주는 것이다.

저스틴의 작품 가운데서 가장 흥미롭고 중요한 것들 중 하나는 그의 시대에 공예배를 거행하는 일반적인 모습을 상세하게 다룬 것이다. 그의 기록에서는 그 시대에 예전 같은 것이 없었고 교황주의자들이나 감독주의 교회들에게서 일반적으로 나타나고 있는 것들과는 상당히 다르게 단순한 예배형식을 취하고 있었음을 확인할 수 있다.

한편, 삼위일체 교리와 그리스도의 위격과 관련하여 저스틴은 4세기에 심각한 아리안 논쟁이 있기 전에 번창하였던 모든 교부들의 가르침을 공유하고 있었다고 해도 오해하기 쉬운 몇몇 표현들을 사용하였다. 우호적인 해석을 내림에 있어서 이 주제에 대한 그의 견해는 정통교리를 견지한 것이었고, 성경의 권위와 그의 말씀 안에서 하나님이 계시한 교리로서의 삼위일체와 그리스도의 위격을 붙든 것이었다. 물론, 그가 몇 가지 플라톤적인 문구들을 사용한 것은 사실이다. 그리고 그것을 설명하고자 근거 없는 사색을 동원하였지만 그는 대체로 정통적 견해를 붙들었다. 저스틴의 작품들이 우리가 만족할 만한 증거가 되는 것은 그리스도의 신성교리가 그가 기독교를 방어하기 이전부터 이미 교회 안에 알려졌고 일반적으로 받아들여진 가르침이었다는 내용을 입증하고 있기 때문이다. 이것은 기독교인들을 죄인들로 몰아가는 증거로서 내세우기를 즐겨 한 이교도들에게도 잘 알려진 사실이었다. 이교도들도 십자가에 못 박혀 죽은 자

가 하나님이었다는 것을 믿었다.[127]

　저스틴은 교부들의 교리가 무엇이었는지를 분명하게 알기가 어렵고 그들의 주장이 매우 중요하다는 것을 보여 주는 하나의 표본이다. 이제 저스틴을 마무리하면서 그의 첫 변증 끝부분에 나오는 성찬에 관한 짧은 글에 관해 한 가지 더 언급하고자 한다. 이 글은 교황주의자들이 그가 화체설을 주장했다고 내세우는 증거로 제시되는 것이다. 또한, 그의 성찬론은 루터파에서는 그가 공재설 교리를 주장했다고 내세우는 증거이고, 일반적으로 개신교에서는 그 어떤 이론도 내세운 것이 없다고 보는 것이다. 그 글들을 점검해 보면 저스틴의 요지가 무엇을 말하고 있는지에 대해 다르게 해석할 요지가 있는 것은 사실이다. 그리고 그가 붙들고 있는 이론이 무엇인지를 분명하게 말하는 것도 쉽지 않은 것이 사실이다. 그러나 이 글은 내용상 모호함에도 불구하고 저스틴 이후 오랜 세월이 지나가는 동안 교회에 결코 알려진 적이 없는 화체설이나 공재설을 뒷받침하는 것은 단연코 아니라고 말할 수 있다. 그 글이 말하는 것을 바탕으로 교부들이 일찍이 성례에 대한 내용들을 매우 높이 여기고 신비하게 다루었고 난해하게 취급하였다는 것은 의심의 여지가 없다. 그러나 이것은 성경에서 단순하게 가르치고 있는 것과는 다소 거리가 먼 것이다. 그런데도 모호하고 경건하지 않은 이 가르침이 터무니없이 확장되어서 참된 기독교를 파괴시키는 데 크게 영향을 미쳤으며 여전히 그 해로운 가르침이 세계 곳곳에서 주장되고 있다.[128]

---

127) 그리스도와 관련하여 유대인들과 기독교인들의 견해에 의해서 신약성경에서 설명하고 있는 방법에 대한 바이드 윌슨(Vide Wilson)의 해설을 보라. c. xxii., p. 351, c. xxiii., p. 372.

128) Sculteti Medulla Theologiae Patrum, P. i., pp. 55-6. ittigius Hist. Eccles. sec. ii., c. iii., see iv., p. 210, Semisch on Justin, vol. ii., p. 339. 저스틴에 관하여는 일반적으로 세미쉬(Semisch)의 Biblical Cabinet, 제41권과 제42권 그리고 카예(Bp. Kaye)의 저스틴 마터의 작품들과 견해들이라는 해설을 참고하라.

2. 이레니우스

두 번째로 우리가 살펴볼 이레니우스는 지금까지 남아 있는 좋은 글들을 남긴 탁월한 저자이자, 폴리갑의 제자이다. 그는 동방 출신으로 프랑스에 정착하여 리용의 감독이 되었다. 그의 시대에서는 감독들과 장로들 사이에 약간의 차이가 있었다. 물론 그 차이는 현대적인 의미와 다르지만, 내가 전에도 주장하였던 바와 같이 그는 계속해서 큰 차이가 없이 이 용어들을 사용했다. 

그는 2세기 말이나 3세기 초까지 살았다고 전해진다. 우리가 이미 언급한 적이 있듯이 우리에게까지 전해지고 있는 그의 주된 작품은 기독교가 출범한 이래 수면 위로 떠오른 이단들에 대해서 상세하게 논박한 것이다. 크게 보아서 그의 작품들의 진짜 가치는 이 이단들에 대한 지식을 습득하는 중요성에 달려 있는 것이어야만 하지만, 그 주제는 우리가 이미 설명하고자 했던 것이었다. 그러나 이러한 이단들을 논박함에 있어서 이레니우스는 성경을 풍부하게 사용하였다. 실로 그는 900여 개의 본문을 인용하거나 언급하였다. 따라서 그의 작품은 정경 책들의 신빙성과 무오성을 위한 중요한 증거 고리를 형성하고 있다. 그의 글들은 성경의 어떤 대목에 대한 참된 의미를 세우고 주장함에 있어서 별 도움을 주지는 않지만, 이미 앞에서 설명한 것처럼 사도들이 언급한 이단들의 명백한 성격과 관련된 간접적인 정보를 제공한다는 점에서는 예외적이다. 또한, 그의 글들 중에는 그가 어떤 측면에서든 성경강론자로서 안심하고 따를 만한 사람이 되지 못한다는 사실을 증명해 주는 것들이 참으로 많이 있다.

그렇다고 저스틴 마터에게 가한 것처럼 철학적 사색을 사랑함으로 말미암아 또는 이교도 문학을 편애함으로 말미암아 교회를 오류로 빠뜨렸다는 오명을 이레니우스에게 씌울 만한 근거는 전반적으로 없다. 그는 진정으로 경건한 사람이었던 것은 틀림없다. 그러나 성경적인 교리에서 많이 벗어나고, 저스틴이 행한 것처럼 잘못된 견해들을 상당히 수용한 사람이었다. 따라서 교회가 발전되어 가고 있는 와중에서도 계속해서 교리적으로는 부패해져 가고 있었던 것이다. 그는 저스틴처럼 삼위일체 교리를 믿는 자였다. 그러나 그 역시 저스틴이 한 것처럼 아리안들이 이용하기에 딱 좋은 진술들을 몇 가지 한 바 있다. 그는 저스틴보다 더 명확하게 자유의지(αὐτεξούσιον)를 주장하였다. 그래서 그 주장은 지금의 알미니안주의 또는 펠라기안으로 불리는 자들이 즐겨 사용한 근거가 되었다. 그가 자유의지를 반박하는 성경적이거나 복음적인 원리들을 제시하였기 때문에 이 주제와 관련해서는 자신을 명백하게 대조시킨 것으로 비춰졌지만, 상황은 좀 모호하고 부패된 요소들이 발생하고 있었다. 이는 감동하심을 받은 사도들이 가르쳤던 복음적 진리의 위대한 원리들이 여전히 교회 안에서 통용되고 있다는 것을 시사해 주고 있는 것이다. 그런데 부패가 일어난 시점은 그때부터였으며, 그 주제와 연관하여 보통 신적인 것들에 대한 인식이 매우 저조하고 빈약한 사람들을 즉각적으로 그럴듯하게 속임수로 넘어뜨리는 자들을 양산했다. 결과적으로, 성경적 교리의 큰 부패를 낳은 것이다. 예를 들면, 하나님의 뜻을 행하려는 인간의 자연적인 능력에 관한 교리적 타락을 불러왔다. 저스틴처럼 이레니우스도 천사들에 관하여 그리고 죽음 다음에 있는 인간의 영혼의 상태에 관하여 성경적이지 못한 근거 없는 사색을 즐겼다. 그는 또한 우리 모두의 어머니인 하와와 우리 주님의 모친 마리아를 함께 연계시키면서 우스꽝스러운 논리를 폈다. 이 논리는 교황주의자들에게 마리아가 죄인의 구원에 있어서 주님과 함께하는 기여자라고 주장하는 그럴듯한 근거를 제공하기도 했다. 결국 그는 성경이 분명하게 말하고 있지 않는 사실을 교회가 높이고 경배할 자로 추앙하게 만든 것이었다.

이레니우스는 그보다 앞서 있었던 교부들처럼 사도들이 가르쳤고 제정하신 것들에 관하여 매우 가치 있는 정보들을 제공해 주었던 것 그 이상의 무엇을 말해 주는 것은 없다. 성경에서 사도들이 가르친 것이 무엇이었고 제정해 준 것이 무엇이었는지를 말해 주는 것 외에는 그 이상의 무엇을 제공하지 않는다. 그 자신도 사도들로부터 구전으로 받은 정보들을 가지고서 우리에게 나아가는 것이라고 여러 차례 고백한 바 있다. 그러나 섭리적인 차원에서 그가 한 가장 명확하고 확실하다고 자부하는 것 중에서 성경과 정확하게 모순되는 주장이 하나 있고, 또 다른 곳에서는 믿기 힘들 정도로 모호한 주장도 펼쳤다. 몇몇 영지주의자들은 그리스도의 공생애가 오직 1년뿐이었다고 주장했는데, 이레니우스는 이것에 대해서 다음과 같이 말했다. 그는 먼저 그리스도께서 지상에서 30년 이상을 살았다는 것을 우선적으로 증명하려는 많은 어리석은 이유들을 제시했다. 예를 들어, 그가 모든 시대의 사람들을 구원하시려고 오셨다는 것, 그러므로 어린 시절뿐만이 아니라 나이가 든 시절도 이 땅에서 보내셨어야만 했다는 것, 그래서 그리스도가 이 땅에서 거의 50세까지 사셨다고 단언하였던 것 등이었다.[129] 이와 같은 내용을 말한 후에, 그는 자신의 주장을 증명하기 위해 우선 복음서로 나아갔고, 우리 주님의 제자였던 요한과 교제를 나눈 장로들의 증언을 언급하였다. 그 장로들은 모두 다 요한이 그와 같

---

129) Lib. ii., c. 22.

이 말했다고 증언한 자들이었고, 그는 이 사람들이 요한을 본 자들일 뿐만이 아니라 사도들의 다른 자들에 대해서도 동일한 것들을 말한 자들이라고 덧붙였다.

이러한 풍문의 증거들을 나열시켰음에도 불구하고, 우리 구세주의 지상에서의 생애기간과 관련해서 전통적으로 주님을 경배하는 자들 중 어느 누가 복음서의 역사를 분명히 부정하고 있는 아레니우스의 황당한 주장을 수용한 자가 있을지 나는 알지 못한다. 다른 사례에서 이레니우스는 지나친 사치스러움에 대하여 참으로 애들 같고 황당한 묘사를 하고 있다. 특별히 천년왕국이 도래하게 되면 즐기게 될 포도와 포도주를 생산하는 땅의 비옥함에 관하여 말도 안 되는 묘사를 한 것이다. 그는 그 이야기를 우리 주님께서 자신의 입으로 직접 발설하신 것이라고 주장한다. 물론, 지금 누구도 우리 주님께서 또는 주님의 사도들이 이레니우스가 언급한 내용을 직접 말씀하셨다고 믿지 않는다. 그러나 그는 그들이 그렇게 하였다고 분명하게 믿었다. 이레니우스는 선한 원리들과 감각을 가진 자라는 측면에서 보면, 첫 3세기 교부들의 일반적인 모습과 아주 유사한 사람이다. 그러므로 이러한 사실들은 교리들의 전달과 구전에 의한 사도들의 임명들과 관련한 교부들의 주장들에 대한 신뢰도가 극히 미약하다는 실상을 보여 준다. 또한 이것들은 더욱이 우리의 구전의 전달매체가 얼마나 안전하지 못하고 불확실한 것인가를 보여 주는 것이다.

2세기 동안에 한 번 이상 발생된 논쟁과 관련되어 있고 이레니우스가 관심을 갖고 있는 상황들에 의해서 동일한 교훈을 가진 매우 분명하고 인상 깊은 가르침이 우리에게 주어졌다. 그것은 교회를 요동치게 한 첫 논쟁이었다. 내가 염두에 두고 있는 그 상황이란 너무나도 잘 알려진 논쟁으로서 부활절을 지켜야 하느냐에 대한 것이다. 양측이 다 전통적으로 사도들이 전수해 준 권위를 내세워 자신들의 주장을 펼쳤다. 우리는 사도행전에서 사도들과 유대인 회심자들이 일반적으로 유대인들의 종교적 관습과 더불어 유월절을 지켰다는 명백한 증거를 가지고 있다. 그러므로 그 유월절을 부활절로 변경시키는 것은 공정한 것이 아니다(행 12:4). 또한, 유월절을 지키는 것이 예루살렘 멸망 이후에도 계속 이어진 것으로 보이지는 않는다. 물론, 유대인들 분파들인 에비온파나 나사렛파들은 예외였다. 그들은 유월절 대신에 또는 그것을 대신하여 주의 만찬에 대한 가르침을 기념하는 실천사항이 교회 안에 점차적으로 소개된 것으로 보았다. 이 만찬의 본래 교훈은 우리 주님께서 유월절 절기를 지키시는 시점과 관련된 때에 주신 것이었다. 그 예식은 교회 안에서 유대인 교회에서 유월절을 지키는 자들에게 유사한 장소와 목적을 상기시키는 의미를 지니고 있다. 이것은 또 다시 사도적 증언의 위대한 주제인 우리 구세주의 부활을 기념하는 것으로 이끌었던 것 같다. 그 후에 유대인들의 유월절 절기와 동일시하면서 본래 주어졌던 교훈들을 되새기며 주의 만찬에 대한 가르침을 기념하고 지키는 것을 유월절로 간주해서 주님의 죽으신 날로 바꿔치기한 것으로 보인다. 이 문제는 언제나 논쟁점이었고 여전히 논쟁 주제가 되고 있다. 즉, 우리 구주께서 유월절을 지키셨고 그날에 주의 만찬을 교훈하셨는지 아니면 그가 십자가에 못 박히신 그다음 날이 유월절을 지키는 합법적인 날인지에 대한 것이다. 다시 말해서, 그 주간의 목요일이나 금요일이 첫 달 14일에 해당되는지 아닌지에 대한 논쟁이다. 많은 사람들은 우리 주님께서 그 경우 그것을 지키는 일반적인 날에 의해서 예견하신 것이라고 주장하였다. 그가 십자가에 못 박혀 죽으신 금요일을 율법에 따라서 지켜야 하는 날이라는 것이다.

어쨌든 우선적으로 첫 달 14일은 초대교회에 있어서 유대인의 유월절이었다. 그러다가 시간이 지나면서 주의 만찬에 대한 기념일이 되었고, 그 후에 그의 죽으심을 기념하는 날로 지켰다. 물론, 그 후로 그의 부활을 기념하는 일이 죽으심 이후 사흘 째 되는 날이 된 것이다. 우리는 2세기 중엽에 부활을 기념하는 날이 다른 날에 이루어졌다는 사실을 다른 교회들의 실천에서 발견했다. 그리하여 그 문제와 관련한 논쟁이 일어난 것이다. 이 문제에 대하여 우리가 가진 매우 온전치 못한 주의사항들로부터 발견하는 것은 이 논쟁에 함의되어 있는 요점이 무엇인지를 명확하게 결정함에 있어서 약간의 난제가 있다는 사실이다. 모세임은 이 문제를 매우 온전하고도 세밀하게 조사하였다.[130]

그러나 논쟁의 핵심은 우리 구세주의 죽으심과 부활을 기념하는 것을 '첫 달 14일과 죽은 지 사흘 째 되던 날에 행해야 하는지' 아니면 '금요일과 주일에 거행되어야 하는 것인지'에 관한 것이다. 아시아에 있는 교회들은 일반적으로 전자를 택했고, 서구교회들은 후자를 택하였다. 이것이 2세기 중엽에 다른 실천에 대한 정확성 문제에 대한 논쟁이 일어났을 때 다루게 된 핵심이었다. 그 당시 서머나의 감독 폴리갑이 로마에 왔을 때, 로마의 감독이었던 아니케투스(Anicetus)와 이 문제에 대해서 논의하였다. 교회에서 기념일로 지키라는 근거나 어느 날에 지켜야 하는지를 말하는 근거가 성경에 있다는 주장은 희박하다. 따라서 사도들의 실천을 내세워 주장하게 된 것이다. 그래서 아시아 교회들은 자신들의 주장을 입증하기 위하여 요한과 빌립의 실천사항을 내세웠고, 서구교회는 베드로와 바울의 실천을 내세웠다. 결국, 폴리갑과 아니케투스는 그 문제에 대한 합일점을 찾지 못하였다. 한편, 교회들 가운데에서는 형제애와 인내심이 크게

---

130) Commentarii, p. 435, *et seq.*

존재하고 있었지만, 그 이후로 모든 외적인 의식들과 예진들에 있어서 쌍방이 완전한 통일성을 이루는 중요성과 필요성을 획득한 것은 아니었다. 아니케투스가 로마의 감독이었지만 보편적인 교회를 통솔하는 특권을 가진 자라는 개념이 없었다. 베드로가 소유했다는 그 특권에 대한 개념이 그에게는 없었다. 그리하여 그들은 폴리갑이 집전한 주의 만찬을 함께 나누면서 우호적 관계를 유지하며 헤어졌다.

이와 같은 실천의 다양성은 계속되었고, 2세기 말경에 또 다른 논쟁이 일어났다. 그것은 동일한 원리들이 내재된 논쟁이었고 여전히 사도적인 실천에 호소한 것이었다. 그러나 이어 더 큰 도구들과 함께 논쟁하게 되었다. 로마 감독이었던 빅토르(Victor)가 동방교회들의 실천사항을 변경할 것을 주문한 것이었다. 이달의 날이 어떤 날이 되든지 주일에 그리스도의 부활을 기념하여 지키는 것에 동의하라는 것이었다. 그 기념하는 날을 규정함으로써 그 첫 달 14일 대신에 부활절 주일을 매년 지켜 가는 것으로 고정시키자는 말이었다. 그런데 아시아 교회들은 그의 제안을 무시했다. 에베소 감독이었던 폴리크라테스는 그들의 이름으로 빅토르 감독에게 편지를 보냈다. 그 내용 일부가 유세비우스[131] 역사책에 보존되어 있다. 그 편지에서 요한과 빌립의 사례와 그들의 후계 감독들의 실천사항들을 언급한 후에 서구교회들이 수용할 수 없었던 그들의 주장을 근거로 하여 사람보다 하나님께 순종하는 의무만큼 더 거룩한 원리는 없다고 하였다. 그러자 자궁에서부터 교만을 안고 태어났고 교황권을 강화시킨 자로 보이는 빅토르는 자신이 모든 교회 위에 있는 교황권 지상주의를 제창한 사람은 아니었지만 결과적으로 교황권 강화를 내세워서 동방교회를 출교해

---

131) Lib. v., c. 24.

버리는 칙서를 발포하였다. 여기서 이레니우스가 그 논쟁에 관여된 것으로 보인다.

이레니우스는 아시아 교회 교인이었고 폴리갑의 제자였지만 서구교회의 부활절 절기와 같이 지켰다. 그러나 빅토르의 방자하고 무모한 행동에 대해서는 전적으로 받아들이지 않았다. 그리하여 그 주제에 관하여 항의서를 보냈다. 이 항의서 역시 지금까지 잘 보존되어 있다.[132] 그 문서는 제 2세기 교회 역사가 어떠했는지를 다루고 있는 문헌 중 우리에게 전해져 내려오는 흥미로운 문건이다. 이 서신으로부터 우리는 폴리갑이 로마를 방문했다는 것을 알게 되었다. 그리고 폴리갑과 아니케투스 사이에 서로 의견 차이가 있고, 실천적인 부분에서도 달랐음에도 불구하고 매우 우호적인 담화가 오고 갔다는 것도 알게 된 것이다.

그 서신의 기본적인 목적은 빅토르가 이 문제에 있어서 선임자들이 보여 준 것을 인내함으로 따를 것을 촉구하기 위함이었다. 빅토르의 출교선언은 전적으로 아시아의 교회들뿐 아니라 일반적으로 서방교회에 의해서도 다 무시되었다. 그렇다고 철회된 것은 아니었다. 그러나 아시아의 교회 감독들과 후계자들의 교회적인 위상이 출교선언문의 영향을 전혀 받지 않은 것으로 보인다. 몇몇 로마가톨릭 저자들은 언제나 그리스도의 대리인들이요, 보편적 연합의 근거이자 중심으로 인식되어 왔다는 로마의 감독들의 주장을 불길한 것으로 보고 빅토르가 단지 동방교회들을 출교시키겠다고 위협한 것이라고 했다. 그렇지만 빅트로는 그의 위협을 실행에 옮기지는 않았다.

이 질문은 전적으로 쉽게 결론 내릴 수 없는 것이며, 서로 반대되는

---

132) Lib. v., c. 24.

입장을 방어하고 있는 개신교와 교황주의 저자들도 있었다. 벨라르민 (Bellarmine)은 빅토르가 아시아의 교회들을 출교시켰다는 것은 논쟁의 여지가 없는 것이라고 하였고, 그것을 로마의 감독이 전체 교회보다 높은 우위권 행사를 실행한 증거물로 제시하였다. 그리고 같은 권리가 9세기에 왕성하게 활동한 교황 니콜라스 1세에 의해서 만들어졌으며, 출교시키는 일에 대체로 그 권리를 행사하였다. 그런데 후기 교황주의 논쟁자들은 제시된 출교선언문이 그 당시에 효력 있는 것으로 보아야 하는지 아니면 그 후에 철회된 것으로 보아야 하는지에 대한 문제가 제기되자 증거가 없다는 것 때문에 난색을 표하였다. 한편으로는 과감하게 학문적으로 나탈리스 알렉산더에 의해서 이루어졌던 것처럼 교황 니콜라스의 주장을 떨어내 버려야 하는 필요성 때문에 빅토르가 출교하는 위협을 가했지만 그것을 실행에 옮기지 못하였다고 인정하였다는 것이 좀 더 가능성 있는 주장이라고 생각된다. 개신교도들 역시 이 점에 있어서 역사적 증거를 통해 불공정하게 다룰 유혹을 받지 않는다. 왜냐하면 그 출교선언문이 발효되었느냐 아니냐의 모든 문제에 대한 역사는 로마의 감독이 그리스도의 대리인이었는지 또는 보편교회와의 교제 속에 있기 위해서는 로마의 감독과 교제하는 것이 필요했던 것이었는지에 대한 것인데, 이를 확정할 만한 내용이 전혀 없다는 증거가 너무나도 많이 있기 때문이다.

그러나 나는 유세비우스나 소크라테스, 니체프로스 및 에피파니우스에게서[133] 발견된 이 주제에 관한 진술을 볼 때, 빅토르가 아시아의 교회들을 출교하였다는 충분한 증거들이 있다는 것에 대한 의심을 지울 수 없다. 왜냐하면 다른 쪽의 입장에 있는 유일한 증거로서의 선언문이 전적으

---

133) Vide, La Placette, p. 88.

로 무시되었고 전혀 효력이 없었다는 것이 주지의 사실이기 때문이다. 출교가 전혀 효력을 발휘하지 못했다는 증거 위에 서 있는 로마교회주의자들은 그것을 당연히 단지 *최초의 청원*으로 여길 뿐이다.[134]

2세기 중엽 직후에 발생된 부활절 절기를 지키는 시기와 관련된 절차와 논의는 2세기 말에도 재차 발생했다. 성경에 기록되어 있지 않은 사도적 전통들에 근거한 주장이 신뢰할 만한 것인가에 대한 질의에 의해서 논의가 시작되었던 것이다. 교황의 최고 권위를 인정하고 실행하는 것은 지적하고 넘어가야 할 당연한 과제이다. 그것은 그들에게 교회의 역사 속에서 그 자체로는 매우 무의미하지만 그 주제에 큰 의미를 두고 다루고자 한 것이었다. 우리는 그 작업을 주시한다. 그리고 하나님의 섭리하심의 모든 뜻 안에서 여기에 담긴 하나님의 계획에 주목하는 것이다. 우리는 이러한 문건들을 주지하지 않을 수 없다. 교회 역사가 시작하고 나서 얼마 되지 않아서 제기된 하나의 큰 표지로서 정경의 말씀 속에 기록되어 있지 않는 한 사도적 전통이라고 가장된 것들에 어떤 신뢰도도 보내서는 안 된다고 사람들에게 경고하기 위해서 주목하는 것이다. 그리고 둘째는 로마의 감독들은 그리스도의 교회를 통솔할 자격이 있다거나 그런 칭호를 주께서 주신 적이 없다는 사실을 일깨우고자 주목하는 것이다. 그런데 이 두 가지 측면에서 주어지는 경고는 무시되었다. 그 결과, 고백하는 모든 교회의 위대한 몸체가 그 신앙과 선한 양심의 배를 거의 파선하기에 이르게 되었다. 그리고 짙은 어두움 속으로 퇴보하게 된 것이다.

---

134) Vide Bellarminus, de Rom. Pont. Lib. ii., c. 19. Mornayi Mysterium Iniquitatis, p. 16, et seq; Heideggeri Historia Papatus, Period, I., sec.xiv.; Dupin, de Antiqua Ecclesiae Disciplina, p. 145; 특별히 La Placette, 교회사 연구, P. ii., Obs. i., pp. 83-102; Ittigius, H. E. sec. ii., c. ii., pp. 78-89; Nat. Alexander, sec. ii., Diss. v., Art. v.

3. 클레멘스 알렉산드리누스

저스틴 마터와 이레니우스를 살펴보면서 우리는 제2세기에 성경의 특별한 구절들에 대한 부정확한 해석들뿐만 아니라 심지어 사도들이 가르친 성경적 교리의 단순성으로부터 벗어나는 경향이 있다는 사실을 분명히 확인하였다. 물론, 아직까지는 심각하게 확산 일로에 놓여 있는 것은 아니었지만 이탈이 발생하였음을 보았다. 이교도들의 문학과 철학을 잘 알고 있는 저스틴처럼 철학자는 아니지만 이레니우스가 명백하게 제시한 경향 때문에 우리가 그 교리의 부패의 시초가 무엇인지 알아보고, 철학적 사색의 영향이나 어떤 특정한 요인까지 거슬러 추적할 필요는 없다. 다만, 예외가 있다면 어떤 측면에서 모든 오류와 이단의 주요인(主要因)이 될 때이다. 예를 들면, 그리스도의 말씀의 권위에 복종하는 것이 부족하다는 것과 말씀의 참된 의미를 파악하기 위한 올바른 수단을 사용해야 한다고 하면, 그때 근면함과 평등성의 부족함에서 오류나 이단이 발생된다는 것이다. 알렉산드리아는 클레멘스[135] 알렉산드리누스의 사역과 저술활동이 이루어진 곳이자, 그 도시의 요리문답 학교를 성공적으로 운영한 오리겐의 사역을 통해서 성경의 해석과 신적 진리의 체계를 강론하는 일에 부패가 발생하여 진행된 도시였다. 이것은 거짓된 철학의 영향을 통해서 크게 조성되었다고 본다. 알렉산드리아는 이 시기에 어쩌면 세상에서 철학적 가르침이 가장 왕성했

---

135) 편집자 주) 클레민트의 라틴어 표기

던 곳이었을 것이다. 사람들은 일반적으로 철학적 사색을 추구하는 일, 결과적으로 제대로 교육받은 교양인과 사색하는 훌륭한 사람들에게 주의를 기울이는 것은 적절한 것이라고 생각했다. 그래서 심지어 초기 기독교 역사에서도 젊은 사람들에게 보다 높은 기독교의 교리들의 교훈을 제공하기 위해 이러한 분위기를 이용했다. 즉, 다른 어떤 곳에서 공급되어지기보다 문학적이며 철학적인 묘사들에게서 더 찾았던 것이다. 비록 그 학교가 전도자 마가에 의해서 설립된 것이라는 근거가 충분하지 않을지라도 말이다. 따라서 이러한 일반적인 생각을 수용하고 따라함에 있어서 그것들을 반대할 타당한 이유는 아무것도 없었다. 그리스도인들이 문학과 철학적 지식습득을 거부해야 할 이유가 무엇인가? 계시의 진리를 강론하고 변호하는 방식에 문학과 철학이 영향을 주어서는 안 된다고 말할 이유는 없다.

그런데 여기에서 나타나는 한 가지 위험성은 제대로 알지 못하는 주장에다가 단지 철학의 위상과 영향을 높이 두는 것이다. 이는 특히나 결코 일어나서는 아니 된다. 왜냐하면 그것은 하나님의 말씀이 가진 권위의 자리로부터 그 말씀을 끌어내리게 되거나 그럴 가능성을 내포하고 있는 방식으로 철학을 도용하는 데서부터 문제가 발생하기 때문이다.[136] 철학적 논쟁에 익숙한 사람들이나 하나님과 관련된 많은 주제들과 인간의 의무와 운명을 깊이 성찰할 수 있는 자들은 성경을 읽는 독자들에게 잘 알려지지 않은 주제들에 대한 확실한 지식을 획득하는 수단을 가지고 있을 것이라고 예단하기가 쉽다. 그래서 그런 자들은 자신들의 특권을 과대평가하기 쉽고 동일한 표준을 지속적으로 적용해 감에 있어서 일반 사람들에게 하듯이 자신들을 제한시킬 필요가 없다고 생각한다. 그러다가 그들은 마

---

136) Vide Neander의 그리스도의 역사, Rel., vol. ii., pp. 195-234, pp. 372-416을 보라. 로즈(Rose)가 번역했다. Gieseler, vol. i., pp. 134-146, 커닝함이 번역했음.

침내 자신들의 사색을 통해서 월등한 것이 아니라고 생각하는 성경의 성보들을 쉽게 개정할 위치에 있는 자들로 여기는 것이다. 제3세기의 알렉산드리아에서 벌어졌던 이 현상은 다양한 측면에서 실천적 종교 위상이 저조하고 철학이나 문학 사조가 왕성하게 일어날 때 더욱 드러나게 되거나 덜 나타나게 되는 양상이 있다.

기독교는 물질적인 우주와 개인이나 집단적으로, 그리고 인간 존재를 포함한 인식의 모든 대상들에 대하여 철학적 검증을 사용하는 지성의 모든 능력을 동원하는 것에서 사람들을 낙망시키는 일은 분명코 없다. 참된 종교에 해를 끼치는 문학과 과학의 악한 면들은 예방되어야 하거나 치유되어야 한다. 그러나 그 방식이 문학과 철학적 탐색을 금하거나 포기함으로써가 아니라 문학과 철학을 있어야 하는 합당한 자리에 둠으로써 해결되어야 한다. 특별히 성경이 하나님의 말씀이요, 그 안에 있는 것은 다 참된 것이라는 그 위대한 진리를 견고하고 충실하게 적용해 나감으로써 문학과 철학이 줄 수 있는 해악을 예방하거나 치유할 수 있어야 하는 것이다. 성경만이 하나님과 관련된 지식, 조물주와 관계된 인간에 대한 지식, 그리고 인간의 의무와 운명에 대한 지식을 충분하고 확실하게 제공하는 유일한 출처가 된다. 이러한 사실들을 굳게 붙들고 있고 그 위에서 *신실하게* 행동하는 한 문학과 철학은 기독교에 어떤 해도 끼치지 않는다.

누군가 철학적 탐색을 깊이 몰두하는 것은 성경적 진리들을 대적하는 경향을 갖게 한다는 선입견이 생긴다고 하거나 심지어 그 모든 진리를 다 인정한다고 고백할 때조차도 성경적 진리를 온전히 따르는 일을 방해하게 될 것이라고 주장할 수 있다. 만약 우리가 그런 경우에 맞닥뜨리게 된다면 반드시 이런 성향이 본래 그렇다는 것이라거나 그 이상의 무엇이라고, 즉 그러한 경향은 불가항력적인 것이라는 주장을 단호히 부정해야 하고, 언제나 그런 미혹되는 주장을 주시하여 대항해야 한다.

우리가 말한 해악은 알렉산드리아 학파에서 광범위하게 드러났다. 클레민트와 오리겐은 하나님의 말씀을 크게 훼손시킨 장본인들이었고, 그들은 신적 진리 체계를 훼손시켰다. 그리하여 그리스도의 교회에 영구적으로 악을 끼쳤으며 다양한 면에 상처를 주고 있다. 그들은 대체로 절충적인 원칙들이나 신플라톤주의적 철학원리들을 수용하였다. 이것은 플라톤의 가르침과 소위 동양적인 견신론(見神論)이나 신지식(神知識, theosophy)을 융합한 것이다. 다시 말하면, 그들은 성경의 교리들과 모순되는 많은 것들을 철학적인 바탕 위에서 수용한 것이다. 그리고 나서 성경의 참된 의미를 어떤 편견도 없이 정직하게 탐구해야 할 곳에서, 그들이 가진 철학적 지식에다 성경을 조화시키려고 시도했던 것이다. 그리고 그 표준에 의해서 그들의 모든 체계를 규정하고자 했다. 고대 철학자들의 고귀한 것들을 더욱더 자신들에게 적중시키고자 한 것에 있어서 큰 문제는 인간 본성이 어떻게 개진되어지며 완전한 상태에 이르게 되는 것인지를 보여 주려 했다는 점에 있다. 그들은 이것을 종종 시도했는데 어떻게 완전한 사람, 선하고 지혜로운 사람이 될 수 있는지를 설명하는 방식에서 그와 같은 시도를 한 것이다.

그런데 클레민트는 이 아이디어를 취해서 그 개념의 다른 단계들에서 발전시켜 나갔다. 우리에게까지 전해져 온 그의 주된 세 가지 작품에서 그가 작업한 내용이 드러났다. 의심할 여지없이 그는 그 세 작품에서 인간의 재주와 광범위한 학습에 대해 상당히 많이 다루었다. 실제로 그는 우리에게 고대 이교도들의 문학과 철학과 연계된 주제들에 대하여 상당히 흥미로운 정보를 제공한다. 이 정보들은 지금 다른 어느 자료에서도 찾을 수 없는 것들이다. 그러나 그는 신성한 문학에 대한 지식뿐 아니라 불경스러운 것들에 대한 지식도 정확하게 나타내고 있는 자임이 분명하다. 그의 첫 작품은 이교도들에게 향한 것이었다. 그 책 이름은 『권고의 말씀(Λογος Προτρεπτικος)』이다. 이 책은 인간이 참으로 선하고 지혜로운 자가 되기 위하여 이교도주의를 버리고 기독교를 받아들여야만 한다는 것을 보여 주려는 목적을 가지고 쓴 것이었다. 그리고 이 책에는 왜 그렇게 해야 하는지에 대한 충분한 근거를 제시하고 있다. 그런 측면에서 이 책은 초기 2, 3세기 다른 교부들에 의해서 쓴 것과 동일한 변증학적인 요소들이 다분히 들어 있다. 가장 주요한 특징은 이교도 신화와 종교적 예배에 대해서 충분하고도 탁월하게 들춰내고 있으면서 기독교 계시 속에 배어 있기도 한 자연종교의 위대한 원리들을 선호하는 면에서 이교도 철학자들의 증언들을 제시하고 있다는 점이다.[137]

이것은 클레민트 입장에서, 특히 고대 이교도들의 문학과 철학을 잘 알고 있는 사람으로서 지성인들에게 기독교를 수용하라고 요청하는 입장에서는 분명 자연스러운 것이었다. 사실 그 부분에 관하여 반대할 만한 요소는 아무것도 없다. 유달리 자연종교의 위대한 원리들을 선호하고 있는 고대 철학자들이나 입법자들의 증언들을 주목하는 것 그 자체에 잘못된 것은 분명 하나도 없다. 그것은 그것들을 합법적으로 선하고 유용한 목적 달성을 위해 어떻게 적용해 갈 것인지를 분명하게 보여 준다. 그런데 클레민트의 경우는 옛날 종교들을 신봉하는 자들의 종교가 가진 유익한 면들을 지나치게 드러내고 있다는 점에서 우려할 만한 이유가 충분히 많다는 것이다. 어떤 측면에서는 그들의 견해나 원리들을 기독교에 조화시켜 보려고 한 점을 지나치게 나타낸다는 점에서 심히 우려스럽다. 실로

---

137) 이것은 특별히 시를 인용하기를 좋아한 저스틴에게서도 유사한 것들이 있다.

그것은 클레민트의 다른 부분들과 관련하여 살펴볼 때, 현대 시대의 광교회파의 몇몇 저술가들에 의해서 옹호되고 있는 개념과 크게 다르지 않다. 광교회파들은 기독교를 정확도나 완전성 면에서 약간 나은 정도로 간주하며 자연종교나 자연법의 권위적인 재발행보다 약간 우위에 있는 정도로 간주하는 자들이다.

그의 두 번째 작품은 교사를 뜻하는 『파이다고고스(Παιδαγωγός)』라는 책이다. 이 책은 기독교 신앙을 받아들이도록 인도된 자들을 위하여 필요한 교훈을 주고자 쓰인 것이다. 그러나 여전히 입문수준에 머물러 있는 자들, 세례를 받기 위한 사전교육을 위한 것이기도 하였다. 그러나 안타깝게도 교리와 의무 측면에서 클레민트의 체계의 결함이 이 책 안에 분명하게 드러나 있다. 이 책에서 그리스도를 ‘위대한 교사’로 제시한 그는 주님의 가르침에 대한 본질적인 것보다 그의 가르침이 주어진 상황이나 태도에 더 집중하고 있다. 그리고 그가 선지자로서의 그리스도의 직임에 대하여 매우 결격사유가 많은 견해를 제시하고 있는 반면, 제사장이요 왕으로서의 그리스도의 직임에 대한 언급은 전혀 없다. 그 이후로도 그 책의 대부분은 진리나 교리 강론의 내용을 담은 것이 아니라 행실규례를 위한 실천적 지침들로 구성되어 있다. 그는 결론 부분에 ‘스트로마타(Στρωματα)’라는 제목을 붙여서 헌신된 신자의 특질을 설명하고자 했다. 그 헌신된 신자를 클레민트는 지식인(γνωστικός)이라고 했다. 여기에서도 앞에서 지적한 것과 같이 교리와 임무 측면에서 통탄할 만한 결함을 지닌 클레민트의 체계에 주의하지 않으면 안 된다.

그의 교리체계는 매우 빈약하고 광교회주의적이며, 그의 도덕체계는 심각한 오류와 터무니없는 것들이다. 본질적으로 그렇게 중요하지도 않고 단지 외형적인 것들에 대하여 매우 탁월한 교훈을 주고 있지만, 사도들이 성령의 감동하심으로 교훈히면서 강조한 올바르게 처신해야 하는 내적인 본질적인 행동원리들에 대해서는 상대적으로 적게 다루고 있다. 교리와 관련하여 그의 삼위일체론은 건전하지 않다고 말할 이유는 없다. 심지어 배교한 로마교회 안에서조차도 적절하게 실천적인 적용을 한 측면을 생각해 볼 때, 불의하게 존속하고 있었을지라도 지성적인 고백으로 보자면 이 교리는 언제나 건전하게 고백되어 왔었다는 점을 기억하지 않으면 안 된다. 그러므로 이 교리가 이 책 안에서도 근본적으로 중요한 것으로 자리 잡고 있는 것은 당연하다. 그러나 믿음의 깊이가 있는 신자들이 은혜 가운데서 영적으로 성숙해지고 자라 감에 따라 실제적으로 적용해 가는 일에 기여하는 부분을 고려해 볼 때, 이 고백은 사람들이 참된 신앙 가운데 살아가고 있는지 아니면 신적 진리를 경험하며 살아가고 있는지에 대해 검증해 줄 수 있는 엄중한 잣대는 되지 못한다.

복음에 대한 독특하고 근본적인 교리의 다른 영역을 살펴보면 클레민트의 견해는 저스틴이나 이레니우스의 입장보다 분명하거나 확고하지 않다. 우리가 기회가 있을 때마다 언급해 온 건전한 교리로부터 이탈하게 된 것들을 가늠해 보면, 클레민트에게서 온전히 진전되어 나타난 것임을 알 수 있다. 클레민트는 다른 교부들이 주장한 자유의지론이나 일반적으로 칼빈주의 세계에서 정죄하는 그 자유의지론보다는 더 명료한 입장을 띠고 있다. 그렇기 때문에 그가 은혜의 교리들을 부정하였다거나 파괴시켰다고 말할 수 없는 것이다. 그는 그 당시 믿음은 자연스러운 것이라는 이단들의 주장에 정반대의 입장을 분명하게 선언하였다. 그는 누군가의 도움이 없이도 인간의 본성적인 능력의 산물로 믿음을 본 것이 아니라 초자연적이고 신적인 선물이라고 주장하였다. 그러나 죄인이 의롭다 함을 받고 거룩하게 되기 위해서는 하나님 편에서 뭔가가 이루어져야만 한다는 입장에 대해서는 다소 불충분한 견해를 피력하였고, 구원 얻는 지식을 획득함에 있어서 인간의 능력이 끼치는 영향에 대해서 상당히 많이 언급하였다. 그리고 지혜와 의를 획득함에 있어서 성경이나 신앙 경험이 인준하고 있는 것과 달리, 먼저 믿음의 사람이 되고 나서 지혜로운 사람이 되는 것으로 말함으로써 사람이 가진 능력을 더 큰 요소로 말한 바 있다.

그렇다. 이 주제에 대한 그의 견해는 너무나 오류가 많고 혼란스럽다. 한 번은 그가 이렇게까지 말하였다. 그리스도께서 인성을 취하셔서 이 세상에 오신 것은 사람들에게 그들 자신들의 능력이 하나님의 뜻을 순종하기에 충분하다는 것을 보여 주시고자 함이라고 말이다.[138] 이 가르침은 현대의 소시니안주의자들과 광교회주의자들의 가르침과 매우 유사하다. 정말 이 저자가 복음의 근본적인 원리들을 제대로 이해하고 납득했다고 믿을 만한 가능성이 있다는 생각이 전혀 들지 않을 정도이다. 그러나 분명한 것은 교양 있고 학문이 있는 알렉산드리아 학파의 젊은이들에게 보여 주고자 노력한 그의 수고는 높이 살 만하다. 클레민트가 그들이 기독교를 수용함으로 말미암아 어떻게 지혜롭고 선한 사람이 되는지를 그들에게 제시할 때 그들이 가지고 있는 선지식들과 잘 조화시켜 보려고 애를 쓴 점은 확실하다. 그는 성경에서 우리에게 제시하고 있는 것과 같이 실제적으로 사람이 지혜롭고 선한 사람이 되게 하는 면보다 지성인들에게 사람들의 욕구를 달성해 내는 인간의 능력을 더 많이 부여하다 보니까 그런 오류를 낳게 된 것이다.

기독교에 대한 독특한 교리적인 면에서 이탈하는 성향과 더불어 복음의 은혜와는 정반대되는 인간의 본성적인 능력들과 역량들을 높이는 주장 말고도 철학적 탐색을 추구하는 클레민트의 몰입에서부터 파생된 또

---

138) Sculteti Medulla, p. 152.

하나의 해악이 있었다. 또한, 옛 철학자들 사이에서 흔히 찾아볼 수 있는 것으로, 통속적이거나 비법의 원리를 기독교에 적용하여 유사한 성격을 가진 사람들의 환심을 사고자 하는 욕구가 있었다. 그래서 그는 통속적인 것들은 초신자들에게 적용하였고 비법의 원리들은 신앙심이 깊은 자들이나 주도적인 위치에 있는 자들에게 적용시켰다. 이것을 통용함에 있어서 그는 지식만이 아니라 의무도 고상한 것과 낮은 표준이 실재한다는 견해를 옹호하였다. 그것은 낮은 표준은 모든 사람에게 해당되는 것이고 고상한 표준은 몇몇 사람들께 나눈다는 의미를 내포한 것은 아니었다. 이 개념들을 클레민트는 피스티스(신앙)와 그노시스(지식) 사이를 정교하게 구분하는 것에 함축시켰다.

그는 이러한 구분들을 깨달은 기독교 교사들 가운데 최초의 사람이었던 것 같다. 그러므로 그는 크게 보아서 그 이후로 교회 안에서 주입시켜야 할 교리와 임무들을 잘못되게 만든 장본인이라고 취급되어야만 한다. 물론, 성경에 대하여 풍유적으로 곡해하는 일은 이 시대 이전에 기독교 저술가들에 의해서 이미 벌어졌던 바이지만 클레민트는 그것을 실행했을 뿐 아니라 동시에 그것을 공식적으로 올바르고 합당한 성경 해석 방법으로 명확하게 제시했기 때문에 그 책임까지도 져야 하는 존재이다.

한편, 클레민트는 기독교 도덕성을 상세하게 논의한 가장 이른 초기 저술가라고 말할 수 있다. 저스틴에게 언급한 제나스와 세레누스에게 보낸 서신은 클레민트와 사도적인 교부들의 저술들과의 사이에 저스틴이 살았던 시대를 고려할 때 간격이 충분히 드러나는 일반적인 성향이 나타날지라도 그 기원은 의심스럽다. 우리는 사도적 교부들의 작품들에서 도덕적 의무의 체계에 대한 어떤 글도 발견할 수 없다. 이 부분은 하나도 제시되어 있지 않지만 그들은 성경의 분명한 교훈들에 대한 진지하고도 열정적인 실천의지를 천명하고 있다.

그러나 사안들은 변하였다. 클레민트가 서신을 썼을 때 당시의 상황은 더 나빠졌다. 이에 그의 목적과 계획은 자연스럽게 기독교 도덕성의 완전한 체계를 잘 묘사하는 것에 초점을 맞추게 되었다. 그리하여 일반적인 의무사항들을 잡다하게 제시하게 된 것이다. 성경적인 교훈들로부터 벗어나 이 주제를 다루었다는 상황이 정말 짜증스러울 정도이다. 클레민트는 금욕적이고 신비적인 도덕성을 가지고 있는 것을 추적하여 나타내고 있다. 한편으로 그는 성경이 정죄하고 있는 않는 것들(예를 들면, 재혼하는 것)을 적당한 선에서 타협하는 것을 금했으며, 또 다른 한편으로는 성경이 제시하고 있는 의무사항들로부터 풀어놓았다. 예를 들면, 인간이 정기적인 기도생활과 종교적인 실천사항들을 지켜 행할 필요성을 부정한 것이다. 그는 인간은 항상 경건생활에 힘써야 한다는 성경적 가르침에 명백하게 위배되는 주장을 했다. 즉, 그리스도는 단지 스토익 학파의 사람이었고 인간 마음의 평범한 감정이나 감성들을 표출하는 것에 있어서는 전적으로 예외적이고 뛰어넘는 자라고 한 것이다. 이러한 허구적인 생각을 바탕으로 그는 그리스도인들이 본받아야 할 분으로서 그리스도를 제시하고 만 것이다.

도덕성에 대한 그의 가장 해로운 가르침 중 하나는 그의 교훈들이 마음과 감정의 상태에 대하여 매우 간과하고, 외적이고 하찮은 것들에 대하여는 조밀한 규율들과 지침들을 제시하고 있는 것이다. 먹는 것과 마시는 것, 가구들과 축일들, 향수들과 묵주들, 목욕, 여성들의 향료들과 같은 것들을 지나치게 상세하게 취급하였다. 그는 자신이 살았던 시대의 가정생활의 태도들과 관습들에 관하여 세세한 정보를 나열하였다. 반면에, 그 시대의 그리스도인이라고 고백하는 자들 가운데 지닌 도덕성의 높은 개념과 상태에 대해서는 언급하지 않는다. 그는 심령과 삶에 있어서 그리스도인의 참된 거룩성을 조성하기에 적합한 것들에 대해서는 언급한 것이 거의 없거나 전무하다고 볼 수 있다.

이러한 것들이 2세기 말과 3세기 초에 가장 영향력 있었고 오늘날까지 전해지고 있는 탁월한 기독교 교사가 가르친 것이었다. 그것들이 내포하고 있는 것이 무엇인지를 발견할 때 그리고 그것들의 일반적은 특징과 경향이 어떠한 것이었는지를 깨닫게 될 때 우리는 교회가 교리적인 면이나 삶의 특징적인 측면에서 이미 엄청 타락했다는 인상을 지울 수 없는 것이다. 실로 그것은 놀랄 일이 아니다. 로마교회는 클레민트가 정말 정경적인 존재인가 아닌가에 대한 것을 그들의 학자들 사이에 논쟁의 주제로 삼았다. 즉, 클레민트가 법적으로 성자의 칭호를 받기에 합당한 존재인지 아닌지, 결과적으로 우리를 대신하여 하나님께 탄원하고 간청할 만한 존재인지 아닌지에 대해 논쟁거리를 삼은 것이다. 사실 이 부분에 있어서 그에 대해 의혹을 가지는 것이 더 타당할 것이다. 그런데 그보다 더 해로운 존재들이 너무나도 많다. 알렉산드리아의 클레민트보다도 로마 교회력이 말하고 있는 성인들 가운데 더 이단적인 저술가들이 훨씬 많다.[139]

4. 오리겐

다음으로 라틴 교부들 중 으뜸인 터툴리안을 살펴보는 것이 자연스럽겠지만, 그에 앞서 클레민트의 학생이었고 후계자였으며 알렉산드리아 요리문답 학교장이었던 오리

---

139) Natalis Alexander, saec. ii., cap. iv., art. vii.; Ittigius, saec. ii., pp. 61-62.

겐에 대해서 간략하게나만 언급하고 지나가는 것이 바람직하다고 본다. 오리겐은 3세기 전반부에 살았다. 비록 그는 재주나 학식 면에서 교부들 누구와도 뒤처지지 않았고 기독교 문학을 발전시키는 데 매우 중요한 역할을 한 사람이었지만, 유감스럽게도 그는 클레민트가 교회에 가한 가장 큰 손상을 아주 널리 소개하고 상당히 멀리 번지게 한 장본인이다. 따라서 교회에 가장 해악을 끼친 한 사람이 되었다고 말하지 않을 수 없다.

오리겐은 다작의 저술가였다. 그의 저술들 중 많은 작품들이 우리에게까지 전해지고 있다. 그러나 그것들의 진품 여부와 정직성에 대해서는 학자들 사이에 심한 논쟁이 벌어졌다. 그가 쓴 작품이라는 것들 중에서 진품이 맞는지 아닌지 결정하기가 상당히 어려운 부분이 많다. 우리에게 전해지고 있는 작품들 대다수가 오직 라틴어 버전이다. 번역가 루피누스가 솔직하게 우리에게 알려 주기보다 더 지적으로 보이고 반대하는 소리들이 덜 들리게 하기 위해서 자신이 오리겐의 진술들의 많은 부분을 변경하였다고 고백한 바 있다. 따라서 고대나 현대 시대에서 진짜 오리겐의 의견인지에 대하여 교회 안에서 심한 논쟁들이 일어났다. 정통신앙으로부터 그의 이탈의 정도가 어느 정도인지에 대한 논쟁 역시 많이 있어 왔다.

이 주제에 대한 긴 논쟁은 4세기 말에 제롬과 루피누스 사이에서 벌어졌는데, 제롬이 공격하였고 루피누스는 그를 옹호하였다. 그리고 5세기와 6세기를 지나면서 오리겐이 이단이었느냐 아니냐에 대한 문제가 여러 교회회의들에서 거론되었는데, 그 결론은 대부분이 다 그에게 불리하게 내려졌다. 마침내 553년 콘스탄티노플에서 열린 제5차 교회회의에서 결론적으로 오리겐은 이단이었다고 선언하였다.[140] 그 결정은 의심의 여지

---

140) Natalis Alexander, saec. iii., cap. iii., art. xii. § iii.

없이 옳은 것이었다. 왜냐하면 안타깝게도 오리겐이 복음의 가장 중요한 교리들 몇몇을 곡해하였다는 것은 전혀 의심할 필요가 없는 것이기 때문이다. 그는 클레민트보다 더 절충주의적이었으나 신플라톤주의적 철학사상에 더 물들게 하였다. 그의 스승이 감행한 것보다 그 일을 더 대담하게 적용하였으며 훨씬 파렴치하게 저질렀던 것이다. 하나님과 세상 창조에 대하여, 천사들과 악마들에 대하여, 그리고 사람들의 영혼과 운명에 대하여 마치 성경의 권위를 내동댕이친 듯 대범하게 우스꽝스러운 가르침을 제시하였던 것이다. 전혀 근거도 없는 자신만의 사색 안에서 어떤 제한도 없이 맘대로 타협하는 자유를 만끽하였다. 심지어 우리에게 명확하게 계시된 것조차도 그런 식으로 주장했다. 그는 하나님께서는 창조적인 에너지를 수여하심이 없는 기간 동안 하나님은 존재하실 수 없었다는 생각 위에서 영원성을 믿었다.

따라서 그는 인간은 하나님께서 계시하여 주지 않으면 아무것도 알 수 없다는 사실 위에서 형이상학적인 무가치한 사색의 파편조각을 제시하였다. 그가 여전히 하나님의 말씀으로 고백하고 있는 성경의 분명한 선언과는 반대되는 입장에서 그와 같이 한 것이었다. 그는 인간 영혼의 선재성(先在性)을 믿었으며, 그 영이 인간의 몸에 갇히게 된 것은 그 이전 상태에서 죄를 범한 것에 대한 형벌로 갇히게 된 것이라고 가르쳤다. 그는 하나님의 모든 지적인 피조물들이 궁극적으로 구원을 받는다고 믿었다. 인간만이 아니라 악마들조차도 말이다. 그는 이전 니케아 교부들의 정통성의 옹호자들에게 상당히 어려움을 겪게 한 측면에서 삼위일체와 그리스도의 위격에 대해서 종종 언급하였다.

불(Bull) 감독은 다른 저서들에서도 포함되어 있는 이 주제에 관한 오리겐의 주장들을 세밀하게 탐구할 필요성을 치워 버릴 수 있도록 마무리했다고 볼 수 있다. 그는 셀수스(Celsus)를 공격하는 책으로부터만 오리겐의 견해를 취할 수 있다고 생각한다. 왜냐하면 그 책이 그의 생애에서 가장 건전하고 향상된 견해를 가지고 있었을 때 쓴 것이기 때문이다. 그리고 그 책은 다른 책에서 그가 보여 준 터무니없고 억지 추측에 의한 타협안들이 거의 없기 때문이다. 그리고 그의 많은 다른 책들보다[141] 더 순결하고 타락하지 않은 내용을 전달해 주고 있기 때문이다. 의심할 여지가 없다고 평가되는 아주 가치 있는 이 책에서 오리겐은 그리스도의 신성을 주장한다. 그러나 오리겐은 그 신성이 그리스도의 몸과는 연합된 것이 아니고 오직 영혼하고만 결합되었다고 생각한 것이 분명하다. 그렇기 때문에 여기에는 우리가 일반적으로 말하는 본질적인 연합은 없는 것이다. 인성을 가지신 그리스도에 의한 적합한 연합이 배제되어 있는 것이다. 이 근거 없는 우화는 여전히 심각한 오류를 지니고 있는 주장이라고 말하지 않을 수 없다. 그것은 그리스도께서 하나님께 대속적인 만족함을 제공하셨고 그로 인하여 인간의 죄악들을 진짜 속량하셨다는 것을 부인하게 되는 것이다. 물론 이것은 우리 구원의 복음을 뒤엎는 주장이다. 단순히 철학적 사색을 하여 사람들을 성경적 진리의 길에서 벗어나도록 이끄는 근거 없는 헛된 정신 나간 소리인 것이다.

그러나 오리겐 신학에는 우리가 주시해야 할 또 다른 영역이 하나 있다. 그것이 더 위험하고 더 잘못된 치명적인 오류를 드러내는 것이라서가 아니다. 그리스도의 대속적 속죄교리를 부인하는 것만큼 더 위험하고 치명적인 오류는 없다. 그러나 오리겐은 이전 저자들의 가르침으로부터 받았던 그

---

141) Bull's "Defensio Fidei Nicaenae", saec. ii,. c. ix. 오리겐의 성격에 대한 그의 일반적인 평가를 위해서는 vide vol. v., p. 355를 보라. 그리고 이 주제에 대한 그의 정통성을 옹호하는 일반적인 논쟁을 위해서는 상게서 355쪽을 보라. Oxford, 1846.

교리를 교회 인에 유포시켰다. 이는 그가 가르친 다른 오류를 확산시키는 것보다 더 많은 영향력을 발휘하여 폭넓게 유포되었고, 달갑게 받아들여졌다. 그것은 우리가 후에 펠라기안 이단으로 부른 것이었다. 4세기 말에 루피누스의 견해와 반대하여 오리겐의 이단성을 내세우고자 열정적으로 정교하게 노력한 제롬은 오리겐을 펠라기우스와 그의 추종자들이 널리 선전하고 돌아다닌 교리들을 가르친 장본인으로 지목하였다. 그 혐의는 제롬의 분노 섞인 독설과는 달리 근거가 확고한 것으로 보인다. 물론 오리겐이 펠라기우스가 취한 논리체계를 폭넓고 구체적으로 가르친 사람이라고 말할 수는 없다. 그런 주장을 완전하게 제공하였고 그 교리들의 다른 부분들과 관계성이나 연관성을 설명한 장본인이라고도 볼 수는 없다. 어쨌든 오리겐이 펠라기우스의 교리들에 찬동하였을 것이라고 확실하게 말할 수 있지는 않다. 또한, 그의 책들 가운데는 더 복음적이고 은혜의 교리들과 일치하는 진술들을 담아내고 있는 문단들을 발견하는 것은 어렵지 않다.

그러나 그 자신이 그러한 원리들을 자연스럽게 제시하였다는 것, 그래서 그 결과 당연히 펠라기우스 이단교리가 형성되도록 이끌었다는 것은 분명한 사실이다. 결과적으로 은혜의 복음교리를 날려 버린 것이다. 오리겐이 그 어떤 저자들보다 명백하게 그 일을 하였다는 점은 부인할 수 없다. 이전 상태에서 뭔가 죄를 범하여 영혼이 인간의 몸에 갇히는 형벌을 받도록 정죄받았다는 인간 영혼의 선재성 교리는 죄의 기원에 대한 올바른 성경적 이해와 전혀 맞지 않는 주장이다. 원죄교리에 대한 오류투성이요, 결격사항이 있는 이 견해는 펠라기안니즘의 근거와 기초를 제공한 것이다.[142] 그것 말고도 그는 인간 의지의 자유도 펠라기안들이 일반적으로

---

142) *Vide* Walchii Miscellanea Sacra, Lib. i., Exercit. vii., Historia Doctrine de peccato originis, p. 178. Buddaenus, Instit. Theol. Dog., Lib. iii., c. ii., §35, p. 844.

내세우고 있는 차원에서 저스틴이나 이레니우스 심지어 클레민트보다도 더 분명히 주장하였다. 이 특별한 사항에 있어서 오리겐의 경우는 그들의 주장과도 다르다. 그가 말하는 신적 작용과 신적 은혜라는 것이 우리가 믿고 있는 성경에서 말하는 차원에서 이해하고 있는 것이 아니라는 것을 우리에게 확실하게 보여 주고 있다. 펠라기안들이 동의하는 것보다 그 이상을 내포하고 있는 것이다. 펠라기안들은 하나님의 작용(agency)의 보편성과 효과나 우리가 하나님께 의존되어 있는 것에 관하여 많이 그리고 강력하게 말할 수 있을 것이다. 따라서 기쁨이나 감사와 같은 것으로 여겨지는 뭔가가 발생하거나 효과가 나타날 때, 그것들을 하나님의 은혜, 호의, 또는 친절하심으로 묘사한다. 그러나 우리가 신중하게 생각하면 적어도 펠라기안들은 이 신적 작용이나 하나님의 은혜를 뜻하는 것들에 대해서 총체적으로 이단으로 나아가는 문을 활짝 열어 놓은 자들이다. 심지어 영적인 결과들을 적용했을 때, 사람들에게 영향을 주는 것과 사람들에 의해서 영향을 받는 것들을 섭리 가운데 일반적으로 발생한 사건들에 적용시켜 보면 이에 대하여 펠라기안들이 이해하는 것과 본질적으로 다른 것은 아무것도 없다. 즉, 삶의 성향들을 혁신하는 것이라든지 심령의 거룩함과 삶의 거룩함이 더 고양되게 하는 것들에 적용시켜 볼 때, 그로 인해서 인간의 행복에 영향을 미친다거나 그들의 일반적인 신체적 활동을 통하여 나타나는 통상적인 사람들의 행동에 미치는 영향에 있어서 크게 다른 것이 없다는 것이다.

그런데 사실상 그들은 자신들이 무신론주의자라고 말하지 않는다. 그들이 하나님의 피조물들로서 인간의 모든 행동들과 관련하여 어떤 측면으로든지 하나님의 신적 작용이 개입하게 된다는 것을 그들도 인정한다. 그리고 인간은 모든 신체적 행동들과 정신적 활동 안에서 이 작용에 의존되어 있다는 것도 인정한다. 또한, 인간은 하나님을 주재자로 통치자로 그리고 은혜 수여자로 앙망한다는 것도 인정한다. 그러나 그들은 언제나 적어도 이 신적 작용과 하나님의 은혜 사이에는 질적인 차이가 있다고 본다. 그 차이는 인간의 일반적인 행동들 안에 명백히 드러나고, 영적으로 유익한 열매들 안에서 드러난다. 이 주제에 대해서 상세하게 논할 자리는 아니지만, 간단히 말하면 그들은 인간의 모든 행동의 결과물 안에서 하나님을 세상 창조주이자 통치자로 인정하는 하나님의 평범한 섭리와 영적으로 선한 행동들의 열매들 안에서 나타나는 특별한 섭리 사이를 구분해야 한다는 것을 거부한다. 영적 유익을 창출하는 특별한 섭리는 성경에서 삼위 하나님 중 제3의 위격이 하시는 일로 언급한다. 특히, 사람들을 그리스도에게로 이끌고 그들을 하늘나라를 위해서 준비시키는 일을 하시는 분으로 묘사하고 있는 것이다.

우리는 이 구분을 공개적으로 부정하지 않는 한 펠라기안주의는 아니라고 말하고자 하는 것이 아니다. 많은 펠라기안들, 적어도 세미(半) 펠라기안들은 교활한 논쟁을 통해서 상당히 모호한 입장으로 이 주제를 제시한다. 그러나 우리가 말하는 것은 인간의 행동들의 산물에 있어서 신적 작용과 관련된 이 중요한 구분을 부인하거나 무시한다는 것을 명백히 하는 자들은 의심의 여지가 없는 펠라기안주의라는 것이다. 따라서 우리가 이것을 오리겐에게 적용하여 그를 펠라기안 이단의 선구자요, 조성자로 간주하게 되는 근거라고 말하는 것이 참으로 두려운 일이다. 하나님께서 우리 안에 선한 뜻을 두시고 일하게 하신다고 바울 사도가 선언한 것을 설명하자면 사도는 이 원리를 명백히 우리에게 제시하고 있는 것이다. 즉, 우리가 일하는 의지적인 힘은 하나님으로부터 받게 되는 것이고, 그 일을 수행해 감으로 하나님에 의해서 보존되고 지탱되는 것이다. 그러나 이 방향으로 갈 것인지 저 방향으로 갈 것인지는 우리 자신의 결정으로 말미암는다. 이처럼 우리는 행동할 의지적 힘을 하나님으로부터 가진다. 그리고 그 일 행함에 있어서 지탱할 수 있는 것은 하나님으로 말미암는다. 그러나 선하게 할 것인지 악하게 행할 것인지 그 의지력은 우리 자신의 결정으로부터 나타나는 것이다.[143]

우리가 오리겐의 대담하고 뻔뻔한 주장들을 생각해 볼 때, 오리겐은 적어도 하나님의 전능성에 대해 크게 의혹을 표현했었을 것이라고 펠라기안들이 내뱉은 것은 하나도 놀랄 일이 아니다. 실제로 펠라기안은 하나님의 전지 전능성을 부정하는 것에서부터 자신들의 이론을 펼친다. 따라서 그 어느 피조물에게도 주지 않으시는 하나님의 영광과 능력을 하나님으로부터 제거하는 결정을 해 버린 것이다.

5. 터툴리안

우리가 주목할 인물들 중 첫 3세기 동안 왕성하게 활동했던 저자가 두 사람 있다. 이 두 인물을 눈여겨보고자 하는 것은 교회 안에서 주도적인 의견에 중대한 영향을 미쳤기 때문이다. 또한 그들은 이 기간 동안 교회의 외형적인 통일성이 붕괴된 분리원칙과 밀접한 관계가 있기 때문이다. 이 분리원칙은 그리스도인이라고 고백하는 자들, 심지어 명목상 그리스도인들에게까지도 심한 논쟁을 불러일으킨 것이었다. 내가 말하는 두 사람은 터툴리안과 키

---

143) Natalis Alexander, saec. iii., cap. iii., art. xii., § ii.

프리안이다. 한 사람은 장로였고 다른 사람은 카르타고(Carthage)의 감독이었다. 이 둘은 북아프리카 지역과 깊은 연관이 있다.

터툴리안은 초기 교부들 중에서 라틴어로 저술을 남긴 최초의 사람이었다. 그의 작품들은 매우 거칠고 비약적이고 모호한 문체로 쓴 것들이었을지라도 그는 열정적인 사람이었고 매우 박력적인 심성을 지닌 자였다. 그는 3세기 초, 이삼십 년 동안 활발한 활동을 한 것을 바탕으로 짐작해보면, 시간적으로는 알렉산드리아의 클레민트와 오리겐과 키프리안 사이에 중간 정도의 시대에 살았던 인물이라고 볼 수 있다. 그는 초대교회의 복음적인 교리와 정서의 순수성이 사라져 가고 있는 독특한 시기에 주목받는 인물로 간주되었다. 네안더는 그에 대해서 "그는 교회의 발전과정에 있어서 두 영역 사이에 서 있었던 분이었다."라고 평가했다.[144]

터툴리안의 작품들이 출품된 정황들과 그가 표현하고자 했던 주도적 특징들을 살펴보면, 첫째, 부패한 철학적 사색을 사용한 알렉산드리아 교부들과는 다르다는 것과 둘째, 그럼에도 불구하고 복음의 독특한 원리들에 대한 이해력에는 결함과 오류가 들어 있다는 것을 확인할 수 있다. 그것은 까다롭고 금욕적이고 도덕성을 더럽힌 것이었다고 그는 열정적으로 지적했는데, 이는 도덕성과 종교적 예배 측면에서 단순한 외형적인 것들의 중요성을 너무 많이 확대해 버린 것임을 보여 준다.

한편, 대부분의 교부들에게 있었던 진품문제에 관한 질문이 터툴리안에게도 나타난다. 그의 작품이라고 말하는 것들 중 많은 잡다한 것들이 진품인지에 관한 의혹이 제기되는 어렵고 당혹스러운 질문들이 있다. 그의 경우에는 하나 더 첨가할 질문이 있는데, 그것은 그의 권위의 가치를

---

144) Rose역, vol. i., p. 199.

평가하려는 시도들이 있을 때 쉽게 결정내릴 수 없는 것이었다. 즉, 그것은 그의 어떤 작품을 평가하고자 할 때 이것이 그가 정통교단을 떠나기 전에 쓴 것인지 아니면 떠나서 몬타니스트(Montanists)가 된 후에 쓴 것인지를 판단하는 문제에 관한 질문이었다.

그가 몬타니스트가 되기 전에 썼다고 생각되는 작품들로부터 수집한 그의 신학적 주제들을 생각해 볼 때, 일반적으로 훌륭한 점은 그의 작품에는 복음적 진리의 특별한 원리들을 다룬 이전 작가들보다 눈에 띌 정도의 과도한 주장이 별로 없다는 점이다. 그는 그들과는 반대되는 것들을 명확하게 가르쳤고, 정통교리들을 즐겼다. 비록 그 아들의 영원성에 관하여 아리안주의자들에게 넘어간 좀 난감한 표현을 써서 대적들을 당혹스럽게 하기는 했지만 그리스도의 위격과 관련하여 주된 교리를 강조하였다. 그러나 터툴리안의 그 많은 글들 속에서 그리스도의 직임과 사역이나 심지어 죄인의 용서의 근거가 되는 그리스도의 속죄와 관련해서 명확하고 온전하게 만족스러운 언급을 거의 찾아볼 수 없다. 그는 적어도 하나님의 뜻을 행하는 인간의 능력에 대해서는 명쾌히 주장하였다. 그런데 그 주장은 알렉산드리아의 클레민트처럼 제대로 된 바른 것이 아니었다.

우리가 그를 주목하고자 하는 특별한 것은 인간 본성적인 능력과 관련한 그의 입장이다. 그리고 인간이 수행할 수 있는 선한 일들의 가치와 중요성에 대한 그의 견해이다. 이 견해는 죄인의 칭의에 대한 주제를 다룬 앞선 어느 저자들에게서보다 명백하게 기술하고 있다. 그런데 죄인의 칭의에 대한 그의 가르침은 성경의 가르침과 상당히 일치했지만 다른 내용들은 성경과 상당히 반대되는 주장들도 펼쳤다. 그는 행위로 말미암는 칭의교리를 주장하였다. 그는 죄 사함을 받는 공적(功績)을 주장했는데, 그 근거를 독신과 구제활동으로 제시하였다. 그는 인간의 선행이 하나님의 은혜와 죄 사함을 얻게 하는 것을 만족시킨다는 의미에서 만족이라는 단어를 최초로 적용시켰다. 물론, 이 단어는 현대 교황주의자들이 사용하고 있는 그런 의미는 아니지만 성경을 왜곡시키는 가르침의 단서를 제공한 것은 분명하다. 그것은 로마가톨릭교회의 손안에서 인간의 영혼들을 파멸시키는 데 무섭게 기여하였다.

그도 교부들이 흔히 어리석게 그리고 과하게 주장한 것들, 예를 들어서 천사들, 악마들, 그리고 인간의 분리된 영혼에 대한 것들을 가르쳤다. 마지막 것과 관련해서는 그가 그 사실을 언급했을 뿐 아니라 권장까지 했다는 것을 알아야 한다. 즉, 그는 죽은 자를 위하여 기도하는 것과 그들의 기일을 맞이하여 헌금을 드리게 하는 일을 권장까지 한 최초의 기독교 저자였다. 사실 그는 교황주의자들이 하는 것과 같이 연옥설을 가지고 기도를 하거나 헌금을 바친 것은 아니었다. 우리가 인정해야만 하는 것은 죽은 자들을 위한 기도가 합법적이라고 옹호하는 자들이 상당히 많다는 것이다. 그러면서도 실제로 그렇게 행하거나 방어하지는 않았지만 로마교회가 제시한 것을 근거로 그런 기도가 합법적이라고 내세우는 자들이 많이 있다. 여전히 그런 일을 어떤 형태로든지 실천하는 것은 성경의 단순한 가르침으로부터 명백히 이탈된 것을 내포하고 있는 것이며, 억제하지 못한 미신적인 행위일 뿐이다. 경험한 것들이 증명하듯이 그러한 행위들은 하나님을 예배함에 있어서 많은 다른 부패를 낳을 뿐이다.

이러한 것들이 터툴리안의 신학적 관점에서 우리가 주의해야 할 주된 것들이다. 그 외의 것들은 우리가 보편적 또는 정통적이라고 하는 교회 안에 널리 퍼져 있는 입장들을 잘 대변해 주고, 이단들이나 분파들의 것들과는 완연히 구분되는 가르침을 준 인물로 간주하는 것은 공정하다고 본다. 그러나 터툴리안은 궁극적으로 몬타니스트에 가담하였거나 그들의 분리주의를 따랐다. 여기서 나는 그들의 주장이 무엇인지를 언급하고자 한다.

몬타누스는 2세기 중엽에 프리기아에서 왕성하게 활동했다. 그는 일반적으로 교회가 가르친 교리적 체계로부터 이탈된 내용을 담은 문건을 남긴 것은 없지만 그런 개념들을 내포하는 주장들을 했다. 그리하여 교회의 성찬으로부터 금지당하는 절차를 밟았다. 그의 입장은 어떤 측면에서 기독교가 가르치는 주제들에 대한 강론에 문학적이고 철학적인 특성을 가미시킨 것에서 발생한 것이라고 본다. 몬타누스와 그의 추종자들은 모든 주제들에 대하여 보다 영적인 견해를 취하고자 힘썼다. 심지어 성령의 초자연적이고 기적적인 능력들을 즐기는 듯한 모양새를 띠었다. 몬타누스와 그의 추종자들이 선호하였던 의견들과 수용한 실천사항들은 모세임의 글에[145] 자세하게 수록되어 있다.

나는 초대교회 역사에 있어서 매우 흥미로운 양상을 띤 이 사람들을 주목하고자 한다. 그들은 특별히 교리에 있어서 정통적인 표준으로부터 문헌적으로 이탈하지 않았던 사람들 중에서 광신적인 영을 지닌 자라고 주장한 최초의 사람들이었다. 그들 중 많은 이들이 참된 경건을 소유한 사람이라고 볼 근거는 다분히 많다. 이 점에 있어서 몬타니즘은 흥미진진한 것이다. 우리에게 매우 유용한 교훈을 제공한다. 우리에게 이들이 특별히 관심사항이 될 만한 이유가 하나 있다면, 그것은 오늘날에도 교회가 일반적으로 증언해 온 그 어떤 것보다도 몬타니즘의 주도적인 양상들을 더 완전하게 재현한다고 주장하는 자들이 우리나라에서[146] 발견되기 때문이다. 또한, 그들 역시 참된 경건의 영을 소유한 자들이라고 하는 것이 공정한

---

145) 모세임(Mosheim)의 교회사를 보라. 더 자세한 것은 그의 주석에 나타나 있다. Saec. ii., secs. lxvi., pp. 410-424. Neander의 그리스도의 역사, Rel., sec. v,, vol. ii., pp. 176-195, Rose 번역.
146) 역자 주) 스코틀랜드를 말함.

판단이겠지만, 그런 자들에 의해서 드러나고 있는 어리석고 명백한 광신주의의 사례들이 교회 역사 안에서도 계속해서 발생하고 있기 때문이다.

나는 교회 역사 속에서 주도적인 양상들 측면에서 몬타니즘과 같이 주목할 만한 체계를 가진 다른 어떤 것은 생각나지 않는다. 우리 자신들의 시대에서 본 것과 같이 그들만큼 흥망성쇠의 모습을 띤 어떤 종교집단도 없었다. 물론, 그들이 남긴 독특한 주장을 한다거나 특별한 이름을 남긴 것도 없다. 이 두 가지 측면에서 성경에 복종한다는 고백과 함께 그리고 그 진술에 의하여 그 교훈들을 수호하려는 시도에 있어서 성령과 초자연적으로 소통하고 기적적인 교통함을 가진다는 선언이 있었다. 그것은 그들의 개념들과 실천사항들의 근거와 인준을 위하여 그럴듯한 영적 교통에 상당히 의존되는 실천적 사항들이었다. 두 경우 모두 다 훌륭하고 공격적인 두드러진 여성들이 있는데, 이들은 초자연적인 재능을 소유한 자요 발휘한 자들이었다. 이러한 현상을 장려하기 위하여 그들은 다 같은 성경본문들을 동일하게 왜곡하였다. 두 경우 다 다른 이들보다 월등한 지식과 경건의 능력을 가졌다는 동일한 억측이 있었으며, 그들의 견해를 수용하지 않고 합류하지 않는 자들에게는 격렬한 경멸감을 보냈다. 그리고 그들의 주장을 반대하는 이들을 향하여 하나님의 원수들이요 성령을 훼방하는 자들이라고 정죄하며 지독한 파문을 선언하였다. 그들의 주장을 반대한다고 하여 마을 공동체를 향한 심판을 예언하기도 하였다.

이처럼 그 두 가지 경우가 서로 완벽하게 병행하고 있는 것처럼 우리는 고대 몬타니즘이 어리석고 황당한 주장들과 함께 터툴리안을 지지하고 후원하는 자들임을 발견한다. 그들은 터툴리안을 능력의 사람이요, 박력적인 심성을 지닌 자요, 종종 은사를 지닌 자매들의 환상들이나 계시들에 대해서 진지하게 청종하고 경외하는 모습을 띤 자로 여겼다. 그리하여 우리 시대의 몬타니즘[147]도 고귀한 심성과 귀한 은사를 지닌 한 사람을 따르고 지지하였다. 그 사람을 그리스도의 교회를 섬기는 일에 중요하고 영구적인 도움을 주는 자로 여겼던 것이다. 그러나 그 사람의 역사는 지금 그가 내리친 바위로부터 사람들을 경고하는 하나의 지표로 서 있을 뿐이다. 현대의 광신주의적 어리석음과 성경에 근거 없는 초자연적인 영적 교통함이 있다는 주장들은 만일 사람들이 교회의 역사에 대해서 좀 더 잘 알았더라면 엄청난 파장을 일으키지 않았을 것이다. 이미 역사 속에 그와 유사한 일들이 있었다는 것을 알았더라면 최근에 이 나라에서 있었던 것과 같이 그토록 놀랄 만큼 흥분한다거나 엄청난 센세이션을 일으키는 일은 거의 없었을 것이다. 특히, 우리가 고대 몬타니즘의 역사에 대해서 익히 알고 있었더라면 말이다.

몬타니즘은 독특한 것으로 끝맺었다. 비록 교회의 일반적인 모습에 그렇게 큰 영향을 미치지는 못했지만 2, 3백 년 동안 피르기아 지방에서 매우 모호하고 별 의미 없는 한 분파로 존속했다. 실제로 성령의 기적적인 교통함이 있다는 주장은 금방 시들고 말았던 것이다. 고대의 사례가 보여 주듯이 그리고 현대의 현상에서도 찾아볼 수 있듯이 성령의 기적적인 교통함이 있다는 그럴듯한 주장들은 오래가지 못한다. 그런 것들은 쉽게 지지를 얻어 내지 못하였다. 처음 발현해서 드러난 광신주의적 불꽃은 금방 식어져 사라지고 마는 것이다. 몬타니스트들이 성령의 교통함에 대한 그럴듯한 주장을 내세운 주목적은 새로운 교리들을 고취시키기 위한 것이 아니라 도덕성의 표준을 증진시키고 고양시키기 위함이었다. 그리스도와 그의 사도들이 불완전한 채로 남겨 둔 것이라고 주장하면서 자기들이 그

---

147) 역자 주) 이때 스코틀랜드에서 어빙 같은 사람들에 의해서 오늘날 오순절 운동의 효시라고 할 수 있는 성령은사 운동이 있었다. 저자는 그들을 의미하는 것 같음.

것들을 향상시킬 수 있는 자들이라고 치부한 것이다.

몬타니스트들에 의해서 기독교의 도덕적 체계에 도입된 주된 개선안 중 하나는 재혼을 결사적으로 금하는 것이었다. 그것은 우리가 이미 살펴본 것과 같이 그들과 관련되지 않은 다른 분파들의 저자들에 의해서도 증명되지 않는 것이었다. 그리고 그들은 자신들이 정한 기간에 반드시 지켜야 할 명령으로서 다양한 금식일을 제정하였으며. 그리스도께서 주신 허용이나 명령에 호소하여 박해로부터 도망가라고 하였다. 또한, 한번 큰 죄에 빠진 자들을 용서하는 것이나 교회의 교제에 재 가입시키는 것은 불법이라고 주장했다.

이러한 마지막 부분에 대한 개념들은 3세기 중엽에 발생한 노바티안(Novatian)에 의해서 더욱 온전히 발전되었고 분리주의의 근거로 삼게 되었다. 금식일에 대한 명령적인 의무사항에 관한 몬타니스트들의 오류에 교회가 쉽게 빠졌던 것은 그때까지 금식은 자유롭게 하도록 내버려 두었다는 것을 반증하는 것이다. 성경에 나와 있듯이 금식은 개인의 판단과 분별에 따라서 개별적으로 실시해야 할 것이었다. 이것을 명령적인 의무사항으로 간주하여 지금 로마교회에서 교회의 계명으로 수용하였고 사망의 죄의 고통 아래에 놓여 있는 모든 신자들을 다 이 계명에 매이게 만들어 버렸다. 그러나 이것은 금식에 관한 사도적인 규례들과 정반대되는 것으로 결정적으로 반대하지 않을 수 없는 것이다.

6. 키프리안

키프리안은 3세기 중엽에 카르타고의 감독이 되었다. 그는 260년 발레리안 황제에 의한 핍박시기에 순교하였다. 그는 터툴리안의 애독자요 흠모자였다. 그러나 그는 그가 자주 자신의 주인[148]이라고 칭했던 이보다 더 상냥하고 흥미진진한 작가였으며 성품에 있어서도 매우 온화하였고 아름다운 사람이었다. 한마디로 말하자면 키프리안은 초대교회 역사 속에서 우리가 만나는 인물들 중 가장 멋진 성품을 지닌 사람이라고 할 수 있다. 그의 서신

들은 여전히 유익을 주는 것들이다. 개인적으로 성도들이 자신들의 영혼 속에서 현재 상황의 일을 어떻게 진전시켜 갈 것인지 그리고 복음의 사역자들이 사역에서 경험하는 고달프고 힘든 일들 가운데서 영을 더욱 귀히 여기는 욕구를 어떻게 달성시킬 것인지에 대한 좋은 조언을 준다. 밀너 (Joseph Milner)[149]는 키프리안에 대해서 매우 재미있게 설명해 주었으며, 그의 서신들로부터 숙독할 가치가 있는 매우 인상적이고 덕을 세우는 좋은 것들을 발췌하여 소개해 주었다. 또한, 밀너는 거기에다 세밀하고 정교하게 더 덧붙여 설명해 주었고, 주요 부분에서는 공정하게 판단하여 그와 그 시대의 위대한 교부 오리겐 사이의 차이가 무엇인지를 말해 주었다.

키프리안은 자신의 신적 교리들에 대한 지식을 초기의 많은 저자들보다 성경에서부터 직접 끌어와 더 순수하고 단순하게 세워 나간 것 같다. 많은 사람들에 비해 성경적인 진리와 철학적인 사색 논리를 뒤섞여 버리지 않았으며, 성경적인 근거 없이 자신들의 우화적인 생각들을 집어넣은 것도 별로 없어 보인다. 여하튼 그는 복음의 정신을 더 많이 드러내고 있다. 그러나 실제로 그는 오류로부터 자유로운 존재는 아니었다. 죄인들의 회심과

---

148) 역자 주) 터툴리안을 말함.
149) 역자 주) 레베카 이튼과 함께 1795년에 교회역사를 쓴 역사학자.

회심에 앞서 죄 사함에 대해 언급하면서 그리스도를 통해서 하나님의 은혜로 이루어짐을 말했는데, 그 후에 범하는 죄악들에 대해서는 참회와 구제 참여 및 다른 선행에 의해서 씻김을 받는다고 생각한 것처럼 말했다.

그는 개인적으로나 사역적으로나 모든 면에서 뛰어났다는 사실은 분명하지만 그가 몇 가지 점에서는 건전하지 못하고 위험천만한 오류들을 퍼뜨리는 데 기여하였다는 것을 부정할 수는 없다. 그는 순교자들과 신앙 고백자들에게 존경을 표해야만 한다는 주장을 길게 하였다. 그의 시대에는 안 했을지라도 그런 자들에게 간청하게 했고 숭배하도록 했던 것이다. 그는 교회의 권위에 순종할 것을 열렬히 가르친 자였다. 그는 감독적인 통치의 표준을 고양시킨 인물로 간주되기도 한다. 물론, 키프리안의 이것은 오늘날 감독주의 정치를 말하는 것과는 상당히 거리가 먼 것이었다. 또한, 그는 세례의 절대적인 필요성과 일반적인 효력에 관한 개념을 옹호하였다. 그것은 성례 교리를 훼손시키는 것으로 나아가게 했으며 성례에 미신적인 요소를 가속화시켰다.

키프리안의 작품들은 적어도 초기 3세기 동안의 증언을 고려할 때 감독제도 논쟁의 대 전쟁터였다고 볼 수 있다. 키프리안 논쟁으로 불리는 이 논쟁에서 양측이 다룬 여러 중요한 작품들이 그의 책들에서부터 나온 것이었다. 예를 들면, 감독제도를 선호하는 입장의 사람들 편인 사게(Sage) 감독의 『키프리안 시대의 원리들』이 거기에 속한다. 그런데 그보다 더 크고 더 중요한 작품은 그것들에 대한 그의 변론이다. 그리고 장로교 측의 룰(Rule) 학장이 쓴 『키프리안 감독을 검증하다』는 것이 있고, 이보다 더 가치 있는 책은 제임슨의 『키프리아누스 이소티무스』였다.[150] 이 두 권의

---

150) 역자 주) 윌리암 제임슨의 『키프아누스 이소티무스(Cyprianus Isotimus)』는 제임슨 교수(1689-1720)가 쓴 키프리안 시대 논박된 원칙들에 대한 변론의 책이다.

책은 다 사게의 글에 대한 답변이었다.

키프리안이 직접 간여한 논쟁의 핵심은 그 당시 교회를 심하게 뒤흔든 것으로서, 그중 첫째는 로마교회 내에서 노바티안이 만든 분리였다. 여기서 키프리안은 로마감독 코넬리우스를 적극적으로 지지하였다. 다른 논쟁거리는 이단그룹에 속해서 세례를 받은 자들이 돌아올 때 세례를 다시 받아야 하느냐에 관한 문제였다. 이 문제에서 키프리안은 코넬리우스의 후계자 중 한 사람인 스데반과 크게 충돌했다. 키프리안의 작품들에 있는 여러 글들로부터 확신할 수 있는 것은 심지어 3세기 중반 이전에도 예수 그리스도를 진실로 믿는 자들이 아님에도 교회에 가입한 자들이 상당히 많았다는 점이다. 그들 중 결코 적지 않은 자들이 입으로 고백한 것과는 거리가 먼 행실들을 보였던 것이다.

따라서 데키우스 황제의 박해기간 동안에 상당히 많은 신자들이 신앙을 떠나 우상에게 제물을 드리는 배교행위를 하였다. 박해가 끝난 후 배교한 이 사람들은 스스로를 실수를 저질렀다고 하면서 교회에 다시 들어올 수 있게 해 달라고 요청하였다. 바로 이 문제를 처리하는 방식과 관련하여 엄청 큰 문제들이 야기되었던 것이다. 키프리안과 일반적으로 교회는 믿을 만한 참회의 고백을 하고 일반적인 참회훈육에 복종한다면 그들을 받아들이자는 쪽으로 기울었다. 그러나 실수를 했다고 하는 자들이 너무나 많았기 때문에 이러한 규정을 따르라고 하기가 쉽지 않았다. 그러던 중 한 가지 기묘한 방책이 마련되었는데, 그것은 무지와 무관심이 팽배해 있었음을 시사하는 것이었고, 이로 인해 형식적이고 미신적인 정신이 교회제도 속에 들어오게 되었다. 잘못함이 없이 박해 가운데서 고난을 겪은 자들을 고백자들(Confessors)로 불렀는데, 이들에게 실수를 한 자들이 공개적인 참회 없이 자신들을 교회에 가입하도록 재가해 줄 것을 요청하였던 것이다. 고백자들 중 많은 이들은 여기에 무익하고 자기기만적인 것이 들어 있다는 사실을 두려워하면서도 그들의 요청을 승낙하였다. 고백자들이 승낙함으로써 참회하지 않은 실수한 자들이 성도의 교제 속으로 재진입이 허락되었던 것이다. 이러한 불합리한 짓거리들을 일일이 들춰내기에는 그 수가 너무나 많았다. 이것이 허용됨으로써 교회의 내부적인 상태가 매우 달갑지 않은 것이 되어 버렸던 것이다. 키프리안은 이 고육책을 반대하였다. 비록 몇 가지 측면에서 그는 순교자들에게 과도하고 근거 없는 명예를 주었지만 키프리안은 자신들이 누린 명성을 남용하여 지나치게 절제 없이 허용해 버린 고백자들을 호되게 나무랐다.

그런데 노바티안과 그의 지지자들은 이보다 더 나아갔다. 그의 시대 이후로 종종 유사하게 나타나는 현상이었듯이 과도하게 확대되고 과장되자, 그는 교회가 이 실수한 자들을 교회 공동체의 교제로부터 영구히 출교해야 할 뿐 아니라 더 나아가서 이들을 허용한 교회는 비록 신뢰할 만한 참회의 고백을 가졌다 할지라도 그들을 용납하여 교회를 오염시켰기 때문에 그런 교회의 성도의 교제를 단교시켜야만 한다고 주장했다.

따라서 여기에 근거하여 노바티안과 지지자들은 로마의 교회와의 교제를 단념하였다. 그리고 같은 도시에 로마의 교회와 경쟁적인 다른 교회 공동체를 세웠다. 노바티안은 그 교회의 감독이 되었고, 훗날에 로마교회주의자들은 그를 대립교황(antipope)으로 불렀다. 노바티안의 이러한 견해는 성경 어디에서도 근거를 찾지 못하는 것이지만 쉽게 사람들 마음속에서 솟아나는 의견들이다. 그리고 경건한 사람들로서는 그런 것을 느끼기 쉽다. 특히, 가시적 교회가 방종과 불결함의 상태로 떨어질 때 그런 생각이 찾아들고 실행하게 된다. 그리하여 이들도 금방 상당수의 지지를 얻어냈던 것이다. 어떤 측면에서 보면 그들이 그렇게 행동한 것이 그 교회를 더 믿을 수 있게 만들었다고 볼 수 있다. 그들은 여러 면에서 본질적으로 전진을 이루었다. 그렇지만 그러한 진보는 판단의 옳은 결정에 의해서라 기보다는 경건한 감정에 남다른 탁월한 모습을 보인 사람들에 의해서 주 도된 것이었다.

그러나 키프리안은 강력하게 노바티안을 반대하였다. 그의 고상한 성 품과 교회 안에서 그가 가진 영향력은 그의 경쟁자인 코넬리우스에게 중 요한 도움을 제공하였다. 이 논쟁이 흥미로운 것은 교리와 감정 및 그 당 시에 교회에서 발생한 실천적인 문제에 일말의 빛을 비추었다는 사실이 다. 모세임은 그의 주석에서 양측이 내세운 근거들을 상세하게 제공하고 있다. 그리고 그들이 자신들의 입장을 변론하는 방식도 잘 묘사하고 있 다. 이 주제를 다룸에 있어서[151] 네안더는 이 논쟁에 포함된 두 가지 일반 적인 주제에 대해서 양측이 제시한 진리와 오류 부분에 대해 자신이 관찰 한 바를 매우 아름답고 놀랄 만한 필체로 드러내 준다. 다시 말하면, 첫째 참회의 원리와 둘째 참된 교회에 대한 개념과 본질을 구성하고 있는 것이 무엇인가를 참으로 잘 그려 주고 있다.

키프리안이 매우 적극적으로 가담한 또 하나의 논쟁은 로마감독과의 격렬한 충돌을 일으킨 것이었다. 그 요점은 다음과 같다. 즉, 이단에 의해 서 세례를 받았던 자들이 정통교회 또는 보편적인 교회의 지 교회 회원으 로 재가입하고자 할 때 세례를 다시 받아야 하느냐 아니냐의 문제였다. 이 문제에 대한 교회들의 가르침과 실천은 다양하였다. 일반적으로 아시 아의 교회들은 이단에 의한 세례는 무효이며 공허한 것이라고 했다. 그 런 자들이 교회 공동체에 다시 들어오려면 그들이 한 번도 세례를 받은 적

---

151) Commentarii, Saec. iii., secs. xv and xvi., pp. 512-527. Neander, Hist. of Christ, Rel., vol. i., pp. 237-268, Rose's translation.

이 없는 사람처럼 다시 세례를 받아야 한다고 했다. 반면에, 로마의 교회와 대다수의 서방교회들은 그 반대편에 서 있었다. 이단의 세례도 유효하며 그들에 의해서 세례를 받은 자들은 다시 세례를 받지 않아도 된다고 하였다. 그런데 키프리안은 동방교회의 입장을 따랐다. 그리하여 이단에서 세례를 받은 자들이 다시 정통교회에 들어오려면 반드시 세례를 다시 받아야 할 필요성을 강력하게 주장하였다. 그러나 양측은 둘 다 세례는 어떤 경우에도 재차 받지 말아야 한다는 일반적인 입장을 고수한 데는 한마음이었다. 그런데 거기에는 이단에 의해서 거행된 세례가 진짜 세례였는지 그리고 세례가 교훈하고 있는 목적에 부합한 예식이었느냐는 것에 관한 문제가 있었다. 스테반은 교회의 전통을 언급하면서 세례를 다시 주는 것을 반대하였다. 그러나 키프리안은 그 주장에 답하면서 우리에게 성경의 완전성과 최고 권위에 대한 고귀한 증언을 남겨 주었다. 이 논쟁의 결론을 정하는 유일한 표준은 성경이라는 것이었다.

그러나 심지어 성경조차도 그 주제에 대하여 어떤 직접적인 또는 결정적인 증거를 제공하고 있다고 말할 수 없다. 또한, 그 문제에 대한 양측의 논쟁에서 우리는 이 문제에 대한 직접적이고 명확한 결정을 성경의 진술들로부터 끌어내고자 한 많은 시도들이 불합리하고 만족스럽지 못한 것들이었다는 것을 발견하게 된다. 성경이 그 견해에 대해 충분히 인준하고 있는 것은 유효한 세례가 되는 것, 예를 들면, 세례가 무엇인지 붙들어야만 하고 세례 때 인식해야 하는 것은 성부와 성자와 성령의 이름으로 거행되어야만 한다는 것이고 그로부터 나오는 효과적인 결과가 있는지 아닌지를 보는 것이다. 이것 말고는 성경에서 이 주제에 대하여 매우 분명하고 만족스러운 자료들을 제공하고 있지 않다고 본다. 효과적인 세례가 되어 우리가 붙들고 받을 만한 것이 되기 위해서는 재차 세례를 받지 말아야 하고 세례를 받을 때는 아주 엄숙하고 질서 있게 집전되어야만 한다는 것이다. 그래야 *그리스도의 교회의 한 지교회라는 측면에서 성도의 교제 속에 들어간다고 칭해질 수 있는 것이다.*

또한, 유아세례가 불법적인 것이라고 믿는 자들은 당연히 재 세례를 받는 것도 일관성 있게 무효이고 헛된 것이라고 말할 것이다. 그러나 이 특별한 주장을 하는 사람들이 있음에도 불구하고 앞에서 지적한 두 가지 사실 외에 제기된 다른 가르침들을 뒷받침하는 성경적 근거가 희박하다는 것은 분명하다. 둘째로 그리고 가장 중요한 것으로서 세례가 공동체의 교제 안에서 거행되어야 한다는 점이다. 비록 세례는 교회가 교리적으로나 실천적으로 오류를 가지고 있다 할지라도 그리스도의 교회로 간주되는 공동체 안에서 실시되어야 하는 것이다. 그렇지 않으면 그 예식은 매우 느슨하고 과소평가되는 예식으로 전락되고 말 것이다. 이러한 일반적인 원칙은 논쟁을 벌이는 양측 모두가 다 인정하는 것이었다. 그러나 일반적으로 존재하지 않는 것에 적용하고자 할 필요성이 있는 곳에서는 특별히 고려해야 할 사항들이 있다. 그래서 교회의 통일성을 유지하는 것과 관련하여 이 문제에 대한 명확하고 분명한 견해는 획득하지 못하였다.

이단종파의 일반적인 원칙은 사랑의 교제는 깨지 않으면서 그리스도의 교회들의 특성을 부인하는 사실과 함께한다는 것이다. 그래서 우리가 생각하는 추상적인 본래 원칙이 무엇이든지 키프리안이 그들이 실제적으로 시행한 세례를 유효한 것으로 받아야 한다는 것을 거부한 것은 옳았다.[152] 만일 이 당시에 영지주의 분파 외에도 독특한 공동체를 형성하고 있는 이단 분파들이 있었다면, 물론 지금 이 주제에 대한 정보는 분명하

---

152) 알렉산드리아의 디오니시우스(Dionysius of Alexandria)가 원칙적인 측면에서 키프리안을 존경하고 동의하였지만 몬타니스트들을 수용하는 쪽으로 처신하였다.

지 않지만 그들은 에비온파와 아르테몬나이트(Artemonites)[153]라고 하는 자들로서 우리 구세주의 신성을 부인하는 자들로 구성된 무리들이었을 것이다. 그들이 그리스도의 교회들이 되는 것을 부정하게 되는 것은 당연한 일이었다.

이러한 상황에서 재 세례의 필요성을 주장한 키프리안이 성경적이지도 않고 위험한 특성에 속한 교회의 통일성과 보편성에 관한 몇몇 개념을 내세운 것은 정말 안타까운 일이다. 비록 이 상황에서 키프리안은 로마의 감독을 반대하는 입장에서 서 있었지만 그가 제시한 이 개념을 로마교회가 대체로 받아들이면서 계급적이고 독단적인 로마교회의 체계를 만들고 방어해 오는 교리가 되었기 때문이다. 그 시점에 전 세계를 통해 흩어져 있는 교회들의 거대한 몸집은 작았지만 서로의 존재를 알고 서로 간의 매우 친밀한 상호교류가 가능한 지역에 흩어져 있으며 교류 또한 이루어지고 있었다. 적어도 그들은 참 교회의 몸과 연합을 하지 아니하는 이단분파들을 그리스도의 교회들의 특성들을 지닌 교회라고 간주하지 않은 점에서 서로 함께해 온 교회들이었다.

그 당시에 이것이 사실임에 틀림없었지만 키프리안에 의해서 제시된 것은 일반적인 원칙 또는 교리로 자리를 잡게 되었다. 즉, 보편교회에 대한 개념을 최초로 키프리안이 명백한 것으로 또는 독특한 것으로 내세우게 되어 그리스도의 모든 교회들의 지체들이 붙들어야 하고 *하나의 가시적이고 외형적인 몸*에 의해서 함께 묶이게 된 것이다. 이처럼 교회 안에

---

153) 역자 주) 아르테마스(Artemas) 또는 아르테몬(Artemon)이라 하는 자에 대한 정확한 정보는 없지만 2세기 말과 3세기 초에 로마에서 가르친 교사였는데 반삼위일체적 교리를 내세웠다. 예수는 단지 인간에 불과하지만 신적 능력을 충만히 받은 존재라고 보았다. 그리하여 당시 로마의 감독 제피리누스(Zephyrinus, 201-217)에 의하여 출교당한 자였다. 그를 따르는 자를 아르테몬나이트라고 한다.

오류와 부패가 이어지게 되고 궁극적으로 감독제도가 자리 잡게 된 발판이 된 것은 키프리안의 공헌이었다. 우리는 이 사람의 개인적 경건과 탁월함을 높이 평가하는 것에 미혹되어 그가 범한 그 오류의 무시무시한 점에 눈이 멀어서는 안 된다. 그런데 그 유혹에 빠진 자가 있었다. 그 사람은 바로 밀너(Milner)였다.

이단들에서 나온 자들은 다시 세례를 받아야 한다는 키프리안의 견해는 일반적으로 교회 안에 널리 확산되지는 않았지만, 그와 대조적으로 그 근거는 금방 상실되었다. 주된 원인은 그 후속 세대에서 발흥한 분파들이 교회의 일반적 교리들로부터 그렇게 크게 벗어나지 않았기 때문인 것으로 생각된다. 이를 바탕으로 볼 때, 사람들은 어떤 측면에서든지 그리스도의 교회들을 부정하는 것을 상당히 주저했다고 볼 수 있다. 교회의 거대한 몸에 대한 느낌과 실천은 고대에서나 현대교회에서든 재 세례를 결정적으로 반대하는 의견이 되었다. 최근에 북미에서 가장 강력한 영향력을 지니고 있고 존경받는 장로교회에서 교황교회의 세례를 부정하는 결정을 내리기 전까지는 개신교회의 어디에서도 그들의 세례의 효용성을 부정하지 않았다. 그러나 재 세례에 관한 특별한 이 주제에서 키프리안의 견해가 일반적으로 교황주의자들과 개신교도들에 의해서 거부되어 왔다고 할지라도 그의 입장을 변호하는 과정에서 그가 제시한 몇 원칙들은 크게 일반적인 현상이 되어 버렸다. 그가 결코 꿈꾼 적이 없는 예상 밖의 적용점이 된 것이다. 전체 교회의 필요성, 모든 지 교회들이 외적인 가시적 통일성으로 함께 연합되어야 할 필요성에 대한 개념이 교황체계의 근간을 형성한 것으로서, 키프리안을 그 필요성의 저자라고 말하는 것은 공정한 평가이다.

물론, 키프리안은 교회의 하나의 가시적 머리의 필요성을 말한 것이 아니다. 모든 지 교회에 대한 권위를 행세하거나 사법적 판단권을 행세하는 한 사람의 머리를 말한 것이 아니었다. 키프리안과 스테반 사이에 벌어진 논쟁에서 분명하고 확실하게 나타난 것은 키프리안이나 그 당시 어느 누구도 로마감독을 교회의 주권적인 통치자로 간주한 적이 없다는 것이다. 키프리안은 감독제의 통일성 또는 감독들의 연합체에서 구현된 교회의 가시적 통일성을 생각하였다. 그 감독들은 자신들의 영역에서 독립적인 존재로 활동하였고 능력과 권위 면에서 서로가 동등한 위치에 있는 자들이었다. 모든 감독들은 다 각자의 교회의 통치영역에서 동등한 위치에 있는 동료들로 간주되었다. 이러한 견해를 키프리안이 너무나도 명확하고 확실하게 제시했고 이런 입장은 오해하거나 다르게 설명할 수 없는 것들이었다. 물론, 그것들을 키프리안이 현대적인 교황권의 개념을 인준했을 것으로 볼 수 있다는 개념과는 명백히 불일치하는 것이다.

그러나 가시적 통일성의 개념을 펼치면서 키프리안은 모호하고 타당하지 못한 진술들을[154] 제시하였다는 점은 부정할 수 없다. 그 진술들은 그리스도께서 그의 교회에 부여한 통일성의 상징, 형태 또는 구현(具現)으로서 베드로를 다른 사도들보다 위에 있는 존재로 세웠다. 물론, 이것은 권능이나 판단에 있어서가 아니라 계급이나 서열상 우위권을 지닌 자로 세우셨다는 것이다. 그러한 언급을 로마교회가 느릿느릿 채택할 이유가 없는 것이었다. 그러나 키프리안은 모든 감독들이 동등한 권능과 권세를 가졌다고 보았다. 각각의 감독은 자신들의 영역에서 다른 감독들로부터 독립적으로 활동하는 것이기 때문에 키프리안은 로마감독이 아프리카의 교회들 위에 어떤 판단권을 행사할 수 있다는 것을 부정하였다. 그는

---

154) So Barrow thought them- The Pope's Supremacy.

베드로가 다른 사도들보다 우위에 있다는 언급을 전혀 하지 않았다. 단지 베드로가 서열상 우위에 있다는 것만 말한 것이다. 그렇다. 이에 우리는 키프리안이 혹시 감독들이 장로들보다 서열상 베드로처럼 유사한 우위권을 지닌 존재라는 것을 증명한 것이 아닌가라고 생각해서는 안 된다. 사도들은 어떤 의미에서든지 신적 권위를 지닌 자들이었고 월등한 위치에 있는 분들이었다. 그들은 권세와 판단의 능력을 부여받은 특별한 자들이라는 것을 생각하지 않고 단지 베드로가 다른 사도들보다 서열상 우위에 있으니 감독들도 일반 장로들보다 우위에 있는 자라고 생각해서는 아니 되는 것이다.

이러한 판단 위에서 장로교도들, 감독주의자들 및 교황주의자들은 다 자신 있게 키프리안에게 나아가 각자가 신봉하는 견해를 지지해 달라고 할 수 있었다. 이 세 유형의 교파들은 다 키프리안의 글들로부터 자신들의 주장을 펼칠 수 있는 그럴듯한 근거를 가지고 있었다. 비록 교황주의자들은 언제나 그렇듯이 자신들의 증거를 강화시키고자 항상 위조품과 개진시킨 것들에 의존할지라도[155] 그들 역시 키프리안으로부터 자신들의 견해를 내세울 몇몇 근거를 가지고 있었던 것이다. 이 점에 있어서 참된 모든 진실은 교회정치 역사에서 대단히 중요한 것으로서 다음 세 가지 전제 안에서 구체화되어진다고 확신한다.

첫째, 키프리안의 글들에서 증명할 수 있는 것은 3세기 중반에 이르기까지 감독들과 장로들이 본질적으로 동급의 직분이었다는 사실이다. 신

---

155) Gieseler, i., p. 154. 커닝함의 번역물을 보라. 역자 주) 요한 칼 루드빅 기슬러(Johann Karl Ludwig Gieseler, 1792-1854)는 독일 개신교 역사학자였다. 그는 1818년에 『Historisch-kritischer Versuch über die Entstehung und die frühesten Schicksale der schriftlichen Evangelien』이라는 책을 출판했는데 커닝함이 이것을 번역한 것 같다. 이 책은 '역사적으로 중요한 텍스트인 복음서의 기원과 형성'을 다룬 교회사책이다.

적 임명에 의하여 감독직의 존재가 장로직보다 구별되고 독립적이고 더 우위에 있는 직임이라는 개념은 그때까지 일반적으로 수용된 개념이 아니었다.

둘째, 키프리안 시대에서 그리고 그의 수고들을 통해서 충분히 증명이 되는 것은 감독들과 장로들 사이의 독특한 구분, 감독이 장로 위에 있다는 우위성 개념이 그때까지 규명된 것이 아니었고 그런 구분이 확산된 것이 아니었다는 것이다.

셋째, 비록 애매모호한 부분이지만 키프리안이 어떤 원리들, 즉 그 원리들이 전적으로 실행되고 적용될 때 모든 교회에 보이는 하나의 머리가 있어야만 한다는 것과 로마감독 안에서 어떤 유형의 우위권 또는 최고권을 고안할 수 있게 한다는 이론을 위한 적절한 기반을 놓았다는 것이 사실이라는 점이다.

첫 2세기 동안의 교회

제7장

첫 2세기 동안의 교회

앞에서 첫 3세기 동안의 가장 뛰어난 저자들에 대해서 간략하게 설명을 하였다. 그리고 그들이 주장하고 반복적으로 가르친 신학적인 입장들도 소개하였다. 이제 우리는 이 시대에 대한 *일반적인 개요*를 개괄적으로 살펴보고자 한다. 특별히 현재까지도 의견들이 분분하여 논쟁을 벌이고 있는 교리, 정치 및 교회의 예배 문제와 관련된 주제들을 가지고 살펴보고자 한다. 몇 가지 내용들은 내가 그 저자들을 개별적으로 다루면서 이미 언급하였다. 그래서 그것들을 더 확장할 필요는 없다고 본다. 특히, 성경의 특별한 구절들을 해석하는 일이라든지 또는 신적 진리의 체계에 대해 강론하는 일에 있어서 교부들의 권위를 인정해야 한다는 것을 모든 참된 개신교도들이 거부해야 하는 근거를 충분히 제시하였다고 본다.

먼저, 로마 가톨릭의 모든 사제들이 가진 의무가 무엇인지 생각해 보자. 그들은 그 교부들의 *만장일치 의견*을 따르는 것을 *제외하고*는 성경을 결코 해석하지 않는다는 의무사항으로부터 벗어날 수 없는 자들이다. 왜냐하면 분별력 있는 사람들이 다 동의하는 설명들 말고는 성경적인 진술들에 대한 교부들의 만장일치의 의견은 존재하지 않기 때문이다. 학식 있는 교황주의자들은 다 이 사실에 대해서 깊이 자각하고 있어야만 한다. 지금은 성경에 대한 교부들의 많은 해석들을 보편적으로 거부한다. 이것은 그들의 의견일치가 구체화되어질 수 있는 어떤 본문들과 마찬가지로 일반적인 경우에서만 적용되는 것이다. 이것을 *보편적 합의*라고 부른다. 이것은 교리 강론에 있어서 초기 저자들의 전체 회합에서 합의된 일반적인 의견일치에 적용해야만 하는 것이다. 그런데 만장일치의 의견을 도출해 내는 것이 어려운 작업이듯이 성격해석에 있어서도 이것을 적용시킨다는 것은 쉽지 않은 일이다. 실로 성경을 해석함에 있어서 또는 신학적 의견을 하나로 모으는 데 있어서 교부들의 권위에만 안주하는 원칙의 불합리성은 너무나도 명백하다. 그곳에는 그런 의견을 붙들고 있는 자들을 향한 모욕과 분개의 감정만 표출될 뿐이다. 어떤 측면에서든 그들을 하나의 몸으로 바라보는 것은 쉽지 않다. 그들은 나약하고 어리석은 사람들로서 논쟁을 유발시키는 자들이거나 심지어 예수 그리스도 안에 있는 진리를 대담하게 의도적으로 부패시키는 자들이다. 여기에서 모든 오류가 다 발생할지라도 특별히 예외적인 인물들은 약간 있다. 그들을 앞의 부류의 사람들과 같이 취급하는 것은 공정한 판단이 아니다. 그들은 그러한 암시에 의해서 속임을 받을 수밖에 없었던 자들이라고 해야 할 것이다.

예를 들면, 훌륭한 사람임이 틀림없는 불(Bull) 감독은 알미니안과 칭의론에 대한 비성경적인 견해를 방어하는 글에서 "그의 균형(The Harmony)이란 다음과 같다. 즉, 글에 만일 가톨릭교회와 초대교회의 교리가 서로 일치되지 않는 전제가 한 가지라도 발견될 수 있는 거라면 그는 즉시 그 사실을 버릴 것이요, 그의 오류나 이단적인 면을 공개적으로 취소하라는 고결한 주장 아래에 겸손히 만족스러운 자세로 앉아서 기독교 세계 앞에 엄숙히 철회를 공언할 것이며 죽을 때까지 입 다물고 살 것이다."[156]라고 선

---

156) Waterland's First Defence, Preface, vol. i., p. 272. 2nd Edit.

언한 바 있다. 이 엄청난 선언을 한 그 잘 배운 감독은 보편적인 초대교회를 제시했다. 만약 이것이 그가 실제적으로 가르쳐 온 입장들을 분명하게 세울 수 있는 자신의 확고한 신념을 선언하는 것이었다면, 그가 논의하고 있는 주제에 대한 보편적인 초대교회의 가르침을 통해서 명백한 표준을 제시한다는 것이 쉽지는 않은 일일지라도 원리적인 측면에서 그렇게 큰 반대에 직면하지는 않았을 것이다. 그러나 그의 선언은 그 이상의 무언가를 뜻했다. 그것은 첫째, 사실 현대 신학자들 사이에서 논쟁된 요점들과 관련하여 진상이 밝혀진 초대교회의 보편적 가르침에 대한 분명한 표준이 있으며, 둘째, 정당하게(de jure) 이 초대교회의 보편적 가르침이 분명하게 밝혀졌다면, 그것은 사람들의 의견들을 이 가르침에 매이도록 규정해야 하는 권위적인 표준이 된다고 한 것이다. 이제 몇 가지 사안들은 이러한 입장들에 대한 양측의 전적인 거짓된 것보다 더 확고하게 성립되었다. 나는 그것들이 이것을 입증하기 위해 이미 제시되었던 충분한 자료들이라고 생각한다.

감상적인 불 감독의 선언은 본질적으로 그것을 믿음의 무오한 표준으로서 보편적인 합의에 의한 것이라고 말한 옥스퍼드 운동가들이 흔히 주장했던 것들과 같은 것이었다. 그들은 제멋대로 근거도 없이 제한시켰지만 이 보편적인 합의는 4, 5세기 교부들의 글들에서 확인할 수 있다. 옥스퍼드 운동가들이 말하는 보편적 합의라는 주제에 대한 정황들이 있다. 그리고 누구든지, 어디서든지, 언제든지 믿을 수 있다는 그들이 꾸며 놓은 규범의 존재와 권위를 가지고 말하지 않는 자들이나 감독주의자들 중에는 이 주제는 반드시 언급되어야 하고 지켜져야 한다고 주장하는데 그렇게 하는 정황은 있다. 그들은 믿음의 유일한 표준으로서 성경의 최고 권위를 인정하지만 종교적인 문제들에 있어서 교부들이 적법한 권위를 지니고 있다거나 초기 교회의 가르침에 권위가 있다는 것을 부정한다. 그러나 그들은 여전히 그들이 일종의 권위를 지니고 있는 자들인 것처럼 교부들에 대해서 말하기를 좋아한다. 그들은 교부들의 중요성과 그들을 연구할 필요성에 대해서, 그리고 초기교회의 교리들을 연구할 것에 대해서도 자주 언급한다. 또한, 그들은 성경의 의미와 교리의 참됨을 규명함에 있어서 교부들의 글들이 큰 기여를 하는 것이라고 많이 말한다.

물론, 교부들의 글들은 그같은 효과가 있는 것이 사실이고, 공정한 평가라고 말할 수 있는 것들도 많이 있다. 그러나 교부들이나 속사도시대의 교부들은 신앙과 실천의 문제들에 있어서, 어떤 권위를 가지고 있었다는 내용을 함축하고 있는 말들을 약간 모호하게 언급하였다. 그러므로 우리는 무엇이 진정으로 적합한 권위를 지니고 있는 것인지, 무엇이 보조적인 위치에 있는 것인지, 그리고 그 두 사이의 구분을 명확하게 가리는 중요성은 무엇인지를 알아야 한다. 그 두 차이는 정도의 차이라기보다는 종류의 차이이다. 그리고 교부들이 기여한다고 하는 도움의 특성과 양의 명확한 개념을 형성하는 것에 대한 중요성을 기억해야 한다. 사람들은 때때로 마치 초기 교부들을 영감의 좀 낮은 양상을 지닌 자들인 것처럼 모호하게 말한다. 즉, 몇몇 특별한 신적 지침들은 종류보다 질적인 측면에서 사도들과 전도자들의 것들과는 사뭇 차이가 있는 것들이라고 모호하게 주장한다. 그리고 그들은 평범한 사람들보다는 더 존중히 여김을 받고 복종해야 되는 대상이라는 견해나 주장을 가지고 있다.

이러한 모든 주장들은 전적으로 근거 없는 것들이므로 거절해야 한다. 권위란 영감(inspiration)에 기초하고 있는 것이라야만 한다. 영감은 모든 오류로부터 무오하게 지켜 내는 하나님의 영의 안내이다. 따라서 사람이 이 영감을 소유했다고 증명할 수 있을 때 그것들은 권위를 지닌 것으로 세심하게 다루어야 할 의무가 있는 것이다. 그리고 분명한 복종하는 자세로 받아들여야 한다. 여기에는 다른 어떤 표준에 제소할 것도 없고 어떤 조사도 필요 없는 것이다. 영감이 없는 곳에는 적합한 권위도 없다. 그러한 것들에는 복종할 필요가 전혀 없다. 그리고 보다 더 높은 표준이 존재한다면 그 표준에 지속적으로 비추어보아야 한다.

교부들은 개별적으로나 집합적으로나 감동하심을 받은 자들이 아니다. 그러므로 그들은 어떤 권위를 소유하고 있는 자들이 아니다. 그들의 주장들은 반드시 평가되어야 하고 다른 일반 사람들이 주장한 것들과 마찬가지로 공정하게 검토되어야 하는 것이다. 우리가 교부들을 연구할 절대적인 필요성에 대한 강력한 주장을 들을 때, 즉 성격해석에 있어서나 우리들의 견해를 확정함에 있어서 반드시 그들로부터 큰 도움을 끄집어낼 수 있다는 강한 주장을 듣게 될 때, 그들의 견해를 반대하게 됨으로 입게 될 손해를 책임져야만 한다는 소리를 듣게 될 때, 항상 주의를 기울어야 한다. 우리는 언제나 그렇게 주장하는 자들이 무의식적으로 교부들을 일종의 감동하심을 입은 자들이요, 권위를 지닌 자들이라고 묘사한다든지 또는 그 경우에 대한 실제적인 내용을 지적하거나 확고하게 살펴봄 없이 말이나 모호한 표현으로 속이고 있는 것은 아닌지를 반드시 짚고 가야만 한다.

우리는 첫 3세기 동안의 교부들의 글들을 살펴보면서 그들이야말로 성경해석에 대한 일반적인 판단기준이 된다거나 정교한 해석자들이 아니라는 것을 확인했다. 그들 대부분이 해석한 성경의 중요한 것들은 지금 어느 누구도 받아들이는 사람이 없다. 그들은 상당수가 다 오류를 저질렀고 성경의 교리들을 진술함에 있어서 서로들 모순되는 주장들을 펼쳤다. 그들의 견해가 이미 다룬 주제들에 대해 성경과 일치되고 있는 것인지에 대한 논쟁이 지금도 계속되고 있듯이, 그들의 주장들은 성경 그 자체에서 발견되는 것보다 더 온전하고 분명한 무엇을 제기하고 있는 것이 아니다. 심지어 그들이 권위적인 존재라는 것을 인정한다 할지라도 그들을 반박하는 자들이 확신을 가지고 그들의 주장을 수용하도록 하는 그 무엇이 존재하지 않는다.

교부들은 사도들로부터 배운 자들이기 때문에 어떤 권위를 가진 자들로 간주되는 것이 공정하다는 생각이 우리에게 그대로 내려와야 한다는 망상이 사람들의 마음속에 잠복되어 있는 것 같다. 이제 이 개념은 사도들과 관련이 있다고 하는 사람들, 즉 사도적 교부들이라고 부르는 자들에게만 그런 구실로 그럴듯하게 적용될 수 있는 것이다. 그럼에도 불구하고 혼돈과 경솔한 생각들을 가진 사람들은 2, 3세기 심지어 4세기의 교부들에게도 무차별적으로 적용시키는 습관을 가지게 되고 말았다. 그러나 우리가 이미 살펴본 것처럼 주목할 것은 첫째로 사도적 교부들은 누구도 우리에게 성경적인 진술들의 의미에 대해서나 기독교 교리의 중요성에 대해서 사도들로부터 직접 받은 것과 같은 어떤 정보도 주지도 않았고, 주었다고 주장하지도 않았다는 점이다. 둘째는 2세기의 작품들과 흥행되던 품목들에서 우리는 가장 결정적인 증거를 가지게 되었다는 점이다. 즉, 성경에 포함되지 않은 사도적 전통이라는 것이 없다는 것이다. (그 당시의 교부들은 성경에 내포되어 있는 전통에 의해서 가르친 자들이었기 때문이다.) 그리하여 초기 교부들이나 후속시대의 교부들로부터 도출된 특별한 유형을 내세우도록 도움을 주는 주요한 자료들은 그들이 특별한 신뢰의 지위를 가진다는 생각을 완전히 뒤엎는 증거라고 할 수 있다. 이 부분에 대해서는 그 중요성보다도 더 많이 충분히 다루었다.

교부들의 견해들은 무게 있게 다루어야 한다거나 그 무게의 근거를 정말 믿을 만한 것으로 보아야 한다고 주장하더라도, 그들의 주장이 진짜 무엇인지를 규명해야 한다는 타당성과 중요성에 대해 반박할 자는 아무도 없다. 현대시대의 신학자들 대부분은 교부들에 대해서 존중을 표해야 한다는 일반적인 질문에 대해서 각자가 가진 견해가 어떤 것이든 간에 초대교회의 증언을 그럴듯하게 제시할 수 있을 때에는 언제든지 그렇게 하려는 욕구를 드러냈다. 이는 그들 자신들을 위한 것이었다. 이것은 학자들 사이에 방대한 논쟁을 불러일으켰다. 그리고 때로는 복잡하고 지루한 논쟁으로 치닫게 했다. 우리는 3세기에서 심지어 2세기 말 직전까지도 몇 가지 점에 대해서 사도들의 교리들과 실천사항들이 무엇이었는지에 관한 논쟁들이 있었음을 보았다. 그때 양측은 모두 다 성경뿐 아니라 교회의 전통에도 호소하였다. 그리고 다른 자료들로부터 밝혀내고자 한 것보다 오직 한 가지 자료에 의해서 제시된 것을 가지고 서로를 확신시킬 수 있었던 것이 없었다. 이것은 4세기와 5세기에서도 아리안들과 펠라기안들이 논쟁을 벌였을 때 양측이 모두 초대교회의 증언을 제시함으로써 더 확대되어 드러난 것이었다.

이처럼 고대나 현대의 논쟁에서 사람들은 한 가지 전제하에서 행동한다. 잘 알든지 모르든지, 열정적으로 주장했든지 덜 열정적으로 주장했든지 초대교회가 붙든 교리적 사실이나 교리의 체계는 하나이다. 즉, 그것은 사도들이 가르쳐 준 것이었다는 한 가지 추측을 전제로 행동하는 것이다. 그 전제는 틀린 것이 아니겠지만 그것은 매우 조심스럽게 적용해야 할 필요가 있다. 그리고 매우 좁은 범위 안에 한정되어야만 한다. 우리가 사도들이 떠난 바로 그다음 시대에 일반적으로 교회 안에 퍼져 있던 교리가 무엇이었는지 완벽하고 정확하게 규명할 수 있는가? 우리는 도저히 그렇게 할 수 없다. 우리가 자신 있게 추측할 수 있는 것은 사도들이 가르친 것과 같은 가르침을 붙들고 있었을 것이라는 사실이다. 성경이 좀 모호하게 말하고 있는 것들에 관하여 우리가 단정 짓기가 쉽지 않은 몇 가지 특별한 것들을 (그들을 통해서) 확실하고 명료하게 규명한다는 것은 있을 수가 없다. 그러한 의혹들을 날려 버리기 위한 것이 존재한다면, 그것은 바로 속사도시대의 증언들을 수용하는 방편일 것이다. 그런데 이것은 이론적으로는 맞는 말이지만 사실상 실제적으로는 그렇게 규명되지 않는다. 따라서 우리가 어떤 것을 있는 그대로 바라볼 때 이와 관련한 문제에 있어서는 많은 주의와 상황을 살필 필요성이 대두된다.

성경은 오류들과 이단들이 은밀하게 우리 안으로 침투해 들어온다는 것, 즉 사람들이 잠든 사이에 원수들이 와서 가라지를 뿌리는 것을 예측한 이유를 매우 많이 제시하고 있다. 이는 교회사가 증명한다. 그리고 교회사는 교회나 국가의 견해에 영향을 미치는 상당한 변화들이 있었다는 것을 충분히 증명하고도 남는다. 상대적으로 짧은 시간인데도 초대교회는 국가나 교회에 매우 큰 변화를 일으켰다. 우리가 그러한 있을 법한 원인들을 명백하게 추적할 수 있는 존재가 되지 못하지만 성경은 그 이유를 충분히 말해 주고 있다. 많은 사례들이 당시 교회나 국가에 대한 신학적 견해들에 대해서 상당한 변화가 일어나고 있었다는 것을 증명할 수 있다. 물론 이것도 공개적인 반대에 부딪힘이 없이 그냥 된 것은 아니었다. 무엇보다 첫 3세기 동안의 작품들과 문서들에 대해서 우리가 가지고 있는 것들이 얼마나 불충분한 것들인지를 유념해야 한다. 기독교의 첫 3세기 동안과 지난 마지막 3세기 동안 그 사이에는 이 차원에서 정반대의 현상이 있다. 이것이 중대한 교리적인 변화가 초대교회에서는 발생하지 않았다는 것을 의미하는 것은 아니다. 그런 변화가 있었다는 특별한 증거를 확보한 것은 아니지만 말이다.

실제로 교회 안에서 각가 그 속도는 다르지만 점차적인 변화가 있었던 것은 분명하다. 심지어 사도시대로부터 그런 변화의 조짐들이 교리나 교회정치 및 예배문제에 있어서 조금씩 존재하였다. 사도적 교부들의 견해들이 제2세기의 교부들의 견해와 모든 측면에서 분명히 동일한 입장이었다고 믿기는 불가능하다. 우리가 가진 증거가 그렇게 말하고 있다. 또한, 2세기 교부들의 견해와 3세기 교부들의 견해가 명백히 동일한 것이었다고 말하는 것 역시 불가능하다. 그러나 우리는 하나의 변천과정을 추적할 수 있다. 그 과정은 일반적으로 건전치 못한 방향으로 나아갔다. 성경에 결핍되어 있는 것들을 첨가시킴으로써 성경으로부터 상당히 벗어나는 방향으로 흘러갔던 것이다. 그것은 교황주의자들이 주장하는 것과 같이 더 온전한 진전이 이루어진 것이 아니었다. 상황이 요구하는 것으로서 성경에 내포하고 있는 것에 대하여 더 온전하고 명확하게 드러낸 것이 아니었다. 그리고 사도들이 발아시키고 싹 틔운 것들을 더 온전하고 명확하게 가르친 것이 아니었다. 변화가 발생한 실제적인 모습들은 그러한 이론(주장)과 일치하지 않는 것들이었다.

우리는 성경적인 원리들을 더더욱 뒷전으로 밀려나게 만든 것을 본다. 많은 것들이 새롭게 등장했고 고백되었고 실천되었다. 그 모든 것들은 성경에 의해서 지지받지 못하고, 기술된 내용들과도 모순되거나 일반적인 정신과 원칙들과도 일치된 것은 아니다. 변화는 계속 이어지고 있다. 이것은 그리스도의 약속들과 그의 교회를 향한 감독하심과 관련된 교황주의자들의 일반적인 이론으로도 증명될 수 없다. 이는 너무나도 명백하고 확실한 일반적인 특징이다. 또한 그 사람들의 특징에서 찾을 수 있는 일반적인 추정들에 의해서도 증명되지 못한다. 신적인 것들에 대한 정확한 지식을 획득하고자 그들이 제기한 수단들에 의해서도 증명되지 않는 것이다.

만일 우리가 우리의 표준으로서 하나님의 말씀을 취한다면, 그리고 하나의 규범으로서나 안내지침으로서의 목적들을 섬기는 데 하나님의 말씀이 적합한 것이 된다고 믿는다면 하나님의 말씀은 확실하게 성립되는 결론이 된다. 따라서 그 결론은 성경의 지지를 받을 뿐 아니라 우리는 그 결론에 매여서 굳게 붙들어야 한다. 그런데 만족스러운 결과에 도달하기 위해서 다루어야 할 많은 문제들이 있고, 그것들과 관련하여 채워야 할 부분이 많으며, 실제적으로 어려움에 봉착하는 것들 또한 산적해 있다. 따라서 우리는 교리체계가 무엇이고 교회정치가 무엇이며 초대교회 당시 집행된 예배가 어떤 것이었는지에 대해 분명히 짚고 가야 한다. 우리는 이것들을 할 수 있는 한 분명히 정립해야 한다. 한편, 초대교회의 견해들과 관련하여 현대에서 다루어진 주된 논쟁들과 현재 여전히 논의되고 있는 주요 쟁점은 은혜의 교리들에 대한 것과 개신교도들과 교황주의자들 사이에 벌어진 논쟁에 내포된 다방면의 주제들과 관련된 것이다. 또한, 일반적으로 교회정치와 성례와 예배에 대한 교리, 그리고 여러 다른 주제들에 대한 초대교회의 증언들에 대한 것이 주요 논쟁점이었다. 이제, 지금도 계속해서 진행되고 있는 주요 논쟁의 쟁점사항들에 대해 언급하고자 한다.

1. 은혜의 교리

우리는 은혜의 교리들을 통해 일반적으로 복음주의적인 교회들이 인정하는 위대하고 근본적인 진리들을 잘 이해하게 된다. 특히, 타락으로 인한 인간의 전적 부패와 타락에 관한 교리 및 행함 없이 오직 믿음으로 말미암아 의롭다 함을 받는다는 교리는 우리가 서야 할 자리에서 그리스도께서 이루시고 고난을 받으신 것을 토대로 전파하는 교리이다. 그리고 성령의 특별한 역사하심으로 인한 중생과 성화의 교리와 절대적인 개별적 선택과 성도의 견인교리를 더욱 잘 이해하게 된다. 선택과 성도의 견인교리는 일반적으로 복음주의의 진리체계와는 다소 구별되는 칼빈주의 체계의 독특한 가르침에 따른 것들이다. 그런데 이 교리는 사람들이 믿는다고 주장하는 면에 있어서 좀 모순되는 부분이 있기는 하다. 이는 그들이 그렇게 믿는다고 주장하는 것에 따른 합법적이고 적합한 삶을 살아 내지 못하고 있기 때문이다. 이 교리는 칼빈주의적인 독특한 냄새를 풍기는 것으로 인정받지는 못하고 있지만, 사람들은 이것을 복음주의 교리라고 부른다.

초대교회의 증언과 관련지어 은혜의 교리를 말할 때, 우리는 종교개혁의 교리들 입장에서 또는 칼빈주의 체계 안에서 좀 넓게 그 표현을 취한다. 특별히 초대교회의 증언은 예정과 성도의 견인교리와 같은 칼빈주의적인 독특성을 더 선호하고 있다. 이는 거의 반박되어질 수 없는 사실로 생각된다. 특히, 일반적으로 복음주의적인 교리들로 간주되는 것들과 관련해 살펴볼 때 그러하다. 그러나 원죄론은 예외적이다. 그 증거는 복음주의 체계의 다른 어떤 교리를 선호하는 입장에 있으면서 이 출처로부터 규명된 증거의 힘을 부정하는 자들에게조차도 강력하다고 인정받는 것이다. 칼빈주의자들과 반칼빈주의자들은 자신들의 의견들을 지지받기 위해 각각 초대교회에 호소하였다. 물론, 우리는 첫 3세기의 교부들이 이것들과 관련한 뚜렷한 견해들을 제공하고 있다고는 믿지 않는다.

이 중요한 주제들이 그 당시에 논쟁의 핵심이 되지는 않았다. 재주와 학문이 뛰어난 어떤 사람들이 교회가 보편적으로 믿고 있는 가르침과 정반대되는 주장을 하게 되었을 때에 비로소 그 교리에 대해서 집중적으로 논의되었기 때문이다. 이 사실은 교회사가 일반적으로 증언하고 있는 바이다. 인간들의 견해는 일반적으로 모호하고 불확실한 것들이었으며, 그들의 언어는 무익하고, 모순되는 것은 아닐지 몰라도 혼란스럽기 그지없는 것들이었다. 이처럼 이러한 교리들은 5세기 초에 벌어진 펠라기우스 논쟁이 있기까지는 논쟁거리가 되지도 않았던 것들이다. 그 당시 펠라기우스와 그의 추종세력들을 대항한 진리의 위대한 옹호자 어거스틴은 자신이 성경으로부터 정립한 교리들을 지지함에 있어서 초대교회에 호소하면서 그는 하나의 연결되고 조직적인 방편으로 발전시킨 최초의 사람이라는 뛰어난 명성을 얻게 되었다. 그는 이러한 문제점들에 대해서 대다수 사람들이 당연히 신중하고 명확하게 말해야 하는데 그렇지 못하였음을 인정하였다. 그러나 그는 핵심문제에 있어서는 그들이 그의 견해를 시인하였다는 데 만족하였다. 분명한 것은 그들은 펠라기안들이 아니었다. 왜냐하면 펠라기우스는 이것을 부정하였는데, 그들은 거의 보편적으로 인간의 도덕성의 타락이 이루어졌고 타락에 의하여 전 인류에게 미쳤다는 것을 다 인정하였기 때문이다. 그들은 훗날에 반(半)펠라기안들과도 무관한 자들이었다. 그렇다고 그들을 명확하게 어거스티니안이라거나 칼빈주의자라고 말하기도 확정할 수 없다.

여기서 문제의 본질은 이것이다. 사도적 교부들이, 특히 그들이 이해한 것이 '이것이야!'라고 또렷하게 결정짓게 하는 단서를 제공하는 진술들이 거의 없었음에도 불구하고 그러한 주제들을 말할 때 일반적으로 성경적인 언어를 사용한다는 것이다. 그들은 성경이 남겨 두고 있는 곳에 그 문제를 그대로 남겨 두고 있다. 오류가 발생하여 모순되고 반대하는 것으로 보이게 되는 곳에서조차도 그들은 여전히 그대로 남겨 두었다. 성경에서 분명하고 명확하게 가르치고 있는 어거스티니안 교리들이나 칼빈주의 교리들을 깨달은 자는 사도적인 교부들의 작품들 속에서 그 가르침들의 출처가 무엇인지 능히 추적해 내는 데 별 어려움을 겪지 않을 것이다. 따라서 성경의 가르침을 반(反)칼빈주의적 교훈으로 왜곡할 수 있는 자는 같은 방식으로 그리고 동일하게 사도적 교부들을 쉽게 왜곡시킬 수 있는 것이다.

칼빈주의적 원리들이 초대교회의 교리들과 전적으로 반대된다고 확신을 가지고 주장해 온 자들이 있다. 그런데 그들은 어거스틴이 그런 원칙들을 고안해 낼 때까지 한 번도 그것들을 들어 본 적이 없었음이 분명하다. 사도들의 뒤를 바로 이은 후계자들의 어떤 글들에서도 그것들을 반대하는 것과 관련한 가르침들이 없기 때문이다. 또한, 자신들이 선호하는 견해를 뒷받침하기 위해 성경의 명확한 증언으로부터 발췌한 것도 아무것도 없다. 이는 사도들이 그것들을 교회에 가르쳐진 적이 없다는 것을 알려 줄 뿐이다. 초대교회 안에서 그리고 사도들과 직접적인 관련이 있는 자들의 글들이나 우리가 다른 어떤 자료들로부터 도출한 것으로는 약화시킬 수 있다고 인정할지라도, 그들의 영감된 글들 속에서 우리에게 주신 증언을 감퇴시킬 수 있는 것은 아무것도 없는 것이 분명하다. 만일 부패가 교회 안에 침투해 온 방도를 찾는다면 공개적으로나 암암리로나 우선적으로는 공격의 대상인 교리들이었을 것으로 예측된다. 왜냐하면 교리들이야말로 인간의 본성적인 성품으로 나아가게 하는 데 막아서는 가장 결정적인 적대요소이기 때문이다. 부정하고 교만한 인간의 본성을 가로막는 장애물이 교리들이다. 그리하여 모든 이교도들이 그러한 교리들을 다 제거해 버린 것이다. 심지어 비록 어떤 것들은 종교적인 본성 또는 초기 계시에 대한 몇 가지를 살펴보도록 남겨 두었을지라도 교리적인 교훈들을 다 삭제해 버린 것이다. 그 교리들은 후기 유대주의, 즉 우리 구세주가 활동하던 시기의 유대주의 체계에서 가장 철저하게 부패된 것이었다. 따라서 우리는 기독교 교회 안에서도 그런 일들이 발생한 사실을 발견할 수 있다.

우리는 은혜의 교리들에 관해서 오류와 결함이 있는 부분이 무엇인지 이미 주목해서 살펴보았다. 그 현상은 먼저 은근히 심어 준 것들로부터 자라는 것에서 확인할 수 있다. 그것은 인간의 자유의지와 관련되어 심겨진 것이다. 인간이 전적으로 타락했다는 교리를 부인하는 것은 아닐지 몰라도 그 교리를 불분명하게 만드는 방도 안에서 설명하고 적용하는 것이다. 이는 인간의 성품과 삶을 영적으로 유익한 것이 되도록 생산해 내는 열매를 맺기 위해서 성령의 특별한 역사하심이 필요하다는 차원에서 이루어진 것이었다. 내가 전에 언급했던 것처럼 이 주제에 대해여 2, 3세기 교부들의 진술들이 나타내고자 한 취지를 정확히 이해하는 데에는 문제가 있다. 왜냐하면 그것들은 영지주의 분파들에 의해서 일반적으로 옹호된 운명이나 금욕적인 필요성에 반하는 직접적인 관찰 과정에서 흔히 발생한 것들이기 때문이다. 그래서 적어도 그것들이 칼빈주의 학자들이 일반적으로 동의한 것 이상으로 자유의지를 뜻하는 것으로 표명된 것인지 아닌지를 결정하기가 매우 난감한 상황이다.

그러나 오류가 이러한 방향에서 점차적으로 증폭되었다는 것은 의심의 여지가 없다. 이는 이 주제에 대한 입장을 표명한 많은 것들이 인간의 무능함과 신적인 작용의 필요성과 관련하여 성경이 가르치고 있는 내용들과는 모순되기 때문이다. 비록 원죄론을 완전히 폐기한 것은 아니었다 할지라도 이 주제에 대한 근본적으로 중요한 두 가지 구분사항을 금세 간과해 버리는 길로 나아가게 되었다. 예를 들면, *첫째*는 타락한 상태와 타락하지 않은 상태에서 인간의 능력이나 힘 사이의 구분이요, 둘째는 외부적인 문제, 즉 도덕적인 문제와 영적인 문제에 있어서 인간의 능력 사이의 구분이다. 그것은 하나님께서 인간에게 수여하신 율법에 대한 진정한 순종과 하나님께서 요구하시는 것들에 대한 실제적인 행함과 관련한 문제이다. 즉, 우리가 하나님의 진노와 우리들의 죄악들로 인해 마땅히 받아야 할 저주로부터 피해 갈 수 있는 것과 관련된 것이다. 내가 말한 것처럼 이 두 구분은 근본적으로 중요한 것이다.

그러나 초기 교부들은 그러한 구분을 그냥 간과하고 말았다. 물론, 어거스틴은 이 부분을 이해하였다. 그럼에도 불구하고 그는 건전한 교리의 중요성을 밝혀 나감에 있어서 그처럼 중요한 내용들을 결코 언급한 적이 없었다. 그 구분들은 종교개혁가들에 의해서 완벽하게 드러났다. 그래서 우리 교회의 표준문서들에서 명확하게 명시된 것이다. 나는 그것들이 분명하게 인정되거나 충분히 적용되지 않는 곳에서는 성경에서 가르치고 있는 것과 같은 기독교 신학의 체계에 대해서 완전하고 적확하게 강론한다는 것이 불가능하다고 확신한다. 몇몇 현대 신학자들은 2, 3세기 교부들이 반(反)칼빈주의적 교리들을 가르쳤을 뿐만 아니라 그들이 주장한 것에 반하는 영지주의 이단들도 칼빈주의를 가르쳤다고 주장하였다. 그러나 이것은 칼빈주의 교리들에 대한 잘못된 표현이다. 마치 그들의 주장은 하나님을 죄의 저자로, 그리고 도덕적 행위에 필요한 자유의지를 인간으로부터 박탈시킨 분으로 만드는 것과 같이 칼빈주의를 오해하였다. 그런데 이로 인하여 칼빈주의를 반박하였지만 제대로 된 논증은 이루어진 적이 없는 주장일 뿐이었다.

복음주의나 칼빈주의 체계에 내포된 다른 요소들 중 대부분은 2, 3세기 교부들이 매우 분명하고 명백하게 증언한 것들이었다고 말하기가 어려울 수 있다. 왜냐하면 그러한 훌륭한 교리들은 정확하게 이해하지 못하였고 두드러지게 표면화되지 않았으며, 온전히 적용된 교리들이 아니었기 때문이다. 그러나 그것들은 한쪽에 치우쳐 있었고 그 교리들에 대한 반대입장이 대체되었다는 것은 성립될 수 없는 주장이다. 칼빈주의자들과 반칼빈주의자들은 모두 다 교부들의 글들에서 발췌한 내용으로 자신들의 입장을 뒷받침하고자 했다.[157] 그러나 이 문제에 대하여 신중하고 공평하게 발췌한 내용들을 한데 모아 살펴보면, 교부들이 그 주제에 대하여 명확하고 분명한 개념을 가지고 있는 것은 아니었음이 분명하다. 교부들은 그것들이 무엇을 가르치는 것인지 잘 이해하지 못하였으며 무지와 혼동 때문에 종종 모순된 주장들을 했다. 그러나 이 모든 것은 시간이 경과되면서 사실상 참된 상태가 무엇인지에 관해서 다루는 데 있어서 칼빈주의적 증언들이 온전함과 명확함으로부터 점점 더 멀어지고, 반칼빈주의적 증거들이 더욱 명확하게 되어 갔다. 이러한 현상들이 펠라기우스 논쟁 시대에까지 이르렀고, 그 논쟁은 칼빈주의를 선호하는 주장을 지지하게 했다. 사도시대로부터 흘러 내려온 경향은 복음의 단순성을 부패시키는 것이었고 교회의 교리들에 인간의 사색들을 잠입시키는 것이었으며 비종교적인 사람들의 입맛과 선입견에 맞춰 버린 것이었음은 의심의 여지가 없는 사실이다.

그 과정은 지난 세기에 스코틀랜드 국교회와 다른 교회들에서 벌어진 상황과 비슷하였다. 이는 개인적인 종교가 부패하고 건전한 복음주의 교리가 사라지게 될 때 나타나는 현상이었다. 그리고 성경적인 원리들에 대한 결함과 혼동이 번지게 될 때 나타나는 현상이었다. 여기서 우리가 주

---

157) Whitby on *the Five Points*, and Gill's cause of God and Truth. Tomline; Scott.

목해야 하는 것은 펠라기안주의가 부딪힌 일반적인 반대와 어거스티니안
주의가 선호한 것에 관한 사실이다. 즉, 초대교회에서는 심지어 5세기 초
기에도 은혜의 교리와 관련한 오류와 결함이 있는 견해의 유입과정이 현
대교회에서 일어나고 있듯이 그렇게 급속히 진행되었다거나 입지를 굳건
히 다진 것이 아니었다는 만족할 만한 증거를 제공하여 준다는 사실에 우
리는 주목해야 한다. 한편, 18세기 중엽이나 말에 스코틀랜드 국교회 목
사들 대다수는 펠라기안 신경을 수용할 준비가 되어 있었다. 그런데 「교
회법」에 의해서 칼빈주의가 잘 세워져 있었던 것이 아니었기 때문에 다른
것을 받아들이는 것은 그들의 국가관계와 현상적인 만족함을 위태롭게
하는 것이었다. 그러나 어거스틴의 지도하에 있던 5세기의 교회는 펠라
기안주의를 단호하게 거부하였다.

그렇다면 첫 3세기 동안의 교회의 증언은 은혜의 교리들을 위하였는
지 대적하는 것이었는지에 대해서 완전히 명백하였다고 말할 수 없는 것
이다. 그러나 이러한 교리들은 하나님 자신의 말씀의 증언을 통해 확고하
게 성립되었고, 그의 백성들의 경험을 통해 분명하게 세워져서 별 중요하
지 않은 상황가운데서 영향을 끼치게 되었다. 우리는 은혜의 교리에 대한
진리의 확신을 흔드는 초대교회의 증언의 불확실성과 모호성으로 인해
교부들의 증언을 신뢰할 수 없고, 하나의 규범이나 표준으로서 초대교회
의 증언을 신뢰할 수 없다는 사실을 우리의 견해를 세워 나가는 과정에서
분명히 입증하고 있다. 왜냐하면 성경에서 분명한 증거를 발견하듯이 이
러한 교리들은 우리 주님과 그의 사도들이 명확하게 가르쳐 주셨기 때문
이다. 그리고 교회역사 속에서 성경과 연결된 견해에 대한 분명한 증거를
발견했기 때문이다. 그 은혜의 교리들은 모든 시대와 모든 지역에서 개인
적인 신앙의 영향 아래 살아가면서 가장 만족스러운 증거를 나타내 준 자

들이 다 본질적으로 받아들인 것이었다. 그리하여 사람들이 전적으로 개별적으로나 단체적으로나 모두가 성령의 가르침을 즐거워하고, 하나님의 계시된 뜻에 대한 정확한 지식으로 안내받고 있다는 것은 본질적으로 그들이 굳게 붙들고 있는 근본적인 교리들의 명확성과 온전성 및 확실성에 의해서 검증되어졌음을 나타내 준다.

2. 성경의 충분성

교부들의 감성으로 다루어진 일반적인 주제와 첫 3세기의 교회들을 존중히 여겨야 하는 입장을 설명하면서 이 질문에 대한 본질적인 중요성을 언급한 바 있다. 즉, 교리의 건전성과 성품의 순결성과 관련하여 사도시대에 이미 시작된 것이 심지어 그 이후로도 계속되었다는 사실을 지적했다. 그리고 키프리안과 같이 좀 특별한 영향을 미친 자들이 있었을지라도 첫 3세기 동안 효력 있는 결정적인 판단을 위한 검증으로 내세울 만한 자도 거의 없었다는 것을 언급했다. 이러한 사실은 무언가를 정리하고자 할 때 교부들의 권위문제에 타격을 입히는 치명적인 것이었다. 그리고 보편적인 합의를 내세운 것이라고 주장하는 것들이 교부들의 권위 있는 것이라고 말하는 것을 난처하게 만들었다.

교황주의자들에 의해서든 반(半)교황주의자들에 의해서든 교부들과 초대교회를 대신해서 그 선언들이 만들어졌다는 가능성이 있는 유일한 것도 상상에 의한 것이다. 교황주의자들에 의하면, 교회의 정치와 예배와 관련하여 로마교회 안에서 건전한 교리와 실천에 대해서 오늘날까지 계속해서 이어져 내려오고 있는 하나의 전통이 있었다고 한다. 그러나 옥스퍼드 운동가들에 의하면 5, 6세기경에 와서 그것이 부패하여 중단되었다고 전해진다. 일단, 교리나 정치 및 예배 문제에 있어서 지속적으로 점진적인 변화가 있어 왔다고 주장하는 것은 우리의 의견들이나 실천사항들을 시행함에 있어서 소위 권위를 내세울 수 있었던 유일한 근거를 뒤엎어버리는 것이다. 심지어 충분한 설명이 없이도 변화는 전적으로 성경에 의해서 인준되지 않았기 때문에 그것은 성경에 반하는 방향으로 진행되었다는 사실이 자연스럽게 성립될 수 있는 것이다.

그러나 2, 3세기 동안 이러한 지속적인 경향이 눈에 띄게 약화되는 예외적인 것이 하나 있었다. 더 나아가기 전에 우리가 이 부분에 주목해 볼 필요가 있다고 생각한다. 그것은 첫 3세기 동안 계속 견지해 온 것으로, 신성한 성경의 최고권위성과 충분성에 대한 부분이다. 모든 인간의 권리와 의무는 이 성경을 읽고 연구하는 것이라는 것도 계속해서 주장되었다. 첫 3세기 동안에는 이러한 성경적 원리들을 부정하거나 의심한 어떤 증거도 발견할 수 없다. 도리어 그 원리들은 견고하고 순수하게 지켜져 내려왔다는 만족할 만한 증거가 있다.

그 시기의 교부들은 모두 다 신앙과 행위의 유일한 표준으로서 성경을 언급하는 것이 습관이었다. 그들은 직간접적으로 그들의 최종적인 권위가 성경임을 주장했다. 하나님께서 계시해 주신 뜻에 대한 지식은 인간에게 주신 성경 자체로 완벽하고 충분하다고 주장했다. 교부들은 비록 정도의 차이는 있을지라도 하나같이 이러한 사실들을 내세웠다. 성경에 위배되는 것들을 주장한 것은 하나도 없었다. 물론, 그들 중에는 자신들의 의견을 내세우는 일에 있어서 그리고 자신들의 행동지침을 따르는 데 있어서 성경보다 구전과 이성적 사색에 더욱 의존하는 자들도 있었다. 그들은 자신들이 고백하는 것과 정반대로 행동했던 것이다. 그들은 자신들이 따른다고 고백한 표준을 무시하거나 벗어나는 행동을 한 것이었다.

어떤 일을 수행함에 있어서 그들이 실천사항에 대해서 무엇을 말했든지 간에 우리는 그들의 판단이나 권위의 무게를 알고 있다. 즉, 적어도 그들 역시 기록된 말씀만이 최고의 권위를 지니고 있고 그 말씀의 충족성을 견지하고 있는 개신교의 위대한 원칙들을 지지하고 있다는 사실이다. 물론, 이것은 교황주의자들이나 옥스퍼드 운동가들은 전적으로 부인하는 내용이다. 그러나 우리는 그러한 원칙이 이와 같이 말해질 수밖에 없다는 것을 분명히 말해 둔다. 그들이 교부들의 권위와 초대교회의 권위를 내세워 자신들의 입지를 주장하는 한, 그들이 선호하는 주장은 성립될 수 없고 오히려 성경의 유일한 권위를 말할 수밖에 없는 상황으로 나아갈 뿐이다.

우리는 이 입장에 대한 상세한 정보를 가질 수 없다. 그러나 그것은 모든 흠집으로부터 결백하고 앞에서 한번 언급한 적이 있는 구드(Goode)의 『*Divine Rule of Faith and Practice*』와 같은 매우 위대한 책 안에서 훌륭하게 성립되어야 할 것이다. 첫 3세기 동안의 교부들의 책들 속에서 성경의 가치를 하락시키는 것과 같은 내용을 언급한 부분은 눈곱만큼도 찾지 못하였다. 그 후속세대들의 많은 책들에 대해서도 같은 말을 할 수 있을 것이다. 또한, 성경의 적합성을 부정하는 말들을 추려 낼만한 것도 전혀 없다. 그 내용들이 좀 모호하다거나 불완전하기 때문에 믿음의 충분한 규범이나 표준이 되기 위해서 교황주의자들이나 옥스퍼드 운동가들이 내세우고 있는 것들에 의존해야 한다는 그 어떤 잘못이나 취약성을 주장한 것들이 전혀 없는 것이다. 그러나 그러한 낌새를 느낄 만한 것은 하나도 없다. 오히려 그와 정반대로 권위 있는 유일한 표준은 성경뿐이라는 한결같은 주장만 있을 뿐이다. 또한, 같은 영향을 발휘하고 있는 많은 선언들이 있다. 물론, 그것들은 흠잡기를 좋아하는 자들의 공격을 차단하는 것과 관련하여 항상 완전하고도 명백한 표현을 나타낸 것은 아니었다. 그 이유는 우리가 다룬 주제들이 그들이 접한 논쟁의 주된 주제들이 아니었고, 사람들의 입장이 무엇인지를 나타냄과 관련하여 차등 없이 온전하게 그리고 정확하게 성경을 통해서 주장하였기 때문이었다. 그들도 실제로 전통과 전통들을 많이 언급했다. 그러한 단어들(전통)이 뜻하는 것은 언제나 거룩한 성경이었다. 그리고 성경에 내포된 것을 뜻한 말들이었다.

때때로 그들은 이단들과 논쟁을 벌일 때, 특히 그들 자신들이 설립한 교회에서 사도들로부터 유래된 교리들과 실천사항들을 내세우기도 하였다. 그러나 그런 경우에도 다른 어떤 것보다 더욱 가능성이 있고 비중이 있는 2세기의 것들을 가지고 말했다. 이 역시 보조적으로나 보충적인 자료로 사용한 것이지 그 자체를 성경의 최고 권위와 충분성을 부정하거나 배제시키려는 의도를 가지고 사용한 것은 전혀 아니었다. 그리고 그들이 전혀 근거가 없는 주장을 반박할 때, 그러한 것들을 그들의 교리가 진리임을 증명하고자 사용한 것은 아니었다. 즉, 지금 우리의 신학적 논쟁에서 나타나고 있듯이 그들의 교리가 최근에 발견한 새로운 주장으로서 확실하게 믿을 만한 것임을 나타내고자 한 것은 아니었다.

그것은 실로 교황주의자들이 주장한 것이었고, 그 주장은 옥스퍼드 운동가들에 의해서 재차 반복되었다. 그들은 개신교도들처럼 성경만 내세우는 일에 익숙한 초기 이단들이었다. 이와는 반대로 정통주의에 입각한 교부들은 현대적 의미의 전통이라는 말을 내세웠다. 그러나 그러한 주장은 사실상 반박할 수 없는 증거에 의해서 전적으로 거짓임으로 판명되었다. 이단들은 진정성과 신빙성을 부인하거나, 타락했다거나 삽입되었다는 주장을 함으로써 언제나 성경에 호소하거나 그와 반대로 교묘하게 회피해 가는 것에 익숙한 자들이었다. 또한, 그들은 사도들로부터 이어져 내려오고 있는 것이라는 은밀한 전통을 내세우기를 잘하는 자들이었다.

이를 통해 그들은 기록된 성경을 받아들이기보다 자신들의 의견이 더 온전하고 정확한 것이라는 주장을 했던 것이다. 이 모든 것은 다 교황주의자들이 주장한 것이었을 뿐만 아니라 그들이 정죄하였던 고대 이단들의 발자취를 그대로 답습한 것이었다는 사실이 확인되었다. 이러한 것들은 더 나아가 정통주의 입장의 교부들이 내세운 전통이나 성경의 중요성과 기초를 충분히 설명해 주는 반증이기도 하다.

그런데 그들도 때로는 전통을 앞세웠다. *왜냐하면* 이단들이 성경의 권위를 인정하기를 거부하였기 때문이다. 그들은 사도적인 교회들의 공적인 전통을 앞세우기도 하였다. *왜냐하면* 그들은 이단들도 사도들로부터 유래된 은밀한 것이라고 주장하면서 사적인 전통을 내세웠기 때문이다. 4세기 말의 제롬과 어거스틴의 글에서 우리는 의식과 외적인 실천사항들에 대한 전통을 앞세워야 하는 규정을 발견할 수 있다. 비록 이 교부들은 그들보다 앞서 활동했던 자들과 공동전선에 있었을지라도, 신앙과 교리 문제에 있어서 성경의 최고 권위와 충분성에 대해 더욱 풍성하고 명확하게 주장한 분들이었다.

우리는 성경에 근거가 없는 많은 의식들과 실천사항들이 교회의 예배와 정치에 도입되었다는 것을 이미 오래전에 지적한 바 있다. 이러한 것들을 도입한 것은 사도들로부터 전해져 내려오는 전통이라는 확실성에 기초하기보다는 의식들과 의전들을 임의대로 규정할 수 있다는 교회의 권세에 기인한 것으로 보인다. 어째든 우리는 4세기 말까지 성경이 교리나 신앙의 문제뿐만 아니라 의전과 교회의 실천적 규정에 관해서 성경이 유일하고도 충분한 표준이 아니었다고 가르쳤던 정통적인 입장의 저자들이 존재했다는 명확한 증거를 가지고 있지 않다. 심지어 이 같은 효과를 발휘하도록 만든 제롬과 어거스틴의 글 또한 그러한 주장을 단정할 만한 명확하고 분명한 진술은 아니다. 더구나 그들이 쓴 다른 책들에서는 성경만이 사람들의 의견이나 교회의 문제에 있어서 판단 내릴 유일무이한 최고 권위를 지니고 있는 완전한 표준이라고 인정한 바 있다. 이처럼 모순된 주장을 했다는 것은 쉽게 납득이 될 수 없는 문제라고 볼 수 있다.

성경에는 교회가 예전이나 의식들을 규정할 권한이 있다는 원칙에 대한 근거나 재가가 없다. 그런데도 루터파와 감독주의를 지향하고 있는 교회들은 그런 주장을 견지하고 있다. 우리는 교회가 고안한 것들에는 오류가 있을 수 있다는 것을 믿는다. 그러므로 그것을 적용하는 것은 너무나 위험천만한 것이다. 인간이 고안해 낸 원리가 합법적인 것이라고 증명할 수 없다는 것을 하나님의 말씀이 충분히 내포하고 있고, 4세기 말이나 5세기 초에 제롬과 어거스틴이 말한 것 외에는 그것을 지지할 만한 고대의 어떤 권위적인 것을 내세울 수 없는 원리이다.

그러나 이것과 여전히 신앙의 유일한 규범으로서 성경의 최고 권위와 충분성을 부정하는 것을 혼돈하지 말아야 한다. 특별히 교회가 받아들인 의전들과 의식들이 '사도들로부터 유래된 것으로 추정하여 그 전통을 경쟁적인 위치에 있는 표준으로 내세우지 않으며', '전해져 내려온 그 모든 것들을 반드시 수용해야 한다는 의무를 부과하지 않고', '단지 모든 시대 모든 나라의 교회에서 고안된 것으로 덕을 세우기에 합당한 것인지를 보고 만들어 낸 것'이라는 판단이 내려진 곳에서, 그들이 성경의 권위와 충분성을 부정한다고 혼돈해서는 아니 된다.

하나님의 말씀에 대한 올바른 이해와 적용과 관련하여 관심을 기울일 또 다른 한 가지 중요한 주제가 있다. 이는 첫 3세기 동안에 성경의 권위를 추락시키거나 부패하게 하는 어떤 흔적도 없고, 그 이후에 이어지는 여러 세기 동안에도 없었다는 것이다. 그러나 배도한 로마교회는 특별하고도 남다른 죄목을 가지게 되었고, 그것을 현대에서도 성공회 옥스퍼드 운동가들이 그대로 모방하여 같은 죄를 범하고 있다.

과거 3세기의 교부들뿐 아니라 4, 5세기의 교부들은 누구도 예외 없이 그들이 가지고 있는 수단과 기회를 다 동원하여 교회의 모든 성도들이 가진 의무, 즉 기록된 신성한 성경을 읽고 공부해야 한다는 것에 대해 되풀이하여 가르쳤다. 그리고 그들은 이 의무와 특권을 스스로가 충실하게 즐거워하며 실행하였다. 성경을 다른 언어들로 번역하기도 하였고, 그 당시 각 지역에 그것들을 널리 보급하였다. 인쇄기술이 없던 시대에 그들이 할 수 있는 방안을 다 동원하여 그와 같은 과업을 수행했던 것이다.

실제로 옥스퍼드 운동가들은 초대교회에서 실천했던 것과 같은 은밀한 훈련(disciplina arcani)이라 불리는 모호하고 당혹스러운 주제를 다룬 책자를 만들고자 했다. 그 훈련교육은 종교적인 지식을 나눔에 있어서 그들 자신들의 교리를 변호하기 위한 것이었다. 그것은 교황주의자들이 첫 3세기 동안의 교리들과 의식들 대부분을 추적하기가 어렵다는 주장을 뒷받침하기 위해 만들고자 했던 것이다. 하지만 이 원리는 기독교 교리를 강론함에 있어서 사람이 처한 상황과 역량에 따라서 합리적인 분별력을 가지게 하는 것 그 이상의 무엇을 의도한 것으로는 보이지 않는다. 그리고 점차적으로 이교도들의 신비와 실천사항들을 따라 하고자 하는 어리석은 꾸밈에서 시작되어 통속적이고 비밀스러운 교리와 같은 무언가로 변질된 것 그 이상의 무엇이 아니다. 그런데 그 원리가 어떤 것이었든지 그리고 시기가 변화될 때마다 어떤 방도로 실천되었는지에 대해서 우리가 가진 정보는 매우 미흡하고 부족한 것뿐이지만, 그것은 객관적으로 관찰될 수 있는 것이었고 그 결과는 매우 유해한 것이었다는 사실은 분명하다. 또한, 모든 교부들이 심지어 4세기까지도 그들의 모든 청중들에게 기록된 성경을 읽고 부지런히 공부하라는 촉구를 계속하였다는 것은 부정할 수 없는 사실이다. 성경을 소유하고 사용하고 돌려 가며 읽는 것을 억제하거나 금한 경우가 전혀 없었다.

그렇다면 초대교회로부터 니케아 교회회의 시기까지, 심지어 그 이후의 시기까지의 이 시대의 신앙고백적인 교회를 감염시킨 오류들과 타락은 있었을지라도 배교한 로마교회의 특별한 죄악들은 범하지 않았던 것이다. 로마교회와는 달리 그들은 그들의 발에 빛이요 그들의 길에 등이 되는 것으로 주신 하나님의 말씀을 사람들이 보류시키거나 이탈하게 하는 죄를 범하지도 않았다. 그들은 사람들이 거룩한 말씀을 언제든지 접할 수 있는 권리를 가진 자들이라는 사실을 분명하고도 명료하게 전파하였다. 그리고 성경을 연구할 의무가 있음을 강조하였고 그 성경으로부터 자신들의 견해를 세워 가고 자신들의 행동원리를 규정해 나아가야 함을 명확하게 강조하였다.

3. 성도들의 권리들

교리와 교회 실천사항에 있어서 초대교회가 점진적으로 변질되어 가는 것과는 매우 예외적인 다른 주제, 심지어 첫 3세기 동안에도 변질되지 않은 것은 우리가 이미 살펴보았던 주제들만큼 포괄적으로 중요하고 장엄한 문제는 아니다. 그렇다고 작은 문제도 아니다. 그것은 교회 사안들에 대한 제도나 행정을 담아내고 있는 것에서만이 아니라 경험이 증명하고 있듯이, 기독교의 영적인 측면과 활동적인 경건생활 측면에서 중요하다. 내가 말하고자 하는 본 주제는 교리나 실천사항 차원에서 성도들의 권리들에 관한 문제이다. 특히, 자신들의 목사들을 세움에 있어서 효과적이고 결정적인 목소리를 내는 권리이다. 이전의 경우에서처럼 여기에서도 이 주제 역시 첫 3세기 동안뿐만 아니라 그 이후의 세기에서도 정규적인 논쟁의 주제가 된 적이 없는 것이었다. 그러므로 이 문제의 증언들은 진리를 추구하는 정직한 사람들을 만족케 하기에 충분한 것이 아니었을지라도 트집 잡을 만한 무언가를 내포하고 있는 특별한 것이 아니었다. 실제로 나는 목사를 임명하는 이 주제만큼은 종교개혁자들만이 아니라 성경과 고대교회의 증언에서 침묵하거나 왜곡하고자 시도한 정교하고도 지속적인 노력들과 관련된 질문은 거의 없다고 알고 있다. 그러나 교황주의자들과 감독주의자들 및 국가만능주의자들(Erastians)은 모두 다 지칠 줄 모르는 열정으로 목사를 세움에 있어서 성도들의 권리를 지지하고 있는 증거를 뒤엎으려고 했다. 비록 성공을 거두지는 못했지만, 이를 시도한 몇몇 교황주의자들과 감독주의자들은 이 주제를 다룰 만한 학문적인 자질이 없다거나 재간이 없는 자들이 아니었다. 그러나 진리와 증거의 힘에 굴복하지 않은 사람은 거의 없었다. 그들도 논쟁에 있어서 자신들이 붙들고 지지하고 있던 원리들과 입장을 포기하고 진리의 힘에 따르는 것을 더 기쁘게 여겼다.

이 주제에 대해서 초대교회에서 붙든 교리와 실천에 대한 직접적이고 정규적인 주 증거들은 1세기 사도들의 친구요 동반자였던 클레멘스 로마누스의 증언들에서 발견된다. 그리고 3세기 중 후반기에 활약했던 카르타고의 감독 키프리안의 글들에서도 발견된다. 이러한 증거들은 온전하고 만족스러운 것들이다. 첫 3세기 동안에 생산된 것들에서 우리는 그 증거들과 정반대되는 지침을 나타내는 듯한 흔적을 하나도 찾을 수 없다. 반면에, 1세기와 2세기 사이에 활동한 저자들과 그 이후의 시기에 활약한 저자들의 글들에서는 교회의 일반적인 실천사항들에 대한 부수적인 진술들과 우발적인 주의사항들이 많이 발견된다. 클레민트의 증인은 매우 간략하지만 결정적이다. 그것은 "사도들은 목사들을 안정되게 세워 놓는 일을 잘하신 분들이고, 전 교회의 간곡한 동의와 함께(συνευδοκηστασης πασης της ἐκκλησίας) 그들의 목사를 세웠다."라는 내용을 담고 있다. 더욱이 성도들이 자신들의 목사를 청빙하는 것에 동의하였기 때문에 목사를 밀어내거나 축출하려고 당을 짓는 일을 하지 말라는 이 진술은 왜 목사의 권위에 순종해야 하는지에 대한 하나의 이유로서 클레민트가 제기한 것이다. 이 진술을 공정하게 설명하거나 그럴듯한 이유를 제시한 자료는 없다. 이는 적어도 회중이 자신들에게 천거되거나 제시된 목사를 확고하게 반대하는 목사를 임명해서는 안 되는 것을 사도들이 굳게 붙들었던 것이기 때문임이 분명하다. 사도들의 이 실천이 첫 3세기만이 아니라 그 이후로도 여러 세기 동안 통일되게 실천되었다는 사실을 의심 살 만한 증거는 없다. 그러나 이와 반대로 그것을 확정하는 증거들은 상당히 많이 있다. 그들이 내세운 것은 클레민트의 저서가 아니라 3세기 말에 여러 사람들에 의해서 편집된 것이었다. 초대교회의 실천들에 대하여 매우 흥미로운 것들을 내포하고 있었고, 보편적으로 인정되었다고 생각되는 이 사도적인 규약들에는 한 사람의 감독을 임명하는 것을 일반적으로 수용한 절차에 대한 설명이 있다. 즉, 백성들에게 성직자들 사이에는 서로 동일한 위치에 있고 성직자들이 미치는 영향에 관한 내용이다. 헬라어 '스네우도케오'(συνευδοκέω, 일치하다)라는 단어만이 아니라 에클레고(ἐκλέγω, 선택하다)나 아이테오(αἰτέω, 묻다)와 같은 더 강하고 특별한 중요성을 지닌 여러 단어들, 그리고 에피네우오(ἐπινεύω, 승낙하다)나 아레스코(ἀρέσκω, 만족시키다)와 같은 좀 모호하고 불분명한 단어들이 이 문제에 있어서 다 동일하게 성직자들과 성도들의 행동규약들로 적용되고 있다.

블론델의 『제롬에 견해를 위한 변증(Apologia pro sententia Hieronymi)』이라는 책의 후반부는 흔히 노회를 변호하는 일에 있어서 가장 학식 있는 문장으로 알려진 부분이다. 그런데 여기에서 블론델은 이 주제를 담고 있는 모든 증거들을 수집하여서 기독교회가 세워진 이래 1,000년 동안 성도들이 자신들의 목사를 임명함에 있어서 실질적이고 효력적인 목소리를 계속해서 드러냈다는 것을 증명하였다. 그는 소위 사도적 규약들로 부르는 이 주목할 만한 문장들을 인용한 후에 그것에 의해서 명확하게 성립된 것으로서 다음과 같은 추론을 덧붙이고 있고, 모든 다른 부수적인 권위들에 의해서 확정 짓고 있다. "이로부터 성직자와 평신도가 함께 모이고, 선출되고, 지명되고, 직위를 나누고, 강론하고, 증언하고, 동의하고, 문의하고, 합의된 교령을 함께 공표하는 일이 콘스탄티누스 대제 이전에서부터 동등하게 이루어진 익숙한 것이 되었다."[158]라고 말이다.

키프리안의 증언 역시 같은 것이다. 스페인에 사는 몇몇 사람들이 그에게 이단에 빠진 그들의 감독을 내버려야 할지 포기해야 할지에 관한 문제를 상의해 왔을 때, 키프리안은 그들이 그렇게 할 수 있다고 답했다. 그렇게 인준한 것은 '평신도도 자격 있는 성직자들을 뽑거나 자격이 없는 자들을 거부할 최고의 권세를 스스로 가지게 됨에 따라서[159]'라는 한 가지 이유 때문이었다. 그런 다음 그는 이것이 성경에 의해서 전적으로 인준된 것이요, 신적인 법(Jure divino)에 기초한 것이라는 사실을 증명해 나갔다. 이러한 성경적인 원리들은 계속해서 고백되었으며 교회 안에 많은 오류들

---

158) unde constare potest Clerumque plebemque convenire, eligere, nominare, gratum habere, postulare, testari, annuere, rogari, consensus decretum edere, ante Constantini Magni tempora ex aequo consuevisse.; p. 392.

159) quando ipsa pelbs maxime habeat potestatem vel eligendi dignos sacerdotes, vel indignos recusandi.; Blondell, p. 381.

과 부패가 침투해 들어온 이후에도 오랫동안 실행되었다. 비록 교회의 여러 행성적인 측면에서 정반대의 방향으로 흘러가게 된 것이 전반적인 경향이었지만, 성도들의 영향력은 현저하게 감소되고 성직자의 권한은 고양되게 하였다. 후에는 중세 암흑시대까지 시민 집권자들의 권위가 더 높아져서 성도들은 교황권에 전적으로 복종하는 자리에까지 나아갔다. 그러나 그러한 경향이 교회를 휩쓸고 지나가고 오염시켜 버린 정반대의 현상이 일어난 동안에도 성도들이 자신들의 목사를 선택할 수 있다는 권리가 하나의 강력한 확신으로 오랫동안 순수하게 지켜져 왔다. 이것은 성경적인 권위와 사도적 실천에 기인한 것이기 때문이었다.

우리는 성직수임권과 유사한 체계가 5세기와 6세기에 존재했다고 추정할 만한 근거를 가지고 있다. 비록 읍내에서는 아니었지만 시골에서는 그런 경향이 있었다. 이는 지주가 건물을 짓고 이에 존속되어 있는 사람들에게 교회당으로 사용하도록 하면서 그것을 근거로 약간의 영향력을 행세한 것에 그 기원을 두고 있다(그러나 이 주장은 그 기원에 대해서 베자가 내세운 것과 불일치하는 것이 아니라는 것을 염두에 두어야 한다. 베자는 이것이 사단의 부엌에서 조작된 것이었다고 주장했었다). 성직수임권은 비록 그것이 겨우 발아기 형태였다고 할지라도 성직자의 타락과 비굴한 처신을 통해서 항의하는 회중들을 목사가 제압하는 일을 하도록 이끌었다. 결과적으로 5, 6세기에 교회회의와 다른 고위 권세자들에 의해서 제정된 법령들은 하나같이 성도들의 의지하고는 정반대되는 외부의 간섭이 허용되는 것들이었다. 이것은 매우 놀랍고 명료한 사실을 담고 있다. 즉, 우리가 이해하는 것과 같이 그 모든 것들은 다 외부의 간섭이 없는 방식으로 선행되었고, 이는 그것을 증명하고 있다는 사실을 담고 있다. 예를 들어서, 교회의 특권을 온전히 즐김에 있어서 회중의 의지와 반대되는 것은 그 자체로 외부 간섭에 의해 임명된 목사가 회중들의 목사로 정착하지 못하는 충분한 이유가 되는 것이다. 이러한 법령들은 로마교회의 교회법에 구체적으로 명시되었다. 거기에 기초한 문헌들과 실천들은 트렌트 교회회의에 오기까지 로마교회의 공적인 의전으로 계속해서 자리 잡고 있었다. 그러나 이것은 비록 그들이 인정하지는 않지만 종교개혁자들에게 넘어가게 되었을 때 폐기처분되어야 할 것으로 제안되었다. 그리하여 개혁자들은 성도들의 권리라는 교리만이 아니라 초대교회가 실천한 것까지도 다 회복하였다. 종교개혁자들은 성도들의 권리를 강력하게 지지하였던 것이다.

이 문제에 있어서 성도들의 합법적인 권리를 유보시킨 교황주의자들과 감독주의자들 및 국가만능주의자들에게 '왜 그렇게 하였고 그 근거는 무엇인가?'라고 묻고 싶다. 그들 가운데 더 솔직한 자들은 그것에 대답할 수 없다는 사실을 인정할 것이다. 그런데 만일 그들의 다른 원리들이 그것을 허용하고 있다면 초대교회의 권위에 매이지 않게 되는 것이다. 또한, 이 방면에 있어서 수반된 실천사항들은 변경될 수 없다는 원칙이 무너지게 되는 것이다. 교황권 제한주의자들(Gallicans)의 자유를 옹호하는 자들은 현대의 로마교회가 낳은 얀센파들과 함께 가장 존경받는 위치를 차지하고 있는 자들이다. 그들이 인정하는 것은 '헬라교회가 이론적으로 견지하고 있는 것은 성경과 초대교회가 붙들었던 것에 기초하고 있다.'라는 동일한 원리들이다. 따라서 외부의 간섭을 생각해 보면 그 주장은 단지 이론적인 것에 불과하다고 인정하지 않을 수 없는 것이다. 성공회의 가장 유능하고 학식 있는 많은 사람들도 이를 인정하고 있다. '그들의 허락은 진리의 힘에 의해서 그것들로부터 쥐어짜낸 반대자들의 용인으로 간주하는 것'으로 보는 것이 공정한 판단이다. 이것들은 초대교회가 실천한 건전한 원리들이었다. 그렇게 인정하는 자들은 후커, 윌슨 감독, 앤드류스

감독, 필드 박사 및 빙함(Bingham)과 같은 분들이다.[160]

그러나 여전히 질문은 남아 있다. 우리가 언급했던 것과 같이 초대교회의 교리와 실천이 무엇이었는지를 결코 인정하려 들지 않는 보다 대범하게 행동하는 파렴치한 자들이 말하고 있는 것은 무엇인가? 그들은 최선을 다해서 초대교회의 증언들을 모호하게 만들고 왜곡시키기 위해 힘을 다하고 있다. 특별히 그들은 초대교회의 것들이 매우 자연스럽고 명확한 수단이라는 것을 거의 부정하지 않으면서 그것이 반드시 필요한 수단이 아니라는 것을 보여 줌으로써 그런 짓을 하고 있다. 벨라르민 추기경이 그렇게 시도한 자였다. 그가 저지른 이탈의 본질은 모든 노력을 기울여서 초대교회의 증언만이 아니라 이 주제에 대한 종교개혁자들의 증언들까지 다 왜곡시키거나 한쪽으로 치워 버리게 만드는 데 있었다. 그의 노력은 그 이후로 오늘 우리 시대에까지 이어져 오고 있는 것이 되었다. 교황주의자들이나 감독주의자들, 국가만능주의자들 및 무신론자들까지 모두가 수고하고 있는 한 가지는 다음과 같이 요약될 수 있다. 그것은 백성들, 즉 성도들이 가지고 있다는 권리를 단순히 공천된 사람을 향한 반대의사 표시의 권리에 불과한 것으로 만들고, 반대파 사람들의 타당성을 판단하는

---

160) 현재 더람(Durham) 대학의 딘(Dean)이며 최근의 교회의 감독주의 역사가인 와딩톤(Waddington) 박사는 이것을 전적으로 인정한다. 그는 말하기를(p. 40, 2nd ed.,) '후계자 선택은 구성원들에게 맡겼다. 그 선택에 있어서 성도들은 장로들이나 하등한 성직자들과 동등한 권한을 가졌다. 여기에 어떤 예외나 차별이 없었다. 성직자 선택에 있어서 평신도들의 권한은 겨우 말뿐인 것이 아니라 법적으로 보장된 선택권이었다.'라고 했다. 와딩톤 박사는 하나의 주를 다음과 같이 덧붙였다. '이것은 빙함 박사(B. iv., c. ii.)에 의해서 제시된 많은 반대의 증거와 비교해 보면 더욱 분명하다. 선택의 형태는 성경에서 이 문제에 대하여 어떤 규범을 제시한 것이 없기 때문에 시기나 환경에 따른 다양성이 있었다. 그러나 한 가지 분명하게 일치하는 것은 어떤 감독도 성도들의 동의가 없이 그들의 의견을 침범하지 않았다는 것이다.' 그는 여기서 빙함의 많은 반대 증거들에 대해서 말하고 있는 것이다. 그러나 고대 세계에서는 반대되는 증거들이 없었다. 와딩톤 박사는 고대 증거 자체에 있어서 모순되는 것들과 관련하여 고대 증거의 중요성과 함께 빙함이 언급한 현대 저자들의 모순된 견해들과 혼돈하고 있는 것이 분명하다.

하나의 의사표시용으로 만드는 것이다. 반대파인 그들이 감독들이든 장로들이든 후임목사 선임의 문제를 처리하는 위치에 있는 자들이 공천한 사람을 그 교회에 안착시키거나 내보내거나 하는 결정은 성도들의 의견의 타당성에 대한 그들 자신들의 판단에 따라 결정한다는 것이다. 그들 모두가 원하는 바를 달성하기 위해서 추구하는 한 가지 절차는 이것이다. 그들은 가장 허약한 자를 선택해서 선출에 있어서 성도들이 해야 할 것이 무엇인지, 또는 하도록 되어 있는 것이 무엇인지를 가장 모호한 용어를 선택하여 설명하는 것이다. 그리고 그들은 어떤 상황에서든지 또는 어떤 연관성이 있든지 할 수 있는 한 가장 무의미한 말로 줄여 가는 것이다. 그런 다음에 그들은 이렇게 자신들이 선택하여 사용한 가장 나약하고 모호한 의미의 말로 희석시키고 왜곡해 버린 것들을 참되고 그 무엇보다 강력하고 분명하며 특별한 말들로 둔갑시켜 버리는 것이다.

따라서 키프리안이 이 문제를 논의함에 있어서 성도들의 참여와 그들의 소리를 들을 필요성에 대해 한 문장으로 언급하게 된 것이다. 이것은 즉각적으로 붙들게 된 것이었고, 단지 성도들의 반대의사 표시용이 아닌 그 이상의 권한이 있음을 뜻하는 것이었다. 그리하여 '키프리안이 언급한 것은 성도들의 선택과 반대의 권리였다. 반드시 이것을 뜻하는 것이어야만 한다. 그 이상도 그 이하도 아니다. 물론, 이것은 분명 바르고 가장 정직한 해석에 대한 가장 명백한 원리에는 위배되는 것이다.'라는 결론을 내린 것이다. 그러나 그것을 사용하고 싶어 하는 사람들의 창의력과 학식과 감성 또는 용기에 따라서 (벨라르민 추기경으로부터 윌리엄 하밀톤 경에 이르기까지) 다양하게 변천되어 온 한 가지 술책은 목사임명 문제에 있어서 단지 반대의사 표시의 권리가 아니었다. 그것은 실제적이고 정직하고 효과적인 목소리를 발휘하는 성도들의 권리를 옹호하는 개혁자들의 입장과

분명하고 명료하고 논쟁의 여지가 없는 초대교회의 견해와는 *모든 것이
다* 정반대되는 입장을 취하는 것이었다.

이것이 이 두 가지 중요한 원리들과 관련하여 초대교회가 보여 주는 증
언이다. 삼위일체 교리를 제외하고 초대교회가 고백하고 실천해 온 모든
것들은 첫 3세기 동안에 변화되었고 수정되었다. 그 변화들의 흐름은 사
도적인 교리와 실천으로부터 더 멀리 달아나는 것이었고, 그것이 보편적
이었다. 그러나 대다수의 것들이 변하게 되었고 더 악화일로로 치닫게 되
면서 더 강력한 것은 성경과 성도들을 대적하는 쪽으로 나아가 버렸지만,
개신교가 붙들고 있는 위대한 원리들, 즉 성경의 최고 권위와 충분성, 그
리고 목사선출에 있어서 성도들의 권리가 계속해서 지켜져 오고, 보편적
으로 고백되고 있다는 것은 정말 신나는 일이고 용기를 가지게 하는 것이
다. 개신교도들 안에서 누구도 감히 그것을 부정하거나 한쪽으로 치워 버
리지는 않을 것이다. 물론, 우리는 여기에 어떤 권위를 부여한다거나 무
게를 더 두겠다는 것은 아니다. 우리는 하나님의 말씀의 증언에 기초한
이러한 위대한 개신교의 원리들을 믿을 뿐이다. 거기에 기초하여 우리는
우리가 지금하고 있는 바 그대로를 확고한 원리로 믿는 것이다. 물론, 이
원리들이 교회의 교리와 실천사항에 대한 다른 영역에서와 같이 고대에
전혀 변질되거나 부패한 적이 없다고 보는 것은 아니다.

그러나 우리는 교황주의자들, 감독주의자들 및 국가만능주의주자들
이 이러한 원리들을 붙들고 있는 우리들에게 뒤집어씌우는 것처럼 귀족
적인 냄새를 풍기는 그런 자들이 아니라는 사실을 충분히 증거하고도 남
는다. 그런 경우에 해당되는 특별한 상황과 그런 말을 들을 수 있다고 보
는 영향력에 대한 일반적인 흐름을 고려하고 순수하게 오랫동안 그 원리
들을 고백해 온 것 자체를 생각해 볼 때, 이는 매우 합리적인 것이라 말하

지 않을 수 없다. 이것들은 신적인 권위와 사도적인 영향에 의하여 주어진 것이라는 증거가 명확하기 때문에 인간의 사고의 맥락 속에 깊이 심겨지고, 교회의 헌법과 교회 행정에 자연스럽게 심겨진 원리들이다. 그러한 영향들에 대해서 우리는 깊이 감사하며 축복이라고 말할지 않을 수 없다. 실로 그것들은 교회의 부패를 더디게 하는 역할을 했지만 막아 내지는 못했다. 교회의 역사가 증명하는 것은 주님께서 교회에 부흥과 갱신의 은총을 부어 주셨을 때마다, 주께서는 이전에 간과되거나 무시되었던 원리들을 함께 부각시켜 주셨다는 점이다. 종교개혁 때가 그러했고, 오늘날 우리 교회에서도 마찬가지였다.[161] 우리가 고대교회의 발자취를 따라가고 있다는 것은 하나님에 의해서 가장 영예로운 자가 된다는 것임을 확신한다. 그리고 우리는 교황제도에서 벗어나 종교개혁의 중요한 지류를 취한 자들이다. 하나님의 영과 섭리하심에 의해서 부름을 받아 진행해 나왔을 때, 교회의 사안들을 규정해야만 했던 유일한 법 또는 규례로서 하나님의 말씀의 최고의 권위를 내세울 수 있었고, 교회 직분자들을 선출함에 있어서 회중의 권리가 실제적으로 효력을 발하는 결정적이고 중요한 영향을 끼치게 하였던 것이다.

4. 우상 숭배

우리는 첫 3세기 동안의 교회의 증언을 살펴보고 있다. 그 시기 동안의 저자들에 대한 정보들은 개신교도들과 교황주의자들 사이에 논쟁하고 있는 주제들이 포함되어 있는 것들이다. 우리는 이미 은혜의 교리들에 대해

---

161) 역자 주) 이것은 프리처치 교단이 새롭게 출범한, 저자가 속한 교회를 의미하는 것이다.

시 초대교회가 증언해 준 내용들을 살펴보았다. 그 교리들은 로마교회와 벌이고 있는 우리의 논쟁의 중요한 부분을 차지고 있는 것들로, 안타깝게도 심각하게 부패된 것들이었다.

로마교회를 추종하는 자들은 교부들을 가장 높이 추앙하는 사람들이다. 그리고 그들의 권위에 무조건적으로 경의를 표한다. 그들은 자신들의 논리들을 지지받기 위해서 고대 저자들의 글들을 인용하기에 급급하다. 그들이 주장하듯이 특별히 개신교주의 모든 교리들을 반대함에 있어서 그러하다. 마치 그것들이 성경의 주요 텍스트인 것처럼 굴고, 자신들의 교리를 증명하거나 반대하는 이론을 내세움에 있어서 결정적인 무게를 지닌 것들인 것처럼 교부들의 글들을 발췌하여 들이미는 것이 교황주의 논쟁자들의 주된 습관이다. 예를 들면, 벨라르민은 그 당시 이단들에 대한 논쟁 작업 내내 처음에는 그의 주도적인 입장을 성경을 통해 내세웠지만 나중에는 교회회의들의 결론들과 교부들의 진술들을 앞장세웠다. 그는 항상 성경으로 시작해서 교회회의들로 나아갔고, 그리고 교회회의들과 교부들을 앞세워 마치 그 모든 자료들의 증거들이 다 동등한 무게를 지닌 것처럼 주장했다.

이렇게 교황주의자들은 자신들의 독특한 견해들은 다 교부들에 의해서 지지받고 있다고 자랑하는 것이 습관이었다. 그리고 초대교회가 다 동의한 보편적인 가르침이라고 떠들어 댔다. 그리고 그들은 자신들 주장이 다 본래 문서에 기록되어 있거나 정경목록에서 발견되는 것은 아닐지라도 그리스도와 그의 사도들로부터 이어져 내려오는 전통으로 수용되기를 소망하는 자들이었다.

한편, 개신교도들은 첫 3세기 교부들이 교황주의 체계의 주도적인 특성들을 지지해 주고 있는 것이 아니라는 입장이다. 그리고 그것이 일반적으로 교회가 견지해 온 체계도 아니었다는 증거도 충분히 제공한다. 이것은 종종 매우 어둡고 모순되는 것을 포함하고 있는 어구들과 문장들이나 모호하고 애매한 문구들에 대한 분명한 의미를 가리려는 지루하고 무익한 논쟁으로 이어졌다. 개신교도들과 교황주의자들 사이에서 교부들의 글에 있는 문장들의 의미에 관한 지겹고 무미건조한 논쟁이 오랫동안 계속되었다. 만일 우리가 그것들에 대해서 조사를 한다면 심지어 그 저자들조차도 그것들을 쓸 당시 그것이 무엇을 뜻하는 것이었는지를 우리에게 말하기기 매우 난처하리라 생각되는 것 그 이상의 논쟁들이 무리하게 지속되었던 것이다. 너무나 많은 것들이 교부들의 증언에 상당한 무게를 두고 논의되었다. 이 때문에 그 문장들의 명확한 의미가 무엇인지를 밝히기 위하여 엄청 많은 시간과 노력이 소비되었다.

그러나 교부들과 고대 저자들의 글들을 발췌하여 사용할 때 주요한 신학적 문헌으로부터 나온 논쟁들과 그들의 권위를 내세우는 것과 연관되어 흔히 신학적인 논쟁으로 이어진 것들에 대해 한두 가지 주목할 만한 사항을 짚고 가는 것은 무의미한 것은 아니라고 본다.

교부들의 권위를 내세우는 자들 중 특별히 교황주의 논객들의 공통된 실천사항은 그들의 작품들로부터 간략한 문구들을 수집하는 것이다. 그 문장의 문맥이나 범위를 고려한 것이 아니라 단지 짤막한 문장을 발췌하여 자신들이 내세우고 있는 논리를 펼쳐 가는 것이다. 그러나 이러한 과정은 일반적으로 공정한 논쟁이 못된다. 그렇게 할 때 일반적으로 나타나는 결과들은 만족스럽지 못하고 기만적인 것이 된다. 숱한 경험들이 증명하고 있듯이 어떤 저자의 글이든지 사실을 왜곡하기 위해서 간략하게 취한 발췌문들은 그 저자가 의도한 것이 아님에도 그것을 저자 자신의 견해로 둔갑시키기가 매우 용이하다. 고대교회의 증언을 통해서나 교부들의 권위를 내세워서 추구하고자 하는 목적은 일반적으로 다음 두 가지이다. 하나는 다루고 있는 문제에 대한 사람들의 성숙하고 심도 있는 판단이 무엇이었는지를 확인하려는 것이고, 다른 하나는 그들이 살았던 시대와 나라에서 교회가 붙들고 있던 일반적인 신앙과 실천들과 관련하여 교훈을 얻을 만한 것이 무엇인지를 밝히려는 것이다. 이 두 가지 목적은 분리해서 생각해야만 하고, 정확한 의미를 밝히기 위해서 적용 가능한 증거가 필요하다. 논쟁이 되고 있는 그 특수한 문제에 대해 저자의 성숙하고 사려 깊은 판단을 확인하기 위해서 내세운 것은 대부분의 경험이 증명해 준다. 즉, 그것은 저자의 글에서 발췌한 한두 문장의 짧은 글들인데 그것들은 대개 저자가 무심코 흘려버린 것, 저자의 권위와 관련된 주제를 다룰 때 그의 생각이 글에 담기지 않은 것, 또는 전적으로나 공식적으로 다룬 것이 아닌 것들이었다. 그러므로 논쟁을 공정하게 하기 위해서 고려해야 할 첫 번째 사항은 그 저자가 말한 것이 지금 다루고 있는 논쟁의 내용을 명백하게 담고 있는 것인지 아닌지를 먼저 확인하는 것이다. 그 저자가 그 문제와 관련하여 실제적으로 그렇게 말했고 그러한 의도로 판단한 표현이었는지를 확인하는 것이 요구된다는 것이다. 만일 지금 다루고 있는 논쟁의 명확한 요지가 그의 생각들 속에 전혀 나타나 있지 않다면, 또는 공식적으로나 의도적으로나 그 저자에 의해서 논의된 적이 결코 없다면, 우리의 경험이 말해 주듯이 그 논의에 대한 저자의 견해를 확정하기가 쉽지 않다. 심지어 저자의 의중이 무엇인지 확인이 된다고 한들 권위 있는 것으로 무게 있게 다가오거나 최종 결론을 내릴 만한 요소로 작용할 수 없는 것이다. 물론, 이것도 다른 증거들과 섞여서 일반적으로 알려진 것으로서의 간접적인 가치는 약간 있을지 모른다.

이것은 상식적인 경험에 비추어 봐도 너무나 부실하게 다룬 것이었음이 명백하다. 특별히 이것이 유일한 것은 아니었지만 교황주의자들이 교부들의 증거들을 내세울 때 더욱 그러하였다. 그 결과, 가장 유익되지 못한 것이 되었고 종종 공정치 못한 논쟁이 되게 하였다. 그 많은 애매모호한 문장들에 대해서 양측 모두 만족하거나 확정적인 사안으로 결정 내리지 못하는 논쟁으로 종종 종결짓게 되었다. 자신들의 견해가 지지받고 있는 것으로 내세우려고 교황주의자들이 종종 교부들의 글들을 인용할 때 개신교도들은 다음과 같은 방식으로 그들을 반박했다. 먼저, 제시된 말들이 교황주의자들이 의도한 뜻을 필연적으로 담고 있는 것이 아니라고 말했다. 문맥을 신중하게 살펴보고 그 문장을 담아내고 있는 범위에 대해서 세밀하게 조사하면 '이것은 그런 의미가 아니다.'라고 반박했던 것이다. 그런 후 특별히 언급한 그 저자의 전체 글들을 살펴본 바 그 저자가 붙들고 있는 것은 교황주의자들의 입장이 아니라 개신교도들이 취하고 있는 입장임을 충분히 증명할 수 있다고 단언했다. 적어도 이 문제와 관련하여 명확하거나 분명한 입장을 말한 것이 없다는 것이 명백하다는 주장을 펼쳤던 것이다.

개신교도들은 늘 이와 같은 입장으로 대항하였다. 교황주의자들이 인용한 초기 교부들의 문장들 중 상당한 분량들과 관련하여서 그러한 견해들을 당당하게 표출하였던 것이다. 비록 그 작업은 본질상 중요한 것들을 다루는 것보다 더 많은 시간을 들이는 것이었을지라도 말이다. 이와 같은 방식으로 세상에서, 특히 성공회 안에서 학문이 높은 유명인사들이 많이 생겨났지만 이는 엄청난 낭비였다.

그러나 이런 관찰은 주로 4, 5세기의 교부들이나 니케아 공회 시대의 사람들에게 해당되는 것이었고, 로마교회가 가진 논쟁의 논증적인 기초를 형성한 것이었다. 교황주의 저자들이 로마교회의 독특성을 지지받기 위한 자료들을 찾아내는 일은 4세기 말이나 5세기까지는 없었다. 그런데 이 두 세기의 저자들이 일반적으로 주장한 많은 부분들은 사실상 확고한 것이라기보다는 그럴듯한 추정들이었다. 개신교도들이 그 당시의 저자들 대부분과 관련하여서 성공적으로 대처하여 확립한 주장은 앞에서 언급한 한두 가지 견해들이었다. 그러나 그것들 중 교황주의의 많은 교리들의 몇 가지 조짐들이나 흔적들은 니케아 시대나 그 이후의 시대에 심겨진 것이라는 주장을 부인해 왔는데, 비록 그것들이 온전히 확장되고 개진된 것은 아니었을지라도 증거가 제시한 것 그 이상의 것을 확정 지었다고 본다. 그러므로 우리가 다루어야만 하는 것은 그 세기들의 첫 세기에 해당되는 부분이다. 교황주의의 주장 중 확고한 것은 하나도 없고 그것을 붙들어야만 하는 어떤 가능성조차도 가지고 있는 것이 아니라는 것을 확실하게 반박할 수 있는 유일한 자료들은 모두 다 첫 세기의 것들이다.

그러나 심지어 그와 같은 초기에서도 '불법의 비밀(mystery of iniquity)'이 이미 활동하고 있다고[162] 추적할 만한 것이 분명히 있다는 논쟁은 공정하게 진행될 수 없는 것이다. 단, 그 불법의 비밀이 무엇인지 훗날에 와서야 완전히 성립된 교황체제의 조짐들을 말하고 있는 것으로 간주된다. 그것은 인간의 현세적이고 영적인 복지 모두에 다 해로운 것이다.

우리는 교황주의자들이 하는 논쟁에 내포된 다양한 요점들에 대해서 상세하게 논의할 수 없다. 또 너무나도 많이 무익한 논점이 되어 버린 초기 저자들로부터 발췌한 특별한 증언들을 세밀하게 조사할 여유도 없다. 다만, 우리는 그런 경우 일반적으로 어떻게 성립되게 되었는지 간략하게 진술할 수는 있다. 천사 숭배, 성인들 숭배, 형상 숭배, 또는 성체 숭배와

---

162) 역자 주) 데살로니가 후서 2장 7~12절에 나오는 내용을 의미함.

관련하여 개신교도들은 로마교회가 우상 숭배 종교라고 무겁게 매도하였다. 그것은 의심의 여지가 없는 분명한 것이다. 교육을 잘 받은 교황주의자들도 인정하고 있는 것은 그들에 대한 교리나 실천사항에 대해서 첫 3세기 동안에 그런 것들을 만들어 낸 권위 있는 근거가 하나도 없다는 것이다. 불법의 비밀에 대한 가장 중요한 부분은 고대시대로부터 지지와 후원을 받는다는 것과는 즉시 단절되는 것이다.

초대교회 안에는 우상 숭배가 없었다. 그들은 시민권세자들이 만들고 강제로 숭배하게 한 이교도 우상들을 대적하였다. 이 시기의 기독교 교부들과 이교도 우상 숭배와 다신교를 옹호하는 자들 사이에 벌어진 논쟁이 이에 대해 확실히 증명한다. 그들은 현재 교황주의자들이 자신들의 견해를 옹호하기 위해서 사용하고 있는 것과 같이 자신들의 명백한 우상 숭배를 옹호하기 위해서 동일한 궤변을 주장한 것이다. 초기 교부들은 우상 숭배의 무익성을 전적으로 주장하였다. 자신들이 다신교주의자들이요, 천사들이나 성인들이나 형상들을 섬기고 있는 우상 숭배자들이라는 죄과에서 벗어나고자 교황주의자들이 내세우고 있는 방어의 본질은 이교도들이 제기하였고 기독교 변증가들이 제출한 답변과 같은 것이었다.

우리는 실제로 3세기에 와서도 순교자들과 신앙고백자들에게 지나치게 영예를 안겨 주는 명백한 근거들이 존재함을 앞에서 살펴보았다. 순교자들의 경우는 그들의 죽음을 기념하는 강론이나 그들의 영향을 인정하는 강론에서 그렇게 하였다. 그리고 신앙고백자들의 경우는 참회와 성찬에 참여하는 것을 허락하는 것과 관련하여 성경적인 원리들로 믿어야 하는 것을 개정할 일종의 권리를 지닌 자들로 묘사하였다. 이 모든 것들은 잘못된 것이고 해로운 것이었다. 그것들을 훗날에 등장하게 된 과용과 불경건의 조짐들로 여기는 것이 올바른 판단이다. 그러나 이 기간 동안에 우상 숭배적이고 다신론적이라는 혐의를 받을 만한 교리나 실천적 사항들이 있었다는 증거는 없다. 심지어 4세기 교부들의 몇몇 작품들과 함께 그 사람들을 언급하는 글들은 로마교회가 반복하여 가르치고 있는 것이다. 그런데 이는 어떤 측면에서든지 성인들은 숭배되어져야 하고, 현세적이고 영적인 복을 획득하기 위해서는 그들을 영향력을 발휘할 수 있는 자들로 여겨야 한다는 간략한 신앙을 기초로 하는 기도나 간구 문구보다 더 어리석은 수사학적인 선언임을 보여 주는 것에 불과하다.

한편으로, 이것은 불법의 비밀에 대하여 한 단 계 더 나아가는 것이었다. 교황주의의 체계를 확산시키는 것이었고 반기독교적인 다신론사상을 보편화시킨 것이었다. 그것은 7세기에 오면서 교회의 공적 예배에 소개되었다. 여기서 우리는 이러한 방식으로 성인들과 천사들에 대한 숭배가 교회 안에 점차적으로 스며들게 되었다는 점을 주시할 필요가 있다. 그런 방식에서 두드러진 반대표명도 없었고 논쟁적인 논의조차도 없이 수용되어진 것이다.

나중에 더 언급할 기회가 있겠지만 형상 숭배 역시 신랄하고 지루하게 논쟁하며 끌어오다가 8세기 말 7차 공회 또는 제2차 니케아 공회의라고 불리는 자리에서 결정된 것이었다. 첫 3세기 동안 교회는 이교도주의와 공개적으로 적대관계에 있었다. 이것은 교회를 중차대한 오류들로부터 순결하게 지켜 내게 하였다. 이로써 통치자의 보호하에 교회의 상황이 바뀌지기까지는 이교도들과 교회는 적대관계를 유지했다. 그러나 통치자의 교회보호로 인해 공적으로 이교도들과 논쟁을 벌일 필요성이 사라지게 되었고, 사단은 교회를 타락시켜 자신이 오래전에 심어 놓은 다신론주의와 우상 숭배를 되풀이할 수 있는 우호적인 기회를 제공했다. 그것은 타락한 인간에게는 매우 자연스러운 것이었다. 수많은 의전과 의식들이 참된 기독교를 능가해 버렸고, 외적인 의식행위에 군집하게 하였다.

기독교 세계에서 다신론주의와 우상 숭배의 재등장은 실행 불가능한 것으로 간주되어 왔다. 그러나 사단은 우리를 더 잘 알고 있었다. 얼마 가지 않아서 기독교와 이교도 사이에 공적으로 있었던 논쟁의 종식이 사단에게는 자신이 기독교의 형태 속에서 그것들을 재생시켜 보고자 시도한 것보다 더욱 유리한 기회를 제공한다는 것을 알았다. 그 시도는 엄청난 성공을 거두었다. 수세기 동안 기독교회의 전문인 학자들이 범죄하고 타락하게 되는 일에 가담하게 만들었다. 첫 3세기의 이교도들은 기독교인들을 무신론자들이라고 했다. 왜냐하면 그들은 장엄한 신전도 없고 희생제단도 없고 형상도 없고 화려한 제의도 없었고 화려한 예전행렬 등이 전혀 없었기 때문이었다.

그러나 이러한 접근은 기독교라는 이름하에 실로 이교도주의의 모든 주도적인 양상들이 교회 안에 소개됨으로써 더 이상 유효한 것이 되지 못하였다. 그것들의 본질적인 특성을 전혀 상실함 없이 교회 안에 자연스럽게 소개된 것이다. 또한, 그러한 의식들이 참된 종교에 대한 관심을 가지기 전보다 이제는 덜 유해한 것으로 간주되었다. 고대교회가 작금의 로마교회를 근소하게나마 닮은 무엇이 있었다면, 거기에 근거한 무신론자들의 기독교에 대한 접근은 기독교를 대적하는 주장으로 결코 나아가지는 않았을 것이다.

5. 성례

로마교회에 대한 우리의 논쟁에서 매우 중요한 것 중 하나는 성례에 관한 것이다. 그들은 이 주제에 대한 이해와 더불어 교리들과 실천사항들은 우리가 앞에서 제기한 것들과 관련된 것들보다 더 초대교회에 근접한 가능성이 있는 것들이라고 확실하게 주장하고 있다. 일반적으로 개신교도들은 성례와 관련하여 교회의 교리와 실천은 일찍부터 심지어 첫 3세기 동안에 상당히 부패된 것으로 보았다. 그러나 개신교도들은 이 기간 동안에 고안되었고 그것들 중 몇몇은 그 씨가 이때부터 벌써 심겨졌다는 교황주의자들의 독특한 교리들은 대체로 4, 5세기 그 이후의 후속시대에 발전된 것이라는 주장을 인정하지 않고 그렇다고 증명할 수 있는 것이 아니라고 믿는다. 3세기 교부들, 심지어 2세기 교부들의 글에 이미 성례의 위대한 신비들을 내세우는 주장을 추적케 하는 것들이 상당히 존재한다. 그것들은 성례의 특징과 결과들에 대하여 막연하고 비지성적인 것들을 나타내는 것에 몰두하게 하는 주장들이다. 교회 안에서 가장 먼저 타락하고 부패하게 되는 조짐들은 우선적으로 감독계급의 발흥과 성장에서 시작된 것이었다. 그다음은 은혜의 교리들에 대하여 혼란스럽고 잘못된 견해들이 도입된 것이었다. 세 번째로는 성례의 가치와 효력에 대한 거짓되고 과장된 개념들이 소개된 것이었다. 은혜와 교리들, 그리고 성례에 대한 이 두 가지 주제에 임한 거짓과 부패의 과정이 가장 강력하고 호혜적으로 영향을 끼치는 가장 중요한 것들이다.

성례의 주체에 대한 잘못되고 과장된 개념들이 확산됨으로 말미암아 복음의 근본적인 교리들이 한쪽으로 밀려나고 왜곡되어 버렸다. 그 이후로 모든 시대의 교회에서 단지 외적으로 성례를 실천하는 그 자체에 만족하는 형식주의자들이나 종교에 대해 진지하게 생각하는 사람들 중에서 기독교의 독특한 교리들과 성례에 대해 무지하거나 반대하는 자들, 그리고 잘못 이해한 자들은 율법의 더 중한 것을 외형적인 의식으로 대체하였다. 즉, 의미를 담고 있었던 것이 그 표지(sign)로 대체되어 버린 것이다.

신약에서 성례는 분명 그 어떤 중차대한 위치를 차지하고 있는 것이 아니다. 성례의 특성이나 목적, 그리고 결과들과 관련한 주장을 내세우는 데 익숙한 교황주의자들과 반(反)교황주의자들이 지지하고 있는 것들에 대해서 말할 수 있는 것이 신약성경에는 아무것도 없다. 실제로 그들은 세례가 우리를 구원하는 것이라고 말한다. 성찬을 받는 자들은 그리스도의 몸과 피를 취하는 것이라고 말한다. 그러나 성경에는 이러한 외형적인 예식은 단지 영적인 축복의 표식이요, 인침에 불과한 것임을 증명하는 것들이 부지기수이다. 그러나 그러한 영적인 복들을 적용하는 것들을 적용함에 있어서 그 효력은 수혜자의 믿음의 역사에 전적으로 달려 있는 것이다. 믿음이 있는 곳에는 외형적인 의식이 어떤 것이든 상관없이 영적인 축복들이 임하게 되고 적용되는 것이다. 성례의 상징적인 특징은 얼마 가지 못해 모호한 것이 되거나 본래의 의미가 퇴색해 버리고 말았다. '시효적인 일(*opus operatum*)'이라는 교황주의자들의 주장에 대한 몇 가지 결과는 외적인 현상에 주목하게 만들었다. 즉, 기독교의 독특한 교리들에 대하여 무지하게 되고 부패하게 되는 과정에서 더욱 확산되면서 예식 그 자체의 내적인 능력이나 효력이 수혜자의 믿음의 상태와는 상관없이 작동한다는 주장이 외적인 형식을 중시하게 된 것이다.

이 문제에 있어서 첫 오류가 침입한 과정은 표식과 상징하고 있는 것에 대하여 다소간의 혼돈에서 비롯된 것이다. 이것이 점차적으로 성례 그 자체가 본래 지니고 있는 효력에 의해서 그 성례가 나타내거나 상징하는 것이 무엇이든 그 효력을 베풀거나 생산하는 능력의 성례로 여기는 데까지 나아가게 된 것이다. 3세기 말 이전에 교부들은 세례에 대해서 죄 사함과 도덕성의 개조를 즉시 받는 예식으로 말하기 시작하였다. 비록 그런 주장의 형태는 본래 사람을 그리스도에게로 연합하게 하고, 칭의의 도구적인 방편이요, 말씀의 충만한 의미 도덕적인 혁신이 존재케 하는 그 믿음이 표출되고 구체화되어지는 것이 세례를 받는 곳에서 나타나는 것이라는 추정에 근거하여 받아들인 것이다. 그러나 이것은 점차적으로 사라지고 마치 이 모든 것을 내포하고 있는 것처럼 세례 그 자체의 필요성만 말하기 시작한 것이다. 그러므로 세례가 무엇인지 이해하게 되고 그로 인하여 교리적 체계와 관련하여 볼 때 믿음으로 말미암아 의롭게 된다는 그 위대한 근본적인 원리가 상실되거나 차단되고 만 것이다. 그리고 진리에 대한 신앙을 통해서 성령에 의하여 효과적인 것이 되는 구원에 필수적인 도덕적 성품의 변화를 세례 예식 그 자체로 대체시켜 버린 것이다. 이후로 이신 칭의의 위대한 교리는 교회에서 벌어진 공적인 논쟁에서 언급되지 않았다는 것은 매우 주목할 만한 사실이다. 바울 시대로부터 루터에 이르기까지 이 교리가 온전히 강론되거나 가르쳐진 사례가 거의 없었다.

사단의 정책은 그것을 공개적으로 그리고 직접적으로 공격하기보다는 과소평가하게 하는 것이었다. 이 목적은 성경적인 의미에서 말하고 있는 칭의의 교리를 던져 버리게 함으로써 달성하였다. 칭의에 대한 성경적인 가르침에 따라서 말하지 않고 뒷전으로 밀려나게 하고 성례에 주목하게 하고, 그 성례의 특성과 효력에 대한 과장된 개념들을 고양시킴으로써 자신의 목적을 성취한 것이다. 이 목적을 위해서 주로 사용한 것은 세례였다. 사실, 교황주의자들은 자신들의 주장을 내세우기 위하여 그럴듯한 증언들을 교부들의 글에서 더 많이 찾아낼 수 있는 것이 세례에 관한 주제보다 더 많은 것은 별로 없었다. 이에 '시효적인 일'(opus operatum)의 원리든지 아니면 구원에 세례는 절대적으로 필요하다는 것이든지 둘 중의 하나는 3세기 주도적인 저자들에 의해서 점차적으로 강조되고 가르쳐 온 것이 되었다. 물론, 구원에 절대적으로 필요한 것이 세례라는 주장은 4세기 말 전에 많은 사람들이 확실하게 부여잡고 있던 것이었다. 그러나 그러한 선구적인 주장이 거짓된 가르침을 만들어 낸 것이다. 그리고 여전히 더 많은 오류를 낳게 되어, 소위 *세례중생설*(Baptismal regeneration)을 주장하는 데까지 나아가게 하였다. 이것은 복음의 근본적인 원리들에 대하여 전적으로 무지하다는 것을 나타내는 오류임이 분명하다.

3세기뿐만이 아니라 4세기에서도 흔히 나타난 현상은 복음에 대한 신앙으로 회심했다고 고백하는 자들이 죽음이 임박했을 때까지 세례받기를 연기하는 것이었다. 그렇게 한 것은 세례가 과거의 모든 죄를 사함받는 것이요, 따라서 세례는 모든 흠을 제거하고 죽음을 준비하고 천국에 나아가게 하는 것이라는 개념의 확산에 기인한 것이었다. 이처럼 거짓되고 가장 위험한 개념은 실제로 교회의 박사들에 의해서 직접적으로 장려된 것이 아니었다. 그러나 그런 개념을 자연스럽게 수용하도록 이끈 세례의 특성과 효력을 설명하고 진술하는 그들의 가르침 속에서 그런 뭔가가 있었던 것이 틀림없다. 세례를 연기하는 일들은 4세기 말 전에 보편화된 유아들과 성인들에게 구원에 있어서 세례가 반드시 필요하다는 교리에게 점차적으로 양도되었다. 그러나 로마교회는 세례가 과거의 모든 죄로부터 깨끗케 되는 것이요, 원죄로부터 유아들을 해방시키는 것이요, 구원에 절대적으로 필요한 것이라고 여전히 가르치고 있다. 로마교회는 이렇게 복음의 교리들을 부패시킨 다른 오류들과 마찬가지로, 교부들로부터 그러한 가르침을 계속할 수 있는 훌륭한 권위를 온전히 만들어 낼 수 있는 존재이다.

성찬은 로마교회의 체계에 매우 두드러진 형태를 형성하고 있다. 로마교회가 가진 이 예전의 모든 것은 총체적으로 부패되었다. 로마교회는 복음진리의 근본적인 원리들인 그리스도의 대속적인 위대한 속죄교리, 이

신칭의 교리, 하나님의 성령에 의한 성화교리들을 뒤엎거나 무력하게 만드는 방식으로 성찬을 설명하고 적용시키고 있다. 로마교회는 자신들의 체계 안에서 성찬에 관한 교리와 실천을 구체화했다. 생각의 모든 정신적인 독립과 자유를 말살시키고 지성과 양심의 복종을 내세우고, 사제들의 지도에 따라 사람들의 기부금을 사용하도록 하는 교회의 주도적인 모든 원리를 구체화한 것이다. 로마교회는 이 중요한 주제에 대하여 자신들의 교리와 실천사항을 위한 초대교회의 지지를 획득하기 위하여 지칠 줄 모르는 열정과 활약을 펼치며 수고를 하였다. 그러나 성공을 거두지는 못했다. 이제까지 벌인 논쟁 가운데 단 하나의 전쟁터에서 가장 정교하고 의미심장한 논쟁을 벌인 것 중 하나는 이 주제와 관련하여 두 사람의 훌륭한 논객들 사이에 벌어진 것이었다. 그 논객들은 유명한 얀센파의 아놀드(Arnauld)와 17세기 후반에 프랑스 개신교회의 위대한 승리자 클라우드(Claude)였다. 이 엄청난 논쟁에서 성체성사(Eucharist)와 관련한 교회의 신앙의 영속성에 대한 논쟁에서 이 주제에 담겨 있는 모든 것들을 양측의 매우 유능하고 천재적인 재능을 지닌 자들에 의해서 샅샅이 살펴보고 적용되었다.

성체성사와 관련된 이 논쟁의 실천적인 결과는 세례와 관련하여 진술된 것들과 매우 동일한 것이었다. 로마교회는 견고한 교리적 원칙이 하나도 없었다. 첫 3세기 동안에 세워진 그럴듯한 논거도 전혀 제시하지 못하였다. 단지 그 예전에 대한 엄숙성과 효력에 대한 과장되고 신비스러운 언어로 말하고자 하는 것이 전부였다. 그리고 표식과 상징적이 된 것 사이도 구분하는 데 실패하였다. 모호성과 지성적이지 못한 것, 그리고 과장된 어법이 주를 이루었고, 로마교회가 주장하고 있는 화체설은 9세기에 와서야 분명하고 명백하게 제기된 것이었음이 입증되었다. 첫 3세기 동안 성체의 숭배는 없었음이 분명하다. 제단도 없고 적절한 희생제물도 없었다. 물론 교황주의 제도의 위대한 우상인 미사 역시 전혀 알지 못한 것이었다.

화체설과 관련한 주장이나 빵과 포도주가 실제적으로 그리스도의 몸과 피로 변한다는 주장은 미사와 관련된 교리와 실천에서 이루어지고 있다. 그런데 이것은 첫 3세기 동안의 어떤 글들에서도 지지한 적이 없는 것이다. 교부들이 떡과 포도주를 성경이 말하고 있는 것처럼 그리스도의 몸과 피로 부른 것 외에는 아무 언급이 없다. 그러나 여기에서도 결정을 내려야 할 질문이 있다. 양측은 그러한 진술이 실제로 *본질의 변화*에 의한 물질에서 다른 것으로 실제적인 변화가 일어난 것을 뜻하는 것인지 또는 단지 상징이나 심볼, 또는 상징적 표현문구에 불과한 것인지를 결정하여 답해야 한다. 우리가 말했던 것과 같이 이 주제에 대해서 사용한 용어들 중에는 매우 혼란스럽고 모호한 것이 많다. 교부들의 글들이 권위적인 것으로나 우리에게 필요한 지침들로 규정짓기에는 매우 적합하지 않다는 증거들은 충분하다. 그러나 3세기뿐만이 아니라 3세기 그 두 배 이상의 시기 동안에도 사용된 언어의 모호성과 혼란은 증폭되어 갔지만 괴물 같은 화체설 이론은 떠오른 적이 결코 없었다. 물론, 이를 증명할 자료들은 충분히 많다.

교황주의자들은 언제나 화체설 원리를 다른 주제들에게 적용시키는 일에 있어서 하나의 주도적인 원리를 사례로 말한다. 예를 들면, 새로 고안된 교리의 불가능성에 대한 주제나 결과적으로 사도시대에 떠오른 것이라는 말을 할 때, 주목을 끌 만한 것도 제기하지도 않고 반대하도록 요청하는 것도 없이 화체설의 원리를 모든 주제들에게 다 적용시켜 결정하는 것이다. 우리는 교리들의 참됨을 판단함에 있어서 하나의 규범이나 표준으로서 이 원리의 올바름을 인정하지 않는다. 성경의 완전성과 충분성은 하나님의 말씀으로부터 화체설의 원리가 올바른 것이 아니었음을 처음부터 보여 주기에 충분함을 증명한다. 교회의 역사는 만일 그 원리가 맞는다고 한다면 그것은 어디까지나 제한적인 범위에서만 맞는 것일 뿐임을 명시하는 많은 고려할 것들을 제기하고 있다. 그러나 이 모든 것들과 상관없이 개신교도들은 화체설이라는 이 특별한 주제와 관련하여 교회의 부패와 타락의 오랜 과정 속에서 이와 같이 말도 되지 않은 우화적인 교리가 소개되었다는 것을 증명하고 있다는 내용을 망설임 없이 받아들인다. 이는 이 주제에 대해서 사용된 언어의 혼란과 모호성이 증폭되면서 생긴 것이었다. 9세기 이전에는 화체설이 명확하게 분명히 발전되어 나타난 것이 전혀 없었다. 그럼에도 불구하고 그 이론이 부상하게 된 우호적인 환경들은 교회 안에 번진 부패와 무지에서 비롯된 것이었다. 그렇지만 심한 반대에 직면하여 수세기 동안 공개적으로 성립되거나 언급되어지지 않았다.

지에셀러(Gieseler)가 쓴 훌륭한 책 『*교회사 교과서*(Text Book of Ecclesiastical History)』에서는 매우 간략하고 정교하며 정확한 문체로 이 주제에 대해서 언급하였다. 그는 자신의 논지를 지지하는 많은 인용문구들과 참고문헌을 통해서 "수도사요 주후 844년부터 851년까지 코비(Corbey)의 대수도원장인(주후 865년) 파스카시우스 라드베르투스(Paschasius Radbertus)는 처음으로 거룩한 만찬에서의 그리스도의 몸과 피와 관련하여 오랫동안 사용하고 있는 유동적인 표현들을 화체설의 이론으로 축소시킨 자였다. 그러나 그의 교리는 상당한 반대에 직면하였다. 라바누수 마우루스(Rabanus Maurus)는 그것을 전적으로 거부하였다."라고 주장하였다. 라트람누스(Ratramnus; 이 사람은 버트람[Bertram]이라는 이름으로 알려져 있기도 한다)는 언제나 존 스코투스(John Scotus)에게 잘못된 영향을 준 인물로 표기되는 자인데, 황제의 요청을 받고 단호하게 그 이론을 반대하는 그의 입장을 제기하였다. 그 당시의 가장 존경받는 신학자들 대부분이 보다 더 합리적인 견해를 따랐던 것이다. "오랫동안 사람들의 머릿속에 남아 있는 신비적인 이 교리는 전에는 신학적으로 결코 발전된 것이 아니었지만 여전히 옹호되고 있다. 그것은 얼마 못 가서 명백하게 번져 버린 더 어둡고 무지한 세대가 도달할 수밖에 없는 필연성을 예견하게 한다."[163]

6. 교황수위권(The Papal Supremacy)

우리는 로마교회에 의해서 기독교 공동체에게 억지로 강요받은 교리와 정치, 예배 및 훈육에 있어서 수많은 변조들과 부패시켜 버린 것들을 세세하게 다룰 수는 없다. 그것들 대부분은 첫 3세기 교부들의 글들에서 어떤 지지도 도움도 받지 못하는 것들이자 언급조차도 거의 없는 것들이다. 우리가 이 시기를 지나서 그런 주장을 알게 되었을 때, 거기에는 고대 교회의 증거 측면에서만이 아니라 그 안에 내포되어 있다고 주장하는 어떤 교리나 실천 측면에서도 일말의 사도적인 기원을 지니고 있는 것이라고 추정할 수 있게 하는 것이 없다. 그러므로 후세에 등장한 교리들과 실천사항들에 관한 모든 논쟁들은 단순히 역사적인 흥밋거리에 불과한 것이다. 거기에는 진짜로 우리가 따라야 할 가치가 있는 것인지에 대한 가능성을 타진해 볼 이유가 전혀 없다. 교황주의자들은 자신들이 개발한 수많은 혁신적인 요소들에 사도적인 재가가 있는 것으로 말하기 위하여 취

---

163) Vol. ii., pp. 45-48(커닝함의 번역), 그리고 vol. ii., pp. 284-290(Davidson의 번역).

해야만 하는 과정과 관련해서 매우 당혹스러워하지 않을 수 없다.

혹자들은 현대 로마교회의 모든 교리들과 실제들이 사도시대 이후로부터 계속해서 존속된 것들이라고 주장한다. 초대교회 시기에도 존재하였던 것으로 추적하기가 곤란한 것들은 비밀적인 훈계(*disciplina arcani*) 또는 이론들과 의식들을 가지고 해명하려고 나선다. 즉, 몇몇 사항들은 숨기고자 하는 것이 고대교회의 습관이었다는 것이다. 또 다른 사람들은 외적인 질서와 훈육 문제의 고대성을 내세우는 것을 전반적으로 포기하고 거짓되고 위험한 원리를 상당히 많이 다룬 것들을 찾았다. 그것들은 잉글랜드 국교회가 재가한 것이었는데 교회는 예전과 의식들을 규정할 권한을 가지고 있다는 것이다.

그러나 *교리와* 관련해서 여전히 문제가 남아 있다. 성경으로부터 찾을 수 없는 제한적인 의미로 그 단어가 사용되고 있는 측면에서 그러하다. 이 주제와 관련해서 그것은 기록된 말씀과는 구별되는 것이다. 기록되지 않은 것에 관한 그들의 일반적인 원칙들을 공정하게 판단해 볼 때, 사람들의 신앙에 부과한 그들의 모든 교리들과 관련된 보편적인 합의가 이루어진 것임을 증명할 필요성이 대두된다. 예를 들면, 확실한 증거에 의하여 그것들은 사도시대 이후로 초대교회가 다 붙들고 있었던 것이다. 그러나 그들이 사람들에게 부과시킨 일반적인 원칙들은 상당히 버거운 것일지라도, 또 궤사한 말과 왜곡시키는 수단을 통하여 그것을 지켜 내려고 몸부림쳐 왔을지라도, 그것들은 위조된 것이고 개진된 것임을 나타내는 것이다. 그러므로 그러한 그들의 노력은 실현 불가능한 임무라는 것만 실감하게 될 뿐이다. 로마교회에 의해서 만들어져서 가르쳐 온 교리들은 결코 적은 것이 아니다. 하지만 그것들은 증명할 근거도 없을 뿐 아니라 그것들이 첫 3, 4세기 기간 동안에 잘 알려진 것이라고 추정할 만한 근거도 존재하지 않는다. 그것들은 교회의 권한을 공개적으로 명확하게 주장하기가 껄끄러운 것들이다. 설사 교회가 무오하다 할지라도 그리스도와 그의 사도들이 교회에 전달하지 않은 신앙의 새로운 조항들을 고백하게 하고 사람들의 양심에 부과할 수 있다는 교회의 권한을 앞세우기가 힘든 것이다.

그러므로 그들은 두 가지 방편을 고안해 냈다. 그들은 사실 그 두 방편 모두가 속임수요, 완화시킨 형태의 주장들일지라도 이 깜짝 놀랄 만한 주장을 지켜 내기 위한 필요성을 피해 갈 수 있다고 생각한다. 첫째 방편은 보편적 합의가 있다는 주장을 내세우기가 힘들기 때문에 역사적인 질문으로서 그들은 현존하는 교회에 기인하고 있는 것으로 말하는 것이다. 예를 들면, 어떤 특정한 교리를 제창해야만 할 때 이것이 사도시대 때부터 교회에 전해져 오고 있는 것이든 아니든 최종적으로 오류 없이 결정할 권한이 로마교회에 있다는 '현존하는 로마교회의 권위'를 앞세우는 것이다.

그러나 그들도 사람들이 그 교리의 고대성에 대한 증거를 제시할 수 있지 않는 한 현존하는 교회에 의해서 만들어진 교리를 확정적인 선언으로 받아들이기가 쉽지 않다는 것을 알기 때문에 다음과 같은 방편에 호소하게 되었다. 즉, 요즘 그들이 선호하는 것으로 일명 '발전이론(Theory of Development)'이라는 것이다. 이것은 한 가지 원칙이나 이상(idea)에 기초하고 있는 것이며, 개신교도들도 이 원리를 인정하고 있다. 이는 그 교회가 정당화되고, 교회가 서 있는 상황에 따라서 요청되어지며, 그리고 특별히 교회가 오류와 싸워 바로 세워 가고, 사도들이 교회에 전해 준 교리들을 더욱 명확하게 규정해 간다는 원칙 위에 서 있는 것이다. 하지만 그들은 이 건전한 원칙에다 건전치 못한 것을 하나 첨가하였다. 그것은 로마교회가 주장되는 이론들이 참되고 건전한 사도적인 교리들의 발전들로서 수용되어야만 하는지를 결정할 독단적인 권한을 지니고 있다는 것이다. 그리고 거짓되거나 부패된 것이기에 거부해야 할 것인지도 결정할 권리는 로마교회만 가진다는 것이다.

이 모든 것들로부터 그들은 다음과 같은 결론을 이끌어 낸다. 즉, 개신교도들이 로마교가 만들어 낸 것들이라고 반박하는 교리들은 다 참된 것이며, 본질적으로 사도들이 말이나 글로 가르친 것들에 내포되어 있는 교리들의 발전이라는 결론이다. 그러나 그것들은 발전된 것이 아니었다. 왜냐하면 교회 안에 등장한 오류들로 인하여 그 오류를 분명하게 밝혀야 할 필요성이 요구될 정도로 그렇게 특정한 교리의 발전이 요구되어진 적은 없었기 때문이다. 그러나 로마교회는 이 같은 논리로 그들이 귀하게 여기는 특별한 교리들의 진리는 그 교리를 발전시키고 규정하는 교회의 권한에 달린 문제로 말하고 있다. 그들은 각각의 교리들과 관련하여 성경과 고대의 증언들을 왜곡하여 끄집어 낼 수 있는 것은 무엇이든지 증거로 사용하는 일에 최선을 다하면서 자신들의 주장을 더욱 강화시키고 있는 것이다.

이 발전이론은 뉴만 박사에 의해서 옹호되었다. 그리고 자신이 로마교회에 가입하게 된 이유로 내세운 것이기도 하였다. 그는 결과적으로 자신과 자기 추종자들이 수없이 떠들어 댄 전통적이고 보편적인 일치의 이론을 포기한 것이다.[164] 참된 개신교도들이 직면할 수밖에 없는 그 방식은

---

164) 여전히 기존 국교회에 남아 있는 옥스퍼드 운동가들은 그들의 후기 지도자의 발전이론을 어떻게 처리해야 할지에 관하여 크게 혼란스러워 하였다. 사실상 나는 그들 중 그 이론을 파악하려고 나선 자가 있다는 것을 알지 못한다. 뉴만의 발전이론의 정통성은 로마교회주의자들 사이에서도 논란을 일으켰다. 와이즈맨(Wiseman) 추기경은 그 이론을 받아들이고 옹호하였다. *-Dublin Review*, 1845년 12월과 1847년 12월호. *vide*, 로마교회의 독특한 특성에 대하여 곤돈(*M. Gondon*)에게 보낸 워즈워드(*Wordsworth*)의 서신을 보라. 1848년 제3판 강의록 1장, 특히 13쪽과 31쪽을 보라. 그것은 미국의 당국자들에 의해서 인준된 것이라고 주장하는 것을 가지고 브라운슨

분명하다. 그들은 발전이 무엇을 뜻하는지 참되고 정직하게 조사할 것이다. 그것이 단순히 고안해 낸 것을 뜻하는지 조작된 것을 의미하는지, 그들은 분명하게 구분하는 작업을 할 것이다. 그리고 그 원칙의 한계와 조건을 공정하게 사리 분별하여 제시할 것이다. 특별히 이전에는 전혀 근거가 없는 것이어서 새롭게 고안된 것임이 명백하게 드러나면, 그 이전에도 존재하고 고백된 교리들이 발전된 것이라는 주장들을 향한 분명한 제동장치를 마련케 될 것이다. 그들은 자신들의 주장이 이전에 존재하고 있는 교리들에 대하여 참되고 공정하게 발전시킨 것들로서 권위 있고 무흠하게 판단할 권한을 가지고 있다고 하는 로마교회의 주장을 부정할 것이다. 그리고 필요하다면 논박하되 그것들은 그들이 만든 새로운 방안들이요, 부패된 것들임을 분명하게 밝힐 것이다.

참 개신교도들은 이러한 모든 질문들이 성경에 의해서 결정되어져야 하고 일반상식선에서 해석되어져야만 함을 주장할 것이다. 이렇게 그 근거를 명확하게 선언한 다음에 그들은 전에 늘 그래 왔듯이 로마교회의 독특한 교리들 모두가 다 성경과 초대교회 고대성에 반하는 것이요, 또는 적어도 전적으로 성경과 초대교회에 의해서 인준되는 것이 아니라는 직접적인 증거를 제기할 것이다. 어떤 경우에서든지 사람들은 왜 그러한 가르침을 받을 수 없는지 그 이유를 정당화할 것이다.

오늘날 이 발전이론을 공표하도록 이끈 원인들은 다음의 것들이 분명하다. 첫째, 최근에[165] 독일에서 발생한 교리들이나 도그마의 역사 속을 세밀하게 조사해 본 결과, 로마교회가 옛날부터 주장한 것을 더 이상 지탱하는 것이 정말 애매하기 짝이 없고 불가능하다는 점이다. 즉, 트랜트

____

(*Brownson*)이 반대하였다; *vide Bulwark, vol. ii., pp.* 159, 216.

165) 역자 주) 저자가 글을 쓴 당시를 말함.

교회회의의 모든 교리들이 다 사도적인 가르침들로 인정된다는 옛 로마교회의 주장은 명백하게 모호한 것으로 밝혀졌으며 더 이상 성립 불가능한 것이다. 또는 니케아 교회회의 이전에도 존재했던 것이라고도 말하지 못하는 내용이다. 둘째, 그 발전이론은 무신론적인 이성주의자들의 것과 본질적으로 일치되는 것이다. 그들은 그리스도와 사도들이 가르친 기독교 체계가 실로 진리가 발전될 조짐을 지니고 있고, 매우 결함이 많고 불완전하고 큰 개선을 요하는 것이라고 주장하는 자들의 것과 하나도 다르지 않는 이론을 받아들인 것이다. 따라서 그 이론을 받아들이는 것은 그 시대의 감성과 흐름을 교묘하게 접목시키는 로마교회의 전형적인 표본이라고 볼 수 있다. 그 모든 로마교회의 계획들 속에서 가장 영향력 있는 부분을 취하기에 탁월한 사단은 로마교회가 주장한 발전들의 합법적인 문제에 제대로 결정하는 권리를 로마교회가 가지고 있다는 것을 사람들이 확신하지 못하게 되면, 이 발전이론을 내세워서 인간 존재의 우월성을 가지고 불신앙의 자리로 이끌어 가거나 그 안에서 안주하게 만든 것이다.

로마교회의 방어자들이 신뢰해야 하는 것으로 만든 다양한 변천들을 생각해 볼 때, 교부들과 고대성의 일반적인 주제들을 논의하는 데 있어서 옥스퍼드 운동가들이 하는 것과 같이 4, 5세기의 입장에 서서 논리를 편다는 사실 자체는 전혀 놀랄 일이 아닌 것이다. 그리고 우리가 이미 첫 3세기 증언과 관련하여 교황주의자들의 주도적인 독특성들에 대한 주장들을 수집하여 살펴볼 때, 가장 뛰어난 교황주의 논객들 중 학식 면에서나 논리를 펴는 능력 면에서 로마교회가 산출한 인물들 중에서 가장 탁월하다고 꼽히는 페론 추기경과 제수잇 페타비우스와 같은자들은 첫 3세기의 교부들은 포기하고 4, 5세기의 입장에서 논리를 펼쳤다. 이 모든 것들을 근거로 하여 교황주의자들의 논쟁에 내포된 요점들을 첫 3세기 동안의 증언에 대해서 더 이상 길게 언급할 생각은 없다. 다만, 한 가지 예외적은 것은 우리가 교황의 최고수위권에 대한 관찰들이다. 이에 우리는 교황이 지상에서 그리스도의 전권을 맡은 대리인이자 보편적 교회의 군주로 간주하고 순종해야 한다는 주장에 대해서 살펴볼 것이다.

여기서 로마교회 당사자들 간에 교황의 최고수위권에 내포되어 있는 것들에 대한 다양한 의견들에 대해서 나열하고 싶은 생각은 없다. 물론, 교황에게 해당되는 권세와 권위의 여부가 어느 정도인지 여러 의견들이 존재한다. 이 주제에 대한 그들의 내적인 논쟁들은 교황의 모든 주장들에 반하는 주요한 논점들을 제공해 준다 하더라도 거기에 머물러 있을 수 없다. 이 주제에 대한 의견들은 교황을 교리적인 문제에 있어서나 심지어 사실적으로도 무오한 존재라고 말하는 자들, 현실적인 문제들에 있어서도 직접 판단을 내림에 있어서 무흠한 자라고 주장하는 자들, 교황권을 제한해야 한다고 주장하는 자들(Gallian liberties)의 극단적인 옹호자들, 그리고 로마교회에서 살다가 죽은 사람들 사이에서도 점진적으로 형성된 것이었다.

교황권 제한을 말하는 갈리안들은 교황을 가리켜 서구교회의 감독들 가운데 권력과 서열에 있어서 최고의 자리에 있는 서방교회의 족장이라고 했다. 그러면서도 사실 교황 자신의 판단에 따라서 권위를 행사하고 실행하는 사법적 권한에 대한 지위는 인정하지 않았다. 그리고 그가 주재하는 총회나 교회회의로부터 독단적으로 행사할 수 있는 지위나 교회에 의해서 이미 수용한 정경들 위에 있는 우월적인 존재로 여기지 않았다.

그러나 거의 모든 로마교회 당사자들은 갈리안들 대부분을 포함하여 교황의 최고수위권을 인정하였다. 그를 그리스도의 모든 교회를 통솔하는 권위 또는 사법적 판단을 내릴 권위를 지닌 자로 여긴 것이다. 보수에

(Bossuet)와 교황권 제한을 주장하는 다른 사람들은[166] 지상의 보편적 교회를 통솔하거나 다스리는 권세를 지닌 자라는 입장에 반대한다. 교황권 제한을 주장하는 갈리안들 교회는 교황이 교회를 다스리는 직임을 받은 자이고 보편적 교회를 대표하는 교회회의보다 우월한 존재이기 때문에 그가 보편적 교회를 다스리고 판단할 최고의 권위를 지니고 있는 자라는 주장에 대해서 항상 격렬하게 반대해 왔다.

교황에게 보편적 교회를 통솔하고 다스리는 권한을 부여했던 15세기 플로렌스(Florence) 교회회의가 범교회적(에큐메니칼)이고, 당연히 무오하다고 결정한 내용을 부정하는 것을 껄끄럽게 여기는 자들은 이 주제에 대한 그 교회회의의 결정사항을 없애 보려는 움직임을 보이고 있다. 그들은 교황이 보편교회를 통솔하고 다스리는 권한을 가지고 있다는 교회회의의 결정을 높이 산다는 독특한 말로 그 결정사항을 없애고자 한 것이다. 그 결정은 *집합적인 것*(Collectively)으로 이해하기보다는 분배적으로 이해해야 한다. 모든 교회를 대표하는 포괄적인 측면에서 교황의 수위권을 집합적으로 이해하기보다는 *분배적으로*(distributively) 이해해야 한다는 것이다. 다시 말하면, 지상에 흩어져 있는 각각의 다른 개별교회들과 모든 신실한 자들을 포함하고 있는 지도력의 분배로 이해해야 한다는 것이다. 그러나 우리는 여기서 영적인 것이나 현세적인 것에 최고 우위권을 가진다는 교황권과 관련한 로마교회 당사자들의 다양한 견해들을 상세하게 다룰 여지는 없다. 단지, 일반적으로 이것에 내포된 것이 무엇인지를 살펴보고자 한다. 거의 대부분이 인정하고 있듯이 *보편적 교회*를 말하는 것이 아니라면 신앙을 고백하는 백성들과 그리스도의 교회들을 판단하고 권위 있게

---

166) Defensio Declar. Cler. Gal., p. i., c. ii. iii.

통솔할 수 있다는 권리로 한정시킨다. 물론, 이것으로 로마교회가 교황의 최고수위권에 내재된 권한의 여부가 어느 정도인지를 명백하게 규정하는 것에 불과한 것임을 입증할 수는 없다. 비록 플로렌스 교회회의의 선언의 권위만이 아니라 그 의미가 어느 정도인지에 대한 요점을 산출해 낼 수 있는 공식적인 정의를 확인할 만한 증거는 없을지라도, 로마교회가 다음의 주장에 완전히 몰입하였다는 것은 증명할 수 있다. 즉, 인간의 구원문제가 로마의 감독에게 복종하는 것에 달려 있다는 주장이다. 이 당혹스러운 교리는 교황 보니페이스 8세와 레오 10세에 의해서 발간된 칙서들에서 되풀이하여 주장되었을 뿐 아니라 2회에 걸친 라테란 교회회의에서 확정된 것이었다.

따라서 벨라르민은 교황의 최고수위권은 기독교의 총람과 본질을 담고 있는 것이라고 주저 없이 말한다. "우리가 교황의 수위권에 대해서 다룰 그 사안은 무엇인가? 그것은 가장 간단히 말해서 기독교 왕국의 총화이다. 이는 교회가 지금까지 영속되어 온 당위성에 대한 질문으로서 그렇지 않다면 실로 교회는 파멸되었거나 멸망되지 않았겠는가? 곧 실로 이는 토대를 건물로부터, 목자를 가축의 떼로부터, 사령관을 군대로부터, 태양을 별들로부터, 머리를 몸으로부터 분리시켜 건물을 훼파하고, 무리를 흩고, 군대를 산회시키고, 별들을 희미하게 하고, 몸을 내던져야 하는가에 대한 질문이 아니고 무엇이겠는가?"[167]라고 말이다.

만일 로마의 감독이 기독교회의 근본이요, 그리스도의 모든 양무리

---

167) De qua re agitur, cum de primatu Pontificis agitur? brevissime dicam, de summa rei Christiane. Id enim quæritur, debeat ne Ecclesia diutius consistere, an vero dissolve, et considere? Quid enim aliud est quærere, an oporteat, ab ædificio fundamentum removere, a grege pastorem, ab exercitu imperatorem, solem ab astris, caput a corpore, quam an oporteat ædificium ruere, gregem dissipari, exercitum fundi, sydera obscruari, corpus jacere? ; Præf. de Rom. Pontif.

의 목자요, 모든 기독교 군병의 지휘관이며 별들 가운데 있는 태양이요, 그 몸의 머리라고 하는 것이 맞는 말이라면, 성도 개개인이나 교회가 전부 이 사실을 알아야 하는 것이 매우 중요한 문제가 된다. 그가 우리 모두를 붙들고 있는 것에 따른 그와의 관계에 의해서 큰 영향을 받는다는 사실을 알아야 한다는 것이다. 로마의 감독이 그리스도의 대리인이요 그리스도에 의해서 그의 교회를 통치할 권위를 부여받은 자라고 한다면 로마감독은 반드시 그리스도의 위임명령을 산출해야만 한다. 그보다 더 낮은 근거 없이 그 사실 위에서 그가 선언한 모든 것들이 실시되어야만 한다. 그는 그가 선언한 모든 권세를 가진 그리스도의 권세를 보여 주어야만 한다. 무엇보다, 이것을 행하는 명령은 교황의 최고수위권을 지지하는 성경적인 증거들을 토대로 하는 것이어야만 한다.

실제로 (결정적으로 증명된 것처럼) 이러한 주장들이 그들의 현대적인 판단에 있어서도 성경적인 근거 위에 논리를 펼쳐 나가듯이 5세기 중반에 이르기까지는 결코 그런 식으로 명확하게 주장된 적이 없었다. 일반적으로 이것은 교황주의자들의 원리들에 근거한 것으로서 그것들에 대한 가치에 반대하는 매우 강력한 추론을 제공하는 것일 뿐이다. 그러나 여전히 성경적인 권위 위에 서 있다고 고백하는 그들의 모든 주장들은 언제 어떤 상황에서 그렇게 제기된 것이었는지 세밀하게 점검되어야만 한다.

기독교회 위에 최고의 수위권을 가진다는 교황의 주장이 가진 전제의 근거는 두 가지 측면에 있다. 물론, 그 둘은 더 크게 확대할 수는 있다. 교황의 최고수위권을 옹호하는 자들은 이 두 가지 전제들에 매달려서 자신들의 입장을 펼친다. 첫째는, 그리스도께서 베드로에게 우월권을 부여해 주셨다는 것이다. 단지 서열이나 영예, 또는 위엄문제만이 아니라 다른 사도들과 주님의 모든 교회들 위에 있는 더 높은 실제적인 권위나 사법권을 주셨다는 것이다. 그리하여 그리스도의 임명에 의하여 베드로는 그들 위에 권세를 행한 것이고 그들의 합법적인 통치자, 즉 통솔자가 되었다는 것이다. 베드로는 그런 지위를 받았기 때문에 교회는 그런 지위를 받은 그에게 순종해야만 하고, 이 최고수위권은 베드로 개인에게만 해당되는 것이 아니라 세상 끝날까지 끊어질 수 없는 계승권자 개개인들에게도 이어져 내려오는 권세라는 것이다.

둘째는, 그리스도의 권위와 지침에 의하여 베드로는 로마의 감독이 되었고 로마의 감독으로 죽었으며, 그리스도께서 그에게 위임해 준 교회를 지도할 동일한 권위나 사법권이 그 감독직 안에서 그의 모든 계승자들에게 전이되었다는 전제이다. 이 두 가지 전제들이 성경으로부터 증명될 수 있지 않는 한, 교황의 최고수위권에 대한 선언은 명백히 땅바닥에 내동댕이쳐져야만 한다.

두 번째 전제에서 구체적으로 언급된 그 중요한 내용들은 성경적인 증거를 전혀 가지고 있지 않다는 것은 명백하다. 성경에서 그것들을 지지할 수 있는 일말의 가능성도 전혀 없다. 실로 교황주의자들은 증거가 있다고 감히 주장할 수 없다. 이러한 문제 하에서 그들이 일반적으로 사용하고 있는 수단은 성경적인 명백한 증거들 대신에 무리한 추정이나 희미한 가능성들, 그리고 단지 인간적인 권위만을 내세울 뿐이다. 그러나 첫 번째 전제, 적어도 베드로가 다른 사도들보다 우위에 있고 모든 교회들 위에 있다는 첫 번째 전제의 첫 부분만은 주님에 의해서 베드로에게 부가된 것이었다. 이것을 지지함에 있어서 그들은 성경적인 긍정적 증거들을 제시할 수 있다고 고백한다. 이것들은 베드로가 "주는 그리스도시오 살아 계신 하나님의 아들이니이다."라고 자신의 신앙을 고백한 후에, 주님께서 "너는 베드로라 내가 이 반석 위에 내 교회를 세우리니."라고 베드로에게 명령하신 말씀에서 그의 우위권을 분명히 찾을 수 있다. 그러나 여기서 우리가 성경의 특별한 진술에 대한 중요성을 상세히 검토하고 다룰 수는 없다. 다만, 교황주의자들이 자신들이 내세우는 원리들과 함께 이 본문을 근거로 베드로의 최고수위권의 증거물로 삼고 있다는 것에 주목하는 것으로 충분하다. 왜냐하면 이 부분은 자신들의 해석이 옳다는 교부들의 일치된 동의를 산출할 수 없는 것이기 때문이다.

교부들의 가장 탁월한 글들이나 심지어 4세기의 글들에서 교회가 세워지는 반석이라는 단어는 베드로 개인이 아니라 그가 고백한 신앙을 의미하는 것이었고, 그 대화의 총 주제가 그의 신앙고백에 집중된 부분이라고 분명히 해석된 것이었다. 그러므로 교황의 최고수위권에 대한 것은 성경적인 근거가 전혀 없고 교부들의 글들에서도 지지받을 수 없는 것이다. 이보다 더 가능성 있는 타당한 해석은 성경에서 묘사되고 있는 그리스도 자신을 교회가 세워질 수 있는 그 반석으로 보는 것이다. 피조물이 교회의 반석이나 터가 될 수 있다고 말하는 부적합하고 종속적인 측면에서 바라본 그 표현문구는 모든 사도들에게 동일하게 적용되는 것이다. 그들은 베드로에게 말씀하신 같은 용어들을 가지고 매이고 푸는 권세와 함께 천국 열쇠를 받게 된 자들이다.

베드로가 그리스도로부터 다른 사도들과 모든 교회들을 다스리는 사법권이나 권위를 수여받았다고 믿는 어떤 증거도 신약성경에는 없다. 그리고 베드로가 그런 권세를 실행하였다고 믿을 만한 어떤 증거도 없다. 그와는 반대로 다음의 내용들을 증명할 수 있는 많은 선언들과 기록들은 신약성경에 있다. 첫째, 일반적으로 교회의 통치자와 같이 사도들 가운데 우위에 있다거나 그들이 다 복종해야 할 대상은 따로 없었다는 증거이다. 둘째, 좀 더 특별한 차원에서 베드로가 다른 여느 사도들을 제치고 독자적으로 사법권을 부여받은 적도 없다는 증거이다. 그의 탁월한 역량들과 그의 구별된 섬김과 외적인 선한 일들을 수행하는 두드러진 도구로서 그리스도께서 베드로를 사용하셨음에도 불구하고, 베드로는 그리스도의 대리인으로나 교회의 통치자로 간주되었다거나 취급된 적이 없었다.

첫 번째 전제의 후반부의 내용을 지지하는 직접적인 증거가 성경에 있는 것처럼 말할 수 없는 것이다. 즉, 베드로에게 부여된 최고수위권은 그렇게 실행된 것이기 때문에 장차 도래할 미래의 모든 시대에 있어서 개별적으로 계승받게 되는 자들에 의해서도 동일하게 실천될 것이라는 내용은 단지 개연성에 근거하여 추정한 것이다. 그것은 베드로의 직속 후계자가 다른 사도들보다 오래 살았던 사도 요한을 포함하여 모든 사도들의 우두머리요 주장 노릇을 했을 것이라는 개연성에 근거하여 주장된 것이다. 사도들의 왕자라는 호칭은 교황주의자들이 베드로에게 붙인 것이었다. 만일 그러한 것이 정말 존재했다는 증거가 확실하게 내보일 수 있는 것이었다면, 그것은 사도직분이 사라짐과 함께 동시에 사라진 것이었을 것이다.

그러나 교황의 최고수위권을 내세우고 있는 두 번째 전제, 즉 베드로가 그리스도의 명령에 의해서 로마의 감독이 되었고 로마에서 죽었으며 그리스도께서 베드로에게 수여하신 교회통솔의 사법권을 동일하게 감독직을 이어받은 모든 후계자들에게 전이하였다는 주장은 바로 현재 우리의 활동영역 안으로 들어오게 된 것이다. 이 견해 역시 철저하게 증명되어 성립되는 것이 아닌 한 교황의 최고수위권을 입증한다는 그들의 주장은 아무 의미가 없다. 그 입장이 성경으로부터 세워지는 것이 아닌 한 그 속에 내포하고 있는 면들이 어떤 것들이든지 아무것도 아니다. 이 단순한 고려사항이야말로 그 전체 주장들을 반박하는 결정적인 요소이다. 만일 하나님께서 주신 권위 있는 어떤 교리들을 우리가 믿고 있다면, 이 교리들이 어떤 측면에서 사실 모든 문제들을 판단할 근거를 내포하고 있는 것이 분명하다면, 우리는 그것들이 성경 자체 안에 기록된 것들임을 분명히 해야만 한다. 그렇지 않으면 그것들을 강요하거나 *신적인 법*으로 세워 감에 있어서 타당한 것으로 제시할 수 없다.

교회사의 정보들은 일반적으로 약간의 유익이 있다. 우리가 이미 가현주의자들과 게린투스주의자들(Cerinthians)[168]과 같은 이단들의 사례에서 보았듯이 몇몇 성경적인 진술들의 참된 의미와 중요성을 세워 감에 있어서 약간의 유익과 무게감이 있었다. 그러나 이것은 지금 우리가 다루고 있는 것과는 다른 이야기이다. 왜냐하면 여기에서 제기된 문제는 실제적으로 그 교리의 근간에 대한 것인데, 그 교리는 성경에서 가르친 것이 아니기 때문이다.

논쟁 자체를 위해서, 베드로가 전체 교회를 위한 사법권을 부여받았다고 하고, 그가 이 보편적인 지도력을 이어받아 실행하는 일이 계승자들에게도 계속 이어진다고 간주해 보자. 문제는 이 둘은 증명될 수 있는 것이 분명히 아니라는 점이다. 따라서 이 모든 것은 그리스도께서 베드로의 후계자들에게 보편적 지도력 행사를 허용하셨다는 것에 대한 증명이 더 이루어지기 전까지는 로마교회의 감독의 최고수위권을 내세우는 근거가 무엇이든지 그것들은 아무것도 아니다.

성경 그 어디에도 로마교회의 감독들이 이 수위권 행사를 할 수 있는 베드로의 계승자들이 된다는 것을 직간접적으로 명시한 부분은 분명히 없다. 교황주의자들은 반드시 필요한 매개체 제도가 하나는 있어야 한다고 강요되어 왔다. 즉, 그 매개체는 베드로가 로마감독이 되었고 그 감독

---

168) 역자 주) 케린투스(영어: Cerinthus: c. 100 AD)는 Gnosticism, 영지주의의 교부였다.

직을 죽을 때까지 수행했다는 주장에 의해서 강요된 것이었다. 설혹 이것이 증명이 되었다고 하더라도, 그 증거 자체를 근거로 삼아 로마감독의 수위권과 같은 중요하고 무게 있는 문제에 대한 결론을 내리기는 어렵다. 우리는 여전히 베드로가 로마교회 감독이 되어 죽을 때까지 그 직임을 수행하였다는 사실과 그 사실로부터 교황주의자들이 추론한 것들 사이를 연결시켜 주는 독특하고 분명한 증거가 필요하다. 예를 들면, ‘베드로가 로마교회 감독이 되었고 그 감독으로서 죽었다는 것’이 ‘로마의 감독들이 다 지상에서 그리스도의 대리인이 된다는 것’을 그리스도께서 의도하신 바라는 분명한 증거가 필요한 것이다. 그러나 다른 한편으로 이것이 입증되지 않는 한 그리고 성경으로부터 증명되지 않는 한 신적인 법이라는 모든 논쟁이나 교황의 최고수위권을 지지함에 있어서 그 모든 논쟁은 즉각적으로 사라지는 것이다.

따라서 벨라르민은 엄청 혼돈과 당혹감에 빠지게 되었다. 그는 자신의 논박에서 파생되는 이 문제에 대한 어떤 중요한 해결책을 제시해야 했던 것이다. 물론, 그는 우리가 지금 이 문제를 다루는 논쟁의 쟁점이 되고 있는 사안을 자신이 증명해 냈다고 생각한다. 즉, 벨라르민은 베드로가 그의 주인에 의해서 그 교회의 통치자이자 다스리는 자로 임명되었고, 심지어 그리스도께서는 베드로가 가진 같은 사법권으로 그의 계승자들도 같은 지도력을 행사하라고 의도하신 것임을 충분히 증명했다고 생각한다. 그러나 벨라르민은 그리스도의 명령에 의해서 로마의 감독이 되었고, 거기서 그 직임을 수행하는 가운데서 그리스도의 임명에 의하여 로마에서 죽었다는 것을 증명하고자 했다. 그리고 이것은 로마의 감독직을 맡은 자들이 계속해서 보편적 교회의 통치하는 계승자가 된다는 것을 의도하신 것이라고 주장하였다. 그런데 이러한 내용들이 입증되어져야 할 것들로 대두되자 그는 거기에는 성경적인 권위가 있다거나 그것들을 지지할 만한 신적인 법으로 인정할만한 단서가 하나도 없다는 것을 깨닫고 인정할 수밖에 없었다.

벨라르민은 그의 작품에서 교황들의 허위로 꾸며진 교서들이라고 인정했던 그 교서들에서 나온 증언을 근거로 삼아 주장을 펼쳤던 것이다. 그것이 위조된 것이라고 인정한 문서들의 시리즈 가운데 산출된 하나의 증언을 근거로 삼아서 말이다. 그 한 가지 단서는 4세기의 교부들인 아타나시우스와 암브로스가 유사한 주장을 한 것에서 찾은 것이다. 즉, 베드로가 로마에 왔고 그리스도의 명령에 의해서 거기에서 순교를 당했다는 것을 가지고 논리를 펼쳤다. 벨라르민은 그 무엇에서도 아닌 바로 여기에서 자신의 결론을 찾은 것이다. "이것은 신뢰할 만한 진술이 아니다(*Non est improbabile*). 베드로가 로마의 감독직을 맡았고 감독직이 계속 이어지도록 주님께서 공적으로 명령하신 것이라는 사실은(이것은 신뢰할 만한 진술이 아니다) 반박되지 아니한다(Dominum stiam aperte jussisse, ut sedem suam Petrus ita figeret Romæ, ut Romanus episcopus absolute ei succederet)." 그렇다면 그는 "인정하기 어려운 것이 아니라(*Non improbabile*)"는 이 문구 하나에 기초하여 그리스도께서 직접 베드로에게 로마의 감독이 되라고 명령하셨고, 따라서 그리스도께서 베드로의 계승자들에게 교회의 통치를 이어 가도록 암시하셨다는 자신의 논리를 편 것이다.

사실, 벨라르민은 "*아마* 로마의 감독직은 베드로에게 주어진 것처럼 계승된다는 것이 신의 법에서 나온 것이 아닐 수 있다(Forte non est de jure divino, Romanum pontificem, ut Romanum pontificem, Petro succedere)."는 것을 인정하는 것 같다. 그러면서 그는 동시에 "아마도 그것이 신의 법은 아니지만 가톨릭교회 신앙에 적합한 것"이라고 주장했던 것이다. 이것이 뜻하는 것은 *아마도* 그의 대적자들인 개신교도들이 평가하는 유효한 하나의 증거물인 성경에서는 증명될 수 없는 것이라 할지라도, 가톨릭교회의 논쟁에 의해서 가톨릭 교리의 유효한 점이 입증될 수 있다는 것이다. 즉, 로마 교도들은 우리 자신들을 염두에 둘 필요가 없다는 자신들의 원리에 매여 있는 것이다. 그가 반복해서 중요한 특권에 대해 설명하고 있는 이 견해의 근거는 다음과 같다. 그는 신중하고 불안한 모습으로 "그러나 로마 교황이 베드로를 계승한다고 성경에 분명히 근거하고 있지 않을지라도 성경으로부터 뚜렷이 추론되는 바는 베드로부터 무엇인가가 계승되고 있다는 것이다. 그것은 사도 베드로의 전승으로부터 간주되어 온 것, 곧 공의회들, 교황의 교령들, 그리고 교부들의 합의로 선포된 로마 교황이다."[169] 라고 말하는 데 있다.

이처럼 교묘하게 얼버무리고 주저주저한 후에 그는 자신의 논리를 밝히 드러내고 있다. 설사 이 두 가지 입장이 증명되어 인정하는 것이라 할지라도 그 너머에 교황의 최고수위권 교리를 확립시키기에 충분하다는 그들의 논리는 상당히 거리가 먼 것임을 드러내 주는 것이다. 즉, 베드로가 교회의 수위권 또는 사법권을 부여받았다는 것과 베드로가 보편적 군주의 직임 안에서 계속해서 계승자들을 가지게 되고 거기에 내포된 사법권을 행사할 수 있게 하는 것이 그리스도께서 의도하신 바라는 것을 근거로 로마교회의 감독의 수위권을 주장하는 것은 얼토당토않은 일이다. 그런 주장을 옹호하는 자들은 전적으로 일반적인 교회회의들, 교황들의 교령들과 교부들의 동의에 근거하여 말한다. 그러나 그 같은 자료 중에서

---

169) Etsi autem Romanum pontificem succedere Petro, non habeatur expresse in Scripturis, tamen succedere *aliquem Petro, deducitur evidentur ex Scripuris; illum autem esse Romanum pontificem habetur ex traditione Apostolica Petri, quam traditionem Concilia generalia, Pontificum decreta, et Patrum consensus declaravit. ; De Rom. Pont., lib ii., cap. xii.*

신적인 법(*jus divinum*)으로 간주될 수 있는 자료는 하나도 없다. 심지어 그것들로부터 교황주의자들이 산출할 수 있는 그 어떤 것들보다 더 완전하고 적실한 자료들을 내보인다고 할지라도 그들이 의존해서 내세우는 것들은 신적인 법으로 제정될 수 없는 것들이다.

따라서 이 부분에 대한 벨라르민의 당혹스러운 논리로부터 문제의식을 갖게 된 대부분의 후대 교황주의 논객들은 벨라르민의 정직한 판단을 따라갈 수 없었다. 그래서 그들은 자신들의 논리를 확립하기 위하여 그것이 꼭 필요한 것은 아닌 것처럼 그 논리의 연계성을 전면에 내세우는 것을 생략해 버렸다.

벨라르민은 교황들의 계승이 베드로부터 이어진다는 논리, 로마에서 그의 감독직을 고정적으로 감당하도록 그리스도께서 베드로에게 직접 지시하셨다는 것을 지지하는 증거의 특징과 중요성과 그로 말미암아, 그의 모든 계승자들은 그 감독직 안에서 보편적 교회의 통치를 하는 데 베드로의 뒤를 잇고 있다는 것을 그리스도께서 암시하셨다는 논리를 펼쳤다. 그는 이러한 주장을 '베드로가 로마에 있었으며 그가 로마교회의 감독이 되었고 그 감독직을 가지고 있으면서 사망했다는 것'을 토대로 하여 추정한 것이다. 이 점이 교황의 최고수위권을 확립시키는 증거물로서 본질적인 요지임을 기억하는 것이 중요하다. 성경에 그것들을 지지하는 증거의 흔적은 전혀 없다. 그리고 그것을 토대로 낮은 지위에 있는 자들이 시인할 수 있게 하는 *신적인 법*으로 내세울 필요한 증거로 제시될 내용도 없다.

여기에 결코 수용될 수 없는 치명적인 결함이 있다. 이 주제에 대해서 성경에 있는 모든 자료들에 대한 검증을 통해서 일반적으로 내릴 수 있는 결론이 이끄는 것은 베드로가 로마에 있었다는 것은 있을 법하지도 않다는 것이다. 교황주의자들이 이에 대해 항변하는 일반적인 주장은 베드로가 안디옥의 감독으로 7년 동안 봉직한 후에 25년간 로마의 감독직으로 섬겼다는 것이지만, 이 역시 성경에 의해서 증명되지 않은 것으로 보는 것이 공정한 입장이다. 그러나 이러한 항변은 베드로가 로마의 감독이었다는 가장 이른 권위 있는 기록에 따른 것으로, 이는 4세기 말의 제롬의 진술에 근거한 것임을 대변하는 것이다.[170]

성경에는 베드로가 로마에 있었다는 것에 대해서 그 어떤 확실한 증거가 없고, 도리어 그런 주장과 반대되는 의견을 추정할 만한 내용이 나와 있지만, 그가 로마에서 순교의 고난을 당했다는 평범한 사람들의 증언은 상당히 많이 있다. 사실, 단지 역사적 증거에 대한 문제로 보면 그렇다고 확정할 수 없는 것일지라도 개신교도들도 전반적으로 그럴 가능성이 농후하다는 것을 인정한다. 그러나 로마의 감독이었다는 주장과 관련해서 그가 현대적 의미의 감독과 같은 그런 직임으로 활동했다는 증거는 성경에 없다. 성경에서 많이 증명되는 것은 첫째, 어느 특정한 교회의 감독이라는 현대적 의미의 직책을 받은 사도는 아무도 없다는 것이다. 그 단어는 아이삭 바로(Issas Barrow) 박사가 주장하듯이 매우 터무니없는 것이다. 이를테면, '왕이 서울 시장이 되었다거나 또는 서울교구 감독이 수원교구의 대리인이 되었다.'[171]라고 말하는 것과 같은 우스꽝스러운 일이다. 둘째, 현대의 주교들이 하는 역할들이 사도시대에 존재한 적이 없다는 것이다. 이 두 번째 지적은 이 문제의 근본까지 건드린다. 우리가 교회정치 문제를 놓고 보면 교황제도를 향한 우리의 공격이 기초하고 있는 가장 확고한 토대는 신약성경에 나타나 있는 장로회주의이다.

그렇다면 베드로가 다른 사도들보다 우위에 있고 다른 교회들을 통솔

---

170) Kipling's Reply to Dr Troy, in The Churchman Armed, vol. ii., pp. 270-274를 보라.
171) 편집자 주) 이 말은 역자가 독자의 편의를 위해 의역한 것이다.

하는 사법권을 가지고 있으며, 또한 권세 있는 자리에서 교회들을 다스렸다는 근거는 성경 어디에도 없는 것이다. 그리고 사법권 실천에 있어서 베드로의 자리는 그의 계승자들이 이어받는다는 증거 역시 성경에 없다. 또한, 그가 로마에 있었다는 것이나 그 로마의 교회의 감독으로 섬겼다는 성경적 증거도 없다. 마지막으로, 로마감독으로서 베드로가 수행하며 즐긴 권세들과 특권들이 그를 잇는 계승자들에게 계속 이어진다는 것이 그리스도께서 가진 의중이었다는 성경적 증거 역시 하나도 없다. 교황의 최고수위권을 내세움에 있어서 신적인 법의 기초를 가지고 있다고 말하기 위해서는 이 모든 주장들이 반드시 성경으로부터 확정되고 증명되어져야만 한다. 그러나 그 모든 주장들 중 어느 것 하나도 하나님의 말씀으로부터 입증될 수 없으며, 대부분이 성경적인 결정적 증거에 의해서 증명될 수 없는 것들이다. 그러므로 루터가 이렇게 뻔뻔하기 짝이 없고 다 쓸려가 버리고 말 주장에 대해서 성경적 근거가 부족하다고 언급하면서, "어쩌면 로마나, 성 베드로 대성당, 그리고 석탄이 담겨 있는 굴뚝을 제외하고서 그러한 글이 어디에 새겨져 있는가?"라는 풍자 섞인 질문을 한 것이다.

나는 전체 교회를 통솔하는 최고수위권을 로마의 감독들이 가지고 있다는 주장에 대한 첫 3세기의 증언들에 대해서 할 말이 있다. 이미 말했듯이 그들은 다음 두 가지 입장에 근거하여 그러한 원리를 내세우는 것이다. 첫째는, 베드로가 그리스도에 의해서 모든 사도들보다 우위에 있고 모든 교회들을 통솔한 사법권을 가지게 되었다는 주장이다. 둘째는, 그리스도의 지침에 의하여 베드로가 로마의 감독이 되었고, 로마의 감독으로 죽었으며, 그리고 그의 계승자들에게 베드로가 소유한 모든 교회를 다스리는 사법권이 이양되게 하셨다는 것이다. 만일 그러한 권한이 베드로와 로마의 감독들에게 주어진 것이 맞다면 이러한 사실은 온 교회에 잘 알려진 것이어야 했다. 그것과 관련된 성도들의 지식은 그들이 남긴 글이나 회의과정에서 상세하게 나타났어야만 하는 것이다. 그처럼 중대한 일은 무슨 특별한 예화를 가지고 설명하지 않아도 분명하게 나타나는 것이 당연하다. 그러나 고대로부터 증명되는 것은 도리어 부정적인 것이다. 즉, 교황주의자들의 모든 주장과는 반대되는 강력하고 합법적인 증거들이 많이 존재한다. 한마디로 베드로가 로마의 감독이었고 로마의 감독들이 베드로의 계승자들로서 최고우위권을 지닌 자들이라는 것을 추정할 만한 명확한 근거가 전혀 없다고 한다면, 적어도 그들은 그러한 권리가 로마의 감독들에게 수여된 적이 없다고 강력하게 주장해야만 하는 것이다.

따라서 교황의 최고수위권을 방어하는 자들은 이러한 입장을 일반적으로 제시하였다. 그들은 자신들의 입장을 세우고 증명하고자 다음과 같은 것이 반드시 필요하다는 것을 인정하였다. 즉, 기독교 교회가 세워진 이래 베드로의 계승자들로서 로마의 감독들은 그리스도의 모든 양무리들을 통솔한 사법권을 가지고 직무를 수행해 왔었다는 논리를 펼쳤다. 그들은 자신들의 주장들을 뒷받침하고자 초기 저자들의 글과 고대사의 사실들, 그리고 사례들로부터 발췌하여 그들의 글들을 부지런히 왜곡하고 악용하는 데 온힘을 쏟았다. 그러나 그러한 노력들조차도 어떤 확실한 증거도 산출해 낼 수 없었다. 그들은 베드로의 감독직이나 로마의 교회의 계승자들에 대한 것들을 도출해 낼 수 있는 것으로 여기는 고대 저자들의 모든 문구나 표현들, 로마의 감독들에게 적용 가능한 어떤 조언이나 언질을 암시하는 사례들, 어떤 주제에 대한 논쟁이나 토론에 있어서 그들이 개입한 모든 사례들, 그리고 어떤 방식으로든지 조정하는 데 기여한 것으로 보이는 것들을 모두 다 증거물들로 사용하고 있다. 그러나 이러한 유형의 것들이 탁월한 어떤 무엇이 있다거나 영향력이 남다른 것들이어서 증거물로 제시된 것이 아니라 교회를 통솔하는 적법한 권한 행사 또는 권위를 지니고 있는 것들로 간주하고 있기 때문에 그들의 논리의 근거로 앞세운 것들이다. 그러나 분명한 것은 베드로가 그런 권한을 행세하였다거나 그런 것을 추론해 낼만한 그 어떤 흔적도 성경에는 없다는 사실이다. 그가 사도들보다 우위에 있었고 모든 교회들을 다스리는 높은 자리에 있었다는 증거는 하나도 없다. 성경은 그러한 권한이 존재한다는 것을 꿈도 꾸지 않았다는 것을 확실하게 증거하고 있다. 첫 3세기의 교부들의 글들뿐만 아니라 그 너머의 저자들의 글에도 그와 같은 것을 뜻하는 어떤 주장도 없고, 그들은 그러한 권세를 지닌다는 것도 생각하지 않았다.

우리는 벨라르민이 교황의 최고수위권을 확립하기 위하여 본질적으로 필요한 것, 즉 그리스도에 의해서 베드로가 로마의 감독으로 죽도록 의도되었으며 그리스도의 뜻은 베드로의 뒤를 잇는 자들이 그 감독직을 이어받아서 모든 교회의 통솔자가 되게 하셨다는 것은 성경으로부터 증명될 수 없고, 신적인 법에 기초한 것이라고 말할 수 없음을 인정할 수밖에 없었다. 그리하여 그는 '베드로의 사도적 전통'에 근거하고 있다고 주장한 것이다. 물론, 이 말이 뜻하는 것은 첫째, 이것이 그리스도의 뜻이었다는 것을 베드로 자신이 온 교회에 알렸다는 것이고, 둘째, 베드로가 그렇게 수행했다는 이 중요한 사실에 대한 지식은 전통에 근거하고 있는 것이다. 그다음에 벨라르민은 이 전통에 대하여 존재하는 증거물을 찾아내는 자리로 나아갔다. 그러므로 이것을 지지하려고 일반적인 교회회의들과 교황의 교령들과 교부들의 합의들을 인용한 것이다. 이 같은 다양한 자료들로부터 그는 자신의 논지의 증거들을 산출하고자 힘썼다.

그러나 교회회의들에 관련해서 우리가 알 수 있는 것은 첫 3세기 동안 어떤 교회회의도 열린 적이 없었다는 사실이다. 그러므로 그 자체를 사도적인 전통의 증거로 말한다는 것은 의미가 없다. 동시에 그것들은 우리가 다루고 있는 이 주제에 대한 어떤 한계에 봉착하게 만드는 것이 아니다. 여기서 한 마디 덧붙이는 것은 첫 4대 교회회의들 중 초기의 두 개는 4세기에 열렸고, 나머지 두 개는 5세기에 열린 것이었다. 그 공회들에서 다룬 믿음에 대한 교리적인 결정들은 개신교도들도 인정하고 있듯이 건전하고 정통적인 신앙이었다. 그들 결정문 속에 교황의 수위권을 시사하는 내용은 가장 미미한 조항들 속에서조차도 전혀 발견할 수가 없다. 도리어 교회회의의 역사들에서 결정된 것들은 대부분이 교황의 최고수위권에 반하는 것들이다. 교황의 수위권을 방어하는 자들 중 가장 학식 있고 유능한 논객들이라 할지라고 이 문제에 대해서 만족할 만한 답변을 내놓을 수 없다. 교회회의들은 로마의 감독 또는 감독의 수행기관에 반하거나 대적하는 칙령들이나 법령들을 결정한 것뿐이다. 이처럼 로마의 감독이 짧게나마 모든 교회의 최고수위권을 가진다거나 수장권을 사용했다는 근거는 없다.

교황권은 그 이전부터 오랫동안 실행해 오기는 했지만 교황의 최고수위권을 명백하게 주장한 최초의 교회회의는 13세기 초 교황 인노센트 3세가 소집한 제4차 라테란 회의 때였다. 물론, 베드로가 로마의 감독직을 맡은 그의 계승자들이 보편적인 최고수위권을 가진다고 가르쳤다는 주장을 지지할 만한 근거를 발췌할 수 있는 그 이전의 종교회의는 결코 없다. 더더욱 로마교회가 일반적으로 말하는 교회회의들인 모든 총회들은 다 무오한 모임이었다고 선언한 후까지는 정말 무게 있는 증거라고 앞세울 수 있는 것이 하나도 없다.

이 꾸며진 전통의 사도성을 지지하기 위해 벨라르민이 언급한 증거의 두 번째 제목은 교황들의 교령들이다. 여기에서도 우리는 그들의 증언들이 받을 만한 가치가 있는 것으로 인정하기 전에 먼저 그들의 무오성에 대한 증거가 필요하다. 그들이 주장하고 내세우는 것들 속에 깊숙이 내포되어 있는 것들에 대한 성경적인 증거가 무엇인가? 그는 이 주장을 뒷받침하기 위해서 첫 3세기의 교황들의 교령들을 꺼내어 그 어떤 주장을 꾸며 내고자 하지 않았다. 이것은 그가 증거로 내세우고자 하는 것이 아무 유익이 없다는 것을 보여 주기에 충분하다. 그가 증거물로 끄집어 낸 첫 번째 교황은 4세기 중엽부터 로마의 감독직을 수행한 율리우스(Julius)이다. 그 당시에 유명한 사르디카(Sardica) 교회회의도 열렸다. 나는 아마도 이 회의가 다음의 법령을 만든 당사자라고 본다. 사르디카 교회회의가 그다음 세기 초부터 실천된 것으로서 그보다 앞서 세 명의 선임감독들이 하지 못한 법령을 만들었던 것은 아프리카 교회가 로마에게 종속되게 한 것이었다. 그러나 솔직히 말하면 교황 율리우스는 베드로로부터 계승하여 보편적 사법권을 수행한다는 권리에 대한 명확한 증언들을 로마의 감독들의 사례를 들어서 말한 것이 아니었다. 그것은 5세기 중엽의 교황 레오 1세로부터 찾은 것이었다. 물론, 이것조차도 한참 후세대에 오기까지 일반적으로 서구교회가 다 동의한 것이라는 증거는 없는 것이다.

벨라르민이 언급한 증거의 세 번째 출처는 교부들의 승인이다. 우리가 들여다보고 있는 이 기간 동안에 활약한 교부들 중 그가 언급한 교부들은 이레니우스, 오리겐 및 키프리안이다. 로마교회의 최고수위 자리를 가지게 하는 것은 이레니우스의 글에서, 베드로의 수위권에 관해서는 오리겐이, 두 가지를 다 규합한 내용은 키프리안이 언급하였다. 우리는 로마교도들은 4, 5세기의 교부들이 베드로의 수위권을 인정하였다는 증거, 즉 그들이 다룬 성경의 본문들에 대한 해석들에 대하여 교부들이 지지하였다는 증거를 찾아낼 수 없다는 내용을 살펴보았다. 예를 들면, 베드로의 수위권에 대한 가능성을 담고 있는 본문으로 간주되는 "너는 베드로라 이 반석 위에 내가 나의 교회를 세우리라."라는 말씀에서 그 반석이 그리스도를 가리킨다고 해석하는 자들도 있지만 대부분은 이 상황에서 베드로가 고백한 신앙을 뜻한다고 해석한다고 언급한 바 있다. 그러나 반석이란 단어를 본래 베드로 자신을 가리키는 것이라고 생각하는 자들도 그 본문이 다른 사도들보다 그가 더 위에 있거나 교회를 다스릴 사법권을 지닌 말씀이라고 말하지 않는다. 물론, 그렇게 해석하는 자들도 있지만 베드로 자신을 먼저 그런 자리에 올려놓는 자들도 베드로가 다른 사도들보다 위에 있다고 해석하지 않는다.

오리겐이 그렇게 해석하고 있다고 보이는 모든 글들은 이 본문의 참된 의미에 대한 견해들 중 마지막 해석을 취하고 있는 것으로 생각된다. 그렇지만 오리겐은 교황주의자들이 뜻하는 그런 차원에서 베드로의 우위권을 믿지 않았다. 따라서 그런 오리겐의 주장을 근거로 자신들의 논리를 펼친다는 것은 정당한 것이 아니며, 능력이나 권세 측면에서 사도들이 모두 다 온전하고 완벽하게 동등한 위치에 있었다는 것은 너무나도 분명하고 명확한 사실이다. 한편, 우리는 이미 앞에서 키프리안이 교회의 통일성에 관한 주제를 다룬 것들에 관한 그의 견해가 교황주의자들의 견해로 발전시켜 나가기에 아주 적합한 것들이라고 지적한 바 있다. 그는 베드로를 그리스도께서 통일성의 상징이자 대표자로 임명하셨다는 의미의 글들을 썼다. 그는 유사한 목적을 가지고 계속해서 로마의 감독으로 섬기도록 했다는 뜻을 담은 글들을 쓴 것이다. 이런 개념에 의해서 그가 의미했던 것이 무엇인지 말하는 것은 쉽지 않은 일이다. 다만, 만일 우리가 그에게 이 주제에 관하여 질문을 던진다면 그는 자신이 무슨 의미로 그렇게 말했는지 명확하게 말해 줄 수 없으리라는 것만이 충분히 개연성 있는 사실이다.

바로우(Barrow)는 그것을 "교묘하고 기묘하다."고 했다. 그리고 덧붙이기를 "이러한 발상에 어떤 견고한 무엇이 있다고 분별하기가 힘들며, 해로운 것이 거의 없다고 말하기도 그렇다."라고 했다.[172] 그러나 분명한 것은 그것이 베드로와 로마의 감독들을 의미하는 것이라고 말할 수 없다는 것이다. 이에 대한 결정적인 증거는 다음 세 가지 사실에서 찾아볼 수 있다. 첫째, 그는 자주 일관되게 반복해서 말하기를 모든 사도들이 동등한 능력과 권세를 가지고 있다고 주장해 왔다. 어느 누구도 다른 사도들 위에 군림하는 권세를 가지고 있지 않았다. 둘째, 역시 같은 어조로 명확하게 말하기를 모든 감독들은 동등한 권력과 권세를 소유하고 있다고 주장했다. 각각 자신의 교구에서는 다른 감독들로부터 전적으로 독립적으로 일하는 것이라고 말했다. 셋째, 그는 로마의 감독인 스티븐과 이교도들에 대한 재세례 문제에 관하여 논쟁을 함에 있어서 이러한 원리들을 기초로 하여 독립적이고 담대하게 행동하였다. 실제로 스티븐은 그가 선언한 어떤 수위권에 근거하여 복종을 요구한 적이 없다. 키프리안은 이 부분에 대해서 자신이 스티븐을 대했던 방식에 의해서 분명히 적시하였다. 만일 그러한 주장이 있었다고 한다면 그는 단호하게 부정하고 힘을 다해 항거했을 것이다.

이레니우스는 이 기간에 산출된 유일한 다른 권위 있는 출처이다. 그러나 그도 베드로의 수위권을 주장한 것이 아니었다. 그는 로마교회의 수위권을 주장했다. 이에 대한 증거로서 그가 사용한 본문은 이단들에 반대하는 그의 책에 나오는 라틴어 역으로서 헬라어 역에는 없는 것이다. 거기에 언급된 문구는 '*potiorem principalitatem*(우월한 수위)'로서, 교황의 최

---

172) Barrow on the Popes' Supremacy, p. 560.

고수위권을 지지하는 것으로 제공되는 첫 3세기의 글들 중 그럴듯한 유일한 본문이다. 이것은 교황주의자들이 가장 많이 자랑하고 있는 것으로 정말 많은 논쟁을 야기 시켰다. 이 본문이 로마교도들의 목적에 부합하는 것으로 적용시키기에는 너무나도 부적합한 것이라고 개신교 저자들이 충분히 증명했기 때문에 그 본문에서 나온 논쟁들을 발췌하여 언급하는 것은 시간 낭비일 것이다. 그들 자신들도 그 짤막한 문구에서 제대로 논리를 펼칠 수도 없는 것이었다. 그러나 그 문구의 중요성과 담아내고 있는 취지는 모세임의 주석들에서 충분히 논의되었다.[173] 그 문구가 교황주의자들의 선언에 동조하는 면이 있다는 것은 부정할 수 없다. 그러나 그것이 실제보다 더 명확하고 구체적으로 말하고 있다고 할지라도 그 문구 자체로만 로마의 교회가 거기에 매달려 있는 추의 무게를 지탱해 주기에는 너무나도 불충분하다.

이 문구에 대한 연구를 한 후에 모세임은 '우월한 수위, *potiorem princi-palitatem*'에 대한 가장 그럴듯한 해석으로서 교황의 최고수위권을 제공하고 있는 것이 아니라고 하면서, "지식 있는 자들과 지혜 있는 자들에게는 사인(私人)과 같이 보잘것없고 가난한 교회의 사제들의 모호하고 불확실한 말들이 결단코 분명 어울리지 않는다. 참으로 선한 자들과 경건한 자들은 날카로움과 명석함을 아주 적절히 갖추고 전체 기독교 교회의 공적인 법과 그리스도에 의해서 규정된 것에서 그것의 통치 양식을 이끌어 내는 것이다."[174]라는 결론을 지었다.

이와 같이 큰 위력을 발휘하는 부정적인 논쟁에서, 언제 누가 만들었

---

173) Sace. ii., cap. xxi., p. 263.

174) Dedecet profecto viros eruditos et sapientes ex verbis obscuris et incertis privati hominis et unius pusillæ ac pauperis ecclesiæ episcopi, boni quidem et pii, verum mediocri acumine ac ingenio præditi, jus publicum totius ecclesiæ Christianæ atque fromam gubernationis ejus a Christo præscriptam elicere.

는지 전혀 알지 못하는 이레니우스의 조잡한 라틴어 역본에 있는 단 하나의 모호하고 불확실한 문구만 제외하고 반대쪽 의견에 대해서는 아무런 언질도, 다루지도 않고 말없이 지나쳐 버리고 있다. 그러나 그 논쟁은 전반적으로 부정적이 아니다. 왜냐하면 첫 3세기 동안 교회의 역사에는 로마의 감독들이 보편교회를 다스리거나 통치한다는 주장에 대해서는 전혀 아는 바가 없었다는 긍정적이고 결정적인 증거가 많이 있기 때문이다. 그런데 이 기간에 벌어진 사건들과 일들을 통해서 교회의 역사를 살펴볼 때, 로마의 감독들을 교회의 통치자들로 간주하고 그렇게 대했는지 알기 위해서는 다음과 같은 사항들을 유념해야만 한다.

교황의 최고수위권은 이 두 가지를 필연적으로 함축하고 있어야만 한다. 첫째는 로마의 감독들이 적어도 일반적인 교회회의가 열린 적이 없었을 때에 신학적이고 교회적인 모든 논쟁에 있어서 최고로 높은 궁극적인 판단의 잣대로 존재하였고 항상 그렇게 인식되어졌는가라는 것이다. 둘째는 로마교회와의 교통과 보편적이고 일반적인 교회의 교통함에 놓여 있는 존재로 간주되기 위해서는 반드시 그 교회의 감독직의 권위에 복종한다는 것을 부여잡고 있어야 한다는 것이다. 모든 로마교도들은 교황의 최고수위권에는 다음과 같은 세 가지 것들이 내포되어 있다고 인정한다. 교황주의자들은 개신교도들이 이론과 실제적인 측면에서 그것들을 부정하고 있다는 것 때문에 우리를 그리스도의 대리인의 권위를 벗어던진 자들이라고 비난한다. 그리고 개신교도들을 가톨릭교회의 영역 밖으로 밀어냈다. 그렇게 되어 구원으로부터도 제외시켰다.

이 같은 사실을 염두에 두고 초대 교회사를 검토해 보면, 초대교회 성도들에게 교황의 최고수위권은 전적으로 알지 못하는 것이었다는 결정적인 증거들을 속속들이 만나게 될 것이다. 최고수위권과 같은 어떤 특정한 권한이 로마의 감독에게 수용되었다는 것이 내포된 개념이 그들에게는 전혀 없었던 것이다. 만일 클레민트가 자신을 베드로의 계승자로서 교회를 통치할 수위권을 가진 자라는 생각을 했다고 가정한다면, 그가 고린도교회에 쓴 편지와 같은 서신을 결코 작성하지 않았을 것이다. 고린도교회가 파당을 짓고 소란을 피우며 제멋대로 행동하게 되었을 때 그런 편지를 보내지도 않았을 것이다. 그러나 그는 성경적인 고찰에 의해서 그들 자신들의 장로들을 존경하고 순종하라고 성도들을 설득하는 수고를 아끼지 않았던 것이다. 한편, 부활절 시기와 관련하여 두 가지 논점과 연계된 사실들, 하나는 2세기 중엽이요 또 하나는 2세기 말경으로 보는 관점은 우리가 이미 살펴본 것처럼 근거가 없다. 즉, 그것들이 다 믿을 만한 사도적인 전통에 근거하고 있다는 모든 주장은 전혀 근거가 없으며, 이에 관한 결정적인 단서도 제공하고 있다. 또한, 로마의 감독들이 전체 교회를 다스리거나 통치하는 권한을 지니고 있다는 것에 대해서도 전체 교회가 전혀 알지 못하고 있었다는 증거를 제시하고 있다. 뿐만 아니라, 3세기에 벌어진 이교도들에게 세례를 다시 베풀어야 한다는 논쟁과 연계된 사실들과 그 당시 언급된 많은 내용들에 대해서도 위와 동일한 중요한 입장을 형성하였다.

사실, 교황의 최고수위권의 발단과 발전의 전체 역사를 추적해 가는 것은 쉬운 문제이다. 그것이 처음으로 칠해진 부분부터 시작해서 완전하게 완성된 그림이 되기까지의 과정을 추적하는 것은 어렵지 않다. 그리고 그것은 매우 큰 성공을 거둔 확실한 사기이자 죄악임을 세상이 다 증거하고 있다. 이것은 오랫동안 지칠 줄 모르는 열정으로 기소되었던 것이었다. 모든 사건은 그것을 조성시키기 위해 철저하게 발전시켜 나갔다. 이 일을 함에는 양심의 가책도 없었을 뿐 아니라 진실도 정직도 소용없었다.

하나님의 법들에 대한 존중도 사람들에 대한 존경심도 다 버리고 오로지 교회의 통치권을 빼앗는 데 열을 올렸던 것이다. 교황주의 저자들은 상대적으로 제국들이나 왕국들의 단기간에 일어나는 흥망성쇠와 비교하여 교황권의 영구성과 영향력의 확장됨을 기뻐하였다. 그들 중 몇몇은 이 주제에 대하여 정말 놀라움을 금치 못하는 그림을 만들었다. 그것은 상상력에 근거한 것들이었고, 엄숙함과 경외심을 불러일으키는 것이었다. 그러나 우리는 그 그림을 단순히 우스꽝스러운 것으로 평가하는 것에 만족하지 말고 신중하게 검증하고 주의를 기울여야 한다. 교황의 최고수위권이 서 있는 근거가 전혀 없다는 것을 생각할 때 그리고 이 권력이 보장되고 실행케 된 방식을 생각할 때, 우리는 어떤 측면에서는 외적으로 참 아름답다고 여길지 모르지만 그것은 죽은 사람들의 뼈들과 모든 더러움으로 가득할 뿐이라고 말하지 않을 수 없다.

교회의 헌법

제8장

교회의 헌법

이제 우리는 교회정치에 관한 첫 3세기의 증언들을 살펴보고자 한다. 특별히 감독주의 교회정치인 감독교회(Episcopacy) 또는 감독정치(Prelacy)를 다루고자 한다. 감독주의자들은 자신들의 정치원리들을 주장할 때, 초대교회의 증언을 바탕으로 큰소리친다. 만일 그들이 말하는 초대교회가 4, 5세기의 교회를 의미하는 것이었다면 그들의 주장을 뒷받침하는 증거들이 상당한 것들이 있다. 그러나 우리가 진정으로 과거 역사로 되돌아가 신약성경의 초대교회를 살펴보았지만 거기에는 감독주의정치가 전혀 없기 때문에 그들이 말하는 증언들이란 역사를 보면 볼수록 점점 더 미약한 것이 되어 버린다.

이 주제를 다룰 때 생각해야 할 본질은 이것이다. 사도시대에는 감독정치가 없었다는 것이다. 사도들의 뒤를 잇는 그 후속세대에서도 감독주의정치가 존재했다는 믿을 만한 증거가 없다. 감독주의 또는 그와 유사한 그림을 스케치할 수 있는 첫 번째 사례는 2세기 중엽에 와서야 살짝 비쳐진다. 감독계급의 위력은 4세기 말경 오늘날 감독교회가 나타내고 있는 현상과 유사한 모습을 갖추기까지, 물론 현재 성공회의 실천사항인 교회정치의 모든 분야에서 장로들을 전적으로 배제시킨 것은 아니었지만, 감독의 권한은 점차적으로 증폭되고 확대되었다. 이러한 일반적인 서술과정을 제대로 설명한다면, 아마도 감독주의 정치가 교회에서 초기부터 명확하게 드러난 성경적인 진리와 질서로부터 상당히 벗어난 배교의 양상을 띠고 있다고 할 것이다. 그리고 로마교회의 반 기독교적 체계로 발전되어진 것과 같은 양상으로 설명될 것이다. 즉, 감독주의 정치 역시 교황주의 정치의 한 지류와 같다고 볼 수 있다.

감독정치가 로마 교황주의 정치와 같은지 아닌지에 대한 질문은 실제적으로 그다지 중요한 것은 아니다. 왜냐하면 그것은 단어들에 대한 논의의 밑바탕에 그런 사상이 깊이 녹아져 있다고 볼 수 있기 때문이다. 감독정치가 교회 안에 존재해야만 하는 것인가라는 질문은 성경을 통해서 결정되어져야만 한다. 그러나 이 특별한 요점이 제시하고 있는 일반적인 질문, 즉 어떤 교리나 실천이든지 그것들과 관련하여 제기되는 주장의 근거들이 교황주의자들의 주장과 같다는 사실은 신학적인 논쟁에 있어서 중요한 몇 가지 사안들 중 하나이다. 따라서 여기서 몇 가지 두드러진 것들을 살펴보지 않을 수 없다.

감독주의 정치를 반대하는 자들은 오랫동안 감독주의자들이 교황정치를 붙들고 있고 교황주의 실천사항들을 인준하는 자들이라는 사안을 제기했으며 비난해 왔다. 그리고 그렇다고 추측하여 그들을 반박하는 예증으로 삼아 왔다. 그 혐의는 매우 불충분한 근거들을 가지고 있다. 그리고 지식과 정보가 빈약한 사람들에 의해서 제기된 것이었다. 다시 말하지만, 그것은 제대로 답변하기보다는 조소하고 비웃는 자들에게 쉽게 반박할 수 없는 다른 자들에게 일종의 핑계를 제시하는 것이었다. 예를 들면, 공화정 시대에 영국에서 발생한 무지하고 어리석은 몇몇 분파주의자들은 장로정치도 교황정치나 감독정치와 매한가지라고 주장했던 것이다. 또한, 현재까지 이어지는 감독주의 논객들은 같은 효과를 나타내려고 그런 자들의 주장을 인용하는 것이 습관이었다. 마치 그것들이 장로회정치가 무엇을 의도하고 있는지와 상관없이 그것을 반대하는 것의 어리석은 증거물인 것처럼 즐겨 인용해 온 것으로 보인다.

오늘날 몇몇 사람들은 기독교를 육성하고 교회의 안녕을 꾀하는 임무와 더불어 시민들을 통솔하는 권위를 사용하는 시민통치자들에 대한 의무조항이 교황주의의 논리라고 주장했다. 또 그와는 정반대로 시민통치권자에 대하여 교회는 전적으로 독립적이라는 교리에 맞서서 동일한 혐의를 제기하는 자들도 있다. 나는 이러한 교리를[175] 성경에서 가르치고 있다고 확신한다. 그리고 이는 증명될 수 있는 것이며 지금껏 지켜져 온 것이다. 또한, 그것은 가톨릭교회에 의해서만이 아니라 종교개혁자들에 의해서 더욱 순결한 모습으로 보존되어 왔다고 확신한다. 그러므로 이러한 비난은 무지하고 어리석은 사람들에 의해서 종종 퍼져 나간 것으로, 사려 깊지 못한 무분별한 방식의 표본들이다. 그러나 이 교리들과 유사한 다른 표본들은 그 혐의가 보편적으로 '역겨운 것인지 아닌지' 또는 '만족할 만한 근거를 바탕으로 그렇게 하는 것인지 아닌지' 이 두 사이를 구별하는 것이 불가능하다는 증거를 충분히 제공하지 않는다.

일찍부터 그리스도의 교회 안에는 부패와 쇠퇴의 명백한 근거들이 있었다는 사실을 우리가 살펴보았다. 이것은 배교적인 로마교회의 체계 안에서 그 발전이 온전히 물오를 때까지 시대를 거듭할수록 더욱 심해졌고 확산되었다. 이 쇠퇴와 부패의 과정에서 나타난 주도적인 양상과 그것이 의도한 원리적인 결과들은 충분히 파악될 수 있는 것들이다. 그것은 은혜의 교리들에 대한 모호성과 왜곡, 하나님을 예배하는 일에서 의식들과 의

---

175) 역자 주) 시민 통치권자는 시민통치권을 사용하여 교회를 육성하고 보호할 임무가 있다는 교리와 교회는 시민 통치권력으로부터 독립적이라는 교리를 말한다.

전행사들의 증식, 그것들을 주님께서 제정해 주신 성례들과 같이 중요하고 효력 있는 것으로 탈바꿈, 그리고 교회정치에 있어서 새로운 서열과 직임들의 도입 등이다. 이 모든 것들은 기독교를 약화시켰고 성도들과 그리스도께서 임명하신 직임자들을 노예적인 신앙생활을 하게끔 전락시켜 버렸다. 그리고 사람들이 구원을 위한 거짓된 토대 위에 각자를 세워 가는 체계 속에 빠져들게 하였고 영적으로 우월한 지위에 있는 자들의 폭정에 무조건적으로 복종하게 만들었다. 이러한 것들이 교황주의 정치가 온전히 굳혀지게 한 양상들이었다. 그러나 이 체계의 씨앗들은 일찍부터 심겨진 것이었고 점진적으로 발전되어 왔던 것이다. 이러한 오류와 부패의 엄청난 체제 속에 하나의 구성요소로 들어온 모든 것들은 교황주의 정치의 요소라고 말하기에 매우 적절한 것이다. 그것이 이 체제에 들어가서 교황주의 정치의 근간이 된 것이 분명하다면 의심의 여지없이 그에 반하는 강력한 추론을 형성해야 한다.

그러나 로마교회에 의해서 로마교회의 것으로 붙들고 있는 모든 것들이 전부 다 그렇게 기분 나쁜 소리를 듣는 교황주의적인 것으로 간주되어서는 안 된다. 로마교회도 성경적인 교리들과 실천사항을 몇 가지 고백하며 유지하고 있기 때문이다. 물론, 다소 그 범주가 광범위하고 직접적으로 부패하고 타락하지 않은 것은 하나도 없지만, 그래도 성경적인 몇몇 가르침들을 지니고 있는 것이다. 예를 들어서 다신론주의와 우상 숭배에 의해서 신론과 예배론을 타락시켰지만 삼위일체 교리에 대한 정통적인 신앙고백을 유지하고 있다. 그러나 로마교회가 그렇게 성경적인 진리들을 존속하고 있고 너무나도 많이 오류와 섞여 있다는 이유로 소시니안들이 하듯이 삼위일체 교리도 교황주의자들의 것으로 치부해 버리는 우를 범하지 말아야 한다. 또한, 로마교회는 시민통치권자들의 통치로부터 교회가 전적으로 독립적이라는 진리를 붙들고 있다. 하지만 때때로 로마교회는 이 교리를 자신들의 이기적인 이득을 얻기 위하여(예를 들면 성직 수임권에 관대하게) 무원칙적으로 펼쳐 감에 있어서 희생시키기도 했고, 시민통치권자들의 권위 위에 교회가 있다는 주장을 펼침으로써 교회의 독립성을 부패시키는 데 이용하기도 했다.

그러나 로마교회가 이 진리를 붙들고 있다고 해서 또는 상당히 그 진리를 부패시켰다고 해서 그 모든 것들이 다 교황주의자들의 것인 양 교회의 독립성을 부정하거나 시민통치자에게 무조건 복종해야만 한다는 이교도들이나 국가만능주의자들의 이론에 동의해서는 아니 된다. 그러므로 어떤 교리나 실천이 교황주의자들의 것이라고 단정 짓고 그 가르침에 반하여 하나의 추론을 촉구하게 될 때, 그것이 로마교회가 붙들고 있고 실천하고 있는 것이라는 논리만을 내세우는 것은 충분한 이유가 되지 못한다. 그것들은 그 위대한 종교개혁자들에 의해서 거부된 것이었다는 논리가 필요하다. 이 개혁자들에게 성령께서는 하나님의 뜻을 그의 말씀에 계시된 것으로서 온전히 펼쳐 보이셨다. 개혁자들은 성령께서 세우시고 능력을 부여하시어 그의 진리를 회복하고 그의 교회를 순결케 하신 자들이다. 따라서 로마교회에서 사용하고 있는 어떤 교리나 실제가 종교개혁자들이 분명히 부정하거나 거부한 것으로 확실히 성립된다면 그것은 로마교황주의자들이 만들어 낸 것이라고 말할 수 있다. 그리고 그러한 가르침에 반하는 강력한 추론을 세워 가는 데 그 두 가지 사실들을 증거로 제시할 수 있다.

그러나 거기에는 여전히 인간적인 권위들을 가지고 호소하는 것들이 있음을 결코 잊어서는 아니 된다. 모든 시대의 교부들이나 개혁운동가들의 이론들을 가지고 확실하고 흠이 없는 유일한 표준인 살아 계신 하나님의 말씀에 호소하는 경우들이 있기 때문이다. 그러므로 우리는 그러한 주장이나 증거를 가지고 어떤 특정한 교리나 실제가 교황주의자들의 것으로 칭하여 그 주장이 성경의 재가를 받은 근거가 충분히 있는 것인지 아닌지를 점검하고, 그 결과를 가지고 그에 대한 우리의 입장을 확고하게 규정해야 하는 의무로부터 벗어나서는 아니 된다. 감독주의 정치는 장로교도 저자들에 의해서 종종 교황주의 정치로 명명되어 왔다. 만일 그것이 로마교회에서 이론적으로나 실천적으로 붙들고 있는 것이었고, 위대한 종교개혁자들에 의해서 거부된 것이었으며, 마찬가지로 중세시대에 적그리스도를 대적하는 증인들로 활약했던 자들에 의해서도 거부된 것이었다면, 또한 그것의 도입이 초대교회의 부패를 촉발시키는 과정의 한 단계를 형성한 것이었고, 교황주의 체계를 형성하고 발전시켜 온 역할들을 제공한 것이었기 때문에 교황주의적인 것이라는 비난을 받을 만한 충분한 근거가 되는 것이라면, 그 근거는 타당한 것이다. 왜냐하면 그 모든 입장들은 충분한 증거에 의해서 교황정치를 대항하는 원칙으로 성립될 수 있기 때문이다.

로마교회는 영국 성공회가 하는 것보다 감독주의 정치 교리를 더 온전하고 명확하게 주장했다. 성공회가 이 부분을 확고하게 정립하기 위해서 시도한 모든 것들은 목사안수(일명 성직 서품식)를 위한 규정서문에서 애매모호하게 선언하고 있다. 즉, "성경과 고대 저자들의 글들을 신실하게 읽는 모든 사람들에게 명백한 증거는 사도시대로부터 그리스도의 교회 안에 이러한 서열들이 있어 왔다. 그것들은 감독들과 사제들 및 집사들이다."라고 선언하고 있다. 트렌트 교회회의에서 이 부분에 대하여 더 명확하게 설명하면서 그렇게 믿어야 할 것을 요구하고 있는 것에 비해 성공회는 모호하게 주장한 것이다. 왜냐하면 트렌트 교회회의가 주장하는 것을 종교개혁자들은 일반적으로 그것을 '아나테마'라는 항목 아래에서 부정하였기 때문이다. 그 회의의 23번째 항목에서 통과된 것은 두 가지 법령들이었다. 이것은 물론 교회론의 표준을 세운 것이기도 하다. 거기에서 "보편적 교회 안에 신적인 규정에 의한 성직계급, 감독들과 장로들 및 집사들로 구성된 계급이 없다고 말하는 자들은 파문에 처하게 된다."[176] 그리고 이어서, "감독들이 장로들보다 우위에 있지 않다거나 규례를 정하는 것이나 안수할 권한을 가지고 있지 않다고 주장하는 자들, 장로들도 감독들이 가진 권한이 동일하다고 말하는 자들은 파문을 당할 것이다.[177]"라고 하였다.[178] 트렌트 교회회의에서 이 법령을 수용했다는 것은 감독정치가 로마교회의 교리일 뿐 아니라 직접적인 증거에 의하여 결정적인 것으로 확립시킬 수 있다는 것을 간접적으로 증명하는 것이기도 하다. 분명, 이것은 종교개혁자들에 의해서 일반적으로 거부된 것이었다.

교황정치에 속한 교리나 실제와 관련하여 그것이 교황정치제도가 온전히 확립되기 이전부터 이미 교회 안에 존재했다는 것에 대한 입증을 통해 그것이 교황주의 정치에 속한 것이라는 주장을 반박하는 것만으로는 불충분하다. 왜냐하면 그 체제의 시작이나 싹은 사도시대까지 거슬려 올라가 추적할 수 있기 때문이다. 교회 안에는 으뜸이 되는 것을 사랑한 사람들이 있었고, 그들은 의식들을 도입하고자 했고 사람들의 의지에 부합한 예배를 세우고자 했다. 새로운 직제를 도입하여 세우려고 하는 것은 사도들이 임명한 다른 직분자들(장로들과 집사들)보다 고위직에 있고 권세를 행사하는 자들에 의해서 이루어진 것이다. 그러한 기질이 감독주의 정

---

176) Si quis dixerit, in ecclesia catholica non esse hierarchiam divina ordinatione instituam quæ constat ex episcopis, presbyteris, et ministris: anathema sit.

177) Si quis dixerit, episcopos non esse presbyteris superiores, vel non habere potestatem confirmandi et ordinandi; vel eam, quam habent, illis esse cum presbyteris communem,…anathema sit.

178) Canones et Decreta Con. Trid., Sess. xxiii., c. iv., Can. vi. vii.

치체계이다. 여기서 우리가 잊지 말아야 할 것은 그 의도가 궁극적으로
보편적 교회의 대주교를 세움으로 귀결되었으며, 그 제도 자체를 더 확장
시켰고 강화시켰다는 것이다.

동시에 개신교주의를 탄생하게 한 원인이 된 감독주의자들이 고안한
많은 외형적으로 가치 있는 섬김과 관련하여, 우리는 교황주의적이라는
용어를 감독주의 정치라는 말에 적용할 수 있다는 것을 알 수 있다. 또한,
성경이나 초대교회 어디에서도 그것에 대한 근거가 없다는 것을 주장하
고 증명하는 것으로 만족해야 할 것이다. 그러므로 그것들이 그리스도의
교회 안에 있어야 할 이유가 없는 것이다. 그러나 여전히 감독주의자들은
자신들의 입장을 펼칠 때, 그들이 언제나 그래 왔던 것과 같이 감독주의
정치는 지난 1,500년 동안 전체 기독교계에 퍼져 있었던 것이라고 주장
한다. 그리고 종교개혁의 기간에 전체 교회가 이 원리를 획득하게 되었다
고 말하는데, 이것은 참된 것으로 추론하는 것이다. 그것은 종교개혁자들
에 의해서 교황주의의 타락이라고 정죄된 것이었다. 이제 우리는 기독교
의 역사 1,500년으로부터 첫 2, 3세기의 역사는 제외시킬 수 있다. 그리
고 우리는 몇몇 교황주의자들이 실천하고 있는 것들은 적어도 고대적으
로 가치가 있고, 감독주의자들이 주장하듯이 일반적인 근거가 널리 확산
되게 하였다.

1. 감독주의 정치-진상 검증(State of Question)

감독정치를 옹호하는 자들은 일반적으로 다음과 같은 논리를 편다.
즉, "우리는 초기 교부들의 글에서 사도시대로부터 감독들이 교회 안에
있었음을 발견한다. 그들은 교회의 직분자들 중 최고로 높은 자리에 있

는 자들로 간주되었고 순종케 했다. 이러한 주장은 사도들 자신들에 의해서 소개가 되고 세워진 것이 아니었다면 그처럼 일찍 존재할 수도 없고 일반화시킬 수도 없는 것이다. 그러므로 감독주의 정치는 사도들로부터 그 기원이 있는 것이요 권위를 가진다."라고 한다. 이렇게 감독정치가 소개될 때 자연스럽게 그리고 또렷하게 발생하는 질문이 있다. 감독의 존재가 그렇게 일찍부터 있었고 보편적인 것이라는 주장을 하나의 '신적인 법령으로 받아야 하는 것인지', 즉 '사도들에 의해서 실천된 것이었고 그러므로 교회는 여전히 그렇게 실행해야 한다는 하나님의 법령으로 받아야 하는 논리적 근거가 있는가?'라는 질문이다. 아니면 '단지 어느 특정한 성경 구절들을 자신들이 선호하는 이 논리를 드러내는 방식으로 해석하는 하나의 가설은 아니냐?' 하는 질문이다. 옥스퍼드 운동가들과 같은 몇몇 고교회파 감독주의자들은 감독정치의 신적 권위가 성경으로 완전히 확립될 수 있는 것은 아니지만 전통의 교리나 보편적인 합의의 원칙에 근거한 로마교회와 본질적으로 같은 것임을 인정한다. 그들은 초대교회의 증언이 그것을 입증하기에 충분한 것으로 본다. 사실상 그들은 감독정치를 성경의 불완전성에 대한 증거로 제기하고 있는 것이다. 즉, 그들은 감독정치를 지지하기 위한 결정적인 증거로서 전통에 의존한다는 주장을 펼치고 있는 것이다. 다른 감독주의자들은 감독정치에 대한 성경적 근거가 분명하다고 생각한다. 그들은 성경적인 논증에 대한 몇몇 보강증거를 제시함으로써 고대교회의 증언을 언급한다. 물론, 이 두 주장 사이에서 맴도는 자들도 적지 않다.

실제로 대부분 그들의 생각 밑바닥에는 감독정치를 위한 성경적 증거가 성경 그 자체로서 결정적인 것이라고는 보지 않고, 초대교회의 증언에 의해서 보강되어야 할 필요가 있다는 생각이 깔려 있다. 또한, 그들이 고대교회로부터 증명이 된다고 하는 증거의 가치와 중요성에 대해서 공식적으로 표명하는 것도 그들 사이에 분분한 의견들이 있다. 즉, 거룩한 성경말씀의 충분성과 완전성과 관련한 그들의 확신과 표현의 건전성과 명확성에 따라서 생각이 조금씩 다른 것이다. 그리고 하나의 신적인 법령으로 지지받기 위해서는 성경적인 증거가 반드시 필요하다는 생각에 따라서도 의견이 다르게 표명되고 있다.

그러나 그러한 모든 주제를 다룸에 있어서 우리는 성경의 증거와 인간의 권위 사이의 경계선은 분명해야 하고 변함이 없는 것이어야 한다는 사실이 최고로 중요하다는 것을 명심해야 한다. 우리는 하나님의 말씀으로부터 명백한 근거를 산출할 수 없는 그 어떤 것도 신적인 권위를 지닌 것으로 믿거나 실천해야 한다고 말할 수 없다는 사실을 잊지 말아야 한다. 또한, 교황의 수위권을 다루면서도 이미 상세하게 지적한 바와 같이 만일 성경적인 진술에 기초하여 고백되는 것으로 확실히 하기 위해서는, 논쟁을 끝내야 할 필요성에 대한 증거 역시 성경으로부터 분명하게 성립되어야만 한다. 그렇지 않으면 신적인 법령이라는 증거는 산산이 부서지고 만다. 그런 사실들은 일반적인 사람들의 증언에 의해서 충분히 확립될 수 있는 것이다. 그러나 만일 성경으로부터 나오는 그 논거가 성경적인 분명한 증거들이 없어서 결정적인 것으로 성립될 수 없는 것이라면 우리는 하나님께서 그의 말씀의 매개체를 통해서 우리에게 알리시기를 기뻐하신 것이 아니었다고 말할 수 있는 것이다. 하나님은 그것을 하나님의 계시의 일부로 수용하라거나 그의 권위에 복종하기를 원치 않으셨다는 결론으로 필연적으로 귀결시켜야 하는 것이다.

감독주의자들은 자신들의 견해가 부분적으로는 성경에 기인하고 있고, 부분적으로는 초대교회에 기초하고 있으며, 어떤 것은 그 두 가지가 다 혼용되어 기인되었다고 말하면서, 분명한 구분을 할 수 없는 막연한 개념을 내세워 주장한다. 그러나 이 두 가지[179]는 명백히 구분되어야 한다. 각각은 그것을 지지하는 나름대로의 영역과 역할을 가지고 있기 때문이다. 만일 성경이 신앙과 행위의 유일한 규범이라고 믿는다면 성경만이 유일한 판단의 특권을 가지고 있음을 항상 온전히 지켜야 한다. 거기에 이론적으로나 실천적으로나 직간접적으로나 공개적으로나 잠재적으로나 어떤 것도 개입될 수 없으며 성경만이 종합적으로 그리고 결정적으로 독단적인 권위가 있는 것이다.

바로 이러한 원리에서 초대교회의 모든 교리와 실천사항들이 표출되었다는 것을 확인해야 한다는 것은 참으로 중요하다. 그러나 이러한 확인 작업은 그것이 성경의 교리와 사도들의 실천사항으로 본래부터 지니고 있는 유일한 믿을 만한 정보의 출처임이 분명하게 밝혀지게 될 때에 무의미한 것이 되고 만다. 만일 감독정치가 사도시대 이후의 초대교회의 교리와 실천이라면 버려야 하는 제도이다. 종종 그랬던 것처럼 사도적인 전통에 의한 것들로 말해지는 것들보다 사도들이 세웠다는 확실한 증거를 가지고 있는 사도시대 이후의 것으로 말해지는 특별한 뭔가가 있다고 주장되어진다면 말이다. 우리는 일반적인 원리로서 2, 3세기의 교리나 실제는 사도들이 가르치거나 실천한 것으로 내세우기가 매우 빈약한 것임을 이미 충분히 밝혀 왔다. 그렇지만 어쩌면 이것은 우리가 특별히 고려해야 할 것일지 모르겠다. 그러나 진리는 고대성 그 자체가 성경이 가져다주는 것만큼 감독정치를 선호하는 더 강력한 증거를 제공하고 있지 않다는 점은 분명하다.

---

179) 역자 주) 성경에 기인하고 있는 것과 초대교회에 기인하고 있다는 것.

감독정치에 대한 고대교회의 증언에 대하여 올바르게 평가하기 위해서는 먼저 고려해야 할 것은 옹호자들과 반대자들 사이에 놓여 있는 질문에 대한 참되고 타당한 진술에 있다. 왜냐하면 감독주의자들이 고대교회로부터 즐겨 인용하며 예증하고 있는 상당한 부분이 논점상위의 오류(ignorantia elenchi, 論點相違의 오류), 또는 실수라 부르는 궤변을 통해 자신들의 이론의 가능성을 추론하는 데 익숙한 자들이기 때문이다. 나는 그 진상검증에 대한 '성경적인 설명'과 '역사적인 증거를 평가해야 할지 말지를 조사하고 확정 짓는 문제'가 동일하게 중요한 일이라고 생각해 본 적이 거의 없다. 이 문제를 다루는 일반적인 질문은 다음의 질문으로 정확하게 묘사될 수 있을 것이다. "감독들이 그리스도의 교회에서 일반적인 교회 직임자들과는 구별되고, 독특한 서열로서 목사들보다 우위에 있고 교회 위에 사법권을 관할하고, 조직교회의 보존과 교회적인 업무들에 대한 일반적인 행정에 본질적인 역할들을 확실하게 수행하는 독보적인 권한을 가진 자들로서 영구적으로 존재해야 하는 직분인가?" 그러나 적어도 성경적인 논증을 고려해 본다면 진짜 타당한 질문은 이것이다. "직임자들 중 이처럼 구별되고 특별한 서열이 존재해야 한다는 것이 그리스도의 생각이요, 뜻이라는 충분한 암시가 성경에 있는가?" 또한, 적어도 역사적 논점을 고려해 볼 때, 던져야 하는 타당한 질문은 이것이다. "초대교회에 이 우월적 지위의 직임자가 있었는가? 만일 있었다고 한다면, 그 직임은 주님의 교회에 영구적으로 존재해야 한다는 것이 그리스도의 생각이요, 뜻이라고 볼 만한 증거나 추론을 제공하고 있는가? 아니면 다른 어떤 근거에 의하여 그 직임을 교회가 반드시 가지고 있어야 한다는 의무라고 주창할 충분한 증거가 있는가?"

그 진상검증에 대한 참 증거는 감독주의자들이 이러한 질문들에 대한 확정적인 답변을 공개적이고 단호하게 제공하지 않는 한 장로교도들이 이 문제에 대해서 논쟁에 나설 이유가 없다는 데 있다. 그들은 장로회주의에 반대한다고 주장할 만한 그 어떤 자료들도 제출할 수 없는 자들이다. 감독주의 정치에 대한 근본적인 주장의 핵심은 장로교도들이 가지고 있는 교회 직임의 중요하고 신적으로 권위 있는 체계가 결핍되어 있다는 것이다. 결과적으로, 그 체계의 결핍 때문에 장로교회에서 정규적으로 효과 있게 수행되지 못하고 있는 (그것은 오직 상위 계열에 있는 직임자들에게 적합한 것이다) 견진성사나 안수식과 같은 교회의 기능들을 수행할 사람들이 확실히 있어야 한다는 것이다. 그리하여 감독주의자들은 새롭고 인준을 받음이 없는 불필요한 직임자들의 체계를 도입한 것이다. 그러나 장로들의 모임을 주재할 인도자가 없어야 한다고 주장하는 장로교도들은 아무도 없다. 또는 주재하는 인도자로 임명받았을 때 그가 일종의 우월적인 힘이나 권위를 가지고 있지 않다고 말하는 장로교도들도 아무도 없다. 총회장이나 노회장이 가지고 있어야 하는 권력이나 권세에 대한 분명한 표준이 있다고 논쟁하는 장로교도들은 아무도 없다. 뿐만 아니라, 의장으로 직무수행에 임명된 기간 동안에 교회의 여러 사안들을 결정 내림에 있어서 그리스도인의 지혜를 실천할 공간도 여건도 시간도 가질 수 없다고 주장하는 장로교도들도 없다. 많은 장로교도들은 항구적인 의장직에 대한 주된 반대 사항, 즉 장로들 중 한 사람이 *생명이나 과실에 대하여*(ad vitam aut culpam) 다루는 직무에 임명될 때, 그가 계속해서 장로로서의 직무를 수행하는 자임에도 그러한 역할을 수행할 유일한 권한을 가진 자로 보는 것이 아님을 분명히 인정하고 있다. 그 사람이 없이는 그와 같은 직무를 수행할 수 없고, 그의 사법적 판단에 전적으로 복종해야 한다는 것과 같은 주장들은 유해한 *성향*을 지니고 있는 것이다. 그 유해한 성향이란 교회사가 안타까운 경험을 증명하고 있듯이 적절한 감독정치제도의 형성을 낳게 된 것이다.

칼빈도 살아 있는 동안 제네바 장로회의 노회장이었다. 아마도 그 이유는 그가 살아 있는 동안 그 직무를 수행할 만한 역량을 가진 사람이 없었기 때문이었을 것이다. 그러나 칼빈이 죽은 후에 그와 같이 존경할 만한 위치에 있는 베자가 그의 동료들에 의해서 의장직을 제안 받았지만 베자는 그 직임을 사양하였다. 그리고 그는 우리의 선조들이 호칭한 것과 같이 항구적인 노회장이나 총회장 직임을 가지는 일은 해로운 결과를 낳기 때문에 폐기되어야 한다고 주장했다.[180]

장로교도들은 어쩔 수 없는 특별한 상황에서는 일시적으로 의장이나 총회장직의 권력을 실행할 수 있도록 보다 더 일반적으로 개인들에게 회를 대표하는 권한을 확장시켜야 한다는 것에 일반적으로 동의한다. 이 모든 것은 논쟁의 한 가지 본질적인 주제인 구별된 직무를 수행할 적합한 감독이 있어야 하느냐를 입증하는 것으로 나아가는데, 여기서 감독은 일반적인 장로들보다 우월한 지위에서 사법권을 행사하고 그들의 지도력에 온 교회가 복종해야 하며, 그들이 없이는 교회가 결코 수행할 수 없는 특정한 역할들을 수행하는 유일한 권한을 지닌 자를 의미한다.

많은 감독주의자들은 이러한 독특한 방식으로 그 진상에 대하여 참되게 조사하기를 원하지 않는다. 그러나 그들의 논리들을 지지하고자 내세우는 원리들에 대한 그들의 모호한 양심은 우리가 이미 지적한 것처럼 그 논쟁에 있어서 이 점을 전혀 건드리지 않는다. 그들 중 대부분이 이 문제를 매우 당혹스러워하며 은근슬쩍 넘어간다. 이런 자들은 목사들이 평등

---

180) Ruchat, Hist. de la Reform. de la Suisse, tome vii., pp. 47,48.

하냐 평등하지 않느냐라는 문제에 주목하고 논쟁의 진짜 핵심을 드러내는 것을 매우 고통스러워한다. 그들은 대체로 이런 방식으로 논쟁을 이끌어 간다. 즉, 감독들 가운데 우월한 권력이나 권위를 지닌 자가 있다거나 그런 자의 이름을 언급하지 않고, 다만 혼란과 무질서를 방지하기 위하여 그러한 차별된 존재 또는 우월성 및 종속성을 가진 존재가 필요하다는 것이다. 혹자는 그 진상검증을 논하는 자들의 말을 듣게 될 때 또는 피하거나 당혹스러워하는 자들의 말들을 들을 때, 그 차이가 매우 사소하다고 믿고 싶은 유혹을 받게 될 것이다. '아, 감독주의는 그렇게 해로운 것은 아니구나.'라며, 많은 위험한 것이나 일반적인 성경적 배치에 대하여 크게 훼방하는 것이 없이 용납할 수 있는 것이라고 믿고 싶은 유혹을 받는 것이다.

그러나 교회사는 어떤 형태로든지 감독주의 개념이 일반적으로 흘러가 버린 경향을 생각할 때 이 개념을 강경하게 거부한다. 양측에서 그동안 벌여 온 이 논쟁의 전 역사는 논쟁에서의 진짜 요점이 평등성 또는 불평등에 관한 모호한 질문에 있는 것이 아니라 일반적인 교회 직임자들 중에 그들 위에 있는 특별한 계층의 직임에 대한 근거에 있는 것이다. 그 직분에 목사들을 통솔하는 사법적인 권한이 있고, 그 감독직 안에 교회적인 특정한 역할을 수행할 권리가 부여되어 있다는 성경적 근거가 논의의 핵심인 것이다.

여기서 우리가 주시할 것은 그 진상검증에 대한 해결방안은 입증책임(onus probandi) 문제를 해결한다는 것이다. 감독주의 정치를 증명할 수 있느냐가 해결책이다. 양측에서 다 인정하는 것은 사도들은 장로직과 집사직을 임명하였다는 것이다. 이 직임들은 교회에 항존직으로 존재하는 것이 사도들이 가진 의향이었고 주님의 뜻이었다는 것을 명백하게 충분하게 밝히고 있다는 사실을 인정한다. 문제는 이것들 외에 사도들이 과연 다른 직임인 독특하고 보다 높은 직임, 예를 들어서 감독직과 같은 상위 직을 항존직으로 세웠느냐이다. 감독주의자들은 그렇게 했다고 확정한 다. 그렇다면 그들은 그것을 분명하게 입증해야 한다. 그러나 장로교도 들은 이것을 부정한다. 장로교도들은 타당한 모든 논리의 규칙들에 따라 서 감독주의자들의 논거에 대답하고 증명해야 할 의무가 있다. 그러나 그 들이 제시하고 있는 주장을 지지하는 결정적인 근거가 불충분하다. 이것 이 장로교도들이 요구하는 모든 것이다. 그 요구들이 충족될 때 장로교도 들은 이길 수밖에 없는 것이다. 논쟁의 영역을 완전히 장악하고 돌아왔기 때문이다.

장로교도들은 많은 *자료로부터* 감독직제와 같은 항존직이 어느 특정 한 유능한 권위자에 의하여 제정된 적이 없다는 사실을 증명하는 것을 결 코 주저하지 않았다. 그리고 장로교도들은 회중들을 돌아보는 목사직이 야말로 교회에 있는 가장 고귀한 직임이며 교회의 보존과 교회적인 업무 들의 운영을 위하여 필요한 모든 것, 안수식를 포함하여 모든 역할들을 수행할 자들이라는 근거가 온전히 있음을 증명한다.

이 주제를 제대로 이해하고 다루기 위해서는 성경과 고대교회로부터 들이대는 일반적인 증거를 공평하게 판단하는 것이 필요하다. 이 일을 위 해서 우리가 파악하고 기억해야 할 중요한 것은 논쟁에 있어서 진짜 요 점이 목사 직임이나 장로 직임과는 구분되는 우월적 지위에 있는 항존직 에 관한 것이다. 그러나 잊지 말아야 할 것은 감독주의자들은 우리가 지 금 설명한 것과 같이 그 질문에 대하여 확고한 대답을 결코 하지 못한 자 들이었다는 점이다. 그들은 단지 논쟁적인 목적에 부합한 견해를 논리적 으로 밝히는 데 있어서 자신들의 입장에 대한 어려움을 축소시키고자 했 다. 그러나 그들은 솔직히 말해서 감독들과 장로들의 사이의 차이를 매우 좁은 잣대로 축소시켰을 뿐이다. 그러한 인물 중에는 훌륭하고 선한 우셔 (Usher) 감독이나 다른 탁월하고 뛰어난 감독들도 있었다. 그들은 자신들의 견해를 피력함에 있어서 옛 스콜라주의 입장을 사용하였다. 그들은 많은 권위 있는 자들, 심지어 트렌트 교회회의 이전에 왕성하게 활동했던 로마교회 저자들의 글들에서 자료들을 바탕으로 감독들과 장로들은 *서열의 차이가 아니라 직무상 차이였다*(differunt tantum gradu non ordine)고 주장하였다.[181]

어쩌면 우리는 그 의미를 분명하게 파악할 수 없을지 모른다. 또 그들이 사용한 그 구분에 대한 견고성과 가치에 대해서도 잘 모를 수 있다. 어쩌면 그들이 자신들을 계속해서 감독주의 정치를 지지하는 자들로 부르는 것에 대해서 놀랄지도 모른다. 그러나 우리는 그들이 참된 것으로 만드는 그들의 허용에 대한 엄청난 중요성을 결코 무심코 넘어갈 수 없다. 우리는 그들의 입장들에 대한 상대적인 건전성을 신뢰해야 한다. 우리는 그들에게 공손함과 친절을 기꺼이 표명해야 한다. 그리고 그들과 우리 사이의 간격을 크게 벌리기보다는 축소시키도록 해야 한다. 특히, 그 진상 조사에 대한 견해를 지지한 사람들은 일반적인 정통교리에서뿐 아니라 개인적인 성향의 뛰어남과 탁월함 측면에서도 일반적으로 다른 어느 감독주의자들보다 월등한 자들이었기 때문이다. 이 계층의 감독주의자들은 감독이 없이 거행되는 장로교회의 안수식을 인정한다. 비록 이것을 그들은 불규칙적인 것이라고 간주할지라도 말이다. 따라서 장로교도들이 이들의 견해들과 원리들이 장로교회의 안수식은 무효이며 아무것도 아니라고 간주하는 고집불통인 고교회파 감독주의자들과는 매우 다른 감정과

---

181) Forbesii Irenicum, and Usher's "Reduction of Episcopacy."

정서를 취하는 것도 가능한 일이다. 모든 장로교회도들이 디모데가 그러했던 것과 같이 머리에 손을 얹고 안수하여 받을지라도 고교회파들은 장로교회의 성직을 족보 없는 짓거리요, 성직을 모독하는 짓이라고 단정한다. 그런 고교회파들에 대한 역사의 증거는 진정한 그리스도인의 삶의 원리에 따라서 삶을 영위하였다는 만족할 만한 증거를 보이는 자들이 거의 없다는 것이다. 그들 중에는 교회적으로 참으로 유익한 일꾼이었다는 말을 듣는 자들도 별로 없었다.

감독주의자들 중에는 감독주의에 유리한 신적인 법이라는 모든 주장을 어떤 측면에서 포기한 자들도 있었다. 그리고 감독주의가 사도들에 의해서 확립된 것은 아닐지라도 국가와 교회 지도자들이 합법적으로 교회에 소개한 분명한 근거가 있음을 증명하기 위해 수고를 아끼지 않은 자들도 있다. 그 제도가 소개되었을 때 사람들은 합법적으로 복종했다는 것이다. 물론, 이것은 고려할 사항들이 많이 있지만, 옛날부터 전해져 오는 것이고 유용한 것이라고 생각한다. 또는 이것이 시민헌법과도 일치되는 것이고, 그것을 지지하는 특별한 나라의 사회적인 구조와도 잘 어울리는 제도라고 생각한다. 이것은 본질적인 면에서 성공회의 개혁자들 중에 상당수가 선택한 사항이기도 하고 몇몇 루터파 목사들도 그렇게 하기도 했다. 그들은 성공회 사람들과 마찬가지로 외형적인 질서문제에 있어서 국가만능주의와 광교회주의 정신을 명시하였다. 이러한 사람들과 벌이는 우리의 논쟁에는 감독주의 원칙이나 감독정치의 의무와 필요성에 대한 참된 논의는 포함되지 않지만, 보다 더 일반적이고 포괄적인 질문, 즉 성경적인 근거나 어떤 인준도 없는 직분들과 체제배열을 그리스도의 교회의 정치에 도입해야 하는 것이 합법적인지 아닌지를 살펴봄으로써 결론을 내려야만 한다.

그러나 감독정치에 대한 논쟁을 벌위에 있어서 이깃을 우선적으로 염누에 두고 있는 것이 아니다. 즉, 감독정치 논쟁에서 그 질문의 참된 진위를 설명하기 위하여 무엇이 옳은 것인지를 결정하고자 내세우는 양측의 일반적인 증거에 대한 올바른 평가가 우선적으로 요구된다는 점이다. 그런 다음에야 이 논쟁에서 양산되고 논의된 모든 다양하고 풍부한 자료들과 관련하여 생각할 유일한 타당한 질문은 이것이다. 즉, '그 자료들이 평범한 장로들로서는 수행할 수 없는 어떤 특별한 교회적인 기능들을 수행할 권위가 있고 일반 장로들보다는 우월적 지위에 있는 독특한 서열의 교회 직분이 필요함을 지지해 줄 만한 증거를 제공하고 있느냐 아니냐?'라는 질문이다. 감독정치 논쟁에서 제기되고 산출된 다양한 논박들은 모든 논쟁의 결말에 달려 있는 이 질문을 피해 갈 수 없다. 정말 중요한 한 가지는 이 질문에 확고하게 답변을 줄 수 있는 내용을 그 모든 자료들이 제공하고 있는지 없는지를 결정하는 것이다. 이러한 문제제기에 대하여 늘 한결같은 입장은 성경에서든 초대교회에서든 감독주의 정치논쟁이 충분한 근거를 가지고 있는 것이 아니라는 것이다. 이것이 우리가 그러한 논쟁을 분별할 수 있도록 도와주는 근거이다.

만일 이 진상검증이 사실이라면 감독주의의 몇몇 논객들이 애써 옹호하고 있는 모든 시도들, 즉 기독교회의 직임자들 사이에는 평등하지 않고 서열이 존재하며, 이 직분자들은 특별히 유대인 교회의 헌법과 70명만이 아니라 12명의 사도들을 보내신 우리의 구세주로부터 기인한 것임을 확고하게 제시하고자 하는 그 모든 노력들은 다 물거품이 되고 만다. 그것들은 논쟁에 있어서 진짜 핵심에 어떤 영향을 미치지 못하는 것이다. 그리고 교회 직임자들 사이에 서열이나 높낮이가 있다는 타당성, 편의성 및 가능성을 말하는 이들의 주장에 대한 증거는 우리를 반박할 만한 것이 전혀 없다는 결론을 짓게 한다. 왜냐하면 우리는 상호종속적인 두 가지 직분, 즉 장로들과 집사들의 구분되고 동등하지 않은 직분들을 가지고 있기 때문이다. 몇몇 감독주의자들은 일반적으로 교회 직임자들 가운데 삼중직 서열을 증거하는 자료들을 성경과 초대교회로부터 추론할 수 있다고 생각하였다. '그들은 정말로 목사를 세 단계로 구분할 수 있는가?', '하나님의 말씀을 선포하고 성례를 거행하는 자들로 동일하게 임명을 받은 사람들 가운데 그들이 목적하고 있는 바대로 서열이나 계급이 존재한다고 증명할 수 있는가?' 그러나 그들은 이러한 입장을 지지할 어떤 증거들이나 추론들을 만들어 낼 수 없는 자들이다.

그들이 선호하는 대로 교회 직임자들 중에 삼중직 서열을 시사한다고 말하는 것들을 눈여겨봄으로써 그것들은 다 부적절한 것들이어서 우리를 반박할 수 있는 것들은 하나도 없다고 말하지 않을 수 없다. 왜냐하면 우리 역시 삼중직을 가지고 있기 때문이다. 장로회정치의 근본 원리들이 이 부분을 정확하게 제시하고 있기 때문이다. 첫째, 사도들에 의해서 구분되는 두 가지 항존직분이 세워진 바 있다. 즉, 영적인 직임을 수행하며 교회의 신령한 일들을 통찰하는 장로들과 일시적이거나 세속적인 일들을 감당하는 집사직이 있다. 둘째, 장로들의 일반적인 서열은 훌륭한 성경적인 근거에 의해서 두 가지 유형으로 나눠진다. 일반적으로 가르치는 장로들과 다스리는 장로들로 구분되는 것이다. 그런 차원에서 장로회 정치에 있어서도 교회 직분의 삼중직을 형성하고 있는 것이다.

감독주의자들에 의해서 제기되는 또 하나의 논박은 야고보(이 야고보가 사도였는지 아니었는지에 대한 논란은 여전히 논쟁거리이다)가 사도들에 의해서 예루살렘에 있는 교회의 감독으로 정착하여 섬겼다는 주장에서 찾을 수 있다. 그리고 우리 부활의 구주 예수께서 종 요한에 의해서 말씀하신 아시아 교회 사자들에게 하셨다는 것을 근거로 한 주장이다. 그리고 디모데와 디도의 경우를 들어서도 증명하고자 시도하였다. 이러한 근거들 중 첫 번째 논증과 관련하여 야고보가 감독의 역할을 수행하였다는 논쟁은, 즉각적으로 성경적인 논쟁이 되는 것으로 고백하는 한 이미 우리가 살펴본 것처럼 바로 문제가 해결된다. 즉, 야고보가 오늘날에 사용하고 있는 현대적 의미의 감독의 역할을 수행했다는 주장은 성경에서 직간접적으로 증명되지 않는 것이다. 사실 그렇게 말하는 것이 정말 낯부끄러운 것이다. 사도행전 15장에서 예루살렘 공회의에 대한 성경적 설명에 내포되어 있는 것들을 살펴볼 때 그러하다.

아시아교회 사자들에게 보낸 편지들을 가지고 논증하는 것과 관련해서 증명하기는 힘들지만 그것은 개개인들을 언급한 것이다. 그럴 가능성이 매우 높을지라도, 예를 들면 증거 자체가 강력하게 그런 주장을 반대한다고 생각은 하지만 그것이 입증하고 있는 것은 이 교회들 안에 어떤 특정한 한 사람이 있었다는 것이다. 그 한 사람이 두드러진 위치를 차지하고 있었다거나 다른 자들과는 구분되는 특출한 자리에 있는 사람으로서 교회를 대표한다는 인상을 갖게 하는 것이다. 우리 주님께서 교회와 소통하시려는 내용은 주님이 주신 서신에서 여실하게 볼 수 있듯이 그 한 사람에게 말씀하신 것으로 보인다.

그러나 개개인 사자들이 문자적으로 개인들을 의미하는 것으로 증명이 된다면, 이 주장이 성립될 수 있을 것이다. 그러나 현재로서는 그 어떤 것도 확신할 수 없다. 여기서 우리가 다시 한 번 기억할 것은 이것 역시 논쟁의 핵심이 아니라는 점이다. 여기에서 언급된 사자가 감독이었고, 그는 다른 장로들에 비해 서열상으로나 위치상으로 더 높은 위치에 있었다는 어떤 증거의 흔적도 없다. 심지어 그렇게 추론할 만한 근거조차도 없다.

그 사자가 다른 이들보다 우월적 지위에 있어서 사법권이나 권위를 가지고 다른 이들이 할 수 없는 특정업무들에 종사했다는 어떤 증거도 없다. 간단히 말해서, 그 사자가 노회의 의장보다 무언가 특별한 일을 수행했다는 흔적이나 추론할 만한 건더기가 전혀 없는 것이다.

디모데와 디도의 경우를 가지고 논쟁하는 것과 관련해서 보면, 그들이 수행한 권세와 법적 행위들이 성경에서 감독주의 정치를 선호하게 하는 듯한 증거가 하나 정도 있는 것처럼 보인다. 프린(Prynne)이 쓴 훌륭한 책 『디모데와 디도의 비감독직(The Unbishoping of Timothy and Titus)』에는 매우 흥미진진한 내용들이 많이 있다. 그 책은 내가 의도하고 있지 않은 논쟁의 형태를 요구한다. 사실, 결정적인 증거는 그들이 고위 성직을 지닌 자라거나 지역 감독직을 수행한 자가 아니라, 전도자의 직임을 다 하였다는 것이다. 그리고 이것은 효과적으로 증명되고 있다. 그 직분이 초자연적인 것이지만 영구적이라거나 보편적인 직임으로 의도된 것은 아니었다. 물론 이것은 특별하고 비상한 상황에서 그와 유사한 힘을 지닌 한 사람을 세우는 것이 교회를 위해서 타당한 것으로 말해질 수 있을 것이다.

장로회와 감독회 사이에 관한 문제의 사실조사에서 제기된 견해의 적용점으로 내가 마음에 두고 있는 한 가지 사실은, 다른 논쟁들만이 아니라 이 논쟁에 대한 만족스러운 해결책에 뭔가를 기여하고 있다는 것이다. 디모데와 디도가 에베소와 그레데에 있을 때, 그곳의 장로회를 관장하는 어떤 법적인 일들을 수행한 것처럼 보이지만 그 문제점과 관련해서 그들의 존재가 교회적인 사안들을 결정하고 실행하는 유용성에 필요한 것이었다. 그리고 그들이 관여하고 있는 교구들을 비우고 자주 여행하고 돌아다니는 동안에는 아무것도 결정할 수도 없고 실행할 수 없었다고 볼 만한 어떤 증거도 성경에는 없다는 것을 주목하는 것이 참으로 중요하다. 그들이 여기저기 다니게 되어 그 장소에 종종 없었다는 사실은 성경이 충분히 알려 주고 있다. 즉, 이렇게 그들의 부재(不在) 시에는 남아 있는 다른 장로들이 그들이 있을 때 할 수 있었던 모든 일들을 하나도 실행할 수 없었다는 것을 암시하는 어떤 증거도 성경에는 없다. 그리고 디모데나 디도가 수행한 역할들을 할 수 없는 곳에서는 장로들이 교회의 모든 필요한 업무들을 수행할 수 없었다는 증거도 없다. 또한, 사도들이 그들에게 위탁한 법적인 일들을 처리할 만한 다른 사람들도 없었다고 볼 근거도 없는 것이다.

일반장로들은 특정한 교회의 업무처리를 독단적으로 수행할 수 없다는 것은 감독주의 체제에서 감독직의 본질적인 특성이다. 그러나 그것이 디모데에게나 디도에게 해당된다는 증거는 없다. 또한 이 주제를 논함에 있어서, 옛 저자들의 글에 의해서 소개되었던 선하고 유익한 학문적인 자질을 갖춘 자들로 구분 짓는 증거도 없다. 우리는 디모데와 디도의 경우 그들의 직책이 평범하고 항구적인 직분이 되는 것으로 입증될 수 있는 최초의 사례라는 것을 인정한다. 이것이 감독정치를 주장하는 자들에게 법적으로 우월권을 행사할 수 있는 감독직에 대해 반박할 만한 좋은 소재가 될 수 있을 것이다. 그러나 우리는 그것이 심지어 그러한 전제하에서 그 논쟁 자체를 보아도 그들이 주장하는 우월적 지위를 지지하는 어떤 증거도 없다는 것을 말하지 않을 수 없다. 그런 직임자가 유용한 일꾼으로서 교회의 업무처리에 반드시 없어서는 안 될 존재라는 증거가 전혀 없는 것이다. 따라서 현대 감독주의 정치체제를 선호하는 이들의 주장은 전혀 설 자리가 없는 것이다.

장로교도들과 감독주의자들 사이의 논쟁에 있어서 진상조사의 올바른 견해를 적용하는 것은 고대교회로부터 감독주의 체제를 지지받는 것으로 제기되는 증거에 대한 올바른 평가를 내리도록 명백하고 유익한 도구가 된다. 그러나 이에 대한 예화는 현재로서는 뒤로 미루는 것이 낫겠다. 동시에 나는 성경으로부터 도출된 감독주의 체제에 대한 하나의 공식적인 명성과 같은 그 어떤 것도 내 입으로 언급한 적이 없다는 것을 기억하게 되기를 소망한다. 그리고 장로교 정치제도를 지지함에 있어서 성경적인 증거들을 내가 직접적으로 내세우는 일을 하지 않은 적이 별로 없었음을 기억하기를 소망한다. 나는 이 논쟁에 있어서 정말 중요한 진상을 제대로 검사하여 설명하고자 노력하였다. 그리고 이 주제에 명확하고 확고한 입장에 대한 그 중요성을 설명하고자 감독주의 논박들을 말하는 김에 덧붙여 그들의 견해들을 언급했을 뿐이다. 그리고 그 증거에 대한 조사에 있어서 적용될 수 있는 그 진상검증에 견해를 밝히는 방식이나 태도를 명확하게 하고자 언급한 것이었다.

그러나 나는 이 같은 간략한 설명을 부가할 때, 감독주의자들의 교회 정치 체제를 옹호하기 위하여 성경으로부터 내세우고 있는 일반적인 논증들의 *상당한 부분이* 다 논리적 무지의 소산에 불과한 것임을 충분히 밝혔다고 본다. 심지어 그들이 만족스러운 근거 위에서 그러한 주장을 펼치는 것조차도 논쟁적인 핵심을 제대로 확립하기에는 역부족인 것임을 확인했다. 비록 아시아 교회 사자들이 개개인들을 가리킨다고 인정할지라도 그들이 회중들의 목사들보다 우월적 지위에 있고 일반적인 역할들을 하는 자들 중 독특한 *위계*에 속한 자들이었다고 추정케 할 만한 그 어떤 언급이나 암시가 전혀 없다. 심지어 디모데와 디도에 의해서 수행된 직임이 일반적인 직분이고 항존직임에 해당되는 것이라고 인정하며, 그 직임을 계승한 자들이 비록 다른 장로들 위에서 법적인 우위권을 행세하는 우월적 지위를 가졌다고 할지라도, 일반적인 장로들이 수행할 수 없는 일들을 감당하는 권한을 독단적으로 지닌 존재가 있다는 어떤 언급이나 암시를 나타내는 것이 하나도 없다.

디모데와 디도의 경우 사도들이 그들의 지위를 다른 장로들보다 영구적으로 우위에 있는 자들로 간주하였음을 뜻하는 것이 있다고 주장할 수 있다면, 우리는 이 논증에서 유발될 수 있는 모든 다른 고려사항들에 대해 독립적으로 말해야만 할 것이다. 어쨌든 성경에는 사도들이 디모데나 디도보다 더 센 독단적인 직무 임명권을 수행했다는 증거가 전혀 없다. 다시 말하면, 장로들로 임명되어 정착하고 난 다음 이 장로들이 수행할 능력이 없는 업무수행을 위한 다른 일반적인 교회적인 역할들이 있었고, 그것을 위해 사도가 필요했다는 증거가 전혀 없다. 실제로 사도들은 자신들을 평범한 교회 직임자들을 말할 때 다른 무엇이 아닌 단순히 장로들이라는 호칭을 사용했다. 우리가 이 주제에 대하여 성경에서 말하는 가장 대표적인 내용은 디모데가 장로회에서 안수를 받아 임직되었다는 것이다 (이것은 정말 놀랍게 우연의 일치가 되는 것이다). 반박할 수 없는 증거는 장로들이 그 안수행위를 거행함에 있어서 효과 있게 정기적으로 잘 수행했다는 점이다. 감독주의자들은 특별히 보다 높은 지위에 있는 자가 그 직무수행에 반드시 있어야 한다고 주장하지만 여기에서도 그에 따른 증거를 전혀 발견하지 못하고 있는 실정이다.

이 주제에 대하여 고대교회의 증언이 무엇인지를 생각하기 전에 반복해서 한 마디 덧붙이자면 입증책임(onus probandi)은 우리의 반대진영에 있다는 것이다. 만일 우리가 단지 그들의 논리에 답하되 그들은 그들의 입장에 대한 충분한 증거를 제시할 수 없다는 것을 보여 준다면, 우리는 이 사실 하나만으로도 그들의 모든 주장들과 추정을 거부할 수 있고, 이것은 장로회주의에 대한 근본적인 원리들을 지지하는 직접적이고 긍정적인 증거를 내세우고 확립할 필요도 없게 되는 것이다.

2. 감독정치 제도-고대교회로부터의 논증

감독정치 제도에 대한 고대교회로부터의 논증을 다루는 데 있어서 우리는 먼저 이 문제에 대해 실제적으로 진술하고 있는 증거를 검증해야만 한다. 고대교회에서 이 문제에 대한 교리와 실제와 관련한 내용들을 잘 살펴야 하는 것이다. 그다음에는 둘째로 이에 대해 실제적으로 언급한 것이 현대적 의미의 감독제도가 사도들에 의해서 소개된 것이었다는 증거나 추론할 만한 근거를 검토해야만 한다. 내가 이미 밝힌 것은 유일하게 참되고 부패함이 없는 영감되지 않은 사도적인 사람들은 사도들과 직접 관련된 자들로서 고린도교회에 보낸 클레민트의 고린도전서와 빌립보교회에 보낸 폴리갑 서신뿐이라는 것이었다. 그리고 나는 감독주의 정치 또는 성직자 계급주의 체제를 선호하는 네안더와 클레민트의 주장에 대한 답변을 주려고 노력했다. 결과적으로 네안더는 그것이 후세시대에 삽입된 것이었다고 인정했다. 만일 그 본문이 감독주의 정치를 선호하는 것이었다면 나 역시 기꺼이 네안더가 후세에 삽입했다는 주장을 받아들일 것이다.

그러나 나는 그것이 감독주의 정치를 선호한다고 볼 근거가 전혀 없다고 생각한다. 이것은 감독주의자들이 선호하는 것을 뒷받침하고 있다고 고백하는 클레민트의 주된 본문이다. 실로 그들 중 몇몇은 고위성직자들과 장로들을 의미하는 것으로 선보이고 싶어 하는 헤고메노이(ἡγουμνοι)와 프레스뷰테로이(πρεσβυτεροι) 사이에 차이가 있다고 여겨지는 본문을 찾으려고 힘썼다. 그러나 완벽하고도 분명한 사실은 그 본문의 문맥으로부터 사용되고 있는 '장로들'이라는 단어는 단지 나이 든 사람들을 의미하는 것이었다. 확실한 것은 바로 이것이다. 즉, 심지어 사도적 교부들의 작품들을 번역함에 있어서 종종 장로를 정당하지 못하게 사제라고 주장하기를 결코 주저하지 않는 대주교 웨이크(Wake)도 여기서는 '나이 든 자'를 뜻하는 장로라는 말로 번역했다. 그렇다면 클레민트 서신에서 직간접적으로 현대적인 의미의 감독들이라는 개념을 품고 있는 문장으로 해석할 부분는 전혀 없다는 결론이다.

그 서신의 보편적인 본질과 주된 목적으로부터 완벽하게 확정할 수 있는 것은 '만일 고린도에 감독이 존재했다면, 일부 감독주의자들이 우스갯소리로 주장하듯 그 당시에 감독자리가 공석이었다면, 또는 감독이 있어야 한다는 개념이 나중에 사람들의 마음속에 널리 자리 잡았던 것이었다고 한다면' 감독직은 고린도교회의 분열과 파당을 예방하는 아주 좋은 치유책이 되었으리라는 것이다. 그렇다면 그 상황에서 이것을 입증할 만한 언급이 있어야만 하는데, 그에 관한 사항이 전혀 없다. 그러므로 분명한 것은 보다 더 솔직한 감독주의자들은 감독이 존재한 것이 아니라는 사실을 인정하지 않을 수 없었다는 것이다. 후세의 감독주의 역사학자요 지금 더람의 부감독인 와딩톤(Waddington) 박사는 대중들을 위해서 쓴 그의 명저 『교회사』에서 아무런 증거 없이 "다른 모든 교회들이 사도들에 의해서 감독들이 세워졌다."라는 주장을 하면서 다음과 같은 "고린도교회는 유일하게 예외적인 것으로 보인다. 성 클레민트 서신이 작성된 날까지 고린도교회의 정치는 분명히 장로회정치였다. 우리는 그 변화가 언제 일어났는지는 정확이 알 수 없다."라는 말을 첨부시켰다.[182]

고린도교회가 예외적인 교회였다는 주장은 감독주의 형제들에게는 참으로 불행한 것이다. 만일 감독제도가 감독주의자들이 다 일관되게 주장

---

182) 이 단락은 제2판에서는 삭제되었다. 그러나 고린도교회의 실제적 상황을 고려할 때 그 진술은 의심의 여지없이 사실이다.

하듯이 통일성, 평화 및 복종을 일으키는 방편이었다고 여겨졌고, 분열과 파당을 방지하는 것이었으며, 그리고 이것이 교회에 감독을 세우고자 하는 사도들의 의지였다고 가정해 보자. 그렇다면 사도 바울이 그 문제에 깊이 관심을 두고 있음에도 다른 교회들은 악하고 무질서한 장로정치 형태로 운영되도록 방치하여 둔 채 교만하고 파벌싸움을 벌이는 고린도교회를 적당한 기회에 건전한 감독정치에 복속되도록 했을 것이라고 말하는 것이 부당한 주장이라고 볼 수 없을 것이다. 한편, 고린도교회가 예외적이었다는 주장에 대한 또 다른 불행한 상황이 있다. 이는 고린도교회에 교회정치 문제와 관련하여 내부적인 문제가 하나 발생하였다는 점이다. 이와 관련해서 1세기 말경에 고린도교회에 적용되는 특수하고도 분명한 증거가 있는데, 그것은 우리가 분명하게 알고 있는 이 한 교회를 제외하고 다른 모든 교회들이 이때에는 다른 상황에 놓여 있었음을 믿게 하는 증거로 보인다.

와딩톤 박사는 고린도교회의 정치는 이 당시에 "분명히 장로정치"였다고 인정하고 있다. 그러나 그는 이것이 예외적인 것이었다고 말했다. 그렇다면 우리는 이런 질문이 떠오르지 않을 수 없다. 그것은 '와딩톤 박사가 선정한 교회들 중 어느 한 교회라도 그 당시 교회의 정치가 감독정치였다는 만족스러운 증거물로서 절반 정도에 해당하는 증거라도 제시할 수 있는가?'이다. 그러나 고대의 남아 있는 자료들은 그에 관한 물증을 하나도 가지고 있지 않다. 그러므로 중요한 사실은 내부적인 상황에 직면한 유일한 이 교회에 1세기에 분명하고도 만족스러운 증거물로 적용될 수 있는 교회정치 형태는 "분명히 장로회 정치"였다는 것이다.

클레민트 서신에서 우리가 가지는 또 하나의 독특하고도 명료한 사항은 사도들이 전체 교회의 동의하에 그들 사역의 첫 열매들을 감독들과 집사들이 되도록 임명하였다는 선언이다. 이 두 직임 외에 다른 어떤 직분이 임명되었다는 흔적은 전혀 없다. 여기에서 사용된 감독들이라는 단어가 신약성경에서 사용되고 있는 장로들이라는 단어와 상호 교환적으로 사용되고 있다는 것은 거의 논의거리가 되지 않는다. 그러므로 클레민트 서신에서 우리가 발견하는 것은 신약성경에서 찾아볼 수 있는 것과 같다고 볼 수 있는 근거는 분명하다. 즉, 사도들은 교회의 일상적인 직임자들로서 오직 두 직책만 임명하였다는 것이다. 하나는 감독들 또는 장로들로 부르는 자들이었고, 다른 하나는 집사들로 부르는 자들이었다. 신약성경의 감독들은 단지 장로들이거나 서열 2위에 해당되는 자들에 불과하다고 인정하는 감독주의자들은 사도들이 세상을 떠나기 전에 그들의 마음에 제3의 직분자, 보다 고위에 해당되는 직분자, 즉 그들의 뒤를 계승하는 특별한 직분자들이 될 만한 직책을 염두에 두고 있었다고 주장한다. 그러나 이 주장은 신약성경에서 전혀 근거를 찾아볼 수 없기 때문에 성립될 수 없는 것으로 결론짓기에 충분하다. 그런 주장은 증명되지 못하는 것이다. 그러므로 우리는 클레민트가 두 직임자들, 감독들과 집사들을 임명하였다고 서술한 것에 주목해야 한다. 이것은 사도들이 고린도교회를 떠나면서 그 교회가 처한 상황에 대한 생각이 그러했다는 것을 서술한 것이다. 이로써 클레민트는 두 직분을 계속 교회에 이어져야 할 직임이라고 의미한 것이라고 보아야 하는 것이다.

폴리갑의 빌립보서에서 우리가 배우는 모든 것들도 신약성경과 클레민트 서신에서 배우는 것과 일치한다. 그 서신 안에 감독제도를 위한 증거가 전혀 없다. 도리어 장로회 원리들에 대한 명확한 증거들만 있다. 그 서신은 폴리갑과 그와 함께 한 장로들의 이름으로 작성된 것이었다. 무리 없이 우리가 공정하게 말할 수 있는 것은 이 표현은 장로들을 그를 따르는 그의 동료들로 간주된다는 점이다.[183] 여기서 주요지는 빌립보교회가 이 당시에 장로들과 집사들의 지도하에 운영되고 있었다는 것을 매우 독특하게 알려 주고 있다는 사실이다. 그에 비해서 이 서신에는 과거나 현재나 또는 앞으로 그들보다 더 높은 다른 직임자가 있으리라고 전망하도록 할 만한 근거는 전혀 없다. 이것이 더 중요한 요점이다. 왜냐하면 신약성경에서 폴리갑의 서신보다 60, 70년 전에 바울이 빌립보교회에 빌립보서를 썼을 때, 그 서신의 첫 구절에서 우리가 보듯이 감독들과 집사들의 운영체제에 놓여 있었다는 것을 기록하고 있기 때문이다. 이를 통해 의심의 여지없이 폴리갑 시대에서도 빌립보교회에서는 장로들과 집사들에 의한 교회 운영체제였음을 알 수 있다.

빌립보교회와 관련하여 성경과 성경 밖의 증거들을 병합해 볼 때, 감독주의자들은 당혹스러워하지 않을 수 없는 것이다. 어느 누구보다 더 많이 배우고 식견과 판단력이 좋은 하몬드 박사와 같은 몇몇 분들도 바울이 언급하고 있는 감독들은 현대적 의미의 감독직책을 뜻하는 말이라고 주장한다. 빌립보는 행정 중심 도시였고, 거기에는 대주교가 있었으며 감독들은 부감독들이었다는 것이다. 그들은 바울이 빌립보 서신을 썼을 때는 이 수석대주교 또는 총대주교는 사망했거나 존재하지 않았다고 주장한다. 또한, 그렇게 주장하는 이들 중에 보다 더 사려 깊은 자들은 이 감독들이 바로 장로들이었음을 인정한다. 그런데 그들은 현대적인 의미로서 빌립보교회의 감독은 사망했거나 바울이 서신을 썼을 때 부재하였거나, 아니면 사도 바울이 여전히 그 감독역할을 수행하고 있었을 것이라고 덧붙여 주장하였다. 그러나 불행하게도 70년 후에 쓴 폴리갑의 서신에 등장하

---

183) Πολικαρπος και οἱ συν αὐτῳ πρεσβυτεροι.

는 내용은 빌립보교회에 감독직이 있었다는 것을 추적할 수 있는 근거가 전혀 없고 여전히 장로들과 집사들의 통치하에 놓여 있었다는 것이다. 이 어려운 문제를 어떻게 설명할 것인가? 왜 우리는 그 감독이 죽었거나 부재상태에 있었다는 가정을 언급해야만 하는가?

피어슨(Pearson) 감독은 이 문제에 대해서 문자적으로 "그러나 빌립보 감독이 그 당시 권세를 누리고 있었다고 누가 제시할 수 있을 것인가? 이러한 점에 비추어 볼 때, 그 당시에는 감독 자신의 관할에 분명히 속하지 않았던 빌립보 사람들이 폴리갑으로부터 조언을 간청한 적이 없었다고 누가 공공연히 말할 수 있을 것인가?[184]"[185]라고 말한다. 장로교도들은 피어슨 감독이 요구하는 대로 빌립보교회 감독이 살아 있었다는 증거를 산출할 이유나 책임이 전혀 없다. 왜냐하면 빌립보교회에는 그렇게 감독직 기능을 수행한 존재를 찾아낼 만한 것이 전혀 없음이 분명하기 때문이다. 빌립보교회가 감독을 지니고 있었다거나 가질 것이라거나 감독체제가 그들을 다스리고 있었음을 암시하는 어떤 증거도 없다. 만일 그들이 폴리갑에게 조언을 청했던 이유가 피어슨 감독이 상상하는 것과 같이 그 당시 교회에 감독자가 없었기 때문이라고 한다면, 폴리갑이 쓴 빌립보서에서 그와 같은 상태를 암시하는 그 어떤 말도 없다는 것은 납득이 되지 않는 것이다. 그러므로 빌립보교회도 예외적인 다른 상황이었음을 인정해야만 할 것이다. 빌립보교회의 정치형태는 분명히 장로회정치 형태였다. 이것은 사도들이 죽은 후에도 지속된 것이었다. 결과적으로, 사도들이 소개하여 규정한 모든 배치가 다 마무리된 것이라고 보는 것이 적절하다.

---

184) Sed quis dabit Episcopum Philippensium tunc in viris fuisse? Quis præstabit Philippenses ideo a Polycarpo consilium non efflagitasse, quod tunc temporis Episcopo ipsi haud potirentur?
185) Pearson's "Vindiciæ." P. ii., p. 168.

　　그렇다면 당시까지 남아 있고 진실하며 부패하지 않은 오로지 두 사도적인 사람들을 고려할 때, 이 문제에 대한 그들의 증언이 전적으로 성경의 증언과 일치하고 있다는 점은 일반적으로 다 인정하고 있는 바이다. 그들은 어떤 유형의 감독제도가 존재했다는 사실을 제시해 주지 않는다. 그들이 증언하는 명백한 것은 장로회정치 형태이다. 그렇다면 고대교회로부터 감독주의자들의 주장이 뿌리 채 흔들리는 것이다. 그것은 최우선적으로 중요한 연결점을 잘라 버리는 것이며 사도들과 그 후속 감독직 사이에 거리를 메울 수가 없는 것이다.

　　이그나시우스가 바로 이 시기와 관련하여 감독주의 제도에 대한 보루이다. 우리는 이미 이그나시우스의 서신에서 감독들과 장로들 및 집사들에 대해서 언급하고 있는 것들을 그가 기록한 것으로 믿기가 불가능하다는 것에 관한 근거를 충분히 설명했다. 이 주제를 말하고 있는 문체에 있어서 이그나시우스의 글은 클레민트와 폴리갑의 것과는 사뭇 다를 뿐 아니라 전체 제2세기 동안의 교회 상황과도 전적으로 어울리지 않는다. 그는 되풀이하여 가르치기를 감독들과 장로들 및 집사들에게 순종하라고 했고 특별히 감독들에게 순종을 요구하였다. 그들의 주장들이 때로 사도들의 정신과 사도들의 교훈의 전 영역과 전적으로 반대되는 것들임에도 절대적으로 순복하라고 하였다. 그런 요구는 실로 모욕적인 것이다. 우리는 이러한 주장에 대해서 다시는 논하지 않을 것이다. 우리는 이그나시우스의 모든 서신들이 더 전적으로 위조된 것들이라고는 믿지 않는다. 그러나 이 특별한 문제에 대해서 다일리의 논박은 답할 가치조차도 없다고 확신한다. 피어슨 감독의 반대주장들에 반하는 결정적인 반론은 라로크(Larroque)에 의해서 이루어졌다. 물론, 이것은 감독주의자들이 지금까지 피어슨이 결코 반박되어진 적이 없는 것이라고 자랑하고 있지만 말이다.

그것은 그렇게 추측된 것이었다. 그럴 개연성은 전혀 없고, 오히려 이그나시우스의 서신들이 이 점을 명백하게 드러내고 있다는 걱정스러운 염려에서 그렇게 추측하게 된 것으로 볼 근거는 다분하다. 즉 그 서신들이 언급하고 있는 부분들은 적어도 감독주의 정치제도가 교회 안에서 확산되기 시작할 무렵에 날조된 것이다. 그리고 존경받는 이름인 이그나시우스가 자신들이 기뻐하는 제도의 인준자가 되게 할 의도에서 비롯된 것이었다.

이 개념은 처음에 살마시우스(Salmasius)에 의해서 발산된 것이었다. 따라서 이것은 최근에 아주 유용한 정보를 제공하고 있는 한 저자가 쓴 가치 있는 책에서 다음과 같이 언급되고 있다. "만일 그 서신들이 전적으로 진짜라고 한다면 그것들은 감독정치의 사도적 기원을 제시하고 있는 것과는 정반대 논리를 증명하는 것이다. 왜냐하면 여기에서 우리는 한 아이가 자신이 결코 완벽하게 만들 수 없다고 생각하는 한 장난감을 펼쳐 보이고 있는 것이기 때문이다.…복종을 획득하려는 극단적인 염려가 안디옥 교회의 초창기 확산이 어쩌면 그럴 기회와 용기를 가지게 했을 것이라는 고귀한 추측에 대한 인식을 배반한 것이다."[186]

우리가 한 가지 더 살펴볼 것은 이그나시우스의 서신들이 증명하고 있는 것이다. 즉, 그 당시 그들이 서신을 편집했을 때나 그들이 원하는 형식을 삽입하였을 때, 교회 직분자들의 삼계층 또는 삼중체계로 세우고 있는 감독들과 장로들 및 집사들 사이의 진짜 구분이 언제 소개가 되었는지 또 실제로 그렇게 구별되어 직무를 수행한 그 시기가 언제인지에 관한 명백한 정보가 없다는 것이다. 그리고 그 세 가지 직임의 구별된 차이가 무엇

---

186) Bennett's *Theology of the Early Christian Church*, p. 20.

인지, 직무수행의 영역이 무엇인지, 그리고 이들의 다른 체계의 특권들이 무엇인지를 알려 주는 정보가 전혀 없다는 사실이다. 심지어 감독이 하나의 지교회의 목사였다는 것도 매우 분명한 사실이다. 또한, 그 감독이 감독들만이 아니라 장로들을 대표하는 자요, 말씀의 사역자들인 목사들보다 우월한 자리에 있는 자를 나타낸다는 명백한 증거가 전혀 없다. 그러므로 몇몇 장로교 저자들은 이그나시우스를 논하면서 다음과 같은 근거를 제시한다. 그것은 지금의 형태로 쓰인 그의 서신들이 진짜이고 가미된 것이 없는 순수한 그의 작품들이라고 하는 것을 인정한다 할지라도, 그 서신들은 감독들이 목사들이고, 장로들이 치리장로들이라는 장로교회 원리들과 더욱 잘 조화가 된다는 것이다.

나는 존경하는 몇몇 장로교 학자들이 그 서신들을 수용한다고 할지라도 이그나시우스의 증언에 대한 결말의 형태에 많은 무게를 두고 있다고는 말할 수 없다. 제2세기의 전 기간 동안에 사용된 말들(*usus loquendi*)은 세 가지 다른 삼중 직임 체계 사이에 명백하고 일관되게 인식하고 있는 차별이 있다는 것과는 단호히 정반대적인 경향을 띠고 있다. 이 구분에 대한 명료하고도 솔직한 증거들을 우리가 찾아내자마자 우리는 장로들이 목사들이었다는 증거도 발견한다. 물론, 여기에는 난제들이 있다. 고대에 존재하는 자료들 가운데서 감독직과 장로직이 어떻게 발전되어 왔는지를 추적하는 데 필요한 우리의 고민을 해결해 줄 단서가 별로 없다는 것이다.

2세기 중엽 이후에 존재한 얼마 되지 않은 자료들에서 우리는 감독들과 장로들 사이에 약간의 구별이 존재한다는 것을 추적할 만한 증거를 발견할 수 있다. 예를 들면, 이 단어들이 교회의 직분자들로 간주할 때 성령의 감동하심을 받은 사도들이 활동했을 때나 사도적 교부들이 활동했을 한 세기 동안에는 전혀 차별 없이 사용된 것에 비해서, 그 직분자들이 이제는 *때때로* 두 유형의 다른 계층을 가리키고 있는 것으로 적용되었다는 점이다. 물론 그 둘 사이에 차이점이 무엇인지를 온전히 결정 내리기에 충분한 자료들을 가지고 있지 않지만, 분명한 것은 현대적인 감독주의 체제에서 말하고 있는 감독들과 장로들 사이의 구분과는 사뭇 다른 것이라고 확신하게 하는 자료들은 충분히 가지고 있다.

한편, 2세기 초에 살았던 이그나시우스와 또 다른 한편으로 2세기 중반부터 3세기 중반까지 왕성하게 활동했던 이레니우스, 터툴리안, 알렉산드리아의 클레민트 및 오리겐 사이에 차이가 있다. 즉, 이그나시우스는 감독들과 장로들 및 집사들을 세 가지 다른 계층의 직분자들로 일관되게 사용하고 있지만 다른 사람들은 때때로 구별하기도 하고, 종종 병합해서 사용하거나 동의어로 사용하고 있다는 점이다. 따라서 그들의 시기에 구별은 비록 존재하였다고 할지라도 그 자체가 엄청 큰 것이라든지 계속해서 지켜져야 할 정도로 정말 주목해야 할 사안이었다고 볼 수 없다는 점은 분명하게 증명된다. 이레니우스와 터툴리안, 알렉산드리아의 클레민트 및 오리겐이 하나님의 임명에 의해서 세워진 감독들을 장로들과는 다른 독특한 계층의 직분자이거나 교회 직책으로 믿었다는 증거가 없다. 그들의 저술들에서 이것이 그들이 활동하고 있는 동안에 교회가 일반적으로 견지하고 있었던 입장이라고 산출할 수 있는 어떤 증거도 없다, 오히려 그와는 정반대의 결론을 공정하게 이끌어 내는 근거들이 결코 적지 않다. 물론, 그 당시에 이 주제에 대해서 논쟁적으로 논의된 것도 없었다는 것을 인정해야 할지라도 그들의 진술들에 대해서 모호한 점이 없지 않다. 그들이 근거로 제시하고 있는 결론들의 명확한 특성과 범위와 관련하여 논쟁이 될 만한 것들이 없지 않다는 것이다.

이 주제에 대하여 이 시기에 저술된 작품들에 내포된 다양한 설명들을 다 비교해 볼 때, 일반적인 결과는 처음에 감독들이나 장로들과 집사들이 교회에서 두 유형의 직책들로 나타내는 동안, 장로들의 의장 또는 노회장들이 생기게 되면서 그들에게 권한과 권위가 대폭 가미된 것이 아니었겠는가라고 추측하게 된다. 이것이 점차적으로 감독의 이름을 가진 자만이 의장직을 하도록 일반적으로 제한시킨 것이 되었다고 본다. 장로라는 이름은 다른 목사들에게 계속해서 사용되었다. 그러나 그 용어들은 여전히 이 모든 저술가들에 의해서 차별 없이 사용되었다. 이 모든 기간 동안에 교회들은 여전히 장로회에 의해서 다스림을 받고 있었고, 장로들은 동역자들로서 함께 활약하였음이 너무나도 분명하다. 감독들은 다른 직임자들에 비해 우월한 지위에 있는 자들로 간주되지도 않았다. 오늘날 감독주의자들이 말하는 것처럼 차별된 위임식이나 서품식을 가진 것도 없었다. 장로들과 성도들의 일치된 선택만을 통해 장로 또는 감독으로 세움을 받은 것 외에는 그 어떤 방식으로도 임명된 것은 전혀 없었다. 만일 그렇다고 한다면 3세기 중엽까지 감독들은 고위성직자들이 아니었음이 명백하다. 그리고 이 기간 동안에 감독직을 지지하고자 예증으로 제시된 증거는 논쟁에서 적합한 것으로 채택할 수 없는 것이다.

　이제, 감독주의자들이 일반적으로 잘못 제시하고 있는 것에 눈을 돌리는 것이 적절하다고 본다. 감독주의자들은 가장 잘 배운 장로교도들이 감독정치가 2세기 중엽 초부터 이미 존재하고 있었음을 인정하고 있다고 주장한다. 그리고 감독주의자들 중에는 감독정치가 사도시대 때부터 존재했다는 추론이 가능하다고 생각할 만한 증거를 찾아내지 않은 채, 감독정치를 옹호하는 작업을 개시할 사람은 거의 없을 것이다. 식견이 높은 장로교도들이 이 사실을 인정한다는 주장을 지지하기 위해서 그들은 살마시우스와 볼론델로부터 발췌하여 멋대로 짧은 인용구 두세 개 정도를 제시할 것이다. 그 인용구들은 감독주의 논객들 사이에 세대를 거쳐서 아련히 나타나고 있는 유산으로 전해져 오지만, 그 진술은 전적으로 가짜이다. 살마시우스나 불론델뿐 아니라 그 어떤 많이 배운 장로교도들도 현대적 의미의 감독정치가 2세기 중엽 초부터 존재했었다는 것을 인정하지 않는다. 그들 모두가 인정하는 것은 그 당시 일관적이지는 않아도 때때로 감독들과 장로들이라는 용어를 사용함에 있어서, 구별된 존재로 언급이 되었음을 추적할 만한 단서들이 있다는 정도이다. 그리고 그 용도에 있어서도 장로들의 의장직이 더 두드러진 자리요, 영향력을 더 발휘하는 자리라는 것을 가리키더라도 그들이 현대적인 감독주의 체제의 고위성직자로 존재하여 성직수임권이라든지 사법적 권한을 가진 자들이었다는 것은 전적으로 부정한다.

특히, 살마시우스와 블론델은 2세기 전반기 동안 장로회의 의장직은 연장자, 즉 가장 나이가 많은 목사가 맡았으며 그 사람이 사망하게 되면 그다음 연장자가 맡아서 회의를 진행하였다고 주장하였다. 이 관습이 2세기 중반 경에 와서 점차적으로 변하게 되어, 연장자가 아니라 자율적인 선거에 의해서 의장을 세우는 일이 도입되었다. 그러나 감독이라는 이름을 그에게만 한정되게 사용했을지라도, 그들이 의장직을 구별된 우월적 지위에 속한 것으로 간주했다는 것을 의미하는 것은 아니다. 그리고 그들은 의장이 장로회의 의전절차들을 거부한다든지, 부정적인 입장을 표출하는 것과 같은 그 어떤 권한을 가진 자라든지, 감독만이 가지는 독보적인 권한이나 특권들을 소유한 자라는 것을 전혀 인정하지 않았다. 그들이 믿고 입증한 것은 감독정치가 점차적으로 권리찬탈이 심해지면서 오랜 시간이 지난 후에 이 시기가 지나고 적어도 2세기가 더 지나가기까지는 성립된 것이 아니었다는 것이다. 그들은 프로토카데드리아(πρωτοκαθέδρια)

또는 의장직을 가진 선임장로 지위가 고위성직자로 변질되었다는 것도 증명하였다. 그러나 감독주의 논객들은 감독정치가 2세기 중엽부터 존재한 것을 인정하고 있는 자들로 살마시우스나 브론델을 계속해서 인용하고 있다.

그러나 3세기 중엽 즉후 10년 내지 12년 기간 동안 카르타고의 감독직을 가지고 있었던 키프리안의 시대는 큰 전쟁터였다. 키프리안 재임기간 동안의 교회정치는 큰 논란이 되었다. 이와 관련한 서적으로는 우리가 이미 앞에서 이 주제와 관련한 원칙적인 작업을 언급했던 것과 같이 특별히 제임슨(Jameson)이 쓴 『키프리아누스 이소티무스(Cyprianus Isotimus)』를 추천한다.[187] 감독주의자들은 언제나 키프리안의 글들이 그 당시 교회 안에 감독정치가 파다하게 실행된 것임을 증명하는 것을 확신하면서 단언한다. 키프리안의 글에는 그 당시 감독들과 장로들 사이에 분명하고 뚜렷한 구분이 있었다는 증거가 풍부하다는 것을 부정할 수 없다. 그리고 키프리안이 감독들이 장로들 위에 우위를 차지하고 있는 것처럼 반복해서 가르친 것을 부정할 수 없다. 그는 감독직이 점차적으로 상승됨에 있어서 막대한 공헌을 한 자였다. 이것은 그의 감독 재임 초기부터 계속된 것임을 의심할 여지가 없다. 실로 우리는 으뜸 되기를 좋아한 디오드레베(Diotrephes)[188] 이후로 그러한 경향이 굳어졌다고 말할 수 있지 않을까 생각한다. 그러나 키프리안이 그의 모든 열정과 수고를 다해 감독직의 특권들을 주장함에 있어서 하나님께서 감독이 장로들보다 우위에 있는 직임으로 임명하셨다고 믿었다는 증거는 없다. 또한, 키프리안이 교회적인 업

---

187) 역자 주) 글라스고 대학교의 역사학자 윌리암 제임슨(Jameson, William, 1689-1720)이 쓴 키프리안 시대의 논쟁되었던 원리들에 대한 옹호의 글이다.
188) 역자 주) 요한3서에 등장하는 인물.

무들을 처리함에 있어서 교회의 독보적인 정치형태로 감독정치를 주장했는지에 대한 증거가 없으며, 감독 없이 장로들이 업무처리를 한 것은 본질적으로 부적격한 것이라는 견해를 붙들고 있었는지에 대한 증거도 없다. 현대 감독주의자들이 항상 주장하는 것처럼 만일 감독들이 하나님의 명령에 의하여 장로들보다 우위에 있는 독특한 직임이 되는 것으로 내세우기 위해서는 그 교리가 기초하고 있어야만 하는 성경적 근거들이 무엇인지를 분명하게 제시할 수 있어야 한다. 이제 주목할 만한 것은 감독의 특권들을 변호함에 있어서 키프리안이 온 마음을 기울여 사용한 모든 논리들과 도구에는 유대인 제사장직으로부터 도입한 것 외에는 현대 감독주의자들이 항상 내세우는 논리들 중 어느 것 하나라도 암시하는 것이 눈곱만큼도 없다는 사실이다. 심지어 이것조차도 감독주의자들이 적용하고 있는 대로 적용할 수 있는 것이 아니다. 키프리안의 유일한 논리는 우리가 앞에서 이미 지적한 대로 통일성의 모호하고 신비적인 것들로부터 취한 것이다. 그러한 논리로 그는 다른 사도들보다 베드로를 더 우월적 지위에 있는 자로 묘사하도록 이끌었던 것이다. 그리고 로마의 감독이 다른 감독들보다 우위에 있다고 한 것이다. 그와 동시에 그는 모든 사도들과 모든 감독들이 다 동등한 권위와 사법적 지위를 가지고 있다고 분명하게 주장하였다.

키프리안이 감독직이 장로직보다 우월적인 직임이라고 언급하고 있는 것은 그가 베드로에게 다른 사도들보다 우위에 있다고 주장한 것과 같은 근거 위에서 펼친 주장이고 같은 논리에 의해서 옹호된 것이다. 만일 그가 자신의 원칙들이 무엇인지를 진정으로 이해했다면 그는 감독들이 장로들보다 우월적 지위에 있는 자들이라는 취지의 어떤 진술도 하지 않았을 것이라는 추측은 피해 갈 수 없는 것이다. 베드로가 다른 사도들보다 우위에 있다는 것, 그 이상의 주장은 하지 않았을 것이다. 물론, 키프리안이 자신의 원칙들을 제대로 이해하였다면 다른 것에서처럼 이 한 가지 경우에서도 명확하게 결론을 내리는 일을 두려워하지 않았을 것이다. 키프리안의 글들에는 감독주의 정치이론을 내세울 만한 근거가 전혀 없다. 성경적인 근거와 관련해 볼 때 전무하기 때문이다. 이 문제에 대한 키프리안의 논리로부터 성경적 근거를 찾을 수 있는 것은 전적으로 결핍되어 있다. 따라서 감독주의 정치이론은 사람들의 머릿속에 아직 들어온 것이 아니었으며 감독직의 우월권은 고안된 것이 아니었고 전적으로 알지 못하는 제도였다는 것을 증명하고 있는 것이다.

그 시대의 교회가 실천했다고 증명되는 것은 감독들과 장로들 사이에 하나의 표시된 구분이 존재했다는 것이다. 감독은 장로회의 고정된 의장이었고, 일반적으로 감독은 사람들의 동의 없이는 아무것도 수행하지 않았지만 감독의 동의나 인준이 없이 교회적인 판단이나 교회적인 업무들이 실행되는 것도 기대하지 않았다. 키프리안은 오직 장로들로 구성되어 있는 장로회의 동의가 없이는 그가 아무것도 행하지 않는다는 원칙 위에서 임무를 수행하였다는 사실을 우리에게 분명하게 알려 주고 있다. 그리고 중요한 문제에 있어서는 반드시 회중들의 동의를 받아야 했음을 알려 주고 있다. 이것은 현대 감독주의자들이 받아들이기 힘든 것으로서 감독통치를 제한하고 있는 것이다. 따라서 키프리안의 높은 정신과 감독직의 특권에 대한 고양된 개념들은 실질적으로 인정되었다거나 복종한 것이 아니었음이 분명하다. 특히, 그 당시 교회의 교리나 실천이 그것을 명령적으로 요구하는 것이 아닌 한 그런 감독의 우월적 통치는 성사된 것이 아니었던 것이다. 키프리안 시대에 감독에게 신의 법이 본래부터 주어져서 거부권 행사나 장로회의 의전절차들을 무시해도 된다는 선언이나 실천사항이 있었다는 것에 대한 만족스러운 증거는 하나도 없다. 이것이 일반적으로 감독들과 연결되어 있는 것이었고 그들도 동의한 것이었다고 할지라도 그렇게 수행했다는 증거는 없는 것이다. 그리고 감독이 없이 장로들끼리만 모여서는 일 처리가 안 되기 때문에 반드시 감독의 참여가 필요했다는 증거도 전혀 찾을 수 없다. 키프리안 감독의 머리띠에 달린 뿔이 있었다고 할지라도 그는 현대적 의미의 고위성직자가 아니었다. 모든 교부들 중에서 가장 학식이 많은 제롬이 우리들에게 확신시켜 주는 것은 바로 이것이다. 즉, 초대교회들은 지금 영국과 아일랜드의 감독교회들이 하고 있는 것처럼 교회의 일상적인 업무수행에 있어서 장로들과 함께 공유하는 것을 배제시킨 것이 아니었다는 것이다. 오히려 처음부터 장로회의 공통된 조언에 의해서(communi consilio presbyterorum) 교회를 다스렸다는 사실이다.

초대교회가 감독정치를 지지했다고 주장한 한 가지 자료는 첫 3세기의 저자들 중 몇 사람들이 특별한 교회에 감독들이 존재한 것처럼 개개인의 이름들을 언급한 것이다. 그리고 그들이 마치 사도들에 의해서 제정된 직임인 것처럼 언급하였다. 그리고 특별한 교회들에서 감독직을 계승한 것에 대해서도 언급하였다. 그 추론은 일반적으로 사도들이 감독정치의 사법적 지위와 함께 감독들을 세웠다고 믿어 온 근거가 되었다. 그리고 사도시대 때부터 그 같은 감독직 계승이 정기적으로 있었다고 믿어 온 근거로 삼았다. 그러나 이것은 명백히 잘못된 결론임을 우리는 클레민트 서신과 폴리갑의 서신에서 확인하였다. 그 서신들에 근거해서 감독주의 정치를 옹호하는 자들의 결론이 거짓이라는 것을 찾아내는 일은 전혀 어렵지 않은 일이다. 그 거짓은 다음 두 가지 사항으로 정리해 볼 수 있다. 첫째는, 감독이라는 단어 사용이 너무나도 어정쩡한 용어라는 점을 전혀 고려하지 않은 데서 온 것이다. 고대 저작물들에서 그 단어가 사용되고 있음을 찾을 때마다 그것이 현대적 의미의 감독직을 뜻하는 것이라고 단정한 것이었다. 그러나 성경이나 초대교회 안에서 감독이라는 단어가 그러한 의미를 지닌 용어이고, 그렇게 제한적이고 독보적인 존재를 가리키는 용어로 사용된 적이 결코 없었다는 것은 명백한 사실이다. 둘째는, 감독이라는 단어가 일반적으로 일반 장로들과는 구분되는 의장직이나 총회장직에 한정된 직책이 되면서 사람들은 이전 세대의 사건들과 업무들을 취급할 경우가 발생하였을 때 자연스럽게 자신들의 시대에 일상적으로 사용하는 문체를 사용하면서 그 단어를 자신들의 상황에 적용시키게 되었다는 설명을 충분히 고려하지 않은 데서 기인한 것이다. 오로지 감독주의 정치에만 관심을 기울이고 있는 상황에서는 이 두 가지 문제점들에 대해서 공정하게 말한다는 것 자체가 불가능한 것이다.

여기에 해당하는 한 가지 사례가 있다. 이레니우스는 폴리갑이 사도들에 의해서 서머나교회 감독으로 세워졌으며 그리고 교회들 안에서 감독직 계승이 훌륭한 전통으로 남아 있게 되었다고 언급한 바 있다. 그 당시에 감독과 장로라는 단어 사용에서 지위나 권위 문제와 관련하여 어느 정도 상응하는 차이가 있는 것처럼 구분되게 사용하였던 것이다. 그러나 이레니우스가 그것들을 두 가지 유형의 구별된 계급질서를 가리키는 것으로 사용하였다는 증거는 없다. 즉, 이레니우스가 서머나교회의 감독 폴리갑을 현대적 의미의 감독직으로 생각하였다는 증거가 없다. 더군다나 다른 문장에서 그는 폴리갑을 사도적인 장로로 호칭했다. 그가 감독직의 계승에 대해 언급하면서 동시에 그는 교회를 대표하는 자들로서 장로직의 계승에 대해서 자주 그리고 명백하게 언급하고 있는 것이다. 그리고 이 장로직 역시 사도적인 교리로 이어져 내려오는 것임을 말하고 있는 것이

다. 이 문제에 대해 제2세기의 교리를 설명함에 있어서 매우 중요한 사실
은 로마의 감독직을 언급한 부분인데, 그것은 이레니우스가 자신과 자신
의 후임들에 대해서 로마교회의 장로들로 언급하고 있다는 사실이다. 다
시 말하면, 로마의 감독이나 켄터베리의 대주교직과 관련하여 현대적 의
미의 감독주의를 생각할 여지는 전혀 없다는 것이다.

또한, 유세비우스가 4세기에 수집하여[189] 작성한 사도시대로부터 이
어져 오는 주요한 교회들의 감독 계승자들의 목록과 관련하여 살펴볼 때
도 동일한 결론을 말하지 않을 수 없다. 더 나아가서 유세비우스는 기록
되어 있는 것이 많이 결핍되어 있기 때문에 그 시대에 그가 수집한 자료들
은 확실성이 없다고 고백한 바 있다.

그렇다면 이 주제에 대해서 입증할 만한 것이 무엇인가? 먼저, "왜 클
레민트와 폴리갑 시대, 사도시대에서, 그리고 속사도시대에 이어지기까
지 교회들의 정치는 '명백히 장로회정치'로 기록되어 있는 것인가?"에 관
한 문제이다. 둘째는 "2세기 중반 이후에 등장하는 다른 세대에서 우리는
감독이나 장로직 사이에 때로 구분되는 점을 발견하기는 하는데, 성경의
저자들이나 감동함을 받지 아니한 저자들의 글들에서 하나같이 다 상호
교환적으로 사용하고 있는 이유는 무엇인가?" 즉, "종종 의장직 또는 노
회장직을 수행하는 자를 가리키는 용어인 감독이라는 용어가 여전히 장
로들이라는 일반적인 칭호로 불린 이유는 또한 무엇인가?"에 관한 질문
이다. 사실상 의장직이나 노회장직 임무수행을 하는 감독 칭호를 가진 자
들 중 누구도 스스로를 교회적인 업무수행에 있어서, 교회의 일상적인 행
정적인 일들에 있어서 독보적인 우월적 특권을 가진 자로 언급한 흔적들

---

189) Eusebius의 역사, Lib. iii., c. iv. Stillingfleet's Irenicum, p. 297.

이 전혀 없다. 다만, 자신들이 사회를 보고 있는 장로회의 구성원들인 장로들과 협력하는 위치에 있는 자라는 것을 언급하고 있을 뿐이다. 셋째는 "키프리안 시대에서 또는 3세기 후반부에서 감독들과 장로들 사이의 구분이 주로 규칙적으로 조심스럽게 관찰되어짐에도 불구하고, 이전 세기의 교회정치나 그 당시의 교회정치에 있어서 어떤 변화가 있었다는 분명한 입증자료가 없는 이유는 무엇인가?"에 관한 것이다. 장로회 의장직무를 수행하는 감독들의 권한이 더 두드러지고 확대되어 사용하는 일들이 나타나기는 하지만, 여기에도 감독이 없이는 또는 감독의 부재 시에 장로들로서 결코 수행할 수 없는 교회업무들이 있었다는 증거가 전혀 없다. 감독들만이 교회업무들을 처리할 수 있었다는 만족스러운 증거가 여전히 없는 것이다. 그들 자신의 판단에 의해서 규칙적으로 실행되는 그들만의 권한이나 신적인 규범을 지닌 자라는 증거가 없는 것이다. 물론, 실질적으로 그들이 장로들의 절차들을 거부한다든지 부정적인 의견을 제시할 수 있다고 할지라도 그들만의 독자적인 권한을 말하고 있다는 증거는 전혀 없는 것이다. 이것은 우리가 모든 자료들을 다 살펴보면서 충분히 입증한 것이다. 만일 그렇다면 제2세기에서 현대적 감독정치는 전혀 없었음이 분명하다. 그런 것을 추정할 만한 그림자는 조금도 없다. 심지어 제3세기 후반부에서조차도 실제와 전혀 다른 그 어떤 근거도 없는 것이다.

그렇다면 고대교회로부터 끄집어 내 주장을 펼치는 감독주의자들의 논리의 모든 타당성은 사도시대로부터 계속 보급되었다고 주장된 보편성에 의존되어 있는 것이다. 그러나 널리 보급되어 있다는 보편성은 거부될 뿐 아니라 증명되지도 않는다. 현대적 측면에서 적절한 감독정치는 사도시대 이후에 보편적으로 널리 퍼진 것임이 증명될 수 있는 것인가? 그렇지만 여기서 당혹스럽게 하는 점은 사도들이 언급한 것들 가운데서 그렇다고 볼 증거가 전혀 없다는 점이다. 무게를 두고 내세울 만한 근거가 없다. 그러나 사도들이 교회의 항존직으로서 오로지 두 직임만 세웠다는 성경적인 증거는 완벽하고 결정적인 것이다. 심지어 그것이 아니라고 할지라도 초대교회로부터 그렇다는 증거가 전혀 없다. 사실상 감독주의자들이 제3의 또는 보다 높은 직임을 만들어 낸 것이라는 추정이 분명하다는 것만 입증될 뿐이다. 사도시대나 속사도시대 이후로도 제3의 직임이 존재한다는 흔적을 찾을 수 없다. (물론 앞에서 우리가 충분히 설명한 이 주제에 대한 이그나시우스의 증언을 거부한다.) 그 이후로도 우리는 역사적 자료에 근거하여 제3의 직임이나 보다 높은 지위를 가진 직분자에 대한 등장이나 발전이 2세기가 지난 후에 나타났다는 흔적이 없음을 발견한다. 본성적으로 그럴 가능성을 설명할 만한 것이 없는 것이다. 그리고 그 시기 동안 교회의 역사 속에 나타난 일반적인 경향들을 들춰내서 무게 있게 살펴볼 만한 가치 있는 자료가 전혀 없다.

우리는 감독정치의 기원과 성장과 관련하여 요구되는 증거에 대한 공정한 견해보다 감독주의자들을 더 많이 다루어야 함을 인정한다. 감독들과 장로들 사이의 구분이 2세기 중엽보다 더 일찍 존재하였다는 것을 증명할 수 없을지라도, 심지어 이그나시우스 시대에서조차도(기억할 것은 약간의 구분이나 우위성에 대해 언급한 부분이 그의 서신에서 무엇을 지칭하고 있는지 전혀 설명이 없이 말하고 있었다는 점이다.) 차등이 있었다는 증거를 찾을 수 없다. 더 나아가서 한 세기 후인 키프리안 시대에서 현대적 의미의 감독직이 전적으로 작용하였다고 인정할 수 있을지 모르겠다. 그러나 그 모든 자료들을 다 수용한다고 하더라도 우리는 감독정치가 사도들에 의해서 설립된 것이라는 어떤 증거도, 그렇다고 그렇게 추정할 만한 강력한 자료도 없다는 것을 인정하지 않을 수 없다. 감독정치가 초기부터 존재하였고 널리 보급된 보편적인 정치였다는 증거는 없기 때문에 그를 따라야 할 의무가 없다. 그것이 사도들이 제정한 것이었다고 언급할 필요성을 피하기 위하여 감독직의 기원과 성장에 대한 설명을 충분히 할 이유가 없는 것이다. 그러나 그것이 사실일지라도 그것을 설명하는 것은 어렵지 않다.

교회의 역사가 보여 주는 것은 교리와 정치문제가 성경적인 표준으로부터 쉽게 기울어지는 강한 경향이 처음부터 존재하였다는 것이다. 교회 정치 문제와 관련하여 이탈하는 경향은 교황제 체제에서는 오랫동안 풍성히 발전되었다. 새로운 직제들이 탄생하였고, 고귀한 칭호들을 고안하여 개개인들의 권한이나 권위를 증폭시키고 확대하였다. 그것들을 적용시키기 위하여 핑계나 변명구실로 우스꽝스러운 구분들과 차이들을 만들었다. 본래 존경이나 존중의 표시로서 주어진 칭호들을 실제적인 권력행사나 사법적 권한을 내세울 수 있는 근거로 둔갑시켰다. 심지어 첫 3세기 동안에도 초대교회의 역사 속에서 그러한 경향들이 작동되고 있었음을 파악하지 못하는 자는 장님이 아니고는 아무도 없을 것이다. 만일 그것들이 존재했다고 한다면 익히 잘 알고 있는 강력한 인간본성의 원리들과 연관 지어 볼 때, 경건한 사람들이라고 말할 수밖에 없는 자들의 행동에서도 감독제의 기원과 성장을 설명하기 위한 그러한 경향이 농후하게 나타나는 것은 지극히 당연한 것이다. 즉, 감독제는 일찍부터 존재했던 것이고, 실제 기술되어 나타난 것보다 훨씬 이전부터 이어져 온 제도로 주장하는 것은 인간본성의 특징인 것이다. 감독들과 장로들 사이의 몇 구분이 있다고 보는 감독정치는 (특정인이 일반 장로들보다 더 우위에 있다는) 새롭게 만든 것들 중 가장 초기부터 있는 것이자 가장 존경받는 것 중 하나로 간주한다. 그러나 어떤 측면에서도 그렇게 볼 만한 근거는 전혀 없다.

이 주제에 대해서 전반적으로 충분히 설명이 되고 감독주의자들이 주장하는 것들이 무엇인지 거의 전부 다 다루게 된 이러한 일반적인 관점들 외에도 사도적인 임명으로 말하지 않고도 장로들 위에 감독들의 우위권의 발흥과 성장에 대한 특별한 설명을 줄 수 있다는 초대교회의 진술에 대하여도 충분히 알고 있다. 사도들에 의해서나 그들의 인준에 의해서 교회의 목사들로서 초기에 정착한 사람들은 나중에 그들과 함께 일한 다른 목사들에게 복종과 존중함을 받았다는 것은 자연스러운 일이었을 것이다. 그리고 그들 선임들은 그들의 모임을 주재하는 자들이었을 것이며 모든 교회적인 업무들을 처리하는 규정을 세움에 있어서도 영향력을 발휘할 수 있었을 것이다. 그분들은 다른 목사들에 비해서 더 두드러진 위치나 영향력을 발휘하는 자리에 자연스럽게 나아가게 되었을 것이다. 어떤 측면에서는 다른 사람들에 의해서 그들은 장로들을 대표하는 자들로 자연스럽게 간주되었을 것이다. 의도적으로 사법적인 우월권 행사를 가진 자들이라는 내세움 없이 자연스럽게 존경의 자리에 있게 되었다는 것은 의심할 바 없이 로마의 감독 클레민트나 서머나의 감독 폴리갑이 즐긴 감독정치의 형태였을 것이다. 비록 그 모든 성격이나 요소들, 근본이 현대적인 의미의 감독정치와는 근본적으로 다른 것이었을지라도 세대가 흐르면서 쉽게 그리고 매우 자연스럽게 교회가 처한 특수한 상황에 있어서 지도적인 그룹으로 형성되었을 것이다. 그리고 지도자의 개성이나 성향 또는 처해 있는 위치에서 이전 모든 회원들이 다 동등한 권리를 가진 자들로 간주하던 두 계층의 직임자들의 모임인 장로회들의 의장직에 적합한 지휘권한이 자연스럽게 부가되었을 것이다.

초대교회의 목사들은 주로 읍내에 정착을 했다. 그곳에서 그들은 필요한 교회적인 업무들을 처리함에 있어서 공동책임을 가지고 협력하며 함께 살았다. 그리고 그들의 활동이 이웃 마을에까지 확대되면서 그 마을들에 교회를 세우게 되자 이 새로운 교회들은 얼마 동안은 그 교회들을 세우기 위해서 수고의 땀을 흘린 도시의 목사나 목사들의 관리 감독을 받는 위치에 있게 된 것이다. 따라서 어떤 측면에서는 모교의 도움에 의존되었고 복속되었다고 볼 수 있다. 따라서 새로운 교회들의 업무들을 처리함에 있어서 장로나 장로들의 영향하에 놓여 있었던 것이다. 장로회의 의장과 모교가 새로운 교회들을 관장하는 일은 감독정치 구조가 필연적으로 생기게 한 출발점이었다. 이것을 기초로 하여 클레민트 시대에 고린도교회의 상황으로부터 이 문제가 발생하여 진전되었다고 판단하는 것은 용이한 일이다. 그리고 키프리안 시대에 카르타고교회의 상황도 그런 구조를 진전시켰을 것이다. 감독정치의 기원과 보급에 대한 설명의 불가능성에 관하여 감독정치를 옹호하는 자들의 일반적인 주장들은 우리가 그것을 사도적인 교훈으로 언급하지 않는 한 심지어 우리가 그들이 제시하는 것들의 정확성을 인정한다고 할지라도, 인간의 본성이나 교회의 역사의 원리들 안에 견고한 토대가 결핍되어 있는 것이다. 그러나 우리가 이 주제를 실제적으로 어떻게 설명할 것인지를 다룰 때 그들은 진짜 우습기 그지없는 것이 된다. 그리고 진지하게 논의할 만한 것이 되지 못한다. 제 2, 3, 4세기 동안 감독정치 형태의 발전이 이루어졌다고 보는 것보다 더 자연스럽고 용이한 설명이 어디에 있을 수 있겠는가?

이 문제를 다룸에 있어서 감독주의자들의 전술들 중 흥미진진한 대표적인 것을 주목하는 것은 의미 있는 일이라고 본다. 그들이 일반적인 주요 질문들을 논의할 때, 그들은 마치 장로들 위에 감독직이 더 우위에 있다는 불충분한 사실을 기꺼이 감수하는 듯이 말한다. 마치 그들은 그들 사이에 존재하는 구별이 얼마나 작든 상관없이, 일말의 차등이 존재하고 있다는 것에 아주 만족스럽게 말한다. 그래서 같은 방식으로 일찍부터 감독정치 구조가 형성되었고 확장되었다는 것을 심층 분석하여 내놓을 때, 그들이 찾아낸 문구를 하나씩, 심지어 아주 작은 실마리를 제공하고 있다고 느끼는 사소한 것들까지도 추려 내어 증거물로 제시하기를 매우 흡족하게 여긴다. 하여튼 감독들과 장로들 사이에 극히 미미한 차이일지라도 그들 사이에는 차등이 존재하였다는 근거가 불충분한 것임을 알면서도 그러한 주장을 하는 것을 매우 흡족해하며 즐거워하기까지 한다. 그 차등의 본질적인 설명과 관련된 정보들은 불완전한 것들이다. 그럼에도 불구하고 그들이 논쟁의 마지막 부분에 이르러서 감독정치의 기원과 확대가 초대교회 초기에서부터 발생한 것이라고 내세울 만한 근거가 불충분하다는 것이 증명되어질 때면, 그것이 사도적 기원에 근거한 것이라고 증명되지 않는 한, 그들은 전략을 바꾼다. 그러면서 감독정치에 대한 아주 다른 견해를 제시한다. 그들은 장로회주의자들이 인정할 수 있는 것과는 전혀 다른 어떤 무엇을 제시한다. 물론, 이것은 장로회 원리들에서 볼 때 교회정치에 대한 사도적인 가르침을 전적으로 곡해한 것이다.

그렇게 엉뚱한 견해를 제시하면서 그들은 사도적인 가르침에 엄청 급진적인 변화를 덮어씌우는 무서운 죄를 저지른다. 이 무서운 죄악상에 대한 불의와 불평등을 고대의 경건하고 거룩한 순교자들에게 부과시키고 있는 것이다. 그러고는 그들은 장로교도들이 감독정치는 갑자기 소개되었고 모든 것이 즉각적으로 등장한 것으로 주장함으로써 경건하고 거룩한 사람들인 사도들이 세운 교회정치를 의도적으로 왜곡시키는 죄를 범한 장본인들이라고 주장하는 것이다. 그들이 그렇게 엄청나고 근본적인 변화를 소개함에 있어서 그 일이 즉각적으로 단행되었다고 말하는 것은 불가능하다. 이에 제임슨은 "혹자는 처음부터 아무것도 아닌 것을 유용한 것처럼 간청했다고 생각할지 모르겠다. 처음에 그들이 가질 수 있는 것은 사람의 손안에 있는 구름만큼 작은 것이었다. 그러나 그 후에 하나님의 교회의 모든 천국은 그 작은 것과 더불어 모조리 어둠으로 뒤덮였다.”라고 말하면서, 이 요소를 이와 같은 방식으로 실행하였다고 묘사하였다.[190]

우리는 그들의 입장에서 그런 절차를 거친 하나의 표본을 제공할 수 있다. 교황주의자들을 반박하는 정교한 글을 쓰면서 자신을 독보적인 예리한 이성적인 자임을 증명한 유명한 칠링워스(Chillingworth)는 「주장된 감독정치의 사도적 교훈(The Apostolic Institution of Episcopacy Demonstrated)」이라는 소논문을 썼다. 그는 이 논문에서 감독정치가 무엇을 의미하는지에 대한 매우 온건한 입장의 글로 시작한다. 그의 말을 발췌하면 “모든 것이 우발적인 것들”이라고 언급하면서 “감독정치에 오로지 본질적이고 필요한 것만” 고려한다고 했다. 감독정치제도에 대한 이 정의에는 물론 다른 사람들에 비해서 사법적으로 우월적 지위에 있는 자들이 있다든지 그렇다고 안수식의 독보적인 권능을 지닌 자들이 있다는 언급 같은 것은 전혀 없다. 그는 베자와 듀 몰린(Du Moulin)으로부터 발췌한 두 가지를 부분적으로 왜곡함으로써 “이 감독정치가 사도시대로부터든지 아니면 그 이후로든지 교회 안에서 보편적으로 수용된 것이며” 그러므로 “감독정치가 사도적인 교훈임을 부정할 수 있는 것이 아니라”고 증명하고자 시도하였다. 그리고 그는 다음과 같은 결론을 내렸다.

“그러므로 대 변질이 이루어진 것을 내가 모든 우화들을 보면서 참된 스토리들이라고 증명할 때, 내가 세상에서 모든 민주정치와 귀족정치가 잠자고 있고 처져 있는 것을 보면서 군주정치를 자각시키게 될 때, 그 후

---

190) 감독정치 논쟁의 요약, 184.

에 나는 사도시대 이후로 계속되어 온 장로회정치가 가면무도회의 한 장면처럼 빙글빙글 돌다가(사도적언 교리와 그리스도의 뜻에 반하여) 감독정치로 변형되었다고 믿기 시작할 것이다. 동시에 이러한 일들이 발생한다는 것은 도저히 믿기 어렵고 인간 이성으로 생각해도 불가능한 것이기 때문에 나는 다음과 같이 결론을 내리고자 한다. 즉, 감독정치는 사도시대 이후로 현재까지 교회에서 보편적으로 수용된 것으로 인정한다. 사도시대와 그 이후로 지금까지 그렇게 큰 변화를 일으킬 만한 시간적 여유도 없었고 그럴 가능성도 없었다. 그러므로 추정된 것과 같은 그런 변형은 없었다. 그러므로 감독정치가 그렇게 오래된 것이요 보편적인 교회정치라고 고백하게 되는 것은 이것이 곧 사도적인 교훈으로 고백되어짐이 마땅한 것이다. *Quod erat demonstrandum*(사실 그렇게 증명될 것이다).”[191]

칠링워스는 자신이 좋아하는 것이나 간청할 만한 충분한 이유가 있다고 생각될 때 감탄할 정도로 사려 깊이 행동하는 사람이다. 그러나 만일 그가 이것보다 더 좋은 무엇을 만든 것이 아무것도 없었다면, 그 자신이 존 로크가 “만일 당신의 아들이 훌륭한 이성적인 자가 되기를 원한다면 칠링워스를 읽으라고 하시오.”라고 권고했다는 말을 확신을 가지고 하지는 못했을 것이다. 다른 것들을 참고하지 않는 독단적인 그릇된 사고와 그 원칙들에 더 심각한 반대를 일으키는 그 그릇된 사고는 어떤 측면에서는 그 주제에 있어서 장로교도들의 견해에 대한 잘못된 설명을 은근히 심어 주는 것이다. 그들은 그의 질문에 대한 설명을 반박하거나 저글링보다 약간 나은 것에 불과하다고 말한다. 그의 논쟁의 진짜 실효는 모호하고 당혹스런 것이라고 하면서 그 논쟁의 진짜 어려움들은 비겁하게 비켜 간

---

191) The Apostolic Institution of Episcopacy Demonstrated, sec. xi.

다고 한다. 그들은 감독정치제도가 완전히 성숙한 상태에서야 시작된 것이라고 상상하거나 주장을 펼친 적이 없다. 그리고 갑자기 돌발적으로 교회에 설립된 것이라고 주장하지도 않았다. 도리어 그와 반대로 그들의 확고한 이론은 성숙한 단계에 오르게 된 3, 4세기에 시작된 것이고, 그 성숙도는 현대시대에 드러나는 것이라고 말한다. 그들은 감독정치의 점진적 발흥과 진전에 대해 충분한 설명을 요구받음에 있어서도, 교회 안에서 어떤 시대의 사람들에게도 그리스도께서 제정하신 것에 관한 무지와 무관심의 죄악에 대한 것을 적시할 필요가 없는 자들이다. 그들은 기독교인들의 열정과 탁월함에 견줄 수 있는 것보다도 권력과 명예욕을 더 사랑하는 죄악에 대해서 설명할 필요가 없는 자들이다. 또한 이것과 더불어서 다른 문제들에 있어서도 초대교회 시대에 나타난 것이었다고 결론적으로 입증될 수 있게 하는 것들보다 권력 자체나 명예를 탐하는 죄악에 대해서는 설명하지 않는 것이다.

감독정치는 사도들에 의해서 세워진 것이 아니다. 신약성경에 그에 대한 증거가 전혀 없기 때문이다. 사도들은 일반적인 항존직으로 두 직분만 세웠다. 그것은 장로직과 집사직이다. 감독들과 장로들이라는 단어를 상호 교환적으로 일관되게 사용함으로써, 즉 그 직임이 동등한 교회 직임자들로 묘사함으로써 우리에게 또 다른 우위의 직임이 있다고 추정할 만한 어떤 근거도 마련해 두지 않았다. 물론, 그들은 하나님의 말씀을 우리의 길잡이로 그리고 신앙과 실천의 표준으로 적용해 감에 있어서 교회가 그들의 주인이신 그리스도의 지침에 일치하는 장로회 정치를 따르도록 계획하였다. 그들의 직속 후계자들도 사도적인 경향에 순응하였고 장로회 원리들과 실천들을 존속하였다. 그러나 점차적으로 우월적인 영향을 끼치고 권위를 행사하는 일이 발생하게 된 것이다. 그것은 어쩌면 좋은 동기로 또는 교회에 유익을 끼치는 가능성 때문에 생겼을 것이다. 그때는 헛된 세속적인 야망이나 그리스도께서 제정해 주신 것을 무시하는 의도로 그렇게 한 것이 아니었을 것이다. 단순히 장로회 의장직 수행을 위하여 선출된 자로서 교구 내의 목사들이나 모교회의 담임목사가 그 직을 수행한 것이었다.

그리하여 어느 정도 새로운 뭔가가 소개되었는데, 물론 이것은 역할에 걸맞은 어떤 명칭이나 호칭을 필요로 하게 되었던 것이다. 이것은 처음에 규칙적으로든지 획일적으로 감독이라는 칭호가 다른 장로들보다 우위에 있고 장로들은 그 밑에 있는 직임으로 사용됨이 없었던 것이었지만 아주 제한적인 범위 내에서 효과를 나타냈을 것이다.[192] 의심의 여지없이 사도들로부터와 그 단어에 대한 영감된 가르침에서 벗어난 것이 발생했던 것이다. 이것은 사도들이 세웠고 남겨 준 것과는 색다른 특정 존재의 필요성에 의해서 용어의 형성을 규정하는 원칙에 따라서 만들어졌던 것이다. 그리하여 그 단어들의 용법과 적용에서 하나의 변화가 만들어진 것이다. 그 변화는 교회의 업무들에 대한 실질적 운영에 도입된 변화를 가리키는 것이었다. 점차적으로 발전해 감에 있어서 새로운 여러 단어들과 호칭들이 고안되었다. 온 세상이 다 그 호칭에 익숙하게 되기까지 그 용어들이 발명되어 사용하게 된 것이다. 그리하여 보편적인 감독, 주권적인 추기경, 교회의 수장, 지상에서의 그리스도의 대리인이라는 인식이 보편적으로 확산되기에 이르렀다. 만일 그것들이 사도들이 제정하여 준 것에 엄격히 고정되어 있던 것이라고 한다면 그들은 사도들이 사용한 용어들을 변경할 필요가 전혀 없었을 것이다.

---

192) Mason on Episcopacy.

상당히 교묘한 계책이 감독정치 옹호자들에 의해서 도입되었다. 에피파니우스로부터[193] 시작하여 현재까지 그들이 주장하는 것은 신약성경에서 감독들과 장로들이라는 단어가 일관되게 상호 교환적으로 사용되었고 그리고 명백히 서로 일치하는 동등한 직임이었으나 두 사이의 구분은 그 이후에 소개된 것이었다는 것이다. 다양한 변형적인 후속조치들과 더불어 그 이론들의 절반은 그 점을 설명하고자 짜낸 것이었다. 그러나 그것들 중 어느 것들을 감독주의자들이 일반적으로 다 수용하고 있는 것인지를 말하는 것은 쉽지 않은 일이다. 이러한 각각 다른 이론들은 다양한 측면에서 교묘하게 그럴듯한 주장들을 소유하고 있다. 그러나 그것들은 모두 실질적으로 역사적인 증거나 본래부터 가지고 있었다는 가능성에 대한 견고한 근거가 다 없는 것들이다. 오직 한 가지 만족스러운 설명이 있다면 그것은 사도시대에 그 직임들이 감독들과 장로들의 호칭으로서 서로 일치되어 사용되었다는 것이다. 그리고 동등한 직임들로 계속해서 사용되도록 의도된 것이었다는 점이다. 차이점은 실제 교회정치에 있어서 사안의 실제적 처리과정에서 발생한 것이라는 점이다. 업무처리 과정에서 요구되고 생겨 난 이 차이는 용어 사용에서 나타났다. 인간본성의 원칙들, 그리고 사역의 경륜, 교회 역사의 정보들이 그러한 변화의 가능성을 충분히 설명하는 자료들이다. 적어도 그렇지 않다는 것을 보여 줄만한 것은 아무것도 없다.

마찬가지로 지속적으로 강력하게 이끌어야 할 요인들로부터 감독정치가 발생한 것으로 볼 수 있다. 우리는 즉시 놀라움과 감사의 마음을 가지지 않을 수 없는데 그것은 개혁교회들 안에서는 그러한 변화를 사단이 다

---

193) 역자 주) 에피파니우스(Epipanius)는 키푸러스에 있는 살라미스(Salamis)의 감독이었다(c. 320-403).

시는 일으키지 못하였다는 것 때문이다. 우리는 이것이 다 하나님의 은혜로 말미암은 것이요, 하나님께서 제정하신 것에 즉각적으로 개입하는 위험성을 간파함으로써 초대교회 역사를 보며 얻은 깊은 교훈에 기인한 것이라고 설명할 수 있다. 성경적인 표준으로부터 전적으로 이탈하게 하여 교회적인 일들을 세속적인 정치나 육적인 야망의 속삭임에 양보하는 일을 막게 된 것이다. 역사 속에서 명백하게 나타난 것과 같이 사람들은 교회의 안녕을 해치고 교회의 관심사에 해를 끼치는 감독주의 정치에 안주하기가 매우 쉽다. 이에 나는 우리가 감독정치에 대해서 반대하는 그들의 직접적인 잘못들이 무엇인지를 그리고 우리가 충분히 입증했다고 생각하는 것들에 대해서 간략하게나마 설명하고자 한다.

첫째로, 감독정치는 교회 안에 새롭고 성경에 입증되지 않은 서열을 소개하였다. 교회는 그리스도의 왕국이다. 그리스도만이 주권자이시다. 그리스도만이 법을 제정하시고 모든 규례를 세우신다. 그리스도는 그의 기록된 말씀 안에서 이러한 문제들에 관련한 그의 모든 뜻을 우리에게 계시하셨다. 어느 누구도 교회에 율법들을 제정할 권한을 가지고 있지 않다. 또는 교회 직임자들을 세울 권한을 가지고 있지 않다. 그의 피로 값 주고 사신 그리스도만이 그 일을 하신다. 교회의 모든 업무들은 다 그리스도께서 말씀하신 법에 의해서 규정되어야 한다. 그리스도께서는 우리에게 일반 목사들보다 우월한 지위에 있는 직임자 계층을 세우셨을 것을 암시하는 어떤 의도도 알려 주신 적이 없다. 성령께서 그의 교회에 감독자로 세우진 자들이 양무리들을 먹이도록 세우시고 요구하신 특별 계층의 사람들이 되도록 허락하셨다는 근거가 전혀 없다. 만일 그리스도께서 교회에 목사들보다 우월적 지위에 있는 서열을 허락해 주신 적이 없다고 한다면, 그런 계층의 직분자는 존재하지 않는 것이다. 그리고 그런 직분자가 스며들어 왔다면 그 직분자는 축출되어야 한다. 그러한 것을 도입하게 하는 자는 그리스도의 제정하신 것을 방해하는 것이고, 그리스도의 특권을 강탈하는 것이다. 실로 감독정치는 처음에 교회 직임의 새로운 계층을 소개함으로써 그러한 제도를 만든 자들에게 현재의 감독정치의 모습을 제시한 것이 아니었다. 처음에는 장로직을 포기하고 다른 어떤 직분자가 된다는 개념이 전혀 없이 다른 장로들 위에 군림하는 것이 아니라 다만 업무 진행상 권위와 위엄성 면에서 약간 우위에 있다는 생각으로 출발한 것이었다. 그러나 이것이 점차적으로 감독이 최고의 자리에 있는 자라는 개념으로 나아가게 하였고 그다음에는 그러한 지위 유지를 위하여 갖가지 양상들을 만들어 내려고 하나님의 말씀을 왜곡시키게 된 것이다.

제롬이 우리에게 확신시켜 주듯이 지혜를 사용함에 있어서 인간들의 교묘한 고안이 분열과 파당을 짓는 것을 막는 적절한 것이라는 생각을 하게 하였다. 물론, 처음에 이것이 하나님의 말씀과 전적으로 배치되는 측면이 발생할 것이라는 생각은 없었을 것이다. 다른 경우에서 발생한 것과 같이 치료약이 질병 자체보다 더 고역임을 입증하였다. 감독계급은 하나님의 복이 함께하지 않는 직분이다. 인간의 지혜는 신앙을 고백하는 교회 전체가 전적으로 배교하는 것이 될 때까지 하나님의 계획들과 제정해 주신 것들을 개선함에 있어서 진전을 이루는 것을 계속하였다. 그리스도의 권위는 짓밟혔고 교회를 세우시는 주님의 원대한 계획은 그의 이름으로 행동한다고 고백하는 자들에 의해서 말로 다할 수 없이 훼손되었다. 성경으로부터 이탈하는 것은 정말 위험한 것이다. 인간이 고안한 것들을 교회 정치에 그리고 살아 계신 하나님을 경배하는 일에 도입하는 것은 참으로 무서운 것이다.

둘째로 비록 이것이 다른 형태에서도 동일한 죄목이라고 할지라고 감독정치의 잘못된 심각한 죄목은 그리스도께서 목사들에게 부여해 주신 권능과 권위를 교회 목사들에게서 박탈시킨 것이다. 목사들이 다스리는 권한을 지닌 자들이라는 증거는 성경에 넘쳐 난다. 그리스도의 말씀을 따라서 교회 성도들을 목양하는 일에 있어서 목회적인 권위를 실행하는 자가 목사이다. 교회의 일상적인 업무들을 운영하는 권위를 가지고 있다. 우리는 이에 대해서 반박할 수 없는 증거를 사도 바울이 에베소교회 장로들에게 한 고별설교에서 확인할 수 있다(행 20장). 사도는 교회정치를 위한 다른 무엇을 생각한 것이 아니었다. 그는 분열과 이단을 방지하기 위하여 다스리고 가르치는 일을 함에 있어서 그들이 맡은 직분에 충성스럽게 감당하는 장로들이나 감독들의 임무들 수행 외에 그 이상의 어떤 방책을 염두에 둔 언급을 일체 한 적이 없다.

그러나 얼마 되지 않아 감독들이 점차적으로 장로들의 특권들을 잠식해 가기 시작하면서 감독들과 장로들 사이의 구분이 만들어졌다. 사도시대 이후 세월이 많이 지난 것도 아닌데도 이미 교회의 업무들을 운영하고 양들을 치리하는 일을 함에 있어서 감독들이 장로들보다 더 권세를 가진 자들로 간주되기 시작한 것이다. 장로들은 그 모든 일들을 수행함에 있어서 제외되어 갔다. 그리고 감독들을 그들의 주인으로 섬기는 종들이 되어 갔다. 이것은 가르침과 다스림의 기능들의 존엄과 중요성에 대한 성경적인 견해와는 정반대의 현상으로 이끌었다. 다스리는 일이 가르치는 일보다 더 우위에 있게 한 것이다. 성경은 항상 가르치는 일을 존엄과 중요성에 있어서 항상 제일 앞에 두고 있다. 따라서 우리는 잉글랜드와 아일랜드의 감독계급 정치에서 장로들이 다스리는 기능을 박탈되어진 것만이 아니라 교회적인 사법적 행정에서의 장로들이 배제되어 있고 따라서 특권들이 강탈당했으며 그리스도께서 그들의 직임에 부여하신 임무들을 하지 못하게 막아 버린 것을 보는 것이다. 그러나 이것이 적어도 실천적으로 제시되고 있는 것은 사도들이 가장 존귀하고 가장 엄숙한 사명으로 간주한 가르치는 것과 말씀을 설교하는 것이 재판국 법정에서 그리고 의회 석상에서 주교관을 쓰고 위엄 있게 서 있는 교권층의 감독들 발밑에 있는 것처럼 보이게 한 것이다. 그리고 그러한 일들은 대부분이 하위계층의 장로들에게 남겨진, 즉 열등한 성직자들의 업무가 되어 버린 것으로 보이게 만들었다.

삼위일체 교리

제9장

삼위일체 교리

첫 3세기 동안의 교리적인 체계를 확립하는 과정에서 마지막으로 살펴볼 주제는 삼위일체 교리이다. 이것은 가장 흥미진진하고 중요한 주제이다. 이 주제를 마지막으로 다루고자 남겨 놓은 이유는 이 교리가 우리가 가장 주목하는 제4세기와 제5세기의 주도적인 교리적 논쟁들인 아리안주의 논쟁, 네스토리안주의 논쟁 및 유티키안 논쟁들과 밀접한 관계를 맺고 있기 때문이다.

1. 삼위일체론에 대한 초대교회의 증언

4세기에 아리안 논쟁이 발생했을 때 양측은 상대편의 교리를 반박하기 위한 근거로 초대교회의 증언을 내세웠다. 당연히 정통파가 이 선언에 대해서 보다 확신을 가지고 참된 진리를 세우는 데 우위를 차지하였기 때문이다. 그래서 현대에 와서도 삼위일체 교리가 논쟁의 쟁점이 될 때마다 초대교회가 붙들고 있었던 입장이 무엇이었는지 또는 삼위일체교리와 관련하여 첫 3세기 동안 일반적으로 교회들이 견지해 온 입장이 무엇이었는지에 대한 질문을 항상 들먹여 왔다. 보편적인 입장에 그다지 큰 무게를 두고 있지 않는 것임에도 불구하고 신학적인 저술가들에게 있어서 이 질문은 일반적으로 느끼는 뭔가가 있는 것처럼 보인다. 그 느낌은 삼위일체 교리에 대해 초대교회가 일반적으로 견지해 온 입장이 무엇이었는지를 확신하는 것 자체가 우리가 이미 관심 있게 다룬 그 어떤 주제들보다도 상당히 더 중요하다고 여기는 것이다. 초대교회의 증언이 다른 어떤 교리적 논쟁들에서보다 이 교리에 대한 논쟁에서 더 많은 유익을 누리게 하는 영향력을 입증하는 것은 아닐지라도, 다른 증거물보다 더 확증적인 견해로 인정한다는 것이다. 그러나 이러한 감정이나 느낌이 합당한 근거자료의 결핍을 말하고 있는 것은 아니다.

삼위일체교리, 즉 세 개의 구별된 위격을 지니고 있지만 신적인 본성과 본질이 같다는 이 교리는 너무나 독특한 특징을 가진 기독교 교리이다. 이 교리는 우리에게 얼토당토 않는 소리라는 인상을 주지만, 여기에는 두 가지 입장이 있다. 첫째, 만일 사도들이 이 교리를 가르쳤다면, 이것이 교회의 일반적인 가르침으로부터 이처럼 속히 사라져 버렸을까? 둘째, 사도들이 이 교리를 가르치지 않았다고 한다면, 이 교리는 훗날 사람들에 의해서 교묘하게 만들어지거나 고안된 것이란 말인데 어떻게 이렇게 쉽게 퍼져 나갔던 것일까? 이러한 입장의 첫 번째 근거는 삼위일체 교리가 일반적으로 초대교회는 믿지 않았다는 것이다. 사도들이 가르치지 않았다는 증거가 없을지라도 그렇게 볼 수 있는 추정은 가능하다는 차원에서 반삼위일체론자들의 주장에 동조하는 것이다. 반면에 둘째 입장의 근거에서 생각해 보면, 초대교회 안에서 널리 알려진 가르침이었다는 증거 역시 적어도 이 교리는 사도적 기원을 가지고 있기에 그렇게 된 것이라는 추정이 가능하다고 인정하지 않을 수 없다. 삼위일체 교리를 옹호하는 자들 중 어느 누구도 이 교리를 이성적으로 수용이 가능하다고 말하지 않는다. 그 본질적인 특성으로부터 살펴볼 때, 이는 성경에서 분명하게 성립될 수 있는 것이지 않는 한 응당 순수한 계시 중 하나여야만 한다. 만일 신적인 성경의 권위가 이 교리를 인정하는 것이라면, 그리고 성경의 저자들이 이 교리에 대해서 쓴 것이 무엇이었는지를 충분히 이해하고 있었고 그래서 다른 사람들도 이것을 읽을 때 이해할 수 있는 것을 기대했을 것이라고 인정한다면, 삼위일체 교리는 전적으로 확정되는 것으로 받아야 한다.

그러나 이 독특한 특성을 지닌 교리가 초대교회 안에서 그렇게 널리 확산된 가르침이었다는 일반적인 생각에 있어서 납득되지 않는 부분은 전혀 없다. 따라서 이 교리가 사람들에 의해서 만들어진 것이었다는 내용은 있음직한 것으로 보이지 않는다. 그것은 성경으로부터 연역해 낸 건전한 결론이었다는 가정도 충분히 제시하고 있는 것으로 보아야 한다. 동시에 삼위일체 교리가 성경에서 가르치고 있는 것이라고 믿는 자들 대부분은 당연히 초대교회의 증언도 다들 그렇게 알고 있었음을 말해 준다고 믿는다. 또 다른 한편으로, 삼위일체 교리가 성경에서 가르치고 있는 것이 아니라고 확신하는 자들 대부분도 초대교회가 그 교리를 수용한 것이 아니었다는 결론에서 벗어남이 없다.

이 주제에 대한 연구에서 종종 맞닥뜨리게 되는 내용은 여기에 병행하거나 우연히 미치게 되는 몇몇 영향들이다. 즉, 초대교회의 삼위일체 교리에 관련한 신앙에 끼친 것들이다. 이는 신학자들이 이 교리의 참된 것과 관련하여 그들 자신들의 개인적 확신에 따라서 편을 나뉘게 한 규정을 방해하였다. 더 특별한 것은 삼위일체 교리에 대한 초대교회의 신앙을 논함에 있어서 교부들의 권위가 더 큰 무게를 차지하는 결과를 초래하였다. 심지어 니케아 공회 이전의 교부들과 그 이후의 교부들의 증언을 서로 대조하는 부수적인 문제들까지 야기했다. 사람들은 자신이 삼위일체론자인지 아니면 반삼위일체론자인지를 결정함에 있어서 일반적인 질문과 관련된[194] 자신의 입장에 따라 영향을 받았던 것이다. 우리가 초기 저자들의 글들이 지닌 명백한 의미를 일일이 검증할 수 없기 때문에 그 의미를 파악하는 것이 종종 모호하고 혼란스럽다. 더 나아가서 삼위일체 교리는 지금 매우 중요하고 어쩌면 현재 신학문서들에서 가장 두드러진 위치를 차지하고 있는 것이기 때문에 나는 이 주제에 사람들의 견해들이 영향을 끼치고 있는 면에 관한 한두 가지 예를 들어서 서로 엇갈리는 입장들을 설명해 보고자 한다.

내가 이미 한번 언급한 적이 있는 디오니시우스 페타비우스(Dionysius Petavius), 즉 데니스 페탄(Denis Petan)은 17세기 초기에 매우 교육을 잘 받은 뛰어난 로마가톨릭 저술가였다. 그리고 교부문헌에도 깊은 조예가 있는 사람이었다. 그는 아리안주의를 반대하는 확고하고도 분명한 증거가 첫 3세기의 현존하는 글로부터는 추려 낼 수 없는 것이라고 의식적으로 주장하였다. 사실상 그 시기의 많은 교부들은 아리안들보다 나은 존재들은 아니었다. 그리고 모든 로마주의자들과 같이 페타비우스도 정통 삼위일체 교리가 니케아 공회의에서 처음으로 완전하고 명확하게 등장했음을 믿는다고 고백하였다. 그의 이러한 선언은 반삼위일체론주의자들이 환호하는 것이 되었다. 그들 입장에서는 자신들과 반대편에 서 있는 제대로 교육받은 이 학자의 진술과 증언이 자신들의 견해를 힘써서 뒷받침하고 있는 것으로 자랑하게 된 것이다.

니케아 이전 교부들의[195] 정통성에 대한 전문가 중 가장 특출한 학자인 불(Bull) 감독은 페타비우스를 "위대한 사람이며 학식이 높은 사람"이라고 칭하면서 그런 자가 그와 같은 주장을 한 것에 대해서 놀라움과 당혹스러

---

194) 역자 주) 자신이 존중하는 교부들의 증언에 대한.

195) Defensio Fidei Nicænæ, p. 9.

움을 감추지 못한다고 언급하면서 자신의 생각을 넌지시 드러냈다. 즉, 페타비우스는 진리에 대한 순수한 사랑으로 말미암아 그것을 수용하지는 않았지만 일종의 교활한 생각을 가지고 그렇게 했을 것이라고 말이다. 그러면서 어떻게 이 견해가 교황제의 목적들을 섬기는 데 적합한 것이었는지를 다음과 같은 방식으로 설명해 나갔다. 첫째로, 그런 경향은 페타비우스나 삼위일체론자들로 알려진 모든 다른 사람들이 후기 니케아 교부들의 권위를 니케아 이전의 교부들보다 한 수 더 높이고 있다는 것이다. 따라서 교황주의자들에게 개신교도들과 벌이는 일반적인 논쟁의 흐름을 변환시키는 구실을 제공한다. 적어도 고대성과 관련하여 첫 3세기로부터 그들의 입장을 약간 지지하고 있는 정도에 불과한데도 4세기 5세기의 교부들의 입장을 더욱 부각시키고 있다. 둘째는 니케아 공회가 이전의 교회전통으로부터 도움을 얻는다거나 교회에 의해서 일반적으로 수용한 것들을 거의 참조하지 않고 정통적인 삼위일체 교리를 확정한 것은 몇몇 교황주의 저자들에 의해서 옹호되어 온 원칙을 장려한 것이다. 즉, 교회회의가 신앙의 새로운 조항들을 세울 수 있는 권한을 가지고 있다는 것을 뒷받침해 준 것이다.

하나님의 말씀과 교회의 역사는 '교황제도를 방어하는 자들 가운데 부정행위나 죄악된 일들이 넘쳐 난다는 것은 있을 수 없다.'라는 논리의 개연성은 없다는 사실을 보여 준다. 그러한 악행들이 차고 넘치는 증거들을 예상하는 것 자체가 사랑의 마음이 결핍되어 있기 때문이 아니다. 그러나 이 경우 불(Bull) 감독의 의혹은 억지이고 합리적이지 못한 주장이라는 것을 인정해야만 한다고 생각한다.

페타비우스가 니케아 공회 이전 교부들 중 많은 사람들이 아리안주의자들이었다고 믿었다는 것에 대해 의심을 살 만한 충분한 증거는 없다. 그리고 초대교회의 증거가 명백한 견해차이가 있었다는 가능성을 배제시컸다는 견해도 분명하지 않다. 로마교회주의 저자들은 일반적으로 이러한 페타비우스의 견해를 받아들이지 않았다. 그러나 그와는 반대로 그리스도의 신성교리를 예증하고자 하는 일에 매우 익숙한 자들이었다. 물론 애매모호한 견해들이 있고 성경의 불완전성을 근거로 말하는 그들이지만 그래도 성령의 신성과 위격을 믿는 자들이었다. 교리들의 경우 성경에서 모호하고 불완전한 상태로 계시되어 있는 것처럼 보이지만, 성경에서 확실하게 언급되지 않은 면들은 초대교회에 의해서 보충되어진다. 이것은 또한 옥스퍼드 운동가들의 입장이기도 하였다. 그러므로 '삼위일체 교리에 대한 초대교회의 증언이 삼위일체 교리에 기여하는 정도가 어느 정도인지'를 보여 주는 진짜 상당한 자료들과 증언들은 최근 논쟁들에서 드러나고 있다. 또한 이 주제에 대한 성경과 교회역사의 증언들 역시 상대적으로 깨끗한 것임을 말하지 않을 수 없다.

따라서 『신앙과 실천의 신적 규범』이라는 책을 쓴 구드(Goode)는 이 책에서 성경적인 증언이 이 교리를 지지하고 있는 분명하고 온전하고 명백한 사실을 보여 주기 위한 자신의 목적을 확실히 하였다. 그리고 교황주의자들에 이어서 옥스퍼드 운동가들이 성경적인 증거보다 교회사적 증거가 더 분명하다고 주장하는 것은 너무나도 혼란스럽고 모순된 것임을 분명히 제시하고 있다. 이 주제를 논쟁해 나감에 있어서 그는 불(Bull) 감독이 니케아 공회 이전 교부들의 선언들을 정통적인 가르침이라고 지나치게 강조함으로 페타비우스를 비난하는 잘못을 저질렀다고 비평하였다.[196]

---

196) Goode, vol. i., c. v., sec. iv.; vol. ii. pp. 1-15. 페타비우스(Petavious)가 '양심의 가책도 없이 로마의 무오성을 유지하도록 초기 교부들을 희생하였다.'는 것을 근거로 유일하게 옥스퍼드 운동가의 한 사람이 페타비우스를 탄핵하였을 때, 뉴만(Newman) 박사는(Goode, vol. i., p. 272를 보라) 교황주의자로 전환한 후에 「기독교 교리 발전」이라는 그의 논문에서 이 주제에 대한 페타비우스의

한편, 프랑스 가톨릭 신학자인 보쉬에(Bossuet)가 개신교회들의 다양한 교파들에 책을 출판하였을 때, 쥬리우(Jurieu)는 보쉬에의 근본적인 입장, 즉 교파의 다양성은 오류가 넘치는 증거라는 원칙을 공격하였다. 쥬리우는 좋은 책을 많이 쓴 자였고, 특히 교황제 논쟁에 대한 책을 쓴 사람이지만 사려 깊지 못하다거나 무모한 사람이라는 말을 듣는 자였다. 쥬리우는 삼위일체 교리의 사례를 들어서 반박하였고,[197] 이 교리와 관련하여 초대교회의 증언들이 다양하고 모순되는 것들을 끄집어냈다. 물론 그는 그러한 증언들을 가지고 가장 훌륭하게 반박하였고, 이에 보쉬에는 그의 답변에서 그 증언이 통일성이 있고 일관성이 있다는 것을 보여 주려고 애썼다.

이러한 것들은 삼위일체 교리와 관련한 초대교회의 신앙에 대한 주제를 설명하는 방식으로서 다른 논쟁들에서도 드러난 것들이었다. 이것은 사람들의 견해를 제시하는 방식으로서 교리에 대한 진리 자체보다 다른 사람들의 의견들에 의해서 개정되는 방식이었다. 삼위일체 교리가 성경에 근거하고 있다고 분명하게 믿는 삼위일체론 자들도 일반적으로 초대교회에서도 성경으로부터 그들의 결론을 도출한 것으로 믿었다고 보았다. 반면에, 성경적 근거 위에서 그들의 견해를 피력하는 반삼위일체론 자들은 초대교회의 증언을 내세워 강조하는 정반대의 주장을 펼쳤다. 나는 이 문제에 대한 진리가 다음 두 가지 관점에서 이해된다고 생각한다. 하나는 삼위일체 교리를 옹호하는 첫 3세기 교회들의 증언 이후로 기독교 교회가 지금까지 고백하고 있는 이 증언은 너무나도 명확하고 풍성하

견해의 본질을 수용하였다. 그리고 불 감독이 페타비우스를 묘사한 내용이 확산되는 것을 막기 위하여 거의 맹세하다시피하면서 그들의 오류들과 모순되는 것들에 안주하였다. 위트비는 자신의 2세기 『교부들의 성경주석에 대한 해석의 논쟁』이라는 책에서 교부들의 권위에 대한 일반적인 논의와 삼위일체 교리에 대한 그들의 증언 사이의 관계를 설명하였다. 그의 세 가지 주도적인 입장은 표제에 주어졌다.

197) 역자 주) 피에르 쥬리우(Pierre Jurieu, 1637.12.24.-1713.1.11.)는 프랑스 개신교 지도자였다.

게 성경으로부터 수집된 증거들을 근거로 하고 있으며, 이것이 사도들의 가르침이라는 것이다. 또 하나는 성경의 명료성과 충분성을 평가절하 하는 자들에게 그것이 진짜 그렇다고 분명하고 온전하게 확신되는 것으로 보기는 어렵다는 입장이다. 도리어 그와는 정반대로, 성경적인 증거에 밀착하여 증명하려는 것보다 그것과 관련된 더 많은 난제들과 불리한 점들을 지니고 있다는 사실이다. 여기서 이러한 견해들에 대해서 간략하게나마 설명하고자 한다.

삼위일체에 대한 정통 교리적 입장을 반대하는 모든 무리들을 유니테리언으로 보는 것은 정당하지 않지만 이 문제를 논의함에 있어서는 공감되는 말이다. 그들은 성경을 해석한다고 고백할 때, 각각 다른 계층으로 분리한다. 그리고 그들은 삼위일체론 자들과 함께하듯이 서로에게 많은 차이가 있는 것처럼 동의하지 않는다. 그러나 고대교회의 증언을 논할 때 그들은 언제나 자신들의 힘을 규합하여 초대교회가 일반적으로 삼위일체 교리를 붙들고 있었던 것이 아니라는 추정이나 증거를 제공하기에 적합하다고 여기는 자료들을 제시하기에 급급해하였다. 이것은 공정한 논쟁이라고 볼 수 없는 것이다. 유니테리언들을 제외하고 이것을 위한 반삼위일체론 자들의 세 부류는 사벨리안들과 소시니안들 및 아리안들이다.

사벨리안주의(Sabellianism)는 신격(Godhead)에는 구분이 있다는 내용이 성경에 제시되어 있다고 동의하는 자들에게 어울리는 지론이다. 이들은 이 구분이 인격적인 것이라는 점을 부인하고 명목상 존재하거나 형식에 불과한 것이라고 주장한다. 즉, 그들은 성부와 성자와 성령은 각각이 같은 동일한 인격체를 위한 다양한 시각과 관계에서 비쳐지는 세 가지 다른 이름들이라고 주장한다.

이러한 견해를 가진 자들은 첫 3세기 동안에 프락세아스(Praxeas), 노에투스(Noetus), 사벨리우스(Sabellius)이었고, 사벨리안주의는 이늘이 주창한 것이었다.[198] 그러나 이들은 이 교리가 초대교회에서 신앙하고 있는 보편적인 교리였다는 주장은 하지 않았다. 다시 말하면, 초대교회의 증언이 사벨리안주의 쪽이었다는 것이다. 그러나 고대에서나 현대 세계에서 자신들을 사벨리안 원리를 따르는 자라고 주장하는 사람들은 한 사람도 없다. 사실, 정통 신학적 입장을 띠고 있는 자라고 주장하는 개별적인 신학자들 중에 간헐적으로 신격에 구분이 있다는 설명을 하는 자들이 더러 있다. 그들의 설명은 사벨리안주의를 옹호하는 다른 정통신학자들로부터 비난을 받을 만큼 상당히 멀리 나간 것이다. 그들은 어쩌면 위격의 참되고 실제적인 구분을 부정하거나 교묘하게 발뺌하는 자들로 의혹을 샀는지도 모른다. 우리가 이미 살펴보았던 것처럼 그들은 정통주의자나 그러한 경향을 지닌 자라고 주장하는 자라고 하지만 정반대의 극단적인 입장으로 나아간 자들과 같은 무리였을 것이다. 그들은 삼신론주의(Tritheism)로 정죄를 받는 자들과 유사한 근거를 제시함으로 신격에 있는 구분을 설명하였다. 삼신론주의에서는 성경의 가르침으로서가 아니라 신격의 통일성에는 삼위가 있다고 일반적으로 신자들이 고백하는 것과 같이 동일한 본성과 본질 및 특질을 지니셨으나 세 분의 하나님이 계신다고 주장한다.

따라서 150년 전[199] 이 주제에 대한 몇몇 논의가 잉글랜드에서 있었다. 왈리스(Wallis) 박사와 사우스(South) 박사가 사벨리안주의나 그와 유사한 교리를 내세웠고, 반대진영에서는 윌리엄 셜록(William Sherlock) 박사와 『기독교 고대성, *Christian Antiquities*』를 쓴 저자 빙함(Bingham) 박사가 논

---

198) 역자 주) 이들은 유일신론자들이었지만 성부 성자 성령의 삼위 인격을 지닌 존재로 구분하는 것을 인정하지 않았다. 그리하여 터툴리안으로부터 공격을 받았다.

199) 역자 주) 지금으로부터 보면 250년 전임.

객으로 나섰다. 후자의 사람들은 삼신론주의를 은근히 장려하는 듯한 모습을 보였다. 그러나 이러한 논리들은 공적으로나 의도적으로 분명한 의견을 제시하였다기보다는 우연한 과정에서 그리고 개인적인 착오에 의해서 발생한 것이었다. 왜냐하면 우리들의 이해의 한계 너머에 있는 주제에 대한 설명을 여러 방면에서 시도하다 보니 근거 없는 추정들을 말하다가 발생한 것이었기 때문이었다.

소시니안과 아리안들은 근원적으로는 사벨리안들이거나 삼신론자들이라고 주장해도 별 무리가 없는 자들이다. 사벨리안주의자들과 유사한 입장을 띠는 자들은 진짜 위격적 구분이 있다고 고백하는 삼위일체론자들 가운데 이를 믿기가 어렵다고 느끼는 자들이다. 세 하나님이 계시다고 주장하는 삼신론주의자로 취급되는 자들은 삼위일체론주의의 진짜 특성과 실천적인 중요성을 공개적으로 그리고 명백하게 내세운다. 그러나 이것은 명백하게 논쟁을 불러일으키는 주제이다. 그들의 성급하고 무모한 의혹제기들에 의해서 삼위일체 진리에 큰 손상을 가하는 것임을 인정하지 않을 수 없다. 그러나 현재 상황에서 사벨리안 원리를 의도적으로 그리고 확신을 가지고 옹호하는 기독교인들은 거의 없으며, 초대교회가 붙든 이 교리가 사벨리안이라고 주장하는 이들도 없다는 사실을 분명히 짚고 가는 것으로 충분하다고 생각한다.

그리스도는 단지 사람에 불과하고 그가 요셉과 마리아의 일반적인 관계에 의해서 태어난 자가 되기까지는 존재한 적이 없는 자라고 주장하는 소시니안들은 현재에도 남아 있다. 창조 이전부터 그리스도께서 존재하였다는 그의 선재성을 인정하지만 그의 합당한 신성과 인성을 소유하고 있다는 것과 성부와 본질적으로 동일하고 영원하신 분이라는 사실을 부정하며, 단지 지음을 받은 피조물로 여기지만 시간적으로 먼저 된 자이고 다른 어떤 피조물들 중에 가장 탁월하고 위엄 있는 존재로 간주하는 아리안들도 남아 있다. 이 두 유형의 이단들은 유니테리언들이라는 말로 재등장한다. 이들은 성경의 많은 진술들에 대해서 전적으로 각기 서로 다른 의미를 부여한다. 아리안들은 그리스도의 선재성을 나타내고 있는 본문들과 관련하여 그의 참되고 합당한 신성을 내세움 없이 소시니안들과 전혀 다른 견해를 말한다. 그리고 그것들을 해석함에 있어서는 정통주의자들과 동의한다. 그러나 그들이 초대교회의 증언을 내세울 때 양측이 다 자신감을 가지고 주장하지만 교부들의 진술들에 대한 해석을 내세움에 있어서도 각기 서로 다른 견해들을 내세운다.

이 점과 관련하여 초대교회 신앙에 대한 주제를 다룰 때 우리는 전적으로 세 가지 구분되고 분리되는 질문들을 제기하지 않을 수 없다. 그리고 그것들에 합당한 근거를 가지고 각각을 살펴보고자 한다. 첫째는 초대교회의 신앙이 소시니안인가? 둘째는 아리안인가? 셋째는 삼위일체론 자들인가? 먼저, 초대교회의 신앙은 소시니안이었다는 근거가 제시되었다. 그렇다면 그리스도는 단지 인간에 불과하였다는 그 주장은 매우 빈약하고 증거가 불충분한 주장이다. 예수와 그리스도 사이에 만들어진 영지주의자들의 이론에 근거한 매우 모호하고 당혹스러운 내용을 내포하고 있는 것이다. 이는 실제로 에비온파들이 내세운 소시니안주의를 주로 의존하고 있는 주장이다. 에비온파는 일반적으로 교회가 이단으로 규정한 자들이 아니었다는 것에 근거하여 그렇게 주장하는 것이다. 그러나 에비온파는 이단으로 인식되었으며, 영지주의의 한 분파였다. 결정적인 증거에 의해서 그렇게 증명된 것이었다. 그렇다고 그들이 이단으로서 그리스도의 인성교리만 붙들었다고 말하는 것은 아니다. 그들 중에는 예수가 단지 사람에 불과한 자라고 인정하는 자들이 더러 있었고 그리스도의 기적적인 잉태를 부정하는 자들도 있었다는 것은 분명하다.

그러나 세린투스를 추종하는 자들과 다른 영지주의자들은 예수가 세례를 받았을 때 강림하게 된 신적 에너지나 방사물이 있기 전까지 그리스도는 아니었다고 단언했다. 그리고 그 에너지는 그의 십자가 죽음 때에 떠나갔다고 주장한다. 이것은 그리스도께서 신성과 직접적으로 연관되어 있었으며, 그 안에 인성과 신성의 결합이 있었다는 교회의 일반적인 교리와 버금가는 가르침으로 간주될 수 있다. 유세비우스는 그리스도가 단지 인간(필로스 안드로포스)에 불과하였다고 처음으로 가르친 자는 가죽제품을 다루는 자로서 2세기 말에 활발하게 활동하였던 데오도투스(Theodotus)라고 선언하였다. 그 무렵에 아르테몬(Artemon)이라는 사람이 유사한 견해를 가지고 있었다는 것도 우리는 알고 있다. 이 두 사람이 3세기 중반에 활약한 사모사타의 바울처럼 옛 세린투스의 사상이나 에비온파가 가진 개념을 약간이라도 함축하고 있다는 생각을 하게 만드는 이유가 있다. 즉, 그들은 약간의 초자연적이고 신적인 힘(에너지)이 인간 예수에게 자리 잡고 있다고 했다. 그러므로 그들은 사람들이 흔히 말하듯이 인간주의자들이 아니다. 물론, 그들은 그리스도께서 육체로 오신 것을 부인하는 것으로 알려진 자들이다.

그러나 지금 상식적으로 다 알고 있듯이 그들이 그리스도를 단지 인간으로만 주장한다고 할지라도 그들에 대해서나 그들의 의견들에 대해서 우리가 알고 있는 무언가는 전혀 없다. 즉, 그들의 이론이 초대교회에 다 퍼져 있었던 교리라는 것을 뒷받침할 만한 증거들에 대해서 아는 바가 하나도 없다. 더구나 아르테몬의 개인사와 관련한 것도 아는 것이 하나도 없다. 데오도투스와 관련해서는 그가 혹독한 핍박을 받으면서 그리스도를 부인하라는 유혹을 받았다는 믿을 만한 증거를 가지고 있다. 그는 하나님을 부정한 적은 없고 자기 자신을 변명하기 위해서 단지 사람을 부인했을 뿐이라고 말했다. 한편, 그는 요한복음의 진실성을 부정하였다. 성경으로 온 그의 논박은 그리스도가 단지 사람이었다는 것을 증명하려는 목적에 몰입한 것이었다. 물론, 이것은 삼위일체 논박이 아니었다. 그는 로마의 감독인 빅토르(Victor)에 의해서 교회의 인준을 받아 이단으로 출교 처분을 받았다.[200] 데오도투스와 아르테몬의 견해들이 일반적으로 수용되었다거나 상당히 널리 보급되었던 견해라고 믿을 만한 근거는 없다. 그와는 정반대로 그들은 사모사타의 바울에 의해서 3세기 중반에 되살아나기 전까지 사라지고 말았다. 사모사타의 바울은 소시니안의 주도적인 특징이 그러하듯 세속적이고 세상적인 특징을 지닌 자였다. 그리하여 교회의 인준과 함께 안디옥 공회에 의해서 정죄를 받았다.

다른 한편으로 만장일치로 모든 고대 교부들이 다 선언하고 있고 보편적으로 모든 교회들이 다 인식하고 있는 분명한 것이 있다. 그것은 그리스도의 선재성(先在性), 그가 마리아의 몸에서 태어나기 전에 그리고 세상이 창조되기 이전에 이미 존재하고 있었다는 것이다. 그렇기 때문에 하나님이심을 부정하는 이단인 소시니안주의나 인간주의가 자리 잡을 어떤 여건도 초대교회 안에 없었다. 도리어 명백하고 완전하게 확정적인 성경의 명백한 교리는 아들은 아버지께서 세상을 창조하기 이전에 존재하였다는 것이다.

이제 우리는 양자택일을 해야 할 시간이다. 초대교회의 신앙이 아리안이었느냐 삼위일체론이었느냐 둘 중 하나를 선택해야 한다. 이 질문에 대해서 즉각적으로 시인할 것은 하나의 결론에 도달하기 위해서는 보다 큰

---

200) Natalis Alexander, saec. ii., cap. iii., art.x를 보라.

어려움이 존재한다는 점이다. 적어도 모순되는 것은 아니라고 한다면 변칙적인 사안들이 있다는 것이다. 물론 그것들이 쉽게 설명될 수 있는 것은 아니다. 보다 공정한 근거를 가진 정직한 의견의 차이가 있기 때문이다. 나는 초대교회 신앙이 삼위일체론주의였다는 증거가 훨씬 무게가 더 있다는 점에 대해서 의심하지 않는다. 삼위일체 교리가 일반적으로 사도시대로부터 니케아 공회의가 있기까지 교회가 다 수용한 교리였다는 주장은 공정한 것이다. 그리고 이 주장은 성경에 대한 삼위일체적 해석의 정확도를 확정하기 위한 근거를 제공한다는 것도 의심하지 않는다.

그러나 그리스도와 관련한 글들 중 몇몇 교부들이 정통교리와 조화되기 어려운 주장을 펼쳤다는 증거들도 상당히 많다. 한마디로 교부들이 모두 다 성경에 준하거나 성경과 깊이 관련 있는 신앙의 표준인 지침들로서 받아들여야 한다고 주장하였거나 그렇게 믿을 만한 충분한 증거들을 제공하였던 것은 아니다. 아리안 논쟁이 일어나기 전, 그 주제에 대한 심도 있는 논의를 하기도 전에 몇몇 교부들은 부주의하게 말하였고 그것이 대적자들에게 공격의 빌미를 제공하였다는 것을 니케아 시대의 정통 저자들이 인정한 바 있다. 동시에 그들은 실천적이고 본질적으로 그들 대부분의 증언이 정통주의 신앙관에 입각한 것이었고 아리안 이단에 반대적인 입장이었음을 강하게 주장하였다. 이것은 사실에 근거한 것으로 삼위일체론 자들에 의해서 논박의 대상이 되지 않은 것이었다. 그 진술의 신빙성을 인정하기를 거부한 초기 교부들을 어리석고 무분별하게 흠모하는 자들은 없다. 그리고 그들은 그리스도의 신성을 위한 자신들의 증언을 성경에서 우리가 발견하는 것보다 더 명확하고 만족스러운 것으로 나타내지도 않았다.

교회가 보편적으로 수용한 그 교리의 진리, 즉 예수 그리스도는 참되고 영원한 하나님이시라는 것, 또한 그는 사람이고 진짜 인성을 취하신 분이시라는 것을 교회가 믿고 있는 것이었다고 추측한다면, 우리는 이 주제를 언급하고 있는 하나님의 말씀 안에 있는 모든 구절들을 어떤 어려움 없이 속속 밝혀낼 열쇠를 가진 것이 된다. 그리고 그 구절들을 일관성 있게 조화를 이루도록 서로 연결할 수 있게 된다. 죄인들의 구세주로서 성경이 가르치고 있는 모든 것의 중요성과 결과를 다 접목시킨 것에 대해 공정하고도 완전하게 체계를 세운 다른 교리는 없다. 따라서 전체적으로 살펴볼 때 이것이 첫 3세기 교부들의 증언으로 이루어진 것이었다고 말할 수 없는 것이다. 무게와 권위 차원에서 신적 증거와 인간의 증거 사이에 측량할 수 없는 독자적인 차이가 있는 것만큼 명료성과 온전성을 비추어 볼 때 성경의 증언과 고대 교부들의 증언 사이의 차이도 상당하다.

그리스도가 하나님이시며 성부와 동일한 본질과 속성을 지니신 분이라는 진리를 지지함에 있어서 첫 3세기 교부들의 글에 더 많은 증거들이 있다는 사실도 증명이 가능하다. 그렇지만 그것들 중에는 그리스도의 합당한 신성과 인간성에 대해 쉽게 납득되도록 적용할 만한 설명을 줄 수 없는 몇몇 기록들이 존재한다. 불(Bull) 감독은 정통적인 견해와 일치하도록 그것들을 설명하기 위해 자신의 학식과 천재성을 다 발휘하는 수고를 아끼지 않았다. 그리하여 매우 그럴듯한 경우를 만들어 냈다. 그렇지만 나는 그가 그 일에 전적으로 성공했다고 말할 수는 없다. 여기에서 언급한 본문들은 대체로 두 가지 유형이었다. 하나는 명백히 그의 영원성을 부정하는 구절들을 가지고 그의 존재에 대한 기원을 시간적으로 기술하고자 한 것이다. 그리고 그들이 그리스도의 프로엘레우시스(προελευσις), 즉 우주를 창조하기 위하여 아버지께로부터 나오신다고 말한 그 시간 전에, 즉시 세상이 창조되는 그 시간 바로 전부터 존재하기 시작한 분으로 묘사한 것이다.

이 개념은 아리안들이 그리스도의 존재를 피조물로 보면서 피조물들

중 가장 먼저 지음을 받은 탁월한 존재로 보는 교리와 일맥상통하는 내용
이다. 그러나 이러한 억지 주장을 내세웠던 초기 교부들은 또 다른 곳에
서 그리스도를 합당한 영원성을 지닌 존재로 기술하기도 하였다. 당연히
그것이 도움이 되려면 일치하지 않게 만들어질 수 없는 것이다. 그들은
세상이 창조되기 직전에 세상 창조의 목적을 위하여 특별한 프로엘레우
시스, 즉 아버지로부터 아들이 나오신 것이라고 주장하면서도 이것이 그
리스도의 존재의 시작을 적합하게 설명하고 있는 것이 아니라고 하였다.
그러나 그리스도는 성경이 가르치고 있는 것과 같이 영원부터 아버지께
로부터 나온 독생하신 분이라고 하였다. 불 감독은 자신이 제시한 증거들
의 난제를 해결하기 위해서 개연성 있는 많은 이야기를 했다. 니케아 공
회 당시의 교부들이나 그 이후의 교부들, 그리고 삼위일체론 자들의 글들
까지 동원해서 말이다. 예를 들면 아타나시우스의 글들까지 제시하면서
다음과 같이 주장했다. 첫째로 그리스도는 아버지의 영원한 나오심, 둘째
는 세상을 창조하시기 위하여 나오심, 셋째는 때가 되매 인성을 취하시기
위해 강림하심 등 아들의 삼각 출생을 붙들었다. 그들은 아들이 아버지의
안에서 그의 로고스 혹은 이성으로서 영원 때부터 존재하였다는 것을 말
하면서도 그의 구별된 위격적 존재는 세상을 창조하기 위하여 오심과 더
불어 시작된 것이라는 몇몇 초기 교부들의 주장을 믿을 만한 근거가 있는
것처럼 말하고 있는 것이다.

여전히 당혹스럽게 하는 것은 불 감독이 내세우는 다른 유형의 구절들
은 구약성경에서 족장들에게 나타나신 분이 성부가 아니라 성자라고 주
장한 것이다. 그러면서 그는 아버지가 아닌 아들의 존재를 위한 우선권
을 이성들에게 할당하고 있다. 이것은 그것들에게 동일한 속성과 완전성
을 갖다 붙이기에는 난감하기 그지없는 것이다. 그것은 아들의 불가시성

과 무한성 또는 물리적인 측면에서 상상이 되지 않는 존새, 즉 편재성을 부정하는 것이 내포되어 있는 듯해 보인다.[201] 이러한 글들에서 불 감독은 동일한 교부들이 가르친 다른 글들과는 모순된 내용을 주장하고 있지만 그것들에 비해 좀 더 이해가 되는 답을 제시한다. 나는 이것이 그가 보여 주고자 한 것이었다고 생각된다. 그는 정통적인 삼위일체 교리를 위하여 고대교회로부터 더 나아 보이는 증거를 지지하는 차원에서 자신의 논증을 이 방식으로 세웠던 것이다. 그러나 그는 그 증언이 명료하고 전혀 모호하지 않다는 것은 증명하지 못했다. 이 때문에 그는 도리어 그렇지 못하였다고 말하지 않을 수 없게 되었다.

나는 불 감독이 자신의 작업에서 이끌고자 하는 바를 매우 성공적으로 이루어 내는 사람이었다는 점에 대해서는 의심하지 않는다. 예를 들면, 그는 첫 3세기의 교부들의 글들로부터 삼위일체 교리에 대한 니케아 공회의 신앙을 방어했다. 나는 또한 그의 시대에 진행된 이 주제에 대한 전체 논의가 깊은 학식과 능력을 동원하여 그가 옹호하고자 한 초대교회의 증언이 무엇이었는지를 확정하고자 했던 것에 대해서 충분히 만족스럽게 생각한다. 그러나 불 감독의 저작을 숙독하면 할수록 그가 내가 앞서 지적한 두 유형의 계층과 관련하여 억지해석을 펼쳤다는 인상을 받게 된다. 또한 그는 교부들의 글들과 파편 조각들을 고르고 살피고 추측하여 교부들의 권위에 대해 그가 가진 깊지만 비이성적인 결함투성이의 논리를 수정하고자 상당한 창의력을 동원하였다는 생각을 지울 수 없다.

이와 동시에 기억해야 할 것은 이러한 어려운 문제들은 몇몇 교부들의 글들에 해당된다는 것이다. 그리고 교부들의 큰 덩어리는 전반적으로 우

---

201) Bull, sec. iv., c. iii.

리 구세주의 합당한 신성을 주장함에 있어서 온전히 상호일치하고 있다는 사실이다. 성부와 성자는 영원히 동일한 본질을 지닌 분으로 주장하고 있다는 점이다. 물론 그 주장들이 다 완벽하고 정확한 진술을 내포하고 있는 것은 아닐지라도 말이다. 교회사는 영감되지 아니한 자들은 좀처럼 완벽하게, 아니 어떤 주제든지 완벽한 접근을 할 수 없다는 것을 증명한다. 완벽하게 선별되는 논쟁적 쟁점에 복종하게 되기까지는 정확한 언어 사용이나 명료한 진술을 드러내는 것은 쉽지 않은 일이다. 사벨리안주의와 단순한 인간주의 또는 지금 우리가 말하는 소시니안주의는 어떤 측면에서 보면 모두 다 첫 3세기 동안에 논의된 것이었다는 사실을 기억할 필요가 있다. 그리고 교회에 의해서 거부되었던 것이며 그 기간 동안에 아리안주의는 논쟁에서 비켜 있었고 니케아 공회의 때까지 교회에 의해서 공식적으로 결정된 것이 아니었다.

이러한 상황에서 표현의 느슨함과 부정확성으로 인해 그 증거의 특성과 무게에 영향을 미친 비중은 그다지 크지 않았다. 이 일반적인 문제에 대해 던지는 질문은 '니케아 이전 초기교회가 아리안이었느냐 삼위일체론주의였느냐?'이다. 이 질문은 모든 자료들을 다 병합한 견해에 의해서 결정되어진 것이다. 여기에는 여전히 창의적인 생각을 할 여지가 있지만 그리고 몇몇 어려움들도 지적될 수 있지만 전체 교회가 붙들고 있었던 견해를 뒤바꾸거나 제거할 만한 요소는 전혀 없다. 초기 교부들은 그리스도를 그들의 구세주로 굳게 신뢰하였고 그리스도의 이름을 위하여 자신들의 피를 흘리는 것도 기꺼이 감수하였다. 그들은 지음을 받은 피조물들 중 가장 높은 이름을 가진 자들이요, 무한히 영광을 받으시며 전적으로 하나님이시며 영원히 복되신 그리스도를 위하여 피 흘리기를 마다하지 않은 영예를 누린 자들이었다.

2. 니케아 신경-동일본질(Consubstantiality)

우리는 삼위일체 교리의 사벨리안주의를 살펴보았다. 그리고 그리스도의 인격에 대한 인간주의 또는 소시니안의 견해도 다루었다. 이러한 견해들이 첫 3세기 동안 제기되었던 것이며 그것들은 거의 만장일치로 초대교회에서 거부된 것이었음을 살펴보았다. 그리스도의 인격과 관련한 소시니안 교리(일명 간략하게 그렇게 부른다)는 4세기에 포티누스(Photinus)가 변호했다. 그러나 그것은 교회회의에서 다시 거부되었고 정죄 당했다. 그러자 곧 사라지고 말았다. 이것은 16세기 말이 될 때까지 거의 주목받지 못한 것이었다. 소시누스(Socinus)에 의해서 다시 부활된 이 교리는 종교개혁의 열매 중 하나로서 교황주의자들에 의해서 재현되었다. 그들은 종교개혁의 교리가 고대 이단들의 재생에 불과하다는 주장을 펼치기 위한 핑계를 산출했다. 아리안주의도 초기에 논의되거나 공식적으로 정죄된 것도 아니었다. 우리가 앞에서 다루었듯이 첫 3세기의 교부들 중에는 아리안 사상을 기술한 자들도 더러 있었다. 물론 일반적으로 초대교회는 전반적으로 정통적인 삼위일체 교리를 주장하였다고 단언하지만 말이다. 아리우스는 자신의 이름을 딴 이단적인 주장을 하도록 이끌림을 받았던 것 같다. 그 주장은 4세기 내내 교회의 주목을 끈 것이었다. 그는 사벨리안적인 경향을 띠고 있는 것이 아니냐는 주장에 대해서 강하게 반대하다가 아리안주의 주장으로 빠진 것이었다고 본다. 예를 들면, 성부와 성자 사이의 진정한 인격적 구분을 부정하거나 교묘히 변명하고자 하는 의도를 담고 있는 주장을 펼치게 되었던 것이다. 그는 분명히 그 둘 사이에 구분이 있음을 확실하게 만들었다. 그러나 그렇게 구분하다가 아들에게 참되고 적합한 신성이 있음을 부인하는 자리까지 나아가 버리고 만 것이다. 성자를 단지 무에서 시간적으로 창조된 피조물로 여긴 것이다.

니케아 공회에서 정죄당하고 출교된 아리안주의 입장은 다음과 같다. 즉, '성자가 없었던 때 또는 성자가 존재하지 않은 때가 있었다. 그가 나시기 전에는 그는 없었다. 그는 무(無)로부터 지음을 받았다. 또는 아무 것도 아닌 것으로부터 만들어졌다. 그는 성부와는 다른 본질 또는 본체(ὑποστασεως η ὀυσιας)이다. 그는 창조되었고 변하거나 변형될 수 있는 존재이다.'라는 것이다.

이러한 견해는 그 어떤 측면에서든지 성자에게 적합한 참된 신성을 명백히 부정하는 것이다. 그리고 성자를 단지 피조물에 불과한 존재로 전락시키는 것이며, 그가 시간적으로 존재한 시작된 시간이 있기에 믿을 수 없는 존재이며, 그렇기 때문에 종국에는 그를 지으신 이에 의해서 같은 능력으로 종말을 고하게 될 것이라고 주장한 말이다. 니케아 공회는 이러한 견해들을 정죄한 것만이 아니라 더 확고하게 '예수는 독생하신 분이시며 지음을 받은 분이 아니다. 아버지의 품속에서 나신, 아버지와 본질적으로 같은 혹은 성부의 본체에서 나신 분이시다. 그는 하나님의 하나님이시며 빛의 빛이시고 참 하나님의 참 하나님이시다. 또는 종종 표현되듯이 참 하나님의 참 하나님이시다(very God of very God). 그는 성부와 동일 본질이시다(ὁμοούσιος).'라고 선언했다.

이러한 선언은 아들이 아버지와 영원히 함께 공존하시며 동일한 본질을 지니신 분이라는 것으로 알려진 교리들을 재차 언급한 것이었다. 아버지 하나님 자신의 본질로부터 나오신 아들의 영원한 나심(eternal generation), 즉 이러한 교리들은 기독교 교회 전체가 다 붙들고 있는 고백이었다. 이는 우리 교회의 표준문서에서 하나님의 말씀에 의하여 가르쳐진 것들로 명확하게 선언된 교리들이다. 호모우시오스(ὁμοούσιος)라는 이름 또는 성부와 성자가 동일본질이라는 교리는 일반적으로 삼위일체교리와 관련하여 니케아 신학의 매우 구분되는 독특한 선언으로 간주된다. 이 주제에 대해 그들이 가르친 본질을 제대로 구체화시킨 것을 니케아 신학의 독특성으로 여기는 것이다. 이 주제를 주목하는 데 있어서 우리가 자연스럽게 고려해야 할 사항은 세 가지가 있다. 첫째, 성부와 동일본질 또는 같은 본질을 아들도 가지고 있다는 것이 무엇을 뜻하는 것인가? 둘째, 동일본질이라는 니케아 공회 선언은 참된 성경적 교리에 대한 정확한 선언인가? 셋째, 기독교인의 지혜차원에서 삼위일체 주제에 대한 정통적인 신앙을 검증하는 이 용어를 수용할 근거나 방편이 있는가? 이 각각의 질문들에 대해서 지금부터 언급하고자 한다.

성부와 성자가 동일 본질이라는 것이 무엇을 의미하는지를 이해하는 문제에는 그렇게 큰 어려움은 없다. 즉, 우리들이 가진 신체적 기능들의 유약한 면이 있더라도 이 이성적 기능들에 의해서 그 특성이 이해되므로, 동일본질은 그 자체의 고양된 특성과 관련이 있기 때문에 이 문제는 먼저 부정적인 측면에서 설명되어야만 한다. 부정적으로 이것은 아들이 피조물이 아니라는 의미를 내포하고 있다. 성자는 창조의 능력에 의해서 무에서 창조된 피조물이 아니다. 그렇다고 이미 존재하고 있는 그 어떤 무엇으로부터 본질이 창조된 것도 아니다. 물론 물질의 영원성 문제를 논하기보다는 어떤 이론을 제기하든지 모든 것의 첫 원인자이신 한 하나님만이 존재하셨을 때가 있었다. 이 첫 원인자께서 무에서 만들어진 현존하는 모든 것을 다 즉각적이든지 아니면 중재를 통해서든지 어쨌든 그 모든 것들을 다 만드신 것이다. 중재를 통해서든 즉각적이든 그 구분은 창조의 과정을 주도한 대리기관이나 주체에 적용되는 것이다.

예를 들면, 첫째, 하나님은 자신의 직접적이고 즉각적인 기관에 의해서 모든 것을 만드셨거나, 아니면 하나님께서 단지 이성으로 확실하게 설립할 수 있는 것들을 위하여 다른 피조물들을 창조하는 일에 이미 형성된 피조물들을 자신의 도구로 사용하였을 수도 있다. 둘째로, 하나님께서 무에서 피조물들을 직접 조성하셨거나 하나님이 이전에 생산하신 창조된 본질들로부터 간접적으로 만들었을 것이다. 그러나 이런 구분들은 물질의 본체에 전혀 영향을 주지 않는다. 또한, 전적으로 피조물이나 창조가 내포하고 있는 것이 진짜 무엇을 의미하는지를 수정하게 하지 않는다. 창조는 여전히 이전에 존재하지 않은 무에서부터 존재하게 되었다는 것을 뜻하는 것이다. 피조물이란 창조주와 근본적으로 그리고 본질적으로 다른 존재를 의미하고, 창조주보다 열등한 존재를 뜻한다. 피조물은 존재하기 시작하고 존속하게 하시는 창조주 하나님의 기뻐하시는 뜻에 전적으로 의존되어 있는 것이다.

아리우스는 성자가 모든 다른 존재가 있기 전에 창조되었다고 인정하였다. 그는 성자가 그 모든 존재물의 창조에 사용된 하나님의 에이전트 또는 도구라고 하였다. 그러나 성자는 시간 속에서와 무에서 창조된 존재로서, 여전히 하나의 피조물이며 믿을 수 없는 존재이거나 본질적인 것이 아닌 존재라고 주장하였다. 아리우스의 추종자들은 때때로 그들은 성자가 한낱 피조물에 불과하다고 정직하게 시인하였다. 그러고는 한편으로 그들은 종종 그 사실을 부정하였다. 그러나 그들은 성자는 피조물과는 다른 존재 또는 존재들의 계층으로부터 그를 취한 그에 관한 무엇이 있었다는 그들의 입장을 설명하라는 요청을 받았을 때, 그들이 줄 수 있는 유일한 대답은 아무것도 없는 것이나 매 한가지였다. 그들은 대답을 회피할 뿐이었다. 즉, 성자는 성부에 의해서 직접 창조되었고 다른 모든 존재들은 성자나 로고스에 의해서 직접 만들어졌으며 성부에 의해서 간접적으

로 만들어진 것이라는 말만 남길 뿐이었다.[202]

피조물과 창조주 사이에 지적인 매개체는 분명히 없다. 모든 존재들은 창조되었거나 창조되지 않았거나 그 두 유형으로 분류될 뿐이다. 지음을 받은 존재들은 창조주의 뜻에 의하여 간접적으로든 직접적으로든 무에서 만들어진 것들이며, 그것들은 지속적인 존속을 위하여 전적으로 창조주의 기쁘신 뜻에 의존되어 있는 것들이다. 성자는 피조물이 아니라 성부와 동일본질이신 분이시다. 동일본질 또는 호모우시오스(ὁμοούσιος)는 성부에 의해서 성자에게 신적 본질이나 본체를 교통하고 계신다는 그 어떤 것을 가리키거나 뜻하는 바도 없는 단어이다. 우리는 이 문제는 여기서 다루지 않고 나중에 '영원한 나심(eternal generation)'라는 제목 하에서 언급하게 될 것이다. 동일본질이라는 단어가 표현하는 것은 성자가 실상은 성부가 가진 것과 동일한 특질, 본질, 또는 본체를 가지신 분이시며 피조 된 그 어떤 것들과도 본질적으로 구분된다는 것이다. 또는 불 감독이 그 의미를 일반적으로 묘사하고 있듯이[203] 성자는 '누구에 의해서도 지음을 받은 적이 없으며 본질적으로 불변하시는 분이다. 그러나 그의 신적 본성과 불공유적 속성에 있어서 전적으로 성부의 것과 같은 분이다.' 성자를 피조물들로부터 제외시키는 것은 그가 신성을 소유하고 있음을 필연적으로 내포하고 있는 것이다. 물론 그는 신적 본질이나 본체를 가지신 분이다. 그를 그가 되게 하신 것은 그가 가진 한 가지 신적 존재이다. 그리고 그는 다른 모든 존재들의 유형들로부터 절대적으로 그리고 변함없이 제외되는 유일한 존재임을 말하는 것이다.

동일본질(ὁμοούσιος)의 의미와 관련하여 우리가 하나 더 지적할 것은 니

---

202) Bull, Defensio, Fid. Nic.

203) Bull, Defensio, Fid. Nic.

케아 공회 총대들이 그 단어의 어원적 용도 그 이상의 무엇을 내포하는 것으로 사용하였다는 점을 믿을 만한 근거가 충분하다는 것이다. 그 단어의 적절한 번역, 그 후로 일반적으로 사용하게 된 의미는 단지 '동일한 본질'이라는 말이 아니라 '하나이며 동일한 본질(unius ejusdemque substantiæ)'이라는 것이다. 이 구분은 쿠르켈래우스(Curcellæus)와 위트비(Whitby)에 의해서 제기된 시도를 즉각적으로 연상하게 한다. 즉, 그들은 니케아 공회 이전의 교부들이 성부와 성자에 대해 둘이 본질적인 연합이나 하나 됨을 언급할 때, 그것이 숫자적 개념이 아니라 독특한 일치됨이나 연합을 뜻하는 것이었음을 증명하고자 한 시도를 떠오르게 한다. 예를 들면, 성부의 본질은 성자의 것과 같은 것이나 수에 있어서가 아니라 종류나 정도에 있어서 같다는 것이다(non numero sed specie). 이 표현은 동일한 수라는 개념이 아니라 동일한 계층 혹은 묘사함의 본질이 같다는 것이다. 이 구분은 직접적으로 아리안을 반대하는 데 사용되지 않지만 현대시대에 교부들의 언어 사용을 설명하는 데 소개되었고 적용되었다. 이는 그 모든 주제를 혼란스럽고 당혹스러운 가운데서 정통적인 삼위일체론에 삼신론주의를 은근히 심어 주는 것에 반하는 주장을 제기하고 소개하기 위하여 적용시킨 것이었다. 즉, 마치 이것이 세 본질을 가지고 있으나 특별히 같은 것이라는 주장을 내포하고 있는 것처럼 주장하는 삼신론 사상을 배격하고자 사용한 것이었다. 따라서 종류나 정도에서 같은 것이지 수에 있어서 같은 것이 아니라는 것이다. 이것은 하나요, 동일본질이라는 성경적인 교리와는 구분되는 것이다. 다시 말하자면, 수적으로 본체 또는 본질일 뿐 아니라 세 가지 구분되는 인격에 의해서 소유된 본질이라는 것이다.[204]

---

204) Waterland's *First Vindication*, Qu. 26. 역자 주) 다니엘 코스그로브 워터랜드(Daniel Cosgrove Waterland, 1683-1740) 목사는 영국의 신학자요 케임브리지의 막달랜 대학 학장이었다. 그는 영

동일본질(ὁμοούσιος)이라는 단어는 그 자체가 특별한 연합이나 종류에 있어서 일치 그 이상의 무엇을 필연적으로 내포하고 있는 것은 아니다. 그것은 사벨리안주의 혹은 삼신론 사상과 같이 숫자적인 개념을 표현하는 자들과 관련이 있는 것이다. 다른 부류의 사람들과는 통일성을 표현하는 것과 관련이 있는 단어이다. 그러나 그 단어는 어떤 의미에서든 니케아 신경이 묘사하고 있는 것과 반대되는 아리안주의와는 관련이 없다. 적어도 그 단어는 정통교리를 견지하는 니케아 공회 이전의 저자들의 증언을 비켜 가려거나 어리둥절하게 만들고자 한 쿠르켈래우스와 위트비가 만든 것이었을지라도, 이 구분은 니케아 신경을 설명하거나 곡해하는 데 적용될 수 있는 것이 분명 아니다. 물론 니케아 교부들은 성자께서 성부 하나님과 동일본질이셨을 뿐 아니라 더 나아가서 아버지의 본질(품속)에서 독생하신(ἐκ τῆς οὐσίας) 분이었다고 선언하였다. 이는 종에서만이 아니라 숫자적으로도 성부 하나님과 같은 본질이라고 선언한 것이었다.

두 번째 질문은 진짜 성경적인 진리를 강설한 것으로서 아들이 아버지와 하나이며 동일한 본질을 지니신 분이라는 선언에 있어서 니케아 공회의 표현문구의 정확성과 관련된 것이다. 아들과 관련하여 성경에서 우리가 직접적으로 배우는 본체라는 단어는 이것이다. 최고의 하나님, 한 분에게만 붙이는 이름들과 칭호들 및 속성들, 그리고 행사들이 다 아들에게도 묘사되고 있다는 점이다. 그 모든 것들이 아들에게도 묘사되면서 성부에게 묘사되는 것과는 조금 약하거나 열등하고 복속되는 것으로 묘사되고 있지 않다는 사실이다. 따라서 가장 중요하고 본질적인 측면에서 거기에는 성부와 성자에게 붙여지는 것들 사이에는 서로 일치함이 존재하는

국의 광교회파를 배격하고 정통 삼위일체론 교리를 강력하게 옹호한 신학자였다. 그가 1719년에 쓴 『*the First Vindication of Christ's Divinity*』는 다니엘 위트비의 사상을 공격한 것이었다.

것이다.

물론 이 위대한 근본적인 진리는 성경적인 진술들에 대한 명확하고도 적확한 의미를 신중하게 살펴봄으로써 성립될 수 있는 것이다. 그 검증은 건전한 비평과 언어의 일반적인 용법의 원칙들과 규칙들에 따라서 실시되어야만 하는 것이다. 모든 것은 다 제시되는 자료들에 대한 이 검증의 결과에 달려 있다. 이 주제를 언급하고 있는 성경적인 진술들의 명확한 의미가 확정될 때에 이 문제를 가르치고 있는 교리의 실체가 무엇인지를 생각하게 하는 합당한 것이 된다. 어떤 방식으로나 어떤 제안들로 말미암아 검증되느냐는 참된 성경적인 교리가 가장 온전하게, 가장 명백하게, 그리고 가장 적확하게 표현되게 하는 중요한 것이다. 실로 이것은 우리의 모든 신학적 체계를 세움에 있어서 밟아야만 하는 과정이다. 그런데 이 같은 과정을 진행해 감에 있어서 특별한 주의를 요한다. 특별히 오직 성경으로부터만 알 수 있는 주제들과 관련해서는 그러하다. 더욱이 성경이 하나님의 권위 있는 책임을 인정하는 자들 가운데서 성경의 의미와는 다른 견해를 가지고 있는 주제와 관련된 문제들은 더욱 신중하게 다루어야만 한다.

그러나 성경에서 오직 하나님에게만 묘사되고 있는 이름들과 칭호들과 속성들 및 행사들이 아들에게도 사용되고 있는 것이 사실이라면, 그 모든 것들이 아버지에게 언급된 것에 비해 열등하다거나 복속되는 것이 전혀 없이 아들에게도 정확하게 적용되는 동일한 것임이 사실이라면, 그리고 우리가 성경에서 발견하는 것이 최고의 존재가 자신의 영광에 대해 질투하거나 그 어떤 다른 피조물들에게 자신의 영광을 주시지 않으심이 사실이라고 한다면, 우리는 전적으로 성경의 권위를 가지고 다음과 같은 결론을 내리지 않을 수 없다. 즉, 성자는 피조물 계층에 속한 자로 이해할 수 없다. 그는 존재 질서의 현상과는 전적으로 다른 계층에 속한 분이다. 그는 성부와 같은 계층 혹은 서열에 계신 분이다. 이것은 그가 창조된 본성이나 본체를 지니신 분이 아니라 신적 본성이나 본체를 지니신 분임을 말하는 것과 같은 것이다. 다른 말로 하면, 성자는 신의 본성이나 본체를 지니신 분이다. 왜냐하면 다른 어떤 존재들과 다르시고 무한히 뛰어나게 지음을 받은 것들과는 전적으로 다른 최고의 지존자께서 소유하고 계신 것과 같은 것들을 지니고 계시기 때문이다.

　신적 본성은 하나일 수밖에 없다. 그러므로 아들도 하나의 신적 본성을 소유하신 분이다. 그러나 피조물의 본성과는 구분되는 것으로서의 신성의 통일성은 숫자적인 연합이 아니라 종의 단일성일 것이다. 이 본성은 하나의 신적 존재보다 더 많은 존재에 의해서 소유되는 것이리라 생각된다. 성경은 최고의 지존자에게 수적인 통일성을 분명하게 기술하고 있다. 물론 이것은 하나의 신성을 소유한 여러 다른 존재들이 있다는 것을 배제하는 것이다. 이것은 실질적으로 하나의 신적 본성이 하나의 본질이나 본체에 의해서만 소유하게 되는 것임을 우리에게 가르치고 있는 것과 동일한 사상이다. 이로 인한 결론은 분명하다. 만일 성부께서 신성을 소유하고 계신다면, 그리고 성자께서도 구분되는 위격과 함께 신성을 동일하게 소유하고 계신다면, 성부와 성자는 하나여야만 하고 동일한 본질을 가져야만 한다는 것이다. 그렇지 않으면 그것은 그렇게 타당하게 결론을 거의 내릴 수 없는 것이기 때문이다. 아들이 아버지와 동일본질을 가지셨다는 교리는 성경적인 권위에 의해서 성립된 다른 부분들과 더불어 하나의 위대한 진리로 표현되거나 구체화된 것이다. 즉, 아버지와 아들은 신성의 연합에 있어서 구별된 위격을 지니신 분이지만 그 둘은 동일하게 피조물들과는 구별되는 신적인 본성을 가지신 분이시라는 것이다. 어떤 피조물들이 존재하기 이전에 또는 하나님에 의해서 무에서 창조된 그 어떤 것이 있기도 전에 아들은 신성을 소유하시고 존재하시는 분이었다. 이것이 사실이라면 그리고 하나님이 어떤 측면에서든 한 분이심이 맞는다면 그것을 표현하고 있는 작금의 형식인 성부와 성자께서는 본질상 본체이시며 권능과 영광에 있어서도 같다고 말하는 것이 참된 것이다. 왜냐하면 이것이 단어들이 가진 의미에 따라 결론짓게 되기 때문이다,

세 번째 질문은 성부와 성자가 동일본질을 가지신 분이라는 것을 수용하고 받아들이는 지혜, 그리고 그것이 곧 정통신앙인인지 아닌지를 판가름하는 잣대가 되는 것과 관련된 것이다. 니케아 공회 총대들은 하나님의 말씀을 그들의 규범이나 표준으로 삼는다고 고백하였다. 그들은 우리에게 그들이 니케아 신경에서 구체화시킨 교리들이 일반적으로 사도시대 이후로 교회가 붙들어 온 것이라고 증언하고 있다. 아타나시우스가 우리에게 말하는 것은 그들이 이 신경을 만들기 시작했을 때 성경 말씀 안에서 아리우스의 교리들에 대한 그들의 교리들을 구체화시키기를 원하였다는 것이다. 그러나 좀 더 신중하게 그 교리를 점검하는 가운데 특별히 아리우스가 그들처럼 성경의 모든 진술들을 다 수용한다고 고백하면서 그가 그 자신의 구조를 성경적인 진술들에 삽입한 사실을 검토하였을 때 그리고 아리우스가 그것들에 대한 해석을 함에 있어서 자기 자신의 견해들을 가지고 했음을 점검하게 되었을 때, 총대들은 다음 두 가지 특성들을 소유하고 있어야 한다는 주장을 내놓는 방향을 잡은 것이다. 하나는 그들은 적확하게 성경이 가르치고 있는 본질적인 교리를 구현해야 한다는 것이요, 또 다른 하나는 그들은 아리안의 견해를 부정하거나 반대한다는 것을 분명하게 포함시키는 것이었다. 즉, 아리안은 성경적인 가르침을 전적으로 수용한 것이 아니라는 사실을 적시한 것이다. 그리하여 아리안의 주

장은 이 교리의 참됨 혹은 거짓됨을 판단하는 적확한 잣대가 되지 않는다
는 것을 명확하게 서술한 것이다. 이것이 총대들이 원했던 목적이었다.

나는 그들이 이 목적을 성공적으로 달성했다고 확신한다. 물론 그 두
가지 특성들 중 첫 번째 것이 무엇보다 우선적인 것이고 중요한 것이다.
그러나 두 번째 것도 교회가 존재하는 조건을 충분히 충족케 하는 가치 있
는 특징이다. 진리에 관심을 가지는 것과 관련해서 그것을 명령적으로 부
가하도록 그들은 목적한 것이었다. 내가 이미 성자께서 성부 하나님이 가
지고 계신 신성과 같다는 성경적인 신술들의 명백한 의미를 정확하고 비
평적으로 검증함으로 말미암아 세워진 교리라는 것을 밝혔듯이, 하나님
의 하나 됨을 성경이 가르치고 있는 것과 관련하여 바라보는 이 교리는 니
케아 총대들이 했던 것과 같이 성부와 성자가 동일본질을 가지셨다고 선
언함으로 말미암아 적확하게 묘사된 것이다. 그러므로 나는 니케아 신학
의 구별되는 독특성을 형성하고 있는 이 위대한 교리는 하나님의 말씀에
의해서 충분히 인준받은 것이라고 주장하지 않을 수 없다. 그리고 이 교
리는 올바르게 선언되고 주장되어야 할 것임이 분명하다.

4세기의 아리안주의자들은 니케아 신경을 싫어하였다. 왜냐하면 다른
이유들과 더불어 이것이 성경의 언어로부터 빗나간 것이라고 생각했기 때
문이다. 즉, 하나님의 말씀에 명확하게 재가 되지 않는 새로운 단어들과
문구들을 소개하였다는 것이다. 그리하여 그들은 대부분이 다 이 교리를
반대하였고 다른 문서들도 같은 이유로 거절하였던 것이다. 그들의 반대
는 정말 경솔한 짓이었다. 그러한 과정, 즉 교리를 수용하는 단계를 밟지
않게 되자 그런 성향이 항상 그러하듯이 그 신경과 고백서를 되풀이하여
반대하는 것은 명백한 오류에 빠질 수밖에 없는 것이 되었다. 성경을 유일
한 규범으로 고백하면서도 사람들은 그 교리들과 반대되는 것을 추론하거

나 그 진술들에 가해지는 것과는 다른 모순적인 해석을 낳는 일이 있게 된
다. 그것은 만일 얼마나 서로 인정하는지 또는 얼마나 서로 다른지 그들이
성경에서 사용하고 있는 단어들과는 다른 단어들을 사용하여 자신들의 견
해를 밝히고자 시도하는 한, 그런 결과는 필연적으로 나타나게 되는 것이
다. 그럴 경우 사람들은 하나님의 말씀이 제공하고 있는 것보다 더 명확하
고 분명한 교리의 선언들을 만들거나 고안할 수 있다는 가능성은 반대할
수 있을 것이다. 그러나 그럴 가능성이 있다는 것을 인정해야만 한다. 또
한 견지해야만 하는 것은 분명히 하나님의 말씀을 훼손함이 없이 그런 일
이 벌어질 수 있다는 것이다. 성경 저자가 영향을 주고자 의도한 것과는
정반대되는 주장을 완벽하게 내세울 가능성도 충분히 있다는 사실이다.

다른 교리들은 명확성과 온전함의 정도의 차이와 함께 하나님의 말씀
속에 계시되어 있다. 말씀에 내포된 교리들과 관련하여 하나님의 말씀이
매우 명확하고 분명하게 드러나게 하시는 것이 하나님의 목적은 아니다.
성경의 몇몇 진술들의 의미에 대한 다른 견해들을 취하는 지적이고 본질
적이며 성실하게 탐구하는 사람들의 가능성을 배제시키고자 명백하게 나
타내시는 것이 아니다. 재능과 학문 및 경건함을 겸비한 사람들은 신약성
경이 칼빈주의로 불리는 교리들을 가르치고 있다는 것을 부정하였다. 그
러나 제정신을 가진 사람들 중에 웨스트민스터 신앙고백서가 이러한 교
리들을 가르치고 있다는 것을 부인하는 사람은 아무도 없다. 어떤 측면에
서 보면, 웨스트민스터 신앙고백서가 신약성경보다 칼빈주의 교리들을
더 분명하고 명백하게 가르치고 있다는 결론을 내리는 것은 공정한 판단
이라고 본다. 이는 사람들이 칼빈주의 교리들을 붙들고 있다는 것에 동의
하는지 아닌지를 분명하게 판단할 수 있는 잣대가 된다. 그렇게 확인하는
것은 바람직하며 중요한 일이다. 그러나 이것은 그들이 그들 서로 간의

소통을 단순히 성경적인 언어 사용에만 한정시킨다면 명확하게 성립될 수 없는 것이다. 그처럼 아리우스가 그의 이름으로 불리는 아리우스 교리들을 내세울 때 니케아 공회 총대들이 그의 견해를 승인했는지 여부를 교회는 명확하게 할 필요가 있었던 것이다. 만일 그렇지 않다면 이 문제에 있어서 성경이 명백하게 가르쳐 주고 있는 것과 견주어 볼 때 성경의 교훈과는 다른 것이어서 그의 오류들을 반대하고 나선 것이다. 그들이 한 것과 같이 아리우스도 고백하기를 아들과 관련하여 성경에서 말한 모든 것을 다 믿는다고 했다. 그러므로 아리안주의가 정죄를 받는 것이고, 그 오류들과 명백하게 반대되는 성경적인 진리를 제시해야만 하는 것이다. 성경에 내포되어 있는 언어들만이 아니라 다른 단어들을 사용해서 모든 사람들이 합리적인 의혹을 넘어서 자신 있게 아리안주의에 대한 바른 판단력을 갖게 해야 한다. 아리안주의를 수용하고 동의한 자들도 성자께서 피조물이었거나 지음을 받은 열등한 존재라는 것을 부정하게 해야 한다. 그리고 그와는 정반대로 성부와는 명확하게 구분되는 위격을 지니신 분으로서 성자도 한 하나님이며 성부와 동일한 신성을 소유한 자임을 고백하도록 해야 한다. 그러면서도 성자는 두 번째 신성이 아니라 구분된 하나님이심을 천명하게 해야 한다. 이것은 그들이 성부와 성자께서는 한 분이시고 동일한 본질을 가지고 있다고 고백하도록 하는 것이다. 아리안 논쟁의 역사는 4세기 내내 이어졌다. 그들은 적어도 영향력 면에 있어서 그들이 추구한 목적 달성에 있어서 상당히 성공을 거두었다고 평할 수 있다.

성자와 성부가 동일 본질을 지니신 분이라는 선언의 가장 직접적이고 타당한 근거는 다음의 사실을 보여 줌으로써 비난을 받을 수 있다. 즉, 이 입장은 성경에서 가르쳐 주거나 지시하고 있는 것에는 정확하게 구체적으로 표현하고 있는 것이 없다는 것이다. 이것이 유일하게 고려해야 하는 반대 입장이다. 만일 그렇게 된다면 이것은 결정적으로 치명타를 입게 되는 것이다. 즉, 그 어떤 다른 반대를 제시할 수 없는 특성이 되고 만다. 그러나 치명적인 반대가 아니라 할지라도 그것은 하나의 심각한 문제가 되는 것이기도 하다. 아리우스가 때때로 선언하였듯이 동일본질이라는 단어 호모우시오스(ὁμοούσιος)는 두 가지 뜻을 지닌 것임을 입증할 수 있다. 즉, 그 단어의 적절한 의미는 매우 불분명하다거나 아니면 아주 명확하게 성립될 수 있는 것이거나 둘 중의 하나일 수 있는 것이다.

이러한 주장이 가능하다고 추론할 수 있는 것은 그 단어가 이미 한 세기 전에 사모사타의 바울에 의해서 사벨리안적인 측면에서 사용된 적이 있다는 사실에 기인한다. 결과적으로 그 단어 사용의 폐지는 사벨리우스를 정죄한 안디옥의 정통공회에 의해서 천거되었던 것이다. 이미 주목한 것과 같이 그 단어가 사벨리안주의를 포함한 것이라거나 사벨리안주의에 대한 정죄를 제시한 것이 아니었음이 분명하다. 이는 그들이 신성에 있어서 진짜 위격적 구분에 대하여 반대하는 진리를 주장했다는 것을 시사하고 있는 것이 아니었다. 또한, 니케아 공회 총대들이 사용하고자 한 그 단어의 목적이 여기에 있는 것도 아니었다. 그렇지 않다면 정통교회가 그 단어를 계속해서 사용해 왔을 리가 만무하다. 그것은 아리안주의를 정죄하고자 하는 분명한 의도가 있었던 것이다. 그리고 아리안주의와는 정반대되는 위대한 성경적인 진리를 천명하고자 했던 것이다. 아리안들은 이것이 그 단어의 의도된 목적이었음을 알았을 뿐 아니라 그들은 이 반대 역시 놀랍게도 효과적인 것이었음을 보았으며 깨달았던 것이다. 한편, 이 주제에 대한 모든 논의 가운데서 아리안들과 반(半, semi)아리안들은 일관되게 가장 격렬히 흔들림이 없이 '호모우시오스'라는 단어를 싫어하였다는 것은 주목할 만한 일이다. 그리고 그들은 그 단어를 명확하게 한 가지

의미를 지닌 것으로 분명하게 선언하는 교리를 무척 싫어하였다. 4세기 동안 아리안들과 반아리안들로 나뉘게 된 다른 분파들 대부분은 보란 듯이 그들이 성자에게 적용할 수 있는 가장 고상하고 고결한 용어들을 고안하여 나열하고자 꽤나 애를 썼다. 그리고 그들 중 일부는 니케아 신경에서 성자에게 적용시킨 용어들 대다수를 수용하였다.

일반적으로 반 아리안들은 성자가 존재하지 않았던 때가 있었다거나 그가 무에서 만들어진 피조물이었다고 주장하는 자들을 니케아 공회가 정죄하였다는 것에 동의한다고 고백하였다. 그들 중 몇몇은 성자와 관련하여 하나님이라고만 한 것이 아니라 참 하나님이라고도 고백하기까지 하였다. 간단히 말해서, 그들은 성자와 관련하여 니케아 공회 총대들이 말한 모든 것을 거의 고백하였다. 그러나 그들 중 어느 누구도 동일본질의 교리를 인정한 적은 없다.

4세기 기간 동안 콘스탄티누스 황제와 발렌스 황제의 영향을 통해서 고백적인 교회 대다수가 아리안이나 반아리안들이었다. 그리하여 '세상에 반대하는 유일한 아타나시우스!'라고 말하였다. 이 선언은 제롬이 하였다.[205] 즉, 온 세상이 그들 이단들로 인하여 신음하였다는 것이다. 그리고 아리안이 될까 봐 벌벌 떨었다는 것이다. 그 기간 동안 많은 아리안들과 반아리안들의 총회가 열렸고 그들에 의해서 상당히 주목할 만한 신경들이 만들어졌다. 우리는 아리안들과 반 아리안들에 의해서 열린 안디옥, 사데 시리미움 및 아리미눔 공회들에서 준비된 여러 신경들을 가지고 있다. 한데, 그것들과 관련된 놀라운 사실은 이것이다. 첫째, 그것들 모두가 예외 없이 다 호모우시오스(ὁμοούσιος)라는 단어를 빼 버렸거나 그와 유사

---

205) Jerom adversus Luciferianos.

한 단어 도입을 제외시켰다는 점이다. 둘째, 그것들 중에는 이 단어의 삭제가 니케아 신경과 그들의 것들 사이에 유일하게 존재하는 명료한 혹은 능히 감지할 수 있는 차이를 나타내는 자들도 더러 있다는 점이다. 그리하여 그 단어가 그 이후의 논쟁의 주된 안건이 된 것과 관련하여 그것이 정통이냐 아니냐를 구분하는 것이 되었다. 더 담대하고 정직한 아리안들은 성자가 성부와는 다른 본질(ἑτεροούσιος)을 가지고 있다고 말했다. 다른 사람들은 말하기를 성자는 성부와는 다른 하노모이오스(ἀνόμοιος)라고 했다. 일반적으로 반아리안들이라고 알려진 자들 중 몇몇은 성자가 호모이오우시오스(ὁμοιούσιος), 즉 성부와 함께 유사본질을 지니신 분으로 인정하였다. 그럼에도 그들 모두는 니케아 공회의 표현문구를 인정하는 것을 만장일치로 거부하였다. 왜냐하면 그들은 성자의 참되고 합당한 신성을 지니셨다는 니케아 교리를 반대하였기 때문이었다. 비록 그들은 그 단어의 사용에 반대하여 또 다른 반대되는 제안을 하겠다고 공언하였을지라도 그 문구가 성자의 존재를 정확하고 분명하게 표현하였음을 보았고 느꼈기 때문이었다. 그들은 근본적인 이 교리에 온전히 헌신함 없이 정통교리에 가능한 한 근접하게 다가가려고 많은 시도를 하였다. 그러나 호모우시오스(ὁμοούσιος)라는 단어가 그들에게 이투리엘의 창[206] 역할을 했다. 즉, 호모우시오스가 그들의 모든 변환이나 책략을 간파하는 데 그 진위를 가리는 확실한 기준이 되었던 것이다. 그리고 그들이 때로는 죄인들의 구세주이시며 하나님의 아들이신 성자의 참되고 합당한 신성을 지니신 분이라고 인정하는 척하지만 그들의 실체를 파악하는 기준 역할을 했던 것이다.

호모우시오스(ὁμοούσιος)는 제1차 공회와 제2차 공회 사이의 반세기 이

---

206) 역자 주) 이투리엘은 존 밀턴의 『실낙원』에 등장하는 천사로서 '이투리엘의 창'이란 진위를 가리는 확실한 기준을 의미한다.

상 몰아닥친 무시무시한 폭풍우 가운데서 흔들림이 없이 안전하게 정통 신앙을 지켜 낸 닻과 같은 것이었다. 그것은 어떤 압박도 어떤 거짓도 통용되지 못하도록 막아 낸 장벽이었다. 교회에 미칠 수 있는 어떤 거짓된 유형들이 자리 잡지 못하게 한 방패막이었다. 그것은 그 재앙이 지나가기까지 그리고 성자께서 하나님의 아들이라는 참된 교리를 공개적으로 고백하고 지지하는 것을 우호적으로 간주되는 시기가 다가오기까지, 하나님의 진리를 순결하고 더렵혀지지 않도록 지켜 낸 방어선이었다. 나는 교회사가 어떤 특정한 교리를 건져 내는 지혜와 방편을 그토록 완전하게 잘 드러낸 또 다른 사례를 우리에게 제공하고 있는지를 잘 모르겠다. 제4세기 역사는 니케아 공회 총대들이 참으로 지혜롭게 활동한 사실을 증명하고 있다. 다시 말하면, 그들은 성자가 성부 하나님과 동일본질을 가지신 분이라는 신경을 작성하고 선언할 때, 유일한 지혜이신 하나님의 인도하심과 지도하에서 지혜롭게 활동했던 것이다. 아리안들은 그들의 견해에 맞추어서 그 진리를 결코 왜곡시킬 수 없었던 것이다. 그러나 그것이 그들을 뚜렷하게 정죄하게 한 것임을 인정하지 않을 수 없었다. 따라서 그것은 원래 의도한 목적대로의 역할을 충분히 감당하였던 것이다. 그리고 참된 것과 오류가 무엇인지를 확정 짓는 잣대로 충분히 활약하였던 것이다. 주님께서는 그 일에 복을 주셨고 그의 진리가 심각한 위험에 처했을 때 그의 진리를 보존하는 수단으로 삼으셨던 것이다. 그 역할은 지금까지도 거의 모든 정통교회들이 내세우는 상징적인 교과서에서 우리 주님의 참되고 합당한 신성의 그 위대한 교리를 명확하고 정확하게 설명하는 것으로 계속 활용되고 있다.

실로 지금 설명한 것에서부터 이 교리를 주장하고 이 표현문구를 사용하는 것에 대한 효과적인 축복을 가져다주는 추론 한 가지가 있다. 예

를 들어, 정통성을 시험하는 잣대로서 그것을 수용하는 지혜와 방편에 대
한 경험으로부터 증명되는 것이다. 그리스도의 위격과 관련하여 아리안
들과 반아리안들을 반대하고, 정통교리를 고수하면서도 호모우시오스
(ὁμοούσιος)라는 단어를 선뜻 수용하지 못한 사람들이 4세기에 더러 있었던
것 같다. 그리하여 그 단어가 모든 아리안들을 색출하고 제외시키는 중대
한 목적을 충분히 달성하였지만 그 반대사상에는 충분한 효과를 미치지
는 못하였다고 볼 수 있다. 즉, 성경에 동의하는 모든 사람들을 그 교리의
본질과 관련하여 서로를 하나로 묶고 통일시키는 중요한 문제에 제 역할
을 온전히 하지 못했던 것이다.

이것은 의심의 여지없이 일면 잘못된 것이었다. 진리를 위해서나 개개
인들을 위해서도 그렇게 하나로 통합하지 못한 것은 매우 유감스러운 일
이었다. 그러나 개개인들은 니케아 신경을 고수하였으면서도 그것을 표
현하는 그 문구사용을 달갑지 않게 여겼다. 물론, 그런 사람들은 소수에
불과하였다. 그러므로 그 잘못된 부분은 그다지 큰 문제가 되지 않는 것
이다. 반면에 그 표현문구를 사용하고 고수하는 것에서 비롯된 결과는 헤
아릴 수 없는 많은 유익을 주었다. 즉, 오류를 지지하는 모든 지지자들을
다 척결하였으며 그 진리를 고수하는 자들의 거의 대부분을 결속시켰다.
그리고 아리안들에 의해서 큰 혼란과 소동이 벌어진 후 모든 정통교회가
궁극적으로 이 문제를 중심으로 함께 모이게 만들었으며 아리안들의 핍
박을 사라지게 하였다.

아리안 논쟁기간 동안 정통신앙을 사수하는 일에 가장 열정적인 모습
을 지닌 자들 중 몇몇은 개별적으로 사람들이 가지고 있는 어려움들과 취
약점들을 적절히 참아 내면서 이 근본적인 진리를 위한 자신들의 열정을
어떻게 조절해야 할지를 잘 알았다. 이들에 대해서 주목하는 것은 매우

흥미로운 일이다. 그들은 우리 주님의 참되고 합당한 위대한 신성교리의 본질과 관련된 차이점들을 구분하였다. 즉, 그 교리를 설명하는 방식에 있어서 사소한 몇 가지 차이점들과 그렇게 함에 있어서 사용된 표현문구의 차이점들을 구분하였던 것이다. 한편, 동일본질(ὁμοούσιος)과는 구분되는 것으로서 유사본질(ὁμοιούσιος)을 뜻하는 단어를 수용하는 것은 반아리안들(Semi-Arians)을 골라내는 특징적인 것이었다. 즉, 반아리안들은 실제로 그 단어를 받아들이지 않고서 가능한 한 정통교리에 근접해 보고자 한 자들이었다. 이 판단은 대다수가 그렇게 인정하는 것이다.

한편, 니케아 신경을 누구보다 열렬하게 주창한 아타니시우스나 힐러리 두 사람은 그들 시대에 호모우시오스라는 단어 사용을 꺼리고 호모이우시오스(ὁμοιούσιος)를 선호하는 자들이 있었음을 인정하였다. 그러면서도 그들은 그 주제에 대한 정통교리의 본질을 수호하였다. 이에 그들은 신앙 안에서 좀 연약한 자들이지만 한 형제로 간주되었고 그 진리의 대적자들로는 취급되지 않았다. 그들을 약간의 오류나 잘못된 이해를 가진 자들로 인식하였다. 즉, 그들이 품은 의혹이 확실하게 제거되기를 바라면서, 사람들은 성부와 성자가 본질적으로 같다는 주장에 반대하며 유사 본질을 선호한 자들이었다는 의혹을 가진 자들로 잘못 오해를 살 만한 것이었다고 본 것이다. 여전히 이것은 그 자체가 그들의 정통성을 부정하는 것으로 간주되지 않는다.

니케아 신경을 가장 능력 있게 그리고 열렬하게 옹호한 자들 중 한 사람이었던 힐러리는 호모이우시오스(ὁμοιούσιος)라는 단어는 그리스도의 위격에 대한 주된 정통신앙적 입장에 있는 자들에 의해서 호모우시오스(ὁμοούσιος)를 선호하는 데 사용한 단어였을 뿐 아니라 더 나아가서 그것은 공히 정통적인 입장, 즉 그 단어가 호모우시오스(ὁμοούσιος)와 본질적으로는 같은 의미로 사용되었다고 시인하였다는 것을 밝히려고 애를 썼다. 그는 다음과 같이 말하였다.

그렇다면 본질의 유사성은 믿을 수 없는 의혹과는 거리가 먼 것이다. 성자 역시 그의 아버지의 특질과는 전혀 함께하는 자가 아닌 존재로 나타날 수 없는 것이다. 왜냐하면 성자는 성부와 같은 존재이기 때문이다. 본질의 동일성 말고는 유사성은 없다. 그것이 하나이지 않고는, 실로 하나이지 않고는 본성의 동등성이 될 수 없는 것이다. 위격의 연합이 아니라 종류의 연합이다. 그렇다면 이것은 경건한 신앙이며 종교적인 지식이다. 이것은 성부와 성자의 본체가 하나라는 것을 부정하지 않는 건전한 말의 형식이다. 왜냐하면 성부의 본체나 성자의 본체가 같은 것이기 때문이다. 성자의 본체가 성부의 것과 같다고 선언하는 것은 그들이 하나이기 때문이다.

아타나시우스는 이 주제에 대하여 다음과 같이 말하였다. 그 말은 그에게 매우 영광스러운 것이었고 우리에게 매우 유용하고 주요한 교훈을 가르쳐 주기에 적합한 것이었다. 그는 다음과 같이 말하였다.

이것은 니케아 공회와 공회의 모든 결정사항들을 공격하는 자들을 반박하기에 충분한 것이다. 그러나 공회의 다른 결정들을 수용하면서도 '호모우시오스'에 관하여 난색을 표하는 자들과 관련하여, 우리는 그들을 원수들로 여기지 말아야 한다. 왜냐하면 우리는 그들을 아리안과 일치시키지 않기 때문이며 또한 그들에게 전쟁을 선포하는 것이 아니기 때문이다. 그러나 그 문제에 대해서 그들과 함께 형제들로서 토론을 벌이는 것은 그들이 우리가 가지고 있는 교리와 거의 같은 교리적 입장을 갖고 있기 때문이다. 단지 단어 사용에서만 난색을 표명하는 것이다. 그들이 성자가 성부와 다른 본체를 가진 자가 아니라 성부의 본체라고 고백하는 이상, 그리고 성자는 피조물이 아니고 성부의 참되고 본질적인 자손이며, 성자는 성부와 함께 영원부터 존재하였다고 고백하는 이상, 그들은 호모우시오스로부터 멀리 나간 자들이 아닌 것이다.

그것은 자신들에게 별로 신임을 주지 않는 교만이나 편견에 기인한 것처럼 보이는 분명 매우 유약한 행동이었다. 그리고 진리에 관심을 가지는 이들에게 상처를 안겨다 준 것이었다. 이 모든 것을 믿은 정직한 사람들은 호모우시오스라는 단어의 사용을 망설이게 될 것이다. 그러나 그런 유사한 표현은 자유롭게 연구하는 모든 문제들에서 모든 시대에 나타나는 현상이었다. 이 교리와 관련된 문제에서만 발생한 것이 아니라 다른 문제들에게서도 나타난 것이었다. 사례들이 진정으로 추론적으로 발생하는 곳에서, 특히 참된 성경적인 진리의 실체가 정직하게 믿어진다고 생각하는 훌륭한 근거가 있는 곳에서 논쟁을 하게 될 때는 아타나시우스가 하나의 덕스러운 모범을 우리에게 제시하고 있는 방식으로 말해야 하고 취급되어야 하는 것이다.

3. 니케아 신경-영원한 아들 되심(The Eternal Sonship)

신격(Godhead)의 주제에 대해서 성경에서 우리에게 직접적으로 가르쳐 주고 있는 명제들은 이것들이다. 즉, '한 하나님이 계시다. 성부는 하나님이시다. 성자는 하나님이시다. 그리고 성령은 하나님이시다.'라는 것이다. 성경 안에서 그리고 성경에 의해서 직접 가르쳐지고 확실하게 정립된 이러한 명제들로부터 우리는 다음의 명제를 끄집어 낼 수 있다. 그것은 '성부, 성자, 성령은 한 하나님이다!'이라는 것이다. 성경은 이 셋을 각각 이 구분되는 분들로서 우리 앞에 가져온다. 이 셋은 사람들 사이에 서로 각각 구분되는 다른 사람들인 것과 유사하다고 추론하는 방식으로 각각 구분되는 분들로 묘사되고 있다. 그리하여 그 셋은 나, 너, 그라는 독특한 인칭대명사를 적용함으로써 표시된다. 여기에 근거하여 우리는 우리의 신앙고백서에 명시되어 있듯이 그 사실이 충분히 설명되었다는 차원에서 다음과 같이 말할 수 있는 근거를 충분히 생각하게 한다. 즉, '신격의 통일 성 안에 세 위격이 계시고, 이는 성부 하나님, 성자 하나님, 성령 하나님이 시다.'라는 것이다. 웨스트민스터 신앙고백서가 이 세 위격께서 '하나의 본체시며 권능과 영원성'이 같은 하나님임을 말할 때, 이것은 물론 이 셋이 모두 하나의 신성(Godhead)을 소유하고 계시다거나 합당한 신적 속성을 지니신 분이라는 위대한 교리를 설명하는 것이며, 그 결과로 나오는 것에 내포된 주도적인 입장들을 제시하려는 의도를 지닌 것이다.

만일 하나님이 한 분이시며 아들이 하나님이시고 성령께서도 하나님 이시라면 그 셋은 모두 성부 하나님과 분리되지도 않고 나뉠 수도 없는 신 적 본질 혹은 본체를 동등하게 소유하고 있어야만 한다. 이는 권능과 영 원성에서도 마찬가지이다. 그리고 정통적인 노선의 신학자들에 의해서 공통적으로 사용되어 온 언어에 있어서 한 신성 안에 또는 신적 특질 안에 있는 구분되는 세 위격이 동일본질이시며 영광과 권능이 영원히 동등하 시다는 것을 뜻하는 것이다.

삼위일체의 교리에 대한 일반적인 이러한 설명, 또는 세 위격께서 하 나의 신적 본질 혹은 특성을 소유하고 계시며 동일한 신적 완전성을 가지고 계시다는 설명에 대요리문답은 '삼위께서는 각사의 위격 특질에 의해서 구분된다(대요리문답 9번).'라는 말을 첨가한다. 이제 이 진술은 하나님에게는 세 구분되는 위격이 있다는 선언에 필연적으로 내포된 하나의 개념을 소개하고 있는 것이다. 이 위대한 진술 안에 내포되어 있는 것은 전부 다 이것이다. '사람들 가운데서 세 사람이 각각 구분되듯이 하나님에게서도 세 위격이 각각 구분되어진다. 그러므로 구분된 위격을 일인칭 나, 이인칭 너, 삼인칭 그라는 대명사를 사용하여 호칭하는 것이다. 그러한 입장의 참된 근거는 일반적인 생각이다.' 즉, 이 주제에 대한 성경적인 표현들은 명백하게 맞는 것이다. 물론 성경은 우리에게 이러한 객관적인 확신과 표현을 가져다주고 있는 것이다. 이 삼위께서 '각자의 위격 특질에 의해서 구분된다.'라는 표현은 우리에게 특질과 관련하여 또는 그 구분의 확정과 결과보다 더 온전하고 분명하고 타당한 뭔가를 우리에게 제공한다. 그렇다면 그것은 각각의 위격이 다른 위격들에 대해서 단정 지을 수 없는 오직 자신만의 위격을 설명하는 뭔가가 있다는 이 교리적 입장을 위한 근거를 제공하는 것이다. 이 둘은 서로 상호관계가 있다.

만일 세 위격이 그들 위격의 특질에 의해서 구분되어지는 것이 *사실이라면*, 여기에 당연히 수반되는 것은 다른 위격을 설명할 수 없는 각 위격만이 가진 뭔가가 있어야만 한다는 것이다. 따라서 만일 다른 위격을 설명할 수 없는 각 위격만이 가진 뭔가가 있어야 한다는 것이 입증되어질 수 있다면 우리는 이 사실로부터 그 안에 필연적으로 *내포되어 있는* 일반적인 교리를 가지고 있다고 여길 만한 근거가 명확해지게 된다. 이제 우리는 다른 위격을 설명할 수 없는 위격 각각만이 지닌 뭔가가 있다는 것을 확실하게 붙들 근거를 성경이 제공하고 있음을 주장할 수 있다. 우리가 이것을 상세하게 증명하게 될 때 성경이 증명하고 있는 사실 외에 그 어떤

것도 아닌 보편적인 선언, 즉 각각의 특질에 의해서 삼위가 구분되어진다
는 것을 온전히 선언하게 되는 것이다. 따라서 삼위가 위격의 특질들에
의해서 구분되어진다는 진술을 한 후에 대요리문답은 '삼위일체 하나님
의 삼위의 구별되는 특성은 무엇인가?'라는 질문을 던진다. 그 답변은 '영
원부터 성부가 성자를 낳으심은 성부에게 고유하며, (우리말에 고유하다는
설명은 성부를 구분 짓는 타당한 특질, 다른 두 위격에 대한 설명을 할 수 없는 성부에
게만 지닌 것을 의미한다.) 성자가 성부 하나님에게 낳으신바 되심은 성자에
게 고유하고, 성령이 성부와 성자에게서 영원한 때로부터 나아오심은 성
령에게 고유한 것이다.'이다. 또는 신앙고백서에 기술되어 있는 대로 '성
부는 아무것에도 속하지 않으시고 낳으시지도 않으시며 나오시지도 않으
시나 성자는 아버지에게서 영원히 독생하신 분이시며 성령도 아버지와
아들에게서 영원히 나오신다.'

여기서 성부와 성자와 관련하여 주장되고 있는 것은 그들이 상호관계
를 맺고 있으며 구분되는 특질들을 지니고 있다는 것이다. 이것은 모든
시대의 교회들이 보편적으로 붙들어 온 삼위일체 교리의 본질을 설명하
고 있는 것이다. 즉, 아버지로부터 아들이 영원히 나오신 분, 또는 예수 그
리스도의 영원한 아들 되심을 고백하는 것을 설명하고 있다. 그 사실을
붙들고 있는 것은 성자가 성부의 영원하신 때부터 독생하신 아들이라는
사실이 성경으로부터 충분히 증명되고 있기 때문이다.

니케아 공회 총대들은 아리우스를 반대하는 짧은 선언으로 끝낸 것이
아니었다. 즉, 성자는 성부와 하나이며 동일 본질을 가지신 분이라는 간
략한 선언으로 마무리 지은 것이 아니었다. 그들은 더 선언하기를 성자
는 만들어지거나 창조된 분이 아닌 독생하신 분이라고 했다. 그는 아버지
의 독생자이시며 성부의 본질로부터 나오신 분이시다. 따라서 '성자는 하

나님의 하나님이시며, 하나님으로부터 나오신 하나님이시요(θεός ἐκ θεου), 빛의 빛이시요, 참 하나님의 참 하나님이시다.' 이것은 명백하게 동일본질이라는 선언과는 다른 것이고, 거기에다 더 첨가한 교리적인 선언이다. 이 첨가된 교리와 관련하여 제출된 일반적인 질문들은 앞의 대지에서 이미 살펴본 것과 같다. 이 교리는 명백히 신성의 둘째 위격이 첫째 위격과는 아들의 관계로 있음을 내포하고 있는 것이다. 이것은 아들의 신성과 관련된 것이다. 아버지께서 아들과 신적 속성 또는 신적 본질을 교통하셨다는 측면에서 나심 혹은 나오심이 있었던 것이다. 아들은 그러한 아버지로부터 나오셨든지 아니면 아버지로부터 그것을 받으신 것이다. 그래서 그 역시 하나님이신 아들이요 독생하신 분이신 것이다.

이것이 니케아 총대들이 명백히 가르치고자 한 교리였다. 그리고 이것은 영원하신 아들이심, 그리스도의 영원한 부자관계, 또는 아들이나 로고스의 영원한 나심이라는 호칭 하에서 대부분의 정통교회들이 수용한 교리였다. 불 감독은 아들의 *기원과 시작*에 관하여 '아버지에게 종속되신 아들'이라는 제목으로 논의를 펼쳤다. 그리고 니케아 공회 이전의 교부들과 그 이후의 교부들은 속성에 있어서 아버지와 아들이 완전히 동등한 분임을 선언하면서 성부를 성자의 시작(ἀρχή)이자 원인(αἰτία)이요, 기원자(*auctor*)임을 부각시켰다. 그리고 성자가 소유하고 있는 신성의 기원(*origo*)이나 원천(*fons*, 혹은 πηγή)이 성부임을 보여 주었다.

그러나 종속(subordination)이라는 단어는 설사 제한적인 의미로 잘 설명되고 사용되는 것이라 할지라도 정통 교리적 입장의 저자들은 그 용어의 사용을 피하였다. 왜냐하면 그 용어가 참되고 합당한 신성과 일관적이지 못한 개념들을 제시할 뿐 아니라 아리안들에게 빌미를 주는 것이기 때문이었다. 그들이 돌출해 내고자 한 주도적인 개념은 아버지에 의해서 아들에게 나타난 신적 특질과 본질의 신비적이고 말로 다 표현하기 힘든 어떤 측면에서 영원으로부터 나오는 교통 그 자체였다. 그와 같은 교리가 자리 잡게 된 바탕은 그리스도께서 성경에서 한 아들의 존재로 그리고 하나님으로서 나오신 또는 독생하신 분으로 묘사되고 있다는 것이며, 신적 특성과 완전성을 소유하고 계신 분으로 간주하고 있다는 것이다. 이것이 더 일반적이고 확실한 근거가 있는 것이며 영원한 아들 되심, 그리스도의 부자관계, 또는 아버지에 의해서 아들의 영원한 나심이라는 호칭 하에서 그 교리를 말할 수 있는 것이다.

나는 이 교리가 대부분 정통교회에서 수용된 것이라고 말한 바 있다. 그리고 니케아 공회 총대들이 그들의 신경으로부터 가르치고자 의도한 것과 같은 것이었다고 언급했다. 동시에 그것은 아들의 참되고 합당한 신성을 붙들었고 아버지와 아들이 동일본질임을 믿었지만, 아들의 영원한 나오심 교리를 거절한 탁월한 저자들이 있었다고도 말했다. 그들은 이 교리에는 다소 신비적이고 형이상학적인 모호함이 있다고 보았기 때문에 거절하였다. 그러나 나는 성자의 타당한 신성을 반대함에 있어서 유사한 속성을 소유하고 있다는 다른 추상적인 사유를 의혹하는 것보다 아들의 영원한 나오심을 반대하는 무게가 더 큰 비중을 차지한 것이 아니었음을 충분히 증명할 수 있다고 확신한다. 그리고 그들이 그 교리를 반대하는 것은 부분적으로는 성경에서 명확한 근거를 가지고 있지 않다고 생각했기 때문이다. 따라서 그들은 신비적인 이 교리에 대해 가정적인 사색을 하는 것이 못마땅하다고 여겼던 것이다. 이러한 사람들은 성경에서 이 주제에 대해 명백하게 계시된 모든 것은 성부가 하나님이시며, 성자가 하나님이시고 성령도 하나님이시나, 그들은 세 분의 하나님 아니라 한 하나님이라는 사실을 즐겨 말하는 자들이었다. 만일 이것이 성경에서 계시된 모든 것이었다고 한다면, 우리는 여기에 멈춰서 이 교리를 설명하고 제시하고 변호하는 것으로 만족해야만 할 것이다. 내가 앞에서 제시했던 것과 같이 이것은 신격에서 있어서 삼위의 동일본질을 주장하는 데에는 충분한 근거가 있다는 것을 말하는 것이다.

그러나 한편으로 위에서 언급하고 있는 문제에 대해서는 좀 지혜로운 자가 될 필요가 있다. 그래서 다른 한편으로 우리는 이 문제에 대해서 실질적으로 계시된 그 어떤 입장으로부터 이탈하거나 한쪽으로 치우치지 말아야 한다. 이 두 가지 입장 중 어떤 경우든지 우리는 동일하게 하나님의 말씀에 대한 올바른 사용과 발전을 이룩함에 실패하는 것이 되기 때문이다. 교부들 중에는 신격에 있어서 삼위의 관계에 관련하여 근거 없는 가정적 사색들에 빠진 자들이 있었다. 이는 그들을 매우 과한 주장으로 빠지게 했다. 그리하여 이 주제에 대해서 스콜라 학자들에 의해서 많은 공격을 받게 되었다. 스콜라 학자들은 우리가 결정을 내릴 만한 어떤 자료들도 하나님의 말씀이 제공해 주지 아니하는 많은 질문들을 논의하기를 좋아하는 자들이었다. 이에 그러한 일들을 단순히 추론적인 것으로 말하지 않고 신성모독적인 것이라고 간주한 자들에 의해 공격을 받게 되었다. 다른 요인들과 섞여 있는 이것은 일부 현대 저자들로 하여금 극단적인 반대현상으로 나아가게 만들었다. 심지어 하나님의 말씀이 충분히 근거를 제공하고 있다고 믿을 수 있는 훌륭한 입장으로부터 떠나가게 하거나 거절하도록 이끌고 말았다.

한편, 스콜라 학자들의 가정적 사색들을 몹시 역겨워하였고 당시에 사벨리안과 삼신론적인 이단들과 싸우고 있던 칼빈은 한 가지 소망을[207]

---

207) Inst., Lib. i., c. xiii., sec. v.

피력하였다. 그는 '이 주제를 논의함에 있어서 일반적으로 채택한 그 이름들은 매장되고, 사람들은 성부와 성자 및 성령이 한 하나님임을 믿고 고백하는 것으로 만족하기를 바라는 것이다. 그러나 성자는 성부가 아니며 성령은 성자가 아니다. 그 세 위격은 각각이 인격적 특질에 의해서 구분되는 분이시다.'라고 말했다. 그리고 이러한 주장에 동의하면서 칼빈은 그리스도의 영원한 아들 되심에 대한 약간의 의심이나 의혹스러운 면을 분명 언급하였지만, 그가 이 교리를 부정하였다거나 거부하였다는 주장을 펼칠 근거는 전혀 없는 것이다. 이 요점에 대한 근본적인 진리, 즉 이 교리의 충분한 성경적인 증거와 그 자체가 가지는 본질적인 중요성에 있어서 명확하고도 두드러진 첫 번째 입장은 성자가 참되고 합당한 하나님이라는 사실이다. 성부와 하나이시며 본질상 같은 분이시다. 따라서 권능과 영광에 있어서 동일한 분이시다는 사실을 인정해야만 한다. 이것을 믿는 자들 그리고 이 사실 이상도 이하도 아님을 믿는 자들은 구속사의 주도적인 원리들을 정확하게 바라보는 자들이다.

니케아 공회 총대들이 가르쳤고 대부분 정통교회들이 그들의 가르침에 동의하였던 것은 성경에는 이 진리와 관련하여 결코 지나칠 수 없는 특별히 첨가되어 계시된 진리가 더 있다는 것이었다. 즉, 성자의 영원한 독생하심이다. 성자의 합당한 신적 속성을 인정하는 자들 중에는(왜냐하면 지금 우리는 오로지 그런 자들의 입장만을 다루고자 하기 때문이다.) 아들의 영원한 나심에 대한 것을 인정하지 않는 자들이 있다. 그런 자들은 성경에 이 후반부의 교리에 대해서는 납득이 될 만한 충분한 근거가 없다고들 말한다. 그렇기 때문에 자기들의 신경에는 이 문구를 포함시킬 수 없다는 것이다. 그들 중 어떤 자들은 여기서 한 걸음 더 나아가 주장하기를 이 교리는 성자의 참되고 합당한 신성에 대한 성경적인 교리와 모순되는 것이기 때문에 거짓된 것이라고까지 주장한다. 이와 같은 주장을 하는 사람들 중에는 안도버(Andover)의 모세 스튜어트(Stuart) 교수와 같은 자들이 있다. 그들은 특별히 현대에 들어와서 처음으로 성경 비평학을 주장하였고, 자신들이 그리스도의 합당한 신성에 대한 가장 적법한 옹호자들이라고 치켜세운다. 그들은 영원한 아들 되심의 교리를 내던져 버리는 것으로부터 자신들의 입장을 견지함에 중요한 유익들을 끄집어 낼 수 있었다고 생각하였다.

그리스도의 영원한 아들 되심을 옹호하는 자들은 그것이 성경적 증거를 떠나서 다른 무엇으로 성립될 수 있는 것이라고 생각하지 않는다. 또한, 그들은 이 교리에 매우 우호적인 성경적 증거는 충분하고 만족스럽다고 믿는다. 왜 이 교리를 거절해야 하고 설명하지 말아야 하는지에 관한 어떤 이유도 없다고 믿었다. 이 교리는 그리스도의 신성에 대해서 약화시키거나 파괴시키는 것이 아니라, 도리어 그것을 엄청 더 확정하고 설명하고 있는 것이다. 이에 그들은 다른 중대한 교리에도 빛을 비추어 주는 것이라고 믿었다.

그리스도의 영원한 아들 되심 교리를 긍정적으로 부정하거나 거절하는 자들은 언제나 그것을 반대함에 있어서 논박의 한 축을 수용한다. 즉, 그리스도의 신성에 반하는 논리를 펼치는 아리안들과 소시니안들에 의해서 사용된 유추들을 받아들인다는 것이다. 그들은 그 교리가 사실일 수 없다는 전제를 가지고 추상적으로 증명하고자 한다. 그러고 나서 엄청나게 불필요한 논쟁을 진행해 간다. 그들이 이 교리적 입장을 진짜 성공적으로 확립해 나간다면, 이 교리의 증명에 대한 성경적인 진술이 그 교리를 증명하기에는 역부족이라는 것을 보여 주는 것이다. 우리는 이미 이 주제에 대하여 가장 명백하고 근본적인 진리, 즉 그리스도는 참된 신성을 소유하고 있고 완전한 하나님이시라는 것을 인정하였다. 성자의 아들 되심에 대한 논쟁에서 양측[208]이 다 시인하고 있는 이 교리를 붙들고 있는 자들은 모두 다 그리스도에 대한 참된 진술들이 아들의 참되고 합당한 신성교리와 모순되거나 상반될 수 있는 것은 아무것도 없다는 사실을 인정해야만 한다.

성부에 의해서 성자가 영원히 나오심에 대한 것을 반대하는 자들은 이 나오심이 성부가 성자보다 시간적으로 먼저 존재하셨다는 것을 주장한다. 그러므로 성자는 성부와 동등하게 영원한 분이 아니었다는 것이다. 또한 그의 존재의 유래와 나심이 성부로부터 온 본질이라는 것은 어떤 측면에서든지 신성의 본질적인 속성을 가진 필연적인 존재와 모순된다고 주장하는 것이다. 나는 이 난제에 대한 간략하게라도 정식으로 살펴보고 싶지는 않다. 내가 생각할 때 이 문제에 대해서 간략하게나마 만족스럽게 해결될 수 있는 원칙적인 방법을 지적하는 것이 유익하다고 생각한다.

그 논쟁의 거짓됨은 여기에 놓여 있다. 즉, 그것이 신성에 적용될 때, 그것이 내포하고 함축하는 바가 무엇인지에 대한 것은 나오심에 대한 추측에서 진행된다는 것이다. 이것은 그것을 사람들에게 적용할 때에도 같은 원리이다. 둘 다 동일하거나 추론적으로 약함이 연역되어진 것이기 때문이다. 이것은 그리스도의 참되고 합당한 신성을 항상 거절하는 자들의 논증 방식이다. 그들은 그 교리적 입장을 끝까지 견지하고 있는 자들을 대적하는 입장을 고수하도록 부름을 받은 자들처럼 행동한다. 아리안들과 소시니안들은 사람들 사이에 세 사람은 세 가지 다른 지성적 존재인 것과 같이 신격에서 있어서 삼위 역시 세 가지 다른 존재들이어야만 하거나 세 분의 하나님이셔야 한다는 논리를 편다. 그러나 우리 주님의 신성을

---

208) 역자 주) 성자의 영원한 아들 되심은 믿지 않아도 성자도 하나님임을 믿는 자들과 그 둘을 다 믿는 자들을 말함.

옹호하는 모든 사람들이 충분하다고 인식하는 답변은 이것이다. 본질적으로 인간의 모습을 가지고 신적 존재의 속성을 설명하는 방식으로 논쟁하는 것은 충분한 자격조건이 될 수 없다는 것이다. 한 사람에게는 해당되는 사실이 다른 사람에게는 아닌 것이 될 수 있다. 다른 사람과 관련해서는 전혀 사실로 입증될 수 없는 것일 수 있다는 것이다.

우리는 신격의 통일성 안에 있는 삼위에 대해서 말하고 있다. 왜냐하면 이것은 우리의 취약한 기능들을 다 동원하여 만들 수 있는 가장 근접한 접근이기 때문이다. 그리고 인간이 사용하는 언어로 독특하게 구별되는 삼위의 통일성을 표현하거나 조화시키고자 하는 최선의 길이기 때문이다. 그것이 성경에 암시하고 있는 조화이다. 성경에서 암시하고 있는 그러한 방식으로 할 수밖에 없는 것은 우리가 이 중대한 주제를 논의함에 있어서 다음과 같은 사실에 붙어 있어야만 하기 때문이다. 즉, 신격의 제2위격인 로고스는 아들 되심의 관계에서 *심지어 하나님으로서* 제1위격과 관계하고 계신다는 것이다. 이것은 성경에 묘사된 아들의 관계에서 그러한 것이다. 이는 사람들 사이에 존재하는 추론적인 것이므로 그 동일한 이름으로 불리는 하나의 관계로부터 나온 개념들에 대하여 신적 특성 안에서 자존하는 관계에 적용시키는 어려움들에 기초한 것이기 때문이다. 따라서 전적으로 이 교리에 대해서 성자의 나오심을 미리부터 반대하고 나서는 것이 단지 추론에 불과하고 적절하지 못한 것으로 취급해 버릴 만한 충분한 이유를 가지게 되는 것이다. 신성 안에 있는 나오신 존재는 반드시 독생하신 관계와 더불어 그를 나오게 하신 존재가 우선적으로 있다는 것을 *내포하고 있어야만* 한다는 것은 우리가 시인하지도 않고 증명될 수도 없는 것이다. 또한, 단지 아들 안에 뜻하지 않게도 필연적으로 존재하는 것이 있다는 것을 반대한다. 그런 방식으로 아들의 영원한 나오심을 애초부터 반대하는 것은 동일한 방식으로 결론에 도달할 수 있음을 보여 주는 것이 되기도 한다. 그리고 결론적으로 성자의 신성을 우선적으로 반대하는 것은 하나님의 통일성으로부터 도출된 것임을 보여 주는 것이다.

한 가지 중요한 사실은 전자의 경우에 반대에 대한 답변이 후자의 반대주장에 대한 답변보다 더 낫다는 것이다. 즉, 위격의 구분, 하나님의 신격의 통일성 안에서 삼위의 존재에 대해 성경적인 인준을 명백히 하는 문구들이나 표현들을 가지고 있는 것이 없다는 사실이다. 그것들은 성경이 우리에게 펼쳐 보이고 있는 것을 구체화하거나 명시하고자 하는 인간 언어 사용을 수용할 수밖에 없는 최선의 방식이기 때문에 우리가 받아들였고 표현하고 있는 것으로 보이는 것이다. 반면에, 영원한 나오심의 교리에 대한 근거가 성경에 충분히 있다고 한다면, 그리고 내가 이미 말했던 것처럼 이 논쟁의 무대에서 추측할 수밖에 없다면, 그렇다면 아들 되심에 대한 개념은 신격의 첫째와 둘째 위격 사이에 존재하는 관계에 적용되어지는 것이라고밖에 할 말이 없는 것이다. 물론, 우리는 그 관계가 그들 사이에 실제적으로 존속하고 있다고 주장하게 된다. 그러나 그것의 명확한 특징이 무엇이든지 우리에게 불완전하게 계시되어진 것이었고 그것을 충분히 포괄적으로 이해하기에는 우리의 기능들이 적합하지 못한 것이어서 그렇게밖에 주장하지 못하는 것이다. 이러한 실제적 관계는 참되고 합당한 아들 되심을 성립하는 것이고, 부자관계의 본래 개념이나 원형을 나타내는 것이다.

만일 그렇다고 한다면, 아들 되심이 무엇을 뜻하는 것인지, 아들 되심이 내포하고 있는 것이 무엇인지에 대한 우리의 개념들을 규정해야 할 필요성이 생긴다. 그 규정은 인간 세상에서 볼 수 있는 아버지와 아들 사이의 결함이 많고 불완전한 관계로부터 개념을 정립하고자 함이 아니라 신격의 첫째 위격과 둘째 위격 사이에 존재하는 것으로서의 유일하고 본래적인 개념이 무엇인지를 규정하고자 함이다. 이러한 견해는 사람들 사이에서 나옴(출생하심)이나 아들 되심에 포함되거나 내포되는 것으로부터 연역적으로 추론할 만한 근거도 없고 변명할 만한 것들도 없는 것에 도달하게 한다. 사실, 신격의 위격들 사이에 존속하는 것으로 연관 짓는 것은 거기에 포함되거나 내포되어야만 하는 것을 인간적인 관계 속에서 찾아 규정하려는 잘못을 저지르는 것이다. 그렇다면 성자의 영원한 아들 되심은 영원으로부터 교통하심을 의미하는 것이다. 이것은 설명이 잘 안 되는 신비적인 방편으로 신적인 속성과 본질이 신격의 첫째 위격에 의해서 둘째 위격에까지, 그들 사이에 합당한 부성과 아들 됨이 존재하는 관계 차원에서의 교통함을 뜻한다. 따라서 성경 안에서 우리 앞에 제시된 유일한 방식을 가지고 그것이 펼쳐진 인간관계에 적용될 수 있는 언어는 교통함이다. 즉, 그 개념 전부를 포함하는 것은 아니지만 대체로 추론할 수 있는 개념은 교통함이라는 것이다. 그리스도의 합당한 아들 되심은 그의 참된 신성에 일치되지 않는 어떤 주장을 내세우는 것 대신에 가장 자연스럽고 가장 근접한 것으로서, 성부 하나님과 동등한 속성과 본질을 지니신 분이시며 권능과 영광에 있어서 동등하신 분이라고 제시하는 것뿐이다.

그것이 사실임이 증명될 때, 일반적으로 이것을 바로 삼위일체 교리라고 말하는 것이다. 그것은 어떤 모순된 것이 내포되어 있음을 증명할 수는 없는 것이지만, 성경으로부터 그것이 사실이라고 증명하는 데는 아무런 어려움이 없다. 성자의 영원한 아들 되심 교리도 마찬가지이다. 성자의 합당한 신성, 성부와 공히 영원하시고 공히 동등하신 분이라는 이 교리에 필연적인 모순점을 내포하고 있다는 것이 전혀 증명될 수 없다는 사실이 분명해질 때(왜냐하면 증명하려는 부담감, *onus probandi*이 도리어 반대를 하게 만들기 때문에) 성경에서 이 진리를 찾아내는 것에는 아무런 어려움이 없는 것이다.

그 증거는 영감된 저자들이 사용한 하나님의 아들이라는 문구의 참된 의미와 적용점에 대한 연구에 달려 있다. 보다 특별히 이 칭호가 그리스도에게 하나님으로 적용된 것이었는지 아니면 그의 신적 속성에 예외적으로 언급한 것이었는지에 대한 질문에 어떻게 답하는지에 달려 있다. 만일 하나님으로서 그리스도가 성경에서 하나님의 아들로서 나타내신 사례에 사용된 것이라고 한다면 논쟁은 끝난 것이다. 왜냐하면 거의 모든 내용이 다 성자의 영원한 아들 되심을 의미하고 있기 때문이다. 즉, 하나님으로서 또는 그의 신적 속성 안에서 성자가 신격의 첫 위격과 관련된 아들로서의 관계로 사용된 것이기 때문이다.

그리스도의 영원한 아들 되심을 반대하는 자들 중 몇몇은 성경에서 그리스도에게 적용한 하나님의 아들이라는 표현구가 그의 속성에 대한 표현구가 아니라 메시아나 중보자로서의 직임에 적용된 것이라고 주장한다. 한편, 다른 사람들은 그 표현구는 그리스도의 인성에 대한 합당한 설명이라고 주장한다. 특히, 그의 기적적인 잉태하심에 근거하여 그렇게 말한다. 다른 사람들은 후자에 속한 자들과 같이 직임에 대한 표현이 아니라 속성에 대한 표현이라는 사실을 인정하면서도, 그의 독특한 지위와 위엄에 대한 일반적인 묘사로서 사용된 것이라고 말한다. 그리고 그의 복잡한 인격에서 하나님과 친근한 관계를 묘사하는 것이라고 한다. 즉, 한 인간 안에 신인(神人, θεανθρωπος)이 있다는 문구라는 것이다. 이 마지막 견해는 안도버의 모세 스튜어트 교수에 의해서 도입된 것이었다.[209] 그는 그리

---

209) 로마서 주석, c., i., p. 63.

스도의 영원한 아들 되심 교리를 반박하기 위해서 사력을 다하였다. 그의 잘못된 주장은 소시니안들을 반대하면서 그리스도의 합당한 신성교리를 세우고자 하는 그의 다른 역작의 자료들로부터 끄집어 낸 것이었다.

물론, 이 주제에 대한 논의는 신약성경에서 가장 중요하고 흥미로운 본문들의 상당부분들에 대한 참된 의미와 중요성에 대해서 비평적인 조사가 폭넓게 이루어지는 길을 열었다. 이 분야에 대해 나는 개입하고 싶지 않다. 이 주제를 다룬 매우 탁월한 책이 몇 년 전에 출판되었기 때문에 괜히 시간 낭비할 이유가 없다고 본다. 그 책은 전체 주제에 대해서 매우 탁월하고 충분하게 논점들을 다루었다. 매우 탄복할 만한 정신을 가지고서 그 책을 저술한 저자는 트레프리(Treffry)이고, 책 이름은 『우리 주 예수 그리스도의 영원한 아들 되심』이다. 이 책은 내가 간략하게 진술하고 설명하고자 한 교리들을 하나님의 말씀으로부터 논란의 여지가 없는 명백한 증거를 가지고 확립하였다.

성경적인 조사를 살펴봄에 있어서 유념해야 할 중요한 것은 만일 어떤 경우에든 출생이나 아들 되심이 성경에서 우리의 구세주에게 적용되어지는 것이 명확하게 나타난다면, 그리고 그것이 성자의 신성이나 신격의 첫째 위격과 관련된 그의 영원한 관계성을 지칭하는 것이라고 한다면, 성자의 영원한 아들 되심의 교리를 세우기에는 충분하다는 것이다. 성경에 하나님의 아들이라는 호칭이 그의 직임을 가리키고 있고 그의 속성을 가리키는 것이 아닌 사례들이 더러 있을지라도 영원한 아들 되심의 교리를 세우기에는 충분한 것이다. 또는 하나님의 아들이라는 호칭이 직임과는 구분되는 속성을 뜻하는 사례가 있거나 아니면 그의 인성을 지칭하는 사례가 있거나, 또는 그의 신성과는 구별되는 신인(神人)으로서의 복잡한 면을 나타내는 것이 있다 해도 그 교리가 문제 될 것은 전혀 없다는 것이다. 신학자들 중에는 성경에서 그리스도에게 적용되는 다양한 근거들이나 부자관계의 양식들을 가지고 설명하고자 한 자들이 있다. 그들은 다양한 이유를 가지고서 그리스도를 하나님의 아들로서 행동하신 분으로 묘사한다. 예를 들어서, 그의 기적적인 잉태되심, 그의 메시아와 중보자로서 그의 사명과 직임, 그의 죽음으로부터 부활하심, 그리고 그가 성부 하나님과 즐긴 독특하고 친근한 교제관계 및 매우 뛰어난 권능과 영광 가운데 높임받으심 등으로 진술한다.

트레프리의 훌륭한 책에서는 부자관계나 아들 되심의 근거들의 양식들 중 몇몇은 성경에 어떠한 근거도 없다는 사실을 보여 준다. 예를 들면, 왜 그리스도가 하나님의 아들로 불리게 되는지에 대한 이유를 추론하거나 제시할 만한 근거가 성경에는 없다. 그 모든 것들과 관련된 증거는 언뜻 눈에 띄게 되는 것보다 더 결함이 있고 불확실한 것이다. 간단히 말하면, 유일한 것이 아닐지 모르겠지만 그리스도에게 하나님의 아들이라는 칭호를 적용하는 일반적이고 상식적인 이해는 그와 신격의 첫 위격이신 성부와의 관계가 영원한 때부터 존재하고 있음을 설명하거나 기술하는 것이다.

그러나 부자관계를 가지고 일일이 열거된 다소 격에 맞지 않는 양식들로 설명하는 것도 성경에 의해서 재가 되고 있는 것임을 우리가 인정한다고 할지라도 여전히 문제가 있다. 즉, 부차적으로 그리스도를 그의 직임적 지위와 특권들에 대한 것이거나 그의 속성에 관한 것이나, 또는 다른 견해와는 차이가 있는 그의 신성과 연관된 하나님의 아들이라는 존재로 묘사하는 데 있어서, 부자관계에 대한 다른 더 고상한 양식을 드러내고 있고 인준된 것으로 여겨야 할지 말지에 대한 문제는 여전히 남아 있다. 만일 이 부자관계 양식, 즉 아들 됨의 종류와 근거가 성경에 의해서 인준되어지는 것이라면, 물론 우리는 성경이 충분히 그렇게 입증하고 있음을 의심하지 않지만 그리스도의 영원한 아들 됨의 교리 또는 아들이나 로고스의 영원한 나심 교리는 온전히 성립되는 것이다. 부자관계로 설명할 때 성경에서 우리 앞에 제시하는 취약점이 어떤 것이든 상관없이 말이다. 따라서 신격(Godhead) 안에서 첫 위격과 둘째 위격 사이에 영원한 때부터 존재하고 있다는 하나님의 권위를 믿는 것은 우리의 임무이다. 인간들 사이에서 아버지와 아들 사이에 존속하고 있는 것과 관련해서 생각되는 관계가 존재하고 있음을 믿어야 한다. 인간관계가 그러하듯이 서열과 위엄의 특성에서 동등하고, 본성에서 동일하다는 것이 성부와 성자 사이에 내포하고 있음을 믿어야 한다. 그러나 이것은 동등하게 영원하다는 것을 반대하는 자들의 주장과 같이 시간적으로 먼저 존재한 분이 있다는 것을 의미하는 것이 아니다. 그렇다고 우연히 탄생하신 분이라거나 필연적이고 불변하는 존재와는 반대로 의존적인 존재를 의미하는 것도 아니다. 또한, 참되고 합당한 신성을 지닌 아들이 완전하게 소유하고 계신 것과 일치가 되지 아니하는 무엇이 있는 것도 아니다.

엄격하게 성경의 단순성을 신봉하는 자들 중에 하나님의 말씀에 근거하고 있지 않는 것들에 빠져서 깊이 의혹의 사색을 즐기며 구세주의 영원한 아들 되심의 교리를 거절하는 자들이 오늘날에는 그리 많지 않다. 물론 그 질문은 성경을 통해서 결정되어져야 한다. 성경만이 그처럼 신비적이고 측량하기 어려운 주제에 대해서 우리의 인식능력을 넘어 제대로 된 정보를 줄 수 있기 때문이다. 그러나 우리는 다음과 같은 생각을 도울 수 없다. 즉 아리안들이나 소시니안들과 같이 이전의 확신에 의해서 모호한 생각을 근거로 하여 편견을 가진 생각들로 주님의 합당한 신성에 대한 성경적 증거를 검토한다. 그들은 두 가지 구분되는 위격들에 의하여 한 가지 신성이 소유될 수 없다는 막연한 생각에 근거하여 그렇게 주장하는 것이다. 다시 말하면, 성자의 영원한 아들 되심 교리를 반대하는 자들은 이 문제에 대해서 어떤 측면에서는 '사람들 가운데 아버지와 아들 사이에 존재하는 것과 같은 추론적 관계성이 신격 안에서 두 가지 구분되는 위격들 사이에는 존재할 수 없다.'는 이전의 확신에 근거하여 성경적인 증거를 검토하고 있는 것이다.

그렇다면 우리는 니케아 공회 총대들이 초대교회의 증거와 마찬가지로 하나님의 말씀에 의해서도 지지를 받는 자들이라고 확신하지 않을 수 없다. 즉, 성자가 성부와 하나이고 동일본질을 지니신 분인 것만이 아니라 성부에 의해서 영원히 독생하신 분이시라는 선언이 타당한 것이다. 비록 우리가 아들의 영원한 나오심에 대한 교리를 그의 참되고 합당한 신성의 동일본질과 같은 본래의 중요성 측면에서 그와 같은 위치에 올려놓지 않을지라도, 우리는 그것이 그 어떤 것보다 중요한 것이라고 믿는다. 성경의 특별한 진술들과 일반적인 교리들 위에 매우 흥미진진하고 유용한 빛을 던져 줌으로써 그 교리를 시인하지 않을 수 없는 것이다. 특별히 "하나님이 세상을 이처럼 사랑하사 독생자를 주셨으니 이는 누구든지 저를 믿으면 멸망하지 않고 영생을 얻게 하려 하심이라."는 이 놀라운 구원의 복음을 형성하고 있는 그 위대한 교리를 더 이해하고 실감할 수 있게 하는 것이다. 그리고 "하나님께서는 아들을 아끼지 아니하시고 우리를 위해서 내어 주셨다." "여기에 사랑이 있으니 우리가 하나님을 사랑한 것이 아니요 그가 우리를 먼저 사랑하사 그의 아들을 우리의 죄를 위한 대속물이 되게 하셨다."라는 이 엄청난 구원의 복음을 온전히 이해하고 경험하게 하는 것이다.

4. 니케아 신경-성령의 나오심(Procession of the Spirit)

니케아 신경 원본에는 성령에 관한 것은 한마디도 없고, 단지 성령의 이름만 언급되어 있다. 이는 그 당시까지 성령에 관련한 성경적인 교리가 신학적 논쟁을 불러일으킨 것이 아니었기 때문이다. 그러나 381년 콘스탄티노플에서 개회된 제2차 니케아 공회에서 보다 확장된 니케아 신경으로 알려진 이 문서에는 성령을 '주님, 생명의 수요자, 아버지로부터 나오신 분, 아버지와 아들과 함께 경배와 영광을 받으시는 분, 선지자들에 의해서 말씀되어지는 분'으로 묘사하고 있다. 이것은 성령을 성부와 성자와 함께 동일본질을 지니신 분이시며, 동등한 하나님으로 그러나 구별된 위격자로 선언하고자 하는 의도가 담긴 것이었다. 더욱이 그를 묘사함에 있어서 구별되는 인격적 특질을 가진 분으로서 그가 아버지로부터 나오셨다(εκπορευεται)는 단어를 사용하였다. 후기에 오면 라틴계 혹은 서방교회는 신경에 성령께서 아버지만이 아니라 아들에게로부터 나오신 분이라는 진술을 삽입시켰다.

성령께서 아버지와 아들로부터 나오신 분이라는 이 교리를 헬라파 교회나 동방교회는 거부했다. 이 논제에 대한 논의는 동방교회와 서방교회가 최종적으로 분열을 하는 데 기여한 주요인이었다. 그리고 양측에서 끊임없이 논쟁이 된 주도적인 주제였다. 개혁교회들은 이 주제에 대한 라틴계 또는 서방교회의 교리를 받아들였다. 그리고 우리의 신앙고백서에서도 묘사하고 있는 것처럼 성령은 아버지로부터만 나오신 분이 아니라 아들로부터도 나오신 분이라는 것을 고수하고 있다.

이제 우리가 할 수 있는 것은 신격에 있는 어떤 다른 인격체에 속한 것이 아니라 구별된 독특한 특질을 가졌다는 성령에 대한 사실적인 선언이다. 즉, 아버지로부터 나오신 분이라는 것은 성령께서 신성 또는 다른 위격들과 교통을 하는 신적인 본질을 지니신 분이시라는 것이다. 또한, 성령께서 매우 신비적이고 말로 다할 수 없는 방식으로 성부와 성자로부터 나오신 신적인 존재라는 것이다. 성경은 그 신비에 대해서 우리에게 어떤 자료도 제공하고 있지 않고 있다. 다만, 한편으로는 교통하시는 분이고 다른 위격들로부터 나오신 분이시라는 것을 알려 줄 뿐이다. 그 성령은 다른 위격들과 다른 분이시며 아버지와 아들의 구분되고 개인적인 특질들을 묘사되어 있고, 더욱이 그들의 상호관계를 보여 주는 "독생하신" 또는 "나오신"이라는 표현과는 다른 더 일반적이고 불분명한 상태로 남아 있을 뿐이다.

이것은 신성에 있어서 구분되는 것과 관련하여 성경에서 우리에게 계시된 모든 것들의 총람이자 본질적인 것들이다. 하나의 신성을 소유하고 계신 독특한 세 위격과 관련한 모든 것이다. 그 신성은 참되고 합당한 본질이자 영원한 능력과 신격을 지니신 분임을 나타내는 것이다. 우리는 이 세 위격 중 둘째 위격과 관련하여 성경에서 우리에게 계시한 참된 위대한 다른 진리 하나를 언급하고자 한다. 성자, 그는 육체를 입으시고 인간이 되셨다. 이것이 무엇을 의미하는 것인지 그 결과가 무엇인지를 다음 장에서 세밀하게 살펴보고자 한다.

제10장

그리스도의 인격

제10장

그리스도의 인격

우리는 아리안 논쟁과 니케아 신경과 관련된 주제들을 신학이라는 제목 하에서 살펴보았다. 신학이라는 단어는 하나님 또는 신적 존재(Divine Being)를 직접적으로 다루는 신적 진리에 대한 것을 설명하는 극히 제한적인 의미의 말이다. 따라서 신학이란 항상 *하나이시며 삼위이신 하나님에 관하여*(De Deo Uno et Trino)라는 제목 하에서 예부터 종종 조직신학적인 책들에서 주로 논의되어 온 것들이었다. 신격의 통일성에는 본질상 동등하시고 영광과 권능이 동등 되시나 구분되는 세 위격이 있다는 하나님의 말씀에서, 우리에게 제공하고 있는 이 같은 하나님에 대한 정보는 매우 중요한 지식이다. 이것을 알지 못하거나 부인하는 자들은 우리에게 자신을 알게 하신 참 하나님을 안다고 말할 수 없다.

논쟁들 속에 포함된 이 주제들에 대해 지금 우리가 간략하게 언급하고자 한다. 그것들은 대륙에서 현대 신학자들이 일반적으로 분류하고 있는 신학이라는 보다 엄격한 측면에서 사용되고 있는 단어와는 구별되는 것으로서 기독론이라는 제목 아래에서 다룰 것이다. 이 제목은 "중보자의 인격에 관하여(De persona Mediatoris)"라는 제목으로 옛 조직신학에서 종종 논의했던 것이었다. 그것들은 구세주의 인격의 구성에 관한 것으로 성부와 함께 영원히 존재하신 분으로서가 아니라 지상에서 죄인들의 구원을 이루실 때 계셨던 그분의 인격과 지금 하늘에서 하나님 보좌 우편에 좌정해 계신 그분에 대해 다룬 것이었다.

소시니안들이 제기했던 논쟁은 그리스도의 참되고 합당한 신성의 증거에 의해서 사실상 종식되었다고 본다. 비록 몇몇 고대 이단들이 그리스도의 인성을 부인하였다고는 하지만, 현대의 한두 사람의 아리안들은 아들이나 로고스로서 그리스도의 몸 안에 알려진 또는 거하는 초월적인 천사와 같은 피조물이기에 인간의 영혼을 대신하는 역할을 하는 것이라고 주장하고 있다. 하지만 실제적으로나 본질적으로 그리스도께서는 참되고 실재적으로 인간이시었고 진짜 몸과 이성적인 영혼을 지니신 분이었음을 다 인정하고 있다고 말하지 않을 수 없다. 우리는 이 입장을 제공해 주고 있는 성경의 넘치는 증거들 위에 안주하는 것이 합당하다. 그럼으로써 우리는 그리스도께서 우리들과 같은 진짜 사람으로서 육체와 피를 지니신 분이라는 위대한 진리를 실감하게 되는 것이다. 이제 이 증거는 거의 논쟁적으로 반대를 불러일으키고 있지는 않다. 다만, 소시니안들이 그리스도께서 사람이었기 때문에 그는 하나님이 아니었다는 인상을 은근히 심어 주려는 목적을 위하여 인위적인 증거 따위들을 늘어놓는 데서만 발견될 뿐이다.

물론, 그가 하나님이었느냐 아니었느냐에 대한 문제는 한마디로 정리할 수 있는 것이 아니다. 이미 앞에서 진술한 방도와 원리 안에서 산출된 것들을 바탕으로 이 주제에 대한 성경적인 증거들을 충분하고 공정하게 심층 조사하여 설명되어야만 한다. 신성과 인성의 결합의 불가능성 또는 신적 존재가 인성을 취하여 자기 자신과 하나로 만든다는 것이 불가능하다는 것을 우선적으로 증명한다는 것은 가능하지 않다. 그것은 마치 신격의 통일성 안에 세 위격들이 존속할 수 없다는 것을 증명하는 것이 불가능한 것과 같다. 그러므로 합당한 증거에 의해서 결정적으로 성립될 수 있는 이 교리들을 수용하고 붙들지 않을 이유가 전혀 없다. 다시 말하면, 그리스도께서는 영원하신 하나님으로 오신 분이고, 참되고 합당한 신성을 지니신 분이라는 것이다. 그리고 그가 이 세상에 오셨을 때 그는 참 인간이었고, 진짜 인간이었다는 이 교리들을 받아들이지 못할 이유가 없는 것이다.

그러나 성경은 우리에게 그리스도께서 하나님이었다는 것만이 아니라 그가 사람이었다는 것도 가르친다. 성경은 더 나아가서 독특하고도 명확하게 선언하기를 그의 성육신, 즉 그가 육체를 입으시고 사람이 *되셨다는* 것을 선언한다. 이는 그의 인성이 신성과의 연합 속에 들어갔다고 보는 것이다. 물론, 소시니안들은 그의 성육신을 나타내고 있는 본문들을 그의 합당한 신성을 나타내고 있는 것으로 알려진 것들에 적용하는 동일한 과정을 가지고서 반대하는 논리를 편다. 즉, 그들은 그 본문들이 지니고 있는 자연스러운 의미를 왜곡시켜서 같은 결과를 낳는 것이다.

그러나 그것들은 엄격하고 공정한 비평원칙들을 가지고 검증하면 다 실패할 수밖에 없다. 그들은 있을 법하지 않고 어려운 부가적인 것들을 모호한 근거들을 바탕으로 부풀리려고 시도하지만 그리스도의 신성교리와는 구분되는 성육신 교리에 대한 공정한 결론은 바로 이것이다. 즉, 그가 육체를 입으셨다거나 그가 인간이 되셨다는 것에 대한 성경의 명확한 선언은 그가 고등한 본성을 소유하고 계셨다는 그의 선재성에 대한 확실한 증거를 크게 확정하는 것이다.

신적인 존재에 의해서 인성을 취하신 것과 관련하여서 그리고 그 결과 두 본성의 연합과 관련하여서, 여기에 포함되거나 내포되어 있는 것이 무엇인지에 관한 논쟁이 그리스도의 신성과 성육신을 믿는다고 고백하는 자들 가운데 있었다. 그리스도의 인격의 구성에 대한 성경적인 견해를 완전히 끝내기 위해서는 이것들을 언급하고 가는 것이 적절한 것으로 생각된다.

이 주제는 5세기에 격렬하게 논의되었다. 특히 네스토리안과 유티키안 논쟁과 관련된 것이었다. 그것에 대한 교회가 내린 결론은 그리스도의 교회에 의해서 일반적으로 수용되고 받아진 것이 되었다. 네스토리안들과 유티키안들은 모두 니케아 공회와 콘스탄티노플 공회의 선언들을 수용한다고 고백하였다. 물론, 하나님의 아들의 성육신을 믿는다고 고백하였다. 또한, 신격의 둘째 위격이 그 자신의 본질이신 아버지에 의해서 영원히 독생하신 분이심을 믿는다고 고백하였고, 그가 인성을 취하셔서 사람이 되신 것을 고백하였다. 하나님의 아들에 의해서 인성이 취해졌다는 영원한 말씀의 성육신은 이 주제에 대한 위대한 근본적인 진리이며 성경에서 명확하게 가르치고 있는 진리이다. 성육신은 헬라 교부들에 의해서 엔사르코시스, ενσαρκωσις(육체를 입으셨다) 또는 엔안드로페시스, εναvθρωπησις(인간이 되셨다)라 불렸다. 그리고 니케아 공회에서 확실하게 선언한 것이기도 하고 또한 콘스탄티노플 공회에서 만든 신경에서도 더 확실하게 선언된 진리이기도 하다.

이 진리와 비교해 볼 때, 네스토리안과 유티키안 논쟁에 내포된 그 주제들은 성육신에 대한 정확한 특성과 분명한 결과들에 관한 질문들과 그것이 미친 형태는 좀 질이 낮은 수준의 것들이었다. 그러나 영원하신 하나님의 아들이 인성을 취하시어 인간이 되셨다는 이 교리는 근본적인 진리이다. 다른 모든 것들은 어떻게 보면 다 여기에 종속되는 것들이라고 볼 수 있다. 그렇다고 해서 이 일반적인 진리가 좀 더 정밀하게 검토되고 있는 것이고, 그것이 포함하고 있거나 함축하고 있는 것이 무엇인지에 대한 숨은 질문들은 그렇게 중요하지 않다는 것이 아니다.

근본적으로 중요한 질문 중에 하나인 그리스도가 누구인지 또는 그리스도가 어떤 분인지에 대한 직접적이고 타당한 답은 그가 하나님이시며 사람이시라는 것이다. 영원하신 하나님으로부터 나오신 영원한 분으로 계셨으나 때가 되어 인성을 취하시고, 그로 인해 사람이 되신 것이었다. 그러나 이러한 위대한 진리를 온전히 이해하고 실감하고자 하면 즉각적으로 제기되는 질문들이 있다. 그것은 바로 영원부터 신성을 지니시고 계셨던 분이 인성을 취하신 후에도 여전히 그분의 두 속성들 각각의 완전함이나 온전함을 계속해서 유지하고 있느냐라는 것이다. 만일 그렇다면 두 속성은 '각각 독특한 인격을 형성하거나 구성하였는가, 아니면 그렇지 않은가', 그래서 그리스도 안에서 두 속성과 마찬가지로 '두 인격이 존재하는 것인가 아닌가'에 관한 질문이 제기된다. 이것들이 네스토리안과 유티키안 논쟁들에 포함되어 있던 것들이었다.

이러한 질문들을 염두에 두거나 설명하고자 사용된 단어들이 담아내고 있는 것들이 사실상 무엇인지를 잘 알지 못하면, 위대한 성육신 교리는 확실하게 이해될 수도 없고 분명하게 설명될 수도 없다. 따라서 우리는 기독교의 초보적이고 근본적인 교리들을 잘 가르치고자 할 때, 그리스도의 인격을 묘사하는 논쟁 속에 담겨진 진술을 만들어 낼 필요성이 제기됨을 발견하는 것이다. 한때 논쟁열기가 한창 달아오르기도 했지만, 그 논쟁들은 5세기에 논의되었던 형태로부터 가장 유익하지도 않고, 가장 모호하고 가장 당혹스러운 진술들을 낳은 것들이었다. 예를 들면, 우리의 소요리문답에서는 '하나님의 택하신 자들의 유일한 구속자는 주 예수 그리스도이시다. 그는 하나님의 영원한 아들로서 사람이 되셨고 한 위에 양성을 가지신 하나님이시오 사람이셨으며 영원토록 그러하신 한 분 하나님이시다.'[210]라고 묘사하고 있다. 이 진술은 5세기에 있었던 제3차 에베소 공회와 제4차 칼세돈 공회에서 선언한 교리들의 총람이고 본질을 명확하게 구체화한 것이다. 이 교리는 이 공회들이 고백한 근거 위에 있는 그 주제에 적용 가능한 성경적인 근거들에 대한 지식이 없이는 설명될 수도 없고 옹호될 수도 없는 것이다.

영원한 말씀의 성육신 교리는 니케아 공회와 콘스탄틴 공회에서 선언된 것으로서 교회가 다 일반적으로 수용한 것이었다. 그것은 또한 확실히 그다음 질문을 예상하게 했음이 틀림없다. 그 문제를 설명하고 강론하거나 생각할 때 가장 자연스럽게 떠오르는 질문은 '양성의 온전함이나 완전함이 지속적으로 건재하고 있는가?'이다. '성육신 후에 신성과 인성이 지속적으로 완벽하게 존재하고 있는가?' 이처럼 합당한 질문은 유티키안의 입장보다 먼저 말한 인격을 분리시키고 양성을 뒤죽박죽 만든 네스토리안 이단과는 정반대되는 것으로 보인다. 그러나 기억해야 할 것은 네스토리우스 이단보다 먼저 있었던 아폴리나리스 이단은 그리스도 안에 있는 양성의 완전함에 본질적으로 주목했었다는 점이다. 그리고 네스토리우스는 만일 그가 정말 네스토리안이었다고 한다면 많은 타당한 판단들에 관해 많은 의혹들을 일으켰으리라는 것이다. 네스토리우스는 아폴리나리우스파들을 대적함에 있어서 정반대의 극단적인 입장에 빠지게 됨으로써 잘못되어 버린 것을 기억해야 할 것이다. 네스토리우스를 반대하는 큰 대적자인 키릴(Cyril)은 아폴리나리안주의에 기울었다는 것 때문에 책망을 받았다. 그 이후로 유티키안니즘 혹은 단성론 이단자들로 불렸던 것이다.

---

210) 역자 주) 소요리문답 21문.

1. 유티키안 논쟁

우리는 유티키안주의를 반대하는 데 있어서 먼저 그리스도 안에 있는 양성(兩性)의 지속적인 독특성과 완전성에 대한 주장을 계속해서 펼치게 될 것이다. 그다음에는 네스토리우스를 반대하는 데 있어서 또는 적어도 네스토리안들을 반대하는 데 있어서 양성의 지속적인 독특성과 완전성에도 불구하고 그리스도의 인격의 통일성에 대해서 논의하게 될 것이다. 이것은 소요리문답에서 가르치고 있는 방식대로 '그리스도는 한 위에 양성을 가지신 하나님이시오 사람이셨으며 영원토록 그러하시다.'는 가르침을 따라 논의할 것이다. 또 대요리문답에서 '한 위에 독특한 양성을 전적으로(entire) 영원히 가지신 분'으로 말하고 있는 것처럼 교리적인 논쟁들을 명백하게 더 언급하는 것과 함께 논의하게 될 것이다. 이 주제에 대한 전체 성경적인 진리는 신앙고백서 안에 잘 진술되어 있다.[211]

삼위에 있어서 제2위이신 하나님의 아들은 참되시고 영원하신 하나님이시오 성부와 한 분체이시며 또한 동등하신 분이시나 때가 차매 인간의 본성을 취하시되 모든 본질적인 성질들과 그로 인한 공통적인 나약함을 함께 취하셨으나 죄는 없으시다. 그는 성령의 능력으로 동정녀 마리아의 몸에 잉태되시고 그녀의 본체에서 나셨다. 그리하여 두 개의 온전하고 완전하고 구별된 본성, 즉 신성과 인성이 한 인격 안에서 분리될 수 없는 것으로 연합되어 있으되 전환이나 혼합이나 혼동됨이 없으시다. 그 위는 참 하나님이시오 참 사람이시나 한 분 그리스도시며 하나님

과 사람 사이의 유일한 중보자이시다.

이 진술은 적어도 우리가 더 적극적으로 드러내고자 하는 요지와 관련하여 생각할 때 451년에 유티키스를 정죄할 때 칼세돈 공회가 선언한 글들과 거의 같은 내용이다. 칼세돈 공회는 네스토리안들과 단성론주의자들을 반대하면서 성육신에 대한 전반적인 교리 또는 그리스도의 인격에 대한 구성교리를 잘 설명하여 주었다. 이 주제에 대해서 성경이 일반적으로 가르치고 있는 내용은 로고스, 하나님의 영원한 아들께서 육신을 입으셨다, 인성을 취하셨다, 또는 사람이 되셨다는 것이다. 물론, 그는 하나님이시기를 멈추신 것이 아니다. 그는 완전한 신성을 소유하고 계신 분이시다. 신적인 완전성과 특권들을 그대로 소유하고 계신 분이시다. 따라서 그가 영원부터 신성을 소유하고 계신 분이고, 때가 되어 성육신하신 분임을 시인하는 모든 사람들은 그가 계속해서 참 하나님이 되시며 전적으로 불변하는 신성을 지니신 분임을 믿는다. 따라서 문제는 로고스에 의해서 승귀(昇歸)되신 후에 그리스도께서 가지신 인성의 전적인 완전성과 관련된 것이다. 이와 연관된 문제들이 산더미처럼 존재하는 것이다. '하나님의 영원하신 아들에 의해서 승귀된 인성은 인성을 온전히 전적으로 떠나서 두 본성, 즉 완벽하게 인간이고 하나님이신 완전하고 독특한 이 두 본성들이 여전히 그리스도 안에서 함께 결합되어 있는 것으로 나타나게 되는가?'

이 질문을 정돈하기 위해서 가장 명백하게 부각되는 고려사항들은 다음과 같다. 첫째는, 우리는 성경에서 신성 안에 있는 인성의 사라짐, 흡수됨, 또는 소멸됨을 시사하는 어떤 흔적도 가지고 있지 않다는 점이다. 둘째는, 성육신의 이 위대한 교리를 선언하고 있는 성경적인 진술에 대한 공정하고 자연스러운 중요성은 그의 인성이 비록 신성 속으로 유입되었다고 추정할지라도 인성으로서 적절한 특성을 지닌 상태로 그대로 존속하고 있다는 결론을 내리게 한다는 점이다. 다시 말해, 인성으로서 모든 본질적인 특질들을 다 지니고 있는 것이다. 셋째는 무엇보다도 이것이 직접적이고 결정적인 증거인데, 그것은 성경에서 일관되게 우리에게 제시되고 있는 것은 그리스도께서는 지상에 계시는 동안, 또한 성육신 하신 후에도 그의 탄생으로부터 모든 측면에서 그 자신이 참되고 합당하게 인간이셨거나 인성을 취하신 분이라는 사실이다. 그 인성은 인간으로서 있어야 할 요소들과 본질적인 특질들을 다 지니시고 계신 분이라는 점이다.

이러한 입장에서 이 문제가 결정되어져야 하는 것이다. 그리스도는 영원한 때부터 하나님이셨다. 그는 인성을 취하셔서 신성과 함께 결합하셨다. 그렇다고 신성이 바뀐 것이 아니라 여전히 불변하는 신성을 지니고 계신 분인 것이다. 왜냐하면 신성 자체는 불변하기 때문이다. 그렇다면 비록 인성이 신성과 떼려야 뗄 수 없는 관계로 결합되었다고 할지라도 인성도 신성과 구별되게 변함없이 존속되고 있는가? 성경에서 우리에게 제시되고 있는 일관적인 입장은 그리스도께서 처음부터 완전히 인간의 본성을 취하신 분이라는 것이다. 만일 그가 온전한 인성을 가지신 것이 아니었다면 또는 인간의 본성에 본질적인 무엇이라도 그에게 결함되어 있었다면, 입증책임(*onus probandi*)은 그렇게 주장하는 자들에게 있어야만 한다. 왜냐하면 성육신의 일반적인 선언의 명확한 중요성과 지상에 계시는 동안 그리스도에 대해서 우리에게 묘사하고 있는 일반적인 모습들은 정반대의 결론으로 이끌고 있기 때문이다. 그리스도께서 그가 완벽한 인간이거나 모든 측면에서 완벽하게 인간의 본성을 지니시고 계신 분임을 보여 주지 못하는 문제점이 있다는 증거는 성경에 전혀 없다. 오히려 그와는 정반대로 직접적이고 긍정적인 증거는 그가 인간의 본성에 본질적인 모든 것을 다 지니시고 있다는 것이다.

인간으로서 가지는 독특한 성분, 즉 완벽한 인간의 본성을 가지고 있다고 보는 인간의 독특한 성분은 육체와 영혼이 결합되어 있다는 것이다. 그리스도께서는 그 자신에게 참된 육체와 이성적인 영혼을 취하셨다. 그는 육체와 영혼을 보유하셨고 그것들은 완벽한 상태로 그리고 필요한 모든 자질들을 다 갖춘 상태로 존속하고 계신다. 그는 동정녀 마리아의 자궁 속에 성령의 능력으로 말미암아 잉태되셨다. 신앙고백서와 대요리문답서가 지적하고 있는 것처럼 '마리아의 몸의 본체에서 나신(of her substance)' 분이셨다. '그녀의 몸의 본체에서 나신 분'이라는 사실을 부정하는 이단이 옛날에 있었는데, 종교개혁 이후에는 몇몇 재세례파들에 의해서 이 문구가 재생되었다. 그러면서 그 용어의 의미를 마리아 안에서(in) 나신 분이지만 마리아에게 속한(of) 자는 아니라는 것으로 사용하였다. 또한 그리스도는 마리아의 본체로부터 그 어떤 것도 도입함이 없이 그녀의 몸을 통과해서 나오신 분이라는 것이었다. 그러한 개념과 반대하는 입장에서 '마리아는 그리스도의 인성 형성에 기여하였다.'고 주장하고자 했다. 그것은 마치 어머니가 자녀들이 나오게 되도록 평상적으로 기여하는 방식으로 그렇게 하셨다는 것이다. 동정녀의 본질로부터 형성된 참된 육체를 취하심으로 그리스도는 계속해서 그것을 존속할 수 있었다. 그 사실은 그의 전 생애와 그의 죽음을 통해서, 그리고 그의 부활 이후의 모습을 통해서 명백하게 증명이 된 것이다. 그리고 그리스도는 여전히 하나님의 보좌 우편에서 그 모습을 간직하고 계신다.

그리스도는 이성적인 영혼을 취하셨다. 다른 사람들이 가진 영혼의 평상적인 기능들과 역량을 다 소유하고 계신 것이다. 단일의지론주의

(Monothelites)자들의 잘못된 주장과는 달리 그리스도는 의지력도 소유하고 계신다. 그의 죽으심과 부활하심 이전과 이후의 전 생애가 그 같은 사실을 충분히 증명하고도 남는다. 하나님께서 아드님과 관련하여 우리에게 주신 모든 기록물들 안에서 상세히 끄집어 낼 수 있는 증거들이 넘친다. 그리스도 안에서 완전한 인성과 신성이 있다는 것을 부정하는 것은 헛소리에 불과한 것이다. 즉, 신성이 인성을 흡수해 버렸다든지, 소멸시켰다든지, 또는 삼켜 버리고 말았기에 신성과 결합된 후에 인성은 온전한 인성의 모습으로 존속할 수 없었고 인성으로서 가진 본질적인 완벽한 특질들을 제대로 소유할 수 없었다고 주장하는 매우 공허하고 혼란스러운 개념보다 더 못한 개소리에 불과한 것이다. 그 같은 주장은 단지 상상에 불과하거나 추측에 불과한 것이지 그 어떤 견고한 근거가 없는 것이다. 우리는 이 주제에 대해서 상상하거나 추측하는 우를 범해서는 아니 된다. 다만, 하나님의 말씀이 우리에게 알려 주신 것만 붙들도록 힘써야 하는 것이다. 그 말씀만이 그리스도를 우리에게 참되고 완전한 인간이시며 인성이 신성에 의해서 연합된 후에도 여전히 완벽한 인성을 지니고 계신 분이심을 나타낸다. 따라서 그 말씀에 따라 우리는 신성이 인성을 흡수하거나 소멸한 것이 아니라 그대로 존속시키고 있다는 하나님의 증언을 믿어야 하는 것이다. 이것을 믿으라고 분명하게 명령하고 계신다. 즉, 인성과 신성의 연합에도 불구하고 인성이 전적으로 완전하게 구분되는 모습으로 존속하고 있어서 그리스도는 실제로 진짜 사람이고 진짜 하나님이신 것이다. 신격을 지니신 분이시고 인격도 완전하게 전적으로 가지고 계신 분이신 것이다.

하나님의 아들은 인성을 취하셔서 신성과 연합하셨다. 물론 인성은 신성이 불변하는 것에 비해서 변화하거나 변형될 수 있었다. 그러므로 '이 인성이 신성과 연합하게 되었을 때 그 인성의 상태는 어떻게 변화되었는 가? 그 이후로 인성은 어떤 위치에 서 있는가?'라는 질문이 자연스럽게 발생한다. 그런 질문들은 인성의 위치와 신성과의 관계를 설명하고 있는 모습들과는 모순되는 것이며, 또한 그런 설명들을 다 배제시키는 것이다. 다만, 하나님의 말씀이 우리로 하여금 입을 다물게 하는 전체 맥락은 예 외이다. 즉, 인성은 연합 가운데서도 그 자체의 완전성과 전적으로 온전 한 특질들을 계속해서 보유하고 있으며, 칼세돈 공회의에서 양성이 연합 되었다고 선언한 것인데, 이 양성은 혼합되거나(ἄτρεπτως, 하트레프토스) 혼 동되는(ἀσύγχυτως, 아숙수토스) 것이 아니다. 그것은 우리의 신앙고백서에서 도 '양성은 변형 혼합 혼동됨이 없이 연합되어 있다.'라고 선언하고 있다. 우리의 신앙고백서에서 사용되고 있는 이 세 단어들이 세 가지 독특하거 나 실질적인 차이를 나타내는 단어로 쓰인 것이 아닌가라는 가정을 할 필 요는 없다. 또한, 유티키스를 반대하여 칼세돈 교부들에 의해서 소개된 이후로 모든 정통교회들이 다 수용한 하트레프토스(ἄτρεπτως)와 아숙수토 스(ἀσύγχυτως)라는 선언 그 자체보다 본질적으로 뭔가가 더 있는 것으로 생 각할 필요도 없다.

여기에서 사용된 혼합이나 혼동이라는 단어는 엄밀하게 말해서 동의 어로 사용된 것이다. 하나는 다른 하나의 의미를 더 주석한 것이라고 보 면 된다. 이 두 단어는 아숙수토스(ἀσύγχυτως)의 의미를 더 온전하게 표현 한 것이다. 왜냐하면 혼합이나 혼동과 마찬가지로 교통(communication)이 라는 단어도 때때로 사용되었기 때문이다. 만일 인성이 그리스도 안에서 완벽하게 온전히 계속 존속하였고 그래서 그는 여전히 참 인간이자 참 하 나님이신 것이 아니었다고 한다면, 신성에 의해서 인성이 처분되었다고 가정할 때 그것은 한두 가지 방식, 이거 아니면 저거라는 식의 설명만 있을 뿐이다. 즉, 그것은 인성이 신성으로 변화하였거나 전환되었다고 보는 것이다. 그래서 신성에 의해서 전적으로 흡수된 것으로 본다. 그로 인하여 인성 자체의 특질을 그대로 간직한 것으로 있지 않다는 설명이 된다. 그러나 이것은 양성이 변환이 없이 또는 하나가 다른 것으로 변화됨이 없이 서로 연합되었다는 단어인 하트레프토스(ἀτρέπτως)를 말하게 될 때는 성립될 수 없는 가설이다.

그렇지 않으면 양성의 연합에 있어서 두 본질이 서로 뒤섞여 혼동되거나 혼합되어서 제삼의 본질이 이 둘의 합성으로부터 자생되었다고 설명하게 된다. 즉, 신성도 인성도 아닌 제3의 다른 본체 양성의 특질들을 부분적으로 가지고 있는 다른 본체가 되었다는 가설만 남는 것이다. 그러나 이 가설 역시 양성이 혼동이나 혼합됨이 없이 서로 연합되었다는 아숙수토스(ἀσύγχυτως)라는 말을 사용할 때는 여실히 증명될 수 없는 가설이다. 이러한 부정적인 입장을 표명하는 이유는 두 가지이다. 하나는 인성이 신성으로 변화된다는 그 자체가 본질적으로나 정통적으로 불합리한 주장이요, 불가능한 주장이라는 점이다. 실로 이러한 주장은 인성의 소멸과 같은 내용이 되기 때문에 내세울 만한 설명이 될 수 없는 것이다. 또는 양성의 뒤섞임이 되어 각각 본성 자체의 특질이 변형된다거나 개조된다는 것은 있을 수 없는 것이다.[212]

두 번째 이유는 그것이 각각 구분되는 특질들 안에서 인성 자체가 전적으로 그리고 완전하게 존속하고 있다는 성경적인 진술과도 모순되기 때문이다. 그리스도 안에서 인성은 신성과 연합한 후에도 그대로 모든 본질적인 특질을 가지고 있는 것이다. 그리스도 안에는 오로지 한 가지 속성

---

212) Bishop Barrow on the Creed.

만 있을 뿐이라는 유티키안들의 주장은[213] 성경에서 전혀 찾아볼 수 없다. 그리스도는 실로 양성을 소유하고 계시다. 성경이 그렇게 묘사하고 있듯이 신성과 양성은 그리스도의 성품을 형성하거나 구성하도록 어떤 측면에서 활동하거나 기여하였기 때문에, 양성은 완벽하거나 온전하게 그리스도 안에서 발견되어지지 않는다는 근거는 없는 것이다.

만일 하나님의 영원하신 아들이 인성을 취하셨지만 그들이 주장하듯 아직도 그리스도는 그 인성을 취하셨을 때 그 시각으로부터 지금까지 여전히 단일 본성을 지니고 있으시다면 다음과 같은 결론을 맺을 것이다. 즉, 그 연합 또는 취하심 자체는 하나가 다른 것으로 변화되었든지 아니면 둘이 뒤섞여서 그로부터 하나의 합성된 것이 형성되었다고 주장하는 것이 필연적인 귀결이 될 것이다. 그러므로 그 뿌리나 곁가지들에 있어서 이 주제에 대한 전체적인 잘못된 모순되는 견해를 배제하고, 신성과 인성이 그리스도 안에서 존재하였고 계속적으로 전적으로 완전하게 존속되고 있으며 함께 연합되어 있다고 주장하는 것이 반드시 필요하고 당연한 결론이다. 하트레프토스(ἄτρεπτως)와 아숙수토스(ἀσύγχυτως), 즉 변환됨이 없고 혼합이나 혼동됨이 없이 존재하는 것이다.

2. 네스토리안 논쟁

비록 그리스도께서 전적으로 그리고 완벽하게 양성을 가지셨다고 할지라도 그리스도는 한 위격을 지니셨다고 초대교회는 결정하였고 일반적으로 정통교회가 다 이를 수용하였다. 이는 네스토리우스를 반대한 입장

---

213) Campbell's Lectures, Lect., xiv., p. 256.

이었다. 그리고 이 입장은 중보자의 위격에 대한 올바른 견해를 정돈하기 위해서 반드시 필요한 것이었다. 이것은 제대로 된 정의는 아니라 할지라도 실제적으로나 본질적으로 양성이 서로 연합된 그 시간으로부터 말씀하시고 행하시고 고난당하신 모든 것들이 한 사람, 즉 동일한 존재에 의해서 말해지고 행해지고 고난까지 당하게 된 것을 뜻하는 것이었다. 이는 한 분 안에서 존속하는 위격들을 구별하는 것이 없이 신격에서 연합된 상태에서 하듯이 다 한 분께서 말씀하시고 행하시고 고난당하신 것을 의미한다. 그리스도께서 발설하신 모든 말씀들과 관련하여 오직 한 분의 연사만 존재하는 것이다. 그리스도께서 행하신 모든 일들이 다 한 분에 의해서 이루어진 것이며 그리스도께서 견디시고 참아 내신 모든 고난도 한 분이 받으신 것이다. 성경에는 그리스도 안에 있는 위격을 구별하여서 이것은 인성으로서 말씀하시고 행하신 것이고 저것은 신성으로서 말씀하시고 행하신 것이라고 구분 지어 언급한 것이 특별히 없다.

그와는 반대로 성경에는 독특하게도 일관되게 한 분께서 말씀하시고 행하신 것으로 묘사하고 있다. 만일 우리의 판단이 하나님의 말씀 안에서 그리스도와 관련하여 우리에게 주신 견해들에 공정하고 명백하게 복종한다면, 우리는 비록 그가 양성이 연합되어 있는 분이라고 할지라도 그리스도께서 한 분이시라는 것을 더 이상 의심할 수 없다. 이는 마치 사람이 몸과 영혼이 결합되어 있다고 해서 그 사람을 두 존재라고 말할 수 없는 것과 같은 것이다. 물론 어떤 것들은 일반적으로 구분함이 없이 참되게 그의 영혼이 한 것이라고 예측하게 하는 것들이 있다. 또한 다른 것들은 그의 육체에 속한 것들이라고 말할 수 있게 하는 것들이 있다. 그리스도의 성품을 나누는 근거, 즉 그가 두 속성과 마찬가지로 두 인격을 가지신 분이시라고 주장하는 근거는 적어도 성경적이라고 볼 수 없고 단지 형이상학적인 것에 불과하다. 네스토리우스가 주장하고 그의 추종자들이 명백하게 가르친 그리스도께서 두 인격을 가지셨다는 이 교리는 자연스럽게 그리고 필연적으로 그가 두 속성을 가지셨다는 것을 나타내는 것이다. 그 점에 있어서 형이상학적으로 논의할 필요는 없으며, 하나님의 말씀이 비록 그리스도께서 양성을 지니신 분이라고 할지라도 일관되게 그리스도를 한 분으로 묘사하고 있다는 것만으로도 충분하다. 기억할 것은 영원한 말씀이신 성자의 위격이 그분의 합당한 개성을 가지고서 인간의 인격(human person)을 취하신 것이 아니라 인성(human nature)을 취하여 그의 신성에 연합시킨 것이라는 사실이다.

하나님과 사람 사이의 중보자이신 그리스도에게 이 양성이 함께 결합되었을 때, 그리스도의 인격과 관련한 이 위대한 진리들은 일반적으로 신학자들이 위격적 연합교리나 하나의 실체, 또는 그리스도의 한 위격 안에서 신성과 인성의 결합이라고 칭하는 교리를 형성하는 것이다. 양성이 함께 결합되었을 때 이 위대한 교리를 형성하고 있는 성경적인 권위 있는 근거들에는 너무나도 많은 독특한 진리들이 있다. 그 진리들은 다 하나님의 택한 자들의 구속주이신 그리스도의 위격을 선언하거나 펼쳐 보이는 것들이다. 그리스도의 위격이 구성하고 있는 것을 자세하게 보여 주고 있는 특별한 진리들이나 교리들은 다음과 같다. 첫째, 그리스도는 신성과 완전함을 가지신 하나님이셨다. 그리고 신성을 가지신 하나님의 아들로서 신격의 첫 번째 위격과 특별한 관계를 지니신 상태로 영원부터 계신 분이셨다. 그것은 인간사회에서 아버지와 아들 사이에 존속하는 관계와 같은 것은 전혀 아니지만, 어떤 측면에서 보면 그와 비슷한 관계로 영원부터 존속하시는 분이시다.

둘째, 그리스도께서는 본질적인 특질들과 평상적인 나약함을 다 가지고 있는 인성을 소유한 사람이셨다. 그러나 그는 죄가 없는 분이셨다. 육체와 피를 실제적으로 취하셨으며 우리들이 가지고 있는 것과 같이 그 역시 몸과 영혼을 소유하신 분이었다. 셋째, 그리스도께서는 즉각적으로 인성과 신성을 취하셨을지라도, 그는 두 명 또는 세 명 이상의 사람이 아니라 한 사람이었다. 이제 이 같은 교리들이 분명 성경에 기초하고 있는 가르침인 것이 분명하다면, 그 모든 것들을 다 합쳐서 그리스도의 한 인격 안에서 신성과 인성이 결합된 하나의 교리를 형성할 뿐이다. 그것이 바로 하나님의 말씀 안에서 가르쳐지고 있는 교리이다. 이것이 바로 성경에서 죄인들의 유일한 구세주로 계시하고 있는 예수 그리스도에 대해서 우리에게 제시하는 모든 것을 밝혀 드러내고 있는 교리이다. 그리스도의 하나의 인격 안에서 신성과 인성이 결합되었다는 사실은 결합된 이후로는 결코 풀어지는 법이 없다는 것이다. 이것이 구속주에 대해서 성경적으로 설명하고 있는 것을 온전하게 알 필요성을 채워 주는 만족스러운 자료이다. 그가 땅에 있는 장막에 계시는 동안 그러했으며 하나님 보좌 우편에 계신 지금도 그러하시다. 그가 세상을 심판하러 다시 오실 때에도 계속 그와 같을 것이며 영원히 그러할 것이다.

성경에서 가르치고 있는 것처럼 우리의 신앙고백서에서도 제시하고 있는 것과 관련하여 한 가지 짚고 갈 것이 있다. 나는 그것에 대해 간략하게 언급하고자 한다.[214] 그 내용은 다음과 같다. 즉, '중보사역에 있어서 그리스도는 두 본성에 따라 행하신다. 각각의 본성은 그 본성 자체에 속한 것을 행하신다. 그러나 그 위의 통일성으로 인하여 한 본성에 본래 속해 있는 것이 성경에서 때로는 다른 본성에 의해서 지칭되는 그 위격에 귀결된

---

214) 신앙고백서 8장 7항.

다.'215)라는 것이다. 그리스도의 한 인격 안에서 신성과 인성, 양성의 결합은 죄인들의 구원과 관련하여 정확한 효과를 가져왔다. 왜냐하면 오직 하나님에 의해서만 성취될 수 있는 인간의 구원에 필요한 뭔가가 있어야 하고, 또 사람에 의해서 견뎌 내야 하거나 달성할 수 있는 것들이 있기 때문이다. 사람만이 고난을 당하고 죽을 수 있다. 하나님만이 신적인 공의와 율법을 만족시킬 수 있는 것이다. 따라서 한 인격 안에서 하나님이시며 사람이신 그리스도께서만 각각의 특질에 합당한 일을 하실 수 있는 것이다.

신앙고백서에서 좀 전에 인용한 내용의 두 번째 진술은 언어의 성경적 사용과 관련한 한 가지 사실을 선언한 것에 불과한 것이다. 그 언어의 정확성은 '그가 우리를 위하여 목숨을 버리셨으니 우리가 이로써 하나님의 사랑을 알고'라는 본문에 의해서 옳은 것임이 증명된다. 죽으신다는 것은 당연히 인성에 해당되는 것이다. 그런데 여기에서는 그것이 하나님에게 적용된 말이다. 신성에 의해서 명명되고 있는 그 인격자에게 언급된 것이다. 그렇게 한 근거나 이유는 그의 생명을 내어 주신 그분, 그리고 인간으로서 그렇게 하신 그분이 곧 하나님도 되시기 때문이다. 이 문장을 기술한 신앙고백서는 성경적인 용어 사용에, 즉 이 한 가지 사실 또는 요지에 주목하고 있는 것이다. 그러나 이 단어 사용에 있어서 일반적으로 우리를 안내하고 있는 일반적인 원리들까지도 다 내려놓은 것으로 이해해서는 아니 된다. 성경이 우리들에게 그렇게 제시하거나 인준하고 있는 것을 제외하고는 우리가 다른 속성에 의해서 명명된 인격에는 한 본성으로 설명하는 것이 적절하지 않겠느냐고 무리하게 말하지 말아야 한다.

혹자들은 성경에 등장하는 이 용어 사용의 사례를 근거로 하여 한 본

---

215) 이것을 총대들은 κοινωνια ἰδωματων 또는 특질들의 교통이라고 불렀다.

성에 적합한 특질들이 다른 본성으로 명명되는 인격을 세세하고 정교하게 충족시키는 근거가 된다고 생각하였다. 따라서 깜짝 놀랄 만한 그리고 우선적으로 모순되거나 조화롭지 못한 입장들에 대한 견해들을 만들어 냈다. 즉, 그리스도의 인성 또는 적어도 사람으로서 그리스도에 대한 선언을 한 것이다. 하나님으로서 그리스도에 대한 것 또는 신성에 속한 것으로서의 참된 것을 말한다든지, 그 반대로 인간으로서 인성에 의한 말과 행동의 그리스도를 선언하는 것이었다. 그러나 그러한 입장들은 경건의 위대한 신비에 대한 두려움과 공경의 자세와는 어울리지 않는 것으로밖에는 볼 수 없다. 하나님께서 육체 가운데서 나타나신다는 문구는 잘 숙고해야만 한다. 신앙고백서의 입장인 성경적인 언어 사용과 관련하여 볼 때 하나의 사실을 진술한 것에 불과한 이 신비한 표현은 매우 유사하게 들리는 교리와는 반드시 구별되어야만 한다. 특히, 루터파에 의해서 주장된 그리스도의 몸에 대한 편재설과 관련된 그들의 근거와는 반드시 구별되어야만 한다. 그들은 이것을 자신들의 성찬론에서 그리스도의 몸이 실제적으로 임재한다는 견해를 옹호하는 일에 늘 사용하고 있다. 루터파 교리는 우리의 신앙고백서가 말하고 있는 것처럼 다른 본성에 의해서 명명된 그 인격자에게 한 본성에 적합한 것으로 귀결된다거나 또는 다른 본성으로부터 취해진 한 이름에 의해서 설명된 것으로 말하지 않고 다른 본성 그 자체로 귀결된다고 본 것이다.

특별히 그리스도의 신성의 편만성이나 편재성까지 언급하고 있는 것은 그것이 실제 그의 인성에 속하였거나 그의 몸 혹은 육체와 소통하게 된다고 보기 때문이다. 그러나 이 같은 모호하고 괴상한 교리를 말하는 것은 불필요한 것이다. 다만, 우리의 신앙고백서에 내포된 진술과 비슷한 소리를 내는 것 같을지라도 그것은 본질이나 중요성에 있어서 전적으로 다른 것이며 그것을 뒷받침하는 권위 면에서도 전혀 다른 것이라는 것을 지적하는 것으로 족하다.

유티키안과 네스토리안의 논쟁들에 내포된 오류들은 그것들이 처음에 제창된 이후부터 오늘날까지 논쟁의 주제들로 부각되어지는 것은 거의 없다. 사실, 동방의 몇몇 기독교 종파들 중에는 그러한 견해들을 여전히 붙들고 있다. 이러한 논쟁들에 대한 검증하는 주요 방법은 이제 그 논쟁들 속에 내포된 요점이 무엇인지, 그리고 그러한 결론을 이끈 근거들이 무엇인지를 살피는 것이다. 이것은 우리들에게 생길 수 있는 오류들로부터 우리를 보호하거나 우리가 쉽게 넘어질 수 있게 하는 미혹으로부터 보호해 줄 만한 장치는 아니라 할지라도 우리 모두가 믿는다고 고백하는 그리스도의 위격과 관련된 진리들에 대한 개념들을 명확하고 분명하게 세우는 데 도움을 준다. 그것들을 설명함에 있어서 언어의 정확도를 확보하는 일과 특별히 그것들을 실감하게 하는 일에 기여하는 것이다. 하나님의 말씀이 우리에게 펼쳐 보여 주는 그리스도의 위격의 주도적인 요소들이 무엇인지 그 위대하고 실제적인 것들을 습관적으로 눈여겨보게 하는 데 도움을 준다.

서방교회에 있는 자들 중 어느 누구도 5세기와 6세기 이후로 의도적으로나 고의적으로 유티키안이나 네스토리안의 오류들을 가르치지 않았다. 물론 개별적으로 이러한 유형의 경고조치를 받은 자들은 더러 있었다. 그러나 이는 그들이 의도적으로 이러한 오류들을 부여잡았다거나 심각하게 변호하고 나섰기 때문이 아니라 무지나 실수로 인해 유티키안이나 네스토리안의 혼합적인 내용들을 담고 있는 언어를 사용하였기 때문이었다. 우리가 대중적인 신학공부에 몰두하다 보면 그러한 사례들로 쉽게 빠져들 수 있다. 나는 강단에서 그리스도의 위격을 구성하고 있는 것과 관련된 논쟁들이 벌어진 것들과 함께 해박한 지식을 가지고 철저하게 해석하고 분석하여 한 위격을 나눈다든지, 또는 양성을 혼합하여 설명하는 경우를 들어 본 적이 없다고 확신할 수는 없다. 물론 구속주의 위격에 관한 성경적인 견해들을 분명하고 정확하게 드러낼 수 있다는 것을 모든 사람들이 볼 수 있도록 하는 것이 우리 설교자들의 의무이다. 일반적으로 신앙고백적인 그리스도인들, 심지어 복음의 사역자들도 그리스도의 위격과 관련한 개념들이 불분명한 상태로 남아 있는 것을 만족하게 여기고 있다. 나는 이것을 두려워해야 한다고 본다. 그리고 그리스도를 참 하나님이셨고 참 인간이신 분으로 생각함이 없이 단지 죄인들을 구원하시려고 하늘로부터 오신 영광스럽고 높임을 받으시는 존재로서만 묵상하는 것이 전부인 사역자들이 많이 있다. 나는 그리스도는 신성을 진짜 소유하신 분이시고, 동시에 우리와 같이 육체를 취하신 참 인간임을 생각하지 않는 목사들이 많다는 것이 두렵다.

우리의 구속주에 대한 견해를 성경은 우리에게 제공한다. 이것을 우리가 온전하게 이해하고 실감하게 될 때만이 우리는 성자 예수를 영화롭게 한다. 그리고 우리는 우리의 마음을 다하여 사랑하는 우리의 창조주이자 우리의 큰 형님으로서, 구원을 위하여 오직 그에게만 의존한다는 합당한 대상으로서의 그리스도를 소중하게 여기며 느끼고 의지하는 모든 표현들을 할 수 있는 자격자가 되는 것이다. 이로써 죽음으로부터 다시 사신 그리스도에게 우리 자신을 온전히 맡기며 그의 무한한 능력과 자원하여 우리의 안녕을 위해서 모든 것을 합하여 선을 이루시는 그리스도, 그 자신의 임재하심과 영광 속에 영원토록 들어가도록 우리를 허락하시는 그리스도를 제대로 표현할 수 있는 자가 되는 것이다.[216]

---

216) 존 오웬의 『그리스도의 인격』과 도스(Dods)의 『성육신』의 책들을 보라.

역사신학1
Historical Theology 1

지은이 | 윌리엄 커닝함(William Cunningham)
옮긴이 | 서창원

펴낸이 | 유명자
펴낸곳 | 진리의깃발

편   집 | 이희수
교   정 | 정희경

펴낸날 | 2017년 2월 20일(초판 1쇄)
       2021년 1월 5일(초판 2쇄)

주   소 | 01856 서울 노원구 섬밭로 86
전   화 | 02-984-2590
팩   스 | 02-945-9986
       http://www.kirp.org, kirp@chol.com

등   록 | 1995년 1월 27일(제17-203호)

ISBN 978-89-87124-27-8 (94230)
ISBN 978-89-87124-26-1 (세트)

값 30,000원